제2판

금융 리스크관리

Financial Risk Management

원 재 환

法文社

1944년 7월부터 시작된 브레튼-우즈 체제(Bretton-Woods System)가 1971년 8월 15일 닉슨 대통령의 금태환정지 선언으로 붕괴되어 고정환율제가 변동환율제로 전환되면서 환율의 변동성이 급격히 증가하였습니다. 또한, 1973년과 1979년에 발생한 두 차례의 석유파동(oil shock)으로 인한 물가와 금리의 변동성 증가, 자본시장의 국제 동조화에 따른 주가 변동성의 증가 등으로 인해 1970년대 이후 시장에서의 위험 증가는 새로운 금융상품의 개발을 촉진하였으며, 새로운 위험관리기법을 개발하는 원동력이 되었습니다. 우리나라에서도 국제화와 개방화가 진행됨에 따라 환율, 금리, 주가 등에서 변동폭이 증대되어 체계적인 위험관리의 필요성이 점증하고 있습니다. 특히, 1997년의 외환위기는 금융부문의 구조조정을 통한 선진화를 가속화하는 계기가 되었으며, 효율적인 리스크관리의 필요성과 중요성이 인식되는 기회가 되었습니다. 이제 리스크관리는 국가뿐만 아니라, 기업과 개인차원에서도 생존을 위해 선택이 아닌 필수 과제가 되었습니다.

금융환경 변화에 따른 다양한 선진금융기법이 현장에 효율적으로 적용되기 위해 이론으로 잘 무장한 실무인력 배양의 중요성은 아무리 강조해도 지나치지 않을 것입니다. 따라서, 이 책은 금융리스크에 대한 기초이론을 잘 마스터하고, 보다 고급의 금융리스크이론을 공부하고자 하는 학생들과 실무에서 금융리스크를 다루는 실무자나 투자자들을 위한 입문서로 집필되었습니다. 따라서, 이 책은 학부 3학년 혹은 4학년에서 금융리스크이론을 공부하기 위한 기초 이론교재로서 적당할 뿐만 아니라, FRM, 보험계리사, CPA, CFA, 증권분석사 등 리스크 관련 전문자격증을 준비하는 수험생들에게도 도움이 되도록 쓰여졌습니다. 아울러, 실무자들이 실제 현장에서 일어나는 금융리스크 관련 이슈들에 보다 효율적으로 대처하도록 주요 리스크별 실제 사례들을 각 장의 본문 뒤에 풍부하게 수록하였습니다.

'금융리스크관리' 초판을 발행한 지 벌써 10여년이 되었습니다. 그동안 본 교재를 이용하여 학생들을 가르쳐온 선생님들이나 실무에서 활용해 온 많은 전문가들이 본 교재의 개정을 제안해 왔습니다. 또한 바젤규제체계가 그동안 지속적으로 수정, 발전해 왔고, 새로운 리스크관리 기법들이 등장해 왔습니다. 이러한 독자들의 요구와 시장의 변화 등을 감안하여 다소 늦은 감이 있으나 '늦었다고 생각하는 지금이 가장 빠르다'는 격언을 위안 삼아 개정작업에 착수하게 되었습니다. 이번 개정작업에서 참고문헌에 수록되어 있는 여러 논문, 교재, 연구보고서, 언론보도자료, 사례 등에 많은 도움을 받았습니다. 보이지 않는 그들의 노력과 수고, 그리고 도움에 깊은 감사를 드립니다.

이번 개정작업으로 변화된 주요 내용을 요약하면 다음과 같습니다.

첫째, 전체 체계를 유사한 주제들로 통폐합하여 단순화하였습니다. 초판에서는 전체 25개의 장으로 구성되었던 것을 2판에서는 20개 장으로 단순화하여 독자들의 학습편의성을 증진하고 상호 유사한 내용들은 재편집함으로써 이해도를 높이고자 하였습니다.

둘째, 초판에 없었던 사례들을 2판에 새롭게 수록하였습니다. 크게 두 가지 이유로 사례들을 수록하였는데, 하나는 과거 대표적인 리스크관리 실패사례들로부터 교훈을 얻고자 함이고, 다른 하나는 리스크 관련 이론들을 실제 실무에서 쉽게 적용, 활용할 수 있도록 모범사례를 제시하기 위함입니다. 이 사례들을 통해 특히 현장에서 리스크관리 업무를 담당하고 있는 실무자들에게 많은 도움이 되리라 기대합니다.

셋째, 초판에서 미흡했던 부분들을 2판에서 대폭 수정, 보완하였습니다. 특히, 2장의 금융회사의 특수성, 4장의 리스크측정이론 중 Coherent Risk Measure, 6장의 재무적 도구, 8장의 파생상품, 10장의 신용리스크와 국가리스크, 16장의 위기분석(스트레스 테스팅), 17장의 포트폴리오 VaR, 19장의 바젤협약 등을 보완하였습니다.

넷째, 각 장의 연습문제들을 확충하였습니다. 초판에 있던 연습문제 중 오류나 오타는 바로잡았고, 문제들을 추가하였습니다. 특히, 리스크 관련 주요 자격시험에서 자주 출제되는 문제유형을 분석하여 유사한 문제들을 추가하였습니다. 그리고 초판과 달리 2판에서는 객관식문제와 주관식문제를 구분하였고 향후 지속적으로 문제들을 추가할 예정입니다. 이러한 풍부한 문제들은 금융리스크이론을 학습한 후 잘 이해하고 있는지 스스로 점검해 볼 수 있을 뿐만 아니라, 각종 리스크 관련 자격시험 준비에도 크게 도움이 되리라 기대합니다.

앞으로도 독자 제위의 건설적인 비판과 창의적인 아이디어를 적극 수렴하여 더 좋은 책으로 만들어 가는데 최선을 다하고자 합니다. 적극적인 의견 개진을 기대합니다.

초판과 마찬가지로 이번 2판도 많은 분들의 도움이 있었기에 가능했습니다.

필자에게 박사과정 중 이론적, 학문적으로 큰 힘이 되어주신 미국 University of Texas의 Larry J. Merville 지도교수님과 Ted E. Day 교수님, 박사논문지도에 흔쾌히 동참해 주신 미국 Southern Methodist University의 Andrew H. Chen 교수님, 석사과정 중 학문하는 자세를 가르쳐 주신 한국과학기술원(KAIST) 한민희 교수님, 감사합니다. 그리고 선배로서, 동료로서 부족한 제게 늘 도전과 격려를 주시는 서강대 재무분야 교수님들과 경영학부 교수님들, 수업 중 훌륭한 질문과 제언으로 이 책의 완성도를 크게 높여준 서강대 경영학부 학생들과 대학원 원생들, 좋은 연구환경을 교수들에게 제공하기 위해 늘 애써 주시는 서강대 총장님, 그리고 이 책의 개정판을 집필하도록 흔쾌히 승낙하고 여러모로 지원을 아끼지 않은 법문사 사장님께 이 자리를 빌어 깊은 감사를 드립니다. 특히 출판과 교정 작업 가운데 많은 도움을 주신 법문사의 권혁기과장님, 배은영님, 그리고 조교인 김정원군에게도 깊은 고마움을 전합니다.

그리고 본 교재를 집필하는 동안 옆에서 변함없이 물심영(物心靈) 삼면(三面)으로 지원을 아끼지 않은 사랑하는 아내 은숙(殷淑)과 아빠와 함께 늘 대화하며 창의적 아이디어로 지적 영감을 불러일으켜 주고 좋은 학자가 되기 위해 불철주야 학문에 매진하고 있는 두 아들 영대(永大), 영웅(永雄)에게 깊은 고마움을 전하며, 부족한 필자를 위해 늘 기도해 주시는 장모님, 형님내외분들과 누님내외분들, 처형들과 동서들, 친척분들, 그리고 막내인 저를 아끼고 사랑하셨던 그리운 두 분 아버님, 어머님 영전에 이 책을 바칩니다.

2022년 6월
서강대 캠퍼스에서
저자 원 재 환

'신(神)이 세상을 창조할 때, 확실성을 포함시키는 것을 잊어버렸다.'

짧지만 매우 의미심장하다. 한치 앞도 정확히 내다 볼 수 없는 불완전하고 나약한 인간이 미래 불확실성의 탓을 창조주인 신에게 돌리는 말이다. 최첨단의 과학기술과 문명으로도 우리는 완벽하게 미래에 일어날 일을 예측할 수는 없다. 어쩌면 신은 우리에게 이러한 불확실성으로 인한 불안과 걱정을 극복할 수 있는 비장의 카드로 '희망' 과 '도전'이라는 선물을 주었는지도 모른다.

세상의 모든 것은 변하기 마련이다. 변하지 않는 유일한 것은 아마도 '변하지 않는 것은 세상에 아무것도 없다'는 말뿐인지도 모른다. 절대적인 기준으로는 변하지 않는 것 같아 보이는 것도 상대적으로 보면 역시 변한다. 미래의 불확실성은 결국 이러한 변동성 때문에 발생하며, 그래서 리스크(risk)라는 말은 변동성의 또 다른 이름이다. 따라서 변동성이 없는 곳에는 불확실성이 없고, 불확실성이 없는 곳에 리스크는 존재하지 않는다.

이러한 리스크에는 긍정적인 면과 부정적인 면, 두 가지 양면성이 있다. 탐욕에 기초한 지나친 리스크의 추구는 개인의 파산이나 기업의 부도와 같은 파멸적이고 부정적인 결과를 초래하기도 하지만, 창조적 도전에 기초한 합리적 리스크의 추구는 기업가정신(entrepreneurship)을 고취하고 새로운 영역을 개척하여 인류사회를 더 풍요롭고 가치 있게 하는 긍정적인 결과를 가져오기도 한다.

그렇다면, 과연 우리가 직면하는 리스크의 종류에는 어떤 것이 있는가? 리스크는 눈에 보이는 구체적인 척도로 측정이 가능한가? 측정된 리스크를 어떻게 효과적으로 관리하여 부정적인 측면은 최소화하고, 긍정적인 측면을 최대화할 수 있는가? 본 교재는 이러한 질문들에 대한 답을 궁금해하는

사람들을 위해 기획되었다. 인류가 시작되면서 존재하기 시작한 리스크는 그 종류와 내용이 그만큼 광범위하다. 그러나, 본 교재에서는 광활한 리스크의 세계에 모두

욕심내기 보다는 '금융산업'에서 발생할 수 있는 금융리스크에 집중하고자 한다.

주지하다시피 어느 나라에서든지 금융산업은 국가경제의 혈관역할을 담당한다. 아무리 외모와 신체가 탁월하고 건강한 사람이라 해도 혈액순환이 단 1분만이라도 정지된다면 뇌에 산소공급이 어려워져 식물인간이 되고 마는 것처럼, 국가경제에 혈액을 공급하는 금융산업이 자금융통의 역할을 단 며칠이라도 제대로 수행하지 못한다면 국가경제는 마비되고 만다. 2008년의 전 세계 금융위기가 곧바로 전 세계의 경제위기로 연결된 것이 그 좋은 예이다.

금융기관들은 그동안 경쟁에 대한 각종 규제와 정부의 보호 아래 생존과 직결되는 커다란 리스크를 부담하지 않고도 안정적이고 충분한 수익을 실현할 수 있었다. 그러나 신용리스크를 고려하지 않은 무리한 대출과 만기구조를 무시한 해외 단기자금의 경쟁적 도입 등은 금융기관들의 생존을 위협할 정도의 심각한 위험요인으로 등장하게 되었다. 전 세계 금융위기는 기업과 금융기관 모두에게 리스크 관리의 중요성을 일깨워주는 좋은 계기가 되었다. 1990년대까지 주로 사업확장과 수익제고가 기업과 금융기관들의 주요 경영목표였다면, 이제는 리스크와 수익, 두 가지를 동시에 추구해야 하는 환경에 놓이게 되었다. 1970년대의 두 차례 석유파동으로 인한 물가 불안과 인플레이션, 브레튼-우즈(Bretton-Woods)시스템으로 대변되던 고정환율제도의 붕괴와 변동환율제도의 도입, 경제의 세계화에 따른 국가간 경제의존도 증가와 위험의 동조화현상 등 각종 리스크의 증가는 금융기관들로 하여금 체계적이고 과학적인 리스크의 측정과 관리를 요구하고 있다. 이러한 리스크 관리의 절대적인 중요성과 필요성에 따라 기업은 물론 금융기관들의 리스크 관리역량의 중요성은 아무리 강조해도 지나치지 않을 것이다. 이러한 시대적 요구에 따라 많은 금융기관들이 리스크 관리업무를 선진화하고자 노력하고 있으며 우리나라도 그 예외가 아니다.

본 교재는 주로 금융기관들이 직면하는 금융리스크(financial risk)에 초점을 맞추어, 금융리스크의 종류, 측정방법, 그리고 관리방안에 대해 폭넓게 설명한다. 금융리스크 관리의 기초부터 다양한 이론과 사례를 통해 금융리스크의 본질에 다가가게 될 것이다. 금융기관 실무자들도 손쉽게 이해하도록 매우 복잡하고 어려운 수학이나 계량적인 접근은 가급적 지양하였다. 다양한 예제와 연습문제를 통해 독자들이 복잡한 이론을 자연스럽게 숙지하도록 유도하고자 노력하였다.

본 교재에 포함되어 있는 주요 내용을 간략히 소개하고자 한다. 제1부에서는 최근의 금융환경변화를 금융산업에 대한 규제, 금융리스크관리의 중요성을 중심으로 살펴보며, 제2부에서는 리스크의 개념, 분류, 측정이론, 관리, 조직 및 감독, 리스크와 사회 등 리스크 기초이론을 고찰한다. 제3부에서는 리스크를 측정하기 위한 기본 도구로서 재무적 도구, 통계기초이론 등 수리적 도구, 그리고 최근의 파생상품을 활용한 금융공학적 도구 등을 소개하며, 제4부에서는 금융리스크에서 가장 중요한 리스크로서 시장리스크, 신용리스크, 운영리스크, 유동성리스크, 법적리스크 및 기타 모형리스크, 국가리스크, ALM 등을 중심으로 살펴본다. 제5부에서는 최근 들어 금융기관들의 리스크관리 및 규제에서 가장 중요하고 빈번히 사용되는 VaR(Value at Risk)와 관련된 주요 이슈들에 대해 심도 있게 논의한다. 제6부에서는 리스크를 개인과 기업의 성과 측정에 어떻게 활용할 수 있는지, 그리고 통합적이고 전사적인 리스크관리에 대해 살펴보고, 마지막으로 제7부에서는 바젤협약 등 국제규제에 대해 자세히 알아보고자 한다.

아무쪼록 이 교재를 통해 보험, 은행, 증권회사, 저축은행 등 금융기관들의 경영자들과 실무자들, 그리고 앞으로 우리나라 금융산업을 이끌어갈 패기있고 능력있는 젊은 대학생들이 리스크의 중요성을 인식하고, 과학적이고 체계적으로 리스크를 측정하고 관리하여 리스크를 기업의 새로운 가치창조의 원천으로 만들어 갈 수 있기를 기대한다.

그래서 '리스크관리의 본질은 결과를 통제할 수 있는 범위는 최대한으로 늘리고, 반면에 도무지 인과관계 속에 숨겨진 연결고리를 알 수 없어서 결과를 통제할 수 없는 범위는 최소화시키는 데 있다.'는 말처럼, 본 교재를 통해 리스크의 본질을 이해하여, 기업의 가치를 높이고 손실가능성을 최소화하기 위해 리스크를 어떻게 효과적으로 관리할 지에 대한 지혜를 얻을 수 있다면, 본 교재를 통해 이루고자 했던 필자의 목표는 충분히 달성될 것이다.

이 책이 있기까지 필자에게 이론적, 학문적으로 큰 힘이 되어주신 미국 텍사스대학의 Larry J. Merville 지도교수님과 Ted E. Day 교수님, 미국 Southern Methodist University(SMU)의 Andrew H. Chen 교수님, 한국과학기술원(KAIST) 한민희 지도교수님, 그리고 선배로서, 동료로서 부족한 제게 늘 도전과 격려를 주시는 서강대 경영학과 재무분야 교수님들께 감사드리며, 이 책을 집필하도록 흔쾌히 승낙하고 여러모로 지원을 아끼지 않은 법문사 사장님께 이 자리를 빌려 깊은 감사를 드린다. 특히 출판과 교정작업 가운데 많은 도움을 주신 이선욱과장님과 배은영님께도 고마움을 전한다.

그리고 본 교재를 집필하는 동안 옆에서 물심영(物心靈) 삼면(三面)으로 도와준 사랑하는 아내 은숙(殷淑)과 바쁜 아빠 때문에 아빠와 함께할 시간들을 양보해야 했던

착하고 듬직한 두 아들 영대(永大), 영웅(永雄)에게 미안한 마음과 함께 깊은 고마움을 전하며, 저를 위해 늘 걱정 어린 마음으로 기도해 주시는 장모님, 형님들, 누님들, 친척분들, 그리고 막내인 저를 아끼고 사랑하셨던 그리운 두 분 아버님, 어머님 영전에 이 책을 바친다.

2012년 2월
서강대 캠퍼스에서
저자 원 재 환

제1부 금융환경 및 금융회사

제 2 부   리스크 기초이론

제 3 부   리스크 측정도구

제4부 **금융리스크의 종류 및 관리**

제6부　국제규제의 흐름

사례 목차

제 1 부

금융환경 및 금융회사

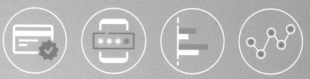

제1장 금융환경의 변화 및 금융시장 트렌드

1 금융회사규제와 바젤협약

가. 금융회사의 규제

(1) 금융회사의 정의와 역할

금융회사란 금융시장에서 자금의 수요자와 공급자 사이에서 자금을 중개해 주는 회사를 말하며, 자원을 효율적으로 배분하는 역할을 담당한다. 금융회사가 이러한 역할을 담당할 수 있는 이유는 다수의 자금제공자(예금자, 투자자 등)와 수요자(개인대출자, 대출 기업 등)를 대상으로 금융자산을 거래하고 있기 때문에 거래비용측면에서 규모의 경제(economy of scale)[1]가 존재하여 거래비용을 절감할 수 있기 때문이다.

금융회사는 다수의 개인으로부터 자금을 모아 이를 필요로 하는 기업 등에 연결시켜 투기자본화할 수 있도록 해 주는 중개기능을 수행한다. 자금규모, 이용기간, 금리 등 자금의 수요자나 공급자들의 개별조건이 각기 상이하여 당사자 간 직접거래는 성립되기 어려운 상황이지만 금융회사의 중개를 통해 각자의 조건을 만족시키면서 자금의 이동을 가능하게 한다. 따라서 리스크가 큰 투자사업에 필요한 자금을 공급해

---

1) 규모의 경제: 각종 생산요소의 투입을 증가시킴으로써 이익을 증가시킬 수 있다는 것을 말한다. 대규모기업이 소규모기업보다 유리한 것은 규모의 경제 때문인데, 그 이유로는 분업에 의한 전문화의 이점을 발휘할 수 있고 대량생산에 의한 비용체감, 대외관계에서의 유리함 등이 있다. 그러나 규모의 경제는 한계가 있어서 지나친 규모는 관리비용의 증대, 조직의 경직화 등으로 이익을 오히려 감소시킬 수 있다.

줌과 동시에 예금자에게는 안전하면서도 상대적으로 수익성이 높은 저축 및 투자기회를 제공해 주며, 단기성 자금을 취합하여 장기자금화함으로써 만기의 차이도 조정해 주는 역할을 한다.

또한 화폐나 수표 등을 발행·제공함으로써 거래를 성사시킬 수 있는 지급수단도 제공한다. 금융회사들이 신속하고 저렴한 거래비용으로 지급수단을 제공함으로써 거래를 활성화시키고 생산과 소비를 촉진시키게 되는 것이다.

(2) 금융회사가 직면하는 리스크

금융산업은 금융회사와 고객(차입자와 예금자 등) 사이에 정보의 비대칭성(information asymmetry)이 커서 외부충격에 영향을 많이 받는 외부성이 두드러진 산업이며, 경제활동의 기본이 되는 결제제도를 뒷받침하기 때문에 공공성이 매우 강하다. 또한 금융회사가 보유하는 자산의 변동성은 항상 부채의 변동성보다 작으며, 외부의 충격으로 예금자들의 예금인출사태가 발생할 경우 금융회사는 지급불능사태에 빠질 수 있다. 따라서 별도의 안전장치가 마련되지 않을 경우 금융회사의 지급불능사태는 금융산업 전체에 큰 영향을 미칠 수 있으며, 이는 경제 전체에도 심각한 영향을 미칠 수 있다.

또한 금융회사 간의 경쟁이 점점 더 치열해 짐에 따라 금융회사들은 수익성을 높이기 위해 보다 위험이 큰 자산에 투자하는 경향을 보이고 있다.

이러한 금융회사의 본질적인 리스크 이외에도 금융중개기능을 수행하면서 여러 가지 리스크를 부담하게 되는데, 예컨대 대출금의 회수가 불가능한 경우에 발생하는 신용리스크, 보유 유가증권의 가격변동에 따른 자본손실리스크, 단기금리가 상승할 때 장기금리가 고정되어 있으면 발생할 수 있는 예대금리[2] 간의 역마진리스크, 금융시장의 발달과 금융기관 상호 간의 연계성이 높아짐에 따라 일부 금융회사의 지급불능이 전 금융권으로 파급되는 시스템리스크 등이 있다.

(3) 금융회사 규제의 필요성

일반적으로 규제(regulation)란 정부나 유사권력기관이 올바른 사회경제적 질서를

---

[2] 예대금리는 예금금리와 대출금리를 의미하며, 예대마진(bid−ask spread)은 대출금리에서 예금금리를 빼 준 것으로 통상 금융회사의 주 수익원이 된다.

실현하려는 목적으로 시장과 개인의 경제적 활동을 제약하는 것을 말한다. 넓은 의미의 정부규제는 정치, 경제, 사회, 문화, 교육 등 전 부문에 걸친 정부의 통치행위를 의미하나, 좁은 의미의 정부규제는 경제적 규제만을 가리킨다. 전통적인 경제학이론에 따르면 민간의 경제활동은 시장기능에 맡길 때 시장의 '보이지 않는 손(invisible hand)'의 원리에 의해 자원이 가장 효율적으로 배분된다. 그러나 시장의 가격기능이 제대로 작동되지 않을 때 정부가 개입하여 규제를 하게 된다.

그렇다면 다른 산업에 비해 금융산업이 규제를 많이 받는 이유는 무엇인가?

그 이유는 앞에서 설명한 바와 같이 금융회사들이 직면하는 위험이 커지고 있고 금융산업의 어려움은 곧 경제 전체로 파급되기 때문이다. 또한 금융산업은 정보비대칭으로 인해 시장실패[3]의 가능성이 높기 때문이다. 금융산업에서 대표적인 은행산업의 경우 규제의 목적은 다음 <표 1-1>과 같이 크게 다섯 가지로 구분된다.[4]

〈표 1-1〉 은행산업의 규제 목적

시장구조 및 경쟁	안전성 및 건전성	소비자 보호	신용 배분	통화 관리
-진입제한 및 신설인가 -지점개설 제한 -합병, 지주회사 제한	-예금보험제도 -이자율 규제 -자산운용 규제 -자기자본 규제 -감시, 검사	-고리대출 규제 -대출정보 공시 -신용기회 균등법 -이용자보호	-증권매입 신용 규제 -신용배분 -선별금융	-법정 지급준비금 -재할인 창구

나. 바젤협약

1970년대 중반 이후 금융자유화와 세계화 등 금융환경의 변화와 이에 따른 금융기관 간 경쟁격화로 경영위험이 높아지면서 세계 주요 나라들은 금융기관 자기자본에 대한 규제를 강화하기 시작했다. 특히 1988년 국제결제은행(BIS)의 은행규제감독위원회(일명 바젤위원회[5])는 '자기자본의 측정 및 기준에 관한 국제적 합의(International

---

3) 시장실패(market failure): 시장실패란 시장이 완전경쟁이 되지 못해 자원이 시장에서 효율적으로 배분되지 않아 시장기능이 실패하게 되는 것을 말한다. 시장실패의 원인으로는 자연독점, 외부성, 비대칭정보, 공공재의 존재 등이 지적되고 있다.
4) 자료: 윤봉한·황선웅, *금융기관론*, 문영사, 2000, p.583.
5) 바젤은행감독위원회(BCBS: Basel Committee on Banking Supervision): 바젤은행감독위원회는 1974년 은행감독에 관한 국가 간 협력증대를 위해 G-10국가 중앙은행 총재회의의 결의로 설립된 위원회

Convergence of Capital Measurement and Capital Standards)', 일명 바젤협약(혹은 바젤합의)을 체결하였으며, 이후 여러 국가가 바젤협약에 입각한 자본규제를 시행하게 되었다. 1988년에 처음 제정된 Basel Ⅰ을 시작으로 금융환경변화에 대처하기 위해 여러 번의 수정을 거쳐 2004년부터 발효된 Basel Ⅱ, 2010년에 공시된 Basel Ⅲ, 2017년의 Basel Ⅲ 최종안이 있으며 이에 대한 자세한 내용은 뒤에서 다루게 된다.

2 보험회사규제와 RBC

가. 보험회사의 규제

(1) 보험의 정의와 특성

보험은 장래 어떤 손실이 발생할 경우 그 손실을 회복하는 데 드는 비용을 같은 종류의 리스크에 직면한 여러 사람이 공동으로 부담하는 제도적 장치이며, 다른 한편으로는 위험에 처한 당사자가 장래 발생할 수 있는 손실위험을 일정한 대가를 지불하고 제3자 또는 보험회사에 전가하는 계약이다.

보험의 목적은 불확실한 결과에 의한 경제적 손실을 축소하고자 함이며, 보험은 대규모의 불확실한 손실위험을 타인에게 전가하거나 타인과 공유하기 위한 수단을 제공한다. 보험은 손실을 보상 또는 회복할 자금을 제공해 주지만 보험 그 자체가 특별히 손실을 방지해 주는 것은 아니다.

보험의 특성으로는 예기치 못한 손실의 집단화, 리스크의 분담, 리스크의 전가, 실제손실에 대한 보상 등이 있다.

로서 BIS 자기자본비율 등 은행감독과 관련한 국제표준 제정, 각국 감독당국 간 협력 및 정보교환 등의 기능을 수행하고 있다. 당초 선진 10개국(미국, 영국, 독일, 프랑스, 일본, 캐나다, 이탈리아, 스웨덴, 스페인, 스위스)과 베네룩스 3국(벨기에, 네덜란드, 룩셈부르크) 등 13개국이었으나 2009년 3월 한국, 호주, 브라질, 러시아, 중국, 인도, 멕시코 등 7개국이 추가되어 현재는 20개국 중앙은행과 금융감독당국의 고위 실무자로 구성되어 있다.

(2) 보험회사 규제의 목적

보험산업에 있어 가장 중요한 환경요소의 하나는 경영활동에 총체적으로 영향을 주는 보험규제와 감독이다. 보험산업만큼 법령에 의해 광범위한 감독을 받는 산업도 드물다 할 수 있다.

정부가 보험산업을 규제하는 데는 다음과 같은 여러 가지 목적이 있다.

첫째, 보험회사의 지불가능상태를 유지하기 위해서이다. 이는 보험회사의 파산이 사회에 미치는 영향이 막대하기 때문이다. 보험가입자에게 사고발생으로 인한 경제적 불안전상태는 매우 심각하며, 보험가입에 있어 미래의 보험기간에 대한 보험료료는 선불이기 때문에 미래의 손실 발생 시 확실한 보험금의 지불보장을 위한 보험회사의 건전한 재무상태 유지는 매우 중요하다.

둘째, 소비자대중이 경쟁시장의 모든 혜택을 누릴 수 있도록 시장경쟁의 문제점을 보완하기 위해서이다. 보험계약은 다른 계약에 비하여 매우 복잡한 조항들을 가진 기술적·법적 계약이므로 보험계약자가 보험상품들을 잘 이해하고 비교하여 상품을 선택할 수 있는 지식이 일반적으로 부족하다. 보험시장은 경제이론에서 말하는 완전경쟁시장의 조건들을 완전하게 충족하기 어려우므로 완전경쟁에서 나오는 혜택들이 소비자에게 충분히 돌아가기 어려우며 따라서 시장의 불완전성을 보완하기 위해 규제와 감독이 필요한 것이다.

셋째, 사회가 필요로 하는 보험을 공급하기 위해서이다. 보험회사들은 높은 손해율, 저요율, 역선택, 큰 재해의 가능성 때문에 때로는 특정 보험종목을 판매하지 않거나 위험이 높은 특정 보험청약자에게는 특정 보험을 판매하지 않으려는 경향이 있다. 그런데 정부는 공공이익의 관점에서 소비자가 원하는 보험을 가급적 공급하려 하기 때문에 보험회사들에게 적절한 인센티브(예컨대, 보조금 등)를 지급하거나 적절한 규제를 통해 공급을 유도하기도 한다.

이러한 보험감독과 규제의 목적들 사이에는 때로 갈등관계가 존재하기도 한다. 예를 들어, 재무건전성을 강화하다 보면 보험요율이 인상되거나 보험회사의 준비금 과다보유로 수익성이 저하되어 회사의 존립을 위협받을 수도 있으며, 보조금지급 등 공공성의 강조는 보험산업의 성공적인 기능수행과 발전에 장애가 될 수 있다. 따라서 정부에서는 규제와 감독정책을 수립할 때 목적들 간에 균형과 조화가 이루어지도록 노력해야 할 것이다.

나. RBC(Risk Based Capital)

(1) 지급능력과 지급여력

보험회사의 부도나 파산으로 인한 지급불능은 사회와 국가경제에 큰 영향을 미치기 때문에 보험감독자는 보험회사의 지급불능을 미연에 방지하기 위한 평가시스템을 갖추어야 한다. 지급불능을 방지하기 위해 감독자는 최소자본 및 잉여금요건, 보험요율의 적정성, 책임준비금, 자산의 건전성 등 다양한 지표들을 객관적이고 체계적으로 관리하여야 한다. 지급능력을 판단하는 방법으로 지급여력을 평가하는 방법이 많이 사용되고 있는데 대표적으로 EU방식과 RBC방식이 있다.[6] EU방식에서는 지급여력비율을 다음 (식 1-1)과 같이 산정하며 주로 EU회원국들에 의해 사용된다.

$$지급여력비율 = \frac{지급여력금액}{지급여력기준금액} \times 100 \qquad \text{(식 1-1)}$$

단, 지급여력금액＝기본자본＋보완자본－차감항목
기본자본＝자본금＋자본잉여금＋이익잉여금 등
보완자본＝후순위차입금＋대손충당금＋계약자이익배당금 등
차감항목＝미상각신계약비＋영업권 등
지급여력기준금액＝[(순보험료식책임준비금－미상각신계약비)×책임준비금위험계수]＋[위험보험금×위험보험계수]

RBC방식은 주로 미국, 캐나다, 일본 등에서 사용되며 일반적으로 RBC제도가 EU방식에 비해 이론적으로 더 우수하다고 알려져 있어 여기서는 주로 RBC방식에 대해 소개하고자 한다.

---

6) 지급능력(solvency)이란 보험회사가 특정시점에서 보험금 등의 부채를 지불할 충분한 자금을 확보하여 보험계약자에게 약속한 의무를 지킬 수 있는 재무건전성을 나타낸다. 반면, 지급여력(solvency margin)은 보험회사의 지급능력을 초과하여 소유하고 있는 건실한 자산을 말하는데 이는 예상치 못한 손실의 발생에 따른 재무적 충격을 흡수하는 데 쓰인다.

(2) 미국 RBC제도[7]

미국 RBC제도는 RBC비율을 산정하여 각 비율의 수준에 따라 보험감독기관이 적절한 제재조치를 취하는 것이다. RBC비율은 다음과 같은 식으로 계산된다.

$$RBC비율 = \frac{지급여력(solvency\ margin)}{리스크금액(RBC)}$$

(식 1-2)

지급여력과 리스크금액을 산출하는 방법은 생명보험회사와 재산·책임보험회사 사이에 차이가 있다.

① 생명보험회사의 경우

- 지급여력 = 자본금 + 자본잉여금 + 자산평가준비금 + 투자리스크준비금 +
  계약자배당준비금의 50%
- 리스크금액(RBC) = $C5 + \sqrt{C1^2 + (C2 + C3)^2 + C4^2}$

  단, $C1$ = 시장리스크, $C2$ = 신용리스크, $C3$ = 금리리스크, $C4$ = 보험리스크, $C5$ = 운영리스크.

② 손해보험회사의 경우

- 지급여력 = 자본금 + 자본잉여금 + 자산평가준비금 + 임의투자준비금 +
  계약자배당준비금의 50% + 손해할인 및 손해사정비용준비금
- 리스크금액(RBC) = $C5 + \sqrt{C1^2 + (C2 + C3)^2 + (C4a + C4b)^2}$

  단, $C1$ = 시장리스크, $C2$ = 신용리스크, $C3$ = 금리리스크, $C4a$ = 보험리스크(준비금), $C4b$ = 보험리스크(가격), $C5$ = 운영리스크.

미국의 RBC제도는 보험회사의 RBC비율에 따라 4단계로 구분하여 조치를 취한다.
- RBC비율 ≥ 100%: 조치대상에서 제외
- RBC비율 > 50%: 경영개선권고, 자본금증액요구, 신규업무진출제한
- RBC비율 > 0%: 경영개선요구, 업무일부정지, 점포수축소, 자회사정리
- RBC비율 ≤ 0%: 경영개선명령, 관리인선임, 업무정지, 제3자인수

---

[7] 자료: 이경룡, *보험학원론*, 2005. 참고로, 2021년 9월말 기준, 우리나라 생명보험사와 손해보험사의 평균 RBC비율은 각각 261.8%, 241.2%이다(뉴스1, 2022년 1월 11일 보도자료).

가. 금융환경의 변화

(1) 경제 및 금융의 글로벌화

전 세계 각국이 점차 개방화를 추구하면서 기업의 국적이 불분명해지고 세계시장을 지향한 투자가 일반화되는 경제의 글로벌화 현상이 급속히 진행되고 있다. 이러한 환경변화는 금융회사의 입장에서는 기회도 되지만 도전도 되고 있다. 잠재고객이 국내의 소비자뿐만 아니라 전 세계로 확대될 수 있다는 측면에서는 기회라 할 수 있으나, 기업의 경쟁 대상도 아울러 더 확대된다는 측면에서는 도전도 될 수 있는 것이다.

따라서 금융회사들이 좀 더 성장하고 생존하기 위해서는 세계화된 시장에서 경쟁할 수 있는 경쟁력확보와 적극적 시장개척을 위한 노력이 절실하게 요구되고 있다.

(2) 금융의 겸업화

최근 우리나라에서는 규제완화 및 금융상품의 다양화로 금융그룹화 또는 전략적 제휴를 통한 겸업화가 급속히 확대되고, 은행, 보험, 증권 업무를 통합운용하는 새로운 형태의 금융서비스를 제공하는 추세에 있다. 따라서 소비자들의 다양한 요구에 부응하기 위한 상품 및 서비스 개발과 원스톱 금융거래를 통한 편리성 등이 강조되고 있으며, 결국 다각화된 판매채널과 종합금융서비스를 제공할 수 있는 금융회사들이 우월한 경쟁력을 가질 것으로 전망된다.

우리나라에서 금융기관들의 겸업화가 적극적으로 추진되게 된 데는 '자본시장통합법(자통법)'도 중요한 역할을 담당하고 있는데, 이를 좀 더 구체적으로 설명하면 다음과 같다.

먼저, 자본시장통합법의 입법취지를 살펴보자.

'자본시장과 금융투자업에 대한 법률'이 2007년 8월 3일 제정되었고, 자본시장에서의 금융혁신과 경쟁을 촉진하고, 투자자 보호를 선진화하여 자본시장에 대한 신뢰를 높이기 위하여 증권거래법, 선물거래법, 간접투자자산운용업법, 신탁업법, 종합금융회사에 관한 법률 등 자본시장 관련 금융법을 통합하였다.

자본시장통합법의 주요 내용은 다음과 같다.

금융투자상품의 대상을 증권, 선물 등 자본시장 관련 금융상품을 법령에서 일일이 열거하던 방식을 폐지하고, 원본손실가능성(투자성)이 있는 금융상품은 모두 금융투자상품으로 인정하였으며, 금융투자업을 영위하는 주체가 누구인지를 불문하고 동일하게 동법을 적용함으로써 모든 금융투자상품 투자에 있어 투자자가 보호를 받을 수 있도록 하였다. 금융투자회사가 6가지 금융투자업(투자매매업, 투자중개업, 집합투자업, 투자일임업, 투자자문업, 신탁업)을 모두 영위할 수 있도록 하여 대형화되고 겸업화된 투자은행(IB: Investment Bank)의 출현 기반을 마련하였다. 투자자를 위험감수능력(전문성, 보유자산규모 등)에 따라 일반투자자와 전문투자자로 구분하도록 하고 일반투자자를 상대로 하는 금융투자업에 대하여 투자자보호 규제를 집중 적용하였다. 금융투자상품을 판매함에 있어 금융투자상품의 내용과 위험 등을 투자자에게 상세하게 설명하도록 하는 '설명의무제도'를 도입하고, 의무 불이행 시 손해배상책임을 부과하며, 원본결손액을 손해배상액으로 추정하도록 하였다. 투자자의 특성에 적합하게 투자 권유를 하도록 하는 '적합성 원칙'을 도입하여 장외파생상품과 같이 위험이 큰 금융투자상품을 무분별하게 권유하지 못하도록 하였다.

(3) 수요자 중심의 금융산업 재편

최근의 금융시장은 공급자 중심이던 과거와 달리 수요자 중심으로 재편되면서 소비자들의 요구가 다양화, 개별화, 복합화되고 있는 추세이다. 금융기관별로 이에 대한 대책이 절실한 상황이다.

(4) 금융기술의 발전 및 금융혁신

IT기술의 발전에 따라 정보처리비용의 감소, 데이터 활용역량 증대, 인터넷 상용화 등으로 금융상품 및 금융서비스의 개발과 전달이 급속하게 발전하고 있다. 금융회사들은 이러한 시장의 변화에 대처하고 능동적으로 기회를 활용하기 위해 금융기술 관련 투자를 지속해야 할 것이다.

(5) 규제완화와 새로운 규제의 등장

탈규제화와 더불어 새로운 국내외적 규제도 새롭게 등장하고 있다. 특히 금융의 글로벌화의 진전에 따라 함께 늘어나고 있는 국제금융시장에서의 새로운 규제에도 적극 관심을 갖고 대처해야 할 것이며, 규제완화로 생기는 새로운 기회와 도전에 대해서도 대책을 강구해야 할 것이다.

나. 반복되는 금융위기

(1) 금융위기가 반복되는 이유

찰스 킨들버거(2006)가 지적했듯이 금융위기는 우리가 잊을 만하면 '계속 피어오르는 질긴 다년생화'라고 표현할 만하다.[8] 우리나라에서도 1997년 말 IMF구제금융을 받고 이를 되갚은 것이 2001년 8월인데, 10년도 안 되어 이번에는 미국에서 시작된 서브프라임(sub-prime) 파동으로 시작된 금융위기로 IMF때와 유사한 수준의 경기침체를 겪게 되었으나, 다행히도 저금리정책, 유동성제공 등 정부의 발 빠른 대응으로 인해 2009년 하반기 이후에는 경기가 점차 회복되었다.

이렇게 위기가 반복되는 이유는 우리 인간본성에 근본적으로 투기적 속성이 내재해 있는데다가, 위기가 늘 같은 모습이 아니고 매번 그 얼굴을 바꿔서 다가오기 때문이다. 그래서 처음에는 모두 합리적인 투자로 시작하지만 시간이 지나면서 거품이 끼기 시작하고 종국에는 걷잡을 수 없이 부풀어 오르다가 어느 순간 터져버리는 것이다.

<표 1-2>는 역사적으로 잘 알려진 10대 금융거품을 정리한 것이다.[9]

2008년에는 킨들버거가 꼽은 세계 10대 금융위기에 또 하나가 추가되었다. 2007년 초부터 시작된 미국 서브프라임 사태는, 처음에는 모기지회사의 부실로 시작되더

---

8) *광기, 패닉, 붕괴: 금융위기의 역사*, 찰스 킨들버거(2006)의 주장: 역사 속에서 금융위기는 질긴 다년 생화처럼 반복되고 그 사건들은 어느 정도 유형화 되어 있다. 순전히 하나의 국가에 한정된 위기는 거의 없고, 대부분의 경우 금융위기는 한 국가에서 다른 국가로 빠르게 확산된다고 주장하였다. 그 이유는 상품시장과 금융시장이 직접적으로 연결되어 있고, 한 국가의 위기가 이와 유사한 다른 국가들에 대한 불신으로 확산되며, 주요 국가 정부들의 위기대처방식에 대한 불신이 고조되고, 한 시장의 불안은 다른 시장의 불안으로 연결되며, 원금상환능력이 취약한 대출자들에 대한 위험의 상승은 취약했던 문제들을 결정적 위기로 만들기 때문이다.

9) 자료: 찰스 킨들버거(2006).

니 차츰 대형 금융기관으로 번져 2009년까지 전 세계적인 경기침체로 확산되었다. 서브프라임 모기지 사태의 핵심도 부동산거품이 금융의 증권화를 매개로 금융권 전반에 확산된 결과이며, 이를 주도한 미국의 5대 투자은행은 망하거나 피인수 합병되어 사라졌다.

〈표 1-2〉 10대 금융거품

구분	기 간	내용
1	1639년	네덜란드 튤립 알뿌리 거품
2	1720년	영국 남해회사(South Sea Company) 거품
3	1720년	프랑스 미시시피회사(Mississippi Company) 거품
4	1920년대 말(1927~29)	미국 주식시장의 거품
5	1970년대	멕시코를 비롯한 개발도상국에 대한 은행여신의 급증
6	1985~89년	일본 부동산 및 주식시장 거품
7	1985~89년	핀란드, 노르웨이, 스웨덴 부동산 및 주식시장 거품
8	1992~97년	태국, 말레이시아, 인도네시아 등 아시아 여러 국가에서의 부동산 및 주식시장 거품
9	1990~93년	멕시코에 대한 외국인 투자의 급증
10	1995~2000년	미국 나스닥 주식시장의 거품

(2) 서브프라임 사태와 금융위기의 확산

① 서브프라임 사태

2007년 2월 중국정부가 주식시장의 위법행위를 단속하겠다는 발표 이후 상하이 종합주가지수는 전일 대비 8.8%가 하락하여 10년만의 최대 하락폭을 기록하였다. 3월에는 미국 서브프라임 모기지 2위 업체인 뉴센츄리파이낸셜(New Century Financial)이 파산위기에 직면하면서 관련 금융주를 중심으로 주가가 폭락하였다. 이렇게 시작된 서브프라임 모기지 불안은 2008년 9월 미국 투자은행 3위 업체인 리먼브라더스 (Lehman Brothers)가 파산하면서 전 세계적인 경기침체로 파장이 확대되고 말았다. 서브프라임 사태란 미국에서 '서브프라임'이라고 불리는, 신용도가 낮은 사람들을 대상으로 한 주택대출이 대량으로 회수불능에 빠지고, 이 주택대출(모기지론)을 담보로 발행된 증권화 상품들의 가격이 하락함으로써 금융기관들이 거액의 손실을 입게 되어 연쇄적으로 세계적인 신용경색과 유동성불안으로 이어진 일련의 문제를 말한다.

미국에서 서브프라임 모기지론을 담보로 발행된 주택저당증권(MBS)은 그 자체로 세계의 여러 투자가들에게 매각되었을 뿐만 아니라, 이 증권을 다시 담보로 하는 재증권화된 자산 담보부증권(CDO) 또는 실물이 없는 상태에서 계약만으로도 CDO와 동일한 구조와 효력을 갖는 합성자산담보부증권(Synthetic CDO) 등이 엄청난 규모로 발행되었다. 이 과정에서 증권화를 주도한 투자은행 및 유동성을 공급한 상업은행, 구조보강을 위한 보증을 제공한 보증보험사, 그리고 궁극적으로 이러한 증권에 투자한 연기금, 헷지펀드, 보험사들의 기초자산 부실이 악화되면서 순차적으로 부실위험에 노출되었던 것이다.

② 미국의 주택금융시장

미국의 주택금융 역사는 크게 3단계로 구분되는데, 첫 번째는 20세기 초 도시화와 급속한 인구성장을 배경으로 주택수요가 크게 증대된 1800년대에서 1930년대까지이다. 이 당시에는 이전까지 주로 개인들이 공급하고 있었던 주택금융이 금융기관들로 대체되었다. 그 다음은 대공황을 맞은 1930년대부터 1960년대까지의 시기로, 연방정부 주도하에 저축대부조합(S&L), 연방정부기관 및 연방정부지원기관(GSE: Government Sponsored Enterprise) 등을 통해 현재의 주택금융시스템의 틀이 갖추어졌다.

70년대 이후에는 이러한 시스템의 폐해가 나타나기 시작하였는데, 마지막 3단계의 시기는 이후 90년대까지 이러한 폐해를 시정하기 위한 '구조개혁기'라고 할 수 있다. 우리가 잘 알고 있는 주택저당증권(MBS: Mortgage Backed Securities)은 1970년에 최초로 발행되었는데, 이는 GSE의 하나인 정부저당금고(GNMA: Government National Mortgage Association)가 보증하는 것으로서 이 같은 증권화를 통해 새로운 자금조달 수단이 마련되었다. 한편, 1970년에는 또 다른 GSE로써 주택대출의 구입, 증권화를 지원하는 연방주택대부저당공사(FHLMC, 프레디맥)도 창설되었는데, 여기에서 1983년에 최초의 CMO(Collateralized Mortgage Obligation: 일종의 대출채권담보부증권)를 발행하였다.

이와 같은 증권화 과정에서 미국의 주택금융시장은 '대출 후 보유'하는 개념에서 '대출 후 유동화'를 통한 레버리지가 가능한 시장으로 변화하였고 동시에 이를 지원하기 위해 다양한 전문기관들이 참여하는 분업화가 이루어졌다([그림 1-1] 참조).

[그림 1-1] 모기지대출 유동화 시장

- 1차 시장: 주택을 구입하려는 개인들에게 대출을 해 주는 모기지 뱅커들로서 상업은행, 저축금융기관, 소비자신용조합, 전문 모기지회사 등이 포함됨
- 2차 시장: 주택대출을 모아 증권화하여 유통시키는 시장으로 MBS, ABS 형태로 발행·유통됨. 한편, 증권화하는 과정에서 정부지원기관의 매수여부를 기준으로 매수가능 대상이 되는 대출(기준을 충족시키는 대출)을 컨퍼밍론이라고 하고 이들을 기초자산으로 하여 발행되는 MBS는 GSE의 보증이 있으므로 Agency MBS라고 함

③ 서브프라임론

서브프라임론은 '신용도가 낮은 대출'을 말하는 것으로, 우리나라와 비교하면 CB(Credit Bureau)등급(신용등급)이 낮고 LTV(Loan To Value rate: 담보인정비율)가 높은 후순위 주택담보대출에 견줄 수 있다. 미국에서는 주택대출에 활용되는 FICO 평가점수라는 것이 있는데, 그 범위가 300~850점 정도로 점수가 높을수록 신용도가 좋은 것으로 평가되어 낮은 금리로 차입이 가능하다. 서브프라임론은 대략 580점 이하인 수준으로 채무불이행 가능성이 비교적 높은 층으로 볼 수 있다.

참고로 모기지는 다음과 같이 분류된다.
- 프라임(Prime: 우량) 모기지: 신용점수가 660점 이상이고 LTV가 80% 이하
- 준프라임(Near-Prime) 모기지: 신용점수가 580~660점이고 LTV 90% 이하, 혹은 LTV 80~90%이고 신용점수 660점 이상(Alt-A라고도 함)
- 서브프라임(Sub-Prime) 모기지: 신용점수가 580 이하이거나 LTV 90% 이상

④ 서브프라임 사태의 배경

미국의 주택담보대출 시장 규모는 약 10조 달러로 추정되는데 이중 약 80%가 Prime Mortgage, 6%가 Near-Prime Mortgage(Alt-A), 그리고 나머지 14%인 약 1조 4천억 달러가 Sub-Prime Mortgage로 알려져 있다. 원래 subprime mortgage는 이렇

게까지 규모가 크지 않았는데, 2000년대 이후 저금리 정책이 이어지면서 유동성이 풍부해지자 주택대출을 취급하는 금융기관들은 새로운 고금리 시장을 찾을 수밖에 없었고, 이러한 배경에서 서브프라임층에 대한 주택대출이 2003년 이후 급증하기 시작하였다. 또, 우량모기지(Prime Mortgage)는 고정금리 형태의 대출이 대부분인데 반해, 서브프라임 모기지는 '2년 고정/28년 변동'의 형태가 대부분을 차지하여 금리변동에 상대적으로 취약한 구조를 가지고 있다. 그런데 2004년부터 미국은 정책금리를 올리기 시작한 반면, 주택가격은 차츰 상승세가 꺾이면서 대출자들의 비용부담이 증가하기 시작하였다. 이 같은 이유로 모기지대출의 연체율이 증가하면서 부실화가 진행된 것이다.

⑤ 부실의 전파

서브프라임 모기지는 여러 가지 형태로 유동화되어 유통되었기 때문에 부실의 확산도 그 유통경로를 따라 전염병처럼 진행되었다([그림 1-2] 참조).

우선 유동성위기가 가장 먼저 시작된 곳은 무분별하게 서브프라임층에 대출경쟁을 일으킨 모기지 은행들이다. 이들은 금리상승 및 주택가격 하락으로 연체율이 증가하면서 대출채권 회수가 어려워져서 일차적으로 부실화하기 시작하였다. 다음은 CDO(Collateralized Debt Obligation: 부채담보부증권)를 많이 보유한 헷지펀드들인데, 이는 주로 순위가 낮은 신용등급의 MBS나 ABS 등을 모아 재증권화한 CDO가 문제가 되었기 때문이다. 여기에는 복잡한 형태를 가지고 있어서 투자자가 이해하기 어려운 이런 구조화된 증권에 방만하게 투자적격 등급을 부여한 신용평가기관들의 모럴해저드(moral hazard)도 한몫 한 것으로 보인다. 물론 CDO 투자자들은 헷지펀드 외에도

[그림 1-2] 서브프라임 모기지의 유통구조

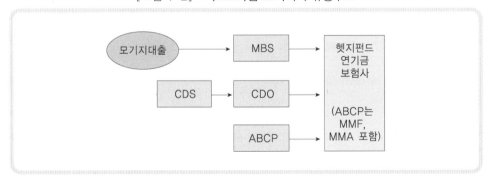

보험사 및 연기금 등 다양하지만, 자산운용의 레버리지비율이 매우 높아서 자산가격 하락으로 마진콜(margin call: 증거금추가요청)을 당하게 된 헷지펀드들이 가장 크게 타격을 입었던 것으로 보인다.

한편, ABCP(Asset Backed Commercial Paper: 자산유동화 기업어음: 자산유동화증권(ABS)과 기업어음(CP)을 결합한 파생증권)는 은행이나 할부금융사들이 보유하고 있는 ABS(Asset Backed Securities: 자산유동화증권), MBS, CDO와 같은 증권화 상품을 기초자산으로 하여 발행되는데, 단기로 발행되기 때문에 만기연장(roll over) 이슈가 발생하게 되며, 이에 대비하여 은행으로부터 매입약정(commitment line)을 맺어 놓는다. 그런데, 보통은 최상위등급의 MBS, CDO 등이 편입되므로 부실화 고리의 맨 끝단에서 매입약정을 맺은 은행들에게까지 서브프라임부실의 여파가 밀려든 것이다.

⑥ 금융위기의 확산

2007년 초 서브프라임 부실로 시작된 금융위기는 순차적으로 프라임 및 상업용 모기지 → 신용카드/자동차론(credit card/auto loan) → 기업대출 및 가계대출로까지 확산되었다. 또한 위기의 진원지는 미국의 서브프라임 부실이지만, 증권화된 자산에 투자한 전 세계의 관련 금융기관들이 연쇄적으로 부실에 노출됨으로써, 동반부실에 빠져 고통을 받게 되었고, 신용경색 및 실물경기의 침체로 이어지게 되었다. 전문가들은 이러한 사상초유의 침체를 1930년대 미국의 대공황 때와 비교하기도 하고, 일본의 '잃어버린 10년'이라는 80년대 복합불황과 비교하기도 한다. 그러나, 현재시점에서 확실한 것은 서브프라임 부실로 붕괴되기 시작한 버블은 경기침체의 확산을 막으려는 각국의 정책적 노력으로 인해 2009년 하반기 이후에 점차 개선되었으나, 그 영향이 너무 커서 오랜 기간 세계경제에 큰 영향을 주었다.

다. 금융회사의 리스크 관리

앞서 지적한 대로 급격히 변화하고 있는 금융환경에서 금융시장의 리스크가 크게 증대되고 있다. 따라서 금융회사들도 과거의 수익중심 경영에서 수익과 리스크를 동시에 고려해야 하는 경영을 추구해야 한다. 즉, 시장의 리스크 증대와 함께 규제의 변화에 따른 법적리스크의 증대, 금융기술의 발달과 업무의 복잡화에 따른 운영리스크의 증대, 경제의 세계화에 따른 국가리스크의 증대, 파생상품 등 신상품 개발 활성화에 따른 파생상품리스크 등 금융회사가 직면할 수 있는 복잡하고 통제가 어려운 리스크를 어떻게 관리하느냐가 기업의 수익은 물론 생존에도 매우 중요해지고 있다.

4　금융시장 트렌드　〉

가. 금융공학기법의 발전과 활용

　금융공학기법이 하루가 다르게 발전하고 있을 뿐만 아니라 금융회사의 발전과 성장에 큰 영향을 미치고 있다. 금융공학(financial engineering)이란 기존의 금융상품을 분해하거나 결합하여 새로운 상품이나 거래방법을 개발하는 것을 말하는데, 좀 더 구체적으로 말하면 옵션과 같이 손익에 따라 계약을 철회하거나 행사하는 선택권 즉, 조건부청구권(contingent claim)이 포함된 금융상품의 가치를 편미분방정식 형태로 표시하고 이를 수학적 또는 수치적으로 해를 구하는 과정을 의미 한다. 수학, 통계학, 물리학, 컴퓨터과학 등을 전공한 과학자들이 대거 금융산업에 진출하면서 금융공학은 더욱 발전하고 있다. 수학적인 모형, 시뮬레이션, 컴퓨터 프로그래밍 기법, 계량적 모형 등을 활용하여 새로운 금융상품을 개발함으로써 수요를 창출하고 금융회사의 이익을 증가시키고 있는 것이다. 이제는 기존의 금융상품 만으로는 시장에서 경쟁력을 갖기가 점점 더 힘들어 지고 있으며 금융회사들은 보다 많은 자원을 금융공학분야 인재채용과 양성, 그리고 금융공학의 활용에 투자해야 할 것이다. 특히 IT산업의 급속한 발전을 기회로 거래비용을 절감할 수 있는 거래시스템개발을 통한 이익증대, 정보활용도 제고를 통한 시장효율성 향상과 국가경제 발전에 기여해야 할 것이다.

나. 파생상품이론의 발전과 활용

파생상품(derivative)이란 스스로는 존재할 수 없고 다른 자산으로부터 파생된 상품을 말한다. 따라서 파생상품의 가치도 파생된 기본자산의 가치에 의존하며 스스로 존재할 수 없기 때문에 파생상품거래에서 발생하는 이익과 손실을 모두 합하면 반드시 0(zero sum)이 되어야 한다.

(1) 파생상품의 종류

현재 금융시장에서 활발하게 거래되고 있는 대표적인 파생상품으로는 선물(futures), 선도(forward), 옵션(option), 그리고 스왑(swap)이 있다. 선물과 옵션은 주로 거래소에서 거래되며, 선도와 스왑은 장외시장(OTC: Over-The-Counter market)에서 거래된다. 선물과 선도는 몇 가지 차이점을 제외하면 거의 같은 것으로 장래 어느 시점에 거래할 것을 지금 가격과 조건에 대해 계약하는 상품을 말한다. 선물과 선도의 중요한 차이점으로는 선도가 주로 개인 간의 사적인 거래로서 장외시장에서 실수요자들 사이에 이루어지는 계약인 반면, 선물은 표준화되어 있고 주로 거래소에서 불특정 다수가 거래한다는 것이다. 또한 선도는 둘 사이의 거래이기 때문에 상대방이 계약을 이행하지 않아 손실이 발생할 가능성이 크므로 신용위험이 큰 반면, 선물은 거래소에서 계약을 보증하고 일일정산을 하므로 신용위험이 거의 없다. 옵션은 기초자산을 사거나 팔 수 있는 권리를 말하며 의무가 아닌 권리를 갖기 때문에 옵션을 사는 사람은 가격(통상 옵션프리미엄이라 함)을 지불해야 하며 옵션발행자는 기초자산을 인수도 할 의무를 지는 대신 가격을 미리 받게 된다. 스왑은 두 계약 당사자가 상호 비교우위(comparative advantage)를 바탕으로 미래의 어느 시점에 일정 수량의 기초자산을 교환할 것을 약속하는 계약이다. 대표적으로 금리스왑과 통화스왑이 있다.

(2) 파생상품의 역사

역사가들은 최초의 선도계약이 12세기경 프랑스 샹파뉴 지역의 장터에서 플라망 상인들에 의해 거래되었다고 하며, 이 중세시대의 선도계약을 'de faire'라 불렀다. 또한 일본에서도 1600년대에 봉건제후들이 기후, 전쟁 등의 요인으로 인한 쌀가격의 변동을 관리하기 위해 쌀 선물거래를 하였다는 기록이 있으며 우리나라에서도 정확히 그 시점을 알 수는 없으나 '밭떼기'라는 이름으로 농산물들을 선도의 형태로 거래한 기록들이 있다고 한다. 옵션이 파생상품 중 가장 늦게 출현하였다고 하는데 17세기 네덜란드의 튤립파동(1636년) 때 튤립뿌리옵션(tulip bulb option)이 옵션의 기원으로 알려져 있으며 17세기 말 영국에서는 주식 콜옵션과 풋옵션이 조직적으로 거래되었다.

현대적 의미에서의 선물시장은 1848년 미국 시카고상품거래소(CBOT: Chicago Board Of Trade)에서 곡물현물이 거래되고 1851년에 곡물이 선도형태로 본격 거래되면서 시작되었다. 1856년 캔사스상품거래소(KCBT: Kansas Commodity Board of Trade)에서 소맥과 원당 선물거래가 시작되었으며, 1870년 뉴욕원면거래소(NYCE: New York Cotton Exchange)에서 면화선물거래가 시작되었다.

1970년 이후 금융시장의 불확실성이 증가함에 따라 다양한 리스크를 헷지하기 위한 수단으로서 다양한 파생상품이 개발되기 시작하였는데, 원유가격의 폭등으로 유발된 두 차례의 오일 쇼크(1973년, 1979년)로 인한 인플레이션으로 금리가 폭등함으로써 금리리스크를 헷지하기 위해 금리선물과 옵션이 거래되기 시작했고 고정환율제도의 붕괴로 환율불확실성이 커지자 통화 파생상품이 발전하기 시작했으며, 금융시장의 전체적인 불확실성이 커지면서 주가지수관련 선물과 옵션의 개발 및 거래가 폭발적으로 증가하였다.

우리나라의 경우 1996년 5월에 KOSPI200주가지수선물이 한국증권거래소(KSE: Korea Stock Exchange)에서 처음 거래되기 시작했으며, 이듬해인 1997년 7월 KOSPI200 주가지수옵션이 거래되기 시작하였다. 이후 1999년 4월 한국선물거래소(KOFEX: Korea Futures Exchange)가 부산에 설립되었고 금선물, CD선물, 달러선물과 옵션이 추가로 거래되기 시작하였다. 1999년 9월에 3년 만기 국고채선물이 도입되었고 2005년에는 증권거래소와 한국선물거래소가 통합하여 한국거래소(KRX: Korea exchange)가 본부를 부산에 두고 새로이 설립되어 지금에 이르고 있다. 짧은 역사이지만 우리나라의 주가지수선물거래량은 전 세계 1, 2위를 다툴 정도로 빠르게 성장하고 있다.

(3) 파생상품의 활용

파생상품은 최근에 눈부시게 발전하고 있는 첨단금융기법으로서 이제 파생상품을 모르면 세계 금융시장에서 제대로 경쟁하기 어렵다고 해도 과언이 아니다. 일반적으로 파생상품은 크게 네 가지 용도로 활용될 수 있다.

첫째, 거래적 헷지(transaction hedge)로 활용된다. 거래적 헷지는 기업이 파생상품을 사용하여 외환거래에 따른 거래적 노출을 헷지하거나 부채발행에 따른 금리리스크를 헷지하는 것을 말한다. 많은 연구결과에 의하면 금융기관들이 주로 금리리스크를 헷지하는 데 관심이 있는 반면, 기업들은 환리스크를 헷지하는 데 관심이 많다고 한다. 또한 환리스크 헷지 기업의 경우 50% 정도는 거래노출과 기대현금흐름을 주로 헷지하고, 약 1/3 정도의 기업은 회계적 노출과 대차대조표 노출을 주로 헷지한다고 한다.

둘째, 전략적 헷지(strategic hedge)로 활용된다. 전략적 헷지란 기업이 파생상품을 활용하여 환율, 금리, 상품가격, 주가 등 각종 가격리스크로부터 기업의 현금흐름 감소나 경쟁력저하를 헷지하는 것을 말한다.

셋째, 자금조달비용 절감용도로 활용된다. 기업들은 자금조달비용을 절감하기 위해 파생상품을 이용하는 경우가 많다. 기업이 파생상품을 사용하면 표면이자가 저렴한 합성부채(synthetic debt)를 창출하여 자금을 조달할 수 있고, 외환시장에 쉽게 접근하여 외화자금을 조달할 수 있다. 또 파생상품을 사용하면 세금 또는 차익거래(arbitrage transaction)[10]를 통해 세금상의 불균형이나 규제적 차이를 이용할 수 있다. 특히 차익거래는 파생상품 발전의 원동력이 되었고 시장효율성 제고에도 지대한 공헌을 하고 있다.

넷째, 수익을 얻기 위해 파생상품이 활용된다. 연구결과에 따르면 7~8%의 기업들이 파생상품을 수익증대 목적으로 사용하는 것으로 나타나고 있다. 시장에 대한 정보를 잘 활용하여 미래의 가격변화 방향을 예측하고 파생상품을 이용하여 이익을 얻거나 차익거래기법이나 프로그램매매 등을 이용, 이익을 얻기도 한다.

이와 같이 파생상품을 이용하면 기업의 이익을 최대화할 수 있을 뿐만 아니라 기업이 노출되어 있는 다양한 리스크에 대해 헷지함으로써 손실을 최소화할 수 있기 때문에 기업의 입장에서 파생상품의 효용은 대단히 크다고 할 수 있다. 다만 파생상품의 경우 리스크도 크기 때문에 엄격한 관리, 감독도 필요하다.

---

10) 차익거래(arbitrage transaction): 자신의 자금을 투입하지 않고(no investment), 손실위험 없이(no risk), 0보다 큰 순이익(positive profit)을 얻을 수 있는 투자거래를 의미한다.

다. 과학적 리스크 관리기법의 발전과 활용

리스크의 증가에 대비하기 위해 새로운 리스크 관리기법들이 개발되고 있다. 전통적인 포트폴리오 이론으로부터 최근의 VaR(Value at Risk), RAROC(Risk Adjusted Return On Capital), CaR(Capital at Risk), 시뮬레이션 등 보다 과학적이고 체계적인 리스크의 측정, 관리, 통제 방법들이 속속 개발되고 있으며 기업들의 리스크 관리 능력도 획기적으로 개선되고 있다. 따라서 각 기업들은 자신의 기업환경을 잘 분석하고 어떤 리스크에 노출되어 있는지 이해해야 할 것이며, 자신에게 가장 적합한 리스크 관리 기법은 무엇인지 연구하고 적용함으로써 장차 발생할 수 있는 손실을 최소화하여 기업의 가치를 제고하도록 노력해야 할 것이다. 따라서 본 교재의 많은 부분에서 과학적 금융리스크 관리기법에 대해 소개한다.

라. 금융리스크 관리의 중요성

(1) 금융리스크의 증가

대규모 인수합병, 세계화, 겸업화, 금융공학과 신상품개발, 새로운 시장진입 및 사업확장을 통한 경쟁, 규제완화 및 새로운 국제 규제안(바젤협약 등) 등장 등은 최근 금융시장의 급격한 변화를 묘사하는 용어들이다. 영국의 Big Bang에 이어 미국이 1999년 FSA(Financial Services Act)를 통해 1933년 제정된 Glass-Steagall Act의 '상업은행의 증권, 보험 발행업무 금지' 조항을 무효화시킨 것은 금융시장에서 업무영역에 대한 차별 없이 금융기관간 무한경쟁을 촉발시킨 중요한 사건으로 평가된다. 이후 2008년의 세계금융위기로 인해 각국 정부는 금융산업에 대한 규제를 점차 강화하고 있는 추세이다.

이렇게 보다 경쟁적인 환경에서 금융리스크가 급격히 증가하게 되었고, 금융시장이 세계화되면서 다른 나라의 리스크가 국내에 쉽게 확산되는 동조화 현상으로 리스크의 확대속도와 규모는 점점 더 커지고 있다. 여기에 경제환경변화에 따른 시장리스크의 증가(예컨대 원유가격의 급변으로 인한 가격리스크 증가, 변동금리 확대 적용으로 인한 금리변동성 증가, 기업내부의 시스템 불안으로 인한 운영리스크 증가) 등으로 인해 기업이 직면하는 리스크는 점차 커지고 있다.

(2) 리스크와 금융회사의 생존

금융환경의 급격한 변화로 인한 리스크의 증가와 이로 인해 기업의 부도가 늘어나는 최근의 현상은 기업의 생존에 리스크 관리가 얼마나 중요한지 잘 보여주고 있다. 흑자부도라는 말에서 알 수 있듯이 유동성리스크 관리를 잘 못하면 기업은 부도에 직면하게 되고, 시장리스크를 잘 못 관리하면 큰 손실을 입을 수도 있다. 수출을 많이 하고도 환리스크 때문에 적자를 기록할 수도 있다. 이와 같은 다양한 리스크에 기업이 효과적으로 대응하기 위해서는 과학적이고 체계적인 리스크 관리가 필요하다.

과거 수익중심으로 경영하던 기업들도 이제는 기업의 생존차원에서 수익과 리스크를 동시에 고려해야만 한다. 즉, 리스크 관리가 이제는 선택이 아니라 필수라는 점을 기업들은 인식해야 하며 특히 리스크에 민감한 금융기관들에게 있어 이제 금융리스크 관리의 중요성은 아무리 강조해도 지나치지 않을 것이다.

- 최근 금융환경이 급변하고 있다. 변화의 중요성을 인식하고 적극 대처하는 것은 금융기업의 성장과 생존에 직결되므로 이에 대한 이해가 필요하다.

- 보험회사는 금융산업에서 아주 중요한 역할을 감당하고 있다. 따라서 보험의 본질과 역할에 대해 잘 이해해야 할 뿐만 아니라, 보험산업 규제의 필요성을 인식하고 잘 대처해야 한다.

- 금융산업은 공공성과 국가경제에 미치는 지대한 파급효과가 크고, 금융시장은 완전하지 못하기 때문에 적절한 규제가 필요하다. 규제의 필요성과 그 내용에 대해 잘 이해하고 대처할 필요가 있다. 또한 규제완화를 통한 기회를 잘 포착하여 기업의 발전에 잘 활용해야 한다.

- 위기가 반복되는 이유는 우리 인간 본성에 근본적으로 투기적 속성이 내재해 있는데다가, 위기가 늘 같은 모습이 아니고 매번 그 얼굴을 바꿔서 다가오기 때문이다. 그래서 처음에는 모두 합리적인 투자로 시작하지만 시간이 지나면서 거품이 끼기 시작하고, 종국에는 걷잡을 수 없이 부풀어 오르다가 어느 순간 터져버리는 것이다.

- 서브프라임 사태란 미국에서 '서브프라임'이라고 불리는 신용도가 낮은 사람들을 대상으로 한 주택대출이 대량으로 회수불능에 빠지고, 이 주택대출(모기지론)을 담보로 발행된 증권화 상품들의 가격이 하락함으로써 금융기관들이 거액의 손실을 입게 되어 연쇄적으로 세계적인 신용경색과 유동성불안으로 이어진 일련의 문제를 말한다.

- 금융환경의 변화로 인해 금융회사들은 시장리스크, 운영리스크, 국가리스크, 신용리스크 등 많은 리스크에 노출되고 있다. 수익뿐만 아니라 리스크를 잘 관리하는 것이 점점 더 중요해지고 있으며, 심지어 리스크관리가 기업의 사활을 좌우하기도 한다. 다양한 리스크의 본질, 관리방법 등을 이해하고 대처하는 것이 매우 중요해지고 있다. 그래서 리스크에 대한 이해가 본 교재의 핵심 주제이기도 하다.

- 최근의 급격한 금융환경변화에 대처하기 위해 시장의 트렌드를 이해하고 대처해야 할 필요성이 있다. 최근의 트렌드를 요약한다면, 금융공학 기법의 발달과 신상품개발 등에의 활용, 파생상품이론의 발전과 활용, 과학적 리스크 관리기법의 발전과 활용 등이 있다.

- 겸업화, 세계화, 국제적 규제의 강화, 그리고 금융 및 시장 환경변화에 따른 금융리스크 증가는 금융리스크 관리의 중요성을 잘 보여주고 있다. 전통적으로 기업들은 수익중심의 경영을 해왔으나 이제는 기업의 생존측면에서도 수익과 리스크를 동시에 관리하는 경영을 추구해야 한다. 따라서 기업들은 노출되어 있는 리스크에 대해 정확히 이해하고, 리스크를 과학적으로 측정하여 효율적으로 관리할 수 있는 역량을 갖추어야 격화되고 있는 금융기관 간의 경쟁에서 우위를 점하고 지속적으로 성장해 갈 수 있다.

연습문제

[객관식]

01. 최근의 금융환경변화와 직접적인 관련이 없는 것은?
    ① 금융의 글로벌화   ② 금융기술의 발전
    ③ 은행과 보험산업의 분리   ④ 수요자 중심의 금융산업 재편

02. 다음 중 보험산업의 규제 목적과 관련이 적은 것은?
    ① 재무 건전성 유지   ② 사회가 필요로 하는 보험의 공급
    ③ 시장실패의 보완   ④ 보험회사의 이익 극대화

03. 다음 중 금융산업의 규제를 지지하는 이론과 관계가 적은 것은?
    ① 정보비대칭   ② 시장실패
    ③ 공공성   ④ 보이지 않는 손

04. 미국의 서브프라임 사태에 대한 설명으로 틀린 것은?
    ① 서브프라임 사태는 신용도가 낮은 사람들을 대상으로 한 주택대출에서 촉발되었다.
    ② 서브프라임 모기지론을 담보로 발행된 증권을 주택저당증권(MBS)이라 한다.
    ③ 서브프라임 모기지는 신용점수가 580점 이하이거나, LTV가 90% 이상에 해당한다.
    ④ 서브프라임 모기지는 고정금리 형태의 대출이 대부분이다.

05. 다음 중 바젤은행감독위원회(BCBS)를 구성하는 국가가 아닌 것은?

① 덴마크　　　　　　　　　　② 인도
③ 한국　　　　　　　　　　　④ 벨기에

06. 각종 생산요소의 투입을 증가시킴으로써 이익을 증가시킬 수 있다는 경제원리를 무엇이라 하는가?

① 외부의 경제　　　　　　　　② 범위의 경제
③ 규모의 경제　　　　　　　　④ 투입의 경제

07. 은행산업의 규제목적 중 안전성 및 건전성을 제고하기 위한 것이 아닌 것은?

① 예금보험제도　　　　　　　② 이자율 규제
③ 자산운용규제　　　　　　　④ 지점개설 제한

08. 우리나라에서 금융의 겸업화를 촉진한 '자본시장통합법'에 관한 설명으로 적절치 않은 것은?

① 자본시장에서의 금융혁신과 경쟁을 촉진하고, 투자자 보호를 선진화하여 자본시장에 대한 신뢰를 높이기 위하여 제정되었다.
② 투자자를 위험 감수능력에 따라 일반투자자와 전문투자자로 구분하도록 하고 전문투자자를 상대로 하는 금융투자업에 대하여 투자자보호 규제를 집중 적용하였다.
③ 증권거래법, 선물거래법, 간접투자자산 운용업법, 신탁업법, 종합금융회사에 관한 법률 등 자본시장 관련 금융법을 통합하였다.
④ 증권, 선물 등 자본시장 관련 금융상품을 법령에서 일일이 열거하던 방식을 폐지하고, 원본손실가능성(투자성)이 있는 금융상품은 모두 금융투자상품으로 인정하였다.

09. 정보의 비대칭 때문에 발생하는 것으로 다른 사람의 비용으로 자신의 이익을 추구하는 것을 무엇이라 하는가?

① moral hazard　　　　　　② law of large numbers
③ indemnification　　　　　④ risk transfer

10. 미국의 RBC제도 중 생명보험회사의 리스크금액(RCB)을 산출하는 공식으로 옳은 것은? (단, $C1$ = 자산리스크, $C2$ = 보험리스크, $C3$ = 금리리스크, $C4$ = 일반리스크)

① 리스크금액(RCB) = $\dfrac{\sqrt{(C1 + C2)} + C4}{3}$

② 리스크금액(RCB) = $C5 + \sqrt{C1^2 + (C2 + C3)^2 + C4^2}$

③ 리스크금액(RCB) = $C5 + \sqrt{C1^2 + (C2 + C3)^2 + (C4a + C4b)^2}$

④ 리스크금액(RCB) = $C2 + \dfrac{\sqrt{(C1 + C3)^2}}{5}$

11. 최근의 시장선진 트렌드의 하나로써 기존의 금융상품을 분해하거나 재조립하여 금융신상품개발과 금융거래방법을 개발하는 것을 무엇이라 하는가?

① 금융시스템   ② 금융공학
③ 금융기술   ④ 금융산업

12. 다음 중 파생상품(derivative)이라 보기 어려운 것은?

① 선물(futures)   ② 옵션(option)
③ 리츠(REITs)   ④ 스왑(swap)

13. 두 계약 당사자가 상호비교우위를 바탕으로 미래의 어느 시점에 일정 수량의 기초자산을 교환하기로 계약하는 것을 무엇이라 하는가?

① option   ② swap
③ futures   ④ forward

14. 다음 중 차익거래(arbitrage)의 3가지 조건과 관련이 없는 것은?

① no investment   ② no risk
③ positive profit   ④ no return

15. 다음 중 선도(forward)에 관한 설명으로 옳지 않은 것은?

① 주로 장외시장에서 거래된다.
② 양도가 불가능하다.
③ 증거금납부 의무가 없다.
④ 청산소가 보증하므로 신용위험이 거의 없다.

16. 파생상품에 관한 다음 설명 중 옳지 않은 것은?

① 기초자산(underlying asset) 없이 존재할 수 없다.
② 파생상품 거래자들의 모든 손익의 합은 0이다.
③ 대부분 리스크가 매우 크기 때문에 리스크 관리도구로 적절치 않다.
④ 보통 조건부청구권(contingent claim)이라고도 한다.

17. swap에서 많이 사용되는 개념으로 만기 결제 시 계약원금 전체를 교환하는 것이 아니라 차액만 주고 받는 것을 무엇이라 하는가?

① differencing   ② exchanging
③ contracting   ④ netting

18. 파생상품에 관한 다음 설명 중 옳지 않은 것은?

① 장외에서 거래되기도 한다.
② 파생상품거래 당사자 간의 손익의 합은 0이다.
③ 파생상품의 가치와 기초자산의 가치는 상호독립적이다.
④ 대표적인 파생상품으로 선물, 옵션, 스왑 등이 있다.

19. 우리나라 거래소에서 가장 먼저 거래되기 시작한 파생상품은?

① KOSPI200주가지수선물   ② KOSPI200주가지수옵션
③ KOSDAQ50주가지수선물   ④ 주식선물

20. 다음 파생상품의 활용용도 중 파생상품을 활용하여 각종 가격위험으로부터 기업의 현금흐름 감소나 경쟁력저하를 헷지하는 것을 무엇이라 하는가?

① 전략적 헷지(strategic hedge)   ② 거래적 헷지(transaction hedge)
③ 자금조달비용 절감   ④ 투자수익추구

연습문제 정답 및 해설

[객관식]

01. ③   02. ④

03. ④

해설 '보이지 않는 손(invisible hand)'의 원리는 가급적 정부가 시장에 개입하지 말고 시장원리에 따르라는 것으로서 규제를 적게 할 것을 요구하고 있다.

04. ④

해설 서브프라임 모기지는 '2년 고정/28년 변동'의 형태가 대부분을 차지하여 금리변동에 상대적으로 취약한 구조를 가지고 있다.

05. ①

해설 핵심체크 바젤은행감독위원회(BCBS: Basel Committee on Banking Supervision): 당초 선진 10개국(미국, 영국, 독일, 프랑스, 일본, 캐나다, 이탈리아, 스웨덴, 스페인, 스위스)과 베네룩스 3국(벨기에, 네덜란드, 룩셈부르크) 등 13개국 이었으나 2009년 3월 한국, 호주, 브라질, 러시아, 중국, 인도, 멕시코 등 7개국이 추가되어 현재는 20개국 중앙은행과 금융감독당국의 고위 실무자로 구성되어 있다.

06. ③

07. ④

해설 핵심체크 지점개설 제한은 은행산업 규제목적 중 '시장구조 및 경쟁'과 관련된 것이다.

08. ②

해설 투자자를 위험 감수능력(전문성, 보유자산 규모 등)에 따라 일반투자자와 전문투자자로 구분하도록 하고 일반투자자를 상대로 하는 금융투자업에 대하여 투자자보호 규제를 집중 적용하였다.

09. ①

10. ②

해설 미국 RBC제도에서 생명보험회사의 리스크금액을 산출하는 공식은 다음과 같다.

$$리스크금액(RCB) = C5 + \sqrt{C1^2 + (C2 + C3)^2 + C4^2}$$

(단, $C1$ = 시장리스크, $C2$ = 신용리스크, $C3$ = 금리리스크, $C4$ = 보험리스크, $C5$ = 운영리스크)

11. ② **12.** ③ **13.** ②

14. ④

해설 핵심체크 차익거래(arbitrage)의 3대 조건: ① no investment, ② no risk, ③ positive profit

15. ④

해설 선도는 장외상품이므로 청산소가 보증하지 않으며, 따라서 일반적으로 선물보다 신용리스크가 더 크다.

16. ③

해설 대부분의 파생상품은 리스크의 헷지에 유용하게 사용되므로 좋은 리스크 관리 도구이다.

17. ④

해설 스왑에서 사용되는 'netting(상계)'은 원금을 모두 교환하는 번거로움을 피하고 차액만 교환하는 것을 말한다.

18. ③

해설 파생상품은 기초자산 없이 독립적으로 존재할 수 없으므로 파생상품의 가치는 기초자산가치에 절대적으로 의존한다.

19. ①

해설 우리나라에서는 1996년 5월에 KOSPI200주가지수선물이 한국증권거래소(KSE: Korea Stock Exchange)에서 처음 거래되기 시작했다.

20. ①

해설 핵심체크 파생상품의 4가지 용도: ① 전략적 헷지(strategic hedge), ② 거래적 헷지(transaction hedge), ③ 자금조달비용 절감, ④ 투자수익추구

제 2 장 국제금융시장의 변화 및 금융회사의 특수성

1 국제금융시장의 변화

최근의 국제금융시장의 특징은 각국의 규제강화와 자본자유화(liberalization), 정보기술의 발달로 인한 금융시장의 통합화(global integration), 그리고 파생금융상품 등의 발달로 인한 증권화(securitization)로 요약할 수 있다. 또한 통신 등 정보기술의 급속한 발달은 시장정보의 전파와 거래실행의 신속성 향상은 물론, 금융의 전자화, 정보화를 촉진시킴으로써 국제금융의 구조변화를 가속화시켰다. 최근의 국제금융시장 구조변화를 살펴보면 다음과 같다.[1]

가. 금융의 세계화와 겸업화

선진 각국에서는 정보통신기술이 빠른 속도로 발전함에 따라 각국의 금융시장이 하나의 시장으로 통합되는 금융의 세계화가 급속히 진행되어 왔다. 그 결과 각국의 금융기관들은 해외점포망의 확대와 외국 금융기관들과의 업무제휴를 통하여 세계적인 영업망을 구축하게 되었으며, 기업 등 금융수요자들도 저렴한 금융비용과 높은 투자수익을 찾아 전 세계를 대상으로 자금을 조달하거나 운용할 수 있게 되었다. 또한 금융의 세계화가 진행되면서 국제 간 자본이동이 빈번해지고 국내외 금융시장 간 차

---

1) 규제강화에 대해서는 '제20장: 주요국의 리스크감독시스템'을 참조하기 바람.

익거래가 촉진되는 등 금융의 일체화 현상이 가속화되면서 각국의 금융기관들은 국경 없는 무한 경쟁시대를 맞게 되었다.

한편 주요 선진국에서는 금융기관들이 새로운 수익원을 찾아 다른 금융기관들의 업무영역에도 상호 진출해 나가는 금융의 겸업화(universalization)[2] 현상이 광범위하게 진행되어 종전의 금융기관 또는 금융상품 간 구분이 점차 그 의미를 상실하고 있다. 이러한 금융의 겸업화 현상은 은행, 증권, 보험 등 이종 금융기관 간의 경쟁을 격화시키는 요인이 되었는데, 이러한 과정에서 한 금융기관의 부도가 전체 금융시장의 리스크를 높이는 요인이 되기도 하였다.

나. 국제금융기관의 대형화

최근 국제금융시장의 또 다른 특징은 금융기관 간의 인수합병(M&A)에 의한 대형화가 활발하게 진전되고 있다는 점이다. 선진국의 주요 금융기관들은 전국적 또는 국제적인 영업망을 확보하여 대 고객 서비스 제공 면에서 비교우위를 점하거나 단위원가 절감 즉, 규모의 경제(economies of scale)를 실현하기 위해 대형화를 적극 추진하여 왔다. 미국의 경우 1995년 이후만 보더라도 10건의 대형은행 간 인수합병이 이루어짐으로써 대형은행의 순위변동이 빈번하였다. 일본에서도 1990년대 초반부터 대형은행들이 경쟁우위를 선점하기 위해 합병을 시작하였으며, 유럽에서도 유럽연합(EU)이 경제통합으로 단일시장화됨에 따라 은행규모의 대형화가 절실하다는 인식하에 인수합병이 활발하다. 아시아지역에서는 우리나라와 홍콩 등에서도 활발하게 진행되는 등 금융기관의 대형화가 전 세계적으로 확산되고 있는 추세이다.

금융기관의 대형화가 진행되는 가운데 다른 한편에서는 중소규모의 은행들을 중심으로 소규모의 자본과 인력으로 고도의 경영기법이 요구되는 특정 금융서비스에 특화함으로써 비교우위를 확보하고자 하는 전문화(specialization)의 경향도 나타나고 있다.

---

2) 금융의 겸업화: 크게 독일형, 영국형, 미국형의 세 가지로 구분된다. 독일형은 한 금융기관이 예금과 대출업무, 증권업무 등의 이종업무를 직접 겸영하는 형태이며, 영국형은 은행, 증권 및 보험회사가 타 금융권의 핵심업무를 자회사를 통해 취급하는 형태이고, 미국형은 은행이 지주회사(holding company)를 통해 증권회사, 보험회사 등과 수평적 계열관계를 맺는 형태이다(자료: 이강남, *국제금융론*, 법문사, 1998).

다. 금융의 정보화

최근 국제금융에서는 금융의 정보화가 확산되고 있다. 통신 및 정보처리기술의 발달은 시장의 다양한 정보를 신속하고 정확하게 전달할 수 있게 만들어 거래비용을 대폭 경감시킬 뿐만 아니라 복잡한 거래위험에 대한 대응을 용이하게 하였다. 즉, 인터넷과 화상(screen)을 통한 금융자산 정보수집, 컴퓨터를 통한 방대한 자료의 신속한 처리와 평가, 가치평가모형의 전산화를 통한 신속한 자산가치 평가 등을 통해 투자자들의 투자결정이나 국제계약의 체결이 매우 신속하게 이루어지게 되었다.

또한 고도의 컴퓨터 네트워크 구축으로 풍부한 금융정보가 축적됨에 따라 고객의 다양한 요구를 효과적으로 충족시킴과 동시에 고객의 자산과 부채를 종합적으로 관리하는 신종 금융서비스가 속속 개발되는 등 금융의 정보화가 신속히 진전되고 있다. 이에 따라 고객의 신용관리, 리스크 관리 등에 관한 종합적인 정보관리 시스템의 활용이 국제 금융기관의 경쟁력을 결정하는 중요한 요인이 되었다. 특히 금융의 정보화는 금융기관의 자체 리스크 관리 능력을 크게 높여 줄 뿐 아니라 다수의 투자자에게 리스크의 평가 및 관리에 대한 정보를 제공하고 수수료를 취득할 수 있게 함으로써 금융기관의 수익증대에도 크게 기여하고 있다.

라. 금융의 증권화와 파생금융상품거래의 확대

최근 1980년대 중반 이후 금융산업 내에서의 경쟁격화에 따라 은행이 양도성예금증서(CD: Certificate of Deposit)나 금융채의 발행을 통한 자금조달을 늘리고 있고 리스크를 회피하기 위해 변동금리채권, 주식연계채권 등의 발행을 확대하면서 증권화가 광범위하게 진행되고 있다.

또한 리스크의 헷지수단으로 파생상품이 각광받음으로써 국제금융시장에서도 파생상품거래가 대폭 확대되고 있다.

마. 외환거래에 대한 규제완화

(1) 외국환 관리제도

외국환 관리제도는 제2차 세계대전 이후 본격적으로 도입되어 대부분의 개발도상국에서 시행되어 왔다. 심지어는 선진국에서도 수시로 이용되기도 하였는데 1950년대 중반의 영국, 1960년대 중반 미국의 외환규제는 그 좋은 예이다. 그러나 1970년대 중반부터 미국을 시작으로 여러 선진국에서 외국환 관리제도의 자유화가 확산되었으며 1980년대 중반부터 규제의 완화와 국제금융시장의 통합이 세계적으로 확산되면서 많은 개발도상국들도 본격적인 자유화를 추진하게 되었다.

(2) 우리나라의 외국환 거래법

우리나라는 1961년 '외국환관리법'을 제정하였는데 그 목적은 외환사용허가제 및 외환집중제 등을 통해 부족한 외환을 효율적으로 사용하는 데 있었다. 정부는 이 법을 통해 개인 및 기업의 외환사용을 엄격히 규제하고, 또한 외환을 선별적으로 배분하고 관리하여 경제성장과 국제수지 조정에 긍정적인 기여를 하도록 유도하였다. 이 법은 경제환경의 변화에 따라 그동안 여러 차례 개정되어 왔으나, 1990년대 중반부터 외국환 관리제도가 오히려 우리경제의 세계화 및 경쟁력 제고에 장애가 되고 있다는 우려와 이를 대폭 완화해야 한다는 인식이 널리 확산되기 시작했다.

이와 같은 시대적 요구를 수용하여 정부는 규제위주의 외환관리 제도를 근본적으로 재점검하고 개선하는 작업을 하게 되었고 새로운 개정안을 1995년에 발표하여 1999년부터 시행되고 있다. 우리나라의 환율제도는 1997년 12월부터 자유변동환율제도를 시행하고 있다.

외국환거래와 관련된 몇 가지 주요사항을 살펴보면 다음과 같다.

① 외국환 규제대상

인적 대상과 물적대상으로 구분할 수 있다. 인적규제대상인 거주자의 대상은 대한민국 내에 주소 또는 거소를 둔 개인과 대한민국 내에 주권사무소를 둔 법인을 말한다. 물적대상은 외국환과 내국지급수단, 귀금속으로 나눌 수 있다.

그리고 외국환에 해당하는 항목으로는 대외지급수단,[3] 외화증권, 외화채권으로 나눌 수 있다.

② 외국환관리의 적용대상

다음과 같은 거래 및 행위가 적용대상이 된다.
- 대한민국 내에서 행하는 외국환 거래
- 대한민국과 외국 간의 거래 또는 지급이나 영수
- 비거주자 간의 대한민국통화로 표시되거나 받을 수 있는 거래
- 기타 거래 지급 또는 영수와 직접 관련하여 행하여지는 지급수단, 귀금속, 증권 등의 취득, 보유, 송금, 추심, 수출, 수입행위

(3) 외환과 자본거래에 대한 규제

외환과 자본거래에 대한 규제가 국제적으로 완화되고 각국의 금융시장이 통합되면서 시장을 교란시키는 요인들을 억제하고 환율을 안정시키기 위한 안전장치에 대해 국제적으로 관심이 커지고 있다.

단기성 자금(hot money)[4]의 국제적인 이동이 커지면서 외환시장에서 큰 비중을 차지하게 된 것이 그 주된 이유라 할 수 있다. 따라서 1997년 아시아에서의 금융위기 이후 단기성 자금의 국제적 이동에 대한 규제의 필요성이 본격적으로 거론되고 있다. 우리나라에서 외국환거래법 상 국가간 자본거래의 유형은 예금 및 신탁계약, 금전대차 및 채무의 보증계약, 대외지급수단, 채권, 기타의 매매, 증권의 발행, 증권의 취득, 파생금융상품거래, 부동산 거래, 현지 금융 등으로 구분된다.

---

3) 대외지급수단: 외국통화로 표시되거나, 외국에서 사용할 수 있는 정부지폐, 은행권, 주화, 수표, 우편환, 신용장, 환어음, 약속어음, 기타 우편 또는 전신에 의한 지급지시, 선불카드, 전자화폐 등이다.
4) hot money(단기성 자금): 국제금융시장을 이동하는 단기자금을 의미한다. 각국의 단기금리의 차이, 환율차이에 의한 투기적인 이익을 목적으로 하는 것과 국내통화의 불안을 피하기 위한 자본도피 등 두 종류가 있다. 핫머니의 특징은 자금이동이 일시에 대량으로 이루어진다는 점과 자금이 유동적인 형태를 취한다는 것이다. 따라서 핫머니는 외환수급관계를 크게 동요시켜 국제금융시장의 안정을 저해한다. 거액의 투자자금으로서 국제금리 및 통화안정에 큰 영향을 주고 있다.

2 금융회사의 특수성

　금융회사 혹은 금융기관(financial institution)은 자금공급자와 자금수요자를 연결함으로써 자금의 효율적 배분을 돕는다. 크게 예금기관(은행, 저축기관, 신용조합 등)과 비예금기관(보험회사, 증권회사, 투자은행, 파이낸스회사, 뮤추얼펀드 등)으로 구분되며, 금융회사의 주요 기능을 중심으로 몇 가지 특수성을 살펴보고자 한다.[5]

가. 중개기능

　중개기능은 위탁매매(brokerage)기능이라고도 하며, 순수한 중개인으로서의 금융회사는 정보와 거래서비스를 제공함으로써 저축자를 위한 대리인으로서 행동하게 된다. 예컨대 증권회사는 수수료를 위해 증권을 매입 또는 매도할 뿐 아니라 투자와 관련된 분석을 하고 고객에게 자문역할을 하기도 한다. 중개회사들은 가계저축자들로 하여금 자신들이 거래할 때 보다 더 유리한 가격과 효율성으로 증권을 거래할 수 있도록 해준다. 이러한 효율성은 거래비용의 감소, 또는 규모의 경제에 기여한다. 독립적인 보험중개인은 가계저축자의 저축과 은퇴계획에 적합한 최적의 보험계약조건을 탐색하고 제시한다. 따라서 금융회사가 존재함으로써 저축률이 제고된다.

나. 자산전환기능

　자산전환(asset transformation)이란 금융회사가 기업이 직접 발행하는 것보다 더 매력적인 금융청구권을 가계저축자 혹은 투자자에게 제공하는 것을 말한다. 즉 많은 저축자나 투자자들은 기업이 직접 발행한 본원적 증권(primary securities: 주식, 채권 등)보다는 금융회사가 발행한 금융청구권 혹은 2차증권(secondary securities: 예금, 보험 등)을 더 많이 보유하게 되는데, 그 이유는 감시비용, 유동성비용, 가격리스크 등에서

---

5) 이상규와 지홍민(2012)을 인용하였다.

2차증권이 더 유리하기 때문이다.

다. 유동성과 가격리스크

가계저축자들은 투자규모가 작기 때문에 분산되지 않은 투자포트폴리오를 소유할 가능성이 크지만, 금융회사들은 리스크를 잘 분산하여 투자함으로서 가격리스크가 작은 투자포트폴리오를 구성할 수 있으며 이러한 저위험자산을 토대로 유동성이 높은 금융청구권을 투자자에게 제공할 수 있다.

라. 그 외 특수성

(1) 통화정책의 경로

은행 및 저축기관 등 예금기관들의 예금은 유동성이 높다는 특성 때문에 경제의 일반 주체들이 교환의 매개수단으로 널리 사용한다. 일반적으로 사용되는 통화의 정의, 즉 M1과 M2에 예금이 포함된다. 따라서, 금융회사의 예금은 통화정책의 주요 수단이 된다.

(2) 신용할당

금융회사는 사전적으로 선별된 특정 경제부문에 대한 자금지원의 중요한 원천이 되기도 하는데 이를 특별 신용할당기능이라 한다. 예컨대, 주거용 부동산부문의 신용수요를 지원하는 저축조합의 역할, 농업부문의 금융지원을 전문적으로 수행하는 농협의 역할, 벤처기업이나 중소기업의 창업을 지원하는 기업은행의 역할 등이 이에 해당한다.

(3) 세대 간 부의 이전

생명보험과 연기금은 특별한 세금감면과 보조제도를 통해 청년층과 노년층, 그리고 세대 간 부의 이전을 가능하게 해준다.

(4) 지급결제서비스

저축기관들은 효율적으로 지급결제서비스를 제공함으로써 경제에 도움을 주는 특수성을 가지고 있다. 금융회사들이 제공하는 대표적인 지급결제서비스에는 수표정산서비스, 전자이체서비스 등이 있다.

요약

- 최근의 국제금융시장의 구조적 변화를 이해하고 이에 대비할 필요가 있다. 특히 금융기관의 겸업화, 세계화, 정보화, 증권화를 이해하고 적극 대처해야 국제금융시장에서 경쟁력을 확보할 수 있을 것이다.

- 외환시장은 세계적으로 자유화되고 있는 추세이다. 대부분의 국가에서 고정환율제도를 변동환율제도로 변경하면서 외환시장의 변동성도 커지고 있고, 단기성 자금(핫머니)의 국제적 이동으로 국제금융시장의 리스크도 커지고 있다. 따라서 기업들의 환리스크 관리능력 향상이 그 어느 때 보다 절실해지고 있다.

- 금융회사는 몇 가지 특수한 기능들을 가지고 있는데, 대표적으로 중개, 자산전환, 유동성 제공과 가격리스크 감소, 통화정책의 경로, 신용할당, 세대간 부의 이전 및 지급결제서비스 제공 등이 있다.

연습문제

[객관식]

01. 최근의 국제금융시장 구조변화와 관련이 적은 것은?
　① 금융의 겸업화　　　　　　　② 금융의 증권화
　③ 금융의 정보화　　　　　　　④ 금융의 민족주의화

02. 금융의 겸업화 방법 중 은행이 지주회사(holding company)를 통해 증권회사, 보험회사 등과 수평적 계열관계를 맺는 형태를 무엇이라 하는가?
　① 미국형　　　　　　　　　② 독일형
　③ 영국형　　　　　　　　　④ 일본형

03. 금융의 겸업화 형태 중 은행, 증권 및 보험회사가 타 금융권의 핵심업무를 자회사를 통해 취급하는 것은 다음 중 어느 것인가?
　① 영국형　　　　　　　　　② 미국형
　③ 독일형　　　　　　　　　④ 프랑스형

04. 각국의 단기금리의 차이, 환율차이에 의한 투기적인 이익을 목적으로 하며, 자금이동이 일시적으로 대량으로 발생하여 국제금융시장 안정성을 크게 위협하고 있는 것은 다음 중 어느 것인가?
　① PEF(Private Equity Fund)　　② hedge fund
　③ hot money　　　　　　　　④ investment money

05. 우리나라 외국환거래법상 '자본거래'에 해당되는 것은?

① 해외 여행경비 지급
② 현지금융
③ 거주자와 비거주자 간의 기술도입계약
④ 대외채무에 대한 이자 지급

06. 다음 중 외환거래법상 대외지급수단에 해당하는 것은?

① 외화증권
② 외화채권
③ 신용장
④ 귀금속

07. 우리나라 외환관리법의 적용대상에 관한 내용으로 적절하지 않은 것은?

① 인적대상을 거주자와 비거주자로 구분하여 외국환관리의 내용을 달리 적용한다.
② 대한민국과 외국 간의 거래 또는 지급이나 영수에 관해 관리하고 있다.
③ 비거주자 간의 대한민국통화로 표시되거나 지급을 받을 수 있는 거래에 대해 관리하고 있다.
④ 인적규제대상인 거주자는 대한민국 내에 주소를 둔 자연인으로 제한된다.

08. 외국환관리의 물적 대상인 외국환에 해당하지 않는 것은?

① 대외지급수단
② 귀금속
③ 외화증권
④ 외화채권

09. 외국환 거래의 적용대상에 대한 설명으로 적절하지 않은 것은?

① 국내에서 행하는 외국환 거래
② 대한민국과 국외 간의 영수거래
③ 지급 또는 영수와 직접 관련하여 행해지는 귀금속의 취득
④ 비거주자 간 외국통화로 표시되거나 지급을 받을 수 있는 거래

10. 다음 중 금융회사의 특수성과 관련이 없는 것은?

① 자산전환
② 신용할당
③ 세대 간 부의 이전
④ 재정정책의 통로

연습문제 정답 및 해설

[객관식]

01. ④

02. ①

> **해설** **핵심체크** 금융의 겸업화: 크게 독일형, 영국형, 미국형의 세 가지로 구분된다. 독일형은 한 금융기관이 예금과 대출업무, 증권 업무 등의 이종업무를 직접 겸영하는 형태이며, 영국형은 은행, 증권 및 보험회사가 타 금융권의 핵심업무를 자회사를 통해 취급하는 형태이고, 미국형은 은행이 지주회사(holding company)를 통해 증권회사, 보험회사 등과 수평적 계열관계를 맺는 형태이다.

03. ①   04. ③

05. ②

> **해설** **핵심체크** 우리나라 외국환거래법상 국가 간 자본거래의 대표적인 유형: 예금 및 신탁계약, 금전대차 및 채무의 보증계약, 대외지급수단, 채권, 기타의 매매, 증권의 발행, 증권의 취득, 파생금융상품거래, 부동산 거래, 현지 금융

06. ③

> **해설** **핵심체크** 대외지급수단: 외국통화로 표시되거나, 외국에서 사용할 수 있는 정부지폐, 은행권, 주화, 수표, 우편환, 신용장, 환어음, 약속어음, 기타 우편 또는 전신에 의한 지급지시, 선불카드, 전자화폐 등

07. ④

> **해설** 인적규제대상인 거주자의 대상은 대한민국 내에 주소 또는 거소를 둔 개인과 대한민국 내에 주권사무소를 둔 법인을 말한다.

08. ②

해설 핵심체크 외환관리의 물적 대상 – 외국환, 내국지급수단, 귀금속; 외국환 – 대외지급 수단, 외화증권, 외화채권

09. ④

해설 외국환관리의 적용 대상: 대한민국 내에서 행하는 외국환 거래, 대한민국과 외국 간의 거래 또는 지급이나 영수, 비거주자 간의 대한민국통화로 표시되거나 받을 수 있는 거래, 기타 거래 지급 또는 영수와 직접 관련하여 행하여지는 지급수단, 귀금속, 증권 등의 취득, 보유, 송금, 추심, 수출, 수입행위

10. ④

제 2 부

리스크 기초이론

제3장 리스크의 개념, 분류 및 사회

1 리스크의 개념

가. 리스크의 정의

(1) 리스크의 유래

리스크(risk)라는 단어는 프랑스어인 'risque'에서 유래된 것으로 17세기 중엽에 등장한 개념이며, 1830년경 영국의 보험계약에서 처음으로 사용되었다고 전해진다. 그 후 약 100년 동안은 risk와 risque라는 두 단어가 위험을 뜻하는 말로 혼용되었으며 20세기에 들어 risque라는 말은 다른 의미로 사용되었다고 한다. 이러한 단어들이 존재하기 전에는 위해(hazard)라는 단어가 위험에 가까운 말로 사용되었고, 보통 hazard는 손실의 기회와 이익의 기회가 포함되어 있다.[1]

(2) 리스크의 의미

리스크에 대한 정의는 매우 다양하다. 리스크 분야의 저명한 학자인 P. Jorion은 리스크를 '자산가치, 자기자본, 혹은 수익 등에 있어서의 예상치 못한 결과들의 변동성(the volatility of unexpected outcomes, which can represent the value of assets, equity,

---

[1] 영국의 대문호 셰익스피어(Shakespeare)가 쓴 '베니스의 상인(The Merchant of Venice)' 가운데, "Men that *hazard* all do it in hope of fair advantages"라는 구절에서 hazard가 처음 위험이란 의미로 사용되었다(Peter G. Moore, *The Business of Risk*, Cambridge University Press, 1983, p.2).

or earnings)'이라 정의한다.[2] 이 외에도 다양한 정의들이 있으나 요약하면, 리스크란 '불확실성에의 노출(exposure to uncertainty)'이라고 정의할 수 있다.

따라서 리스크는 두 개의 요소를 갖는다. 하나는 불확실성(uncertainty)이고 다른 하나는 불확실성에 노출(exposure)되는 것이다. 여기서 불확실성이란 실제결과와 예상 결과가 일치하지 않는 것을 말하며, 노출이란 불확실성에 직접적으로 영향을 받는 것을 의미한다. 예를 들어, 말을 타고 묘기를 하는 서커스 단원을 생각해 보자. 그 단원은 말을 타고 묘기를 하다가 말이 넘어질 수 있는 불확실성에 노출되어 있으므로 리스크를 부담하고 있다. 그러나 그 서커스를 보고 있는 관객들은 말이 넘어질 수 있는 불확실성은 함께 가지고 있지만 그 불확실성에 직접 노출되어 있지는 않다. 즉, 관객들의 입장에서 보면 불확실성은 있어도 그 불확실성에 노출(직면)되어 있지 않으므로 리스크를 부담하는 것은 아니다.

한편, 위험이라는 우리말을 영어로 번역하면 대표적으로 risk와 danger가 있는데 이 둘 사이에도 분명한 차이가 있다. 즉, risk는 예상(기대)보다 달라질 가능성을 표시하므로 결과가 예상보다 더 좋을 가능성과 더 나빠질 가능성 모두를 포함하는 반면, danger는 예상보다 결과가 더 나빠질 가능성만을 의미한다. 또한, risk는 부담하는 대가로 기대수익이라는 보상을 받게 되지만, danger는 부담함으로써 받게 되는 대가가 거의 없다. 따라서, risk는 좋고(good), 나쁨(bad)을 평가할 수 없고 다만 좋아하느냐(like) 싫어하느냐(hate)를 따지는 대상인데 반해, danger는 나쁘고 싫어하는 대상일 뿐이다.

나. 리스크의 정도

리스크의 정도(degree of risk)란 객관적인 불확실성의 크기를 말하며, 통계적으로 측정이 가능한 부분을 말한다. 불확실한 상황에 대하여 개인이 느끼는 심리적 불안, 근심, 의혹의 정도 등은 사람마다 그 크기가 다르고 측정하기도 곤란하므로 리스크의 정도에 포함되지 않는다.

따라서 리스크의 정도를 측정하기 위해서는 통계적인 도구들이 많이 이용되는데, 일반적으로 리스크는 변동성(volatility)으로 측정하며 이는 통계학에서 말하는 표준편

---

2) Philipppe Jorion, *Value at Risk*, 3rd Edition, McGraw Hill, 2007, p.3.

차(standard deviation: σ)를 말한다.

리스크의 정도를 측정하기 위한 일반적인 절차는 다음과 같다.

첫째, 발생 가능한 각 사건(event)들의 종류를 파악한다.

둘째, 각 사건이 발생할 확률을 조사하고 확률분포에 대한 정보를 수집한다.

셋째, 확률분포가 결정되면 이를 이용하여 표준편차를 계산한다.

넷째, 표준편차를 바로 이용하거나, 표준편차를 활용하여 리스크의 정도를 측정한다.

다. 리스크와 확률

리스크와 확률의 개념에 대해 혼동하는 경우가 많이 있다. 그런데 분명한 것은 리스크와 확률의 개념은 서로 다르며 이들의 차이를 분명히 아는 것은 리스크를 관리하는 데 있어 매우 중요하고 필요하다고 하겠다.

확률(probability)이란 어떤 사건의 발생가능성 또는 상대적 빈도수를 나타내는 것으로 어떤 사건의 발생이 확실한 것은 확률이 1이고, 사건이 발생하지 않을 것이 확실하면 확률은 0이다. 그 밖의 경우는 모두 확률이 0과 1 사이의 값을 가지게 된다. 여기서 말하는 확률에는 객관적 확률(objective probability)과 주관적 확률(subjective probability)이 있는데, 객관적 확률은 선험적 또는 경험적 방법에 의하여 상대적 발생 빈도수를 측정한 것이고, 주관적 확률은 개인의 주관적 판단에 의해 발생가능성을 나타낸 것이다. 예를 들어, 각 면이 일정한 주사위를 던졌을 때 짝수(2, 4, 혹은 6)가 나올 확률은 1/2이고, 3의 배수(3 혹은 6)가 나올 확률은 1/3이다. 이러한 확률은 주사위를 무수히 많이 던지는 실험을 할 경우 얻을 수 있는 경험적 확률이며, 경험 이전에 논리적으로 추론할 수 있는 선험적 결과이기도 하다. 물론 객관적 확률이 모두 선험적 방법에 의존하여 얻을 수 있는 것은 아니다. 예를 들어 특정 제품의 불량률, 사람의 사망률, 자동차 사고율 등은 경험적 통계자료를 바탕으로 도출해 낸 확률이다. 이러한 확률은 장기간에 걸친 경험에 의한 결과라 할 수 있다.

확률은 불확실한 상황과 관련이 있지만 리스크의 개념과는 다르다. 불확실한 상황을 설명할 때 확률을 이용하기는 하지만 확률이 곧 불확실성의 정도 즉 리스크의 크기를 나타내지는 않는다. 즉, 확률의 크기에 따라 리스크의 정도가 결정되는 것은 아니다. 확률이 크다고 리스크가 큰 것도 아니고, 작은 것도 아니다. 확률은 단지 리스크를 측정하는 과정에서 사용되는 하나의 도구 혹은 수단일 뿐이다.

특히, 확률의 4차 모멘트(적률)인 첨도(kurtosis)는 금융리스크 관리에서 대단히 중요하다. 그 이유는 수익의 확률분포에서 꼬리(tail)부분이 극단적인 이익이나 손실을 의미하는데 이 꼬리의 두께를 측정하는 것이 바로 첨도이고 따라서 첨도가 금융리스크를 좌우하는 개념이라 할 수 있다.

2 리스크의 분류

가. 주관적 리스크와 객관적 리스크

리스크의 요소인 불확실성이 무엇을 의미하느냐에 따라 리스크에 대한 개념이 달라질 수 있다. 엄밀한 의미에서 리스크를 주관적인 것 혹은 객관적인 것으로 나누는 것은 리스크의 종류를 말하기보다는 개념을 구분한다는 것이라 말할 수 있다.

여기에서는 금융리스크를 구체적으로 다룬다기보다는 보험이나 일반분야에서 다루는 다양한 리스크들을 소개하는 것이 주목적이다.

(1) 주관적 리스크

주관적 리스크(subjective risk)란 실제로 주관적 불확실성(subjective uncertainty)의 의미로 쓰이고 있으며, 이것은 불확실한 상황에 대한 개인적인 마음의 상태나 정신적인 태도로부터 야기되는 심리적 불확실성이라 할 수 있다. 따라서 이런 불확실성은 객관적인 방법으로 그 크기를 측정할 수 없고 단지 개인의 불확실성에 대한 태도를 관찰할 수 있으며, 주로 경제적 효용성(economic utility)의 개념으로 측정하며 사회학이나 심리학 분야에서 많이 사용되는 심리적 실험 등도 측정에 사용된다.

주관적 리스크에 대한 이해와 연구가 필요한 것은 그것이 객관적 리스크의 평가에 영향을 줄 뿐만 아니라 개인 또는 집단의 의사결정에 많은 작용을 하고 있기 때문이다. 주관적 리스크의 변화는 경제적, 정치적, 사회적, 문화적, 종교적 활동 등 여러 분야에 있어서 기본적 변화를 초래하게 된다. 경제적 불확실성에 대한 의식이 팽배하고 리스크를 회피하고자 하는 경향이 큰 사회일수록 리스크 관리에 대한 관심이 커지게 된다.

주관적 리스크에 영향을 미치는 요인에 관한 연구는 많이 이루어지고 있다. 주관적 리스크는 성별, 연령에 따라 영향을 받으며, 일반적으로 여성층과 노년층이 리스크에 대한 태도가 보수적인 것으로 나타나고 있다. 그러나 개인의 주관적 리스크는 항상 일정한 것은 아니고 시간의 흐름에 따라 변할 수 있다. 또한 리스크에 대한 태도는 리스크의 대상에 따라 차이가 있을 수 있다. 예를 들어, 경제적인 불확실성에 대해 갖는 태도와 명예의 불확실성에 대해 갖는 태도가 사람마다 다를 수 있다. 또한 일반적으로 사람들은 발생가능성이 높은 것에 대해서는 과소평가하고, 발생가능성이 낮은 것에 대해서는 과대평가하는 경향이 있다고 한다. 이는 사람이 경제학에서 가정하는 것처럼 그렇게 합리적이지 않다는 것을 보여주고 있다.

이 외에도 개인의 소득수준, 교육수준, 사회적 환경 등에 따라 주관적 리스크의 정도는 달라질 수 있다.

(2) 객관적 리스크

객관적 리스크(objective risk)란 불확실한 상황에 대하여 객관적 의미를 부여한 것을 말한다. 즉, 객관적 리스크에는 확률분포를 정의할 수 있으며, 그것의 기대치와 분산을 측정할 수 있다.

리스크 관리에 있어 주관적 리스크와 객관적 리스크는 둘 다 중요하다. 개인의 행동이나 의사결정에 있어서 객관적 리스크가 중요한 역할을 하는 것은 확실하나 주관적 리스크를 무시할 수 없으며 때로는 그 비중이 더 클 때도 있다. 개인의 느낌과 감 때문에 때로는 의사결정이 역전되는 경우가 있는데 이는 주관적 리스크도 의사결정에서 중요함을 보여준다. 즉, 주관적 리스크의 시대적 경향과 그것에 영향을 미치는 요인들에 대한 연구는 리스크 관리를 위한 각종 제도의 연구에도 많은 도움이 된다.

나. 순수 리스크와 투기 리스크

두 번째 리스크의 분류는 모우브레이(A. Mowbray)[3]가 제안한 개념으로서, 리스크가 손실의 기회(chance of loss)와 이득의 기회(chance of gain)를 제공하고 있는가에 따라 순수 리스크 및 투기 리스크로 분류된다.

(1) 순수 리스크

순수 리스크(pure risk)란 손실의 범위가 0에서 $-\infty$인 경우를 말한다. 즉, 불확성의 결과가 손실이 발생하느냐 혹은 발생하지 않느냐 만의 상황일 때 순수 리스크라 한다. 순수 리스크에서는 최선의 경우 손실이 발생하지 않으나 항상 손실의 기회가 존재하고 이득의 기회는 전혀 없는 상황이다. 우리의 속담대로 '잘해야 본전'인 상황이다. 대표적인 예로 화재, 낙뢰, 홍수, 지진, 폭발, 붕괴 등으로 인한 재산 손실이나 사망, 부상 등 인적 손실 등이 있으며 앞에서 배운 danger와 유사한 개념이라 할 수 있다.

(2) 투기 리스크

투기 리스크(speculative risk)란 손실범위가 $-\infty$부터 $+\infty$인 경우를 말한다. 즉, 투기 리스크는 손실뿐만 아니라 이득의 기회도 있는 상황이다. 예를 들어, 사업을 운영하다 보면 이익을 볼 수도 있고 손해를 볼 수도 있다. 따라서 이러한 경영 리스크는 투기 리스크이다. 또한 유가증권이나 부동산에 투자할 때의 리스크, 인플레이션 또는 디플레이션으로 인한 구매력 변동 리스크, 통화가치의 변동으로 인한 수출입기업의 환리스크 등은 모두 투기 리스크라 할 수 있다.

순수 리스크와 투기 리스크를 분류하는 이유 중의 하나는 리스크의 종류에 따라 그 분석 및 관리 방법이 다르기 때문이다. 순수 리스크를 관리하는 대표적인 방법은 보험(insurance)이지만, 투기 리스크를 관리하는 대표적인 방법에는 헷징(hedging), 하청계약(subcontracting), 분산투자(diversification) 등이 있다.

---

3) 참조: Green, M.R. and P. Swadener, *Insurance Insight*, South−Westwern Publishing Company, 1974.

다. 동적 리스크와 정적 리스크

시간의 흐름에 따라 리스크의 특성이나 발생빈도가 변하는가의 여부에 따라 동적 리스크와 정적 리스크로 분류한다.

(1) 동적 리스크

동적 리스크(dynamic risk)란 시간의 흐름에 따라 리스크의 특성이나 발생빈도가 변하는 상황을 말한다. 예를 들어 소비자 기호의 변화, 시장의 가격 변동성, 기술의 변화로 인한 리스크를 들 수 있다. 동적 리스크의 원천은 매우 다양한데 그 예로 가격의 변동, 소득수준의 변화, 생산성의 변화, 생활 양식의 변화 등이 있다. 이러한 변화는 사회의 모든 구성원들에게 불확실성을 갖게 하며, 동적 리스크의 결과는 사회적 이익 또는 손실로 나타날 수 있다. 동적 리스크의 원인은 다양하며 또한 그 발생에 규칙성이 있는 것이 아니기 때문에 그 예측이 어려울 뿐만 아니라 개인적인 통제가 거의 불가능하다.

(2) 정적 리스크

정적 리스크(static risk)란 시간의 흐름에 따라 리스크의 특성이나 발생빈도가 변하지 않는 상황을 말한다. 예를 들어 화재, 화산의 폭발, 지진, 사고, 도난과 같은 것들은 시간의 흐름과 별 관계없이 나타나는 현상들이다. 정적 리스크로부터 발생한 결과는 항상 개인 또는 사회에 손실을 초래한다. 그러나 다행인 것은 정적 리스크에 대한 예측과 통제는 어느 정도 가능한 경우가 많다. 예컨대 화산의 징후가 나타날 경우 미리 인근 주민들을 대피시키면 리스크를 줄일 수 있다.

동적 리스크와 정적 리스크는 상호 관련성이 있다. 동적 리스크의 심화는 정적 리스크의 정도를 증대시키기도 한다.

라. 경제적 리스크와 기타 리스크

경제 및 경영분야를 대상으로 하는 리스크를 경제적 리스크(economic risk or fi-nancial risk)라 하며, 그 이외의 분야에서 발생하는 리스크를 기타 리스크(other risk)라 한다.

경제적 리스크란 결국 불확실한 상황이 경제적 또는 재무적 결과로 나타나는 것을 말한다. 소유하고 있는 건물에 화재가 발생하느냐, 안 하느냐 하는 불확실성의 결과는 화재에 의한 경제적 손실과 관련이 있다. 기업이 새로운 상품을 개발할 때의 불확실성은 그 상품이 시장에 출시되었을 때 이익을 볼 것인가 손실을 볼 것인가 하는 재무적 리스크와 직결되며, 주식이나 채권 등 유가 증권에 투자하여 이익을 얻을 것인가, 손실을 얻을 것인가도 결국 투자 리스크로서 경제적 리스크이다.

그러나 개인과 집단이 사회생활을 하는 과정에서 직면하는 모든 불확실성이 경제적 리스크와 관련이 있는 것은 아니다. 인간관계에 있어서의 우정, 사랑, 협력, 봉사, 사회적 기여, 구제 등은 경제적 리스크가 아닌 기타 리스크에 포함된다고 할 수 있다. 본 교재에서 다루는 대부분의 리스크가 경제적 리스크이며, 크게 다음과 같이 구분된다.

① 시장리스크(market risk)
② 신용리스크(credit risk)
③ 운영리스크(operational risk)
④ 유동성리스크(liquidity risk)
⑤ 법적리스크(legal risk)

이상의 경제적, 재무적 리스크가 본 교재의 주요 주제이며 뒤에서 자세히 공부하게 된다.

마. 근본 리스크와 특정 리스크

불확실성을 야기하는 리스크의 원천과 불확실성이 미치는 영향의 범위에 따라 리스크를 근본 리스크와 특정 리스크로 구분할 수 있다.

(1) 근본 리스크

근본 리스크(fundamental risk)란 불확실성의 원천과 그 영향의 범위가 특정의 개인이나 집단이 아니고 사회 전반에 걸치는 경우이다. 이러한 리스크는 개별적이고 개인적인 사건에 의하여 야기되는 것이 아니므로 예측이나 통제가 불가능한 경우가 많다. 근본 리스크의 대부분은 경제적, 정치적, 사회적 원인에 의하여 발생되며 물리적 요인에 의한 것도 있다. 근본 리스크의 경제적 요인은 인플레이션, 경기변동, 실업, 경제성장 등이며, 정치적 요인은 전쟁, 내란, 폭동, 징발 및 수용 등이고, 사회적 요인은 편견, 유행, 가치관의 변화, 생활양식의 변화 등이며, 물리적인 요인은 홍수, 지진, 폭풍, 화산폭발 등 주로 천재지변과 관련된 것들이다.

(2) 특정 리스크

특정 리스크(specific risk)란 불확실성의 원천과 그 영향의 범위가 사고 당사자에게 국한되거나 혹은 매우 제한된 범위의 손실을 초래하는 리스크를 의미한다.
특정 리스크에 대한 예측과 통제는 어느 정도 가능한데, 예를 들어 건물의 화재, 은행강도, 자동차 사고, 질병 및 상해, 선박의 침몰 등은 사전에 충분한 주의를 기울이고 예방을 하면 많이 줄일 수 있는 리스크이다.

근본 리스크와 특정 리스크의 구별은 경우에 따라 명확하지 않은 경우도 있으며 환경의 변화로 인해 특정 리스크가 근본 리스크가 될 수도 있고 그 반대도 가능하다. 예컨대 농경사회에서는 개인의 실업이 극히 개인적이어서 특정 리스크에 속하였으나, 요즘의 개인 실업은 개인의 문제에 원인이 있는 경우도 있지만 사회의 교육체계, 가치관 등에 문제가 있어 발생하는 근본 리스크의 성격이 강하다.

근본 리스크와 특정 리스크를 구분하는 이유는 리스크를 연구하고 관리하는 방법에 있어 보다 효율적이고 효과적인 것을 선택하려는 데 있다. 즉, 근본 리스크는 사회, 혹은 국가차원에서 관리하는 것이 바람직하고, 특정 리스크는 민영 또는 사보험 제도를 이용하는 것이 바람직할 것이다.

가. 리스크에 대한 반응

인간의 이성은 완전하지 않을 뿐만 아니라 인간은 시간의 제약 속에 살기 때문에 미래에 일어날 일을 완전하게 예측하거나 대비하는 것이 현실적으로 불가능하다. 따라서 모든 사람은 미래의 불확실성 가운데 살아가며 이는 모든 사람이 리스크와 함께 살 수밖에 없음을 의미한다. 비록 미래의 불확실성을 완전하게 회피할 수는 없다 할지라도 미래의 불확실성을 줄이고자 인간들은 노력해 왔다.

우리 사회에 존재하는 리스크가 매우 다양함은 이미 배운 바 있으며, 리스크에 대한 각 개인과 집단의 반응도 매우 다양하다. 나이 적은 사람이 죽음에 대해 갖는 감정은 나이가 많은 사람이 갖는 감정과 같지 않으며, 증권의 리스크에 대한 반응은 남자와 여자가 다를 수 있다. 똑같은 리스크라 하더라도 경제적 여건에 따라 다르게 반응하기도 한다. 리스크에 대한 개인의 반응에 대해 그동안 많은 연구들이 이루어져 왔는데, 이러한 연구결과들은 리스크에 대한 반응이 개인의 신분, 개성, 환경여건에 따라 다르다는 것을 잘 보여주고 있다. 리스크에 대한 반응에 영향을 주는 몇 가지 중요한 요인들을 요약하면 다음과 같다.

(1) 리스크의 종류와 의사결정 방법

많은 연구결과에 의하면 리스크의 종류 및 의사결정 방법이 개인의 리스크 반응에 영향을 준다. 불확실한 상황에서 개인의 행동은 리스크가 무엇이냐에 따라 다르게 반응한다. 예를 들어 어떤 사람은 자연재해로 발생하는 리스크에 민감한 반면, 다른 사람들은 경제적 리스크에 좀 더 민감하게 반응하기도 한다.

의사결정 태도도 반응에 영향을 주는데 개인적인 때와 집단적인 때가 서로 다르다고 한다. 일반적으로 개인이 집단적인 의사결정에 참여할 때는 개인적으로 의사결정을 할 때보다 적극적으로 리스크에 반응한다고 한다. 따라서 집단적인 의사결정의 결과는 개별적인 의사결정의 결과보다 리스크에 대하여 보다 진취적인 경향이 있다.

그러나 몇몇 실험결과에 의하면 집단의 의사결정이 항상 진취적인 것은 아니고 어떤 상황에서는 집단의 의사결정이 개인적인 의사결정보다 보수적일 수도 있다고 한다.

(2) 인구통계학적 특징

개인의 성별, 연령, 교육수준, 결혼상태, 가정환경, 과거의 경험, 사회적 지위 등 인구통계학적 특성들도 리스크의 반응에 영향을 준다. 이들 요인이 리스크에 대한 개인의 반응에 영향을 주는 것은 많은 사람들이 인정하지만 그 영향의 정도를 계량적으로 평가하는 방법은 아직 만족스럽지 못한 실정이다.

(3) 리스크의 상황

리스크에 대한 반응은 리스크의 상황에 따라 차이를 나타낸다. 리스크를 선호하거나 또는 싫어하는 정도는 그 리스크가 어떤 것인가에 따라 다르다. 한 개인의 순수 리스크에 대한 태도와 투기 리스크에 대한 태도는 다를 수 있다. 순수 리스크에 대하여는 리스크를 회피하거나 보수적인 태도를 취하는 사람이 투기 리스크는 선호하거나 공격적인 태도를 취하기도 한다. 투기 리스크의 상황에서도 경제적 가치의 크기에 따라 달라질 수도 있다. 또한 경제적 리스크에 대해 보수적인 사람이 기타 리스크에 대해서는 공격적일 수도 있고, 그 반대도 가능하다.

결론적으로 리스크에 대한 개인이나 집단의 반응을 어느 하나의 요인만으로 예측하거나 평가하는 것은 적절치 않으며 다양한 요인들을 함께 종합적으로 고려하여 판단해야 할 것이다.

나. 리스크의 경제적 부담

리스크가 없는 사회는 상상하기 어렵다. 그런데 불확실성은 인간의 삶에 부정적인 측면만 있는 것은 아니다. 미래에 불확실성이 없다면 우리의 삶이 지루하고 따분할지도 모른다. 삶에 대한 애착과 노력은 감소되고 삶 자체가 생동감을 잃을 수도 있다. 적절한 스트레스가 삶의 활력소가 되고 자극이 되듯이 불확실성은 우리의 삶을 보다 흥미롭고 보람되게 만들기도 한다.

그러나, 리스크의 존재는 많은 경제적 또는 사회적 부담을 인간에게 주고 있다. 특히 순수 리스크는 이익에 대한 불확실성 없이 손실의 불확실성 만을 인간에게 주기 때문에 더욱 커다란 부담을 야기시킨다. 결국 리스크가 사회에 끼치는 나쁜 영향은 두 가지 형태로 나타난다. 하나는 예상치 못한 손실의 발생에 기인하며, 다른 하나는 불확실성의 존재 자체가 야기하는 부담이다. 이를 좀 더 자세히 설명하면 다음과 같다.

(1) 예상치 못한 손실에 의한 부담

리스크에 의한 경제적 부담으로서 현실적으로 가장 뚜렷이 나타나는 것은 우리 사회의 개인, 가정, 기업 또는 모든 형태의 조직이 예상치 못한 사고로 인하여 경제적 손실을 입는 것이다. 경제적 손실 그 자체도 중요하지만 더욱 중요한 것은 예기치 못한 상황에서 손실이 발생한 것이다. 이러한 손실은 가정과 기업에 심각한 경제적 부담을 야기하여 생존을 위협하는 큰 문제를 초래할 수 있다.

(2) 불확실성의 존재 자체에 의한 부담

예상치 못한 손실에 따른 경제적 부담의 중요성은 모든 사람이 잘 이해하고 있지만, 손실이 실제로 발생하지 않는다 해도 불확실성의 존재 자체가 야기하는 경제적 부담에 대해서는 잘 모르는 경우가 많다. 그런데 실제로는 전자보다는 후자가 더 큰 경제적 부담을 야기한다고 할 수 있다. 이에 대해 좀 더 설명하면 다음과 같다.

① 자원의 비효율적 이용과 배분

경제이론에 의하면 유한한 자원을 사회전체적으로 가장 적정하게 배분하여 최대의 생산효과를 얻도록 이용하는 방법은 모든 산업으로부터 얻어지는 자원의 한계생산성(marginal productivity of capital)이 동일하게 되도록 자원을 배분하는 것이다. 그러나 이러한 효율적 자원배분은 불확실성이 없는 확실성 하에서만 달성될 수 있다.

그런데 현실에는 항상 불확실성이 존재한다. 즉, 리스크의 정도가 모든 분야에서 같지 않으며, 리스크가 다른 상황에서 리스크 비선호를 가정할 때 제한된 자원의 흐름은 자연적으로 리스크가 작은 사업 및 산업으로 집중될 수밖에 없는 것이다. 그 결과 상대적으로 리스크가 큰 많은 산업에의 투자는 제한되거나 회피될 수밖에 없으며 이는 리스크가 큰 산업생산의 감소를 가져오며, 이러한 상황에서는 사회전체의 총 생산량은 감소되고 생산의 불균형에 따른 공급의 과대 혹은 과소현상을 가져와 가격의 불균형과 상승현상이 발생한다. 결국 불확실성에 의한 리스크의 존재 때문에 경제학에서 말하는 한계생산이론이 성립되지 않고 이는 자원의 효율적 배분과 이용을 막는 역할을 하게 된다.

한편, 불확실성의 존재는 산업간의 비효율적 자원배분을 초래할 뿐만 아니라 하나의 산업 또는 기업 내에서 자원의 배분 및 경영정책에 영향을 미치며 많은 경우 비능률적, 비효과적 결과를 야기한다. 예를 들면, 권한의 위임은 조직운영의 효율성을 증진시키지만, 위임에 따른 불확실성 때문에 억제되는 경우가 많다. 또한 사업에 있어 신용거래의 적절한 이용은 이익을 늘려주지만, 신용거래에 따른 리스크를 회피하고자 신용거래를 포기함으로써 이익이 희생되기도 한다.

손실의 불확실성은 손실이 언제, 어떤 규모로 발생하는가에 대한 문제를 야기한다. 손실이 발생했을 때 그것으로부터의 충격을 완화시키고 정상적인 상태로 즉시 회복시키기 위해 적절한 규모의 자금의 적립이 필요하다. 다만 적립된 자금은 다른 수익성 높은 사업에의 투자에 사용될 자금이 준비금으로 묶여있게 되므로 기회비용을 유발하게 되고 이는 곧 기업의 수익성 저하를 가져온다. 따라서 적립자금을 통한 리스크 감소와 적립자금으로 인한 수익성 저하의 상충문제를 잘 고려하여 적립금의 규모를 파악할 필요가 있다.

② 효용의 감소경향

경제활동의 과정에서 불확실성의 존재는 효용을 감소시키는 역할을 한다. 즉, 모든 조건이 동일할 경우 불확실성이 큰 투자가 작은 투자보다 효용을 더 많이 감소시킨다는 것은 현대 포트폴리오 이론의 기본개념이다. 즉, 평균분산모형(mean－variance model)에서 보듯이 일반적으로 투자자들은 수익률이 더 높을수록, 그리고 리스크는 더 작을수록 만족감(효용)을 더 크게 느낀다. 따라서 투자자들은 동일한 리스크수준에 대해서는 수익률을 최대화하는 방향으로, 동일한 수익률 수준에 대해서는 리스크를 최소화하는 방향으로 투자의사결정을 하게 된다.

이렇게 리스크가 효용을 감소시키는 것은 다음과 같은 세 가지 원리에 의해서이다.

첫째, 한계효용체감(diminishing marginal utility)의 원리이다.[4] 경제이론에 의하면 한계효용은 재화 혹은 부가 증가될수록 점차 감소하는 경향을 보이는데 이를 한계효용체감의 법칙이라 한다. 불확실성 하에서 경제활동을 할 때 얻어지는 효용은 확실성 하에서 보다 감소하는 경향이 있으며 이는 한계효용체감의 법칙이 작용한 결과이다.

둘째, 손실확률 과대예측의 원리이다. 이는 불확실성 하에서 손실의 발생확률을 예측할 때 일반적으로 비관적 태도를 취하여 손실확률을 실제보다 과대하게 예측함으로써 손실에 따른 효용상실 측면을 강조하게 되는 결과로 총효용을 감소시킨다는 것이다.

셋째, 심리적 불안의 원리이다. 일반적으로 불확실성은 인간에게 심리적 불안을 주며 마음의 평화를 방해한다. 이러한 상황에서 경제활동을 통해 느끼는 주관적 효용은 감소할 수밖에 없을 것이다.

③ 정신적, 육체적 고통

불확실성의 존재는 때로는 흥미와 즐거움도 주지만 대개의 경우 근심과 두려움을 초래하여 정신적 고통을 겪게 하고 심지어 육체적 아픔을 당하게 한다. 이러한 상황은 그 자체로 인간에게 큰 부담이 될 뿐만 아니라 일상생활에 직접적 영향을 미쳐 경제적 활동에 많은 손실을 야기하게 된다.

다. 리스크와 사회과학

사회과학의 다양한 분야는 리스크의 개념과 분석방법을 서로 다르게 발전시켜 왔다. 여기서는 경제학, 심리학, 정치학, 사회학, 철학과 리스크의 관계 등에 대해 살펴보기로 한다.

(1) 경제학과 리스크

경제학에서는 경제적 안정과 그것을 달성하는 방법에 관하여 많은 연구가 이루어져 왔다. 시장경제에 있어서 리스크에 대한 개인의 태도는 경제학에서 가격이론을 형

---

4) 한계효용(marginal utility)이란 경제활동에서 재화 혹은 부(wealth)가 한 단위 추가될 때의 효용의 변화량을 의미한다.

성하는 중요한 요소의 하나이다. 경제학에서는 효용이론, 유동성선호이론(liquidity preference theory)[5] 등을 통해 리스크를 분석하고 리스크에 대한 반응을 연구한다. 특히 수익률과 리스크의 상충관계를 통해 투자자들의 리스크에 대한 태도를 분석하는 것은 잘 알려진 사실이다.

(2) 심리학과 리스크

심리학분야에서도 리스크에 대해 다각도로 연구해 왔다. 심리학은 리스크에 대한 태도와 개인적 특성의 관계에 초점을 맞추고 연구함으로써 개인의 행동양상을 설명하는 이론적 측면의 기여를 하였다. 심리학에서의 리스크 연구는 크게 다섯 가지로 요약할 수 있다. 첫째, 개인의 특성과 리스크행태와의 관계 분석, 둘째, 리스크의 종류와 리스크 행태와의 관계 분석, 셋째, 리스크에 대한 태도측정을 위한 믿을 만한 실험방법의 개발, 넷째, 시간의 흐름에 따른 리스크 행태의 일관성 측정, 다섯째, 개인적 리스크 행태와 집단적 리스크 행태의 비교 연구 등이다.

(3) 정치학, 사회학과 리스크

리스크는 정치적, 사회적, 그리고 정부의 관점에서 분석되고 측정될 수 있다. 정부의 행위에 대한 정치적 태도, 범죄에 대한 태도 등도 리스크의 개념에서 분석되고 이해될 수 있다.

사회는 그 자체로 리스크 관리를 위한 하나의 조직이라 할 수 있다. 그러한 사회가 발전함에 따라 사회의 구성원들은 점차 리스크를 회피하는 태도를 취하게 되는 것이 일반적이다. 정치적으로 좀 더 진보적인 사람들이나 집단은 리스크를 선호하는 경향을 보이며, 반면 보수적인 사람들이나 집단은 리스크를 회피하는 경향이 있다. 결론적으로 사회가 보다 정교하게 발전하고 구조적으로 안정되면 그 사회에서 사는 개인은 리스크를 회피하는 경향을 갖는다. 따라서 리스크를 회피하려는 경향이 강한 사회에서는 리스크를 회피할 수단이 되는 보험 등이 발전하게 된다.

---

5) 유동성선호이론이란 사람들이 채권 또는 주식과 같은 형태로 자산을 보유하는 것보다 유동성이 높은 현금의 형태로 자산을 보유하는 것을 선호한다는 이론이다.

(4) 철학, 종교와 리스크

사람이 종교나 철학에 대해 관심을 갖는 것은 리스크에 대한 태도의 간접적인 표현이라 할 수 있다. 종교의 영향으로 인류사에는 전쟁, 대이동, 분쟁 등이 있어 왔고, 신앙의 차이 때문에 국가간의 분열 또는 갈등이 심해지기도 한다.

그러나 종교는 신앙과 믿음을 통해 현세에 대한 자신감을 키우고 내세에 대한 불확실성을 감소시키는 역할을 하기도 한다. 다시 말해 믿음을 통해 미래의 불확실성을 확실성으로 받아들임으로써 리스크에 대해 긍정적으로 반응하기도 한다.

지식의 축적과 과학의 발달은 일반적으로 인간의 예측능력을 제고함으로써 인간으로 하여금 자신감을 갖게 했고 불확실성을 감소시키는 결과를 가져왔다. 따라서 과학의 발달은 인간의 생활환경에 많은 변화를 가져오며 이에 따라 리스크 관리영역에 많은 변화를 초래하게 된다.

이상에서 설명한 바와 같이 정치학, 경제학, 사회학, 심리학 등 다양한 사회과학들은 리스크와 많은 관련을 가지며 때로는 리스크 관리기법 개발의 이론적 배경으로 작용하기도 하고, 때로는 직접적으로 리스크에 대해 설명하기도 한다. 따라서 리스크 관리에 관한 보다 깊이 있는 분석과 연구를 위해 다양한 사회과학 분야의 이해는 매우 중요하다고 하겠다.

요약

- 리스크에 대한 다양한 정의가 있다. 정의를 정확히 이해해야 그것을 측정할 수 있고, 측정이 정확해야 관리가 가능하고 리스크를 최소화할 수 있다.

- 리스크의 크기를 결정하는 요인들에는 가능한 사건, 사건의 확률분포, 그리고 확률분포를 통해 결정되는 표준편차(변동성) 등이 있다. 각각에 대한 정확한 이해는 정확한 리스크의 크기를 측정하는 데 매우 중요하다.

- 리스크를 측정하는 데 확률은 대단히 중요하지만, 확률 자체가 리스크는 아니다. 확률과 리스크의 차이점을 정확히 알 필요가 있다.

- 다양한 리스크의 종류를 이해하고 각각의 리스크를 어떻게 관리하는 것이 효과적인지 이해하는 것은 아주 중요하다.

- 많은 리스크 중 본 교재에서는 주로 경제적 혹은 재무적 리스크에 초점을 맞춘다. 특히, 시장리스크, 신용리스크, 유동성리스크, 운영리스크, 법적리스크는 금융리스크관리에서 대단히 중요한 것들이며, 그 개념과 측정 방법, 관리 방법에 대해 앞으로 심도 있게 공부한다.

- 리스크에 직면했을 때 개인과 집단의 반응은 상황에 따라 다양하게 변화한다. 이러한 변화를 잘 이해하고 리스크 관리에 활용할 필요가 있다. 특히 리스크의 반응에 영향을 미치는 요인들에는 어떤 것들이 있는지, 그리고 각각의 요인이 개인과 집단의 리스크에 대한 반응에 미치는 영향을 이해하고 실무에서 어떻게 적용할지 연구할 필요가 있다.

- 리스크는 우리의 삶에 때로는 활력을 주고 생동감을 주기도 하지만 대부분의 경우 경제적으로 큰 부담이 된다. 따라서 리스크의 존재가 어떤 경제적 부담을 초래하는지 잘 이해하고 대비해야 할 필요가 있다. 즉, 리스크는 자원배분의 비효율성을 야기하기도 하고, 개인이나 집단의 효용을 감소시키며, 육체적, 정신적 고통을 초래하기도 한다. 이러한 경제적 부담은 기업이나 집단의 생존에 직결되기도 하므로 매우 중요하고, 따라서 적절한 대책이 필요하다.

- 경제학, 심리학, 정치학, 철학 등의 사회과학은 리스크의 인식, 리스크에 대한 반응을 연구하는데 많은 도움이 된다. 따라서, 리스크에 대한 깊은 이해를 위해서는 이들 사회과학에 대한 이해가 필요하다.

연습문제

[객관식]

01. 다음 중 리스크의 정의로서 가장 적절한 것은?

① 확률
② 불확실성
③ 손실가능성
④ 불확실성에의 노출

02. 다음 중 리스크의 정도(크기)를 측정하는 데 꼭 필요한 것이 아닌 것은?

① volatility
② probability
③ danger
④ standard deviation

03. '위험'에 관한 다음 설명 중 옳지 않은 것은?

① danger는 예상보다 결과가 더 나빠질 가능성만을 의미한다.
② danger는 좋고(good), 나쁨(bad)을 평가할 수 없고 다만 좋아하느냐(like) 싫어하느냐(hate)를 따지는 대상일 뿐이다.
③ risk는 결과가 예상보다 더 나쁠 가능성과 더 좋을 가능성을 모두 포함한다.
④ risk는 결과가 예상(기대)보다 달라질 가능성을 표시한다.

04. 리스크 분야의 저명한 학자인 P. Jorion은 리스크를 어떻게 정의하는가?

① exposure to danger
② probability of loss
③ willingness of hazard
④ volatility of unexpected outcomes

05. '객관적인 불확실성의 크기'를 의미하는 것은?

① 리스크 발생확률(probability of risk)

② 리스크의 정도(degree of risk)

③ 손실이나 이익의 크기(size of loss or profit)

④ 기대값과 실제값의 차이(difference between expected and actual value)

06. 리스크의 정도(크기)는 통계적으로 측정가능해야 하는데, 일반적으로 무엇으로 측정하는가?

① 기대값과 실제값의 차이　　　　　② 평균값

③ 표준편차　　　　　　　　　　　　④ 상관계수

07. 리스크의 정도(크기)를 측정하는 일반적인 절차에 포함되지 않는 것은?

① 발생 가능한 각 사건(event)들의 종류를 파악한다.

② 사건들 사이의 상관계수와 공분산을 구한다.

③ 확률분포가 결정되면 이를 이용하여 표준편차를 계산한다.

④ 표준편차를 바로 이용하거나, 표준편차를 활용하여 리스크의 정도를 측정한다.

08. 리스크의 측정에서 중요한 역할을 하는 '확률'에 대한 설명으로 옳지 않은 것은?

① 경험적으로 얻을 수 있는 확률을 주관적 확률이라 한다.

② 모든 확률을 더하면 반드시 1이어야 한다.

③ 확률은 0보다 작을 수 없고 1보다 클 수 없다.

④ 확률을 선험적(논리적 추론)으로도 구할 수 있는데 이는 객관적 확률이라 볼 수 있다.

09. 확률과 리스크와의 관계를 설명 한 것 중 옳은 것은?

① 리스크는 확률을 측정하는 하나의 도구 혹은 수단이다.

② 확률과 리스크는 동일한 개념이다.

③ 불확실한 상황을 설명할 때 확률을 이용하기는 하지만 확률이 곧 불확실성의 정도, 즉 리스크의 크기를 나타내지는 않는다.

④ 확률의 크기에 따라 리스크의 정도가 결정된다.

10. 리스크를 측정할 때 확률분포의 꼬리부분이 두터운지, 얇은지가 대단히 중요하다. 꼬리의 모양과 직결되는 것은 다음 중 어느 것인가?

　① 평균　　　　　　　　　　　　② 분산
　③ 상관계수　　　　　　　　　　④ 첨도

11. 다음 중 시간의 변동에 따라 특성이나 빈도가 변화하는 리스크를 무엇이라 하는가?

　① static risk　　　　　　　　　② dynamic risk
　③ specific risk　　　　　　　　④ pure risk

12. 다음 중 '순수 리스크'의 종류와 거리가 먼 것은?

　① 지진　　　　　　　　　　　　② 화재
　③ 주식 투자　　　　　　　　　　④ 화산 폭발

13. 다음 중 순수 리스크(pure risk)를 관리하는 방법으로 가장 적절한 것은?

　① 분산투자(diversification)　　　② 보험(insurance)
　③ 헷징(hedging)　　　　　　　　④ 하청계약(subcontracting)

14. 리스크의 분류 중 경제적 리스크(economic risk)에 해당되지 않는 것은 다음 중 어느 것인가?

　① 사회적책임리스크　　　　　　② 유동성리스크
　③ 신용리스크　　　　　　　　　④ 법적리스크

15. 다음 중 근본 리스크(fundamental risk)에 해당되지 않는 것은?

　① 징발 및 수용　　　　　　　　② 경기변동
　③ 질병 및 상해　　　　　　　　④ 화산폭발

16. 다음 중 투기 리스크를 관리하기 위한 방법으로 적절하지 않은 것은?

　① hedging　　　　　　　　　　② diversification
　③ subcontracting　　　　　　　④ insurance

17. 불확실성의 원천과 그 영향의 범위가 사고 당사자에게 국한되거나 혹은 매우 제한된 범위의 손실을 초래하는 리스크를 의미한다.

    ① 근본 리스크　　　　　　　② 특정 리스크
    ③ 경제 리스크　　　　　　　④ 주관적 리스크

18. 주관적 리스크(subjective risk)를 측정하는 데 가장 적절한 것은?

    ① 경제적 효용　　　　　　　② 확률분포
    ③ 통계자료　　　　　　　　④ 표준편차

19. 근본 리스크가 발생하는 요인으로 거리가 먼 것은?

    ① 경기변동과 인플레이션　　② 건물의 화재와 자동차사고
    ③ 사회적인 편견과 유행　　④ 홍수와 지진

20. 근본 리스크와 특정 리스크에 관한 설명 중 옳지 않은 것은?

    ① 근본 리스크란 불확실성의 원천과 그 영향의 범위가 특정의 개인이나 집단이 아니고 사회 전반에 걸치는 리스크이다.
    ② 특정 리스크에 대한 예측과 통제는 어느 정도 가능하다.
    ③ 근본 리스크와 특정 리스크는 구분이 명확하다.
    ④ 특정 리스크란 불확실성의 원천과 그 영향의 범위가 사고 당사자에게 국한되거나 혹은 매우 제한된 범위의 손실을 초래하는 리스크를 의미한다.

21. 다음 중 리스크에 의한 경제적 부담과 관련이 적은 것은?

    ① 육체적, 정신적 고통　　　② 효용의 감소
    ③ 기업의 사회적 책임　　　④ 자원의 비효율적 배분

22. 다음 중 리스크에 영향을 주는 사회과학분야로 보기 어려운 것은?

    ① 사회학　　　　　　　　　② 언어학
    ③ 경제학　　　　　　　　　④ 심리학

23. 손실확률을 실제보다 과대하게 예측함으로써 손실에 따른 효용상실측면을 강조하게
되는 결과로 총효용을 감소시킨다는 이론은?

   ① 효용체감의 법칙　　　　　　② 손실체감의 법칙
   ③ 심리적 불안이론　　　　　　④ 손실확률 과대예측의 원리

24. 불확실성 하에서 경제활동을 할 때 얻어지는 효용은 확실성 하에서 보다 감소하는
경향이 있으며, 이 때문에 리스크는 효용을 감소시킨다는 이론은?

   ① 한계리스크체감의 원리　　　② 한계손실체감의 원리
   ③ 효용체감의 원리　　　　　　④ 리스크 과대예측의 원리

25. 불확실성은 인간에게 심리적 불안을 주며, 이러한 상황에서 경제활동을 통해 느끼는
주관적 효용은 감소된다는 이론은?

   ① 리스크 과대예측이론　　　　② 효용체감의 이론
   ③ 리스크 불안이론　　　　　　④ 심리적 불안이론

26. 리스크에 대한 개인이나 집단의 반응에 대한 다음 설명 중 적절치 않은 것은?

   ① 개인이 집단적인 의사결정에 참여할 때는 적극적으로 리스크에 반응한다.
   ② 개인의 성별, 연령, 교육수준, 결혼상태, 가정환경, 과거의 경험, 사회적 지위
      등도 리스크의 반응에 영향을 준다.
   ③ 경제적 리스크에 대해 보수적인 사람은 기타 리스크에 대해서도 보수적이다.
   ④ 순수리스크에는 회피하거나 보수적인 태도를 취하는 사람이 투기리스크에는
      선호하거나 공격적인 태도를 취하기도 한다.

27. 사람들이 채권 또는 주식과 같은 형태로 자산을 보유하는 것보다 유동성이 높은 현금의
형태로 자산을 보유하는 것을 선호한다는 이론은?

   ① risk preference theory
   ② uncertainty resolution theory
   ③ diminishing marginal utility theory
   ④ liquidity preference theory

28. 심리학에서의 리스크 연구와 가장 관련이 적은 것은?

① 개인적 리스크 행태와 집단적 리스크 행태의 비교 연구

② 리스크에 대한 태도측정을 위한 믿을 만한 실험방법의 개발

③ 정부의 행위에 대한 정치적 태도, 범죄에 대한 태도 분석

④ 개인의 특성과 리스크 행태와의 관계 분석

29. 경제활동과정에서 불확실성의 존재는 효용을 감소시킨다. 다음 중 리스크가 효용을 감소시키는 세 가지 원리와 거리가 먼 것은?

① 한계생산성체감의 원리　　　② 심리적 불안의 원리

③ 손실확률 과대예측의 원리　　④ 한계효용체감의 원리

30. 다음 중 리스크에 대한 개인과 집단의 반응에 직접적으로 영향을 주는 원인이 아닌 것은?

① 리스크의 종류와 의사결정　　② 투기리스크에 대한 선호

③ 리스크의 상황　　　　　　　④ 인구통계학적인 특성

연습문제 정답 및 해설

[객관식]

01. ④

> 해설 핵심체크 risk=exposure to uncertainty

02. ③

03. ②

> 해설 risk는 좋고(good), 나쁨(bad)을 평가할 수 없고 다만 좋아하느냐(like) 싫어하느냐 (hate)를 따지는 대상인 데 반해, danger는 나쁘고 싫어하는 대상일 뿐이다.

04. ④

> 해설 P. Jorion은 리스크를 '자산가치, 자기자본, 혹은 수익 등에 있어서의 예상치 못한 결과들의 변동성(the volatility of unexpected outcomes, which can represent the value of assets, equity, or earnings)'이라 정의한다.

05. ②

> 해설 핵심체크 degree of risk=size of objective uncertainty

06. ③

> 해설 리스크의 정도(크기)는 일반적으로 표준편차(변동성)로 측정한다.

07. ②

> 해설 리스크의 정도를 측정하기 위한 일반적인 절차는 다음과 같다.
> 첫째, 발생 가능한 각 사건(event)들의 종류를 파악한다.
> 둘째, 각 사건이 발생할 확률을 조사하고 확률분포에 대한 정보를 수집한다.
> 셋째, 확률분포가 결정되면 이를 이용하여 표준편차를 계산한다.
> 넷째, 표준편차를 바로 이용하거나, 표준편차를 활용하여 리스크의 정도를 측정한다.

08. ①

> **해설** 확률에는 객관적 확률(objective probability)과 주관적 확률(subjective probability) 이 있는데, 객관적 확률은 선험적 또는 경험적 방법에 의하여 상대적 발생빈도수를 측정한 것이고, 주관적 확률은 개인의 주관적 판단에 의해 발생가능성을 나타낸 것이다.

09. ③

> **해설** 확률은 리스크를 측정하는 하나의 도구 혹은 수단일 뿐이며, 확률과 리스크는 기본적으로 서로 다른 개념이다. 불확실한 상황을 설명할 때 확률을 이용하기는 하지만 확률이 곧 불확실성의 정도 즉 리스크의 크기를 나타내지는 않는다. 또한 확률의 크기에 따라 리스크의 정도가 결정되지는 않는다.

10. ④

> **해설** 확률의 4차 모멘트(적률)인 첨도(kurtosis)는 금융리스크 관리에서 대단히 중요하다. 그 이유는 수익의 확률분포에서 꼬리(tail)부분이 극단적인 이익이나 손실을 의미하는데, 이 꼬리의 두께를 측정하는 것이 바로 첨도이고 따라서 첨도가 금융리스크를 좌우하는 매우 중요한 개념이라 할 수 있다.
>
> **핵심체크** 확률분포 꼬리의 두께 측정: 첨도(kurtosis)

11. ②

> **해설** 동적 리스크(dynamic risk)란 시간의 흐름에 따라 리스크의 특성이나 발생빈도가 변하는 상황을 말한다.

12. ③   **13.** ②

14. ①

> **해설** 경제 및 경영분야를 대상으로 하는 리스크를 경제적 리스크(economic risk or financial risk)라 하며, 그 이외의 분야에서 발생하는 리스크를 기타 리스크(other risk)라 한다.

15. ③

16. ④

> **해설** 순수 리스크를 관리하는 대표적인 방법은 보험(insurance)이고, 투기 리스크를 관리하는 대표적인 방법은 헷징(hedging), 하청계약(subcontracting), 분산투자(diversification) 등이 있다.

17. ②

> **해설** 특정 리스크(specific risk)란 불확실성의 원천과 그 영향의 범위가 사고 당사자에게 국한되거나 혹은 매우 제한된 범위의 손실을 초래하는 리스크를 의미한다.

18. ①

> **해설** 주관적 리스크(subjective risk)란 실제로 주관적 불확실성(subjective uncertainty)의 의미로 쓰이고 있으며, 이것은 불확실한 상황에 대한 개인적인 마음의 상태나 정신적인 태도로부터 야기되는 심리적 불확실성이라 할 수 있다. 따라서 이런 불확실성은 객관적인 방법으로 그 크기를 측정할 수 없고 단지 개인의 불확실성에 대한 태도를 관찰할 수 있으며, 주로 경제적 효용(economic utility)의 개념으로 측정하며 사회학이나 심리학 분야에서 많이 사용되는 심리적 실험 등도 측정에 사용된다.

19. ②

> **해설** 근본 리스크의 경제적 요인은 인플레이션, 경기변동, 실업, 경제성장 등이며, 정치적 요인은 전쟁, 내란, 폭동, 징발 및 수용 등이고, 사회적 요인은 편견, 유행, 가치관의 변화, 생활양식의 변화 등이며, 물리적인 요인은 홍수, 지진, 폭풍, 화산폭발 등 주로 천재지변과 관련된 것들이다.

20. ③

> **해설** 근본 리스크와 특정 리스크의 구별은 경우에 따라 명확하지 않은 경우도 있으며 환경의 변화로 인해 특정 리스크가 근본 리스크가 될 수도 있고 그 반대도 가능하다. 예컨대 농경사회에서는 개인의 실업이 극히 개인적이어서 특정 리스크에 속하였으나, 요즘의 개인 실업은 개인의 문제에 원인이 있는 경우도 있지만 사회의 교육체계, 가치관 등에 문제가 있어 발생하는 근본 리스크의 성격이 강하다.

21. ③   22. ②

23. ④

> 해설　 핵심체크　손실확률 과대예측의 원리: 이는 불확실성 하에서 손실의 발생확률을 예측할 때 일반적으로 비관적 태도를 취하여 손실확률을 실제보다 과대하게 예측함으로써 손실에 따른 효용상실 측면을 강조하게 되는 결과로 총 효용을 감소시킨다는 것이다.

24. ③

> 해설　 핵심체크　한계효용체감(diminishing marginal utility)의 원리: 경제이론에 의하면 한계효용은 재화 혹은 부가 증가될수록 점차 감소하는 경향을 보이는데 이를 한계효용체감의 법칙이라 한다. 불확실성 하에서 경제활동을 할 때 얻어지는 효용은 확실성 하에서 보다 감소하는 경향이 있으며 이는 한계효용체감의 법칙이 작용한 결과이다.

25. ④

> 해설　 핵심체크　심리적 불안의 원리: 일반적으로 불확실성은 인간에게 심리적 불안을 주며 마음의 평화를 방해한다. 이러한 상황에서 경제활동을 통해 느끼는 주관적 효용은 감소할 수밖에 없을 것이다.

26. ③

> 해설　리스크에 대한 개인과 집단의 반응을 요약하면 다음과 같다.
> (1) 개인이 집단적인 의사결정에 참여할 때는 개인적으로 의사결정을 할 때보다 적극적으로 리스크에 반응하는 경향이 있다.
> (2) 개인의 성별, 연령, 교육수준, 결혼상태, 가정환경, 과거의 경험, 사회적 지위 등 인구통계학적 특성들도 리스크의 반응에 영향을 준다.
> (3) 경제적 리스크에 대해 보수적인 사람이 기타 리스크에 대해서는 공격적일 수도 있다.
> (4) 순수 리스크에 대하여는 리스크를 회피하거나 보수적인 태도를 취하는 사람이 투기 리스크는 선호하거나 공격적인 태도를 취하기도 한다.

27. ④

> 해설　 핵심체크　유동성선호(liquidity preference): 사람들이 채권 또는 주식과 같은 형태로 자산을 보유하는 것보다 유동성이 높은 현금의 형태로 자산을 보유하는 것을 선호한다는 이론이다.

28. ③

> 해설 심리학에서의 리스크 연구는 크게 다섯 가지로 요약할 수 있다.
> (1) 개인의 특성과 리스크 행태와의 관계 분석,
> (2) 리스크의 종류와 리스크 행태와의 관계 분석,
> (3) 리스크에 대한 태도측정을 위한 믿을 만한 실험방법의 개발,
> (4) 시간의 흐름에 따른 리스크 행태의 일관성 측정,
> (5) 개인적 리스크 행태와 집단적 리스크 행태의 비교 연구
> 정부의 행위에 대한 정치적 태도, 범죄에 대한 태도 등도 리스크의 개념에서 분석하는 것은 주로 정치학이나 사회학 분야에서의 리스크 연구이다.

29. ①

> 해설 리스크가 효용을 감소시키는 것은 다음과 같은 세 가지 원리에 의해서이다: (1) 한계효용체감(diminishing marginal utility)의 원리, (2) 손실확률 과대예측의 원리, (3) 심리적 불안의 원리.

30. ②

> 해설 투기 리스크나 순수 리스크에 대한 선호도는 리스크에 대한 반응의 결과이지, 그러한 반응을 유발한 직접적인 원인으로 보기는 어렵다.

제 4 장 **리스크 측정이론의 전개**

1 리스크 측정이론의 발전

가. 마코위츠 이론

마코위츠(Markowitz)는 투자분석 시 종래의 수익분석 위주에서 수익과 위험을 동시에 고려해야 한다고 주장함으로써 과학적 리스크 관리의 중대 전환점이 되는 이론을 1952년에 발표하였다. 그는 현대 투자이론의 기본이 되는 포트폴리오 이론(portfolio theory)을 체계적으로 발전시켰으며, 그의 이론은 수익의 평균과 분산을 이용하여 투자의사결정이론을 정립하였기 때문에 '평균-분산 모형(Mean Variance Model)'으로 불리기도 한다. 또한 그의 이름을 따서 수익률의 분산이나 표준편차를 '마코위츠 리스크(Markowitz risk)'라고 부른다.

마코위츠의 이론은 리스크를 과학적, 계량적, 객관적으로 측정하는 이론적 토대를 제공하였으며, 리스크를 줄이기 위한 분산투자(diversification)방법이 개발되었는데 이를 통해 원하는 수준의 수익률을 달성하는 동시에 리스크를 최소화하는 도구를 갖게되었다는 점에서 리스크 관리에 큰 기여를 하였다.

나. 평균분산모형

평균분산모형(Mean-Variance Model)이란 투자기회집합(investment opportunity set)

[그림 4-1] 투자기회집합과 효율적 투자기회선

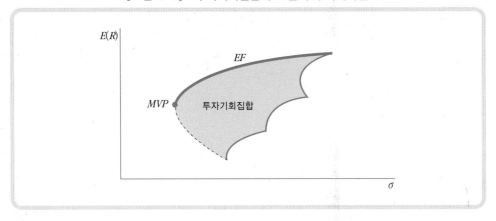

에서 동일한 수익하에 가장 위험이 작은 최소분산포트폴리오들을 연결한 효율적 투자기회선(efficient frontier)에서 포트폴리오 선택이 이루어진다는 투자이론을 말한다. 평면에서 x축을 분산 혹은 표준편차(즉, 리스크)로 하고, y축은 기대수익률 혹은 평균수익률로 한 다음 시장에서 거래되는 각 자산들을 평면에 표시하면 투자기회집합을 얻을 수 있다.[1] 물론 각 자산들을 다시 연결함으로써 무수히 많은 투자기회를 제공하는 연속적인 투자기회집합을 구성할 수 있다. [그림 4-1]은 투자기회집합과 효율적 투자기회선의 예를 보여주고 있다.

[그림 4-1]에서 효율적 투자기회선(EF: Efficient Frontier)은 두 가지 방법으로 구할 수 있다. 첫째, 기대수익률을 일정하게 놓고 위험이 가장 작은 포트폴리오를 선택하는 방법과, 둘째, 위험수준을 일정하게 놓고 기대수익률을 최대화하는 방법이다. 첫째 방법으로 효율적 투자기회선을 얻는 공식은 다음과 같다.

$$\underset{w_j}{Mimimize}\quad \sigma_P{}^2 = \sum_{i=1}^{n}\sum_{j=1}^{n}w_i w_j \sigma_{ij}$$

$$\text{Subject to}\quad E(R_P)^* = \sum_{j=1}^{n}w_j E(R_j)$$
（식 4-1)

---

1) x축은 분산이나 표준편차 중 하나를 쓸 수 있지만, 분산을 사용하면 단위가 $\%^2$이 되고 표준편차를 사용하면 %가 되어 y축의 기대(평균)수익률의 단위인 %와 일치하게 되므로 표준편차를 사용하는 것이 더 편리하고 이해하기에 쉽다.

$$\sum_{j=1}^{n} w_j = 1$$

단, $\sigma_P{}^2$ = 포트폴리오(P)의 총위험

σ_{ij} = 자산 i와 j의 공분산

$E(R_P)^*$ = 원하는 임의의 포트폴리오 기대수익률

w_j = 자산 j의 가중치(portfolio weight)

반면, 두 번째 방법으로 효율적 투자기회선을 구하는 방법은 다음과 같다.

$$\underset{w_j}{Maximize} \quad E(R_P) = \sum_{j=1}^{n} w_j E(R_j)$$

$$\text{Subject to} \quad \sigma_P{}^{2*} = \sum_{i=1}^{n}\sum_{j=1}^{n} w_i w_j \sigma_{ij} \qquad \text{(식 4-2)}$$

$$\sum_{j=1}^{n} w_j = 1$$

단, $E(R_P)$ = 포트폴리오(P)의 기대수익률

σ_{ij} = 자산 i와 j의 공분산

$\sigma_P{}^{2*}$ = 원하는 임의의 포트폴리오 위험

w_j = 자산 j의 가중치(portfolio weight)

평균분산모형에 의해 최적 포트폴리오를 구성한다는 것은 (식 4-1)이나 (식 4-2)의 수리계획법(mathematical programming)으로 최적의 $w_j{}^*$를 구한다는 것을 의미한다. 즉, 최적의 투자 해(solution)는 $[w_1{}^*, w_2{}^*, w_3{}^*, \cdots w_n{}^*]$이 된다. 물론, 이러한 해는 효율적 투자기회선(EF)상의 하나의 포트폴리오가 되어야 한다.

다. 자본자산가격결정모형(CAPM)

자본자산가격결정모형(CAPM: Capital Asset Pricing Model)이란 평균분산모형에 무위험자산(riskless asset)을 포함한 이론으로서 자본시장선(CML: Capital Market Line)이 새

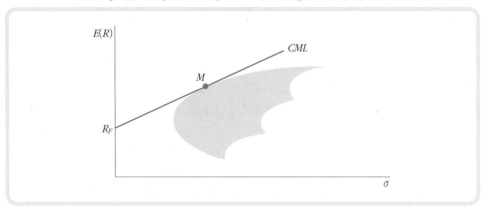

[그림 4-2] 자본시장선(CML)과 시장포트폴리오(M)

로운 효율적 투자기회선(EF)이 되고, 여기서 최적 포트폴리오가 선택된다는 이론이다. 각 개인의 최적 포트폴리오는 무위험자산과 시장포트폴리오(M: Market portfolio)를 연결한 새로운 효율적 투자기회선 위에서 결정되는데, 개인의 리스크 선호도를 반영한 효용곡선과 효율적 투자기회선의 접점에서 결정된다. 특히 자본자산가격결정모형이 리스크 측정이론 발전에 지대하게 공헌한 부분은 체계적 위험과 베타(β)라는 개념의 도입이다. 자산의 총위험을 체계적 위험과 비체계적 위험으로 나누고, 이 중 체계적 위험을 측정하는 중요한 척도로서 베타를 이용한다. 체계적 위험은 거의 모든 자산에 영향을 줄 수 있는 광범위하고 시장 전체차원의 위험으로 환율변동위험, 금리변동위험, 물가변동위험 등이 있고, 비체계적 위험이란 각 자산 혹은 기업 고유의 위험으로서 기업의 경영능력, 노사관계, 연구개발 능력 등이 있다. 뒤에서 배우는 시장리스크에서 자세히 다루게 된다.

[그림 4-2]에서 무위험자산(R_F)과 시장포트폴리오(M)를 연결해 구한 자본시장선(CML)이 자본자산가격결정이론($CAPM$)의 핵심으로서 구하는 공식은 다음과 같다.

$$CAPM : E(R_j) = R_F + \beta_j[E(R_M) - R_F]$$

(식 4-3)

단, $E(R_j)$ = 자산 j의 기대수익률
β_j = 자산 j의 베타
R_F = 무위험자산의 수익률
$E(R_M)$ = 시장포트폴리오의 기대수익률

(식 4−3)을 균형 할인율로 사용하면 가치평가모형을 이용하여 임의의 자산의 가치를 평가할 수 있기 때문에 자본자산가격결정모형이라고 불린다. 자본자산가격결정모형에 도입한 베타라는 개념은 시장리스크(market risk)를 측정하는 데 매우 중요하고 유용하다. 시장전체의 변동에 의해 발생하는 체계적 위험 부분은 분산투자로는 제거할 수 없지만, 파생상품 등을 이용하면 가능하기 때문에 시장리스크를 헷지하기 위해서는 결국 파생상품에 대한 추가적인 이해가 필요하다. 파생상품을 이용한 체계적 위험의 관리에 대해서는 뒤에서 자세히 배우게 될 것이다.

라. 차익거래가격결정모형(APT)

앞서 배운 자본자산가격결정모형은 체계적 위험의 척도로서 시장포트폴리오 하나만 이용하였지만, 차익거래가격결정모형(APT: Arbitrage Pricing Theory)은 이를 좀 더 확장하여 여러 개의 체계적 위험을 이용하는 모형으로서, 시장포트폴리오 대신 몇 가지 지표(금리 등)로 수익률을 설명하는 이론이다. CAPM이 시장의 일반균형을 이용하는 이론인 반면, APT는 시장에 차익거래기회가 없다는 가정하에 유도된 이론이라는 차이점이 있다.

여러 요인을 이용한 APT이론은 다음과 같이 표현된다.

$$APT \ : \ E(R_j) = R_F + \sum_{k=1}^{K} \beta_{jk}[E(R_k) - R_F]$$

(식 4−4)

단, $E(R_j)$ = 자산 j 의 기대수익률
β_{jk} = 자산 j 의 요인 k 에의 민감도(베타)
R_F = 무위험자산의 수익률
$E(R_k)$ = 요인 k 의 기대수익률
K = 총 요인의 수

(식 4−3)의 CAPM과 (식 4−4)의 APT를 비교해 보면 알 수 있듯이 CAPM은 요인이 시장포트폴리오 한 개이지만, APT에는 요인이 여러 개인 다요인 모형(multi−factor model)으로서 현실을 보다 잘 반영하고 있다는 장점이 있다. 다만 APT 자체

는 어떤 요인을 사용해야 좋다는 이론은 제시하지 않으므로 다양한 요인에 대한 분석과 비교를 통해 가장 중요한 요인을 찾아내야 한다는 어려움이 있다. 흔히 사용되는 요인에는 기준금리, 물가 상승율, 기업의 규모(size), 장부가격/시장가격 등이 있다.

한편, APT는 시장에서 중요한 몇 개의 요인에 대한 각각의 민감도로서 여러 개의 베타를 사용하는데 이것은 시장리스크를 좀 더 정확하게 측정하는 데 큰 도움을 준다. 따라서 APT는 CAPM보다 진일보한 리스크 측정 및 관리에 대한 이론적 기초를 제공한다고 할 수 있다.

마. 최근의 리스크 측정 모형

평균분산모형, CAPM, APT모형 등은 리스크 측정치로서 표준편차(σ), 베타(β), 체계적 위험, 비체계적 위험, 총위험 등 요즘 학계와 실무에서 광범위하게 사용되고 있는 다양한 리스크 측정방법을 제시하였다는 점에서 그 중요성이 매우 크다. 이러한 측정이론들 외에 최근에는 VaR(Value at Risk), CaR(Capital at Risk), EaR(Earnings at Risk), CFaR(Cash Flow at Risk), KMV모형, ETL(Expected Tail Loss) 등의 다양한 리스크 측정방법들이 개발되어 널리 사용되고 있다. 이러한 방법들에 대해서는 뒤에서 자세하게 배우게 되며, 이러한 최근의 리스크 측정이론들 역시 전통적인 리스크인 표준편차, 베타 등을 활용하고 있기 때문에 전통적인 방법과 함께 잘 숙지할 필요가 있다.

2 금융리스크의 측정

가. 금융리스크 측정목적

금융리스크를 측정하는 가장 중요한 목적은 자원의 배분과 운용, 그리고 성과평가를 위해서이다. 즉, 금융기관이 보유하고 있는 자원을 위험을 고려하여 어떻게 배분할 것인지, 그리고 위험을 적절히 통제하면서 어떻게 효율적으로 운용할 것인지, 그리고 운용한 자원의 성과를 평가할 때 위험요인을 어떻게 반영할 것인지를 결정할 때 리스크는 중요하게 활용된다.

한편, 금융자원관리를 위한 투자분석과정은 크게 다음과 같이 3단계로 분류한다.
1단계) 운용자원의 수익과 위험 평가(valuation)
2단계) 운용자원의 배분(allocation)
3단계) 운용결과에 대한 성과평가(performance measurement)

즉, 금융기관들은 이익을 극대화하기 위해 보유하고 있는 자원을 투자할 때 투자된 자원들이 제대로 운용되고 있는지 평가할 때도 금융리스크에 대한 측정과 평가는 매우 중요하다. 예를 들어, 은행의 경우 고객의 리스크를 측정하여 대출여부, 대출이자율결정 등에 활용하는 것은 잘 알려진 사실이다.

나. 금융리스크의 종류

금융리스크에는 다양한 리스크가 포함되어 있다. 그런데 금융기관 실무에서 주로 관심의 대상이 되는 리스크는 크게 신용관련 리스크, 시장관련 리스크, 경영관련 리스크 등 세 가지로 구분할 수 있으며 각각의 리스크는 또한 보다 세분화 된 리스크들로 구성되어 있는데, 본 교재에서 다루게 되는 주요 금융리스크를 요약하면 다음 <표 4-1>과 같다.

〈표 4-1〉 금융리스크의 종류

대분류	중분류	소분류
신용관련 리스크	신용리스크(credit risk)	-
	국가리스크(country risk)	-
시장관련 리스크	시장리스크(market risk)	금리, 가격, 환리스크
	유동성리스크(liquidity risk)	-
	결제리스크(settlement risk)	-
경영관련 리스크	운영리스크(operational risk)	-
	법적리스크(legal risk)	-

다. 리스크 측정지표 및 방법

리스크를 측정하는 방법과 도구는 다양하다. 측정지표로는 변동성, 민감도, 추정손실 등이 있으며, 각각의 측정지표에 대해 다양한 측정방법들이 있다. <표 4-2>는 리스크 측정지표별 측정방법을 요약한 것이다.

〈표 4-2〉 리스크 측정지표와 측정방법

측정지표	측정방법		
변동성(volatility)	분산(variance)		
	표준편차(standard deviation)		
민감도 (sensitivity)	채권		듀레이션(duration) 컨벡시티(convexity)
	주식		베타(β)
	옵션		델타(δ), 감마(γ)
추정손실 (downside risk)	VaR(Value at Risk)		
	CaR(Capital at Risk)		

라. 좋은 리스크측정치의 조건

다양한 리스크측정치들을 소개하였는데, 그렇다면 어느 것이 가장 좋은 리스크측정치일까? 이에 대해서 한마디로 정의하기는 쉽지 않다. 왜냐하면, 각각의 리스크측정치들은 나름 장단점들을 가지고 있기 때문에 리스크 관리자는 자신의 기업과 리스크 관리 상황 등을 종합적으로 고려하여 적절한 리스크측정치를 선택해 활용하는 것이 바람직하다. 다만 금융감독기구라든지 정부에서 규제의 일환으로 표준모형을 제시하고 사용을 권고하는 경우에는 그에 따르면 된다. 예를 들어, 바젤위원회에서 제시하는 표준모형에서는 시장리스크 등을 구할 때 VaR모형을 사용해야 한다.

따라서, 절대적으로 어느 리스크측정치가 가장 좋다라고 말하기는 어렵지만, 좋은 리스크측정치가 되기 위해서 갖추어야 할 몇 가지 조건들이 전문 연구자들에 의해 제시되어 있는데, 이를 만족하는 리스크측정치를 '합리적 리스크측정치(coherent risk measure 혹은 reasonable risk measure)라 한다. 특히, Artzner et al.(1999)이 제시한 다

음의 조건들은 잘 알려져 있고 많이 활용되고 있다.[2]

Coherent Risk Measure:

(조건 1) 단조성(Monotonicity): $If \ W_2 \geq W_1, \ then \ \rho(W_2) \leq \rho(W_1)$

(조건 2) 변환불변성(Translation invariance): $\rho(W+k) = \rho(W) - k$

(조건 3) 동질성(Homogeneity): $\rho(bW) = b\rho(W)$

(조건 4) 저가산성(Subadditivity): $\rho(W_1 + W_2) \leq \rho(W_1) + \rho(W_2)$

(단, $\rho(x)$는 리스크를 측정하는 함수이고, W는 포트폴리오의 가치, b와 k는 상수이다)

위의 각 조건들을 모두 만족시키는 리스크측정치가 좋은 리스크측정치라는 것이 Artzner et al.(1999)이론의 핵심이다. 각 조건들을 좀 더 자세히 살펴보자.

(조건 1)은 포트폴리오2의 가치가 어떤 경제적 상태(state of the world)에서도 항상 포트폴리오1의 가치보다 크거나 같다면(즉, 포트폴리오2가 포트폴리오1을 지배(dominate) 한다면), 포트폴리오2의 리스크가 포트폴리오1의 리스크보다 더 작거나 같아야 함을 의미한다. 이에 대해 투자론의 포트폴리오이론과 혼동해서는 안 된다. 포트폴리오이 론에서는 리스크가 더 크면 기대수익률도 더 커야 한다. 그러나 (조건 1)이 의미하는 것은 합리적 투자자에 의해 어떤 경제적 상태에서도 포트폴리오2가 포트폴리오1보다 더 선호된다면 포트폴리오2의 리스크가 포트폴리오1의 리스크보다 더 작아야 함을 의미한다. VaR는 이 조건을 만족하나 모든 리스크 측정수단이 이 조건을 만족하는 것은 아니다.[3]

(조건 2)는 포트폴리오 W에 현금(혹은 현금처럼 위험이 없는 무위험자산) k를 추가 하면 전체 포트폴리오의 리스크가 줄어들어야 한다는 것이다. 현금의 추가적 보유는 유동성리스크, 부도리스크, 신용리스크, 결제리스크 등 거의 모든 리스크를 감소시키 는 요인이 된다는 것은 자명하다. 따라서 포트폴리오에 현금을 추가하면 리스크는 줄 어들어야 한다는 조건이다. VaR가 이 조건을 충족하는 것은 명백하다.

---

2) Artzner, F. Delbaen, J. Eber, and D. Heath, "Coherent Measure of Risk", *Mathematical Finance* 9(July), 1999, pp.203~228. '일관된 리스크 측정치'라고 불리기도 한다.

3) 전통적 리스크 측정치 중의 하나인 표준편차는 이 조건을 항상 만족하지는 않는다. 예를 들어, 발생 확률이 1/4로 동일한 4가지 경제상황이 있다고 하자. 포트폴리오1은 4가지 경제상태에서 (1, 2, 4, 5) 의 수익이 가능하고 포트폴리오2는 (1, 2, 3, 4)의 수익이 가능하다고 하면, 포트폴리오1이 2를 어떤 경제상태에서도 지배(doninate)하므로 합리적인 리스크측정수단이라면 포트폴리오1의 순위가 2보다 좋아야 한다. 그러나 표준편차(S)를 계산해 보면 포트폴리오1은 1.8257, 2는 1.2910이 되어 포트폴리 오2가 리스크가 작게 나와 (조건1)을 위반하게 된다. Sundaram and Das(2016), p.509를 참조바란다.

(조건 3)은 포트폴리오의 규모를 b배 증가시키면 리스크도 b배 만큼 증가한다는 것이다. 이러한 조건은 대부분 현실에 부합하지만 예외도 있다. 예컨대, 포트폴리오의 규모가 커지면 일반적으로 거래 시 대량매매에 따른 할인 등을 받을 수 있는데 이를 유동성 효과(liquidity effect)라 한다. 따라서 (조건 3)은 유동성 효과를 배제하는 조건이므로, 유동성 효과가 존재하는 포트폴리오에 대해서는 적절치 않다. VaR는 (조건3)을 충족한다.

(조건 4)는 서로 다른 포트폴리오 2개를 결합(add)하면 분산효과(diversification effect)로 인해 결합된 포트폴리오의 전체 리스크는 각각의 포트폴리오 리스크 합계보다 더 작아지거나 같다는 뜻이다.[4] 즉, 포트폴리오의 결합은 최소한 리스크를 증가시키지는 않는다는 것이다.

Artzner et al.(1999)의 연구결과에 의하면 VaR는 일반적으로 (조건 4)는 충족하지 못하고 나머지 조건들에 대해서는 잘 충족된다. 그러나 포트폴리오의 수익률이 정규분포를 따른다고 가정하면, VaR는 (조건 4)를 포함하여 모든 조건을 충족하게 된다. 4가지 조건 모두를 충족하는 또 다른 리스크 측정치로는 ETL(expecetd tail loss: 기대꼬리손실)인데, $ETL = E(-X|X \le -VaR)$라 정의된다.[5] 따라서 '합리적 리스크측정치(coherent risk measure)'의 관점에서 보면 리스크측정치 중 VaR는 대단히 합리적이고 일관성 있는 리스크측정치이고, 따라서 금융기관들이 가장 많이 사용하는 리스크측정치 중의 하나이다.

마. 금융리스크 관리의 전개

금융리스크를 관리함에 있어 부문별로 구분하면 다음과 같이 세 가지가 있으며 각각의 관리를 전개함에 있어 가장 중요한 부분을 요약하면 다음과 같다.

---

4) '저가산성(低加算性)'이라는 용어가 다소 어색할 수 있는데, 아직 이에 대한 학계나 업계의 공통된 번역이 없어 실험심리학에서 사용하는 용어를 인용하였다. 본 저서의 초판에서는 '결합감소성'이라는 용어를 본 저자가 의미에 가깝도록 작명하여 사용하였으나 실험심리학에서 사용하는 용어가 있어 인용하였다. 곽호완 et al.(2008)의 '실험심리학 용어사전'을 참조바란다.
5) 기대꼬리손실(ETL)은 '기대쇼트폴(ES: expected shortfall)'이라고도 하며, 금융산업에서는 많이 사용되지 않고 전통적으로 꼬리손실에 많은 관심을 두는 보험산업에서 더 보편적으로 사용된다. 또한 사망률과 자연재해 사건의 통계적 분포는 긴 역사적 자료를 가지고 있으므로 ES에 적합하다.

(1) 대차대조표 관리 부문

대차대조표 부문에서 가장 중요한 부분은 자산부채관리이다. 기업이 보유하고 있는 각각의 자산, 즉, 고정자산과 유동자산에 대한 리스크 관리가 필요하다. 고정자산의 경우 자산재평가 손익과 관련한 리스크, 장기투자에 따른 신용리스크 등의 관리가 필요하다. 자본계정관리 또한 대차대조표 관리 부문에서 대표적인 예라 하겠다.

(2) 손익계산서(성과평가) 관리 부문

손익계산서 관리 부문은 각 계정수익 관리를 통한 리스크 관리를 의미한다. 기업의 수익과 비용에 영향을 주는 요인들을 분석하고 손실가능성이 최소화 되도록 각 요인과 관련된 리스크를 관리해야 한다. 이 부문의 대표적인 리스크 관리 예를 들자면 리스크조정수익(RAROC: Risk Adjusted Return On Capital)관리가 있다.

(3) 자원의 배분, 운용 부문

자원의 배분, 운용 부문은 기업이 보유하고 있는 자원의 효율적 배분과 운용에 관련된 리스크를 관리하는 것으로 대표적으로 BIS의 규제기준에 따른 자기자본 관리, CaR에 의한 자본관리 등이 있다.

요약

- 과학적 리스크 측정이론들은 지속적으로 발전해 왔다. 특히 포트폴리오 이론, 평균분산모형, 자본자산가격결정이론, 차익거래가격결정모형 등은 리스크의 계량적, 정량적 측정에 크게 기여하였다. 따라서 각각의 특징에 대해 이해하고 어떻게 리스크 측정에 활용될 수 있는지 이해할 필요가 있다.

- 본 교재의 가장 중요한 이슈인 금융리스크에는 다양한 리스크들이 포함되어 있다. 특히, 신용관련 리스크, 시장관련 리스크, 그리고 경영관련 리스크 등 세 가지 중요한 금융리스크가 있음을 이해하고 각각의 리스크에 포함되어 있는 세부 리스크들에는 어떤 것들이 있는지 이해할 필요가 있다. 각각의 세부 리스크에 대해서는 뒤에서 상세히 공부하게 된다.

- 좋은 리스크측정치가 되기 위한 조건을 설명하는 'Coherent Risk Measure'에 대해 잘 이해할 필요가 있다.

- 금융리스크 관리의 전개를 위해 대차대조표부문, 손익계산서 부문, 자원의 배분 및 운용부문에는 어떤 리스크들이 있는지 이해해야 한다.

[객관식]

01. 리스크 측정이론은 지속적으로 발전하여 왔다. 다음 중 리스크 측정에 크게 기여한 자본자산가격결정(CAPM)에 대한 설명으로 옳지 않은 것은?

① 일반균형이론이다.
② 하나의 요인이 자산의 수익률을 결정하는 단일요인 모형이다.
③ 베타(β)를 통해 시장리스크를 측정한다.
④ 무위험 차익거래 조건을 이용하여 유도된 이론이다.

02. 다음 리스크 측정방법 중 민감도(sensitivity)에 해당되지 않는 것은?

① VaR ② 베타(β)
③ 듀레이션 ④ 델타(delta)

03. 금융리스크는 크게 나누면 대차대조표 관리 부문, 손익계산서 관리 부문, 자원의 배분, 운용 부문으로 전개된다. 다음 중 손익계산서 관리 부문에 해당하는 리스크 관리지표는?

① RAROC ② CaR
③ BIS Requirement ④ Capital Account Requirement

04. 리스크를 신용관련 리스크, 시장관련 리스크, 경영관련 리스크로 분류할 때, 다음 중 시장관련 리스크가 아닌 것은?

① 금리리스크 ② 유동성리스크
③ 결제리스크 ④ 운영리스크

05. CAPM이론에 의하면 투자기회집합에 포함되어 있는 포트폴리오 중에서 동일한 위험 하에서는 수익률이 가장 높고, 동일한 수익률 하에서는 위험이 가장 작은 포트폴리오를 무엇이라 하는가?

① MVP(minimum variance portfolio)

② EP(efficient portfolio)

③ MP(market portfolio)

④ RFP(risk free portfolio)

06. 마코위츠(H. Markowitz)는 리스크의 개념을 투자에 적용한 선구자이다. 마코위츠가 개발한 평균-분산모형(Mean-Variance Model)에 관한 다음 설명 중 옳지 않은 것은?

① 리스크를 줄이기 위한 분산투자개념이 도입됨

② 효율적 투자기회선(EF)에서 포트폴리오 결정이 이루어짐

③ 수리계획법(mathematical programming)으로 최적투자결정이 가능함

④ 리스크의 측정치로서 베타(β)를 처음으로 도입함

07. 다음 리스크 측정지표 중 평균을 중심으로 좌우 양방향을 모두 사용하는 지표가 아닌것은?

① 표준편차   ② VaR

③ 베타   ④ 분산

08. Artzner et al.(1999)이 제시한 '합리적 리스크측정치(coherent risk measure)'가 되기 위한 4가지 조건에 포함되지 않는 것은?

① Translation invariance   ② Monotonicity

③ Additivity   ④ Homogeneity

09. Artzner et al.(1999)이 제시한 '합리적 리스크측정치(coherent risk measure)'가 되기 위한 4가지 조건 중 'Translation invariance'를 수식으로 가장 잘 표현한 것은? (단, $\rho(x)$는 리스크를 측정하는 함수이고, W는 포트폴리오의 가치, b와 k는 상수이다)

① $\rho(bW) = b\rho(W)$

② $\rho(W+k) = \rho(W) - k$

③ $\rho(W_1 + W_2) \leq \rho(W_1) + \rho(W_2)$

④ $If \ W_1 \leq W_2, \ then \ \rho(W_1) \geq \rho(W_2)$

10. 다음 중 리스크측정지표와 자산의 연결이 옳은 것은?

① 부동산 – 컨벡시티   ② 채권 – 델타

③ 주식 – 듀레이션   ④ 옵션 – 감마

[주관식]

01. 무위험이자율은 3%, 시장포트폴리오의 위험프리미엄은 11%, 어느 포트폴리오의 기대수익률은 시장에서 21%라 할 때, 이 포트폴리오의 시장에서의 체계적 위험(베타)은 얼마로 평가되는가? (단, 시장은 균형상태라 가정한다)

02. ETL(expecetd tail loss: 기대꼬리손실)은 coherent risk measure의 '동질성(homogeneity)' 조건을 충족함을 증명하라.

03. 어느 은행의 최근 1,200일 동안 일간손익을 손실이 가장 큰 것부터 14개만 정렬하면 다음과 같다고 한다. 99%신뢰수준에서 일간 기대꼬리손실(ETL 혹은 Expected Shortfall)을 계산하라. (단, 이 자료의 99%신뢰수준 하에서의 VaR는 1.428이며, 손익금액 단위는 100억원임)

순위	1	2	3	4	5	6	7
손익	-2.833	-2.333	-2.228	-2.084	-1.960	-1.751	-1.679
순위	8	9	10	11	12	13	14
손익	-1.558	-1.542	-1.484	-1.450	-1.428	-1.368	-1.347

[객관식]

01. ④   02. ①

03. ①

> 해설 핵심체크 'RAROC＝조정이익/리스크'이므로 이익과 관련된 리스크 지표이며, 따라서 손익계산서 부문에 속하는 리스크이다.

04. ④   05. ②

06. ④

> 해설 마코위츠는 리스크 측정치로서 변동성(표준편차)의 개념을 도입하였다. 베타는 CAPM이론에 의해 등장한 것이다.

07. ②

> 해설 VaR는 정상상황 하에서 발생할 수 있는 최대손실로 정의되므로, 평균을 중심으로 양방향을 다 사용하지 않고, 평균을 중심으로 왼쪽 손실부문만 사용된다. ETL (Expected Tail Loss)도 VaR와 마찬가지로 손실부문만 사용된다.

08. ③

> 해설 핵심체크 Coherent Risk Measure가 되기 위한 4가지 조건: (1) Monotonicity, (2) Translation invariance, (3) Homogeneity, (4) Subadditivity

09. ②

> 해설 Coherent Risk Measure: 4가지 조건
> (조건 1) 단조성(Monotonicity): $If\ W_1 \leq W_2,\ then\ \rho(W_1) \geq \rho(W_2)$
> (조건 2) 변환불변성(Translation invariance): $\rho(W+k) = \rho(W) - k$
> (조건 3) 동질성(Homogeneity): $\rho(bW) = b\rho(W)$
> (조건 4) 저가산성(Subadditivity): $\rho(W_1 + W_2) \leq \rho(W_1) + \rho(W_2)$
> (단, $\rho(x)$는 리스크를 측정하는 함수이고, W는 포트폴리오의 가치, b와 k는 상수)

10. ④

핵심체크 주식-베타, 채권-듀레이션과 컨벡시티, 옵션-델타와 감마, 부동산-표준편차(변동성)

[주관식]

01. 베타=1.5

해설 $CAPM : E(R_j) = R_F + \beta_j[E(R_M) - R_F]$
$\Rightarrow 21\% = 4.5\% + \beta(11\%)$
$\Rightarrow \beta = 1.5$

02. 증명

$ETL = E(-X|X \leq -VaR)$ 이므로,
$ETL = E(-\alpha X|X \leq -VaR) = \alpha E(X|X \leq -VaR)$ (단, α는 상수)
따라서, ETL은 '동질성' 조건을 충족한다.

03. $ES = 190.02$(억원)

해설 총 관찰자료의 수가 1,200개인데 신뢰수준이 99%이므로 좌측꼬리부분의 상위손실 1%는 $1,200 \times 0.01 = 12$개이며, ES는 12번째보다 더 큰 손실들 11개의 평균값이다. 즉,
$ES = E(X|X < -VaR) = $ 손실상위 11개의 평균
$= 1.9002$(백억원) $= 190.02$억원

제 5 장 리스크 관리, 조직 및 감독

1 리스크 관리의 정의

리스크의 존재는 개인이나 기업, 그리고 사회 전체적으로 손실의 발생에 관한 불안이나 손실을 가져옴은 물론 자원배분의 왜곡과 같은 심리적, 경제적 불안을 초래한다. 이러한 리스크의 부정적인 효과를 리스크의 비용이라 하며 과학적인 방법을 통해 이런 리스크 비용을 최소화하려는 일련의 과정을 '리스크 관리(risk management)'라 한다.[1]

리스크 관리는 우연적인 손실이 개인이나 조직에 미칠 수 있는 바람직하지 않은 영향을 최소화하기 위한 합리적, 조직적인 관리 또는 경영활동의 한 형태이므로 일반적인 경영활동과 마찬가지로 합리적 의사결정 과정과 그것을 수행하는 과정의 복합체로 볼 수 있다. 따라서 리스크 관리는 경영(관리)측면과 의사결정측면에서 정의할 수 있다.

가. 경영측면에서의 리스크 관리

일반적으로 경영(management)이란 조직의 목표를 효율적으로 달성하기 위한 계획(planning), 조직(organizing), 지휘(leading), 그리고 통제(control)를 의미한다. 따라서

---

[1] Jorion(2007)은 '리스크 관리'를 '경제적 가치를 창출할 목적으로 재무 또는 금융 리스크들을 인식, 평가, 측정, 관리하는 일련의 과정'이라 정의하기도 한다.

리스크 관리란 개인이나 조직이 직면한 위험 또는 예상하지 못한 손실이 가져올 수 있는 부정적 영향을 최소화할 목적으로 행하여지는 조직적이고 체계적인 관리활동이라고 정의할 수 있다.

나. 의사결정측면에서의 리스크 관리

리스크 관리는 의사결정과정(decision making process)을 이용하여 다음과 같이 다섯 단계로 구분하여 정의할 수 있다.

첫째, 조직의 목표달성에 악영향을 끼치는 예기치 못한 손실가능성 또는 리스크 요인을 파악한다.

둘째, 예기치 못한 손실을 최소화하거나 대응할 수 있는 여러 가지 리스크 관리 기법을 검토한다.

셋째, 조직에 현실적으로 가장 적합한 리스크 관리 수단을 결정한다.

넷째, 선택한 리스크 관리 수단을 실행에 옮긴다.

다섯째, 리스크 관리 프로그램이 효과적으로 수행되고 있는지에 대해 평가하고 감시한다.

즉, 의사결정과정측면에서의 리스크 관리란 개인이나 기업 또는 조직의 리스크 요소를 파악하고 리스크를 측정하며, 이러한 리스크를 관리할 수 있는 대안을 강구하여 기업의 목표나 주어진 여건에서 최선의 위험관리 수단을 선택하여 실행하고 그 과정과 결과를 체계적으로 평가, 감시하는 것을 말한다.

이러한 리스크 관리와 관련된 의사결정은 조직 내에서 끊임없이 반복적, 지속적으로 수행되어야 할 과제이다. 그 이유는 기업을 둘러싼 내부와 외부의 환경이 끊임없이 변화하고 있고 그에 따라 새로운 리스크가 계속 발생하며 그와 더불어 리스크 관리 방법에 소요되는 비용도 계속 변화하고 있기 때문이다.

리스크 관리의 목표를 한마디로 정의한다면, 리스크의 바람직하지 않은 효과, 즉 리스크 비용을 최소화하는 것이다. 기업의 일반적인 목표 중의 하나인 기업가치의 극대화가 적극적인 목표라 한다면, 리스크 관리의 목표는 리스크 비용 최소화이므로 소극적인 목표라 할 수 있다. 이러한 소극성 때문에 리스크 관리에 대해 많은 오해와 편견이 존재하기도 한다. 그러나 최근에 들어와서는 리스크 관리를 잘못하여 기업이 부도나는 경우가 자주 발생하면서 기업가치 제고 못지않게 효율적인 리스크 관리가 기업생존에 직결된다는 인식도 커지고 있다.

리스크 관리의 목표는 좀 더 구체적으로 다음과 같이 몇 가지 다른 관점에서 정의할 수 있다.

가. 비용과 생존 측면에서의 목표

리스크 관리의 목표는 비용과 생존 측면에서 다음과 같이 크게 두 가지로 나눌 수 있다.

첫째, 최소의 비용으로 손실을 최소화 하는 것이다. 즉, 예상손실보다 적은 비용으로 손실의 빈도와 규모를 줄이는 것이다.

둘째, 조직의 생존을 확보하는 것이다. 어떤 경영관리 기법도 기업의 생존을 전제로 하지 않고는 의미가 없는 것처럼, 리스크 관리도 궁극적으로는 기업의 생존을 위한 목적으로 활용되어야 하는 것이다.

나. 사전적, 사후적 측면에서의 목표

사전적, 사후적 측면에서의 리스크 관리의 목표는 다음과 같이 구분된다.

첫째, 사전적 목표(pre-loss objective)란 손실발생 이전에 최소의 비용으로 효과적으로 리스크를 최소화하는 것을 말한다. 경제적 효율성의 확보, 불안의 감소, 방재시설에의 적절한 투자 등이 이런 목표에 해당된다.

둘째, 사후적 목표(post-loss objective)란 손실이나 리스크 발생 후 기업의 생존에 필요한 최소한의 자원 및 조직을 확보하여 기업의 부도를 막는 것을 의미한다. 통계에 의하면 대형손실을 경험한 기업의 약 50%정도는 당해년도에 부도를 경험하고 있으며, 생존한 기업의 약 50%는 사고 발생 후 2~3년 이내에 도산하는 것으로 나타나고 있다. 따라서 대형 손실이 발생 할 경우 사후 리스크 관리를 적절히 해야 기업이나 조직이 생존할 수 있는 것이다.

3 리스크 관리 조직과 감독

가. 리스크 관리 부서

금융리스크를 어느 부서에서 관리하는 것이 가장 효율적인지에 대해서는 많은 이론과 의견들이 있는데, 크게 나누면 다음과 같은 세 가지 유형이 있다.

(1) 자원운용부서가 리스크를 측정, 관리하는 경우

자원을 운용하는 부서가 직접 리스크도 관리 하는 유형으로서 이 경우 자원을 좀 더 이용하기 위해 리스크를 저평가할 가능성이 매우 크다. 따라서 기업의 전체 리스크가 과소평가되어 기업의 생존에 큰 위협이 될 수도 있다.

(2) 운용부서와 성과평가부서가 일치하는 경우

자원운용부서와 성과평가부서가 일치하는 경우로서 이 경우 상호 견제의 어려움이 있고 운용성과를 과대평가할 가능성이 커진다. 따라서 운용부서, 리스크 평가부서,

성과평가부서의 독립이 상호 견제를 가능하게 하고 정확한 평가를 가능하게 하므로 좀 더 바람직하다고 하겠다.

(3) 리스크 전담팀

리스크만 전담하고 평가하는 부서를 두는 유형으로서 이 경우에는 리스크 전담부서의 독단적인 판단의 가능성이 존재한다. 때로는 자원운용을 정확히 이해하지 못하는 상태에서 리스크를 평가하는 우를 범할 수도 있다.

(4) 바람직한 리스크 관리 조직

위에서 살펴 본 리스크 관리부서의 유형을 비교해 볼 때 가장 바람직한 리스크 관리 조직은 자료수집, 리스크 측정, 리스크 관리기능을 적절히 분리하여 상호 견제하고 협조하도록 하는 '전사적 통합리스크관리시스템(firm-wide integrated risk management system)'의 구축이 필요하다.

나. 금융리스크 측정 및 관리결과의 보고

금융리스크를 측정하고 그 결과를 경영진에 보고하여 전사적으로 리스크를 관리하는 것이 가장 바람직하다고 앞서 강조한 바 있다. 그렇다면 그 보고 방법과 한도는 어떻게 하는 것이 바람직할까? 다음과 같이 크게 네 가지로 구분하여 생각해 볼 수 있다.

(1) 보고주기

보고주기란 연간 보고횟수를 의미하는 것으로서 가능한 한 최대한 단축하여 경영층의 리스크인식도를 제고하는 것이 바람직하다. 일반적으로 보고주기와 비용은 반비례하므로(즉, 주기가 짧으면 비용이 커지고 주기가 길어지면 비용은 작아짐) 주기와 비용의 상충관계를 잘 고려하여 주기를 결정한다. 또한 손실의 정도를 감안하여 주기를 결정해야 한다. 손실가능성이 클수록 주기를 짧게 하여 경영진이 그 중요성을 충분히 인식하도록 해야 할 것이다.

(2) 보고경로

보고경로란 경영진의 어디 어디를 거쳐 최고경영진까지 보고해야 하는지를 의미하는 것으로서 가급적 최상부 경영층이 리스크를 신속히 파악하도록 경로를 단축하는 것이 바람직하다고 하겠다.

(3) 보고한도

보고한도란 경영진의 어디까지 보고해야 하는지 그 최대범위를 의미하며, 가능한 한 최고경영자까지 보고하는 것이 바람직하다. 이미 여러 차례 강조한 바와 같이 리스크 관리는 기업의 생존과 직결되기 때문에 최고경영자가 기업이 직면해 있는 리스크의 실체에 대해 정확히 파악하고 주요 의사결정을 하는 것이 바람직할 것이다.

(4) 리스크한도

리스크한도란 기업이 감내할 수 있는 리스크의 정도를 의미한다. 가급적 포괄적으로 설정하여 상황변화에 유연하게 대응하도록 하는 것이 안전하다.

다. 리스크 측정과 전산화를 위한 자료 확보

리스크를 정확하고 신속하게 측정하기 위해서는 많은 자료들이 필수적이다. 특히 금융기관들의 경우 다음과 같은 다양한 자료들을 수집하고 데이터베이스를 구축함으로써 리스크를 신속, 정확히 측정하고, 그 결과를 바로 의사결정에 활용함으로써 기업의 가치제고는 물론 부도를 예방할 수 있다.

전산화에 필요한 주요 자료를 요약하면 다음과 같다.

첫째, 개인의 신용데이터로서 채무이행고객, 불이행고객의 특성자료 등이 있다.

둘째, 기업의 신용데이터로서 기업의 특성, 재무상황에 따른 연체 및 부실발생 관련 자료 등이 있다.

셋째, 금융자본시장 데이터로서 금융시장, 주식시장, 채권시장, 외환시장에서의 가격변동 관련 자료 등이 있다.

라. 금융리스크 감독

리스크 관리의 계획이나 측정과 같은 사전적 준비작업도 중요하지만, 리스크 관리의 목표에 대한 성과를 확보하는 것이 무엇보다도 중요하다. 이러한 의미에서 리스크 관리의 감독은 리스크 관리 과정 자체에 대한 관리라고 할 수 있는데 리스크 관리자가 제대로 일을 수행하고 있는지, 다른 부서와의 협조나 조화가 제대로 이루어지고 있는지 점검하고 조정하는 일 등도 감독에 포함된다.

금융리스크 감독은 기업내부감독과 외부감독으로 구분할 수 있다.

(1) 기업내부감독

기업내부에서 리스크 관리에 대한 감독을 맡는 전담부서를 말하는데, 그 주요업무는 다음과 같다.

첫째, 최종적인 성과의 수용여부를 판단한다. 리스크가 지나치게 작을 경우 수익률이 저하되어 기업가치의 향상에 한계가 있고, 지나치게 리스크가 큰 경우 기업의 생존에 영향을 줄 수 있으므로 적절한 수준의 리스크 유지가 필요한데 감독부서가 그 기준을 정하고 평가한다.

둘째, 실제결과와 기준을 비교한다. 리스크 확인, 대안의 선정, 대안의 실행과 같은 리스크 관리의 각 과정에 대하여 별도의 기준을 설정하고 실제결과를 이 기준과 비교하여 각 단계의 활동을 수정하거나 조정한다.

셋째, 수용하기 어려운 결과를 조정한다. 리스크 관리자가 대안의 수행에 필요한 전문지식을 가지고 있는지, 또한 경영진이 필요한 정보를 제대로 보고 받고 대안의 실행에 협조하고 있는지 평가하고 조정한다.

(2) 기업외부감독

나라들마다 감독내용과 방향이 다소 상이하지만, 일반적으로 다음과 같은 기업외부감독기구가 존재하며 그 주요 기능을 간략히 설명하면 다음과 같다.

첫째, 국제금융기관 결제 및 규제기관으로서 BIS는 채권, 주식, 외환, 금, 상품 및 관련 파생상품의 신용리스크와 시장리스크의 측정방법을 제시하고 금융기관에서 리스크에 상응하는 자기자본을 보유하도록 유도하는 역할을 한다.

둘째, 금융감독기구로서 금융기관의 건전성을 감독한다. 한국의 금융감독위원회나 금융감독원, 미국의 SEC(Securities and Exchange Commission) 등이 이에 해당된다.

셋째, 중앙은행으로서 금융기관의 경영상태 예측 및 관리 업무를 담당한다.

 요약

- 리스크 관리의 개념에 대해 올바로 이해하고 효율적인 관리를 위한 과정들을 숙지하여 적용할 필요가 있다.

- 리스크 관리의 목표를 잘 이해하고 각 기업들은 이러한 목표를 어떻게 가장 효율적으로 달성할 수 있는지 연구해야 한다.

- 리스크 관리 조직과 감독기구에 대해 이해하고 각 기업에 맞는 리스크 관리 조직형태는 무엇인지, 그리고 리스크 업무수행을 적절히 감독할 수 있는 부서의 설치와 운영방법에 대해서도 연구해야 한다. 또한 기업외부에 있는 감독기구들에는 어떤 것이 있으며 각 기관들의 역할은 무엇인지 숙지하고 대처할 필요가 있다.

사례 5-1

리스크관리 대표적 기업 사례1: Microsoft(MS)[2]

마이크로소프트(MS)는 리스크 관리의 '교범'으로 꼽히는 기업이다. MS는 1997년 전사적 리스크 관리를 담당하는 리스크 관리 그룹(RMG: Risk Management Group)을 출범시켰다. RMG의 관리 영역은 재무부문(FRM: Financial Risk Management)과 비즈니스부문(BRM: Business Risk Management)으로 이뤄져 있다. FRM은 다른 기업의 재무 리스크 관리 부서와 비슷한 역할을 하며, 전사 통합재무정보시스템을 자체 개발해 다양한 재무 리스크에 대한 대응 활동을 수행한다.

다른 기업과 차별화됐으며, 탁월한 성과를 올리고 있는 것은 비즈니스부문이다. BRM은 인터넷에 기반을 둔 리스크 정보 시스템을 운영하는 것으로 유명하다. MS의 중간관리자들은 새로운 프로젝트를 시작할 때 리스크 관리 인트라넷 사이트에서 필요한 정보(유사한 프로젝트의 리스크 체크리스트, 메모, 베스트 프랙티스)를 모두 제공받을 수 있다.

인트라넷 이외에도 RMG의 리스크 전문가들은 재무, 마케팅, 법무 등 각 사업 부문의 경영자 및 관리자들과 직접 접촉하며 긴밀히 협력한다. 이들은 경영자 및 관리자들이 빠트리고 지나가는 리스크에 대해 조언해주며, 다른 사업부문의 지식을 전해주기도 한다. 새로운 제품이나 프로젝트 그룹이 사업을 진행하기 전에 리스크 요인을 찾아내고 우선 대응 순위를 매기는 것을 도와주는 것도 주요 업무 중 하나.

마이크로소프트는 리스크 지도를 활용해 리스크를 중요도에 따라 관리하는 가장 대표적 기업이다. 리스크 지도는 여러 가지 리스크를 영향력과 발생빈도(또는 발생 가능성)에 따라 2차원 평면에 배치하고, 중요도를 가려내는 기법이다. MS는 20:80의 법칙을 적용해 20%의 주요 리스크에 대해 80%의 관리 노력과 자원을 집중한다.

RMG는 현장에서 리스크를 찾아내는 것과 동시에 지진 발생과 같은 예기치 못한 리스크의 영향 및 파급효과를 마련하고 대응책을 찾아내기도 한다. 이때 사용하는 기법이 바로 시나리오 분석이다. 시나리오 분석은 '보험 가입'과 같은 단순한 해결책이 아니라, 여러 가지 가능성을 고려한 총체적인 해결책을 마련하게 해 준다. 다시 말해 하나의 사건으로 파생될 수 있는 여러 가지 파급 효과를 찾아내고 그에 대한 대응방안을 강구하는 것이다.

MS는 연구개발(R&D) 건물이 모여 있는 미국 시애틀 지역의 지진에 대비해 다수의 시나리오를 마련했다. 그 결과 MS 주식거래 중단으로 인한 증시 혼란, 직원에 대한 임금 미지급, 사업 중단으로 인한 시장점유율 하락, R&D 중단에 따른 신규사업 차질 등의 리스크 요인이 도출됐다.

---

2) 동아비즈니스리뷰(DBR, 2008)에서 인용함.

사례 5-2

리스크관리 대표적 기업 사례2: Wal-Mart[3]

월마트는 2005년 8월 허리케인 카트리나가 미국 뉴올리언스를 강타했을 때 신속하고 정확한 대응으로 찬사를 받았다. 심지어 정부의 재난방재 당국보다 발 빠르게 움직였다는 평가를 받았다. 월마트는 카트리나에 대한 대응을 허리케인이 뉴올리언스에 상륙하기 6일 전인 8월 23일 이미 시작했다. 연방기상청이 경보를 발령하기 12시간 전 이미 '비상물류배치계획'을 완료하고 피해 지역 주민들이 필요로 할 물건을 인근 물류센터로 실어 보냈다.

월마트는 허리케인 상륙에 대비해 세세한 부분까지 계획을 세웠으며, 모든 것을 사전에 작성한 매뉴얼대로 진행했다. 특히 허리케인 피해지역 소비자의 구매 패턴까지 연구해 위기 상황에 대비했다. 월마트가 수집한 자료에 따르면 피해지역 소비자들은 초기에 생수, 손전등, 발전기, 방수외투 등을 많이 구매한다. 보관이 쉽고 온 가족이 먹을 수 있는 딸기 파이도 '초기 대응 물품' 중 하나이다. 허리케인이 지나가고 복구 작업이 시작되면 전기톱과 걸레 등이 많이 팔린다.

카트리나에 대한 대응은 아칸소주 벤톤빌에 있는 비상운영센터(Emergency Operations Center)가 실시간으로 지휘했다. 허리케인 추적 소프트웨어까지 갖춘 센터의 지휘에 따라 피해 현장 직원들은 일사불란하게 움직였다. 덕분에 허리케인 상륙 보름 만인 9월 16일부터 재해지역에 있는 126개 점포 중 113개가 정상 가동을 시작했다. 월마트는 이후 한동안 뉴올리언스 주민들의 유일한 '생명선' 역할을 했다.

---

3) 동아비즈니스리뷰(DBR, 2008)에서 인용함.

연습문제

[객관식]

01. 리스크 관리조직으로서 가장 적합한 유형은?

　① 리스크 전담부서 설치

　② 전사적 관리

　③ 운용부서와 성과평가부서의 일치

　④ 운용부서와 리스크 관리 부서의 일치

02. 다음 기업외부감독기구 중 금융기관의 건전성을 감독하는 역할을 하는 기관은?

　① Fair Trade Commission　　　　② Bank of Korea

　③ SEC　　　　　　　　　　　　④ BIC

03. 개인이나 기업 또는 조직의 리스크 요소를 파악하고 리스크를 측정하며, 이러한 리스크를 관리할 수 있는 대안을 강구하여 기업의 목표나 주어진 여건에서 최선의 위험관리 수단을 선택하여 실행하고 그 과정과 결과를 체계적으로 평가, 감시하는 것은 어떤 측면에서의 리스크 관리를 말하는가?

　① 관리측면　　　　　　　　　　② 경영측면

　③ 효율성측면　　　　　　　　　④ 의사결정측면

04. 기업이 감내할 수 있는 리스크의 정도를 의미하는 것은?

　① 리스크주기　　　　　　　　　② 리스크수준

　③ 리스크한도　　　　　　　　　④ 리스크강도

05. 리스크 관리(risk management)와 관련된 다음 설명 중 적절치 않은 것은?

① 리스크 관리의 궁극적인 목표는 기업가치의 극대화이다.

② 리스크의 부정적인 효과를 리스크의 비용이라 한다.

③ 과학적인 방법을 통해 이런 리스크 비용을 최소화하려는 일련의 과정을 리스크 관리라 한다.

④ 리스크 관리는 합리적 의사결정 과정과 그것을 수행하는 과정의 복합체로 볼 수 있다.

06. 리스크 관리목표에 대한 설명으로 적절치 않은 것은?

① 최소의 비용으로 손실을 최소화하는 것이다.

② 예상손실보다 적은 비용으로 손실의 빈도와 규모를 줄이는 것이다.

③ 조직의 생존을 확보하는 것이다.

④ 사전적 목표(pre-loss objective)란 손실이나 리스크 발생 후 기업의 생존에 필요한 최소한의 자원 및 조직을 확보하여 기업의 부도를 막는 것을 의미한다.

07. 리스크 보고주기와 관련한 다음 설명 중 가장 적절한 것은?

① 매일 보고해야 한다.

② 연 1회 보고하면 된다.

③ 손실가능성이 클수록 주기를 짧게 한다.

④ 보고주기와 비용은 비례하므로 주기를 짧게 할수록 좋다.

08. 기업의 리스크측정과 전산화를 위해 직접적으로 필요한 자료에 해당되지 않는 것은?

① 기업의 신용데이터   ② 금융 자본시장 데이터

③ 국제수지데이터   ④ 개인의 신용데이터

09. 기업내부 리스크 감독부서의 역할에 해당되지 않는 것은?

① 최종적인 성과의 수용여부를 판단한다.

② 경영상태를 예측하고 건전성 기준을 정한다.

③ 수용하기 어려운 결과를 조정한다.

④ 실제결과와 기준을 비교한다.

10. 기업외부감독기관 중 채권, 주식, 외환, 금, 상품 및 관련 파생상품의 신용리스크와 시장리스크의 측정방법을 제시하고, 금융기관에서 리스크에 상응하는 자기자본을 보유하도록 유도하는 역할을 하는 기관은?

① SEC   ② 금융감독위원회

③ 중앙은행   ④ BIS

11. 고려은행의 최고경영자는 리스크담당 임원의 리스크 평가에 기초하여 한 투자프로젝트에 대규모 투자를 결정하였다. 리스크담당 임원은 이 투자프로젝트가 1년 동안 100억달러 이상의 손실을 낼 확률이 1%라고 추정했으며, 이 손실은 은행을 부도에 이르게 할 수 있는 규모이다. 투자사업 첫 연도 말에 200억달러의 손실을 기록했고 회사는 파산하였다. 다음 설명 중 가장 옳은 것은?

① 은행은 재무적 곤경에 처할 가능성을 제거하지 않았기 때문에 리스크 관리의 실패를 보여준다.

② 극단적으로 가능성이 낮은 결과가 발생했다는 사실은 결과의 확률이 올바르게 추정되지 않았음을 의미하므로 리스크 관리의 실패를 보여준다.

③ 리스크담당 임원의 규제기관을 설득하여 파산을 막지 못했으므로 리스크 관리의 실패를 보여준다.

④ 주어진 정보에 기초하여 이 사례가 리스크 관리의 실패인지 알 수 없다.

연습문제 정답 및 해설

[객관식]

01. ②   02. ③

03. ④

> 해설 핵심체크 의사결정과정 측면에서의 리스크 관리: 개인이나 기업 또는 조직의 리스크 요소를 파악하고 리스크를 측정하며, 이러한 리스크를 관리할 수 있는 대안을 강구하여 기업의 목표나 주어진 여건에서 최선의 위험관리 수단을 선택하여 실행하고 그 과정과 결과를 체계적으로 평가, 감시하는 것을 말한다.

04. ③

05. ①

> 해설 리스크의 부정적인 효과를 리스크의 비용이라 하며 과학적인 방법을 통해 이런 리스크 비용을 최소화하려는 일련의 과정을 '리스크 관리(risk management)'라 한다. 리스크 관리는 일반적인 경영활동과 마찬가지로 합리적 의사결정 과정과 그것을 수행하는 과정의 복합체로 볼 수 있다. 따라서 리스크 관리는 관리(경영)측면과 의사결정측면에서 정의할 수 있다. 그리고 리스크 관리의 목표는 리스크 비용 최소화이므로 소극적인 목표라 할 수 있다.

06. ④

> 해설 핵심체크 리스크 관리의 목표 4가지
> (1) 최소의 비용으로 손실을 최소화하는 것
> (2) 조직의 생존을 확보하는 것
> (3) 사전적 목표(pre-loss objective): 손실발생 이전에 최소의 비용으로 효과적으로 리스크를 최소화하는 것
> (4) 사후적 목표(post-loss objective): 손실이나 리스크 발생 후 기업의 생존에 필요한 최소한의 자원 및 조직을 확보하여 기업의 부도를 막는 것

07. ③

보고주기란 연간 보고횟수를 의미하는 것으로서 가능한 한 최대한 단축하여 경영층의 리스크 인식도를 제고하는 것이 바람직하다. 일반적으로 보고주기와 비용은 반비례하므로(즉, 주기가 짧으면 비용이 커지고, 주기가 길어지면 비용은 작아짐) 주기와 비용의 상충관계를 잘 고려하여 주기를 결정한다. 또한 손실의 정도를 감안하여 주기를 결정해야 한다. 손실가능성이 클수록 주기를 짧게 하여 경영진이 그 중요성을 충분히 인식하도록 해야 할 것이다.

08. ③

전산화에 필요한 주요 자료: 개인의 신용데이터, 기업의 신용데이터, 금융 자본시장 데이터(금융시장, 주식시장, 채권시장, 외환시장에서의 가격변동 관련 자료)

09. ②

경영상태를 예측하고 건전성기준을 정하는 것은 외부감독기구의 역할이며, 기업내부 리스크 관리에 대한 감독부서는 다음과 같은 역할을 수행한다.
(1) 최종적인 성과의 수용여부를 판단한다.
(2) 실제결과와 기준을 비교한다.
(3) 수용하기 어려운 결과를 조정한다.

10. ④

국제금융기관 결제 및 규제기관으로서의 BIS: 채권, 주식, 외환, 금, 상품 및 관련 파생상품의 신용리스크와 시장리스크의 측정방법을 제시하고 금융기관에서 리스크에 상응하는 자기자본을 보유하도록 유도하는 역할을 한다.

11. ④

이러한 투자결정은 최고경영자의 역할이지 리스크담당 임원의 역할은 아니다. 리스크담당 임원은 100억달러 이상의 손실이 발생할 올바르게 추정한 것으로 보여진다. 만일 리스크담당 경영자의 확률추정이 0%였다면 리스크측정상의 문제로 리스크 관리의 실패로 볼 수 있겠으나 주어진 정보만으로는 리스크 관리의 실패인지 여부를 판단하기 어렵다.

제 3 부

리스크 측정도구

제6장   재무적 도구

1   가치평가의 기초

가. 현금흐름 분석

가치평가는 재무이론에서 매우 중요한 분야이다. 가치 혹은 가격을 알아야 수익률을 계산할 수 있고 이 수익률을 이용하여 보통 리스크를 측정하기 때문이다. 가치평가의 방법에는 크게 현금흐름할인법(DCF: Discounted Cash Flow method), 상대평가법(RE: Relative Evaluation method), 옵션평가법(OPM: Option Pricing Method) 등이 있다. DCF법은 미래 현금흐름을 예측하고 적절한 할인율로 만기까지의 모든 미래현금을 현재가치로 환산하여 가치를 구한다. 상대평가법은 대상기업이나 투자안의 현금흐름 예측이 어려울 때 동일한 산업에 속해 있는 유사한 기업 혹은 투자안의 가치를 이용하여 대상기업이나 투자안의 가치를 평가하는 방법이다. OPM은 최근에 많이 발전한 옵션평가이론을 응용하여 가치를 평가하는 방법이다.

여기서는 지면의 제한 상 이 세 가지 방법을 모두 다룰 수는 없으므로 일반적으로 사용방법이 간편하고 이론적으로 이해가 쉬워서 업계에서 많이 사용하고 있는 DCF법을 중심으로 설명하고자 한다. DCF법을 이용할 경우 가치평가의 기초가 되는 세 가지 중요한 요소가 있는데, 현금흐름(cash flow), 할인율(discount rate), 그리고 만기(maturity)이다. 이 세 가지를 결합하면 다음과 같은 일반적인 가치평가 모형을 만들 수 있다.

$$V_0 = \sum_{t=1}^{T} \frac{CF_t}{(1+r_t)^t}$$

(식 6-1)

단, V_0 = 현재 가치

CF_t = 미래 t시점에서의 현금흐름

r_t = 미래 t시점에서의 할인율

T = 현금흐름의 만기

(식 6-1)에서 보는 바와 같이 DCF법으로 가치를 평가하기 위해서 미래 현금흐름의 추정이 필수적이다. 채권(bond)과 같이 미래 현금흐름(즉, 표면이자, 액면가)이 미리 주어져 있는 경우도 있지만 주식(stock)처럼 미래 현금흐름(즉, 배당)이 주어져 있지 않아 예측이 어려운 경우도 있다.1) 현금흐름에 대해서는 아래에서 좀 더 자세히 설명할 것이다. 할인율로 사용되는 r_t의 경우 재무이론에 따르면 가치평가 대상에 내재해 있는 위험(risk)에 비례하여 결정된다. 그런데 미래의 위험을 평가하기 어려울 경우 실무적으로는 현재의 할인율이 미래에도 큰 변화가 없을 것이라 가정하고 변수가 아닌 상수(constant)로 많이 사용한다. 이 경우 시간을 표시하는 첨자 t를 삭제하고 단순히 r로 표시한다. 마지막으로 만기 T의 경우 평가대상이 되는 기업이나 자산의 성격에 의해 결정된다. 기업은 중간에 도산하지 않는다면 영원히 존재하므로 이 경우 기업의 가치를 평가할 때 $T = \infty$가 되며, 채권처럼 만기가 미리 주어진 경우 그 만기를 사용하면 된다. 많은 경우 만기는 가치를 평가할 때 대부분 알 수 있으므로 확률변수(random variable)가 아닌 상수라 할 수 있다.2) 결론적으로 할인율(r)과 만기(T)는 알고 있는 상수라 하면, 가치평가에서 추정이 필요한 나머지 하나는 결국 현금흐름(CF_t)이다. 따라서 현금흐름의 정확한 추정과 적절한 할인율의 선택이 정확한 가치 평가의 핵심이라 할 수 있다.

---

1) 미래 현금흐름이 채권처럼 미리 주어지는 증권을 고정소득증권(fixed income security)이라 하고, 주식처럼 미래 현금흐름을 예측하기 어렵고 상황에 따라 변동하는 증권을 변동소득증권(variable income security)이라 한다.

2) 확률변수(r.v.: random variable)란 변수의 값이 주어진 확률에 따라 결정되는 변수를 의미한다. 뒤에서 다룰 기초확률 및 통계를 참조하기 바란다.

(1) 가치와 가격

가치(value)와 가격(price)은 분명히 다른 개념임에도 불구하고 이 둘을 혼동하고 잘못 사용하는 경우가 많다.

가치란, 소비자가 재화 혹은 서비스를 소비할 때 얻는 효용(utility)[3] 혹은 만족도를 의미한다. 따라서 다분히 주관적인 판단에 의존하므로 사람마다 다를 수 있다. 가치는 시장에서 관찰할 수 없으므로 앞에서 설명한 DCF법과 같이 보통 이론적 모형으로 가치를 계산한다. 가치를 때로는 '본질가치'라고도 하는데 이는 모든 사람들이 동의하는 정확한 효용수준을 말하며 이론적 모형에서는 가장 이상적인 상황이나 조건을 가정하고 모두가 공감할 수 있는 가치평가를 추구하게 된다.

반면 가격이란, 소비자가 지불하고자 하는 최대금액 혹은 공급자가 받기를 원하는 최소한의 금액으로 정의되며, 시장에서 수요와 공급의 원리에 의해 불특정다수의 시장참가자에 의해 결정된다. 다수에 의해 결정되므로 상당한 객관성이 있으며 시장에서 관찰 가능하므로 쉽게 자료를 얻을 수 있다.

그러면 시장에서 가격을 관찰할 수 있는데 왜 굳이 가치평가를 위한 이론적 모형이 필요한가? 이러한 질문을 하는 사람들을 자주 만나게 된다. 그 이유는 두 가지로 설명할 수 있다. 이러한 질문은 '왜 많은 전문가들이 이론적인 모형을 만들려고 연구하는가?'와 동일한 질문이다.

첫째, 시장참여자들이 합리적으로 행동하지 않고 다른 참여자의 결정에 부화뇌동하거나 충동적으로 의사결정을 할 경우, 즉 시장참여자들이 완전히 합리적이지 못하다면 시장에서 형성된 가격이 지나치게 고평가 되거나(overpricing 혹은 bubble), 지나치게 저평가(underpricing)될 수 있는 가능성이 있다. 즉, 시장가격이 균형가격인 공정한 가격(fair price)이 아닐 수도 있다는 것이다. 따라서 시장가격이 공정한 가격인지 평가하기 위해서는 완전한 시장과 시장참여자의 완전한 합리성을 가정한 이상적인 조건들(ideal conditions)을 설정하고 이 때의 가치를 계산함으로써 이를 현재 시장가격의 적정성(공정성) 여부를 판단하는 비교기준(benchmark)으로 삼는 것이다. 완전경쟁시장(perfectly competitive market) 하에서의 균형조건(equilibrium condition) 혹은 무차

---

3) 효용(utility)이란 John S. Mill(1806~1873)과 Jeremy Bentham(1748~1832)이 창시한 공리주의 (utilitarianism: 행복이나 이익을 선악의 판단기준 혹은 행위의 목적으로 삼는 철학의 한 사조로서 '최대다수의 최대행복(The greatest utility(happiness) to the greatest number of people'이라는 말로 잘 알려져 있음)에서 유래한 용어로서 보통 행복 혹은 효용으로 번역된다.

익거래조건(no arbitrage condition)⁴⁾을 가정하고 이론적으로 가치를 평가하면 그것이 가장 이상적인 본질가치가 될 것이라는 것이 이론평가모형을 개발하는 기본 동기이다. 균형조건을 이용한 이론적 모형으로 대표적으로 CAPM(Capital Asset Pricing Model) 모형이 있고, 무차익거래조건을 이용한 대표적인 모형으로서 옵션평가모형(OPM)이 있다. DCF법은 굳이 구분한다면 무차익거래조건을 이용한 것이라 평가할 수 있다. (식 6–1)의 좌변인 현재가치(V_0)가 미래 현금흐름을 할인하여 얻어진 값(즉, (식 6–1)의 우변)과 다르다면 차익거래기회가 발생하므로 결국 좌변과 우변이 같아지게 될 것이다.

둘째, 이론적 모형을 구축하는 이유는 모형을 이용하여 미래의 가치를 예측할 수 있기 때문이다. 현재의 가격을 관찰하는 것 만으로는 미래를 예측할 수 없다. 경영의 사결정을 위해 대부분의 경우 미래의 가치를 알아야 한다. 따라서 이론적 모형을 통해 미래가치를 예측하는 것은 기업의 이익제고와 가치향상을 위해 매우 중요하다고 하겠다.

참고로 가치에는 장부가치(book value)와 시장가치(market value)가 있다. 장부가치란 회계장부상의 가치이고 시장가치는 현재의 시장가격으로 평가한 가치이다. 장부가치는 통상 현재의 시장가격을 반영하지 못하므로 경영의사결정을 위해서는 가능한 한 시장가치를 이용해야 하고 장부가치는 시장가격을 얻을 수 없는 상황에서 제한적으로 사용해야 할 것이다.

가치와 가격의 차이점을 비교하여 요약한 것이 <표 6–1>이다.

〈표 6–1〉 가격 vs. 가치

구분	가격(price)	가치(value)
정의	소비자가 지불하고자 하는 최대금액 혹은 공급자가 받기를 원하는 최소한의 금액	자산 혹은 상품, 서비스가 소비자에게 주는 효용(utility)
특징	– 시장에서 수요와 공급의 원칙에 의해 결정 – 객관적 – 시장에서 관찰 가능	– 이론적 모형으로 결정 – 주관적 – 시장에서 관찰 불가능

---

4) 완전경쟁시장이란 세금이나 거래비용 등 마찰요인이 없고 수많은 시장참여자가 있어 가격은 시장에서 결정되는 대로 따라야 하며(price taker), 시장에의 진입과 진출이 자유로운 시장을 말한다. 균형(equilibrium)이라 함은 수요와 공급이 일치하는 상태를 말하며, 무차익거래조건이란 시장에 무위험 차익거래기회가 없는 상황을 말한다.

(2) 현금흐름

앞서 설명한 바와 같이 가치평가를 위해서는 현금흐름이 필요하다. 현금흐름(cash flow)이란 현금의 수령 또는 지불을 의미하며 현금흐름의 특징은 현금흐름의 크기, 방향, 시점에 의해 결정된다. 현금을 수령하는 것을 현금유입(cash inflow)이라 하며, 현금을 지불하는 것을 현금유출(cash outflow)이라 한다. 현금유입은 수익과 유사하며 현금유출은 비용지출과 유사한 개념으로 사용된다.

현금흐름이 확실한 경우도 있고 불확실한 경우도 있다. 현금흐름이 확실할수록 현금흐름의 위험은 작고 불확실성이 클수록 위험은 크다. 할인율은 위험에 비례하므로 따라서 현금흐름의 불확실성이 커질수록 할인율도 커진다고 할 수 있다.

나. 시간가치 분석

돈의 시간적 가치(time value of money)란, 현재의 $1가 미래의 $1보다 더 가치가 있다는 것을 의미한다. 그렇다면 왜 시간적 가치가 존재하는 것일까? 여기에는 몇 가지 이유가 있다.

첫째, 불확실성(uncertainty) 때문이다.
현재의 $1는 지금 확실히 받을 수 있는 것이지만, 미래의 $1는 확실하게 받을 수 있을지 모른다는 것이다. $1를 지불하기로 한 사람이 약속을 어길 수도 있고 약속시점 이전에 사망할 수도 있으며 부도가 날 수도 있어 약속을 이행하지 않을 신용리스크(credit risk)가 대부분의 계약에는 존재하는 것이다. 이러한 불확실성 때문에 동일한 금액이라면 현재가치가 미래가치보다 크다는 것이다.

둘째, 물가가 상승하는 인플레이션(inflation) 때문이다.
물가가 오른다면 동일한 상품이라도 오늘은 $1에 살 수 있는 것을 미래에는 $1에 살 수 없게 된다. 즉, 인플레이션은 화폐의 구매력을 떨어뜨리기 때문에 현재가치가 미래가치보다 크다는 것이다.

셋째, 추가적인 투자기회(investment opportunity) 때문이다.

오늘 $1를 받으면 당장 소비하지 않고 미래의 더 많은 소비를 위해 그 돈을 수익성이 있는 다른 투자기회에 투자 할 수 있다. 즉, 지금 소비하면 가장 효용이 높을 수도 있겠지만 미래의 더 큰 효용을 위해 오늘 소비를 참고 투자를 할 수 있는 기회가 있기 때문에 현재가치가 미래가치보다 크다는 것이다.

(1) 현재가치의 계산

미래가치가 주어질 경우 이를 이용하여 현재가치를 구하는 것을 할인(discounting)이라 한다. 현재가치를 구하는 공식은 다음과 같다.

$$PV = \frac{FV_t}{(1+r)^t}$$
(식 6-2)

    단, $PV =$ 현재 가치
        $FV_t = t$시점에서의 미래 가치
        $r =$ 할인율

(2) 미래가치의 계산

현재가치가 주어질 경우 이를 이용하여 미래가치를 구하는 것을 할증(compounding)이라 한다. 미래가치를 구하는 공식은 다음과 같다.

$$FV_t = PV(1+r)^t$$
(식 6-3)

    단, $PV =$ 현재 가치
        $FV_t = t$시점에서의 미래 가치
        $r =$ 할인율

(3) 순현재가치

현금유입과 현금유출이 복잡하게 혼재되어 있을 때 투자안의 현재가치를 평가하는 방법이 바로 순현재가치(NPV: Net Present Value)방법이다. 순현재가치를 구하는 공식은 다음과 같다.

$$NPV = PV(\text{현금유입}) - PV(\text{현금유출})$$

$$= \sum_{t=1}^{T} \frac{\text{현금유입}_t}{(1+r)^t} - \sum_{t=1}^{T} \frac{\text{현금유출}_t}{(1+r)^t} \qquad \text{(식 6-4)}$$

순현재가치가 0보다 크면 수익의 현재가치가 비용의 현재가치보다 크므로 그러한 투자안은 채택해야 하고, 그렇지 않은 경우 기각해야 한다.

다. 수익률의 측정

투자의 수익성을 평가하는 중요한 지표가 바로 수익률이다. 단순히 수익을 계산하는 것은 투자의 효율성을 평가하는 데 적합하지 않다. 왜냐하면 투자금액이 서로 다른 투자안들을 비교할 때는 수익의 절대값 보다는 투자금액을 감안한 수익률이 더 정확하기 때문이다. 수익률을 계산하는 방법은 다양한데 대표적인 몇 가지만 소개하고자 한다.

(1) 평가수익 및 평가수익률

평가수익(realized return)이란, 사후(事後, ex post)적으로 투자기간 중 어느 정도의 수익을 실현했는지를 측정한 것이며, 평가수익을 초기투자액으로 나누면 평가수익률 (realized rate of return)이 된다. 평가수익을 계산하는 공식은 다음과 같다.

$$\text{평가수익} = P_1 - P_0 + D \qquad \text{(식 6-5)}$$

단, P_1 = 매각 시 가격
P_0 = 초기투자 시 가격
D = 투자기간 동안 발생한 배당수익

평가수익률은 (식 6-5)에서 구한 수익을 초기투자액으로 나누면 되므로 (수익/ P_0)가 된다.

(2) 기대수익 및 기대수익률

기대수익(expected return)이란, 사전(事前, ex ante)적으로 투자기간 중 어느 정도의 수익을 실현할 수 있는지를 예측, 측정한 것이며, 기대수익을 초기투자액으로 나누면 기대수익률(expected rate of return)이 된다. 기대수익을 계산하는 방법은 다음과 같다.

$$기대수익 = \sum_{j=1}^{S} p_j R_j \qquad (식\ 6-6)$$

단, $p_j = j$ 라는 상황이 발생할 확률
$R_j = j$ 라는 상황이 발생할 경우의 수익
$j = $ 경제상태(state)$(j = 1,\ 2,\ 3, \cdots\cdots,\ S)$

기대수익률은 위의 기대수익 공식에서 R_j를 수익률로 바꾸면 된다.

(3) 내부수익률

내부수익률(IRR: Internal Rate of Return)이란, (식 6−4)에 있는 NPV를 구하는 공식에서 NPV를 0으로 만드는 할인율(r)을 말한다. 즉, 수익의 현재가치를 비용의 현재가치와 같게 만드는 수익률이 바로 내부수익률이다. 이 경우 NPV가 0이므로 그러한 투자는 이익도 손실도 없는 상태이고 손익분기점(BEP: Break−Even Point)이 되는 수익률이기도 하다. 따라서 내부수익률이 기업에서 정한 요구수익률(RRR: Required Rate of Return, 필수수익률이라고도 함)보다 크면 투자안을 채택하고 작으면 기각하게 된다.

내부수익률은 몇 가지 문제점이 있어 사용에 주의해야 한다.

첫째, 투자기간이 2기간이 넘는 투자안의 경우 내부수익률이 2개 이상 존재할 수 있다. 이 경우 어느 것이 정말 중요한지 결정할 만한 이론적 근거가 없으므로 내부수익률을 이용하여 투자의사결정을 하는 것이 어렵게 된다.

둘째, 상호 배타적인 투자안(mutually exclusive projects: 즉, 하나의 투자안을 채택하면 다른 투자안은 반드시 기각해야 하는 경우)을 평가할 경우에는, 내부수익률을 이용할 경우 최선의 의사결정(즉, 기업의 가치를 최대화하는 투자결정)을 하지 못하는 경우도 생길 수 있다.

이러한 두 가지 경우에는 IRR보다는 NPV법을 사용하여 투자의사결정을 해야 한다.

(4) 산술평균수익률

산술평균수익률(arithmetic average rate of return)은 단순평균수익률이라고도 하며, 몇 년간의 수익률을 투자기간으로 나눈 평균수익률을 말하며, 중간에 재투자가 없다고 가정한다. 계산하는 방법이 쉽고 간편해서 실무에서 많이 사용되고 있으나 수익률을 과대평가하는 경향이 있어 단기간 수익률 평가에는 적절하나 장기간 수익률평가시 지나치게 수익률을 과대평가하므로 매우 조심할 필요가 있다. 수익률을 계산하는 방법은 다음과 같다.

$$\text{산술평균수익률} = \frac{\sum_{t=1}^{N} R_t}{N} \qquad \text{(식 6-7)}$$

단, R_t = 기간 t 의 수익률
N = 수익률평가 대상기간

(5) 기하평균수익률

기하평균수익률(geometric average rate of return)은 기간가중수익률(time-weighted rate of return)이라고도 하며, 매년 재투자가 이루어 진다고 가정하고 사용하는 수익률이다. 수익률을 과소평가하는 경향이 있어서 장기간 수익률 평가에 더 적절하고 단기간평가에 사용할 경우 지나치게 수익률을 저평가하므로 유의해야 한다. 계산공식은 다음과 같다.

$$\text{기하평균수익률} = \sqrt[N]{(1+R_1)(1+R_2)\cdots(1+R_N)} - 1$$

$$= [(1+R_1)(1+R_2)\cdots(1+R_N)]^{\frac{1}{N}} - 1 \qquad \text{(식 6-8)}$$

라. 가치, 가격, 수익률, 리스크

주지하다시피 본 교재의 핵심주제는 리스크이다. 리스크의 정의와 종류, 측정방법, 관리 및 감독 등에 대해 이해하고 실무에서 활용하는 능력을 기르는 것이 본 교재의 가장 중요한 목표이다. 그런데 간단히 말하면 리스크는 가격 혹은 가치의 변동성(volatility)으로 정의되는데 실제 리스크를 측정할 때는 가격이나 가치보다는 수익률을 많이 이용하게 된다. 따라서 가치평가모형뿐만 아니라 수익률을 계산하는 다양한 방법들과 각각이 가지고 있는 장, 단점을 잘 이해하고 사용하여야 할 것이다.

2 차익거래

가. 투기거래

투기거래와 차익거래는 재무금융분야에서 매우 빈번히 사용되는 아주 중요한 개념이자 투자방법이다. 이에 대해 자세히 살펴보기로 한다.

투기거래(speculation)는 정보를 수집하고 분석하여 미래를 예측하고, 그 예측결과를 공식화하여 그에 따라 이익을 목표로 적극적으로 포지션을 취하는 것을 말한다. 투기자는 미래를 예측하고 그 예측결과에 따라 행동하는 투자자들이라 할 수 있다. 투기자가 예측한 대로 가격이 움직이면 의도한 대로 이익을 얻게 되지만 그렇지 않을 경우 큰 손실을 볼 수도 있다. 주식이나 금융상품을 거래하는 많은 사람들이 투기거래자들이며, 특히 정보에서 우위에 있는 기관투자자 대부분이 투기자들이다.

투기자에 대해서는 옹호하는 의견과 비난하는 의견 둘 다 존재한다.

옹호하는 의견에 대해 먼저 살펴보도록 하자.

첫째, 투기자는 정보의 수집과 분석에 기초하여 포지션을 취하기 때문에 이러한 과정에서 정보를 적절히 평가하여 시장에 공급하는 역할을 한다. 즉, 이러한 과정을 통해 투기자는 미래가격을 발견하는 기능(price discovery function)을 수행하게 된다. 투기자 이외의 투자자들은 이런 정보를 활용하여 시장에서 수요와 공급을 결정하게 되는 것이다.

둘째, 투기자가 존재하지 않으면 헷지가 불가능하다는 것이다. 선물과 옵션 등 파생상품시장에서 투기자는 헷지를 원하는 투자자의 리스크를 부담하고 이익을 추구함으로써 파생상품거래가 가능하도록 해 준다. 즉, 투기자가 없으면 헷지는 불가능하다고 말할 수 있으므로 파생상품시장에서 투기자의 중요성은 아무리 강조해도 지나치지 않을 것이다. '투기자는 나쁘다'라는 단순한 선입관만으로는 투기자의 긍정적인 역할을 이해할 수 없는 것이다.

셋째, 투기자는 시차적인 자원배분을 촉진시킨다. 이러한 기능은 단기간 동안 수확이 이루어지고 장기간 동안 재고가 유지되는 농산물의 경우 특히 중요하다. 농산물시장에서 투기거래가 이루어지지 않으면 생산된 농산물이 일시에 시장에 출하되어 농산물가격이 폭락하게 될 것이고, 비수기에 농산물재고가 모두 소진된 후에는 가격이 폭등하게 되는 악순환이 반복될 것이다. 그러나 투기자들은 이러한 계절적 수급상황을 이해하고 미리 계약을 맺거나 하여 농산물 수급을 조절하고 시차적 배분을 촉진하여 가격을 안정화시키는 중요한 역할을 하는 것이다.

한편 투기자를 비판하는 의견도 존재하는데 그 이유는 다음과 같다.

첫째, 투기자가 가격을 시장에서 조작하여 부당이익을 취한다는 것이다. 그러나 이는 투기자(speculator)와 가격조작자(price manipulator)를 혼동해서 하는 틀린 말이다. 투기자는 정보를 수집하고 미래를 예측하여 이익을 추구하는 자들이지 내부정보를 부당하게 이용하여 이익을 얻거나 가격을 일시적으로 조작하여 이익을 취하는 가격조작자들이 아니다.

둘째, 투기자들은 가격이 오르기 전에 상품을 매입 혹은 매점매석하고 오른 후에 매도하여 부당하게 이익을 얻는 다는 것이다. 이는 원인과 결과를 혼동하여 내리는 잘못된 결론이다. 투기자들은 정보를 분석하여 가격이 오를 것으로 예상되어 매입포지션을 취하는 것이지 그들이 매입포지션을 취하였기 때문에 가격이 오른 것이 아니라는 것을 이해해야 한다.

결론적으로 투기거래는 금융시장의 발전과 시장 정보효율성 제고를 위해 반드시 필요한 거래임을 인식할 필요가 있다.

나. 차익거래

차익거래(arbitrage)는 서로 다른 시장간, 상품간, 지역간의 가격불일치를 이용하여 서로 반대포지션을 취하여 자기자본의 투자와 손실 위험 없이 이익을 추구하는 거래를 말한다. 가격차이를 이용하여 이익을 얻는다는 점에서 가격변동으로부터 이익을 얻는 투기거래와 구분된다.

차익거래기회를 실제 시장에서 찾기는 쉽지 않다. 그리고 실제로 그런 기회가 있다고 해도 시장을 예의 주시하고 있는 수많은 차익거래자들로 인해 순식간에 그런 기회는 사라지게 된다. 시장에서 그런 기회가 사라진다는 것은 더 이상 가격불일치나 잘못된 가격(mispricing)이 존재하지 않음을 의미하고 이는 시장가격이 균형가운데 있어 매우 적정한 가격(fair price)임을 의미한다. 즉, 차익거래의 존재는 시장을 효율적으로 만든다는 긍정적 효과가 있는 것이다.

실무에서 차익거래를 하는 방법의 예를 들어보자. 동일한 상품이 두 개의 서로 다른 시장에서 다른 가격에 거래되고 있다고 하자. 이 경우 가격이 낮은 시장에서 상품을 구입하되 자금을 융자하거나 공매를 이용하면 나의 자본이 투자되지 않고도 투자가 가능할 것이다. 물론 융자나 공매에 대한 이자나 수수료는 추후 지급해야 할 것이다. 매입한 상품을 가격이 높은 시장에서 팔면 수익이 발생할 것이고 이 수익이 융자원금과 이자를 갚고도 남으면 순이익이 생길 것인데 이것이 바로 차익거래이익이다.

---

3   공매도   ›

가. 공매도의 개념

최근 금융시장에서 공매도라는 투자기법에 대해 관심이 높아지고 있고 투자 및 리스크관리에도 널리 이용되고 있다. 특히 가격결정모형을 유도하기 위해 사용하는 차익거래이론에서 공매라는 개념은 매우 중요하게 사용된다. 공매(空賣: short selling 혹은 selling short)란 '없는 것을 판다'라는 의미인데, 자기가 소유하지 않는 자산(주식이나 채권 등)을 매도하는 것을 말한다. 공매의 정식 이름은 '공매도(空賣渡)'이다. 즉, 자신이 소유하지 않는 자산을 다른 사람에게 실제로 빌리거나, 실제로는 빌리지 않고 서류상 빌린 것으로 하여 시장에서 매도하는 투자기법이다. 주식을 빌려 매도하였으므로 추후 반드시 주식을 매입하여 주식으로 상환하여야 한다. 헷지펀드(hedge fund)들이 리스크를 줄이면서 이익을 내기 위한 방편으로 적극적으로 이용하면서 널리 알려지게 되었다.

공매는 주가가 향후 하락할 것으로 예상될 때 사용되는 투자기법으로서, 예상대로 주가가 하락하면 이익을 얻지만, 그렇지 않을 경우 손실을 보게 된다. 일반적인 주식투자에서는 주가가 올라야 이익을 보지만, 주가가 하락할 때도 이익을 얻을 수 있는 투자방법으로 공매가 활용될 수 있다는 점에서 많은 투자자들의 관심을 받고 있다.

나. 공매실행 절차

공매절차를 주식 공매의 예를 통해 순서대로 설명하면 다음과 같다.
* 공매를 원하는 측은 자신의 중개인(딜러 혹은 브로커)에게 공매의사를 전한다.
* 공매의사를 전달받은 중개인은 자신의 고객들 중 주식을 빌려줄 고객을 찾는다.
* 빌려줄 고객을 찾으면 공매주식수, 공매기간, 공매조건(수수료 등) 등을 협의하여 정한다.
* 공매조건이 정해지면 이를 공매를 원하는 측과 협의하여 확정하고 공매계약을 체결한다.
* 공매로 주식을 넘겨받은 측은 주식을 시장에서 매도하고 매도자금을 적절한 투자처에 공매기간 동안 투자한다.
* 공매기간 안에 발생하는 중도수익금(배당금, 이자 등)은 주식을 빌려준 측 계좌에 입금한다.
* 공매만기가 되면 공매한 측이 시장에서 동일한 주식을 매입하여 주식을 빌려준 측에 전달해야 하고, 공매수수료도 함께 지급한다. 이 때, 시장에서 주식을 매입하여 공매계약을 마감하는 것을 '환매수(short covering)'라 한다.

다. 공매관련 주요 제도

(1) 공매와 대주

일반적으로 공매는 주식을 실제 빌리지 않고 계약상으로만 빌려 매도하는 무대차공매(naked short selling)와 주식을 실제로 주고받으면서 매도하는 대차공매(covered short selling)로 구분된다. 무대차공매를 흔히 '공매'라 부르며, 대차공매도를 '대주(貸株)'라 부르기도 한다. 무대차공매의 허용 여부는 나라마다, 시장마다 다르므로 확인한 후 활용할 필요가 있다.

(2) 공매호가 가격제한 규정

시장에서 공매가 이루어지면 일반 투자자들은 향후 그 주식의 가격이 하락할 것으로 예상하게 된다. 그러면 그 주식 보유자들은 주가가 하락하기 전에 주식을 매도하여 손실을 줄이려 하기 때문에 일시에 시장에 매도물량이 급증하고 이는 그 주가의 추가하락을 가져올 수 있다. 이러한 공매로 인한 주가폭락을 예방하기 위한 제도적 장치로 공매 시 매도호가를 제한하는 규정이 있는데 이를 '공매호가가격제한규정' 혹은 '업틱 룰(up-tick rule)'이라고 한다.

업틱 룰은 1938년 미국에서 처음 도입되었는데, 그 당시에는 공매를 '주가 상승 시'에만 할 수 있도록 제한을 둠으로써 시장에서의 연쇄적인 주가하락을 방지하고자 하였다. 그러다 2010년 '대안 업틱 룰(alternative up-tick rule)'이 도입되었는데, 주요 규제내용을 보면, 첫째, 주가가 10% 이상 하락할 경우 당일과 익일에는 공매를 금지한다는 것이고, 둘째, 공매 시 매도 가격은 최근 주가 중 최고치보다 작을 수 없다는 것이다.

- 가치와 가격의 차이를 정확히 이해해야 한다.

- 가치평가의 중요성을 인식하고, 실무에서 많이 사용되는 현금할인법(DCF)에 대해 정확히 이해하고 적용할 수 있는 능력을 키워야 한다.

- 투기거래와 차익거래의 개념을 이해하고, 이러한 거래가 자본시장의 효율성에 미치는 영향과 자신의 기업이익을 제고하기 위해 어떻게 활용될 수 있는지 연구해야 한다.

- 최근 금융시장에서 많이 사용되고 있는 공매도라는 투자기법에 대해 그 개념과 관련규정, 종류 등을 잘 이해하고 리스크 관리를 위해 어떻게 사용할 수 있는지 이해할 필요가 있다.

사례 6-1

공매도 현금흐름분석 사례

한 투자자가 향후 A주식의 가격이 하락할 것으로 예상하고 100주를 $100에 공매하였다. 공매기한은 3개월이고 공매기한 도중 한 차례 주당 $3의 배당이 예정되어 있다. 3개월 후 공매만기일에 시장에서 주당 $90에 공매를 마감하였다고 한다. 공매투자자의 현금흐름과 공매 대신 주식을 매입하였을 경우 현금흐름을 비교, 분석해 보자.

시간	공매	주식매입
t=1(공매시)	100주×$100/주 = +$10,000	100주×(−$100)/주 = −$10,000
t=2(배당시)	100주×(−$3)/주 = −$300	100주×$3/주 = +$300
t=3(마감시)	100주×(−$90)/주 = −$9,000	100주×$90/주 = +$9,000
손익	+$700(이익)	−$700(손실)

＊ 위 표에서 보는 바와 같이 예상대로 주가가 $100에서 $90로 하락할 경우 공매투자자는 총$700의 이익을, 단순 주식매입자는 $700의 손실을 보게 된다.

＊ 그러나, 예상과 달리 주식가격이 상승한다면 반대의 현금흐름이 생기게 된다.

＊ 위 사례분석에서는 편의상 공매수수료를 포함시키지 않았으나, 현실적으로는 수수료를 감안하여야 한다. 만일 공매투자자가 공매시 주식을 시장에서 매도하고 매도금액을 투자해서 얻은 투자수익금이 수수료보다 크면 이익은 더 커지고, 반대로 투자수익금이 수수료보다 작으면 이익은 줄어들게 된다. 최소한 공매자는 무위험이자만큼의 투자수익은 얻을 수 있다.

연습문제

[객관식]

01. 어떤 투자에서 과거 5년간의 연도별 수익률이 각각 5%, -8%, 7%, 10%, 12%라 한다.
5년간의 산술평균수익률과 기하평균수익률은 각각 얼마인가?

① 5.0%, 5.2%   ② 5.2%, 5.0%

③ 5.5%, 5.2%   ④ 5.2%, 5.5%

02. 다음 중 가격(price)에 관한 설명으로 옳지 않은 것은?

① 시장에서 수요와 공급에 의해 결정된다.
② 시장에서 관찰 가능하다.
③ 소비자들이 느끼는 효용이다.
④ 공급자가 받고 싶어하는 최소 금액이다.

03. DCF방법으로 가치를 평가할 때 반드시 필요한 3요소가 아닌 것은?

① 장부가격   ② 미래 현금흐름
③ 할인율   ④ 만기

04. 미래 현금흐름이 미리 주어지는 증권을 고정소득증권(fixed income security)이라 하는
데 대표적인 것은 다음 중 어느 것인가?

① 주식   ② 옵션
③ 선도   ④ 채권

05. 돈의 시간적 가치(TVM: Time Value of Money)가 존재하는 직접적인 이유에 해당되지 않는 것은?

① 기회비용
② 인플레이션
③ 미래의 불확실성
④ 시간의 변화에 따른 효용의 변화

06. 가치(value)에 대한 설명으로 적절치 않은 것은?

① 소비자들이 느끼는 효용(utility)이다.
② 주관적인 모형으로 평가한다.
③ 수요와 공급에 의해 시장에서 결정된다.
④ 이상적인(ideal)인 상황을 가정하고 평가하는 경향이 있다.

07. 가치평가에서 현재가치가 주어질 경우 이를 이용하여 미래가치를 구하는 것을 무엇이라 하는가?

① discounting
② forecasting
③ compounding
④ moving forward

08. 사후(事後, ex post)적으로 투자기간 중 어느 정도의 수익을 실현했는지를 측정한 것을 무엇이라 하는가?

① realized return(평가수익)
② expected return(기대수익)
③ internal return(내부수익)
④ required return(필수수익)

09. 수익의 현재가치를 비용의 현재가치와 같게 만드는 수익률, 즉 NPV를 0으로 만드는 할인율(r)을 무엇이라 하는가?

① IRR(Internal Rate of Return)
② PIR(Prime Interest Rate)
③ RRR(Required Rate of Return)
④ ARR(Accounting Rate of Return)

10. 투기거래와 차익거래에 관한 다음 설명 중 옳지 않은 것은?

① 투기자가 존재하지 않으면 헷지가 불가능하다.

② 차익거래는 가격변동으로부터 이익을 얻으며, 투기거래는 가격차이를 이용하여 이익을 얻는다.

③ 투기자는 시차적인 자원배분을 촉진시킨다.

④ 투기자(speculator)와 가격조작자(price manipulator)는 다른 개념이다.

11. 기하평균과 산술평균 사이의 관계를 가장 잘 설명한 것은?

① 기하평균 = 산술평균   ② 기하평균 ≧ 산술평균

③ 기하평균 ≦ 산술평균   ④ 상황에 따라 다르다.

12. 공매도와 관련한 다음 설명 중 옳은 것은?

① 공매도와 대주는 동일한 개념이다.

② 향후 주가가 상승할 경우 공매를 통해 이익을 볼 수도 있다.

③ '무대차공매'를 다른 말로 '대주'라고도 한다.

④ 공매도는 보통 기관투자자보다는 개인투자자에게 유리하다.

13. 주식 공매도 투자에서 배당이 발생하면 배당은 누구에게 귀속되는가?

① 공매도 투자자   ② 주식소유자

③ 딜러   ④ 거래소

14. 다음 중 공매도로 인한 주가의 급격한 하락을 방지하기 위해 도입된 제도는?

① naked short-selling rule   ② short-covering rule

③ covered short-selling rule   ④ up-tick rule

15. 다음 중 공매도를 가장 적극적으로 활용하는 투자전략은?

① Equity Linked Securities   ② Hedge Fund

③ Exchange Traded Fund   ④ Mutual Fund

연습문제 정답 및 해설

[객관식]

01. ②

> **해설** 산술평균=5.2%, 기하평균=4.95%
>
> $$산술평균수익률 = \frac{\sum_{t=1}^{N} R_t}{N} = \frac{5 - 8 + 7 + 10 + 12}{5} = 5.2\%$$
>
> $$\begin{aligned} 기하평균수익률 &= \sqrt[N]{(1+r_1)(1+R_2)\cdots\cdots(1+R_N)} - 1 \\ &= \sqrt[5]{(1+0.05)(1-0.08)(1+0.07)(1+0.10)(1+0.12)} - 1 \\ &= 0.0495 \end{aligned}$$

02. ③

> **해설** 소비자들이 느끼는 효용은 가격(price)이 아니라 가치(value)이다.

03. ①

> **해설** **핵심체크** DCF평가의 3요소: 미래 현금흐름, 할인율, 만기

04. ④　　　　　　　**05.** ④

06. ③

> **해설** 시장에서 수요와 공급에 의해 결정되는 것은 가치가 아니라 가격이다.

07. ③

> **해설** 미래가치가 주어질 경우 이를 이용하여 현재가치를 구하는 것을 할인(discounting)
> 이라 한다. 그리고 현재가치가 주어질 경우 이를 이용하여 미래가치를 구하는 것을
> 할증(compounding)이라 한다.
>
> **핵심체크** discounting: 미래가치 ⇒ 현재가치, compounding: 현재가치 ⇒ 미래가치

08. ①

> **해설** 평가수익(realized return)이란, 사후(事後, ex post)적으로 투자기간 중 어느 정도의 수익을 실현했는지를 측정한 것을 말한다.

09. ①

> **해설** 내부수익률(IRR: Internal Rate of Return)이란, NPV를 0으로 만드는 할인율(r)을 말한다. 즉, 수익의 현재가치를 비용의 현재가치와 같게 만드는 수익률이 바로 내부수익률이다.

10. ②

> **해설** 차익거래(arbitrage)는 서로 다른 시장간의, 상품간의, 지역간의 가격불일치를 이용하여 서로 반대포지션을 취하여 자기자본의 투자와 손실 위험 없이 이익을 추구하는 거래를 말한다. 가격차이를 이용하여 이익을 얻는다는 점에서 가격변동으로부터 이익을 얻는 투기거래와 구분된다.
>
> **핵심체크** 투기자의 역할: 정보를 시장에 공급, 헷지를 가능하게 해 줌, 시차적인 자원배분을 촉진

11. ③

12. ③

> **해설** 무대차공매도를 공매라 하고 대차공매도를 대주라 한다. 공매도는 주가가 향후 하락할 때만이 이익을 볼 수 있으며, 향후 주가에 대한 정확한 예측이 매우 중요하다. 따라서 공매도투자에서는 정보에서 우위에 있는 기관투자자가 개인투자자보다 더 유리하다고 볼 수 있다.

13. ②

> **해설** 공매도기간 안에 배당이 발생하면 공매도 투자자는 그 배당금액을 원래 주식소유자에게 지급해야 한다.

14. ④

15. ②

> **해설** 공매도전략을 가장 먼저 도입한 것이 hedge fund이고 안전하다는 의미에서 hedge라는 용어를 사용하였으나 최근에는 공격적인 투자로 인해 많은 나라에서 규제를 강화하고 있다.

 제 7 장 　수리적 도구

1 　기초 확률 및 통계

금융공학 기법을 적용하거나 리스크를 측정하기 위해서는 확률과 통계에 대한 기초지식이 필요하다. 특히 확률분포, 공분산, 상관계수, 정규분포 및 대수정규분포 등은 아주 빈번히 사용되므로 확실한 이해가 필요하다. 주먹구구식의 리스크 관리가 아닌 체계적이고 과학적인 리스크 관리를 위해서는 수리적 분석 능력이 중요하기 때문에 본 장에서는 리스크 관리에 필수적인 기초확률 및 통계에 대해 설명하고자 한다.

가. 확률분포

(1) 확률변수

확률분포를 이해하기 위해 꼭 알아야 할 것으로 먼저 확률변수(r.v.: random varia－ble)가 있다. 확률변수란 표본 공간(S: sample space)에서 정의된 실수 함수(real－val－ued function)이다. 여기서 표본 공간이란 확률변수가 가질 수 있는 가능한 모든 경우의 집합이고, 실수 함수란 임의의 실험결과를 실수 값으로 변환해 주는 함수라는 것이다. 예를 들어 동전을 던지는 실험을 한다고 가정하자. 동전이 구부러지거나 훼손되지 않고 정상적인 둥근 모양을 가졌다면 동전을 던질 때 나올 수 있는 결과는 앞면(H: Head)이나 뒷면(T: Tail) 두 가지 경우만이 있을 것이다. 이때 표본공간은 $S=$

{Head, Tail}로 표현될 수 있을 것이다. 그런데 앞면, 뒷면과 같은 용어는 사용하기에 불편하니 간단하게 다음과 같이 표현할 수 있다. 즉, 앞면은 1로 표시하고 뒷면은 0으로 표시하고 이렇게 변환해 주는 함수를 X라 하면, X(Head)=1, X(Tail)=0이 될 것이며 이때 실험결과를 실수값으로 변환해 주는 실수함수 X를 확률변수라 한다. 따라서 확률변수를 사용하면 임의의 실험결과를 실수값으로 변환시킬 수 있어 다루기도 편리하고 이해하기도 쉬워진다. 확률변수를 잘 정의하면 아무리 복잡한 실험결과나 사건(event)이라도 이해하기 쉬운 통계적인 모형으로 전환할 수 있다는 장점이 있다. 참고로 확률변수는 관례상 영어 대문자를 사용하며, 확률변수의 특정한 값은 소문자로 표기한다.

한편 확률변수는 크게 두 가지 종류가 있다.

첫째, 이산확률변수(離散確率變數: discrete random variable)가 있다. 이산확률변수란 확률변수의 값이 정수값(integer value)만을 가지는 확률변수를 말한다. 예를 들자면 어느 시점에 버스 안에 있는 승객 수, 올 1년 동안 보험에 가입한 사람의 수 등 정수로만 표시될 수 있는 확률변수를 말한다. 따라서 어떤 확률변수가 이산확률변수이면 그 표본 공간은 $S=\{\cdots\cdots\ -3,\ -2,\ -1,\ 0,\ +1,\ +2,\ +3,\ \cdots\cdots\}$와 같이 표현할 수 있다.

둘째, 연속확률변수(連續確率變數: continuous random variable)가 있다. 연속확률변수란 확률변수가 모든 실수값(real value)을 가질 수 있는 확률변수를 말한다. 예를 들자면 어떤 시점에서의 나의 몸무게, 키, 혹은 기업의 연간 매출증가율 등을 들 수 있다. 이 경우 표본공간에 포함된 경우의 수는 무한대가 되는데, 매출증가율의 경우 하나의 예를 들어 보면, $S=\{\cdots\cdots\ -10.7,\ -7,\ -5.88,\ \cdots,\ 0,\ +2.775,\ +5,\ +8.643,\ \cdots\cdots\}$가 될 수 있다. 즉, 연속확률변수의 값은 $-\infty$부터 $+\infty$까지의 임의의 실수값이 될 수 있다.

(2) 확률분포

확률분포(probability distribution)란 미래 어떤 사건이 발생할 수 있는 가능성을 확률로 나타낸 분포를 말한다. 즉, 특정 확률변수가 가질 수 있는 모든 값들과 이 값들이 가지는 확률을 분포로 나타낸 것이다. 예를 들어, 올해 기업의 매출증가율이 8%인데 내년의 증가율이 10%일 확률이 0.2(경제가 호황일 경우), 8%일 확률이 0.5(경제가 보통일 경우), 그리고 5%일 확률이 0.3(경제가 불황일 경우)이라 하자. 이때 내년의 매출 증가율을 사건(event) 혹은 확률변수라 하고 각각의 경우를 확률로 표현하면 확률분 포가 되는 것이다. 편의상 기업의 매출증가율을 표시하는 확률변수를 X라 하면, 내 년에 X가 가질 수 있는 경우를 표본공간으로 표시하면, $S=\{5\%, 8\%, 10\%\}$가 되고, 확률분포는 다음 <표 7-1>과 같이 표현할 수 있다. 표에서 보는 바와 같이 확률은 두 가지 성질을 만족해야 한다. 첫째, 확률(p)은 0보다 작을 수 없고 1보다 클 수 없 다. 즉, $0\leq p\leq 1$이다. 둘째, 모든 확률을 다 합하면 1이 되어야 한다. 즉, $\sum_j p_j = 1$이 되어야 한다.

〈표 7-1〉 확률분포

내년 경제상태	확률변수(X): 매출증가율	확률(p)
호황(boom)	10%	0.2(20%)
보통(average)	8%	0.5(50%)
불황(recession)	5%	0.3(30%)
합계		1.0(100%)

이하에서는 <표 7-2>를 이용하여 기초 확률과 통계를 설명하고자 한다.

〈표 7-2〉 두 확률변수의 확률분포

내년 경제상태(j)	보험가입자 수(X)	1인당 보험금 연체액(Y)	확률(p_j)
불황($j=1$)	3,000명	12,000원	1/3
보통($j=2$)	4,000명	8,000원	1/3
호황($j=3$)	5,000명	7,000원	1/3

나. 기대값

확률분포의 특징을 보여주는 중요한 개념으로서 기대값(EV: Expected Value)이 있 다. 기대값이란 확률변수가 가질 수 있는 모든 값들의 평균(average)이라 할 수 있다. 기대값을 구하는 방법은 확률변수값에 확률을 곱하고 이들을 모두 더하면 된다.

기대값에는 다음과 같은 몇 가지 특성이 있다.[1]

여기서 a, b 는 상수이고, X, Y 는 확률변수라 하자.

i) $E(aX + bY) = aE(X) + bE(Y)$

ii) $E(aX) = aE(X)$

iii) $E(aX + b) = aE(X) + b$

iv) $E(aX + bY) = aE(X) + bE(Y)$

이산확률변수와 연속확률변수의 경우 기대값을 구하는 방법이 약간의 차이가 있어 둘로 나누어 설명한다.

(1) 이산확률변수의 경우

이산확률변수 X 의 기대값을 구하는 방법은 다음 (식 7-1)과 같다.

$$E(X) = \sum_{j=1}^{n} x_j p_j \qquad \text{(식 7-1)}$$

> 단, $E(X)$ = 확률변수 X 의 기댓값
> x_j = j 상태 하에서의 X 의 값
> p_j = j 상태가 발생할 확률
> n = 경제상태의 총 종류 수
> $0 \leq p_j \leq 1$
> $\sum_{j=1}^{n} p_j = 1$

예제 7-1

앞의 <표 7-2>에 있는 자료를 이용하여 확률변수 X 와 Y 의 기대값을 구해보자.

---

[1] 각각의 성질의 증명은 시그마(Σ)의 성질을 이용하면 쉽게 할 수 있다. 여기서는 증명은 생략하기로 한다.

$$E(x) = \sum_{j=1}^{3} x_j p_j = x_1 p_1 + x_2 p_2 + x_3 p_3$$

$$= 3,000 \times \frac{1}{3} + 4,000 \times \frac{1}{3} + 5,000 \times \frac{1}{3} = 4,000 \text{명}$$

$$E(Y) = \sum_{j=1}^{3} y_j p_j = y_1 p_1 + y_2 p_2 + y_3 p_3$$

$$= 12,000 \times \frac{1}{3} + 8,000 \times \frac{1}{3} + 7,000 \times \frac{1}{3} = 9,000 \text{명}$$

즉, 내년의 평균보험가입자수는 4,000명으로 기대되며, 평균보험금납입연체액은 1인당 9,000원으로 예상된다.

(2) 연속확률변수의 경우

연속확률변수 X의 기대값을 구하는 방법은 다음 (식 7-2)와 같다.

$$E(X) = \int_{-\infty}^{+\infty} x f(x) dx \qquad \text{(식 7-2)}$$

단, $f(x)$ = 확률변수 X의 확률밀도함수(p.d.f.)[2]

다. 분산과 표준편차

분산(variance)과 표준편차(SD: Standard Deviation)는 기대값과 더불어 확률분포의 특징을 나타내 주는 중요한 개념이다. 기대값이 확률분포의 중심의 정도, 즉 집중화 정도를 표시하는 반면 분산은 확률분포의 퍼짐의 정도(degree of dispersion)를 나타내는 개념이다. 즉, 분산은 확률변수의 값들이 기대값(평균)으로부터 얼마나 퍼져 있는가를 측정한다. 따라서 리스크를 측정할 때 대단히 중요한 개념이다.

---

2) 이산확률변수의 확률분포함수는 확률질량함수(p.m.f.: probability mass function)라고 하며, 연속확률변수의 확률분포함수는 확률밀도함수(p.d.f.: probability density function)라 한다. 이산확률변수의 경우 확률질량함수의 값이 곧 확률을 의미하지만, 연속확률변수의 경우 면적이 확률이 되므로 시그마(Σ) 대신 적분($\int$)을 사용해야 한다.

(1) 이산확률변수의 경우

이산확률변수 X의 분산은 $V(X)$ 혹은 σ_X^2 등으로 표시하며, 다음과 같은 식으로 계산한다.

$$V(X) = \sigma_X^2 = \sum_{j=1}^{n} [x_j - E(X)]^2 p_j$$
$$= E\{[X - E(X)]\}^2$$
$$= E(X^2) - [E(X)]^2 \qquad \text{(식 7-3)}$$

예제 7-2

앞의 <표 7-2>에 있는 자료를 이용하여 확률변수 X와 Y의 분산을 구해 보도록 하자.

$$V(X) = \sum_{j=1}^{3} [x_j - E(X)]^2 p_j$$
$$= [3,000 - 4,000]^2 \times \frac{1}{3} + [4,000 - 4,000]^2 \times \frac{1}{3} + [5,000 - 4,000]^2 \times \frac{1}{3}$$
$$= 666,667 (\text{명}^2)$$

$$V(Y) = \sum_{j=1}^{3} [y_j - E(Y)]^2 p_j$$
$$= [12,000 - 9,000]^2 \times \frac{1}{3} + [8,000 - 9,000]^2 \times \frac{1}{3} + [7,000 - 9,000]^2 \times \frac{1}{3}$$
$$= 4,666,667 (\text{원}^2)$$

(2) 연속확률변수의 경우

연속확률변수 X의 분산은 $V(X)$ 혹은 σ_X^2 등으로 표시하며, 다음과 같은 식으로 계산한다.

$$V(X) = \sigma_X{}^2 = \int_{-\infty}^{+\infty} [x - E(X)]^2 f(x) dx$$

$$= E\{[X - E(X)]\}^2$$

$$= E(X^2) - [E(X)]^2 \qquad \text{(식 7-4)}$$

한편, 표준편차는 분산의 제곱근을 의미하며 σ_X로 나타낸다. 따라서 표준편차를 구하는 공식은 다음과 같다.

$$\sigma_X = \sqrt{\sum_{j=1}^{n} [x_j - E(X)]^2 p_j} \quad \text{(이산확률변수의 경우)}$$

$$= \sqrt{\int_{-\infty}^{+\infty} [x_j - E(X)]^2 f(x) dx} \quad \text{(연속확률변수의 경우)}$$

$$= \sqrt{E[X - E(X)]^2}$$

$$= \sqrt{E(X^2) - [E(X)]^2}$$

$$= \sqrt{\sigma_X{}^2} \qquad \text{(식 7-5)}$$

예제 7-3

앞의 <표 7-2>에 있는 자료로부터 표준편차를 구하면 다음과 같다.

$$\sigma_X = \sqrt{V(X)} = \sqrt{666{,}667\text{명}^2} = 816\text{명}$$

$$\sigma_Y = \sqrt{V(Y)} = \sqrt{4{,}666{,}667\text{원}^2} = 2{,}160\text{원}$$

또한, 분산과 표준편차의 다음과 같은 몇 가지 중요한 특성을 알면 아주 유용하다. 단, a와 b는 상수를, X는 확률변수를, $V(X)$는 X의 분산을, $\sigma(X)$는 X의 표준편차를 각각 의미한다.

i) $V(a) = 0$, $\sigma(a) = 0$

ii) $V(aX) = a^2 V(X)$, $\sigma(aX) = a\sigma(X)$

iii) $V(aX \pm b) = a^2 V(X)$, $\sigma(aX \pm b) = a\sigma(X)$

만일 위에서와 같이 확률을 이용하지 않고 과거자료를 이용하여 분산이나 표준편차를 구하고자 한다면 다음 식을 이용한다.

$$\text{분산} = \frac{\displaystyle\sum_{t=1}^{N} (x_t - \overline{x})^2}{N-1} \tag{식 7-6}$$

위 (식 7-6)에서 N은 과거자료의 수, x_t는 과거 t시점의 자료, $\overline{x}$는 과거 N개 자료의 평균값을 의미한다. 여기서 분모에 $(N-1)$을 사용하는 이유는 이렇게 구한 분산이 '불편추정치(unbiased estimator)'가 되도록 하기 위함이다.[3]

라. 공분산과 상관계수

(1) 공분산

지금까지는 주로 한 개의 확률변수의 확률분포만을 다루었으나 때로는 두 개 이상의 확률변수의 분포를 동시에 다룰 필요가 있다. 이 때 두 개 이상의 확률변수가 결합된 분포를 결합확률분포(joint probability distribution)라 부른다.

공분산(covariance)은 두 개의 확률변수의 결합분포를 이용한 대표적인 경우 인데, 두 변수가 동시에 움직일 때 어느 정도의 관계를 가지고 변하는지를 측정하는 것으로서 분산과 유사한 의미를 갖는다.

공분산에 대해 좀 더 구체적으로 살펴보기로 하자. 분산이 하나의 확률변수의 분산이라면, 공분산은 두 개의 확률변수의 분산이다. 확률변수 X와 Y의 기대값을 각각 $E(X)$, $E(Y)$라 한다면, 공분산 $Cov(X, Y)$는 다음과 같이 계산한다.

---

3) 불편추정치(unbiased estimator): 모수를 추정하기 위해 사용되는 추정치(estimator)가 좋은 추정치가 되기 위해서는 어느 쪽으로나 편향되지 않는 것이 좋다. 불편추정치란 추정치의 평균값이 원래 모집단의 모수와 같아지는 추정치를 말한다. 즉, $E(\text{추정치}) = (\text{모집단의}) \text{ 모수값}$.

$$Cov(X, Y) = \sum_{j=1}^{n} [x_j - E(X)][y_j - E(Y)] p_j \quad \text{(이산확률변수의 경우)}$$

$$= \int_{-\infty}^{+\infty} \int_{-\infty}^{+\infty} [x - E(X)][y - E(Y)] f(x, y) dx dy \quad \text{(연속확률변수의 경우)}$$

$$= E[X - E(X)][Y - E(Y)]$$

$$= E(XY) - E(X)E(Y) \qquad \text{(식 7-7)[4]}$$

단, $Cov(X, Y)$ = 확률변수 X와 Y의 공분산
$f(x, y)$ = X와 Y의 결합확률분포

예제 7-4

앞의 <표 7-2>의 자료를 이용하여 공분산을 구하면 다음과 같다.

$$Cov(X, Y) = \sum_{j=1}^{n} [x_j - E(X)][y_j - E(Y)] p_j$$

$$= (3{,}000 - 4{,}000)(12{,}000 - 9{,}000) \times \frac{1}{3} +$$

$$(4{,}000 - 4{,}000)(8{,}000 - 9{,}000) \times \frac{1}{3} +$$

$$(5{,}000 - 4{,}000)(7{,}000 - 9{,}000) \times \frac{1}{3} = -1{,}666{,}667$$

공분산의 부호는 매우 중요한데, 위의 예제에서 음(−)의 공분산은 변수 X와 변수 Y가 반대 방향으로 움직인다는 것을 의미한다. 즉, X가 커지면 Y는 작아지고, X가 작아지면 Y는 커진다는 것을 의미한다. 즉, 보험가입자 수(X)가 많아지면, 1인당 보험금 납입연체액(Y)는 작아지고 가입자 수가 적어지면 1인당 연체액이 커진다는 것을 의미한다. 단, 한 가지 주의해서 해석해야 할 것은 공분산이 0에 가깝다면 공분산이 작다는 것을 의미하는 것이 아니라 두 변수 사이에 관계가 없다고 해석해야 한다.

다음과 같은 공분산의 몇 가지 특성을 이해하면 공분산 계산이 매우 편리하다. 단, a, b, c는 상수를, X, Y, Z는 확률변수를 의미한다.

---

[4] 공분산 $Cov(X, Y)$는 σ_{XY}로 표기하기도 한다.

i) $Cov(X, a) = 0.$

ii) $Cov(aX, bY) = ab\,Cov(X, Y)$

iii) $Cov(aX \pm bY, cZ) = Cov(aX, cZ) \pm Cov(bY, cZ)$
$$= ac\,Cov(X, Y) \pm bc\,Cov(Y, Z) \quad \text{(복호동순)}$$

공분산도 (식 7-6)의 분산처럼 과거자료로 구할 수 있으며, 이때도 분모에 $(N-1)$을 사용한다.

(2) 상관계수

공분산은 두 변수가 동시에 움직이는 방향성을 측정해 주지만, 그 값이 $-\infty$부터 $+\infty$까지 가능해서 서로 크기가 다른 공분산을 비교할 때 어려움이 있다. 따라서 공분산을 표준화하면 훨씬 이해하기도 쉽고 단위도 없어져 다루기도 쉽다. 상관계수가 필요한 이유이다. 상관계수(correlation coefficient)란, 공분산을 각 확률변수의 표준편차의 곱으로 나눈 값으로서 두 변수 사이의 선형관계(linear relationship)를 표시한다. 상관계수는 보통 ρ_{XY}로 표기하며 구하는 식은 다음과 같다.

$$\rho_{XY} = \frac{Cov(X, Y)}{\sigma_X \sigma_Y} \qquad \text{(식 7-8)}$$

단, ρ_{XY} = 확률변수 X와 Y 사이의 상관계수
$Cov(X, Y)$ = 확률변수 X와 Y 사이의 공분산
σ_X = 확률변수 X의 표준편차
σ_Y = 확률변수 Y의 표준편차

예제 7-5

<표 7-2>의 자료를 기초로 확률변수 X와 Y 사이의 상관계수를 구하면 다음과 같다.

$$\rho_{XY} = \frac{Cov(X, Y)}{\sigma_X \sigma_Y} = \frac{-1,666,667}{816 \times 2,160} = -0.95$$

상관계수는 정의에 의해 −1과 +1 사이의 값만 가질 수 있다. 즉, $-1 \leq \rho_{XY} \leq +1$ 이어야 한다. 따라서 상관계수는 두 확률변수 사이의 직선(선형)관계를 표시한다. 상관계수가 −1에 가까우면 두 변수는 강한 음의 관계를 가지며 +1에 가까우면 강한 양의 관계를 가지게 된다. 그리고 상관계수가 0에 가까울수록 두 변수 사이에는 관계가 없음을 의미한다. 이 점은 공분산과 유사한데, −0.5가 0보다 상관관계가 작다고 하면 잘못된 해석이 되는 것이다. 왜냐하면 음의 상관관계는 두 변수 사이에 관계가 있으며 방향만 (−)라는 의미이지만, 0의 상관관계는 아예 두 변수 사이에 관계가 없음을 의미하기 때문이다. 위에서 구한 상관관계가 −0.95라는 것은 두 확률변수가 강한 음의 관계를 가진다는 것을 의미한다.

두 확률변수 X와 Y 사이의 상관관계의 정도를 그림으로 표시하면 다음 [그림 7−1]과 같다.[5] 그림을 보면 (a)는 두 변수 사이에 정(+)의 상관관계, (b)는 부(−)의 상관관계, (c)는 2차 함수관계로서 I, II분면에서는 정(+)의 관계, 그리고 III, IV분면에서는 부(−)의 관계, 그리고 (d)는 무상관관계를 각각 보여주고 있다.

일반적으로 상관계수를 제곱한 값을 결정계수(coefficient of determination) 혹은 설명계수(coefficient of explanation)라 하며, 회귀분석에서는 R^2라고도 한다. 여기서 결정계수는 X변수가 Y변수를 설명하는 정도를 의미하며 그 값은 1보다 작거나 같다. 예를 들어 <표 10−2>의 자료로 결정계수를 구하면 약 0.9(즉, $\rho^2 = 0.9$)인데 이는 X변수가 Y변수를 90%만큼 설명하고 나머지 10%는 X 이외의 다른 요인이 Y의 변동을 설명한다는 의미이다.

공분산의 성질을 이용하여 여러 확률변수의 분산을 구할 때 유용한 몇 가지 성질을 살펴보면 다음과 같다. 단, a, b, c는 상수이고, X, Y, Z는 확률변수이다.

i) $V(aX + bY) = a^2 V(X) + 2ab\,Cov(X, Y) + b^2 V(Y)$

ii) $V(aX + bY + cZ) = a^2 V(X) + b^2 V(Y) + c^2 V(Z) +$
$$2[ab\,Cov(X, Y) + ac\,Cov(X, Z) + bc\,Cov(Y, Z)]$$

5) 자료: 박광태, 박명섭, *통계학 개론*, 제3판, 홍문사, 1999, p. 112.

[그림 7-1] 상관관계의 정도

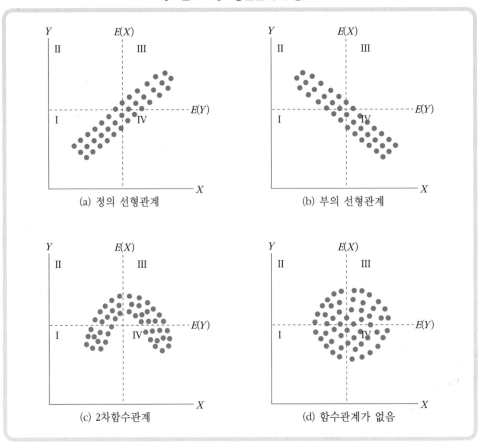

위에서는 2개, 3개의 확률변수에 대해서 분산을 구한 것이지만, n개의 확률변수에 대해서도 다음과 같이 분산을 구할 수 있는데 이는 투자이론에서 포트폴리오 전체의 분산(혹은 위험)을 구할 때 매우 유용하다.

iii) $\displaystyle V(\sum_{j=1}^{n} w_j X_j) = \sum_{j=1}^{n} w_j^{\,2} V(X_j) + 2 \sum_{i=1}^{n} \sum_{\substack{j=1 \\ j>i}}^{n} w_i w_j \, Cov(X_i,\ X_j)$

$\displaystyle \qquad\qquad\qquad = \sum_{j=1}^{n} w_j^{\,2} V(X_j) + \sum_{i=1}^{n} \sum_{\substack{j=1 \\ j \neq i}}^{n} w_i w_j \, Cov(X_i,\ X_j)$

마. 왜도와 첨도

일반적으로 확률분포의 모양은 분포의 기대치와 분산에 의해 크게 좌우된다. 그러나 극단적인 손실이나 이익을 표시하는 분포의 경우 기대치와 분산 이외에도 왜도 혹은 첨도가 추가로 필요한 경우도 있다. 리스크 관리에서는 예상치 못한 극단적인 손실과 같은 상황이 대단히 중요하므로 왜도와 첨도에 대한 이해가 필요하다.

(1) 왜도

왜도(skewness)란, 분포가 한쪽 방향으로 치우쳐 있는 정도를 표시한다. 기대치(평균)의 왼쪽으로 분포가 치우쳐 있는 경우를 좌편향(skewed to the left)이라 하고, 반대로 기대치의 오른쪽으로 치우쳐 있는 분포를 우편향(skewed to the right)이라 한다. 왜도(γ)는 다음과 같이 분포의 3차 모멘트(3rd moment)를 이용하여 계산한다.[6]

$$\gamma = \frac{E[(X-\mu)^3]}{\sigma^3} \qquad \text{(식 7-9)}$$

단, $\gamma =$ 확률변수 X의 왜도
$\mu =$ 확률변수 X의 평균(기대치)
$\sigma =$ 확률변수 X의 표준편차

(식 7-9)에서 왜도<0이면 좌편향(skewed to the left), 왜도>0이면 우편향(skewed to the right)이라 부른다. 참고로 평균을 중심으로 좌우 대칭인 분포는 왜도가 0이 되는데, 왜도가 0인 대표적인 분포로 정규분포, 표준정규분포, 그리고 t분포 등이 있다.

리스크와 관련해서 왜도를 생각해 보자. 만일 기업의 이익(손실)을 나타내는 확률변수가 좌편향이라면 큰 손실이 발생할 확률이 상대적으로 높은 것이며, 우편향이라면 큰 이익이 발생할 확률이 상대적으로 높다는 것을 의미한다.

---

6) 통계학에서 평균(μ)을 중심으로 한 r차 모멘트(r-th moment)는 $E[(X-\mu)^r]$로 정의된다. 따라서 기대치 자체는 1차 모멘트, 분산은 2차 모멘트라 할 수 있다.

(2) 첨도

첨도(kurtosis)란, 분포의 꼬리가 납작한 정도(degree of flatness in tail)를 의미한다. 분포의 좌우 꼬리부분이 두터우면 첨도가 크다고 하는데 이 경우 가운데 평균부분 확률이 작아지고, 꼬리부분이 얇으면 첨도가 작다고 하는데 이 경우 가운데 평균부분의 확률이 커지게 된다. 첨도(δ)는 다음과 같이 분포의 4차 모멘트(4th moment)를 이용하여 계산한다.

$$\delta = \frac{E[(X-\mu)^4]}{\sigma^4}$$

(식 7-10)

단, $\delta =$ 확률변수 X의 첨도

첨도가 크다는 것은 좌우 꼬리부분이 두터우므로 리스크의 관점에서 보면 큰 이익을 볼 확률도 높지만 큰 손실을 볼 확률도 높다는 것이므로 충분한 대비가 필요하다는 것을 의미한다. 참고로 리스크 관리에서 많이 사용되는 정규분포의 첨도는 항상 3이다. 그리고 첨도가 아주 커서 꼬리부분이 매우 두터운 분포를 '두터운 꼬리분포(leptokurtic 혹은 fat-tailed distribution)'라 부른다.

바. 정규분포, 표준정규분포, 대수정규분포

(1) 정규분포

정규분포(normal distribution)는 재무이론에서 가장 많이 이용되는 분포이다. 예를 들어, 유명한 블랙-숄즈-머튼(Black-Scholes-Merton)의 옵션평가모형(option pricing model)에서 뿐만 아니라, 최근 리스크 측정에서 많이 사용되는 VaR모형(Value at Risk model)에서도 이용된다. 따라서 재무, 금융분야에서의 정규분포의 중요성은 아무리 강조해도 지나치지 않을 것이다.

정규분포는 시장리스크를 모형화할 때 유용한 몇 가지 특징을 가지고 있다. 즉, 평균에서 정점분포(peak distribution)를 가지며, 양극단에서 꼬리분포(tail distribution)를

[그림 7-2] 정규분포의 모양

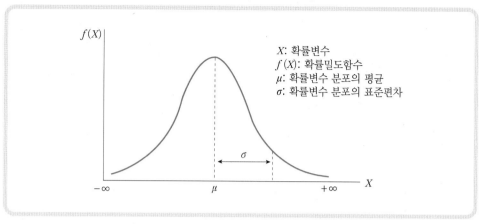

갖는다는 점이다. 즉, 평균(μ)과 표준편차(σ)만 알면 분포의 모양을 완전히 결정할 수 있어 매우 단순하고 실용적이다. 또한 평균을 중심으로 좌우 대칭이라는 점은 표준편차 하나만으로도 확률변수의 퍼짐을 측정할 수 있다는 장점이 있다.

정규분포는 칼 가우스(Karl F. Gauss)가 물리학을 연구하면서 도입한 분포이기에 때로는 가우스 분포(Gauss distribution)라고도 하며, 평균을 중심으로 좌우 대칭인 모습이 종(bell)과 비슷하다고 하여 종모양 분포(bell-shaped distribution)라고도 한다. 현대에 와서는 많은 사회적, 자연적 현상들이 정규분포와 근사한 확률분포를 가지는 것으로 나타나 그 용도는 폭발적으로 증가하였다. 정규분포의 모양은 [그림 7-2]와 같다.

이상을 정리해 보면 정규분포는 다음과 같은 특성을 갖는다.

i) 정규분포의 형태는 평균(μ)과 표준편차(σ) 두 개에 의해 결정된다.

ii) 정규분포의 확률밀도함수는 평균을 중심으로 좌우 대칭이다.

iii) 정균분포 확률변수는 연속확률변수로서 $-\infty$부터 $+\infty$까지의 값을 갖는다.

iv) 정규분포 좌우대칭이므로 왜도(skewness)는 0이고, 첨도(kurtosis)는 3이다.

정규분포의 확률밀도함수는 다음과 같다.

[그림 7-3] 정규분포의 발생확률

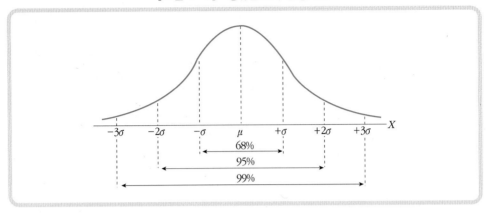

$$f(x) = \frac{1}{\sigma\sqrt{2\pi}} e^{-\frac{(x-\mu)^2}{2\sigma^2}}, \quad -\infty < x < +\infty$$

(식 7-11)

단, $f(x)$ = 확률변수 X 의 확률밀도함수

π = 3.141⋯

e = 2.718⋯

μ = 확률변수 X 의 평균

σ = 확률변수 X 의 표준편차

(식 7-11)에 있는 확률밀도함수를 이용하여 발생확률을 표시하면 [그림 7-3]과 같다. 확률변수 X가 정규분포를 따를 때 $X \sim n(\mu,\ \sigma^2)$라 표기한다.

(2) 표준정규분포

앞서 설명한 정규분포에서는 평균과 표준편차에 의해 확률분포의 위치와 모양이 결정된다. 그런데 수많은 정규분포에서 그것의 평균과 표준편차를 사용하여 확률을 측정한다는 것은 매우 번거롭고 불편한 일이다.

표준정규분포(standard normal distribution)는 정규분포의 성질을 이용하여 모든 종류의 정규분포를 하나의 표준화된 정규분포로 나타낸다. 정규분포(X)를 표준정규분포(Z)로 전환하는 공식은 다음과 같다.

$$Z = \frac{X - \mu}{\sigma}$$

(식 7-12)

단, $X \sim n(\mu, \sigma^2)$

(식 7-12)를 이용하면 모든 정규분포 확률변수를 표준정규분포 확률함수로 변환시킬 수 있다. 즉, 정규분포 확률변수 값에서 자신의 평균을 빼주고 자신의 표준편차로 나눈 값은 표준정규분포를 따라야 한다는 것이다. 표준정규분포의 평균은 항상 0이 되며 표준편차는 1이 된다. 따라서 확률변수 Z가 표준정규분포를 따른다고 할 때 $Z \sim N(0, 1)$이라 표기한다.

한편, $-\infty$부터 임의의 점 d까지의 확률을 누적해서 더해 준 확률을 누적확률이라 하며 다양한 d에 대한 확률분포를 누적확률분포(c.d.f.: cumulative distribution function)라 하는데 다음 [그림 7-4]는 표준정규분포의 누적확률분포의 모양을 보여주고 있다.

[그림 7-4] 표준정규분포의 누적확률분포

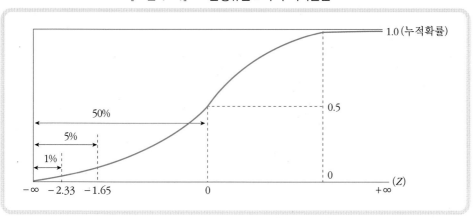

표준정규분포의 확률밀도함수는 평균이 0이고 표준편차가 1이므로 다음과 같다.

$$f(z) = \frac{1}{\sqrt{2\pi}} e^{-\frac{z^2}{2}}, \quad -\infty < z < +\infty$$

(식 7-13)

재무분야에서는 표준편차의 확률밀도함수값 보다는 누적확률값을 더 많이 사용하는데 임의의 값 d까지의 누적확률값은 $N(d)$라 표시하고 다음 식과 같이 계산한다.

$$N(d) = \int_{-\infty}^{d} \frac{1}{\sqrt{2\pi}} e^{-\frac{Z^2}{2}} dz \qquad\qquad \text{(식 7-14)}$$

그런데 적분값을 구하는 것이 대단히 힘들어 표로 만들어 사용하고 있는데 [부록]이 바로 표준정규분포의 누적확률값을 표로 요약한 것이다.[7]

(3) 대수정규분포

대수정규분포(log normal distribution)란 정규분포를 따르는 확률변수를 지수를 이용하여 0보다 항상 큰 확률변수로 변환했을 때의 분포를 말한다. 즉, X가 정규분포를 따를 때 $Y = e^X$는 대수정규분포를 따른다. 대수정규분포는 다음과 같은 성질을 가진다. 특히 이 분포는 주식가격 모델링에 많이 사용된다.

i) Y가 대수정규분포를 따르면 $X = \ln Y$는 정규분포를 따른다.[8]

ii) 대수정규분포를 따르는 확률변수는 항상 0보다 크다. 즉, $y > 0$.

iii) 대수정규분포를 따르는 확률변수의 확률밀도함수는 우편향(skewed to the right)의 분포(즉, 왜도>0)를 가진다.[9]

iv) $X \sim N(\mu, \ \sigma^2)$이면, $E(Y = e^X) = e^{\mu + \frac{\sigma^2}{2}}$.

---

7) 표준편차의 누적확률값을 이용하는 대표적인 경우가 Black-Scholes의 유럽형 옵션가치평가모형이다. 참고로 EXCEL에서도 손쉽게 표준정규분포의 누적확률값을 구할 수 있다.

8) 자연로그 ln은 log natural의 약자로서 밑이 $e(=2.718\cdots)$인 로그이다. 즉 $\ln x = \log_e x$를 뜻한다.

9) S_T가 대수정규분포를 따르면 평균과 분산은 각각 $E(S_T) = S_t e^{\mu(T-t)}$, $V(S_T) = S_t e^{2\mu(T-t)}$ $[e^{\sigma^2(T-t)} - 1]$이 되는데, 이는 적률생성함수(mgf: moment generating function)를 사용하여 증명할 수 있다.

사. 극단치이론(EVT)

(1) 극단치이론의 도입 필요성

정규분포는 앞에서 설명한 바와 같이 많은 자연현상들과 사회현상들을 설명하는 데 아주 유용하다. 그런데 정규분포는 평균이 발생할 확률이 가장 높아 평균을 중시하는 분포이다. 그러나 리스크 관리에서는 평균도 중요하지만 꼬리부분의 분포 또한 매우 중요하다. 특히 극단적으로 큰 손실은 기업의 부도와 직결되는 매우 중요한 부분임에도 정규분포는 꼬리부분의 분포(tail distribution)를 과소평가한다. 즉, 정규분포는 평균을 지나 분포의 꼬리방향으로 좌우로 갈수록 급격하게 확률이 저하되어 극단적으로 큰 잠재적 손실의 가능성을 과소평가하는 단점이 있다.

이러한 정규분포의 꼬리부분의 단점을 극복하고 꼬리분포를 보다 매끄럽게 (smooth)하여 극단적인 잠재손실을 현실에 맞게 적절하게 조정하기 위해 도입된 이론이 바로 '극단치이론(EVT: Extreme Value Theory)'이다. 따라서 EVT는 정규분포로 설명할 수 없는 두터운 꼬리(fat tail)의 문제점을 극복하기 위해 도입된 이론이다.[10]

(2) EVT 확률분포

두터운 꼬리를 갖는 분포를 모형화하기 위해 다음과 같은 누적확률분포(cdf)가 사용된다.

$$f(y) = 1 - (1 + \varepsilon y)^{-\frac{1}{\varepsilon}}, \text{ if } \varepsilon \neq 0$$
$$= 1 - e^{-y}, \text{ if } \varepsilon = 0 \qquad \text{(식 7-15)}$$

(식 7-15)에서 $y = \dfrac{x - \mu}{\beta}$, β는 분포의 배율(scale)을 결정하는 모수(parameter)이며 $\beta > 0$이다. 그리고 ε은 분포의 모양(shape)을 결정하는 아주 중요한 모수로서 분포의 꼬리가 사라지는 속도(speed of tail-disappearing)이다. 즉, ε이 0에 가까운 수라

---

10) EVT이론에 대해 세부적이고 깊이 있는 학습을 위해서는 Gnedenko(1943), McNeil(1999), Embrechts(1997) 등을 참조 바람.

면 (식 7-15)에서 보듯이 지수분포(exponential distribution)에 수렴하고, 0보다 커지면 (식 7-15) 첫 번째 줄에 있는 분포로 수렴한다. 즉, $\varepsilon > 0$면 꼬리부분이 정규분포보다 두텁고 느리게 사라지며, $\varepsilon = 0$이면 꼬리부분이 정규분포와 같은 두께의 모양이 되며 지수적으로(exponentially) 사라진다. 따라서, 이러한 분포를 파레토분포(Pareto distribution)와 정규분포를 포괄하는 '일반화된 파레토분포(GPD: Generalized Pareto Distribution)'라고 부른다.[11] 실증연구결과에 의하면 주식시장에서 ε의 값은 약 0.2~0.4로 추정되며, $n = \dfrac{1}{\varepsilon}$을 자유도(degree of freedom)로 하는 t-분포(student t-distribution)로 해석할 수도 있다

다음 [그림 7-5]는 미국 주식시장에서 과거 20년(1984~2004)간 주가지수 S&P500의 수익률분포를 꼬리부분수익률에 대해 그래프로 표시한 것이다.[12]

[그림 7-5] EVT적용사례: S&P500 꼬리수익률

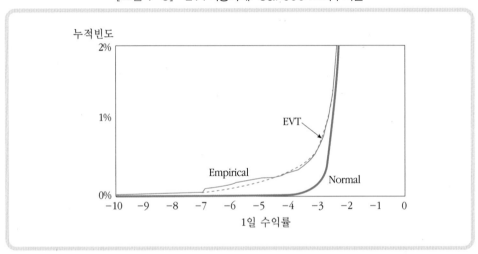

그래프에서 보듯이 가장 굵은 선으로 표시된 '정규분포(Normal)'는 가는 실선으로 표시된 '실증(Empirical)자료'를 잘 설명해주지 못하며, '극단치이론(EVT)'으로 표시한 분포(점선)가 실제자료와 더 유사함을 보여주고 있다. 따라서, 손실과 관련이 깊은 신

---

11) $\varepsilon \rightarrow 0$인 경우: Gumbel분포, $\varepsilon > 0$인 경우: Frechet분포, $\varepsilon < 0$인 경우: Weibull분포, $\varepsilon = 0$인 경우: 정규분포라 한다. 특히, 재무금융 리스크요인들은 정규분포보다 두터운 꼬리(fat tail)를 갖고 있기 때문에 Frechet분포가 금융리스크관리에서 가장 중요한 분포이다.
12) 자료: P. Jorion(2007), p.132

용리스크 등을 분석할 때는 정규분포보다는 EVT가 더 유용하다는 것에 유념하고 잘 활용할 필요가 있다.

(3) EVT응용 사례

EVT이론은 자주 일어나지 않지만 일단 일어나면 극단적으로 큰 손실을 가져올 수 있는 자연재해(natural disaster)를 모형화하는 데 매우 유용하다. 사례로서, 해수면보다 국토의 높이가 낮은 네덜란드(Netherlands: '낮은 나라'라는 뜻)는 해수의 범람으로 1953년 1,800여명의 사망자가 발생하였고, 정부는 이런 재해를 막기 위해 EVT이론을 적용하여 1250년 동안 한 번 올 수 있는 범람에 대비한 제방높이를 추정하였고 30억달러를 투입하여 실제 제방을 구축하여 지금까지 범람 리스크를 잘 관리하고 있다. 반면, 미국의 경우 홍수(flood defense)대책의 일환으로 30~100년에 한 번 올 수 있는 높이로 제방시스템을 구축하였는데, 2005년 뉴 올리언스(New Orleans) 홍수를 막지 못해 막대한 재산, 인명 손실을 기록한 바 있다.

아. 코퓰러

확률이론에 따르면 두 확률변수 X와 Y가 서로 독립이면 두 확률변수의 결합확률함수(joint probability function)는 각각의 한계확률함수(marginal probability function)의 곱으로 표시된다. 즉,

$$f(x, y) = f(x)f(y)$$

(식 7-16)

그러나, 금융변수들이 상호 독립인 경우는 거의 없으며, 상호 의존성(dependence)은 코퓰러(copula)라는 함수에 의해 모형화될 수 있다. 공식적으로 코퓰러는 한계분포 $f(x)$와 모수 θ의 함수이다. 확률변수가 2개인 경우 두 개의 독립확률변수를 가지며, 코퓰러는 상호 독립적이지 않은(즉, 상호 의존적인) 리스크 요인들의 결합확률함수를 독립적인 두개의 한계확률함수들과 의존성 구조를 표시하는 함수를 결합하여 표시하는 방법이다. 즉, 두 개의 리스크(확률변수)로 구성된 코퓰러 c_{12}는 다음 식과 같이 두

리스크의 한계분포와 모수의 함수로서 표시할 수 있다.

$$c_{12}[f_1(x_1), f_2(x_2); \theta]$$
(식 7-17)

임의의 결합확률함수와 한계확률함수 사이의 연계는 1959년 발표된 Sklar(1959)논문의 Sklar정리(Sklar's theorem)에 의해 다음과 같이 표현된다.

$$f_{12}(x_1, x_2) = f_1(x_1)f_2(x_2)c_{12}$$
(식 7-18)

(식 7-18)에서 보듯이 모든 결합확률함수는 한계확률함수와 코퓰러의 곱으로 표시될 수 있음을 알 수 있다. 만일 두 확률변수가 상호 독립이라면 코퓰러는 항상 1이된다. 코퓰러는 확률변수들 사이의 의존성에 관한 모든 정보를 포함하지만 한계확률함수에 관한 정보는 제공하지 않는다.

코퓰러의 중요한 특성은 꼬리 의존성(tail dependence)인데, 이는 다른 변수의 극단적 변동이 주어져 있을 때 한 변수의 극단적 변동의 조건부 확률로부터 도출된다. 공식적으로 주어진 신뢰수준 c에서 상한과 하한의 조건부 확률은 다음과 같이 정의된다.

상한의 조건부 확률: $P_U(c) = \Pr[X_2 > F_{X_2}^{-1}(c) \,|\, X_1 > F_{X_1}^{-1}(c)]$ (식 7-19)

하한의 조건부 확률: $P_L(c) = \Pr[X_2 \leq F_{X_2}^{-1}(c) \,|\, X_1 \leq F_{X_1}^{-1}(c)]$ (식 7-20)

위 식들로부터, 상한의 고리 의존성은 c가 1로 수렴할 때 극한값이고, 하한의 고리 의존성은 c가 0으로 수렴할 때 극한값이다. 특히, 하한 의존성 모수들이 0일 때 코퓰러는 꼬리 독립성(tail independence)을 보인다고 한다. 정규분포는 평균을 중심으로 대칭이므로 상한과 하한의 꼬리 의존성은 모두 0이다. 일반적으로 금융시장들은 전형적으로 동조화현상에 의해 금융위기 중에 동반 하락하는 경향을 보이므로 정규분포의 꼬리 의존성으로는 금융시장을 제대로 모형화할 수 없고 꼬리 의존성을 보이는 다른 코퓰러를 선택해야 한다. 리스크관리 담당자는 리스크자료에 가장 적합한 코퓰러를 선택해야 하는데, 통상 분석적 함수를 먼저 선택하고 다음에 최적 모수를 선택하게 된다. 최우추정법(MLE: maximum likelihood estimation method)과 같은 표준적 통계적 방법들이 이용된다.

2 | 모델링 기법과 기술적 지식 ›

금융공학을 잘 활용하기 위해서는 통계적, 수학적 기초뿐만 아니라 다양한 모델링 기법과 기술적 지식들이 필요하다. 여기서 말하는 모델링 기법과 기술적 지식에는 다음과 같은 것들이 있다.

첫째, 수리적 모델링 기법이다.
리스크를 측정하기 위해서는 수익률이 필요하고, 수익률을 측정하기 위해서는 가격이나 가치가 필요하다는 것은 이미 앞서 배운 바 있다. 특히 가치를 평가하기 위해서는 때로 수학적·통계적 모델링이 필요하다. 모델링(modeling)이란 관심이 있는 상황을 이론적으로 재구성하여 가치를 평가하거나 미래를 예측하고자 하는 기법이다. 수리적 모델링에서는 특히 미래의 불확실성을 확률을 이용하여 통계적(statistical)모형을 개발하거나, 추계적 과정(stochastic process)을 이용하여 확률변수의 시간적 변화를 모형화 하기도 한다. 예를 들어 주식가격을 다음과 같이 기하학적 브라운 모형(GBM: Geometric Brownian Motion)으로 모형화하여 사용하는 경우가 많다.

$$S_{t+1} - S_t = dS_t = \mu S_t dt + \sigma S_t dZ \qquad \text{(식 7-21)}$$

단, S_{t+1} = 다음 기간의 주식가격
S_t = 현재 주식가격
μ = 주식수익률의 평균
σ = 주식수익률의 표준편차
dZ = 위너 과정(Wiener process)으로서 평균이 0이고, 분산이 dt인 정규분포 확률변수

(식 7-21)을 따르는 확률변수는 대수정규분포를 따르게 된다. 만일 (식 7-21)의

양 변을 현재의 주식가격인 S_t로 나누면, 주식수익률의 분포를 얻게 되는데 이는 산술적 브라운 모형(ABM: Arithmetic Brownian Motion)이라 한다. ABM을 따르는 확률변수는 정규분포를 따르게 되고 다음과 같은 식으로 모형화된다.

$$\frac{S_{t+1} - S_t}{S_t} = \frac{dS_t}{S_t} = \mu dt + \sigma dZ \qquad \text{(식 7-22)}$$

이러한 추계적 과정을 가정하고 미분방정식(differential equation), 이토 렘마(Ito's Lemma) 등의 다소 복잡한 수리적 과정을 거쳐 옵션가치평가와 같은 파생상품의 평가모형을 구축할 수 있는 것이다.[13] 또한 최적화 이론(optimization theory), 최적 제어이론(optimal control theory), 게임이론(game theory) 등도 경제, 금융 분야에서 많이 사용되는 수리적 모델링 기법들이다. 최적화 이론이란 주어진 제약조건 하에서 목적 함수를 최적화(최대화 혹은 최소화)시키는 해(답)를 구하는 이론으로서 미분법이나 라그랑지안 승수법(Lagrangian multiplier method) 등이 있다. 최적 제어이론은 동태적인 (dynamic) 최적화 문제를 풀기 위한 도구이며, 게임이론은 게임에 참여하는 한 경기자의 행동이 다른 경기자의 행동에 의식적으로 영향을 미치는 경기자들 간의 상호의존관계를 설명하는 이론이다. 이러한 수리적 모델링에 필요한 도구들은 때론 대단히 복잡하고 어려워서 수학, 공학, 물리학을 전공한 사람들의 참여가 필요한데 그들을 때론 '로켓 과학자(rocket scientist)'들이라 부르기도 한다.

둘째, 경제적 모델링 기법이다.

재무, 금융분야에서는 균형(equilibrium)을 가정하거나 무위험차익거래(arbitrage)를 가정하고 모형화를 시도하는 경우가 많다. 이를 위해 균형조건을 유도하기 위한 수요와 공급조건을 명시하고 이를 통해 균형해(equilibrium solution)를 구한다. 따라서 금융공학에서 요구하는 이론적 가치평가 모형을 구하기 위해서는 경제학 이론에 대한 이해가 필요하다. 균형이론에는 부분균형이론과 일반균형이론이 있는데, 부분균형이

---

13) 미분방정식(differential equation)은 방정식 안에 도함수가 포함되어 있는 것을 말하며, 독립변수가 하나인 경우를 상미분방정식(ODE: Ordinary Differential Equation)이라 하고, 독립변수의 수가 두 개 이상인 경우를 편미분방정식(PDE: Partial Differential Equation)이라 한다. 이토 렘마(Ito Lemma)는 Taylor Series를 이용하여 추계적 과정을 따르는 어떤 확률변수의 함수의 추계적 과정을 구할 때 아주 유용한 수학 이론이다.

론이란 시장의 일부를 균형조건에 사용하는 것이고, 일반균형이론이란 시장 전체의 균형조건을 이용하는 것이다. 예컨대, 주식시장이나 채권시장 같은 시장 일부의 균형만을 이용하면 부분균형이론이고, 금융시장 전체의 균형을 이용하면 일반균형이론인 것이다. 투자이론에서 잘 알려져 있는 자본자산가격결정모형(CAPM: Capital Asset Pricing Model)은 일반균형이론이다. 또한 시장에 무위험차익거래기회가 없는 상황을 가정하고(즉, no arbitrage condition) 모델링 하는 경우도 있는데 Black-Scholes의 옵션평가모형이 대표적인 사례이다.

셋째, 컴퓨터를 이용하는 기술적 지식이다.

컴퓨터와 통신기술의 발전은 금융공학의 이해와 활용을 위해 매우 중요하다. 컴퓨터기술과 관련해서는 하드웨어적인 측면과 소프트웨어적인 측면으로 나누어 생각할 수 있다.

먼저 하드웨어 측면에서 보면, 대용량 저장장치의 개발, 처리속도의 급속한 향상, 다양한 멀티미디어의 발달 등이 금융공학 발전에 지대한 공헌을 하였다. 이런 발달 덕분에 과거 수십 년, 수백 년의 자료를 손쉽게 저장하고 이용할 수 있는 도구를 갖게 되었으며, 자료처리 또한 매우 빨라짐으로써 신속한 의사결정을 가능하게 하였다. 오디오, 비디오 등의 다양한 멀티미디어 활용 또한 분석결과의 이용 등에 획기적인 기여를 하였다.

한편, 소프트웨어 측면에서 보면 보다 효율적인 프로그래밍 언어의 발전, 소프트웨어를 통한 컴퓨터 거래 시스템의 개발과 발전, 컴퓨터 시뮬레이션 등을 이용한 가상 상황 구현 및 거래에의 활용, 발전한 통계분석 소프트웨어 등은 금융공학 발전에 지대한 공헌을 하였다. 때로는 프로그램이 너무 복잡해서 전문 프로그래머의 역할이 필요할 때도 많지만 금융공학 전문가로서 최소한의 컴퓨터 활용능력은 매우 중요한 부분이라 할 것이다. 컴퓨터와 관련된 기술의 발전속도가 워낙 빨라 향후 금융공학 발전 또한 매우 빠르게 진행되리라 기대된다.

요약

- 금융리스크 관리에서 금융공학을 활용하기 위해서는 확률 및 통계에 대한 이해가 필요하다. 짧은 시간 안에 복잡하고 어려운 고급 통계이론까지 다 공부할 수는 없을지라도 기초적인 개념과 이론에 대한 이해가 필요하다. 예를 들어, 확률변수, 확률분포, 기대값, 표준편차와 분산, 공분산과 상관계수, 왜도와 첨도, 정규분포와 표준정규분포, 대수정규분포 등에 대한 기본적인 이해가 필요하다.

- 정규분포는 평균을 지나 분포의 꼬리방향으로 좌우로 갈수록 급격하게 확률이 저하되어 극단적으로 큰 잠재적 손실의 가능성을 과소평가하는 단점이 있다. 이러한 정규분포의 꼬리부분의 단점을 극복하고 꼬리분포를 보다 매끄럽게(smooth)하여 극단적인 잠재손실을 현실에 맞게 적절하게 조정하기 위해 도입된 이론이 바로 '극단치이론(EVT: Extreme Value Theory)'이다. 따라서 EVT는 정규분포로 설명할 수 없는 두터운 꼬리(fat tail)의 문제점을 극복하기 위해 도입된 이론이다. 따라서, 손실과 관련이 깊은 신용리스크 등을 분석할 때는 정규분포보다는 EVT가 더 유용하다는 것에 유념하고 잘 활용할 필요가 있다.

- 금융시장에서 리스크요인들은 대부분 상호 연결되어 있어 상호 독립적이지 않은 경우가 대부분이다. 이러한 상호 의존성을 확률로 표시하기 위해 최근 코퓰러(copula)가 널리 사용되고 있으며, 특히 꼬리부분의 상호의존성을 모형화하는데 코퓰러가 유용하게 활용되고 있다.

- 금융공학에 필요한 모델링기법과 기술적 지식에 대한 이해가 필요하다. 모델링을 위한 수리적 도구로서 확률모형, 추계적 과정, 미분방정식, 최적화 기법, 최적제어이론, 게임이론 등이 필요하고, 경제적 모델링을 위해 균형이론, 차익거래이론 등이 필요하며, 모형의 계산과 자료분석을 위한 컴퓨터 기술로서 하드웨어, 소프트웨어, 프로그래밍 등이 필요하다. 각각의 모든 기법에 뛰어난 전문가가 되기는 힘들다 하더라도 개발된 모형에 대해 최소한 적용과 해석은 할 수 있어야 한다.

연습문제

[객관식]

01. 두 확률변수 사이의 공분산(covariance)에 관한 다음 설명 중 옳지 않은 것은?

① 공분산은 두 확률변수간의 움직임의 방향을 의미한다.
② 공분산은 양수(+), 음수(−) 모두 가능하다.
③ 두 변수는 확률적으로 독립이면, 공분산은 0이 된다.
④ 공분산이 0이면, 두 변수는 확률적으로 독립이다.

02. 극단치이론(EVT)이 정규분포에 비해 더 유용한 점은?

① 평균을 중심으로 좌우대칭인 경우 유용하다.
② 꼬리분포를 현실에 맞게 가정할 수 있다.
③ 첨도가 정규분포보다 더 작다.
④ 평균과 분산만으로 분포의 모양이 완전히 결정된다.

03. 과거자료에 의해 변동성(volatility)을 측정할 때, 분모에 자료의 수(n) 대신 자료의 수에서 1을 빼준 값(즉, n−1)을 사용하는 이유는 무엇인가?

① n값이 너무 크기 때문에   ② 자료를 정규분포로 만들기 위해
③ CAPM과의 일관성 유지를 위해   ④ 불편추정치로 만들기 위해

04. 정규분포에 관한 다음 설명 중 옳지 않은 것은?

① $X \sim N(1,\ 4)$일 경우, $Y = (X-1)/2 \sim n(0,\ 1)$이 성립한다.
② 주식의 수익률을 모형화할 때 많이 이용된다.
③ X가 정규분포를 따르면, $\ln X$는 대수정규분포를 따른다.
④ 정규분포를 갖는 확률변수는 임의의 실수값을 가질 수 있다.

05. 상관계수(correlation coefficient)에 관한 다음 설명 중 옳지 않은 것은?

① −1보다 작을 수 없고, +1보다 클 수 없다.
② 단위는 보통 %로 표시하나 때로는 화폐단위($, ₩ 등)로도 표시할 수 있다.
③ 두 변수 사이의 linear relationship을 표시한다.
④ 두 변수의 공분산을 두 변수의 표준편차의 곱으로 나누어 계산한다.

06. 첨도(kurtosis)에 관한 다음 설명 중 옳지 않은 것은?

① 분포의 꼬리가 얼마나 두터운지를 보여준다.
② kurtosis가 클수록 분포의 꼬리가 얇아진다.
③ 정규분포의 경우 3의 값을 가진다.
④ 꼬리부분의 두께와 관련이 있으므로 위험관리에서 중요한 역할을 한다.

07. 왜도(skewness)에 관한 다음 설명 중 옳지 않은 것은?

① 정규분포의 경우 0의 값을 가진다.
② 평균을 중심으로 좌우대칭인 정도를 측정한다.
③ 0보다 작으면 분포가 왼쪽으로 기울어져 있음을 의미한다.
④ 평균을 중심으로 얼마나 분포가 집중되어 있나를 측정한다.

08. 정규분포(normal distribution)에 관한 다음 설명 중 옳은 것은?

① 왜도(skewness)가 −5이다.
② 첨도(kurtosis)가 3이다.
③ 평균을 중심으로 좌우 1σ 안에 속할 확률은 약 95%이다.
④ (정규분포 확률변수)×(정규분포 확률변수)도 정규분포를 따른다.

09. 정규분포와 대수정규분포에 관한 다음 설명 중 옳지 않은 것은?

① Y가 대수정규분포를 따르면, $X = e^Y$는 정규분포를 따른다.
② X가 대수정규분포를 따르면 X값은 항상 0보다 크다.
③ 대수정규분포는 우편향(skewed to the right)분포를 갖는다.
④ 대수정규분포는 GBM(기하브라운모션)과 동일한 확률모형이다.

10. 모델링기법에 관한 다음 설명 중 옳지 않은 것은?

① Black-Scholes의 옵션평가모형은 무위험차익거래 모형이다.
② 시장에서 수요와 공급을 이용하는 것이 균형이론이다.
③ CAPM(자본자산가격결정모형)은 대표적인 무위험차익거래모형이다.
④ 라그랑지안 승수법은 수리적 모델링 기법 중 최적화 모형 중의 하나이다.

11. 극단치이론(EVT)에 관한 다음 설명 중 옳지 않은 것은?

① EVT는 중심극한정리에 의해 정당화되는 분포(예컨대, 정규분포)들이 극단치 추정에 사용될 수 있음을 보여준다.
② EVT는 상당한 모형리스크에 노출된다.
③ EVT결과는 세부적 가정들에 민감하다.
④ 꼬리분포에 관한 자료는 제한되어 있기 때문에 EVT추정치는 소표본효과 및 다른 편의에 대해 매우 민감하다.

12. 극단치이론(EVT)은 수익분포의 꼬리부분에 대해 중요한 정보를 제공한다. 다음 EVT에 관한 설명 중 옳지 않은 것은?

① VaR와 달리 EVT는 분포의 꼬리부분에 집중한다.
② 수익의 전체분포가 단일분포를 따른다고 가정하는 VaR와 달리 EVT는 두터운 꼬리를 적절히 고려할 수 있다.
③ EVT는 꼬리를 정의하는 최적 임계점을 찾으려고 노력한다.
④ EVT는 예외적인 극단적 사건이나 손실을 배제한다.

13. 리스크요인 사이의 상호 의존성에 관한 다음 설명 중 옳은 것은?

> 가. 포트폴리오 자산의 수익분포들 사이의 의존성은 리스크 측정에서 중요하다.
> 나. 상관관계를 측정하는 피어슨 상관계수는 두 자산 수익사이의 의존성의 선형성 (linearity)의 척도이다.
> 다. 코퓰러(copula)를 이용하여 자산 수익률에 대하여 의존구조를 설명할 수 있다.
> 라. 장기간에 걸쳐 추정된 상관계수를 이용한 리스크는 과소평가되는 경향이 있다.

① 가, 나, 다   ② 가, 다, 라
③ 나, 다, 라   ④ 가, 나, 다, 라

[주관식]

01. 두 개의 확률변수 X와 Y의 표준편차가 각각 2와 3이고 두 변수 사이의 상관계수가 -0.5라 할 때, $3X-2Y$의 분산은 얼마인가?

02. R의 분산이 10이라면, $(3R+2)$의 분산은 얼마인가?

03. 확률변수 X의 기대치가 15라면, $(2X-5)$의 기대치는 얼마인가?

04. 확률변수 X와 Y의 공분산은 5이다. X와 Y 사이의 상관계수가 0.5이고 X의 분산이 12이면, Y의 분산은 얼마인가?

05. 두 확률변수 X와 Y의 분산이 각각 9, 16이고, 두 변수 사이의 상관계수가 -0.5라 한다. 두 변수 사이의 공분산은 얼마인가?

06. 어떤 기업 주식의 수익률은 일일 평균이 0.1%이고, 표준편차가 2%인 정규분포를 따른다고 한다. 이 주식의 하위 5%에 해당하는 수익률은 얼마인가?

07. 두 변수 X와 Y의 관계는 다음과 같다. X와 Y의 상관계수는 얼마인가?

$$Y = a + bX, \qquad b > 0$$

08. 일본엔화(JPY), 미국달러(USD), 그리고 유로화(EUR) 이의 환율이 다음과 같은 변동성(표준편차)를 갖는다고 할 때, 환율 (JPY/EUR)와 (EUR/USD)사이의 상관계수는 얼마인가?

변동성(JPY/USD)=9%, 변동성(JPY/EUR)=11%, 변동성(EUR/USD)=7%

09. 어떤 주식 수익률의 18개월 표준편차가 35%이다. 만일 이 주식의 월간수익률이 정규분포를 따르며 각각의 1개월 수익률은 독립이라 하면, 12개월 표준편차는 얼마인가?

10. 확률변수 X가 대수정규분포(lognormal distribution)를 따르면, $Y = \ln X$는 평균이 0이고 표준편차가 0.2인 정규분포를 따른다고 한다. 이때 X의 기대값, $E(X)$를 구하면 얼마인가?

연습문제 정답 및 해설

[객관식]

01. ④

> **해설** **핵심체크** 두 확률변수가 독립이면 두 변수의 공분산은 항상 0이 되지만, 그 역은 반드시 성립하지 않는다.

02. ②　　　　　　　　03. ④

04. ③

> **해설** X가 정규분포를 따를 때 $Y = e^X$는 대수정규분포를 따른다.

05. ②

> **해설** 상관계수에는 단위가 없다.

06. ②

> **해설** Kurtosis가 클수록 꼬리부분은 두터워진다.

07. ④

> **해설** 왜도는 평균을 중심으로 얼마나 집중되어 있는가를 측정하는 것이 아니라, 평균을 중심으로 좌우대칭인 정도를 측정하는 것이다.

08. ②

> **해설** 정규분포의 왜도는 0이고, 첨도는 3이다. 그리고 정규분포의 합은 정규분포이지만, 정규분포의 곱은 정규분포가 아니다.

09. ①

> **해설** **핵심체크** Y가 대수정규분포를 따르면, $X = \ln Y$가 정규분포를 따르게 된다. 즉, X가 정규분포를 따르면, $Y = e^X$는 대수정규분포를 따르게 된다.

10. ③

> **해설** CAPM(자본자산가격결정모형)은 대표적인 균형모형(equilibrium model)이다. 반면, APT모형은 대표적인 무위험차익거래모형이다.

11. ①

> **해설** EVT는 중심극한정리(CLT)를 적용하지 않는다. 오히려 CLT를 확장하는 개념으로 이해하는 것이 타당하다. EVT는 정규분포에서 얻기 힘든 꼬리에 관한 정보에 집중하기 때문에 정규분포를 적용하지 않는다. 정규분포는 꼬리보다는 평균을 중시하는 분포이기 때문이다.

12. ④

> **해설** EVT는 두터운 꼬리(fat tail)와 같은 극단적 예외를 반영하고자 도입된 모형이다.

13. ①

> **해설** 상관계수가 시장의 위기상황에서 상향편의인지 하향편의인지 확실하지 않다. 따라서 리스크를 과대평가하는지, 과소평가하는지도 알 수 없다.

[주관식]

01. 108

02. 90

> **해설** $V(3R+2) = 3^2 \times V(R) = 9 \times 10 = 90$
> **핵심체크** $V(aX \pm b) = a^2 V(X)$, $\sigma(aX \pm b) = a\sigma(X)$

03. 25

> **해설** $E(2X-5) = 2E(X) - 5 = 2 \times 15 - 5 = 25$
> **핵심체크** $E(aX+b) = aE(X) + b$

04. 8.33

해설 $\rho_{XY} = \dfrac{Cov(X,\ Y)}{\sigma_X \sigma_Y}$

$\Rightarrow \sigma_Y = \dfrac{Cov(X,\ Y)}{\sigma_X \rho_{XY}} = \dfrac{d}{\sqrt{12} \times 0.5} = 2.8867 \Rightarrow \sigma_Y{}^2 = 8.33$

05. -6

해설 상관계수 $= -0.5 =$ 공분산 $/[(X$의 표준편차$)(Y$의 표준편차$)]$이다.
따라서, 공분산 $=($상관계수$)(X$의 표준편차$)(Y$의 표준편차$)$
$= (-0.5)(3)(4)$
$= -6$ (참고로, 표준편차 $= \sqrt{분산}$)

06. -3.2%

해설 표준정규분포에서 하위 5%에 해당하는 값은 -1.65이다. 즉,
$-z = -1.65 = \dfrac{X - \pi}{\sigma} = \dfrac{X - 0.1}{2}$
$\Rightarrow X = 0.1 - 1.65 \times 2 = -3.2\%$

07. 상관계수 $= 1$

해설 $Cov(X,\ Y) = Cov(X,\ a + bX) = bCov(X,\ X) = b\sigma_X{}^2$
$V(Y) = V(a + bX) = b^2 \sigma_X{}^2 \Rightarrow \sigma_Y = b\sigma_X$ $(\because \ b > 0)$

따라서, $\rho_{XY} = \dfrac{\sigma_{XY}}{\sigma_X \sigma_Y} = \dfrac{b\sigma_X{}^2}{\sigma_X(b\sigma_X)} = 1$

08. 상관계수 $= -0.5779$

해설 $\dfrac{JPY}{USD} = (\dfrac{JPY}{EUR})(\dfrac{EUR}{USD})$
양변에 log를 취하면,
$\log(\dfrac{JPY}{USD}) = \log(\dfrac{JPY}{EUR}) + \log(\dfrac{EUR}{USD})$
위 식의 양 변에 분산을 취하면,
$\sigma^2(\dfrac{JPY}{USD}) = \sigma^2(\dfrac{JPY}{EUR})\sigma^2(\dfrac{EUR}{USD}) + 2\rho \times \sigma(\dfrac{JPY}{EUR}) \times \sigma(\dfrac{EUR}{USD})$
따라서, $9^2 = 11^2 + 7^2 + 2\rho \times 11 \times 7 \Rightarrow \rho = -0.5779$

09. 12개월 표준편차＝0.2856 혹은 28.56%

> **해설** 정규분포의 '선형성'에 의해,
>
> 정규분포＋정규분포＝정규분포.
>
> 따라서, 월간수익률이 정규분포이면 12개월 수익률은 12개 정규분포의 합이며,
>
> 　　　12개월 분산＝12×월간분산.
>
> 그런데, 18개월 분산＝0.35^2＝18×월간분산
>
> ⇒ 월간분산＝$0.35^2/18 = 0.0068$
>
> 따라서, 12개월 분산＝12×월간분산＝12×0.0068＝0.0816이고,
>
> 　　　12개월 표준편차 ＝ $\sqrt{0.0816}$ ＝ 0.28856.

10. $E(X) = 1.02$

> **해설** $Y = \ln X \sim N(0,\ 0.2^2)$ 이므로, $X = e^Y$는 대수정규분포를 따른다.
>
> 　　따라서, $E(X = e^Y) = e^{\mu + \frac{\sigma^2}{2}} = e^{0 + \frac{0.2^2}{2}} = 1.02$
>
> > **핵심체크** $Y \sim N(\mu,\ \sigma^2)$이면, $E(X = e^Y) = e^{\mu + \frac{\sigma^2}{2}}$

제8장 파생상품 및 금융공학적 도구

1 파생상품

가. 파생상품의 개념

(1) 파생상품의 정의

옵션에 대해 이해하기 위해서는 먼저 파생상품이 무엇인지 알 필요가 있다. 파생상품(derivatives)이란 스스로는 존재할 수 없고 다른 기본자산에 의존하는 상품을 말한다. 따라서 파생상품의 가치는 자신이 의존하고 있는 기본자산의 가치에 의해 결정된다. 여기서 말하는 기본자산(primary asset)이란 스스로 독립적으로 존재할 수 있는 자산을 말하며 그 예로 금융자산(financial asset)과 상품(commodity) 등이 있다. 대표적인 금융자산으로는 주식(stock), 채권(bond), 외국통화(foreign currency), CD(Certificate of Deposit: 양도성예금증서) 등이 있고, 상품으로는 농산물, 축산물, 임산물, 광산물, 부동산 등이 있다. 파생상품이 의존하고 있는 기본자산들을 기초자산(underlying asset)이라고 부른다. 파생상품은 독립적으로 존재할 수 없으므로 모든 파생상품의 가치의 합은 0이 되어야 한다(zero sum rule).

(2) 파생상품의 종류

대표적인 파생상품으로는 옵션(option), 선물(futures), 선도(forward), 스왑(swap) 등

이 있다. 본서에서는 이들 대표적인 4가지 파생상품에 대해 살펴보고자 한다. 각 파생상품의 정의와 종류, 거래시장과 거래방법, 가격결정이론 등이 그 주요내용이다.

(3) 파생상품의 용도

파생상품은 칼과 마찬가지로 양면성을 가지고 있다. 칼을 의사가 사용하면 생명을 살리지만 칼을 살인강도가 사용하면 생명을 위협할 수 있는 것처럼, 파생상품이 본래의 의도대로 잘 사용되면 기업이나 개인의 투자 및 리스크관리 등 경제활동에 매우 유용하지만 파생상품을 잘못 오용하면 2007년 전 세계 금융위기를 불러온 서브프라임 모기지(subprime mortgage)사태와 같이 기업과 국가경제에 심각한 타격을 줄 수도 있다. 따라서 파생상품의 신중하고 합리적인 사용이 요구된다.

파생상품은 일반적으로 다음과 같은 용도로 사용된다.
- 리스크를 다른 사람에게 전가하는 헷지(hedge) 용도
- 자료와 정보 등을 근거로 시장의 미래방향을 예측하고 적극적으로 투자하는 투기(speculation) 용도
- 무위험 차익거래(arbitrage)이익을 얻기 위한 용도
- 고정부채를 변동부채로 변경하는 등의 부채의 성격전환 용도
- 포트폴리오 거래비용 없이 투자의 성격(베타, 가중치 등)을 전환시키는 용도

(4) 파생상품의 거래

파생상품은 크게 다음과 같은 두 가지 시장에서 거래된다. 하나는 거래소(exchanges)이고, 다른 하나는 장외(OTC: Over The Counter)시장이다. 전자의 대표적인 예로 한국거래소(KRX: KoRea eXchange), 시카고상품거래소(CBOT: Chicago Board Of Trade), 영국선물거래소(LIFFE: London International Financial Futures Exchange) 등이 있고, 후자의 경우 거래당사자가 직접 만나서 거래하거나 전화, 인터넷, 컴퓨터 등으로 거래하는 시장을 말한다.

(5) 파생상품의 경제적 기능

파생상품의 경제적 기능은 다음과 같이 크게 다섯 가지로 구분할 수 있다.

- 치열한 정보수집과 경쟁을 통한 공정한 가격형성과 발견(formation and discovery of fair prices)
- 가격변동위험의 헷지(hedge over price changes)
- 레버리지 활용을 통한 유동성증대(increase in liquidity)
- 미래가격예측을 통한 저축 및 투자유도로 자본형성촉진(promotion of capital accumulation)
- 자본의 시차적 배분(time differential distribution of capital)

나. 옵션

(1) 옵션의 개념

옵션(option)이란 미리 정해진 가격으로 정해진 기간 동안에 특정증권을 살 수 있는(혹은 팔 수 있는) 권리(right), 즉 선택권이 부여된 증권을 말한다. 옵션계약에서 정하는 기초자산(underlying asset)을 사거나 팔 수 있는 권리는 옵션발행자(option writer 혹은 option seller)가 이를 매수하는 자에게 프리미엄을 받고 부여하고, 옵션소유자(option holder 혹은 option buyer)는 일정한 기간 동안 옵션계약에 명시된 사항을 옵션발행자에게 이행하도록 요구할 수 있는 권리를 갖는 계약이 옵션계약이다.

선물(혹은 선도)과 옵션은 둘 다 기초자산에 의존하는 파생상품(derivatives)이라는 공통점도 있으나, 기본적으로 다음과 같은 차이점을 가지고 있다.

- 선물이나 선도는 계약 당사자 양쪽이 모두 계약을 이행해야 할 '의무(obligation)'를 가지나, 옵션의 경우 발행자(매도자)만 의무를 가지며 보유자(매입자)는 '권리(right)'를 가진다. 즉, 옵션매입자는 만기일에 기초자산의 가격과 행사가격을 비교하여 자신에게 유리하면 권리를 행사하지만 자신에게 불리하면 권리를 행사할 필요가 없다. 따라서, 옵션계약에서는 의무를 가지는 발행자(매도자)만 선물계약처럼 증거금(margin)을 납부해야 하고, 권리를 가지는 보유자(매입자)는 증

거금을 납부할 필요가 없다.

- 선물이나 선도계약에서는 포지션을 취하는데 실질적인 비용이 들지 않으나, 옵션에서는 포지션을 갖기 위해 프리미엄을 지불하므로 초기비용이 발생한다.
- 선물이나 선도는 옵션보다 상대적으로 유동성이 더 풍부하다. 일반적으로 초기비용이 드는 옵션보다는 초기비용이 없는 선물의 거래량이 더 많다.
- 선물이나 선도는 위험을 일정수준으로 한정시키는 것이 불가능하나, 옵션의 경우 위험을 일정수준(즉, 옵션 프리미엄)으로 한정시키는 것이 가능하다. 옵션의 경우 상품 자체적으로 보험효과(insurance effect)를 가지고 있어 상대적으로 더 안전하다고 할 수 있다.

(2) 옵션관련 주요 용어

① 기초자산(S)

기초자산(underlying asset)은 옵션거래의 대상이 되는 자산을 말하며, 크게 곡물, 금, 은 등과 같은 상품(commodity)과 주식, 채권, 주가지수, 통화, 선물 등과 같은 금융자산(financial assets)으로 구분할 수 있다. 통상 기초자산의 시장가격은 S로 표시한다.

② 만기일(T)

옵션은 일정한 기한 이내에 그 권리를 행사할 수 있는 계약증권이며, 이러한 권리를 행사할 수 있는 마지막 날을 만기일(expiration date 혹은 exercise date)이라 한다. 만기일은 각 옵션계약의 성격과 거래소에 따라 다소 차이가 있으나 보통 옵션의 만기가 되는 달(month)의 셋째 주 금요일이 된다. 시카고상품거래소(CBOT)의 경우 선물옵션의 만기는 선물인도월 이전달이 만기월이 되며, 셋째 주 금요일이 만기일이 된다. 시카고상업거래소(CME)의 경우 옵션만기일과 기초자산의 최종거래일과 동일한 날이 만기일이 된다. 일반적으로 현재 시점은 t로, 만기일은 T로 표시한다.

③ 행사가격(K, X)

행사가격(exercise price 혹은 strike price)이란 옵션매수자가 미래에 기초자산을 사거나(콜옵션의 경우) 팔 수 있는(풋옵션의 경우) 가격을 말한다. 예를 들어, 행사가격이

$50라는 것은 만기일에 기초자산가격이 어떻게 되든 상관없이 기초자산을 $50에 사거나 팔 수 있다는 것을 의미한다. 행사가격은 기초자산의 시장가격을 기준으로 정하되, 하나의 행사가격은 기초자산가격보다 낮고, 다른 행사가격은 기초자산가격보다 높게 2~3개의 행사가격을 정하며, 통상 5개 이내의 행사가격으로 제한된다. 행사가격은 보통 K 혹은 X로 표시한다.

④ 옵션프리미엄

옵션프리미엄(option premium 혹은 option price)은 옵션매입자가 옵션매도자에게 지불하는 옵션가격을 말한다. 즉, 옵션거래에서의 프리미엄이란 옵션매매 시 적용되는 옵션가격을 의미한다. 옵션프리미엄은 옵션의 수요와 공급상황, 경제적 요인 및 시장상황에 따라 수시로 변화한다.

⑤ 옵션발행자와 옵션매입자

옵션발행자(option writer)는 옵션매도자(option seller)라고도 하는데 이는 옵션을 발행하는 자로서 옵션매입자로부터 옵션프리미엄을 받고 옵션을 매도하며, 옵션매입자가 권리를 행사하고자 할 때 반드시 응해야 하는 의무를 가지고 있다. 이러한 의무 때문에 거래증거금은 발행자에게만 부과된다.

옵션매입자(option buyer)는 옵션보유자(option holder)라고도 하며 옵션발행자에게 옵션프리미엄을 지불하고 옵션을 행사할 수 있는 권리를 받는 자를 말한다. 옵션행사는 의무가 아니라 권리이기 때문에 그 권리의 행사여부는 옵션매입자의 자유이다. 따라서, 옵션매입자에게는 의무가 없으므로 신용위험(credit risk)이 없으며 증거금이 필요 없다.

⑥ moneyness: 내가격, 외가격, 등가격

옵션의 이득은 기초자산가격과 행사가격의 차이로 결정된다. 그런데 행사가격은 옵션계약시 고정되어 있으므로 옵션의 이득은 기초자산의 가격에 따라 결정된다. 옵션이득이 양(+)의 상태에 있을 때 기초자산의 상태를 내가격(ITM: in-the-money)상태라 한다. 옵션의 이득이 영(0)인 상태, 즉 기초자산가격과 행사가격이 일치할 때를 등가격(ATM: at-the-money)상태라 한다. 그리고 옵션의 이득이 음(-)인 상태, 즉 옵션을 행사하면 옵션프리미엄을 제외하더라도 손실이 발생하는 기초자산의 가격상태를 외가격(OTM: out-of-the-money)상태라 한다. 내가격, 등가격, 외가격을 통칭하여 'moneyness'라 한다.

기초자산의 가격이 양(+)의 옵션이득을 아주 크게 발생시키는 상태에 있을 때 이를 '깊은' 내가격(deep in-the-money)상태라 하고, 반대로 음(−)의 옵션이득을 아주 크게 발생시키는 상태에 있을 때 이를 '깊은' 외가격(deep out-of-the-money)상태라 한다.

⑦ 내재가치와 외재가치

내재가치(IV: intrinsic value)는 옵션이 갖고 있는 행사가격(K)과 기초자산의 시장가격(S)과의 차이를 나타낸다. 콜옵션과 풋옵션의 내재가치는 매입자의 입장에서 볼 때 다음과 같이 정의된다.[1]

$$콜옵션의 \ 내재가치 = \max(S - K, \ 0)$$
$$풋옵션의 \ 내재가치 = \max(K - S, \ 0)$$

(식 8-3)

위 식에서 보는 바와 같이 옵션은 영(0) 이상의 내재가치를 갖게 된다.

외재가치(EV: extrinsic value)는 시간가치(TV: time value)라고도 하는데 앞으로 기초자산의 시장가격이 옵션의 가치를 높여주는 방향으로 변할 가능성에 대한 기대 때문에 생기는 옵션의 가치이다. 다시 말해, 일반적으로 옵션은 내재가치보다 높은 가격수준에서 거래되는 데 이러한 초과부분이 바로 외재가치이다. 예를 들어, 기초자산의 시장가격이 행사가격보다 낮은 콜옵션의 경우 외가격상태에 있기 때문에 내재가치가 영(0)이어서 옵션가격(프리미엄)이 영(0)이어야 할 것 같지만, 실제로 시장에서는 영(0)보다 큰 가격에 거래되는데, 이는 투자자들이 그 옵션의 외재가치(시간가치)를 영(0)보다 크게 보기 때문이다. 즉, 지금은 외가격상태에 있지만 앞으로 만기 전에 기초자산의 가격이 행사가격보다 커질 것이라 기대하기 때문에 그 옵션에 대한 수요가 생기고, 그 수요는 영(0)보다 큰 옵션가격(프리미엄)을 만들어 내는 것이다.

외재가치(시간가치)는 만기일에 가까이 갈수록 기하학적으로 감소하는 시간감소형태(time decay pattern)를 갖는다. 기초자산가격이 외재가치에 미치는 영향은 행사사격

---

1) max(a, b)는 a와 b중에서 큰 값을 갖는 것을 선택하는 함수이다. 즉, a>b이면 max(a, b)=a, a<b이면 max(a, b)=b, a=b이면 Max(a, b)=a 혹은 b가 된다.

을 중심으로 대칭의 관계를 갖는다. 내재가치와 외재가치로부터 옵션가격은 다음과 같이 정의 된다.

옵션가격(프리미엄) = 내재가치(IV) + 외재가치(EV)

옵션의 시간가치(TV) 또는 외재가치(EV)는 다음과 같은 두 가지 이유로 발생하며 순시간가치는 이 두 가지 가치의 합으로 표시될 수 있다.

첫째, 만기까지 옵션을 보유함에 따른 기대 순이익 때문에 발생한다. 이는 만기까지 기초자산의 가격이 유리한 방향으로 변동할 경우의 기대이익이 불리하게 변동할 경우의 기대손실보다 크기 때문에 발생하는 양(+)의 기대가치이다. 옵션이득의 비대칭성 때문에 생기게 된다.

둘째, 옵션의 기초자산을 매입 또는 매도함으로써 생기는 현금흐름으로 인해 발생하는데, 이 경우 콜옵션은 양(+)의 값을, 풋옵션은 음(-)의 값을 갖는다. 왜냐하면, 콜옵션의 경우 옵션가격에는 기초차산 매입에 들어가는 자금의 이자비용이 포함되는데 옵션가격에 양(+)의 영향을 주는 반면, 풋옵션의 경우에는 기초자산을 매도하여 들어오는 자금에 대해 이자수익이 발생하므로 이러한 이자수익은 보유비용(풋옵션 매입비용)의 관점에서 보면 옵션가격을 하락시키는 요인이 되므로 옵션가격에 음(-)의 효과를 갖게 된다.

이러한 두 가지 효과를 고려해 볼 때 콜옵션의 경우 둘 다 양(+)의 효과를 가지므로 시간가치는 0보다 작아질 수 없으나, 풋옵션의 경우 깊은 내가격(deep ITM) 상태에 있을 때 두 번째 시간가치가 첫 번째 보다 압도적으로 커져 순시간가치(외재가치)가 음(-)이 될 수 있는데 이는 유러피언 풋옵션의 경우 만기 전에 발생할 수 있지만, 아메리칸 풋 옵션의 경우에는 조기에 행사가 가능하므로 이러한 상황이 발생하지 않는다.

⑧ 미청산계약수

미청산계약수(open interest)는 어느 일정시점에 현존하는 옵션계약의 잔고수로서, 이미 발행된 옵션 중 보유잔고가 정리되지 않았거나 만기일이 도래하지 않은 총 계약 건수를 말한다. 옵션매매가 늘어나면 미청산계약수가 늘어나고, 반대매매나 권리행사를 통해 옵션이 청산되면 미청산계약수는 줄어든다.

⑨ 옵션클래스와 옵션시리즈

옵션클래스(option class)는 기초자산이 같은 모든 콜옵션과 풋옵션을 말한다.

옵션시리즈(option series)는 같은 옵션클래스 중에서 행사가격과 만기일이 동일한 옵션을 말한다. 즉, 옵션클래스 중에서 시장에서 거래되는 어느 특별한 하나의 옵션 계약을 의미한다.

(3) 옵션의 종류

옵션은 권리행사 기간, 권리의 형태(매입권리 혹은 매도권리), 기초자산 등에 따라 다음과 같이 여러 종류로 구분된다.

① 권리행사 기간에 따른 분류

(i) 유러피언 옵션

유러피언 옵션(European option)은 만기일 전(前)에는 옵션의 권리를 행사할 수 없고 오직 만기일에만(only at the expiration date) 행사할 수 있는 옵션을 말한다. 예컨대, 행사가격이 $50이고 만기가 20××년 6월인 유러피언 콜옵션(기초자산을 매입할 수 있는 옵션)은 20××년 6월 셋째 주 금요일에만 옵션의 권리를 행사할 수 있다. 만기 전에 아무리 옵션매입자에게 유리한 상황이 발생하더라도 옵션을 행사할 수 없다는 단점이 있다.

여기서 '유러피언(European)'이라는 말은 지리적인 의미에서의 '유럽(Europe)'과는 아무런 상관이 없다는 사실에 유의해야 한다. 유러피언옵션은 유럽에서만 판매된다거나 유럽에서만 거래되는 옵션이라고 오해해서는 안 된다. 만기일에만 권리를 행사할 수 있는 옵션은 미국에서 거래되든 아시아에서 거래되든 유럽에서 거래되든 상관없이 단순히 '유러피언'형이라고 부를 뿐이다. 이러한 사실은 다음에 설명할 '아메리칸' 옵션의 명칭에도 동일하게 적용된다.

(ii) 아메리칸 옵션

아메리칸 옵션(American option)은 옵션매입자가 만기일 혹은 만기일 전 아무 때나 (anytime before or on the expiration date) 권리를 행사할 수 있는 모든 옵션을 말한다. 예를 들어, GM주식의 콜옵션 만기가 20××년 9월이라면, 아메리칸 옵션 매입자는 옵션을 매입한 시점부터 20××년 9월 셋째 주 금요일까지 아무 때나 자신이 원하는 시점에 권리를 행사할 수 있다.

아메리칸 옵션은 권리행사 시점을 자유롭게 선택할 수 있는 장점이 있기 때문에 유러피언 옵션보다 시장가격이 높은 것은 당연하다고 하겠다. 다만, 미래 어느 시점에서 권리를 행사하는 것이 이득을 최대화할 수 있는 최적시점(optimal stopping time)인지 결정하는 것이 매우 어렵기 때문에 이론적으로 정확하게 옵션가격을 구하는 것이 유로피안 옵션보다 훨씬 더 어렵다.

② 권리형태에 따른 분류

(i) 콜옵션

기초자산을 약정된 행사가격으로 매입할 수 있는 권리를 갖는 옵션을 콜옵션(call option)이라 한다. 예를 들어 투자자가 IBM주식 100주를 매입할 수 있는 콜옵션 1계약을 매입할 경우, 행사가격(X)이 \$100이고 현재주가는 \$98이며 주식 1개를 살 수 있는 옵션 1개의 가격이 \$5라 하면, 초기 투자액은 \$500(\$5/주×1계약×100주/계약)이다. 만일 이 옵션을 행사할 때 기초자산인 주식가격이 \$115가 되었다고 가정하면 옵션을 행사하여 얻는 이득(payoff)과 이익(profit)은 다음과 같다.

$$
\begin{aligned}
총이득 &= \max(S - X, 0) \times 100 \\
&= \max(115 - 100, 0) \times 100 = \max(15, 0) \times 100 \\
&= \$1,500 \\
총이익 &= 총이득 - 총투자비용 \\
&= \$1,500 - \$500 = \$1,000
\end{aligned}
$$

(ii) 풋옵션

풋옵션(put option)은 기초자산을 약정된 행사가격으로 매도할 수 있는 권리를 갖는 옵션을 말한다. 예를 들어 투자자가 GM주식 100주를 매도할 수 있는 풋옵션 1계약을 매입할 경우, 행사가격(X)이 \$100이고 현재주가는 \$98이며 주식 1개를 살 수 있는 옵션 1개의 가격이 \$5라 하면, 초기 투자액은 \$500(\$5/주×1계약×100주/계약)이다. 만일 이 옵션을 행사할 때 기초자산인 주식가격이 \$85가 되었다고 가정하면 옵션을 행사하여 얻는 이득(payoff)과 이익(profit)은 다음과 같다.

$$\text{총이득} = \max(X - S, 0) \times 100$$
$$= \max(100 - 85, 0) \times 100 = \max(15, 0) \times 100$$
$$= \$1,500$$
$$\text{총이익} = \text{총이득} - \text{총투자비용}$$
$$= \$1,500 - \$500 = \$1,000$$

③ 기초자산에 따른 분류

(i) 상품옵션과 금융옵션

상품옵션(commodity option)은 기초자산이 상품인 옵션을 말하는데, 여기에 해당되는 상품에는 농산물(밀, 옥수수, 대두, 커피, 면화, 설탕 등), 광산물(금, 은, 원유, 알루미늄 등), 그리고 축산물(생우, 생돈 등) 등이 있다. 금융옵션(financial option)은 기초자산이 금융상품인 옵션을 말하는데, 이에는 주식, 주가지수(KOSPI200, S&P500, S&P100, Nikkei 225 등), 채권 혹은 금리(국고채, T−bond, T−note, Municipals, Eurodollar 등), 통화(유럽 유로, 영국 파운드, 일본 엔, 캐나다 달러 등) 등이 있다.

(ii) 현물옵션과 선물옵션

현물옵션(spot option 혹은 option on spot)은 기초자산이 현물(상품과 금융자산)인 모든 옵션을 의미한다. 따라서 위에서 이미 언급한 상품옵션과 금융옵션은 대부분 현물옵션에 속한다고 할 수 있다. 선물옵션(futures option 혹은 option on futures)은 기초자산이 선물인 옵션을 말하는 것으로, 옵션을 행사하면 선물계약을 갖게 된다. 예컨대, 선물콜옵션 보유자가 권리를 행사하면 선물의 매입포지션을 갖게 되고, 선물풋옵션 보유자가 권리를 행사하면 선물의 매도포지션을 갖게 된다. 대부분의 선물옵션은 아메리칸 옵션이다.

(4) 옵션의 기능

① 레버리지 기능

재무이론에서 레버리지(leverage)란 통상 차입금 등 타인자본을 지렛대로 삼아 자기자본의 이익률이나 가치를 높이는 것을 말한다. 예를 들어 10억원의 자기자본을 투자하여 1억원의 이익을 얻었을 때 자기자본이익률은 10%이지만, 5억원의 자기자본과

5억원의 타인자본(차입금)으로 1억원의 이익을 얻으면 자기자본 이익률은 20%가 된다. 손해의 경우도 마찬가지이다. 다시 말하면, 레버리지는 적은 비용으로 손익을 확대하는 것을 말한다.

선물이나 옵션과 같은 파생금융상품들은 레버리지의 가장 대표적인 예라고 할 수 있다. 즉, 옵션은 기초자산 크기에 비해 적은 금액을 투자하여 큰 손익확대효과를 얻는다. 선물과 달리 옵션은 손실이 옵션프리미엄으로 한정되어 있는 반면, 이익은 한정이 없기 때문에 상대적으로 적은 위험으로 레버리지효과를 극대화할 수 있다.

② 위험의 제한 및 헷지기능

투자자는 옵션을 이용하여 기초자산의 위험을 제한하거나 헷지할 수 있다. 주가가 상승할 경우에는 주식에 직접 투자하는 것도 큰 이익을 낼 수 있겠지만, 주가가 하락할 경우에는 풋옵션에 투자하여 수익을 올릴 수 있다. 그리고, 콜옵션과 풋옵션을 결합하거나, 옵션과 주식을 적절히 결합하여 포트폴리오 보험(portfolio insurance)효과를 창출함으로써 위험을 제한할 수도 있다.

③ 다양한 투자기회의 제공 기능

투자자는 옵션간의 결합, 기초자산과 옵션의 결합을 통해 다양한 투자성과를 가져다 주는 새로운 금융상품을 만들어 낼 수 있다. 이렇게 기존의 금융시장에 존재하지 않는 새로운 현금흐름을 가져다주는 신금융상품의 설계(design)를 연구하는 분야를 금융공학(financial engineering)이라 한다. 이러한 금융공학의 발전은 종전에는 없던 투자기회를 제공함으로써 자본시장의 발달을 촉진시키고 있다.

④ 유동성 제고 및 균형가격 발견 기능

옵션시장의 존재는 옵션과 기초자산간의 거래, 옵션시장내의 거래 등을 통해 시장의 유동성을 제고시키며, 이울러 차익거래(arbitrage)과정을 통해 시장균형가격(equilibrium price) 발견기능을 수행하고 있다.

⑤ 미래 시장상황에 대한 정보제공 기능

선물가격이 미래 기초자산가격에 대한 나침반 역할을 하듯이 옵션가격도 기초자산의 미래 수요, 공급에 대한 투자자들의 예상을 반영해 줌으로써 미래 시장상황에 대한 정보를 제공한다. 예컨대, 어떤 기초자산에 대해 콜옵션의 거래량이 풋옵션의 거래량보다 많다면, 시장 참여자들은 향후 그 기초자산의 가격이 상승할 것으로 예상한다고 볼 수 있다. 마찬가지로 시장 전체를 잘 대표하는 어떤 주가지수에 대한 옵션 거래량은 시장 전체에 대한 미래 가격정보를 담고 있다.

다. 선물과 선도

(1) 선물과 선도의 개념

① 선물

선물(先物: futures)이란 선물시장에 상장된 특정 기초자산(underlying asset)을 미래 어느 시점에 미리 정해진 가격과 수량으로 인수도 할 것을 지금 계약하는 금융상품이다.

② 선도

선도(先渡: forward)란 특정 기초자산(underlying asset)을 미래 어느 시점에 미리 정해 진 가격과 수량으로 인수도 할 것을 지금 계약하는 금융상품이라는 점에서는 선물과 개념이 같으나, 선물거래소에서 거래되지 않고 고객과 금융기관 사이 혹은 금융기관과 금융기관 사이에 장외에서 거래되며 상품이 표준화되어 있지 않다는 점 등이 다르다.

③ 선물과 선도의 차이

선물과 선도의 기본구조나 역할에는 큰 차이가 없다. 다만 선물과 선도가 몇 가지 세부측면에서 차이가 있다.

(2) 주요 용어

선물과 선도를 이해하기 위해서는 먼저 주요 용어와 그 개념들을 이해할 필요가 있다. 여기서는 중요하고 대표적인 용어들을 중심으로 정리하고자 한다.

① 기초자산

기초자산(underlying assets)이란 선물거래에서 거래의 대상이 되는 자산을 말한다. 기초자산은 크게 상품자산과 금융자산으로 구분할 수 있는 데, 상품자산에는 농산물(옥수수, 밀, 콩 등), 축산물(소, 돼지, 양모, 버터 등), 임산물(목재, 생고무, 합판 등), 광산물(금, 은, 동, 백금 등), 에너지(원유, 난방유, 가스 등), 부동산(주택, 사무실 등)이 있으며, 금융자산에는 주가지수(KOSPI200, S&P500 등), 통화(미국 달러화, 유로화, 영국 파운드화 등), 금리(국고채, T-bill, T-bond 등), 보험 등이 있고, 기타 날씨, 공해 등이 있다.

② 수익과 손익

파생상품 거래의 경제적 성과를 파악하는 데는 두 가지 용어가 존재하는데, 하나는 수익(payoff)이고 다른 하나는 손익(profit or loss)이다. 그 차이점은 다음과 같다.

③ 선물계약의 2가지 포지션

선물이나 선도에서 사용하는 포지션(position)이라는 용어는 계약이 아직 마감되지 않고 유효한 상태임을 의미하며, 다음과 같은 두 가지 포지션이 있다.

- 매입(long)포지션: 선물(선도)을 통해 기초자산을 사고자(buy) 체결하는 계약
- 매도(short)포지션: 선물(선도)을 통해 기초자산을 팔고자(sell) 체결하는 계약

통상 매입(long)포지션은 'L'로 표시하고, 매도(short)포지션은 'S'로 표시한다. 또한, 선물(선도) 두 가지 포지션의 만기일 손익은 다음과 같이 계산한다.

- 매입(long)포지션 손익 = 현물가격 - 인도가격 = $S_T - K$
- 매도(short)포지션 손익 = 인도가격 - 현물가격 = $K - S_T$

④ 증거금

증거금(margin)이란 선물계약의 이행을 보증하기 위한 일종의 보증금 혹은 담보금으로서 선물거래를 위해서 반드시 필요하다. 선물계약에만 공식적인 증거금제도가 있고 선도계약에는 공식적으로는 없다. 그러나 선도에서도 점차 신용리스크(credit risk: 거래상대방이 계약을 이행하지 않아 발생하는 손실위험)를 줄이기 위해 증거금과 유사한

보증금제도를 거래당사자 사이에 도입되고 있는 추세이다.

선물은 포지션을 취하는 계약 당사자가 모두 의무를 가지므로 양 당사자가 당연히 증거금을 납부해야 거래가 가능하지만, 옵션의 경우에는 매도포지션을 취한 사람만 의무를 가지므로 증거금을 납부하고 매입포지션을 취한 사람은 의무가 아닌 권리를 가지므로 증거금 납부의무가 없다. 증거금에는 개시증거금, 유지증거금, 추가증거금(변동증거금) 등 3가지가 있다.

⑤ 일일정산

일일정산(daily settlement 혹은 marking to market)이란 선물거래의 손익을 매일 거래종료 시점에 정산하여 증거금계좌에 기록하는 것을 말한다. 일일정산의 기본 목적은 손익을 매일 정산함으로써 큰 손실을 방지하고 이를 통해 신용리스크를 줄이려는데 있다.

⑥ 반대매매

반대매매(offsetting transaction)란 가지고 있는 선물포지션을 종료 혹은 마감(close-out)하기 위해 반대의 포지션을 취하는 것을 말한다. 예를 들어 매입포지션을 가지고 있는 자가 동일한 선물계약을 매도하거나, 매도포지션을 가지고 있는 자가 동일한 선물계약을 매입하면 포지션이 마감된다. 대표적인 반대매매로 다음과 같은 두 가지가 있다.

- 전매(轉賣; resale): 매입포지션을 마감(close-out)하기 위해 동일한 선물을 매도하는 것 (=전매도)
- 환매(還買; repurchase or redeem): 매도포지션을 마감(close-out)하기 위해 동일한 선물을 매입하는 것 (=환매수)

(3) 선물시장의 참여자

① 헷저

헷저(hedger)란 현재 자산을 보유하고 있거나 앞으로 보유할 예정인 사람으로서 자신에게 불리한 가격변동에 의한 손실을 예방하기 위해 선물을 거래하는 자를 말한다. 헷저는 가격위험(price risk)을 회피하는 대신, 베이시스 위험(basis risk)을 갖게 된다. 그러나, 베이시스는 가격에 비해 변동성이 작기 때문에 전체위험(overall risk)은 줄어든다. 헷저의 목적은 위험을 다른 사람(투기자)에게 전가하여 위험을 최소화하는 것이지 이익을 최대화하는 것이 아니다.

② 투기자

투기자(speculator)란 위험을 감수하고 단순히 선물의 가격변동 방향에만 주목하여 선물을 매입 또는 매도함으로써 시세차익을 얻으려 하는 자를 말하며, 주로 많은 자료와 정보를 이용하여 미래 가격의 변화방향을 예측하여 투자한다.

③ 차익거래자

차익거래자(arbitrageur)란 선물의 이론가격과 시장가격의 차이(괴리)가 선물거래비용보다 클 경우 자신의 자본을 투입하지 않고 위험이 없이 차익을 얻으려 하는 자를 말한다. 참조로, 스프레드 거래자(spreader)도 차익거래자의 한 유형인데, 같은 시장 혹은 관련시장에서 다른 두 선물을 동시에 사고 팔아 위험을 관리하면서 차익을 얻으려 하는 자를 말한다.

라. 스왑

(1) 스왑의 개념

스왑(swap)이란 미리 약정한 대로 미래에 일련의 현금흐름을 교환하는 두 당사자 간의 계약이다. 일반상품시장에서 거래당사자가 각자 자신에게 비교우위가 있는 상품을 상대방과 교환함으로써 서로의 효용을 극대화하는 거래방식은 오래전부터 존재해 왔다. 이런 거래방식이 금융상품에 응용되어 거래 당사자들이 서로가 상대적으로 유리한 조건으로 금리 및 통화 등의 교환계약을 맺는 것이 바로 스왑이다. 스왑에서는 현금흐름이 지급되는 날짜와 주고 받는 현금흐름의 규모를 계산하는 방법이 명시되어 있다. 일반적으로 현금흐름을 계산하는 데에는 이자율, 환율, 또는 다른 시장변수 등이 사용된다.

(2) 스왑거래의 용도

스왑거래는 다음과 같은 다양한 목적을 위해 사용된다.

첫째, 자본비용을 절감하는 수단으로 활용된다.
국제금융시장에서 각 차입자들은 지역 간 서로 다른 금융여건에 따른 신용도의
차이를 이용한 스왑거래를 통해 차입비용을 절감할 수 있다.

둘째, 리스크 헷지수단으로 활용된다.
금리, 환율, 주가 등의 변동에서 오는 리스크를 헷지할 수 있는데, 특히 선물이나
옵션만으로 해결하기 어려운 리스크 헷지에 대한 보완적 수단으로 활용될 수 있다.
예를 들어, 장기채권에 대해 헷지를 하고 싶으나 이에 대한 선물 및 옵션상품이 없거
나, 통화선물이나 옵션의 유동성이 작은 경우 스왑을 통해 헷지할 수 있다.

셋째, 부채나 자산의 성격을 전환시키는 수단으로 활용된다.
스왑은 부채를 고정부채에서 변동부채로, 혹은 변동부채에서 고정부채로 전환할
때 매우 유용하다. 또한 자산을 고정자산에서 변동자산으로, 혹은 변동자산에서 고정
자산으로 전환할 때도 매우 유용하다.

넷째, 규제회피 수단으로 활용된다.
스왑은 금융 및 외환에 대한 각종 규제를 회피하는 수단으로 사용되기도 한다. 원
래 스왑거래의 기원은 1970년대 영국의 외환관리규정을 회피하기 위한 방법으로 고
안된 것이었다. 현재에도 자금의 국가 간 이동이 규제를 받는 경우 이를 회피할 수
있는 수단으로 스왑이 이용되고 있다.

그 외에도 스왑은 국제금융시장에서의 차익거래, 새로운 금융상품의 개발 등 다양
한 용도로 활용되고 있다.

(3) 스왑시장의 발전

초기의 스왑시장에서 금융기관들은 서로 조건이 일치하는 거래상대방을 찾아 거래를 성사시키고 중개료를 받는 브로커(broker) 역할만을 수행하였다. 이 경우 서로 반대되는 거래의 필요성을 가진 거래당사자가 있어야만 거래가 성립될 수 있기 때문에 스왑시장의 성장은 제한적일 수밖에 없었다. 이후 금융기관들은 스왑 딜러(dealer)로 스왑거래에 직접 참여하게 됨으로써 시장조성자(market maker)의 역할을 하게 되었고 이는 스왑의 유동성을 크게 높여 스왑시장의 발전에 기여하게 되었다.

스왑시장이 발전하게 되자 스왑거래를 표준화하는 작업이 시작되어 1985년 국제 스왑딜러협회(ISDA: International Swap Dealers Association)가 결성되었고, 최초로 표준화된 스왑규정을 마련하였다. 이후 1987년 이 규정을 개정하여 공식 스왑계약서가 만들어졌다. 이러한 스왑계약서는 스왑계약의 표준화를 촉진하여 스왑거래의 시간과 비용을 줄이고 스왑시장의 유동성을 크게 제고하여 현재의 발전된 스왑시장에 이르게 되었다.

(4) 선도계약과 스왑

앞에서 설명한 선도계약은 스왑계약의 특별한 형태로 볼 수 있다. 예를 들어, 올해 6월 1일에 어떤 기업이 1년 뒤 온스당 1,000달러를 주고 100온스의 금을 매입하는 선도계약을 체결했다고 하자. 이 기업은 1년 후에 금을 매입하자마자 시장에서 매도할 수 있다. 그러므로 이 선도계약은 기업이 내년 6월 1일에 10만달러를 지급하고 $100S_T$를 받는 스왑계약과 동일하다. 여기서 S_T는 선도 만기시점의 금의 온스당 현물가격이다. 즉, 선도는 현금흐름의 교환이 단 1회 발생하는 스왑으로 볼 수 있는 것이다. 다시 말해, 스왑이란 미래에 여러 번 현금흐름의 교환이 발생하는 계약이므로 선도계약의 포트폴리오라 할 수 있다.

가. 금융공학의 정의

일반적으로 금융공학(financial engineering)이란, '혁신적인 금융상품과 금융절차를 고안, 개발, 실행하고 금융문제에 대한 창조적인 해결방법을 제시하는 것'을 말한다.2) 혹은 공학이란 용어에 초점을 맞추어 금융공학을 '기존의 상품들을 요소 별로 분해하거나(unbundling) 결합하여(rebundling) 새로운 금융상품이나 거래방법을 창조해 내는 학제적 접근(inter–disciplinary approach)'으로 정의하기도 한다.3) 이러한 금융공학의 개념을 좀 더 자세히 풀어 설명하면 다음과 같다.

첫째, 혁신과 창조는 발상의 전환을 의미한다. 예를 들어 스왑, 모기지 증권, 무이표채, 정크 본드와 같은 혁신적인 금융상품들은 획기적인 발상의 전환에 의해 창조된 것들이다. 또한 기업의 재무적 위험을 감소시키거나 이익을 증가시키기 위해 비효율적 시장을 이용하는 방법을 개발한다든지, 새로운 고객의 요구(needs)를 충족시키기 위해 신상품을 디자인 하는 것 모두 금융공학이라 할 수 있다.

둘째, 혁신과 창조는 기존 사고방식의 일대 전환에서 비롯된다. 예를 들어 새로운 선물상품을 도입하거나 새로운 스왑의 개발, 기존의 옵션을 변형하여 새로운 옵션을 개발하는 것 모두 금융공학적 사고이다.

셋째, 기존의 금융상품이나 금융절차를 새로운 환경에 맞추어 재활용할 수도 있다. 이러한 재활용은 금융공학에서 매우 중요하다. 왜냐하면 기업에서는 기존의 금융상품이나 금융절차를 재활용함으로써 재무위험과 자금조달비용을 줄이고 이익을 증가시킬 수 있기 때문이다. 이 또한 금융공학이라 할 수 있다.

---

2) 참조: J.D Finnerty, "Financial Engineering in Corporate Finance: An Overview", *Financial Management*, 1988, pp.14~33.
3) 참조: Coopers and Lybrand, *Swap Series: Financial Engineering with Swaps*, IFR Publishing, 1993, pp.1~4.

나. 금융공학의 도구와 활용

금융공학에서는 학제적 접근법을 사용하기 때문에 수학, 통계학, 경제학, 회계학, 세법, 모델링 기법, 프로그래밍 기법 등 다양한 학문분야에 대한 이해가 필요하다. 또한 선물, 선도, 옵션, 스왑 등과 같은 파생상품을 중요한 도구로 사용하는데 이는 전통적인 기초자산들(주식, 채권 등)만으로는 고객이 요구하는 다양한 수익구조를 만들기 어렵기 때문이다. 이러한 전통적인 기초자산들과 파생상품을 결합함으로써 합성증권(synthetic securities)이나 혼성증권(hybrid securities) 등을 창출할 수 있고 시장에서는 이들 증권들을 활용하여 리스크를 관리하거나 수익을 증가시킬 수 있다.

다. 금융공학의 활용과 역할

(1) 기업에서의 활용

금융공학은 상업은행과 투자은행에서 많이 활용되기도 하지만 일반 기업에서도 자금조달, 투자관리, 리스크 관리 등 광범위하게 사용되고 있다.

첫째, 금융공학은 자금조달을 위한 새로운 금융수단을 개발하는 데 적용된다. 특히, 기업이 인수합병(M&A)을 수행하는 데 필요한 자금을 조달할 때 금융공학이 이용될 수 있다. 대표적인 사례로 기업인수(takeover)나 차입매수(LBO: Leveraged Buy-Out)에 필요한 자금을 조달하기 위한 정크 본드(junk bond)나 브리지 금융(bridge financing)을 들 수 있다.[4]

둘째, 금융공학은 투자관리에도 활용할 수 있다. 금융공학을 이용하여 고수익의 펀드, 화폐시장펀드(MMF), 자동이체시스템, 환매조건부채권(Repo: Repurchase Agreement)[5]

---

4) 정크 본드란 투자등급미만의 신용등급을 갖는 채권으로서 부도가능성이 높은 채권이며 위험이 크기 때문에 가격이 저렴하여 고수익이 기대되는 채권을 말한다. 브리지 금융이란 투자은행(IB: Investment Bank)이 매수기업에게 장기금융을 제공하기 이전에 중간금융(interim financing)을 제공하는 것을 말하는데 투자은행은 브리지 금융을 통해 이자수익을 얻지만, 그보다 더 근본적인 이유는 LBO에 참여하여 각종 수수료를 얻는 데 있다. LBO란 소수의 투자자들이 특별한 방법(정크 본드, 브리지 금융, 벤처 캐피탈, 사모 펀드 등)으로 자금을 조달하여 대상기업을 인수하여 사기업화 하는 것을 말한다.
5) 환매조건부채권(RP)이란 정산일을 다르게 하여 증권을 매도하는 동시에 매입하는 계약이다. 즉, 최초의 매도자가 일정기간 후에 정해진 가격으로 채권을 재매입할 것을 조건으로 매도하는 채권을 말한다.

등과 같은 새로운 투자수단을 개발할 수 있으며, 혁신적인 사고에 의해 고위험의 투자수단을 저위험의 투자수단으로 전환 할 수도 있다.

셋째, 금융공학을 리스크 관리에 활용할 수 있다. 한동안 금융공학이라는 말이 리스크 관리라는 말과 동의어로 쓰이기도 했는데 그 이유는 금융공학기술자(financial engineer)라는 용어의 기원에서 유래한다. 금융공학기술자라는 용어는 1980년대 중반에 런던의 투자은행들이 기업의 리스크를 해결할 목적으로 전문가 팀으로 위험관리 부서를 신설한 것에서 유래한다.

(2) 차익거래에서의 활용

금융공학은 파생상품을 이용한 차익거래(arbitrage transaction)에 널리 활용된다. 차익거래란 자기자본의 투자 없이(no investment), 위험부담 없이(no risk), 0보다 큰 순이익(positive profit)을 얻을 수 있는 투자전략을 말한다. 자기자본의 투자가 없다는 말은 금융기관에서 자금을 대출하거나 공매 등을 통해 자금을 조달하여 투자하므로 자신의 자금을 사용하지 않는다는 말한다. 이러한 차익거래에는 공간적 차익거래(spatial arbitrage), 시간적 차익거래(temporal arbitrage), 상품간 차익거래(inter-commodity arbitrage)가 있다. 공간적 차익거래는 지리적 차익거래라고도 하며, 서로 다른 지역에서 서로 다른 가격에 거래되고 있는 동일한 상품 혹은 자산을 낮은 가격에 매입해서 높은 가격에 매도하여 차익을 얻는 전략을 말한다. 시간적 차익거래는 현물시장과 선물시장의 가격차이를 이용하는 전략이고 상품간 차익거래는 서로 다른 상품 혹은 자산을 동시에 매입 혹은 매도하여 차익을 얻는 전략이다.

금융공학을 이용함으로써 이러한 다양한 차익거래가 발전하게 되었으며 앞으로도 많은 발전이 기대된다. 또한 이러한 차익거래의 활성화는 시장의 효율성을 높이는 데도 기여하므로 자본시장의 발전에도 기여하는 바가 크다고 하겠다.

(3) 금융공학 전문가의 역할

금융공학 전문가의 역할은 크게 다음과 같이 세 가지로 설명할 수 있다.

첫째, 시장 조성자(market maker)의 역할인데 최소의 비용으로 고객의 요구에 부응하기 위해 거래를 구조화시키고 신상품을 개발한다.

둘째, 혁신가(innovator)로서의 역할인데, 새로운 금융상품과 금융거래방법을 개발한다.

셋째, 제도와 법률상의 문제점을 파고들어 차익거래를 시도함으로써 정부로 하여금 문제를 발견하고 시정하도록 유도하는 역할을 수행한다. 금융공학 전문가들의 이런 역할 덕분에 시장에서의 제도적, 법적 문제들이 노출되고 개선될 수 있으며 이런 과정을 통해 시장은 더욱 효율화 되고 발전하게 되는 것이다.

라. 금융공학의 발달요인

금융공학이 최근 수십 년 동안 눈부시게 발전하게 된 데는 크게 환경적 요인과 기업 내적 요인을 들 수 있다.

(1) 환경적 요인

① 가격변동성의 증가

가격(price)은 주지하는 바와 같이 시장에서 수요와 공급에 의해 결정된다. 따라서 수요와 공급이 변하면 당연히 가격은 변동하게 된다. 물론 가격변동 그 자체는 좋다거나 나쁘다고 단정할 수는 없으나 시장기능의 원활한 수행을 위해서 가격기능이 잘 작동해야 한다. 이러한 가격기능이 제대로 작동될 때 재화의 수요와 공급이 조절되고 자원이 가장 수익성이 높은 곳으로 흐르게 되어 시장이 효율적이 되는 것이다. 다만 이러한 가격변동은 개인, 기업, 정부 등 주요 경제주체들의 리스크 노출을 높이는 원인이 되고 이러한 리스크의 관리를 위해 금융공학이 발전할 수 있는 환경이 조성되는 것이다.

특히 최근 들어 여러 부문에서 가격변동이 증가하고 있는 추세이다. 즉, 1970년대 석유파동으로 인한 극심한 인플레이션현상, 각국 정부의 금리 및 환율 등에 대한 규제완화, 시장의 세계화, 정보화의 급속한 진전 등으로 가격변동성이 증가하고 있고 이에 대한 대응방안을 찾는 과정에서 금융공학이 발전하고 있다.

② 시장의 세계화

전 세계 경제의 세계화가 진행되면서 기업들에게 더 이상 지리적 의미에서의 국경은 큰 의미가 없다. 기업들은 이익을 낼 수 있다면 세계 어디서든 생산하고, 판매하며, 자금을 조달한다. 즉, 이들은 세계 어느 금융시장이든지 쉽게 접근할 수 있으므로 자본비용을 극소화하면서 이익을 극대화하기 위해 노력한다.

한편 세계화에 따라 시장은 확대되었으나 경쟁 또한 격화되어 이익을 얻기보다 높은 위험에 노출되게 되었다. 또한 경쟁에서 비교우위를 갖기 위해 보다 많은 부채를 이용하여 기업의 규모를 키우려다 보니 재무건전성도 악화되는 결과를 초래하였고 이러한 경향은 전반적으로 기업의 리스크를 증가시키고 있다. 따라서 커진 리스크를 관리하기 위해 기업들은 금융공학에 더욱 관심을 갖게 되었다.

③ 세금제도의 비대칭성

금융공학의 많은 부분이 세금제도의 비대칭성 때문에 출현하였다는 것은 잘 알려진 사실이다. 비대칭성은 크게 두 가지로 구분할 수 있다.

첫째, 국가가 특정 산업을 육성하기 위해 그 산업에 속하는 기업은 세제를 면제하거나 세금우대정책을 펼 때 비대칭성이 발생한다.

둘째, 나라마다 세율이 다르며 한 나라 안에서도 국내기업과 외국기업 사이에 세금이 다를 때 비대칭성이 발생할 수 있다.

이러한 비대칭성은 차익거래의 기회가 될 수 있으며 따라서 금융공학전문가들은 이런 기회를 이익 극대화로 연결하고자 다양한 금융공학 기법을 동원하게 되며 필요 시 새로운 기법을 개발하게 되는 유인이 되기도 하기 때문에 세제의 비대칭성이 금융공학 발전의 요인이 되는 것이다.

④ 정보통신 기술의 발전

컴퓨터와 통신의 발전이 금융공학의 발전에 가장 큰 영향을 미쳤다고 해도 과언이 아닐 것이다. 통화 스왑이나 이자율 스왑 같이 거래 당사자가 셋 이상인 경우 컴퓨터의 이용은 필수적이다. 주가지수선물의 설계와 도입도 금융공학의 산물이며, 주가지수선물의 이론가격과 시장가격 사이의 괴리를 이용할 수 있는 수학적인 관계를 찾아내어 차익거래를 할 수 있는 것도 컴퓨터의 역할 덕분이다. 인공위성을 이용하여 전 세계 작물현황을 파악하고 이를 이용하여 곡물선물거래를 하게 된 것도 통신기술의 발달 덕분이다.

⑤ 정보비용과 거래비용

1990년대 이후 증권사들간의 경쟁이 치열해지고 기술의 발전에 의해 정보비용과 거래비용이 급격하게 줄어들었다. 이러한 거래비용의 감소는 여러 가지 상품을 동시에 이용하여 새로운 상품을 개발하거나 거래방법을 새로 만드는 일을 훨씬 수월하게 만들었으며 금융공학 발전의 원동력이 되었다.

(2) 기업 내적 요인

① 유동성에 대한 요구

유동성(liquidity)이란 '자산을 큰 가치의 손실 없이(without significant loss in value) 신속하게(at fast speed) 현금화할 수 있는 정도'를 의미한다. 유동성이 높은 자산들을 보유하고 있다면 단기적으로 현금이 필요할 때 문제가 발생하지 않으나, 그렇지 않을 경우 잘못하면 단기부채를 갚지 못해 부도가 발생할 수도 있다. 즉, 유동성은 기업의 채무변제능력과 직결되며 부도에 큰 영향을 미치는 요인이기 때문에 유동성 관리는 기업의 입장에서 생존과 직결되는 문제이다. 다만 유동성이 높은 자산일수록 수익성은 떨어지므로 유동성과 수익성 사이의 상충관계(tradeoff)를 잘 고려하여 유동성을 관리해야 할 것이다.

기업들의 유동성에 대한 관심이 커지고 수요도 늘어남에 따라 금융공학을 활용한 유동성 제고 방법들이 많이 개발되게 되었다. 예컨대, 단기금융시장, 단기신탁펀드(MMF 등), 양도성예금증서(CD: Certificate of Deposit), Repo 등은 대표적인 유동성 관련 신상품들이다.

② 위험의 헷지

합리적인 투자자나 기업은 불필요한 위험은 헷지하고, 보상받을 수 있는 적절한 수준의 위험만을 부담하려고 한다. 금융공학이 가장 많이 적용되는 분야 중의 하나가 바로 이러한 위험헷지와 관계된 것이다. 아직 기업의 경영자들이 위험헷지에 대해 정확히 인식하지 못하고 위험헷지를 이익과 결부시켜 판단하는 일이 많지만 점차 위험에 대한 인식이 좋아지고 있어 향후 금융공학을 이용한 위험관리에 대한 투자와 수요는 많아지리라 예상된다.

③ 대리인 비용 절감

대리인 비용(agency cost)이란 '기업에서 소유와 경영이 분리되어 있을 경우 경영자가 기업소유자의 이익만을 추구하지 않고, 소유자의 비용으로 자신의 이익을 추구할 때 이를 대리인 문제(agency problem)라 하는데, 이런 대리인 문제를 줄이기 위해 투입되는 비용'을 말한다. 대리인 비용에는 경영자의 잘못된 행동을 감시하기 위한 감독비용(monitoring cost), 경영자로 하여금 소유자의 이익에 전념할 때 지급하는 추가 보상(incentive compensation) 등이 포함된다.

이러한 대리인 비용을 줄이기 위한 다양한 방법 중 감시와 인센티브 이외에도 대리인 비용이 높은 기업의 인수합병(M&A, LBO 등)에 금융공학기법을 이용하는 경우가 많다.

④ 경영자의 계량능력 향상과 교육훈련 강화

금융공학의 발전에 기여한 기업 내적 요인 중에는 경영자들의 계량능력향상도 빼놓을 수 없다. MBA교육이 많은 비판에도 불구하고 지속적으로 발전해 왔으며, 이러한 경영관련 교육을 통해 경영자들은 과거에 비해 계량분석과 과학적 리스크 관리기법에 대해 잘 이해하고 있다. 따라서 경영자들은 다양한 금융공학기법을 이용한 경영관리에 적극 투자하기도 하고 그 중요성에 대해 잘 인식하고 있어 금융공학 발전에 큰 도움이 되고 있다.

마. 금융공학을 이용한 금융상품합성

(1) 금융상품합성의 개념

금융상품합성이란 여러 가지 금융상품을 결합하거나 분해하여 특정한 현금흐름을 갖는 상품을 만드는 것을 의미한다. 일반적으로 금융상품의 합성을 통하여 이루어진 현금흐름은 특정 금융상품의 현금흐름을 복제하는 것으로서 이 복제된 현금흐름을 합성금융상품(synthetic financial product) 혹은 합성증권(synthetic securities)이라 부르기도 한다. 예를 들어, 상품 A의 현금흐름과 상품 B의 현금흐름을 합성하여 상품 C의 현금흐름을 복제할 수 있다면 상품 A와 B로 상품 C를 합성한 것이다. 금융상품합성은 실제상품을 복제하기 위해 만들기도 하지만 대응되는 실제 상품이 없는 경우도 많다.

(2) 증권의 합성

증권의 합성은 하나의 증권을 두 개 이상의 다른 증권으로 현금흐름을 복제하는 개념으로 여기서는 먼저 간단한 콜옵션의 경우 가치평가 방법과 이를 주식과 채권으로 복제하는 방법을 설명한다.

① 콜옵션 가치 계산: 위험중립확률 이용

우선 현재 주가(S)가 100원이고 1기 후에 120원 또는 90원의 두 가지 상태를 가질 수 있는 주식에 대하여 행사가격(K)이 110원인 콜(C)의 가치를 계산해 보기로 하자. 여기서 무위험 이자율은 10%로 가정한다. 이 상황을 그림으로 표현하면 다음과 같다. 그림에서 1시점의 옵션가치 10과 0은 각각 주가와 행사가의 차이와 0을 비교하여 큰 값(즉, Max($S-K$, 0))을 고려한 결과이며 q는 위험중립확률을 의미한다.

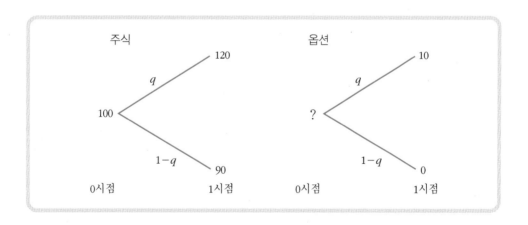

여기서 위험중립확률은 주가(기초자산)의 기대값이 무위험이자율을 반영한 원리금과 같도록 다음과 같이 결정된다.

$$120 \times q + 90 \times (1 - q) = 100 \times (1 + 0.1), \quad \therefore \quad q = \frac{2}{3}$$

옵션가격결정을 위한 위험중립가치평가란 기초자산에서 결정된 위험중립확률을 옵션가치계산에 적용하는 것으로 1시점 옵션가치의 기대값은 다음과 같다.

$$E^{Q}[C_1] = 10 \times \frac{2}{3} + 0 \times (1 - \frac{2}{3}) = \frac{20}{3}$$

위 식에서 Q는 기대값 계산을 위해 고려하는 확률이 주가의 실제확률(소위 P−measure), 즉, 본 예에서 주가가 100원에서 1시점에 각각 120원 또는 90으로 변동할 확률을 고려하는 것이 아니라 기대값이 무위험 이자율의 원리금과 같도록 만드는 가상의 확률(소위 Q−measure)을 적용한다는 의미이다. 따라서 현재(0시점)의 옵션가치는 옵션의 기대값을 무위험이자율로 할인하여 결정된다.

$$C_0 = \frac{E^{Q}[C_1]}{1 + 0.1} = \frac{20/3}{1 + 0.1} \approx 6.06$$

이러한 이항모형(binomial model)은 실제 옵션가치계산에서 빈번히 사용되는 것으로 실제 계산에서는 시점의 수를 늘려서 계산하는데 각 단계별 계산방식은 2시점 모형과 동일하다. 참고로 각 상태별 위험중립확률을 무위험 이자율로 할인한 값을 상태가격(state price)이라고 하며 이 개념을 또 다른 표현으로 애로−드브루 증권가격(Arrow−Debreu security price)이라 한다.

② 합성옵션 가치 계산

앞에서 언급한 옵션은 주식과 채권의 포트폴리오를 이용하여 복제가 가능한데 이러한 복제 포트폴리오를 합성옵션(synthetic option)이라 한다. 이러한 개념은 실제 옵션 헷지 시 매우 유용하게 적용될 수 있다.

우선 옵션가치를 다음과 같이 주식과 채권의 선형 관계식으로 구성한다.

$$C_t = \Delta \times S_t + B_t \tag{식 8-1}$$

1시점에 주어진 정보를 위 식에 적용하면 다음과 같은 식이 도출된다.

$$\begin{bmatrix} 10 \\ 0 \end{bmatrix} = \Delta \times \begin{bmatrix} 120 \\ 90 \end{bmatrix} + \begin{bmatrix} B_1 \\ B_1 \end{bmatrix}$$

위 식은 미지수 2개에 방정식이 2개이므로 하나의 해를 가지며 이를 풀면 다음과 같다.

$$\Delta = \frac{1}{3}, \ B_1 = -30$$

여기서 Δ를 헷지비율(hedge ratio)이라 한다. 1시점 채권가치(B_1)가 음수인 것은 채권발행 즉, 자금을 차입한 포지션과 같다는 의미이다. 이제 0시점 옵션 가치는 처음의 복제 포트폴리오식을 이용하면 다음과 같다.

$$C_0 = \Delta \times S_0 + B_0 = \frac{1}{3} \times 100 - \frac{30}{1.1} = \approx 6.06$$

위 식에서 B_0는 B_1을 무위험 이자율로 할인한 값이다. 이와 같이 합성옵션법으로 계산한 옵션가치도 앞의 위험중립확률을 적용한 결과와 동일하다는 것을 알 수 있다. 여기서 헷지비율과 채권가치는 본 예에서와 같은 옵션을 매도했을 경우 이를 헷지하기 위하여 자금을 30/1.1 차입한 후 이 금액과 옵션 매도금액을 합하여 주식을 1/3 단위 매수하면 매도한 옵션에 대한 헷지가 이루어진다는 의미를 갖고 있다. 이러한 헷지 기법은 실제적으로 적용되는 것으로 이를 델타헷징(delta hedging)이라고 한다.

③ 풋-콜 패리티

일반적으로 합성증권을 만드는 데는 선물, 선도, 옵션, 스왑과 같은 파생상품들이 많이 이용된다. 또한 이들 파생상품들을 복제하기 위해 합성증권을 만들기도 한다. 예를 들어, 옵션이론 중 '풋-콜 패리티(put-call parity)'라는 것이 있는데 이를 이용하면 합성증권을 만들어 낼 수 있다.[6] 풋-콜 패리티는 다음과 같은 식으로 표시할

---

6) 풋-콜 패리티란, 시장에 아비트라지 기회가 없을 경우 기초자산과 만기가 같은 유럽형 콜옵션과 풋

수 있다.

$$p + S - D = c + Xe^{-rT} \qquad \text{(식 8-2)}$$

단, $p =$ 유럽형 풋옵션의 현재가치
$S =$ 옵션기초자산의 현재 가격
$D =$ 옵션 만기 이전에 지급되는 배당의 현재가치
$c =$ 유럽형 콜옵션의 현재가치
$X =$ 유럽형 콜옵션과 풋옵션의 행사가격
$r =$ 무위험 이자율
$T =$ 유럽형 콜옵션과 풋옵션의 만기

(식 8-2)의 방정식을 이용하면 다음과 같은 세 가지 합성증권을 만들어 낼 수 있다.

$$p = c + Xe^{-rT} - S + D \qquad \text{(식 8-3)}$$

$$c = p + S - D - Xe^{-rT} \qquad \text{(식 8-4)}$$

$$S = c + Xe^{-rT} + D - p \qquad \text{(식 8-5)}$$

(식 8-3)은 우변의 '유럽형 콜옵션 1개 매입+X의 액면가를 갖는 순수할인 채권 1개 매입+배당이 D인 기초자산 1개 공매도'라는 합성 포트폴리오로부터 좌변의 풋옵션 1개 매입포지션을 복제할 수 있다는 것을 의미한다. 마찬가지로, (식 8-4)는 우변의 '유럽형 풋옵션 1개 매입+배당이 D인 기초자산 1개 매입+X의 액면가를 갖는 순수할인 채권 1개 공매도'라는 합성 포트폴리오로부터 좌변의 콜옵션 1개 매입포지션을 복제할 수 있다는 것을 의미한다. 마지막으로, (식 8-5)는 우변의 '유럽형 콜옵션 1개 매입+이자의 현재가치가 D이고 X의 액면가를 갖는 채권 1개 매입+유럽형 풋옵션 1개 매도'라는 합성 포트폴리오로부터 좌변의 기초자산 1개 매입포지션을 복제할 수 있다는 것을 의미한다.

옵션의 가격 사이에 성립하는 방정식을 말한다.

(3) 파생증권의 합성

최근 들어 장외시장에서 거래되고 있는 많은 파생금융상품들은 여타의 파생금융상품들로 합성이 가능하다. 예를 들어, 금리상한계약인 캡(cap)이나 금리하한계약인 플로어(floor)와 같은 다기간 옵션은 만기가 서로 다른 여러 가지의 단일기간 풋 또는 단일기간 콜을 결합하여 만들 수 있다.

새로운 상품을 합성해 낼 수 있는 능력은 딜러들에게 특히 중요한데 이는 자신의 포트폴리오 포지션을 헷지하기 위한 수단을 개발할 수 있어야 하기 때문이다.

(4) 합성증권과 실제증권의 차이

합성증권과 실제증권 사이의 몇 가지 차이점을 요약하면 다음과 같다.

첫째, 합성증권의 경우 실제증권과 달리 현금흐름의 패턴이 바뀔 수 있다.
둘째, 채무불이행 상태가 발생할 경우 해당상품의 법적 관할권이 서로 다를 수 있다.
셋째, 거래를 성사시키는 데 필요한 거래절차 및 필요서류가 다르다.
넷째, 현금흐름의 지급을 받는 데 필요한 이연(移延)의 정도가 다르다.
다섯째, 거래를 성사시키는 데 소요되는 시간이 다르고 파생상품의 경우 증거금의 크기가 다르다.
여섯째, 포지션이 부내자산일 수도 있고 부외자산일 수도 있다.[7]

따라서 재무 및 투자의사결정을 내릴 때는 이와 같은 차이점들을 고려하여야 하며, 그렇지 않을 경우 당초 의도한 것과는 다른 결과가 나타날 것을 감수해야 할 것이다.

---

7) 부내자산(balance sheet asset)이란 회계장부인 대차대조표에 표시해야 되는 자산을 말하며, 반면 부외자산(off balance sheet asset)이란 대차대조표상에 나타나지 않는 자산을 말한다.

바. 금융공학과 신상품개발

(1) 신상품개발의 의의

금융공학을 이용하여 새로운 금융상품 및 거래전략을 개발하는 것은 금융공학전문가의 가장 중요한 일 중의 하나이다. 즉, 금융공학전문가는 주어진 상황과 목적에 따라 기존의 금융상품을 조합하기도 하고, 기존의 금융상품만으로 원하는 목적을 달성할 수 없는 경우에는 새로운 금융상품을 개발하기도 한다. 신상품의 개발은 처음부터 특정한 상품을 만들기 위해 노력한 결과일 수도 있지만, 고객의 요구에 맞추려는 과정에서 만들어지는 부산물일 수도 있다.

일반적으로 새로운 금융상품의 개발과정은 일반 상품개발과정과 유사하다. 즉, 신상품에 대한 수요인식에서부터 상품개발에 대한 목표설정, 제품개발, 제품시험(테스트), 판매마케팅 등 여러 단계를 거쳐 신상품이 개발된다.

(2) 신상품개발 과정

금융 신상품을 개발하는 과정을 살펴보면 다음과 같다.

① 목표설정 단계

목표설정 단계에서는 신상품 개발을 시작함에 있어 개발의 목적을 정확히 인식하고 이를 위해 작업의 방향을 설정한다. 개발의 목적으로는 다음과 같은 것들이 고려 대상이 된다. 즉, 시장점유율의 증대, 새로운 시장개척, 상품종류의 확대, 그리고 미지의 분야 개척 등이다. 이 중 하나 이상이 주요 목표설정 단계에서 고려될 수 있을 것이다.

② 제품설계 단계

이단계에서는 크게 세 가지가 고려된다. 첫째, 신제품에 대한 아이디어를 수집하고 이에 따라 구체적으로 제품을 디자인해야 한다. 둘째, 소비자에게 어떻게 전달할 것인지를 결정해야 하는데, 이는 제품의 원활한 유통을 보장하기 위한 생산, 운송, 판매시스템의 설계를 의미한다. 셋째, 판매프로그램을 설계해야 한다. 신상품의 사용법과 특징에 대한 판매담당자 교육은 신상품 성공의 매우 중요한 요인이라 할 수 있다.

③ 제품시험 단계

제품시험 단계는 신상품에 대해 고객들의 반응을 살펴보는 단계이다. 이 단계에서는 개발단계에서 얻어진 지식과 정보를 근거로 디자인된 상품에 대해 고객들의 반응과 의견을 듣고 마지막으로 제품을 정교하게 마무리 한다.

또한 이 단계에서는 새로운 상품의 수요와 판매를 예측하고 소수의 고객을 대상으로 직접 상품을 판매하고 마케팅프로그램의 적절성도 판단하게 된다.

④ 제품판매 단계

앞의 세 단계를 거친 신상품은 유통체계와 마케팅전략이 확정된 후 본격적으로 시장에서 판매된다.

위의 네 단계 중 금융공학전문가가 참여할 부분은 1단계와 2단계이며 나머지 3, 4단계는 대부분 마케팅관련 담당자가 맡게 된다.

(3) 신상품개발 도구

금융 신상품을 개발하는 도구는 크게 개념적인 도구(conceptual tool)와 실무적인 도구(practical tool)로 나눌 수 있다. 간단하게 그 개념만 소개하고자 한다.

① 개념적 도구

개념적 도구란 재무이론의 기본을 이루고 있는 다양한 이론들로서 가치이론(value theory), 포트폴리오이론(portfolio theory), 헷징이론(hedging theory), 회계이론(accounting theory), 그리고 세무관련법규(tax-related law) 등이 있다.

② 실무적인 도구

실무적인 도구란 특정목적을 달성하기 위하여 사용하는 기초 금융상품과 금융서비스를 지칭한다. 기초 금융상품의 예로는 채권, 주식, 옵션, 선도, 선물, 스왑 등을 들 수 있으며, 금융서비스의 예로는 전자거래, 전자자금이체, 일괄 등록 등을 생각해 볼 수 있다. 금융공학 전문가는 이러한 실무적인 도구들을 효과적으로 이용하여 개별 고객의 요구에 적극 부응해야 한다.

사. 혼성증권

(1) 혼성증권의 의의

혼성증권(hybrid securities)이란, 둘 이상의 기본증권(primary securities: 주식이나 채권 등)을 결합하여 만들어진 파생증권(derivative securities)을 말한다. 그러나 시장과 금융 상품이 끊임없이 복잡해지고 있기 때문에 기본증권과 혼성증권을 구별하는 것 자체 가 점점 더 어려워지고 있다.

기본증권과 혼성증권을 구분하기 위해 기본증권의 특징을 요약하면 다음과 같다.

첫째, 수익원이 한곳에 근거를 둔 증권을 기본증권이라 한다. 즉, 수익이 이자, 상품, 배당 혹은 외국환과 같은 여러 가지 수익원 중에서 오직 한 군데에서만 발생한다 면 기본증권이라 한다. 예를 들어 이자수입 만을 수익으로 삼는 채권이나, 배당만을 수익으로 삼는 주식은 기본증권이라 할 수 있다.

둘째, 시장이 일반화되어 거래규모가 크고 따라서 가격의 매입－매도 스프레드 (bid－ask spread: 매입가격과 매도가격의 차이)가 작은 시장에서 거래되는 증권을 기본 증권이라 한다.

시장이 점점 더 복잡해짐에 따라 혼성증권이 기본증권이 되기도 하고, 기본증권이 혼성증권으로 바뀔 수도 있다. 그래서 기본증권과 혼성증권 사이의 차이가 점점 더 모호해지고 있는 것이 현실이다.

혼성증권을 발행하는 가장 큰 이유는 혼성증권을 통해 소유하고 있는 자산의 가 격을 저렴한 비용으로 헷지하고자 하는 것이다.

(2) 혼성증권의 종류

혼성증권의 종류는 대단히 많고, 금융공학기술의 발달로 그 수도 점점 늘어나고 있어 모든 혼성증권을 여기서 소개하기는 대단히 어렵다. 따라서 여기서는 대표적인 몇 가지를 소개함으로써 혼성증권의 개념을 이해하고자 한다.

① 금리-통화 혼성증권

금리-통화 혼성증권이란, 네 가지 기본증권(즉 금리, 외환, 주식, 상품) 중 둘 혹은 그 이상을 조합하여 만든 혼성증권을 말한다. 또한 네 가지 기본증권을 더 세분화하여 혼성증권으로 만든 것을 말하기도 한다.

예를 들어, 금리시장은 달러금리시장, 엔금리시장, 독일마르크 금리시장, 유로달러 금리시장 등으로 세분화하고, 상품시장은 금속, 원유, 곡물, 육류시장 등으로 세분화할 수 있는데, 이들 세분화된 시장끼리 여러 가지 조합으로 결합하여 다양한 혼성증권을 만들 수 있다.

대표적인 예로서 다음과 같은 것들이 있다.

(i) 이중통화채권(dual currency bond)

이는 차입과 이자지급은 달러 이외의 통화로 이루어지고 원금상환은 달러로 이루어지는 고정금리채권의 형태이다. 원금의 상환 시 적용될 환율이 발행시점에 미리 정해져 있다.

(ii) 역이중통화채권(reverse dual currency bond)

역이중통화채권은 이중통화채권과 원리는 같지만, 차입과 이자지급은 달러로 이루어지고, 만기 시 원금상환은 달러 이외의 통화로 이루어지는 고정금리채권을 말한다. 이중통화채권처럼 원금의 상환 시 적용될 환율이 발행시점에 미리 정해져 있다.

(iii) 천국-지옥채권(heaven-hell bond)

다소 복잡한 금리-통화 혼성증권으로서 이중통화채권이나 역이중통화채권과 구조는 유사하나 차이점이 있다면 만기 시 원금상환 때 적용되는 환율이 발행시점에 미리 정해져 있지 않다는 것이다.

② 주식-채권 혼성증권

주식과 채권을 결합하여 만든 혼성증권을 말한다. 대표적인 것을 소개하면 다음과 같다.

(i) 주가지수 연계채권

주가지수 연계채권이란 주가지수 관련 혼성증권으로서 채권의 수익이 금리부분과 주가지수 관련부분으로 구성되어 있다. 예를 들어, 만기 시 원금상환액이 주가지수에 연계되어 있는 채권의 경우 액면 \$1,000인 채권의 만기 시 상환금 V는 다음과 같이 주가지수에 연계하여 계산한다.

$$V = \$1,000 \times \left[1 + \frac{SI_m - SI_0}{SI_0} \right] \qquad \text{(식 8-6)}$$

단, $V=$ 만기 시 상환금
$SI_0 =$ 발행 시 주가지수
$SI_m =$ 만기 시 주가지수

만일 주가지수에 대해 상승할 때는 혜택을, 하락할 때는 위험을 회피하고자 하는 콜옵션을 갖기를 원한다면 다음과 같은 옵션형태의 수익구조를 만들 수 있다.

$$V = Max \left[\$1,000, \ \$1,000 \times (1 + \frac{SI_m - SI_0}{SI_0}) \right] \qquad \text{(식 8-7)}$$

(ii) 불-베어 채권(bull-bear bond)

주가지수 연계채권으로서 불 트랜치(bull tranche)와 베어 트랜치(bear tranche) 형태로 발행된 두 부분이 별도로 매각된다는 특징이 있다. 불 트랜치는 기준지수 이상으로 주가지수가 상승(하락)하면 원금상환액이 커(작아)지며, 반대로 베어 트랜치는 기준지수 이하로 주가지수가 하락(상승)하면 그에 따라 원금상환액이 커(작아)지도록 설계되어 있다.

이상의 것 외에도 잘 알려진 것으로 일정한 시간이 지나면 채권을 주식으로 전환할 수 있는 전환사채(CB: Convertible Bond), 일정 기간 동안 일정수준의 주식을 미리 정해진 가격에 매입할 수 있는 권리를 가지는 신주인수권부사채(BW: Bond with Warrant), 배당률이 일정한 규칙에 의해 주기적으로 갱신되는 변동금리 우선주 등이 있다.

③ 통화–상품 혼성증권

가장 대표적인 것으로서 상품연계 외화채권을 들 수 있다. 이 채권은 만기상환금이 외화표시 상품가격과 연계되어 결정된다. 따라서 이러한 채권의 수익은 외환에 관한 수익과 상품에 관한 수익의 함수이다.

예를 들어, 만기 시 원금상환액이 원유가격지수에 따라 정해지는 1년 만기 8% 고정금리채권의 경우 액면 $1,000의 상환가치 V는 다음과 같이 표시된다.

$$V = \$1,000 \times (1 + \frac{OP_m - OP_0}{OP_0})$$

(식 8–8)

단, V = 만기 시 상환금
OP_0 = 발행 시 원유가격
OP_m = 만기 시 원유가격

④ 옵션 첨부 혼성증권

옵션이 첨부되어 있는 혼성증권으로는 수의상환채권(callable bond), 변제요구부채권(puttable bond), 변제요구부주식(puttable equity), 주가지수옵션(stock index option) 등이 있다.

⑤ 모기지 연계 혼성증권

앞에서 설명한 혼성증권 이외에도 모기지연계 혼성증권이 있는데 이는 모기지(부동산 담보 대출)와 연계된 혼성증권이다. 상환구조 변형 모기지, 담보구조 변형 모기지 등이 있다.

요약

- 금융공학의 정의 및 활용도에 대해 정확히 이해할 필요가 있으며 기업에서 리스크 극소화와 이익극대화를 위해 어떻게 금융공학을 활용할지 이해할 필요가 있다.

- 금융공학은 다양한 분야에 적용 가능하다. 자금조달, 투자관리, 리스크 관리, 그리고 차익거래 등에 어떻게 금융공학이 사용되는지 이해하고 기업에서는 어떻게 활용할 수 있는지 그 적용방법을 강구해야 한다.

- 금융공학이 지금처럼 발달하게 된 데는 환경적 요인과 기업 내적 요인들이 있다. 이러한 요인들을 이해하면 각 기업들은 자신의 여건 가운데 어떻게 금융공학을 활용하여 이익을 극대화할 수 있는지, 대리인 비용을 극소화할 수 있는지, 각종 거래비용을 줄일 수 있는지, 그리고 차익거래 등을 통해 적극적으로 투자수익을 추구할 수 있는지 이해할 수 있다.

- 혼성증권의 개념과 발행목적을 이해해야 한다. 기본증권과 혼성증권의 차이, 혼성증권과 합성증권의 차이도 잘 이해하고 활용할 필요가 있다.

- 점점 더 발전하고 있는 금융공학기법과 이를 혼성증권 창출에 어떻게 이용할지도 이해할 필요가 있다.

- 많은 혼성증권의 종류 중 금리-통화 혼성증권, 주식-채권 혼성증권, 통화-상품 혼성증권, 옵션 첨부 혼성증권, 모기지연계 혼성증권 등은 많이 사용되고 있는 것들이므로 그 개념을 정확히 이해하고 사용해야 한다.

연습문제

[객관식]

01. 다음 중 아비트라지(arbitrage)의 3요소가 아닌 것은?

① no cost
② no investment
③ no risk
④ positive profit

02. 다음 중 금융공학 발전의 기업 내적 요인과 거리가 먼 것은?

① 대리인비용의 절감
② 유동성에 대한 요구 점증
③ 법인세율의 비대칭성
④ 위험회피성향의 증가

03. 차입과 이자지급은 달러 이외의 통화로 이루어지고 원금상환은 달러로 이루어지는 고정금리채권의 형태를 갖는 혼성증권을 무엇이라 하는가?

① 역이중통화채권
② 천국 – 지옥채권
③ 전환사채
④ 이중통화채권

04. 다음 중 주식-채권 혼성증권은?

① 변제요구부채권
② 이중통화채권
③ 불 – 베어 채권
④ 수의상환채권

05. 소수의 투자자들이 특별한 금융기법을 이용하여 자금을 조달한 후, 다른 기업을 인수하는 것을 무엇이라 하는가?

① takeover
② junk bond
③ LBO(Leveraged Buy−Out)
④ bridge financing

06. 일정기간 후 정해진 가격으로 채권을 재매입할 것을 조건으로 발행되는 채권을 무엇이라 하는가?

① Repo
② CB(Convertible Bond)
③ discount bond
④ BW(Bond with Warrant)

07. 다음 중 금리-통화 혼성증권이 아닌 것은?

① heaven−hell bond
② dual currency bond
③ reverse dual currency bond
④ bull−bear bond

08. 다음 중 기본증권(primary security)에 해당되지 않는 것은?

① 채권
② 보통주
③ 정부 국채
④ 불−베어 채권

09. 다음 중 '풋-콜 패리티'로 생성할 수 있는 합성증권이 아닌 것은?

① $p + S - D = c + Xe^{-rT}$
② $p + c = Xe^{-rT} - S + D$
③ $p = c + Xe^{-rT} - S + D$
④ $S = c + Xe^{-rT} + D - p$

10. 현재 시장에서 무위험 이자율이 연간 10%이고, 현재 $50인 어느 주식의 가격은 1년 후 $60가 되거나 $40가 된다고 한다. 이산복리를 가정할 경우 이 주식가격이 $40로 하락할 위험중립확률(risk-neutral probability)은 얼마인가?

① 1/3
② 2/3
③ 1/4
④ 3/4

11. 파생상품 관련 다음 설명 중 옳지 않은 것은?

   ① 대표적인 기본자산으로는 주식, 채권, 선물 등이 있다.
   ② 파생상품의 가치는 기본자산의 가치에 전적으로 의존한다.
   ③ 모든 파생상품의 가치의 합은 영(0)이어야 한다.
   ④ 파생상품은 자본의 시차적배분에 중요한 역할을 한다.

12. 다음 중 '내가격(in-the-money)' 상태에 있는 주식옵션은?

I. 행사가격이 35이고 주식가격이 32인 풋옵션 II. 행사가격이 35이고 주식가격이 32인 콜옵션 III. 행사가격이 15이고 주식가격이 15인 풋옵션 IV. 행사가격이 15이고 주식가격이 18인 콜옵션

   ① I과 II   ② I과 IV
   ③ II와 III   ④ III과 IV

13. 고객이 옵션을 사거나 팔고자 할 때, 그는 증거금을 내거나 마진콜(margin call)을 받을 필요가 없다.

   ① 맞다.   ② 틀리다.

14. 콜옵션과 관련된 다음 설명 중 옳지 않은 것은?

   ① 콜옵션의 발행자(writer 혹은 seller)는 선물거래처럼 증거금을 납부해야 한다.
   ② 콜옵션 발행자의 이익은 콜옵션 가격(즉, 프리미엄)에 한정된다.
   ③ 콜옵션 발행자의 손실도 콜옵션 가격(즉, 프리미엄)에 한정된다.
   ④ 콜옵션 매입자(buyer)는 증거금을 납부할 필요가 없다.

15. 옵션가격에 영향을 주는 요인들과 옵션가격과의 관계를 나타내는 다음 내용 중 옳지 않은 것은? (단, (+)=정(正)의 관계; (−)=반(反)의 관계를 나타냄)

	콜옵션 가격	풋옵션 가격
① 기초자산의 가격(S)	+	−
② 행사가격(X)	−	+
③ 이자율(r)	+	−
④ 기초자산변동성(σ)	+	−

16. 선물시장에서 투기자(speculator)의 역할을 가장 잘 설명한 것은?

    ① 가격변동성을 최소화한다.
    ② 필요한 유동성을 제공한다.
    ③ 최소의 가격충격으로 대량의 주문을 처리해 준다.
    ④ 위의 세 가지 전부 맞다.

17. 선물거래소의 가장 중요한 기능으로서 선물거래의 발단이 된 것은?

    ① 현물매매업의 수행
    ② 투기자에게 거래시장 제공
    ③ 원하지 않는 위험을 회피할 수 있는 수단을 헷저에게 제공
    ④ 매매당사자간 거래 활성화

18. 거래규모가 동일할 경우 다음 거래 중에서 리스크가 큰 것부터 작은 것 순으로 올바로 나열한 것은?

Ⅰ. 헷지거래 Ⅱ. 투기거래 Ⅲ. 스프레드거래 Ⅳ. 차익거래

    ① Ⅰ - Ⅲ - Ⅱ - Ⅳ　　　　　② Ⅱ - Ⅰ - Ⅳ - Ⅲ
    ③ Ⅱ - Ⅰ - Ⅲ - Ⅳ　　　　　④ Ⅲ - Ⅱ - Ⅰ - Ⅳ

19. 다음 중 스왑이 사용되는 용도와 거리가 먼 것은?

    ① 금융 및 외환에 대한 규제회피　　② 신용리스크 회피
    ③ 금리 및 환율리스크 헷지　　　　④ 자본비용의 절감

20. 다음 중 신용리스크의 상대적 크기를 가장 정확하게 표시하고 있는 것은?

    ① 선물계약 < 선도계약 = 스왑계약
    ② 선도계약 < 선물계약 < 스왑계약
    ③ 선물계약 < 스왑계약 < 선도계약
    ④ 선물계약 = 선도계약 < 스왑계약

연습문제 정답 및 해설

[객관식]

01. ①　　　　02. ③　　　　03. ④

04. ③　　　　05. ③　　　　06. ①

07. ④

08. ④

　　해설　기본증권은 다음과 같은 특성을 가지고 있다. 첫째, 수익원이 한곳에 근거를 둔 증권이다. 즉, 수익이 이자, 상품, 배당 혹은 외국환과 같은 여러 가지 수익원 중에서 오직 한 군데에서만 발생한다면 기본증권이라 한다. 둘째, 시장이 일반화되어 거래 규모가 크고 따라서 가격의 매입－매도 스프레드가 작은 시장에서 거래되는 증권을 기본증권이라 한다.

09. ②

　　해설　**핵심체크**　풋－콜 패리티: $p + S - D = c + Xe^{-rT}$

10. ③

　　해설　\$40로 하락할 확률을 p라 하면, 다음이 성립해야 한다.
　　　　$\$60 \times (1-p) + 40 \times p = \$50 \times (1+0.10) \implies p = 1/4$
　　핵심체크　위험중립확률: $V_0(1+r) = E(V_1) = p \times V^{up} + (1-p) \times V^{down}$을 만족하는 확률, p

11. ①

　　해설　선물은 스스로 존재할 수 없으므로 기본자산이 아니다.

12. ②

　　해설　콜옵션이 내가격이 되기 위한 조건: $S > K$
　　　　풋옵션이 내가격이 되기 위한 조건: $S < K$

13. ②

해설 계약자체가 의무적 이행을 포함하는 선물계약에서는 매입자나 매도자 모두에게 증거금이 부과되고 필요 시 마진콜이 있다. 그러나, 옵션의 경우 매입자는 옵션을 행사할 권리를 갖는 반면, 매도자는 행사된 옵션에 대해 매도해야 할 의무를 가진다. 따라서, 옵션의 경우 매도자(발행자)에게는 증거금이 부과되지만, 매입자에게는 부과되지 않는다.

14. ③

해설 콜옵션 발행자의 이익(profit) = 프리미엄 − 이득(payoff) = $C - \max(S - K, 0)$
즉, 이익의 최대값은 프리미엄(C)에 한정되지만, 손실은 주식가격(S)이 커지면 커질수록 커지게 되므로 제한이 없다. 따라서, 손실은 한정되고 이익은 제한이 없는 매입자에 비해 더 공격적인 포지션임을 알 수 있다.

15. ④

해설 기초자산의 변동성이 크면 클수록 미래에 기초자산가격이 아주 커지거나 아주 작아질 확률이 크므로 이익이 확대될 가능성이 커지며, 옵션의 가치도 커지게 된다. 따라서, 변동성은 콜옵션이든 풋옵션이든 모두 (+)의 영향을 준다.

16. ④

17. ③

해설 농산물가격 헷지를 위해 선물이 시작되었다는 것은 선물시장에서의 헷지의 중요성을 시사한다.

18. ③

해설 선물거래에서 차익거래는 위험이 없는 거래로 정의되며, 스프레드거래는 차익거래와 유사하지만 리스크가 전혀 없다고 할 수 없다. 즉, 두 개의 포지션에 반대되는 포지션을 동시에 취하는 것이 스프레드 거래인데 두 개의 반대포지션이 예상한 방향으로 움직이지 않으면 손익이 정확히 상쇄되지 않아 약간의 리스크가 존재하게 된다. 투기거래는 이익극대화가 주목적이므로 상당한 리스크를 감수하는 거래이고, 헷지거래는 리스크를 상대방에게 전가시키기는 하나 미래를 잘못 예측하면 손실도 볼 수 있으므로 리스크가 다소 존재한다. 따라서, 이들 거래방법들의 리스크의 크기는, 투기거래 > 헷지거래 > 스프레드거래 > 차익거래 순이다.

19. ②

> **해설** 스왑은 장외시장에서 거래되는 사적계약이기 때문에 스왑의 사용은 불가피하게 신용리스크를 유발한다. 따라서 신용리스크를 회피하려면 스왑보다는 거래소에서 거래되는 선물이나 옵션 같은 파생상품을 거래해야 한다.

20. ③

> **해설** 선도는 만기일에 결제가 한 번 이루어지므로 한 번의 집중된 신용리스크에 노출되지만, 스왑은 교환(결제)이 여러 번 이루어지므로 신용리스크가 분산되는 효과가 있다. 따라서 스왑과 선도의 만기가 동일하다면, 스왑의 신용리스크가 선도의 신용리스크보다 작다고 할 수 있다. 그러나, 선물의 경우에는 일일정산제도가 있어 스왑보다도 결제가 더 자주 있고 리스크도 더 많이 분산되어 신용리스크가 극히 작기 때문에 스왑의 신용리스크가 선물의 신용리스크보다는 크다. 결론적으로 스왑의 신용리스크는 선물보다는 크고 선도보다는 작다고 할 수 있다.

제 4 부

금융리스크의
종류 및 관리

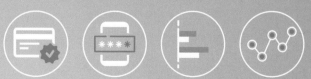

제 9 장 시장리스크

1 시장리스크의 개념과 측정모형

가. 시장리스크의 개념

(1) 시장리스크의 정의

시장리스크(market risk)란 주가, 금리, 환율 등 시장가격의 변동에 따른 금융회사의 손익 또는 자산가치가 변동할 리스크, 펀드의 경우 지수나 벤치마크 포트폴리오 대비 상대적 평가를 하는 추적 오차 리스크, 파생상품 등을 이용하여 리스크를 헷징할 때 헷징 대상 자산과 헷징 수단 자산 간의 불일치에서 오는 베이시스 리스크 및 비선형관계에서 오는 감마 리스크 등을 포괄한다.

(2) 시장리스크의 범위

시장리스크를 자산 유형별로 나누어 보면 다음과 같다.

첫째, 금리변동으로 인하여 금융회사의 순이자소득이 변동하는 금리리스크(interest rate risk)가 있다.

둘째, 주식시장에서 주가변동으로 인해 주식 포트폴리오 가치가 변동하는 주가리스크(equity price risk)가 있다.

셋째, 환율의 불리한 변동으로 인해 외화표시 자산 및 부채에서 손실이 발생할 환리스크(exchange rate risk)가 있다.

넷째, 상품의 가격변동으로 인한 손실 가능성인 상품가격리스크(commodity price risk)가 있다.

그런데, 상품리스크는 금융리스크와 거리가 있으며, 환리스크는 국제금융이나 국제경제에서 주로 다루는 분야이기 때문에 본 장에서는 주로 주식시장 및 채권시장과 관련한 리스크를 다루고자 한다.

나. 시장리스크 측정모형

(1) 베타의 개념

베타(beta, β)란, 시장전체 수익률의 변동에 대한 개별자산 수익률 변동의 민감도를 의미하며, '시장리스크(market risk)'라 할 수 있다. 시장전체의 베타는 정의상 당연히 1이 된다. 개별 자산의 베타를 해석하는 방법은 다음과 같다. 첫째, 개별 자산의 베타가 1보다 크면 그 자산은 시장보다 더 위험하다는 것을 의미한다. 둘째, 개별자산의 베타가 1이면, 그 자산의 위험은 시장과 동일한 수준임을 의미한다. 셋째, 개별자산의 베타가 1보다 작으면, 그 자산의 위험은 시장보다 덜 위험함을 의미한다.

채권의 위험이 듀레이션으로 측정된다면, 주식의 위험은 베타로 측정된다고 할 수 있다. 따라서, 베타와 듀레이션은 매우 유사한 개념이라 할 수 있으며, 리스크의 개념상, 베타는 듀레이션과 같다.

(2) 베타의 측정

베타를 측정하는 방법에는 크게 두 가지가 있다. 하나는 공식을 이용하는 방법이고, 다른 하나는 과거자료를 활용한 회귀분석을 이용하는 방법이다. 각각을 살펴보면 다음과 같다.

① 공식을 이용하는 방법

베타를 계산하는 공식은 다음과 같다.

$$\beta_j = \frac{\text{covariance}(R_j,\ R_M)}{\sigma_M{}^2} = \frac{\sigma_{jM}}{\sigma_M{}^2}$$

(식 9-1)

단, β_j = 자산 j의 베타
　　R_j = 자산 j의 수익률
　　R_M = 시장수익률
　　$\sigma_M{}^2$ = 시장수익률의 분산

(식 9-1)에서 보는 바와 같이 베타는 개별자산수익률과 시장수익률 사이의 공분산을 시장수익률의 분산으로 나누어 계산한다.

② 과거자료를 이용한 회귀분석에 의한 방법

자산의 수익률과 시장수익률에 대한 과거자료가 있다면, 회귀분석을 이용하여 베타를 구할 수 있다. 회귀식으로 분석하여 나온 회귀식의 기울기가 바로 베타이며, 이것이 우리가 과거자료를 이용해 구하고자 하는 시장리스크(베타)이다. 투자이론에서는 회귀식 모형을 '시장모형(market model)'이라고 한다. 회귀분석은 EXCEL과 같은 스프레드 시트(spread sheet)나, SAS, SPSS 등과 같은 통계분석 패키지를 이용하면 가능하다. 시장모형을 이용하여 베타를 구하는 방법을 그림으로 설명하면 다음 [그림 9-1]과 같다.

[그림 9-1] 시장모형을 이용한 베타 측정

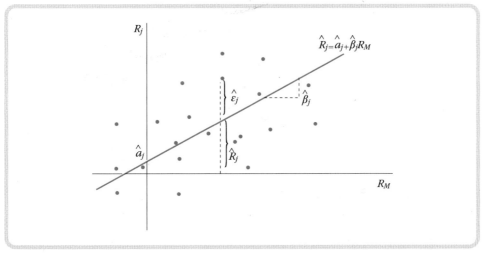

(3) 체계적 위험과 비체계적 위험

앞에서도 간략히 설명한 바와 같이 시장리스크는 크게 체계적 위험과 비체계적 위험으로 구분할 수 있으며 둘의 합이 총위험이 된다. 이에 대해 좀 더 상세히 설명하고자 한다.

① 체계적 위험

체계적 위험(systematic risk)이란 시장에 의해 많은 자산에 영향을 미치는 위험으로서, 투자자가 분산투자로는 없앨 수 없는 위험을 말한다. 때로는 다른 용어를 사용하기도 하는데, 시장위험(market risk) 혹은 분산불가능 위험(undiversifiable risk)이라고도 한다.

대표적인 예로서, 금리정책의 변화, 인플레이션, 환율변동 같이 시장전체에 영향을 미치는 위험을 말한다. 이러한 위험들은 개인이나 기업의 노력에 의해 제거 될 수 없는 위험들로서 주가지수선물이나 주가지수옵션 같은 파생상품을 이용하여 관리할 수 있다. 시장모형을 이용하여 j 자산의 체계적 위험을 측정하면 $\beta_j^2 \sigma_M^2$이 된다.

② 비체계적 위험

비체계적 위험(unsystematic risk)이란 개별자산의 위험으로서 투자자가 분산투자로 없앨 수 있는 위험을 말한다. 다른 용어들이 종종 사용되기도 하는데 기업고유의 위험(firm-specific risk), 분산가능 위험(diversifiable risk), 혹은 특이 위험(idiosyncratic risk) 등이 있다. 대표적인 예로서, 기업의 노사관계, 경영자의 능력, 회사이미지 등과 같이 개별자산 혹은 기업에 고유한 위험이 있다. 시장모형을 이용하여 측정하면 비체계적 위험은 σ_ε^2이 된다.

③ 총위험

총위험(total risk)이란 체계적위험과 비체계적 위험을 합한 것을 말한다. 따라서 시장모형을 사용하면 j 자산의 총위험$= \sigma_j^2 = \beta_j^2 \sigma_M^2 + \sigma_\varepsilon^2$이다.

여기서는 위험의 척도로 베타가 하나만 사용되었기 때문에 '단일지표모형(single-index model) 베타'라 부른다.

(4) 복수베타의 정의 및 측정

① 복수지표의 개념

단일지표모형(single-index model)에서는 시장전체의 위험만 고려하였으나, 복수지표모형(multi-index model)에서는 여러 개의 위험(지표)을 동시에 고려한다는 특징이 있다. 여러 개의 위험을 동시에 고려하므로, 각 위험에 대한 민감도(베타)도 당연히 복수가 된다.

② 복수지표베타 모형

복수지표모형(multi-index model)에서는 개별자산의 수익변동(R_i)과 시장지표나 다른 여타 위험지표간에 다음과 같은 선형관계(linear relationship)가 있다고 가정한다.

$$R_j = \alpha_j + \sum_{i=1}^{F} \beta_i r_i + \varepsilon_j \qquad \text{(식 9-2)}$$

단, $F=$ 총 지표의 수
$R_j =$ 자산 j 의 수익률
$r_i =$ 지표 i 의 수익률
나머지 변수는 단일지표모형과 동일함

③ 복수지표베타 측정

복수지표모형에 포함되어 있는 알파와 베타들은 다음과 같은 다소 복잡한 식에 의해 측정할 수 있다. 여기서는 식을 가능한 한 단순화하기 위하여 위험지표에는 M, G, S의 3개가 있고, 각각 n개의 자료가 있다고 가정한다. (식 9-3)에서 보는 바와 같이 복수지표모형에서 알파와 베타들의 계산은 단일지표모형보다 훨씬 복잡하다. 따라서 컴퓨터를 이용한 다중회귀분석(multiple regression analysis)을 이용하는 것이 바람직하다.

$$
\begin{bmatrix} \alpha \\ \beta_m \\ \beta_g \\ \beta_s \end{bmatrix} =
\begin{bmatrix}
2n\alpha & 2\beta_m \sum R_m & 2\beta_g \sum R_g & 2\beta_s \sum R_s \\
2\alpha \sum R_m & 2\beta_m \sum R_m{}^2 & 2\beta_g \sum R_m R_g & 2\beta_s \sum R_m R_s \\
2\alpha \sum R_g & 2\beta_m \sum R_m R_g & 2\beta_g \sum R_g{}^2 & 2\beta_s \sum R R_s \\
2\alpha \sum R_s & 2\beta_m \sum R_m R_s & 2\beta_g \sum R_g R_s & 2\beta_s \sum R_s{}^2
\end{bmatrix}^{-1}
\begin{bmatrix} 2\sum R_i \\ 2\sum R_i R_m \\ 2\sum R_i R_g \\ 2\sum R_i R_s \end{bmatrix}
\qquad \text{(식 9-3)}
$$

④ 복수지표모형에서 총위험의 계산

체계적위험과 비체계적 위험의 합이 총위험이라는 것은 앞서 설명하였다. 같은 논리로 복수지표모형에서의 총위험은 다음과 같이 계산한다.

$$R_j = \alpha_j + \sum_{i=1}^{F} \beta_i r_i + \varepsilon_j \qquad\qquad \text{(식 9-4)}$$

$$\sigma_j^{\ 2} = \sum_{i=1}^{F} \beta_i^{\ 2} \sigma_i^{\ 2} + \sigma_\varepsilon^{\ 2}$$

(5) CAPM과 복수지표에 의한 총위험 계산

① 단일지표모형(CAPM)의 가정

단일지표모형을 적용하기 위해서는 다음과 같은 두 가지 중요한 가정이 필요하다.

가정 1) 모든 j에 대해 covariance$(R_m, \varepsilon_j)=0$.
가정 2) 모든 i와 j에 대해 covariance$(\varepsilon_i, \varepsilon_j)=0$.

여기서 가정 1)은 시장수익률과 모든 자산의 오차항과는 아무런 상관관계가 없다는 것을 의미하며, 가정 2)는 개별 자산들의 오차항 사이에는 아무런 상관관계가 없다는 것을 의미한다. 이러한 가정이 성립할 경우에는 다음과 같이 총위험 계산이 훨씬 용이해 지며, 필요한 자료의 수도 대폭 줄어든다.

② 단일지표모형(CAPM)의 총위험

CAPM모형을 이용하면 총위험의 계산이 쉬워지며 필요한 자료의 수도 작아지게 된다. 포트폴리오 안에 들어 있는 자산의 수가 많아질수록 이러한 장점은 더욱 커지게 된다. 이해를 돕기 위해 자산의 수가 2인 경우와 2보다 큰 경우로 나누어 설명하고자 한다.

(i) N=2인 경우(단, N= 포트폴리오를 구성하는 자산의 수)

포트폴리오 전체의 총위험을 구하는 공식은 다음과 같다. (식 9–5)에서 x_j는 자산 $j(j=1,2,\cdots,N)$의 포트폴리오 가중치이다.

$$R_1 = \alpha_1 + \beta_1 R_M + \varepsilon_1$$

$$R_2 = \alpha_2 + \beta_2 R_M + \varepsilon_2$$

$$\Rightarrow R_P = x_1 R_1 + x_2 R_2$$

$$\Rightarrow \sigma_P^{\ 2} = x_1^{\ 2}\sigma_1^{\ 2} + 2x_1 x_2 \sigma_{12} + x_2^{\ 2}\sigma_2^{\ 2}$$

$$= x_1^{\ 2}(\beta_1^{\ 2}\sigma_M^{\ 2} + \sigma_{\varepsilon_1}^{\ 2}) + 2x_1 x_2 (\beta_1 \beta_2 \sigma_M^{\ 2}) + x_2^{\ 2}(\beta_2^{\ 2}\sigma_M^{\ 2} + \sigma_{\varepsilon_2}^{\ 2})$$

$$= \sum_{i=1}^{2} x_i^{\ 2}\beta_i^{\ 2}\sigma_M^{\ 2} + \sum_{i=1}^{2}\sum_{i\neq j=1}^{2} x_i x_j \beta_i \beta_j \sigma_M^{\ 2} + \sum_{i=1}^{2} x_i^{\ 2}\sigma_{\varepsilon_i}^{\ 2} \qquad \text{(식 9–5)}$$

(ii) N>2인 경우

$$R_1 = \alpha_1 + \beta_1 R_M + \varepsilon_1$$

$$R_2 = \alpha_2 + \beta_2 R_M + \varepsilon_2$$

$$\cdots$$

$$R_N = \alpha_N + \beta_N R_M + \varepsilon_N$$

$$\Rightarrow R_P = x_1 R_1 + x_2 R_2 + \cdots + x_N R_N$$

$$\Rightarrow \sigma_P^{\ 2} = \sum_{i=1}^{N} x_i^{\ 2}\beta_i^{\ 2}\sigma_M^{\ 2} + \sum_{i=1}^{N}\sum_{i\neq j=1}^{N} x_i x_j \beta_i \beta_j \sigma_M^{\ 2} + \sum_{i=1}^{N} x_i^{\ 2}\sigma_{\varepsilon_i}^{\ 2} \qquad \text{(식 9–6)}$$

③ 복수지표의 경우 총위험 계산방법

$$R_j = \alpha_j + \sum_{i=1}^{F} \beta_{ji} r_{ji} + \varepsilon_j$$

$$\sigma_P^{\ 2} = (\sum_{j=1}^{N} x_j \beta_1)^2 \sigma_1^{\ 2} + (\sum_{j=1}^{N} x_j \beta_2)^2 \sigma_2^{\ 2} + \cdots + (\sum_{j=1}^{N} x_j \beta_F)^2 \sigma_F^{\ 2} + (\sum_{j=1}^{N} x_j \sigma_{\varepsilon_j})^2$$

$$= \sum_{i=1}^{F}(\sum_{j=1}^{N} x_j \beta_j)^2 \sigma_i^{\ 2} + (\sum_{j=1}^{N} x_j \sigma_{\varepsilon_j})^2 \qquad \text{(식 9–7)}$$

시장리스크의 종류와 측정

시장리스크에는 주식리스크, 채권리스크, 보험리스크, 파생상품리스크, 환리스크, 상품가격리스크 등 많은 자산에 공통적으로 영향을 미치는 매우 다양한 리스크들이 있다. 여기서는 기업들이 가장 빈번하게 직면하는, 그리고 중요한 리스크들을 중심으로 살펴보고자 한다.

가. 주식의 가치평가와 주식리스크

(1) 주식의 가치평가

① 주식 가치평가의 특징

앞서 가치평가의 이론에서 배운 바와 같이 현금흐름할인법(DCF법: Discounted Cash Flows method)으로 가치를 평가하기 위해서는 크게 세 가지가 필요하다. 미래의 현금흐름(cash flows), 현금흐름의 위험이 반영된 적정 할인율(discount rate), 그리고 만기(maturity)이다.

고정소득증권(fixed income security)인 채권의 경우 미래에 채권에서 나오는 현금흐름이 정해져 있어 가치평가가 용이하나, 미래 현금흐름이 일정하지 않은 주식의 경우 가치평가가 대단히 어렵다는 특징이 있다. 또한 주식의 현금흐름에서 발생하는 위험을 평가하여 적절한 할인율을 선택해야 하는데 이 또한 그리 쉽지 않다. 실무에서 많이 사용하는 할인율 결정방법은 앞에서 다룬 자본자산가격결정모형(CAPM: Capital Asset Pricing Model)이다. 주식의 만기는 상대적으로 쉽게 결정할 수 있는데 기업이 부도가 나지 않는 한 기업은 영원히 존재할 수 있으므로 이론상 만기는 무한대(∞)라 가정하면 된다.

② 주식 가치평가 모형

현금흐름할인법(DCF)으로 주식의 가치를 평가하기 위해서는 위에서 설명한 대로 미래 현금흐름과 적정 할인율의 결정이 중요하다. 주식으로부터 발생하는 현금흐름에는 배당(dividend)과 자본이익(capital gains) 혹은 손실(capital loss)이 있다. 배당은 보통 1년에 4회 정도 지급되며, 현금배당과 주식배당의 형태로 지급된다. 자본이익 혹은 손실이란 주식 매입가격과 매도가격의 차액을 말하는데 매도가격이 매입가격보다 크면 자본이익이 되고, 반대의 경우 자본손실이 된다. 따라서 주식의 이론적인 가치를 평가하기 위해서는 미래의 배당과 자본이익(손실)을 예측해야 하는데 현실적으로 매우 어려운 일이다. 따라서 미래의 배당을 어떻게 예측하느냐에 따라 여러 가지 평가모형이 존재한다.

(i) 기본 모형

우선 가치평가 이론을 이용하여 가장 기본적인 모형을 설명하면 (식 9-8)과 같다. 이 기본 모형에서는 미래 배당이 일정하다고 가정하며, 만기는 n년, 할인율은 연간 $r\%$, 그리고 n년 후 S의 가격으로 매각하는 것으로 가정한다.

$$P_0 = \sum_{t=1}^{n} \frac{D}{(1+r)^t} + \frac{S}{(1+r)^n}$$

(식 9-8)

단, P_0 = 현재의 이론적 주식가격,
D = 주당 배당금,
r = 주가 할인율(%),
S = n년 후 주식 매각가격,
n = 주식 매각시점

(식 9-8)에서 보는 바와 같이 주식의 가치는 주식으로부터 발생하는 미래의 배당들과 매각가격의 현재가치들을 구하여 합산하면 된다. 그런데 매년 지급하는 배당이 일정하다는 가정은 매우 현실성이 떨어진다. 그리고 n년 후 매각가격을 예측하는 것은 더욱 어렵다. 또한 n년 후에 매각된 주식은 또 누군가가 매입할 것이고 그때의 가격은 그 이후 미래의 배당에 의해 결정된다. 따라서 굳이 n년 후에 주식이 매각된다는 가정은 불필요하다. 어떤 특정인의 주식 매매가 기업의 배당정책에 영향을 주지 않는다면 주식의 현재시점에서의 이론적 가치는 미래 배당만으로 결정된다고 해도 전혀 문제가 없다. 이 경우 만기는 무한대가 될 것이고 미래 시점의 매도가격(S)은 따로 추정할 필요가 없다. 그러면 세 가지 가치평가 요인 중 배당에 대해서만 예측하

면 주식의 현재가치를 구할 수 있는 것이다. 배당을 예측하는 방법에 따라 다음과 같은 다양한 주식 가치평가 모형이 존재한다.

(ii) 정액배당모형

정액배당모형(constant dividend model)이란 매년 지급되는 배당이 일정하며(constant), 만기는 무한대이고, 할인율도 매년 일정하다고 가정하여 주식 가치를 평가하는 모형이다. 이 경우 주식의 가치평가 공식이 매우 단순해지는데, 이는 영구채권(perpetual bond or consol)과 동일한 현금흐름을 갖는다. 수학에서 무한 등비급수의 합을 구하는 공식을 이용하면 어렵지 않게 다음과 같은 정액배당 모형 공식을 유도할 수 있다. 공식에서 보는 바와 같이 매년 지급되는 배당을 할인율로 나누어 주면 현재의 주식의 가치를 구할 수 있다.

$$P_0 = \sum_{t=1}^{\infty} \frac{D}{(1+r)^t} = \frac{D}{r} \qquad \text{(식 9-9)}$$

(식 9-9)에 있는 정액배당모형에 의한 주식가치 평가모형은 단순하고 이해도 쉽다는 장점이 있으나 현실성이 떨어진다는 단점이 있다. 물론 기업의 배당정책 이론에 의하면 기업은 일정한 배당수준을 정해 놓고 가급적 지키려 한다고 하지만, 그렇다고 매년 똑같은 배당을 준다는 것은 매우 강한 가정이라 할 수 있다.

(iii) 정률성장모형: Gordon 모형

정률성장모형(constant growth model)이란 배당이 매년 일정한 성장률로 증가한다고 가정한 주식가치 평가모형이다. 물론 매년 할인율도 일정하다고 가정하며 만기는 무한대이다. 정액모델의 경우 매년 배당이 일정하다고 가정함으로써 현실성이 떨어진다는 단점이 있는 반면, 정률성장모형은 매년 기업이 성장하는 만큼 배당도 성장한다고 가정하므로 정액배당모형보다 좀 더 현실적인 모형이라 할 수 있다. 기업이 성장하면 그 만큼 배당도 늘어 날 것이라 생각하는 것은 상식적으로도 합리적인 가정이라 할 수 있다. 만일 기업의 배당성장률(혹은 기업의 평균성장율)을 g 라 하면 무한 등비급수의 합과 같은 간단한 수학을 통해 다음과 같은 주식가치 평가모형을 도출할 수 있다.

$$P_0 = \sum_{t=1}^{\infty} \frac{D_0(1+g)^{t-1}}{(1+r)^t} = \frac{D_1}{r-g} \qquad \text{(식 9-10)}$$

단, D_0 = 현재의 주당 배당 지급액

D_1 = 다음 기(내년) 주당 배당 지급액

g = 배당 성장률

(식 9-10)에서 가장 중요한 것은 어떻게 성장률을 추정하는가이다. 성장률을 추정하는 방법은 많으나 대표적인 것 세 가지를 설명하고자 한다.

첫째, 과거의 성장률을 이용하는 방법이 있다. 여기서 과거 성장률은 두 가지 의미가 가능한데, 하나는 기업의 성장률(예를 들어, 기업 순이익의 성장률)이고, 다른 하나는 과거에 지급된 배당의 성장률이다. 과거 기업이 배당을 지급한 사례가 있다면 우선적으로 이 배당성장률을 사용하는 것이 바람직하지만, 벤처기업과 같이 이익의 대부분을 연구개발 등에 재투자하는 경우 배당지급 여력이 없어서 한 번도 지급하지 못하는 경우도 있다. 이런 경우에는 기업의 이익이나 매출액의 연평균증가율을 이용하여 성장률을 구하면 된다.[1] 이렇게 구한 성장률이 미래에도 적용될 수 있다고 가정하고 (식 9-10)에서 성장률 g로 사용하면 된다.

둘째, 회계자료 중 손익계산서로부터 성장률을 구하는 방법이 있다. 다음과 같은 공식으로 성장률을 구한다.

$$g_t = \frac{NI_t - NI_{t-1}}{NI_{t-1}} \qquad \text{(식 9-11)}$$

단, g_t = t 년도의 성장률

NI_t = t 년도의 순이익(NI: Net Income)

그런데, $(t-1)$ 시점에서 자기자본이익률(ROE: Return On Equity)은 순이익을 자기자본의 장부가치로 나누어 준 것이므로(즉, $ROE_{t-1} = NI_{t-1}/$ 자기자본장부가치$_{t-1}$), t 년도의 순이익은 $NI_t = ($ 자기자본의 장부가치$_{t-1} +$ 유보이익$_t) \times ROE_t$ 가 된다. 만일

---

1) '연평균성장률'은 현금흐름의 시간적 가치에서 현재가치를 구하는 공식을 이용하여 쉽게 계산할 수 있다. 예를 들어, 관심 있는 기간의 과거 최초의 배당이 D_0 이고, 현재의 배당이 D_n 이라면, 현재가치 공식에서, $D_n = D_0(1+r)^n$ 이 되는데, 여기서 D_0, D_n, n 을 알고 있으므로 쉽게 r 을 구할 수 있다. 이 r 이 바로 연평균성장률(g)이 된다.

매년도의 자기자본이익률이 변하지 않고 일정하다면, $ROE_t = ROE_{t-1} = ROE$ 가 된다. 따라서 (식 9-11)은 다음과 같이 표현할 수도 있다.

$$g_t = \frac{유보이익_{t-1}}{NI_{t-1}} \times ROE$$ (식 9-12)

$$= 유보율 \times ROE = b \times ROE$$

단, $g_t = t$ 년도의 성장률
    $b =$ 유보율

셋째, 분석가들이 성장률을 추정하는 방법이 있다. 이 경우 분석가들은 몇 가지 중요한 정보를 이용하는데, 예컨대 최종 손익계산서가 만들어진 이후에 공개된 기업 관련 정보, 미래성장률에 영향을 미치는 거시경제정보(GNP성장률, 시장금리, 물가상승률 등), 경쟁기업이 제공하는 미래예측정보(경쟁기업의 가격정보 등), 기업에 대한 사적 정보(최고경영자의 건강이나 능력 등), 순이익 이외의 공시정보(유보율, 매출액영업이익율, 총자산회전율 등) 등이 있다.

(2) 주식리스크

주식리스크를 측정하는 방법은 다양한데, 여기서는 시장모형을 중심으로 설명하고자 한다.

① 주식리스크의 종류

주식은 시장상황에 의해 영향을 받으며 기업 내부의 요인에 의해서도 영향을 받는다. 시장 전체 혹은 거시경제의 변화에 의해 모든 주식이 영향을 받아 가격이 변동하는 리스크를 '체계적 위험(systematic risk)'이라 하고, 기업 내부의 요인에 의해 주식 가격이 변동하는 것을 '비체계적 위험(unsystematic risk)'이라 한다. 투자이론에 따르면 비체계적 위험은 분산투자(diversification)로 거의 없앨 수 있지만, 체계적 위험은 분산투자로 줄일 수 없다. 그러나 체계적 위험을 헷지할 수 있는 방법으로 주가지수선물이나 주가지수옵션 등 파생상품이 있다. 파생상품에 적절한 포지션을 취함으로써 시장의 체계적 위험을 적절히 통제할 수 있다.

② 주식리스크 측정 방법

앞서 설명한 대로 주식리스크는 체계적 리스크와 비체계적 리스크로 구성되어 있는데 이들을 측정하는 대표적인 방법은 시장모형을 이용하는 것이다. 체계적 리스크는 베타(β)를 통해 측정할 수 있고, 비체계적 리스크는 보통 총위험에서 체계적 위험을 빼서 구한다. 이는 총위험은 체계적 위험과 비체계적 위험의 합이기 때문이며, 다른 한편으로는 총위험을 구하는 것이 상대적으로 쉽기 때문이다. 시장모형(market model)을 통해 각각의 위험의 크기를 측정하는 방법이 대표적인 주식리스크 측정방법인데 이는 다음과 같은 공식을 이용하여 구한다.

$$\text{시장모형: } R_j = \alpha + \beta_j R_M + \varepsilon_j$$
$$\Rightarrow \sigma_j^2 = \beta_j^2 \sigma_M^2 + \sigma_\varepsilon^2 \qquad \text{(식 9-13)}$$
$$\Rightarrow \text{총위험} = \text{체계적 위험} + \text{비체계적 위험}$$

단, R_j = 주식 j의 수익률

R_M = 시장전체의 수익률

β_j = 주식 j의 베타

σ_j^2 = 주식 j의 수익률의 분산(총위험)

σ_M^2 = 시장수익률의 분산

σ_ε^2 = 주식 j의 잔차 분산(비체계적 위험)

나. 채권리스크

(1) 채권의 가치평가

주식과 마찬가지로 채권의 이론적인 가치는 전통적인 현금흐름할인법(DCF)으로 평가할 수 있다. 채권평가에서 한 가지 중요한 특징 혹은 장점이 있다면 채권으로부터 발생하는 미래 현금흐름이 고정되어 있기 때문에 미래 현금흐름의 정확한 예측이 가능하다는 점이다. 그래서 채권을 '고정소득증권(fixed income security)'이라고 부르기도 한다.

① 채권의 정의

채권(bond)이란, 일반대중(투자자)으로부터 장기간에 걸쳐 거액의 자금을 조달하기 위하여 발행한 증권으로, 계약에 따라 일정한 표면이자(coupon)를 지급함과 동시에 일정기간 후에는 미리 정한 액면금액(face value)을 상환할 것을 약속한 유가증권이다.

② 채권의 종류

채권의 종류는 매우 다양하다. 여기서는 몇 가지 기준에 의해 분류된 대표적인 채권의 종류에 대해 살펴보기로 한다.

(i) 국·공채와 특수채

국·공채(government or public bond)와 특수채(special purpose bond)란, 국가나 지방자치단체가 재정적자를 보전할 목적이나 특정사업에 필요한 자금조달을 위해 발행하는 채권을 말한다. 우리나라에서 발행되는 주요 국·공채는 다시 국채와 지방채로 나눌 수 있으며 국채에는 국고채, 외평채 등이 있으며, 지방채에는 지하철공채, 도로공채 등이 있다. 한편, 특수채에는 크게 금융채와 공기업채권이 있고 금융채에는 산업금융채권, 주택금융채권, 통화안정채권 등이 있으며, 공기업채권에는 한전채, 토지개발채권 등이 있다. 이를 요약하면 <표 9-1>과 같다.

〈표 9-1〉

구분	분류	종류
국·공채	국채	국고채, 외평채, 국민주택채, 공공용지보상채
	지방채	지하철공채, 상수도공채, 도로공채
특수채	금융채	산업금융채, 주택금융채, 기술개발금융채, 중기금융채, 통화안정채
	공기업채권	한전채, 토지개발채, 주택공사채

(ii) 회사채

회사채(會社債 혹은 社債, corporate bond)란 회사(기업)가 발행하는 채권으로서 다음과 같이 다양한 사채가 존재한다.
　　-이자지급방법에 의한 분류: 순수할인채, 쿠폰부사채, 영구채
　　-상환방법에 의한 분류: 만기일시상환채, 수의상환채(callable bond), 정시분할상

환채, 감채기금채 등

- 담보와 보증에 의한 분류: 담보사채(secured bond), 무담보사채(debenture or unsecured bond)
- 옵션이 부가되어 있는 사채: 전환사채(CB), 신주인수권부사채(BW)
- 할인여부에 따른 분류: 할인채($c < r$), 액면채($c = r$), 할증채($c > r$)[2]

③ 채권의 가치평가 모형

채권의 가치를 평가하는 것은 주식과 원리가 같다. 다만 현금흐름이 고정되어 있어 평가가 용이하다는 장점이 있다. 주식의 가치를 평가할 때 현금흐름(배당)을 어떻게 예측하느냐에 따라 평가모형이 달라진 것과 마찬가지로 종류가 다른 채권의 현금흐름은 서로 다르기 때문에 대표적인 몇몇 가지 채권에 대한 가치평가를 소개하고자 한다.

채권의 가치평가를 위해서는 몇 가지 중요한 이자율의 개념을 알 필요가 있다.

첫째, 현물이자율(spot rate)이란 현재부터 미래의 어느 시점까지의 채권수익률을 말한다. 만기까지 n년이 남아있는 채권의 수익률을 n년 만기 현물이자율이라 한다.

둘째, 선도이자율(forward rate)이란 미래의 어느 시점부터 또 다른 미래의 어느 시점까지 적용될 미래 이자율을 말한다. 선도이자율은 무위험 차익거래의 개념을 이용하여 현물이자율로부터 유도할 수 있다.

셋째, 만기수익률(YTM: Yield To Maturity)이란 채권을 구입하여 만기까지 보유할 경우 얻을 수 있는 총 수익률(쿠폰수익률+자본이득)을 말한다. 채권의 현재가격을 현재가치(PV)로, 액면을 미래가치(FV)로, 남아있는 만기를 잔존만기로(T), 쿠폰을 일정 수익(PMT: Payment)으로 하고 구한 수익률이 바로 만기수익률이다.

(i) 쿠폰부 채권의 가치평가 모형

쿠폰부 채권(coupon bond)이란 쿠폰(표면이자)을 지급하는 채권을 말하는 것으로, 이러한 채권에서 발생하는 현금흐름은 두 가지로 구분된다. 하나는 매기마다 정기적으로 받는 표면이자(C)가 있고, 다른 하나는 만기에 일시에 받는 액면가(F)이다. 따라서 이 두 가지 현금흐름을 할인하여 채권의 현재가치를 구하면 다음과 같다.

---

2) c는 채권의 표면이자율로서 '표면이자/액면가'를 의미하며, r은 채권 만기수익률 혹은 할인율을 의미한다. 채권이 지급하는 표면이자가 수익률보다 높으면 수요가 늘어나 가격이 오르게 되어 할증채가 되며, 반대의 경우에는 수요자가 없으니 채권가격이 내려가야 수익률이 올라가게 되기에 할인채가 된다.

$$P_0 = \sum_{t=1}^{n} \frac{C}{(1+r)^t} + \frac{F}{(1+r)^n}$$

(식 9-14)

단, P_0 = 현재 채권가격,
C = 매기 표면이자,
r = 시장할인율,
F = 액면가격,
n = 만기

(ii) 순수할인채권의 가치평가 모형

순수할인채권(pure discount bond)이란 만기 이전에 매기간 정기적으로 지급되는 쿠폰이 없고 만기에 액면가만 돌려받는 채권을 말한다. 따라서 순수할인채권의 현재 가격은 돈의 시간적 가치의 원리에 의해 액면가 보다 작게 된다. 이러한 채권 중 가장 잘 알려진 것으로는 미국의 재무성 단기 채권인 T-bill이 있다. 특히 만기가 3개월인 T-bill의 가격은 거의 변동되지 않으므로 위험이 없다고 간주되며 따라서 T-bill의 수익률은 무위험이자율(R_f)로 흔히 사용된다.[3] 순수할인 채권의 가치를 평가하는 공식은 다음과 같다.

$$P_0 = \frac{F}{(1+r)^n}$$

(식 9-15)

(iii) 영구채권의 가치평가 모형

영구채권(perpetual bond)이란 만기가 영원하고 매기간 쿠폰을 지급하는 채권을 말한다.[4] 만기가 영원(무한대, ∞)하므로 액면가는 받을 수 없고 유일한 현금흐름은 매기간 받는 쿠폰(표면이자)뿐이다. 따라서 영구채권의 가치를 평가하는 모형은 재무관리에서 배우는 영구기금(perpetuity) 공식과 동일하며, 다음 식과 같다.

---

3) 미국 재무성이 발행하는 국채는 만기에 따라 크게 세 가지로 구분된다. 만기 1년 이하의 단기채권인 T-bill, 만기가 1년 이상 10년 이하의 중기채권인 T-note, 그리고 만기가 10년 이상 장기채권인 T-bond가 있다. T-bill은 순수할인채권이고, T-note와 T-bond는 쿠폰부 채권이다.

4) 미국에서는 영구채권을 perpetual bond라 하지만, 영국에서는 consol이라 한다. 미국과 영국이 때로 서로 다른 금융용어를 사용하는 경우가 있는데 영구채권이 대표적이다. 또 다른 예로서 주주(株主)를 미국에서는 stockholder로, 영국에서는 shareholder라 한다.

$$P_0 = \frac{C}{r} \qquad \text{(식 9-16)}$$

(2) 금리리스크: 듀레이션과 컨벡시티

앞에서 배운 바와 같이 주식의 경우 리스크는 주로 베타(β)로 측정한다. 주식의 베타에 해당되는 것이 채권에서는 듀레이션이다. 주식의 베타는 시장수익률이 한 단위 변할 때 짧은 시간 안에 주식 수익률이 얼마나 변하는지를 측정하는 시장민감도(market sensitivity)이고, 채권의 듀레이션은 시장금리가 한 단위 증가할 때 짧은 시간 안에 채권가격이 얼마나 변하는지를 측정하는 시장금리민감도(market interest－rate sensitivity)이다. 따라서 베타와 듀레이션 모두 시장에 얼마나 민감하게 변하는가를 측정하는 리스크이고, 이는 수학에서 말하는 1차 미분의 개념과 같다.

한편, 컨벡시티는 채권공식에서 곡선의 정도(曲率: degree of curvature)를 의미하는데, 곡률의 정도에 따라 듀레이션만으로는 채권의 리스크를 완전하게 측정할 수 없으므로 컨벡시티를 함께 고려해야 한다. 따라서 듀레이션과 컨벡시티는 채권의 리스크를 평가하는 데 매우 중요한 개념이며, 여기서 상세히 다루고자 한다.

참고로, 시장에서 금리의 변동에 가장 민감한 증권 중의 하나가 채권이고 채권은 기업의 입장에서 가장 중요한 자본조달 수단이기도 하다. 따라서 듀레이션과 컨벡시티는 '금리리스크'에서 매우 중요한 부분이라 하겠다.

① 듀레이션

(i) 듀레이션의 개념

1938년 Macaulay가 채권분석에 이용하기 위해 듀레이션(duration)의 개념을 처음으로 도입하였다. 듀레이션이란, 채권의 만기를 현금흐름의 가중치를 이용하여 구한 것으로 채권에 투자된 자금의 '평균회수기간'을 의미한다. 따라서 듀레이션은 다음과 같이 해석할 수 있다. 듀레이션이 길수록 채권의 위험이 크고, 듀레이션이 짧을수록 채권의 위험이 작다.

(ii) 듀레이션의 계산방법

듀레이션을 구하는 방법에는 크게 두 가지가 있는데, 하나는 공식을 이용하는 방법이고 다른 하나는 미분을 이용하는 방법이다.

(ㄱ) 공식에 의한 방법

다음과 같은 공식을 이용하여 듀레이션을 구할 수 있다.

$$D = \sum_{t=1}^{n} (w_t \times t)$$

(식 9-17)

$$w_t = \frac{[C_t / (1+r)^t]}{P}$$

$$\sum_{t=1}^{n} w_t = 1$$

단, $D =$ Macaulay duration
$w_t = t$시점의 가중치
$r =$ 할인율(만기수익률=YTM)
$P =$ 채권의 현재가격
$n =$ 채권의 만기
$C_t = t$기의 현금흐름=쿠폰(C), if $t < T$
$\qquad\qquad\quad =$쿠폰(C)+액면가(FV), if $t = T$.

(ㄴ) 미분에 의한 방법

대부분의 채권의 경우 위의 (식 9-17)과 같은 공식으로 듀레이션을 구할 수 있으나, 만기가 매우 길거나, 채권공식을 알고 있을 때는 미분을 이용하는 것이 훨씬 편리하다. 특별히 만기가 무한대인 영구채의 경우 (식 9-17)로 듀레이션을 구하는 것이 불가능하므로 반드시 미분법을 사용해야 한다. 미분법은 다음과 같은 수학적인 미분으로 듀레이션을 구하는 것을 말한다.

$$\frac{dP}{dr} = (-)\frac{D}{(1+r)}P$$

(식 9-18)

단, $D =$ duration,
$r =$ 할인율,
$P =$ 채권의 현재가격

위의 (식 9-18)를 이용하여 듀레이션을 구하는 방법을 간단히 설명하면, 우선 채권가치를 평가하는 공식들(즉, (식 9-14), (식 9-15), (식 9-16))에서 채권가격을 r에 대해 미분한다. 다음, 미분한 결과를 잘 정리하였을 때 우변에서 $(-)$를 제외하고 남은 부분이 바로 듀레이션(D)이 되는 것이다.

(iii) 듀레이션의 성질
듀레이션의 성질을 요약하면 다음과 같다.

(ㄱ) $0 \leq D \leq n$ (채권의 만기)

(ㄴ) n과 듀레이션은 정비례($+$)한다.

(ㄷ) C(표면이자)와 듀레이션은 반비례($-$)한다.

(ㄹ) r(할인율)과 듀레이션은 반비례($-$)한다.

(ㅁ) 표면이자(coupon)의 연간지급횟수와 듀레이션은 반비례($-$)한다.

(ㅂ) 무이표채의 $D = n$, 영구채의 $D = \dfrac{1+r}{r}$이다.

(iv) 수정 듀레이션
수정 듀레이션(MD: Modified Duration)이란, 할인율변동(dr)에 따른 채권가격의 변동률(dP/P)로서 Macaulay 듀레이션을 다음과 같이 조정한 것이다.

$$MD = \frac{D}{1+r} = (-)\frac{\dfrac{dP}{P}}{dr}$$

(식 9-19)

(식 9-18)과 (식 9-19)를 동시에 고려하면, $\dfrac{dP}{dr} = (-) \times MD$를 유도할 수 있으며, 이는 채권가격($P$)을 시장할인율($r$)로 미분하면 $[(-)$수정 듀레이션$\times$채권가격$]$이 됨을 의미한다.

(v) 실효 듀레이션
실효 듀레이션(ED: Effective Duration)이란, 수정 듀레이션과 유사한 개념으로서 현재 시장자료를 이용하여 결정한다는 특징이 있다. 실효 듀레이션은 '유효 듀레이션'

혹은 '실질 듀레이션'이라고도 하며, D^E로 표시한다. 채권가격공식을 모를 때 매우 유용하며 다음과 같이 계산한다.

$$D^E = \frac{P_u - P_d}{2P\Delta r}$$ (식 9-20)

    단, D^E= 실효 듀레이션
        P_u= 금리가 Δr 하락 시 상승채권가격
        P_d= 금리가 Δr 상승 시 하락채권가격
        P= 금리변동 전 채권가격

(vi) 종합 듀레이션

종합 듀레이션(portfolio duration)이란, 투자자가 여러 개의 채권에 분산투자할 때, 그 채권 전체의 듀레이션을 말한다. 이는 포트폴리오이론에서 투자가중치를 이용한 포트폴리오 전체수익률을 구하는 방법과 동일하며, 따라서 '포트폴리오 듀레이션'이라 부를 수 있다. 종합 듀레이션은 다음과 같은 공식에 의해 구할 수 있다.

$$D_P = \sum_{i=1}^{N} x_i D_i$$ (식 9-21)

    단, D_P= 종합 듀레이션
        N= 포트폴리오에 포함된 채권 수
        x_i = 채권 i에 투자된 비중(가중치)
        D_i = 채권 i의 듀레이션

(vii) 듀레이션 갭

듀레이션 갭(duration gap)이란, 금리변동에 민감한 자산과 부채의 차이를 분석하여 수익을 관리하는 기법이다. 두 가지 방법이 있는데, 하나는 금리감응 갭이고, 다른 하나는 듀레이션 갭이다.

(ㄱ) 금리감응 갭

금리감응 갭은 다음과 같이 정의된다.

금리감응 갭= $RSA - RSL$

단, RSA = 금리민감자산(rate sensitive asset),
RSL = 금리민감부채(rate sensitive liability)

만일 갭이 0보다 크면, 금리가 상승할 때 순이자 수익은 증가하고, 금리가 하락하면 수익이 감소함을 의미한다. 갭이 0보다 작으면 반대로 해석할 수 있다. 따라서 이자수익의 변화는 $(RSA - RSL)\Delta r$ 로 계산할 수 있다.

(ㄴ) 금리감응 갭비율

갭비율은 다음과 같이 정의된다.

갭비율= RSA / RSL

갭비율의 해석은 비율이 1보다 큰가, 작은가에 따라 갭분석처럼 하면 된다.

(ㄷ) 금리감응 갭을 이용한 금리리스크 관리

금리예측에 따라 갭의 크기를 조정하는 전략을 수립한다. 예를 들어, 리스크 관리 대상기간 중 금리의 상승이 예상되면 RSA를 증가시키거나 RSL을 감소시켜 갭이 커지도록 한다. 즉, 자산을 단기적으로 운영하고 부채를 장기적으로 조달하거나, 자산을 변동금리로 운영하고 부채를 고정금리로 조달하는 전략을 취한다. 금리의 하락이 예상되면 반대의 전략을 취하면 된다.

그러나 이러한 분석의 단점도 있다. 즉, 주로 단기자산과 부채항목을 대상으로 이자소득의 변화를 분석하는 금리감응 갭법은 임의적으로 기간을 설정하여 분석이 이루어지며, 금리변동에 따른 가격변동 효과를 무시하고 이자소득효과만을 중시한다는 문제점이 있다.

(ㄹ) 듀레이션 갭

듀레이션 갭은 다음과 같이 듀레이션을 이용하여 자본가치의 변화를 중점 분석한다. 금리변화를 예측, 상승의 경우 부채의 듀레이션은 길게 하고 자산의 듀레이션은 짧게 하는 전략을 취한다. 듀레이션 갭은 다음과 같이 구한다.

$$\Delta V_K = [V_L D_L - V_A D_A] \frac{\Delta r}{(1+r)}$$

(식 9-22)

단, D_L = 부채 듀레이션
D_A = 자산 듀레이션
r = 이자율
V_L = 부채가치
V_A = 자산가치
V_K = 자본가치

㈐ 듀레이션 갭을 이용한 금리리스크 관리

듀레이션 갭법은 듀레이션을 이용하여 금리변화에 따른 자산과 부채의 시장가격 변화에 중점을 둔다. 따라서 듀레이션 갭법을 활용함에 있어서는 예상금리의 변화에 따른 듀레이션 갭의 크기를 조정하는 전략을 수립한다. 예를 들어, 금리의 상승이 예상되는 경우 자산의 듀레이션을 짧게 하거나, 부채의 듀레이션을 길게 하는 전략을 활용한다. 즉, 장기자산을 단기자산으로 대체하고 단기부채를 장기부채로 대체하거나, 자산의 원리금을 조기에 회수하고 부채의 원리금 지급을 지연시키는 전략이 필요하다. 금리가 하락하는 경우에는 반대의 전략을 사용하면 된다.

② 컨벡시티

(i) 컨벡시티의 개념

컨벡시티(convexity)란, 채권가격이 수익률(할인율)의 함수로서 원점을 중심으로 볼록한(convex) 모양을 갖기 때문에 생기는 '채권가격의 볼록성'을 의미한다. 예를 들어, 함수 $y = -x^2 + 2x + 3$ 은 원점에 대하여 볼록한 함수이고 따라서 볼록성을 갖는다. 컨벡시티의 개념을 그래프로 표시하면 다음 [그림 9-2]와 같다.

[그림 9-2]에서 듀레이션으로 가격변동을 측정할 경우 시장금리가 r_0에서 r_1으로 상승하면 가격은 P_0에서 P_1'로 하락해야 하나, 실제로는 P_1까지만 하락하는데 이때 $(P_1 - P_1')$가 컨벡시티이다. 금리가 하락할 때도 마찬가지이다.

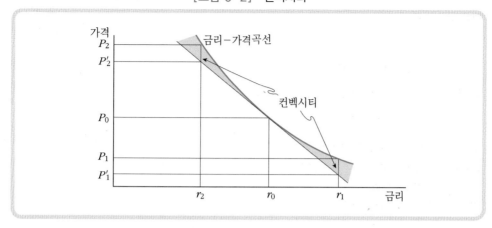

[그림 9-2] 컨벡시티

(ii) 컨벡시티의 필요성

금리가 조금 변하면 듀레이션을 가지고도 채권의 위험을 측정할 수 있으나, 금리 변동이 큰 경우에는 컨벡시티를 포함해야 정확하게 채권가격의 변동을 측정할 수 있다. 다음과 같이 채권가격에 대한 Taylor 공식을 보면 이 점을 쉽게 이해할 수 있다.

$$f(r_1) = f(r_0) + \frac{df(r_0)}{dr} \Delta r + \frac{1}{2} \frac{d^2 f(r_0)}{dr^2} \Delta r^2 + \cdots \qquad \text{(식 9-23)}$$

(식 9-23)에서 Δr 이 작지 않으면 $(\Delta r)^2$ 을 무시할 수 없다. 즉, 컨벡시티를 표시하는 2차 미분항을 포함시켜야 금리변동(Δr)에 따른 채권가격의 변화($\Delta f = f(r_1) - f(r_0)$)를 정확하게 측정할 수 있는 것이다.

(iii) 컨벡시티의 측정

컨벡시티는 다음과 같이 공식을 이용하여 측정할 수도 있고 미분을 이용하여 측정할 수도 있다. 한 가지 주의해야 할 것은 듀레이션의 단위는 년(年, t)이지만 컨벡시티의 단위는 년의 제곱(t^2)으로 표시해야 한다는 점이다.

㈀ 공식을 이용하는 경우

컨벡시티를 측정하는 공식은 다음과 같다.

$$C = \sum_{i=1}^{n} \left[\frac{t(t+1)}{(1+r)^2} \times w_t \right]$$

(식 9-24)

단, w_t = 듀레이션의 가중치와 동일

(ㄴ) 미분을 이용하는 경우

미분을 이용하여 컨벡시티를 구하는 방법은 다음과 같다.

$$\frac{d^2 P}{dr^2} = C \times P$$

(식 9-25)

즉, (식 9-25)에서 보는 바와 같이 채권가격 P를 할인율 r로 두 번 미분한 후 우변을 정리하였을 때 P를 제외한 나머지 부분이 컨벡시티가 된다.

(iv) 실효 컨벡시티의 개념과 측정

실효(유효) 컨벡시티(EC: effective convexity)란, 시장수익률 변동에 따른 듀레이션의 변동률이며, 실효 듀레이션처럼 시장 자료를 가지고 다음과 같이 계산한다.

$$C^E = \frac{D_u^* - D_d^*}{\Delta r} + \frac{\left[\dfrac{P_u - P_0}{P \Delta r} - \dfrac{P_0 - P_d}{P \Delta r} \right]}{\Delta r}$$

(식 9-26)

단, C^E = 실효 컨벡시티
Δr = 할인율 변동
D^* = 수정 듀레이션
P = 현재 채권가격
u = 채권가격 상승 표시
d = 채권가격 하락 표시

(v) Taylor Series를 이용한 채권가격 변동의 측정

(ㄱ) 금리변동폭이 작을 경우

금리변동폭이 무시할 수 있을 정도로 작으면 컨벡시티 없이 듀레이션만으로 다음과 같이 채권가격의 변동폭 추정이 가능하다.

$$P(r_1) \cong P(r_0) + \frac{dP(r_0)}{dr}\Delta r = P(r_0) - P_0 \times MD \times \Delta r \qquad \text{(식 9-27)}$$

(ㄴ) 금리변동폭이 작지 않을 경우

금리변동폭이 무시할 수 있을 정도로 작지 않으면 듀레이션과 컨벡시티를 모두 사용하여 다음과 같이 채권가격 변동폭을 추정할 수 있다.[5]

$$P(r_1) \cong P(r_0) + \frac{dP(r_0)}{dr}\Delta r + \frac{1}{2}\frac{d^2 P(r_0)}{dr^2}\Delta r^2 \qquad \text{(식 9-28)}$$

$$= P(r_0) - P_0 MD\Delta r + \frac{1}{2}CP_0 \Delta r^2$$

다. 보험리스크

(1) 보험의 정의와 특성

① 보험의 정의

보험(insurance)이란 장래 어떤 손실이 발생할 경우 그 손실을 회복하는 데 드는 비용을 같은 종류의 리스크에 직면한 여러 사람들이 공동으로 부담하는 제도적 장치이다. 즉, 위험에 처한 당사자가 장래 발생할 수 있는 손실 위험을 일정한 대가를 지불하고 제3자 또는 보험회사에 전가하는 계약을 말한다.

보험의 목적은 불확실한 손실에 의한 경제적 부담을 줄이고자 하는 것이다. 또한 보험은 대규모의 불확실한 손실의 위험을 타인에게 전가하거나 타인과 공유하기 위한 수단을 제공한다. 한 가지 유의할 것은, 보험자체는 손실을 방지해 주는 역할을 하는 것은 아니라는 사실이다. 즉, 보험은 손실이 발생할 경우 손실을 회복할 자금을 제공해 줄 뿐이지 손실 그 자체를 막아주는 장치는 아니라는 것이다. 리스크 관리와 보험의 차이점이다.

참고로 미국 리스크 관리 및 보험학회에서 규정한 보험의 정의는 다음과 같다.

---

5) 금리변동이 어느 정도 되어야 무시할 수 있을 정도로 작은 것인지를 결정하는 절대적인 기준은 없으나, 실무에서는 1bp(=0.01%)를 기준으로 사용하기도 한다.

"보험이란 손실이 발생한 경우에 손실을 보상하거나, 다른 금전적인 대가를 제공하거나, 혹은 리스크와 관련된 서비스를 제공하기로 약정을 한 보험자에게 그와 같은 리스크를 전가함으로써 계약자의 예상치 못한 손실을 집단화 하는 것이다(Insurance is the pooling of fortuitous losses by transfer of such risk to insurers who agree to indemnify insureds for losses, to provide other pecuniary benefits on their occur−rences, or to render services connected to the risk)."

② 보험의 특성

보험의 주요 특성을 요약하면 다음과 같다.

(i) 예상치 못한 손실의 집단화

여기서 예상치 못한 손실(fortuitous loss)이란 보험계약자나 피보험자의 입장에서 전혀 예상할 수 없었던 불의의 손실을 의미하며 보험계약자나 피보험자의 고의적인 손실은 보상할 필요가 없다는 의미이다. 따라서 보험계약자나 피보험자의 입장에서 고의적이지 않은 손실은 모두 보상된다고 할 수 있다.

한편, 손실의 집단화(the pooling of losses)란 손실을 한군데로 모음으로써 개별위험을 손실집단(그룹)으로 전환시킴을 의미한다. 리스크를 집단화하기 전에는 각자가 개별 리스크에 대하여 책임을 져야 하지만 손실을 한군데로 모음으로써 개별적 리스크의 의미는 퇴색하고 개인이 부담하여야 하는 실제 손실은 위험그룹의 평균손실로 대체된다. 예를 들어, 주택가격이 1억원인 단독주택 1,000채가 모여있는 마을의 경우, 1년 동안 평균 1건의 화재가 발생한다고 하면 1년간 이 마을의 화재로 인한 총 손실은 1억원이다. 만약 보험이 없었다면 누군가가 확실한 1억원의 손실을 부담해야 하지만, 보험이 있으면 가구당 10만원만 확정비용(보험금)이 된다. 즉, 보험을 통하여 불확실한 손실이 확정손실로 전환된 것이다.

손실을 집단화할 경우 중요한 것은 발생빈도와 평균손실의 규모에 있어 동종의 손실이거나 그와 비슷한 손실이어야 한다는 것이다. 그 이유는 보험료 책정이나 보상 측면에서 동일한 기준을 적용해야 하므로 발생빈도나 평균손실규모가 다른 종류의 손실을 집단화하는 경우 많은 문제점이 발생하게 된다.

이러한 예상치 못한 손실의 집단화를 통해 보험제도는 사회 전체의 불확실성, 즉 리스크의 감소를 가져온다.

(ii) 리스크의 분담

리스크의 분담(risk sharing)이란 앞서 설명한 리스크의 집단화를 통해 리스크를 서로 나누어 부담한다는 것을 의미한다. 리스크의 분산은 개별적으로 부담하기 힘든 손실을 서로 나누어 분담함으로써 손실로부터의 회복을 보다 용이하게 해준다. 이러한 상호 부조관계가 당사자간의 자율적인 시장거래를 통해 이루어진다는 점이 보험의 중요한 특성의 하나인 것이다.

(iii) 리스크의 전가

리스크의 전가(risk transfer)란 계약을 통해 재정적으로 능력이 취약한 개인이나 조직이 재정능력이 큰 보험기관에 개인의 리스크를 적은 비용으로 전가시킨다는 것을 의미한다. 특히 손실의 빈도는 작지만 손실의 규모가 커서 스스로 부담하기 어려운 리스크를 보험회사에 전가함으로써 개인이나 기업이 리스크에 대하여 보다 효과적으로 대응할 수 있게 해주는 사회적 장치이다. 전가의 직접당사자는 보험계약자와 보험회사이지만 실질적으로는 리스크의 집단화를 통해 개인에서 그룹으로의 리스크 전가가 이루어진다.

(iv) 실제 손실에 대한 보상

실제 손실에 대한 보상(indemnification: 實損補償)이란 보험회사가 보상하는 손실의 보상은 실제로 발생한 손실을 원상회복하거나 교체할 수 있는 금액으로 한정되며 보험보상을 통해 이익을 볼 수 없다는 것을 의미한다. 이는 보험사기 행위와 같은 도덕적 해이(moral hazard)[6]를 줄이고자 도입된 장치이다. 다른 한편으로 보험으로 보상을 받으려면 손실이 현재의 화폐가치 또는 실제 현금가치(actual cash value)[7]로 환산할 수 있어야 함을 의미한다.

---

6) 도덕적 해이: 정보의 비대칭 때문에 생기는 현상으로 다른 사람의 비용으로 자신의 이익을 추구하는 것을 말한다. 보험의 경우 보험계약자가 보험보상을 믿고 사고예방에 주의를 기울이지 않아서 생기는 보험회사의 손실을 의미하기도 하며, 국민의 세금을 운영하는 공무원이 국민을 위해 세금을 쓰지 않고 자신의 사익을 추구하는 것도 도덕적 해이의 한 예이다.
7) 실제현금가치: 전통적으로 실제현금가치는 미국의 뉴잉글랜드주 혹은 뉴욕주의 화재보험에서 규정하고 있는 것으로, 다음의 세 가지 원칙을 적용하여 계산한다. 첫째, 최대로 계산한 가치, 둘째, 손실이 발생된 시점에서 확정할 것, 셋째, 수리비용이나 교체비용을 초과하지 말 것 등이다.

(v) 대수의 법칙

대수의 법칙(the law of large number)이란 표본이 클수록 결과가 예측된 확률에 더 가까워진다는 통계학의 이론이다. 이를 이용하면 보험가입자가 많아질수록 보험가입자가 손실을 당할 확률을 더 정확히 예측할 수 있다. 대수의 법칙을 활용함으로써 보험회사는 보험경영의 불확실성을 감소시킬 수 있고 이에 따라 보험제도의 건전한 운영이 가능해 진다.

(2) 보험 가능 리스크의 요건

보험으로 전가가 가능한 리스크는 일차적으로 순수 리스크라야 하지만 순수 리스크라 해서 모두 보험이 가능한 리스크는 아니다. 보험이 가능한 리스크가 되기 위해서는 기본적으로 아래서 설명하는 요건들을 만족해야 한다. 그러나 일부 보험종목은 제한적이긴 하지만 일부 투기 리스크에 대해서도 보험상품이 존재하기도 한다. 주요 요건을 정리하면 다음과 같다.

① 다수의 동질적 리스크

다수의 동질적 리스크란 같은 리스크에 노출된 사람이나 재산의 수가 충분하여야 한다는 것이다. 이는 집단화를 가능하게 하는 조건이다. 즉, 리스크의 속성(발생빈도나 규모)이 유사하거나 같으며, 손실발생이 서로 관련되어 있지 않은 독립적인 리스크가 다수 존재해야 대수의 법칙을 이용하여 손실을 예측할 수 있으며 또한 보험료도 계산할 수 있다. 여기서 손실발생이 '독립적'이라는 말은 하나의 발생손실이 또 다른 손실에 원인을 제공하지 않아야 한다는 것이다.

대부분의 순수 리스크가 이 요건을 충족하지만 이 요건을 충족하지 못하는 사례도 있다. 예를 들어, 인공위성의 발사, 아주 특수한 공장이나 독특한 구조물 등이 있는데 이러한 예외적인 재보험(reinsurance)을 통해 보험을 가입하여 전 세계적으로 유사한 리스크를 집단화 할 수 있다.[8]

② 우연한 손실

우연한 손실이란 보험이 가능하려면 발생손실이 인위적이거나 의도가 개입되지

---

8) 재보험: 보험회사가 인수한 대형 위험의 일부 또는 전부를 다른 보험사에게 전가하여 보험사업의 안정화를 도모하는 보험을 말한다.

않은 순수하게 우연적인 것이어야 한다는 것이다. 즉, 보험계약자의 고의나 사기의도가 개입될 여지가 없어 통제가 불가능하며 손실발생이 불확실한 위험만 보험이 가능하다는 것이다.

③ 한정적 손실

한정적 손실이란 피해의 원인이나 시간, 장소, 피해의 정도를 분명히 식별하고 측정할 수 있어야 한다는 것이다. 그래야 보험료를 계산할 수 있기 때문이다.

④ 비재난적 손해

손실의 규모가 재난적일 만큼 과도하여 보험회사의 능력으로 도저히 보상을 할 수 없을 정도의 리스크는 보험회사가 인수할 수 없다. 천재지변에 의한 손실 등이 이에 해당한다. 그러나 사회적 필요성에 의해 이러한 재난적인 손해도 보험회사가 인수할 수 있다. 이 경우 국가가 직접 보험사업을 운영하거나 민간 보험회사에 대해 보조금을 지급하기도 한다.

⑤ 확률의 계산

손실발생의 가능성, 즉 손실발생확률을 측정할 수 있는 리스크이어야 한다는 것이다. 장래 발생할 손실발생 빈도나 손실규모에 대한 분포를 추정할 수 없으면 보험료의 계산이 불가능하므로 보험의 성립이 원초적으로 불가능하다. 투기리스크에 대한 보험상품이 존재하기 어려운 이유도 바로 손실에 대한 예측이 어렵기 때문이다.

⑥ 경제적으로 부담이 가능한 보험료

확률추정이 가능하여 보험료의 계산이 가능하다 하더라도 보험료의 수준이 지나치게 높지 않아야 한다는 것이다. 사람들이 부담할 수 있는 정도의 보험료가 안되면 보험을 가입하고 싶어도 가입할 수 없기 때문이다. 따라서 보험이 가능한 리스크가 되려면 손실발생의 가능성이 상대적으로 낮아서 보험료가 지나치게 높지 않아야 한다.

(3) 보험 대상 리스크의 종류

보험의 대상이 될 수 있는 리스크는 매우 많다. 그러한 리스크들을 분류하면 인적 리스크, 재산 리스크, 배상책임 리스크 등으로 구분된다. 이를 좀 더 상세히 설명하면 다음과 같다.

① 인적 리스크

인적 리스크(personal risk)란 인간의 생명 또는 건강과 관련하여 발생하는 손실의 불확실성을 말한다. 인적 리스크의 주요 원인은 조기 사망, 질병 및 상해, 그리고 노령화 등이다. 인적 리스크를 대상으로 하는 보험제도는 이러한 원인들에 의하여 발생하는 손실의 불확실성을 감소시킴으로써 인간의 경제적 가치를 보존하여 경제안정을 유지시키는 기능을 수행한다. 인적 리스크를 대상으로 하는 대표적 보험제도는 생명보험, 건강보험, 그리고 연금제도이다. 이러한 보험들을 총체적으로 '인보험'이라 한다.

② 재산 리스크

재산 리스크(property risk)란 물리적 자산에 발생하는 불확실성을 말한다. 우리가 소유하거나 사용하는 재산은 여러 가지 원인에 의하여 파괴 또는 손상될 수 있다. 재산의 종류는 너무 많아서 다 열거하기 힘들지만, 대표적인 예를 들자면 건물, 기계시설, 상품, 자동차, 선박, 비행기 등의 운송도구, 기타 각종 가재도구, 원료, 원자재 등이 있다.

재산 리스크에 따른 손실은 직접 손실 및 간접 손실로 구분할 수 있다. 직접 손실이란 재산의 직접적 파손에 따른 경제적 손실을 말하고, 간접 손실은 재산에 발생한 직접적 손실과 관련하여 초래되는 손실을 말한다. 재산 리스크에 있어서 직접 손실과 간접 손실은 모두 중요하며 재산 리스크를 대상으로 하는 재산보험의 분야는 두 가지 형태의 손실을 모두 담보하고 있다. 재산 리스크에 대한 보험제도는 그 역사가 가장 오래 되었을 뿐만 아니라 종류가 제일 다양하다고 할 수 있다. 재산보험의 대표적 제도는 화재보험, 해상보험, 항공보험, 기계기관보험, 도난보험, 자동차보험, 내륙운송보험 등이 있다. 재산보험은 배상책임보험과 함께 손해보험의 핵심을 이루고 있다.

③ 배상책임 리스크

배상책임 리스크(liability risk)란 과실행위를 비롯한 법률적 부정행위로 인하여 제3자에게 가해진 인적·물적 손실에 대한 배상책임에 따라 발생하는 손실의 불확실성을 말한다. 제3자에게 배상책임을 져야 할 상황은 다양하게 나타난다. 예를 들어, 자동차 사용 중에 제3자에게 입힌 인적·물적 손실에 대하여 배상할 책임이 발생하는 경우가 있다.

배상책임 리스크는 법치국가에서 언제든지 존재하는 것이며 법에 의한 손실보상에 대한 의식이 점증하는 현대사회에서 이러한 리스크는 더욱 중요성이 커지고 있다. 배상책임에 따른 경제적 손실의 규모가 점차로 증대하기 때문에 이 리스크에 대한 관리의 필요성과 중요성은 아무리 강조해도 지나치지 않다.

배상책임 리스크를 담보하기 위한 보험제도는 매우 다양하다. 예를 들어, 개인 또는 기업이 사업을 하는 과정에서 발생하는 배상책임을 담보하기 위한 사업배상책임보험의 종류에는 고용자배상책임보험, 소유자 및 임차인의 배상책임보험, 제품 및 서비스배상책임보험, 포괄책임보험 등이 있다.

라. 파생상품리스크

(1) 파생상품의 개념과 종류

① 파생상품의 개념

파생상품(derivatives)이란, 스스로는 가치를 가질 수 없고 다른 자산(주식, 채권, 외환 등)으로부터 파생된 상품이며, 기초자산의 가격에 의해 파생상품의 가격은 결정된다. 대표적인 파생상품으로는 선도(forward), 선물(futures), 옵션(option), 그리고 스왑(swap) 등이 있다. 파생상품의 모든 가치의 합은 항상 0이다.

② 선물과 스왑, 옵션의 가격결정

(i) 선물가격결정 원리

선물가격을 결정하는 가장 일반적인 방법은 시장에 아비트라지기회(arbitrage opportunity)가 없다고 가정하고 균형가격을 구하는 무차익거래모형(no arbitrage model)이다.

(ii) 선물가격결정모형

차익거래기회가 없다면(no arbitrage), 선물과 현물 사이에 다음과 같은 관계식이 성립하는데 이를 '보유비용모형(cost of carry model)'이라 한다.

선물가격＝미래(만기시점)의 현물가격　　　　　　　　　　　　　　　(식 9-29)
　　　　＝현물 현재가격＋현물의 만기시까지 보유비용

　　이는 직관적으로 비교해 보면 돈의 시간적 가치와 유사하다. 즉, 미래가치(FV)＝
현재가치(PV)＋이자(Interest)이므로, $FV = PV +$ Interest가 되며, 이는 미래의 현물
가격인 선물가격공식과 논리적으로 같은 것이다. (식 9-29)에서 대표적인 보유비용
에는 국내이자율(r), 창고보관비용(u), 외국이자율(r_f), 보유편익(y), 배당수익(q) 등
이 있다. 보유편익(convenience yield)은 주로 소비재인 상품(commodity)에서 발생하는
것으로서 자연재해 등으로 인한 급격한 공급부족으로 가격이 급등함으로 인해 생기
는 추가 수익을 말한다. 대표적인 보유비용 다섯 가지는 기초자산의 성격에 따라 하
나만 발생할 수도 있고 여러 개가 동시에 발생할 수도 있으므로 기초자산의 성격에
따라 적용되는 보유비용이 달라진다.

(iii) 선물가격결정 공식
　　보유비용모형을 이용한 선물가격결정 공식은 아래와 같다.

㈀ 이산복리 선물가격
　　이자계산을 이산복리(discrete compounding)로 할 경우 선물가격결정 공식은 다음
과 같다.

$$F_t = S_t (1+c)^{(T-t)}$$　　　　　　　　　　　　　　　　　　　(식 9-30)

　　　단, F_t = 현재 선물가격
　　　　　S_t = 현재 현물가격
　　　　　t = 현재시점
　　　　　c = 만기까지 보유비용 = $(r+u) - (r_f + y + q)$
　　　　　T = 선물만기
　　　　　r = 이자율
　　　　　u = 보관비용
　　　　　r_f = 외국이자율
　　　　　y = 보유편익
　　　　　q = 배당률

(ㄴ) 연속복리 선물가격

이자계산을 연속복리(continuous compounding)로 할 경우 선물가격결정 공식은 다음과 같다.

$$F_t = S_t e^{c(T-t)}$$

(식 9-31)

참고로 선물과 선도는 개념이나 거래 방법상 거의 같은 파생상품이다. 그러나 몇

⟨표 9-2⟩ 선물과 선도의 차이

구분	선물	선도
거래장소	법에 의해 설립된 거래소	장외시장(OTC)
거래조건	거래단위, 품질 등이 표준화 됨	거래당사자간 합의, 비표준화
참가자	불특정 다수	한정된 실수요자 중심
규제	선물거래규정에 의해 거래소가 규제	거래 당사자간 자율규제
시장성격	완전경쟁시장	불완전 경쟁시장
가격형성	경쟁호가, 매일 공시	계약 시 단 한번 형성
양도	반대거래로 양도 가능	양도 불가능
보증	청산소가 보증, 신용위험 거의 없음	보증이 없음, 당사자간 신용이 중요
증거금	납부 의무	납부의무 없음, 합의로 납부 가능
중도청산	반대매매로 쉽게 청산 가능	불가능
결제일자	표준화된 일자	쌍방 합의된 일자

[그림 9-3] 선물의 포지션별 이득(payoff)

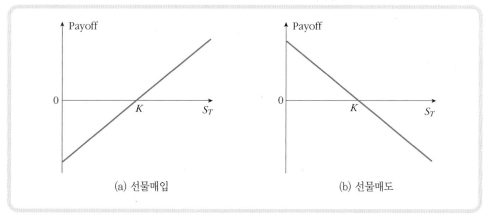

가지 부분에서 차이가 있는데 예를 들어, 선도는 장외시장에서 주로 거래되는 반면, 선물은 거래소 시장에서 거래된다. 선도는 실수요자들의 필요에 의해 상품의 거래조건이 당사자에 의해 결정되나, 선물은 주로 투자 목적으로 거래되므로 상품이 표준화되어 있다. 그 외에 몇 가지 차이점이 있는데 이를 요약하면 다음 <표 9-2>와 같다. [그림 9-3]의 (a)는 매입선물의 이득을, (b)는 매도선물의 이득을 표시한다.

(iv) 스왑가격의 결정

(ㄱ) 스왑계약의 정의

스왑(swap)계약이란, 두 거래당사자가 일정조건으로 금리, 외환 등을 상호만기에 교환하는 계약으로서, 통상 장외시장에서 거래된다.

(ㄴ) 스왑계약의 대표적인 종류

스왑에는 대표적으로 두 가지가 있다. 첫째, 금리스왑으로서 고정금리와 변동금리 교환하는 계약이다. 통상 원금은 교환하지 않고 이자의 차액만 교환하는데 이를 네팅(netting)이라고 한다. 둘째, 통화스왑으로서 자국통화와 외국통화를 교환하는 계약이다.

(ㄷ) 스왑계약 가치평가

대표적인 스왑인 금리스왑의 경우를 예를 들어보자. 스왑의 가치를 V, 교환되는 명목가치를 N(notional value), 교환횟수를 n, 교환시기를 τ_i, 변동금리를 F_i, 고정금리를 K라 하자. 이때 금리스왑의 가치는 다음 공식으로 평가할 수 있다.

$$V = \sum_{i=1}^{n} N(F_i - K)e^{-r_i\tau_i}$$

(식 9-32)

(v) 옵션가격결정이론

(ㄱ) 옵션의 개념

옵션(option)이란, 미리 정해진 가격으로 정해진 기간 안에 특정자산을 사거나 팔 수 있는 권리를 가진 상품을 말한다. 두 가지 포지션이 있는 데, 하나는 매입포지션(Long position)이다. call option이나 put option을 매입한 자로서 기초자산을 사거나 팔 권리가 생긴다. 다른 하나는 매도포지션(Short position)이다. call option이나 put option을 매도한 자로서 기초자산을 사거나 팔 의무가 생긴다.

(ㄴ) 몇 가지 유용한 옵션이론

- 내재가치: call=max$(S-X, 0)$, put=max$(X-S, 0)$
- 옵션의 총가치=내재가치(IV)+외재가치(EV, TV)
- 아시안 옵션: 행사가격=만기 이전의 기초자산가격의 평균
- 옵션의 가치=$f(X, S, r, \sigma, D)$

  (단, $X=$ 옵션의 행사가격, $S=$ 옵션 기초자산의 현재가치, $r=$ 무위험이자율, $\sigma=$ 기초자산의 수익률의 표준편차(변동성), $D=$ 기초자산으로부터 발생하는 배당, $IV=$ Intrinsic Value, $EV=$ Extrinsic Value, $TV=$ Time Value)

(ㄷ) 이항분포모형에 의한 옵션가격 결정

- 유럽형 옵션의 경우, 이항공식을 이용하여 아래와 같이 이론가격을 계산할 수 있다.
- 미국형의 경우, 좀 더 복잡하고 매기마다 행사가치와 보유가치를 계산하여 비교하고 큰 값을 취하며, 뒤에서부터 역으로 계산한다.

$$f = e^{-rn(\Delta t)} \sum_{j=0}^{n} [(nC_j)p^{n-j}(1-p)^j f_{u^{n-j}d^j}]$$ (식 9-33)

  단, $f=$ 옵션의 이론적 가치
  $p=$ 기초자산가격이 상승할 확률
  $\Delta t=$ 기초자산가격이 변동하는 단위 시간
  $nC_j=$ n번 중 j번 가격이 상승하는 경우의 수(조합)
  $u=$ 기초자산가격의 상승폭
  $d=$ 기초자산가격의 하락폭

(ㄹ) Black-Scholes 모형(1973)에 의한 옵션가격 결정

- 유럽형 옵션의 경우, 아래와 같은 공식으로 옵션가치를 구한다.
- 미국형의 경우에는 정형화된 공식(폐쇄해)이 없다.

$$c = SN(d1) - Xe^{-rT}N(d2)$$ (식 9-34)

$$p = Xe^{-rT}N(-d2) - SN(-d1)$$

$$d1 = \frac{\ln(\frac{S}{X}) + (r + \frac{\sigma^2}{2})T}{\sigma\sqrt{T}}, \quad d2 = d1 - \sigma\sqrt{T}$$

단, c = 유럽형 콜옵션의 현재가치
p = 유럽형 풋옵션의 현재가치
$N(d)$ = d까지의 표준정규분포 누적확률
T = 옵션의 만기
r = 무위험 이자율
S = 기초자산의 현재 가치
X = 옵션의 행사가격

참고로 [그림 9-4]는 옵션의 이득(payoff)을 표시하는데, (a)는 콜옵션매입포지션, (b)는 풋옵션매입포지션, (c)는 콜옵션매도포지션, 그리고 (d)는 풋옵션매도포지션의 이득을 각각 표시한다.

[그림 9-4] 옵션의 포지션별 이득(payoff)

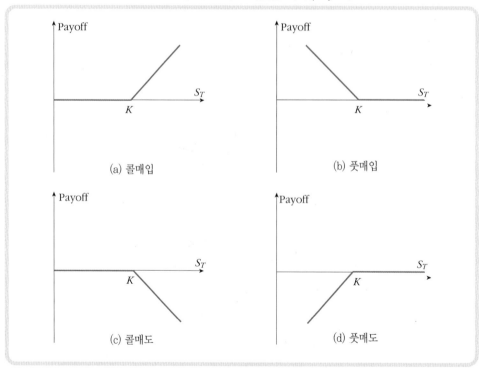

③ 옵션 리스크

옵션 리스크는 다음과 같이 옵션가격에 영향을 미치는 변수의 변화에 대한 옵션가격의 민감도로 측정한다.

(i) 델타$(\delta) = \dfrac{\partial f}{\partial S}$

예를 들어, 델타(call)$= N(d1)$이고, 델타(put)$= -N(-d1)$이다.

VaR측정 시 '델타-노말 방법'의 기초가 된다.

(ii) 감마$(\Gamma) = \dfrac{\partial \delta}{\partial S} = \dfrac{\partial^2 f}{\partial S^2}$

(iii) 쎄타$(\theta) = \dfrac{\partial f}{\partial t}$

(iv) 베가$(\Lambda) = \dfrac{\partial f}{\partial \sigma}$

(v) 로$(\rho) = \dfrac{\partial f}{\partial r}$

(2) 금융파생상품의 신용리스크

손실노출액(REE: Risk Equivalent Exposure)은 파생상품별로 다음과 같이 측정한다.

(i) 선물의 경우

매도자와 매입자 모두 손실에 노출되므로 REE는 다음과 같다.

$REE =$ 선물가격과 만기 시 현물가격과의 차이

(ii) 스왑의 경우

양측 모두 위험에 노출되며, REE는 다음과 같다.

$REE = MTM + PME$

(단, $MTM =$ Mark$-$to$-$Market, $PME =$ Potential Market Exposure)

(iii) 옵션의 경우

매도자는 위험이 없으며, 매입자만 위험에 노출된다.

$REE=$ 옵션프리미엄$+$옵션내재가치(IV)

－콜옵션 매입: $REE = \text{premium}+\max\{0,\ N[RF \times S+(S-X)]\}$

－풋옵션 매입: $REE = \text{premium}+\max\{0,\ N[RF \times S+(X-S)]\}$

단, $S=$기초자산의 현재가치, $X=$ 행사가격, $N=$옵션 수,
RF(Risk Factor)$=\sigma \times$ 신뢰수준값 $\times \sqrt{t}$, $t=$만기(year),
신뢰수준(confidential level)값: 95%인 경우 1.65,
$\sigma =$ 기초자산의 변동성(volatility: %)

이와 같은 공식으로 손실노출액을 평가한 후, 이러한 노출액에 대하여 적절한 규모의 적립금 등을 준비함으로써 손실이 발생해도 큰 문제가 없도록 대비해야 한다.

마. 환리스크

(1) 외환시장과 환율

① 외환시장

외환시장(foreign exchange market)이란 서로 다른 통화(currency)가 국제 간에 거래되는 시장을 말한다. 외환시장의 기능은 크게 세 가지가 있는데, 첫째, 국가 간의 거래를 수행하는 데 필요한 환율 결정, 둘째, 외환위험을 관리할 수 있는 수단을 제공, 셋째, 국제금융기능 등이다.

② 환율

(i) 환율의 개념

환율(foreign exchange rate)이란 외국통화와 국내통화간의 교환비율을 말하며, 자국통화의 입장에서는 자국통화의 대외가치를 나타내고, 외국통화의 입장에서는 외국통화의 국내가치를 표시한다.

(ii) 환율고시 방법

(ㄱ) 통화표시방법

환율을 표시하는 방법에는 다음과 같이 두 가지가 있다.

첫째, 자국통화표시법(rate in home currency)이 있는데, 이는 외국통화 1단위와 교환될 수 있는 자국통화의 단위수로 환율을 표시하는 방법으로서 직접고시법(direct quotation) 혹은 미국식(American terms)이라고도 한다. 예를 들어, 우리나라에서 U\$1 ＝₩1,200 또는 ₩/\$＝1,200 등으로 표시하는 것을 말한다.

둘째, 외국통화표시법(rate in foreign currency)으로서, 이는 자국통화 1단위와 교환될 수 있는 외국통화 단위수로 환율을 표시하는 것을 말하며, 간접고시법(indirect quotation) 혹은 유럽식(European terms)이라고도 한다. 예를 들어, 우리나라에서 ₩1＝ U\$0.0008 또는 \$/₩＝0.0008 등으로 표시하는 것을 말한다.

국제외환시장에서는 대부분 유럽식으로 환율이 고시되고 있으나, 영국의 파운드화, 호주 달러화, 그리고 미국의 통화선물시장과 옵션시장에서는 미국식으로 환율을 고시한다.

(ㄴ) 매입환율과 매도환율

첫째, 매입환율(bid or buying rate)이란 딜러가 고객으로부터 외환을 매입(buy)할 때(혹은 고객이 딜러에게 외환을 매도할 때) 적용되는 환율을 말한다.

둘째, 매도환율(asked or offered rate)은 딜러가 고객에게 외환을 매도할 때(혹은 고객이 딜러로부터 외환을 매입할 때) 적용되는 환율을 말한다.

이때, 호가스프레드(bid−asked spread)＝매도환율−매입환율로 정의된다. 딜러입장에서 볼 때 당연히 매도환율이 매입환율보다 커야 이익을 얻을 수 있고, 이는 고객의 입장에서 보면 환전수수료이다. 스프레드의 크기는 거래통화의 유동성, 시장의 불확실성, 거래빈도와 규모, 거래 시간대, 그리고 딜러의 포지션상황 등의 요인에 의해 그 크기가 결정된다.

(iii) 평가절상과 평가절하

평가절상(appreciation)이란 통화의 가치가 상대통화의 가치보다 높아지는 것이고, 평가절하(depreciation)는 통화의 가치가 상대통화의 가치보다 낮아지는 것을 말한다.

(iv) 교차환율

모든 외국통화는 미국달러로 고시되었는데 이는 과거 대부분의 국제통화거래가 달러로 이루어졌기 때문이다. 요즘은 점차적으로 국제거래가 미국달러 이외에 다른 통화로도 활발히 이루어지고 있어 다른 통화들 사이의 환율도 필요하다.

교차환율(cross exchange rate)이란 미국달러 이외의 다른 두 통화의 환율을 달러를 매개로 계산한 환율을 말한다. 예를 들어, 유로화와 원화 사이의 환율이 국제금융시장에서 고시되지 않을 경우, 미국달러를 매개로 다음과 같이 구할 수 있다.

$$\frac{\text{\textwon}}{\text{\euro}} = \frac{\text{\textwon}}{US\$} \times \frac{US\$}{\text{\euro}}$$

만일 이 식이 성립하지 않으면 차익거래(아비트라지)기회가 존재하게 되므로 균형 하에서는 이 식이 성립해야 한다. 그런데, 때로 고시된 교차환율과 이론적 교차환율 간에 차이가 발생하기도 하는데, 그 이유는 첫째, 달러환율과 교차환율을 공시하는 기관이 다르거나, 둘째, 현물환율과 교차환율이 공시되는 시간이 다르기 때문이다.

③ 환율결정 이론

일반 상품과 서비스의 가격이 수요와 공급에 의해 결정되듯이 외환의 수요와 공급이 환율을 결정한다. 통화의 수요와 공급을 결정하는 기본적인 요인으로는 국제대차(國際貸借)와 국제수지, 정부의 정책, 미래에 대한 투자자들의 기대심리 등이 있다.

(i) 국제대차와 국제수지설

(ㄱ) 국제대차설(Theory of balance of international indebtedness)

환율결정이론에 관한 최초의 학설로 1861년에 G.J. Goschen이 제창하였는데, 외환을 일종의 상품으로 보고, 환율은 한 나라의 국제채권과 국제채무에 의해 결정된다는 학설이다. 예를 들어, 대외채권이 대외채무보다 많으면 외환의 공급이 수요보다 많기 때문에 환율이 하락(즉, 평가절상)하고, 반대로 대외채무가 대외채권보다 많으면 외환의 수요가 공급보다 많기 때문에 환율이 상승(즉, 평가절하)하게 된다. 그러나, 국제거래가 단순한 채권과 채무관계뿐만 아니라 재화와 상품의 수출입, 외국의 자본투자, 국민들의 해외투자, 국가 정부간 거래 등을 포괄하는 오늘날의 국제경제환경을 감안할 때 미흡한 이론이다.

(ㄴ) 국제수지(BOP: Balance Of Payments)이론

국제수지(BOP)란 일정기간 동안 한 나라와 다른 나라 사이에 일어난 모든 경제적 거래를 체계적으로 기록한 통계로 경상계정(current account: 재화 및 서비스거래와 관련된 계정)과 자본계정(capital account: 나라간의 자본이동과 관련된 계정)으로 구성된다. 따라서, 국제수지가 환율을 결정한다는 이론이 국제수지이론이다. 국제수지가 흑자일 때는 통화가치가 강세가 되고, 반대로 적자일 때는 통화가치가 약세가 된다. 오늘날의 국제경제환경을 감안할 때 국제대차이론 보다는 국제수지이론이 보다 적합하다.

(ii) 정부의 정책

정부는 중앙은행의 통화정책을 통해 외환시장에 개입(intervention)하는데, 환율이 과대 평가되어 있거나 과소 평가되어 있다고 판단될 때는 중앙은행이 보유하고 있는 외화를 적절히 활용함으로써 통화가치에 영향을 줄 수 있다. 이러한 정부의 정책이 환율을 결정한다는 이론이다. 그러나, 정부의 인위적 개입은 단기적으로는 환율을 안정시킬 수는 있을지 모르나 장기적으로 볼 때 외환보유고의 고갈로 외환위기를 초래할 수 있을 뿐만 아니라 국제외환시장 규모의 급격한 확대 등에 비추어 볼 때 실효성이 의문시된다.

(iii) 투자자의 기대심리

투자자의 기대심리이론(psychological theory of exchange)은 1927년 A. Aftalion에 의해 처음 제기된 학설로서, 환율이 외환에 대한 기대심리에 의해 결정된다는 이론이다.

(iv) 국제평가이론(International parity theory)

국제평가(혹은 국제등가)이론은 국제금융시장에서 아무런 제약이 주어지지 않을 경우에 성립하는 이자율, 물가, 현물환율 및 선물환율들 사이의 균형관계(equilibrium relations)를 설명하는 이론이다. 구매력평가이론(PPP: Purchasing Power Parity theory), 국제피셔효과(IFE: International Fisher Effect), 금리평가이론(IRP: Interest Rate Parity theory), 선물환평가이론(FP: Forward Parity theory) 등이 있다.[9]

(2) 통화선물을 이용한 환리스크 관리

① 환리스크 노출

오늘날 많은 경제참여자들이 미래의 예기치 못한 환율변동에 의한 환리스크에 노출되어 있다. 외환시장에서 환리스크(exchange exposure)란 기업 혹은 투자자가 환율변동에 의해 영향을 받는 정도를 의미한다. 환리스크 노출은 크게 전략적 노출(strategic exposure)과 전술적 노출(tactical exposure)로 구분된다.

(i) 전략적 노출

예기치 못한 환율변동으로 인해 미래의 예상현금흐름(expected cash flow)의 순현재가치(NPV)가 변동할 위험을 의미하는 경제적 노출(economic exposure)과 예기치 못한 환율변동으로 인해 수익성과 시장점유율이 감소하여 궁극적으로 기업의 경쟁력이 약화될 위험을 의미하는 경쟁적 노출(competitive exposure)을 말한다.

(ii) 전술적 노출

일국의 통화를 다른 나라의 통화로 실제로 교환하고자 할 때 발생하는 환리스크 거래노출(transaction exposure)과 주로 다국적기업이 외화표시 자산이나 부채의 가치를 자국통화로 환산할 때 발생하는 환리스크를 의미하는 회계적 노출(accounting exposure)이 있다.

② 전략적 노출의 헷지

대부분의 기업들과 투자자들이 전술적 노출에 대한 헷지에 주로 관심을 가지고 있으나 점차 일부 다국적기업들을 중심으로 전략적 노출도 중요시하고 있다. 세계화의 진전과 더불어 다국적기업들은 단순히 투자측면에서뿐만 아니라 기업의 생존차원에서 환 위험에 대처해야 하며 특히 전략적 노출에 대한 적절한 대응전략을 모색해야한다.

---

9) 구매력평가이론(PPP): 두 나라의 물가수준차이가 정확히 환율을 결정한다는 이론
국제피셔효과(IFE): 피셔이론을 환율결정에 응용한 이론
금리평가이론(IRP): 두 나라간의 금리차이는 선물환율의 할인(discount) 혹은 할증(premium)과 같아야 한다는 이론
선물환평가이론(FP): 선물환 할증 혹은 할인이 현물환율의 기대 변동율과 동일하며, 선물환율은 미래 현물환율의 불편추정치(unbiased estimate)가 될 수 있다는 이론

③ 전술적 노출의 헷지

(i) 거래적 노출의 헷지

매입헷지(long hedge: 가격상승위험을 회피하기 위한 방법으로서, 미래 어느 시점에 외국통화를 매입하고자 할 때 그 가격을 현재가격으로 고정시키기 위해 이용하는 헷지)와 매도헷지(short hedge: 헷저가 이미 자산을 소유하고 있으며 미래 시점에서 그 자산을 매도하길 원할 때 이용하는 헷지로서, 보유통화의 가격하락 위험을 회피하기 위한 헷지)를 이용한다.

(ii) 회계적 노출의 헷지

시장이 전세계로 확장되어 가고 있는 오늘날은 다국적기업의 환율을 수반하는 경제 활동이 급격히 증가하고 있으며, 이에 따라 회계적 노출도 증가하고 있다. 예를 들어, 국내의 모회사(母會社)는 외국에 있는 자회사(子會社)의 재무제표를 원화로 환산하며, 이때 자회사가 영업하고 있는 외국의 통화와 원화의 환율변동에 따른 환 위험에 직면하게 된다. 만일 자회사 소재국의 통화가 평가절하되면 회계적 노출에 직면하게 되는데 이때 모회사는 자회사 소재국 통화의 평가절하위험을 헷지하기 위해 그 나라 통화선물을 매도하면 된다.

④ 합성통화선물을 이용한 헷지

미국과의 무역거래나 자본거래에서는 달러표시 통화선물(U.S. dollar denominated currency futures)을 이용하여 환 위험을 효율적으로 헷지할 수 있다. 그러나, 미국 이외의 국가간에 달러 이외의 통화를 사용하여 거래를 할 때는 달러표시 통화선물을 이용하기 어렵다. 이런 경우 두 가지의 달러표시 통화선물을 결합하여 "합성통화선물(synthetic currency futures)"을 창출한 다음 이를 환 위험 헷지에 사용할 수 있다. 하나의 통화선물을 매입하고 동시에 다른 통화선물을 매도함으로써 미국달러 이외의 다른 통화로 표시된 동일한 가치의 통화선물 계약을 만들 수 있으며 이를 "교차통화 선물 스프레드(cross-currency futures spread)"라 한다. 합성선물을 이용한 헷지방법의 원리는 다른 헷지와 동일하다.

- 시장리스크는 개인이나 기업이 가장 많이 노출되는 리스크 중의 하나로서, 금리리스크, 주가 리스크, 환율리스크, 상품가격리스크 등이 모두 시장리스크에 속하는데, 각각의 리스크에 대해 그 개념과 측정 방법 등을 잘 이해할 필요가 있다.

- 시장리스크를 측정하는 대표적인 방법인 베타의 개념과 두 가지 측정방법으로서 공식을 이용하는 방법과 회귀분석을 이용하는 방법이 있다. 체계적 위험과 비체계적 위험의 개념과 계산 방법, 그리고 리스크 요인이 하나인 단일지표모형과 여러 개인 복수지표모형에 대해서도 총 위험을 측정하는 원리를 확실히 알 필요가 있다.

- 자산의 가치평가는 수익률을 계산하는 데 필요하고, 수익률은 리스크를 측정하는 데 필수적이기 때문에 가치평가에 대한 이해는 매우 중요한데, 주식도 예외가 아니다.

- 주식의 가치평가와 관련하여 그 주요 특징, 다양한 모형들을 이해하고 이를 어떻게 리스크 관리에 활용할지 이해할 필요가 있다.

- 주식과 관련한 리스크 중에는 체계적 리스크와 비체계적 리스크가 있는데, 각각의 의미를 이해하고 측정방법에 대해 숙지하여야 한다.

- 채권은 기업에 있어 주식과 더불어 자본 조달의 중요한 수단이고, 투자의 중요한 도구이기 때문에 채권의 개념, 종류, 가치평가 방법에 대해 잘 이해할 필요가 있다.

- 주식의 리스크를 평가하는 가장 중요한 개념이 베타라면 채권의 리스크 관리, 금리리스크 관리에 가장 중요한 개념은 듀레이션과 컨벡시티이다. 각각의 정의, 측정 방법, 리스크 관리에의 적용 등에 대해 분명하게 이해해야 한다.

- 보험의 정의와 특성에 대해 이해할 필요가 있으며, 특히 보험과 리스크의 차이에 대해 정확히 알아야 한다. 예상치 못한 손실의 집단화, 리스크의 분담, 리스크의 전가, 실제 손실에 대한 보상, 대수의 법칙 등이 보험의 중요한 특성이다.

- 보험가능 리스크의 요건들을 이해해야 한다. 다수의 동질적 리스크, 우연한 손실, 한정적 손실, 비재난적 손해, 확률의 계산, 경제적으로 부담이 가능한 보험료 등의 특징을 이해하고 어떤 리스크가 보험 적용 가능한지 숙지할 필요가 있다.

- 보험 대상이 되는 리스크의 종류, 즉 인적 리스크, 재산 리스크, 배상책임 리스크에 대해 이해하고 각각의 리스크에 속하는 다양한 종류의 보험제도에는 어떤 것들이 있는지 확인하고 실무에서 적용할 수 있어야 한다.

- 파생상품은 최근 금융산업 발전에서 대단히 중요한 역할을 하고 있으며, 금융공학 및 금융리스크 관리에서 매우 중요한 상품이다. 따라서 파생상품의 정의, 가치평가법, 거래방법 등에 대한 이해가 필요하다.

- 신용파생상품과 파생상품의 신용리스크의 개념을 이해하고, 각각의 측정 방법을 숙지하여 파생상품 리스크 관리에 활용할 필요가 있다.

- 금융의 세계화, 자본시장의 글로벌화가 급속히 진행됨에 따라 환리스크가 점증하고 있다. 따라서, 환율의 개념, 환율결정이론, 환리스크노출의 종류, 환리스크 헷지 등에 대해 이해할 필요가 있다.

사례 9-1

시장리스크 사례: Orange County의 채권투자실패[10]

1. 개요

Orange County는 미국 서부에 위치한 한 부자마을이다. 어느 지방정부나 겪는 문제이지만 빠듯한 세수에 비추어 늘어나는 주민들의 재정지출 욕구를 충족하는데 이 마을도 어려움을 겪고 있었다. 1993년 7월 county의 재무담당관이던 로버트 시트론(Robert Citron)은 재정적 어려움을 극복하기 위해 과감한 투자를 실행하였다. 즉, county 재산을 포함하여 산하 여러 도시 및 공공기관들의 자금 75억달러와 외부에서 차입한 125억달러를 합하여 총 200억달러를 4년 만기 고정금리국채와 일부 변동금리공채(FRN)에 투자한 것이다. 이 때 차입은 매입채권을 담보로 하는 이른바 역RP(Reverse RP) 방식을 택하였다. 이는 돈을 빌려준 쪽에서 매입채권(국채)을 형식상 매입을 하되 일정기간 후 되파는 약정을 함으로써 사실상 채권이 담보의 역할을 하게 되는 제도이다.

1993년 당시 미국 금리의 기간구조는 전형적인 형태로서 단기금리는 낮고 장기금리는 높은 형태를 취하고 있었다. 4년 만기 국채매입 시점에서 시트론은 기간별 금리차이를 이용하여 단기의 낮은 금리로 자금을 조달하여 장기의 높은 금리로 운용하려는 야심찬 계획을 세운 것으로 보인다.[11] 또한 이러한 거래구조는 향후 시장금리가 하락할 경우 추가적 이익을 향유할 수 있게 되어 있다.

채권투자는 일반적으로 안정적인 것으로 알려져 있지만 이는 만기까지 보유할 경우에 국한된 것이다. 만일 필요에 의해 만기 이전에 팔게 될 경우 시장금리변동에 따라 자본이득 또는 손실을 볼 수 있다. 즉, 채권가격과 시장금리는 반대방향으로 움직이므로 채권매입시점보다 매도시점에서 시장금리가 상승(하락)하면 채권투자로부터 손해(이익)를 보게 된다.

따라서 우리는 시트론이 장단기 금리간 스프레드를 향유하는 한편, 적극적 채권투자를 하면서 시장금리 하락을 기대했다고 볼 수 있다. 그러나 불행하게도 채권을 매입한 1994년 2월 이후 미국 시장금리는 뚜렷한 상승세를 보여 매입채권의 시장가치가 하락하면서 Orange County는 차입에 대한 담보부족으로 추가 담보요구를 받게 되었다. 계속되는 금리 상승은 결국 투자채권 가치하락 및 채무불이행으로 이어지고 채권자들이 담보를 현금화하면서 Orange County는 17억달러에 가까운 엄청난 손실을 내고 지방정부로서 파산이라는 치욕을 당하게 되었다.

---

10) *CEO를 위한 전략적 기업재무* (석승훈, 2008)에서 인용함.

11) 단기로 자금을 조달하여 장기로 운용하는 것은 전통적으로 은행이 수익을 얻는 보편적 방식이다. 따라서 Orange County 사건에 내재된 위험은 통상적으로 은행들이 부담하고 있는 것으로 볼 수 있다. 문제는 Orange County가 은행들만큼 위험관리능력을 갖고 있지 못했다는 점이다.

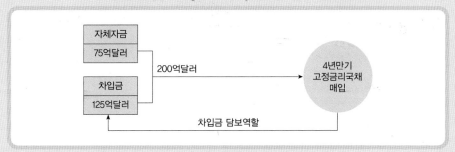

[그림] 미국 Orange County 파산사건의 거래구조

자체자금
75억달러

차입금
125억달러

200억달러

4년만기
고정금리국채
매입

차입금 담보역할

2. 교훈

Orange County 사건은 여러 가지 측면에서 교훈을 주고 있다.

첫째, 앞서 언급한 바와 같이 채권이 결코 안정투자자산일 수 없다는 것이다.

둘째, Orange County의 경우 차입을 통해 투자원금을 증가시킴으로써 이른바 '레버리지에 의한 위험증대'를 유발했다는 것이다. 즉, 시트론의 기대대로 금리가 하락하였다면 애초에 차입없이 county 재산만으로 투자한 것보다 훨씬 큰 이익을 볼 수 있었던 반면, 반대의 경우 손해가 증폭되는 구조를 갖고 있었던 것이다.

셋째, 단기차입(역RP)으로 자금을 조달하여 장기채권에 투자함으로써 '기간불일치에 따른 금리위험'에 노출되었음에도 위험관리를 하지 않았다는 것이 문제점으로 지적된다. 실제로 Orange County는 당시 시장금리가 계속 상승하면서 채권자로부터 담보채권의 시장가격 하락에 따른 담보가치 보전을 요구받았고, 한편으로는 조달금리 상승압력의 이중 고통에 시달렸다.

넷째, 시트론의 거래에 대한 Orange County의 감독소홀도 사건의 주요 원인으로 꼽힌다. 시트론은 매입원가로 포트폴리오의 가치를 보고하였을 뿐 시가를 밝히지 않아 채권위험이 사전에 드러나기 어려운 내부통제상의 문제점을 안고 있었다. 거래 초기 시트론은 적지 않은 이익을 Orange County에 안겨 주었는데, 상위관리들은 이러한 이익이 '고위험－고수익' 전략에 따른 투자로서 위험을 내포하고 있음을 간과하였다.

이상과 같이 거래와 관련한 각종 위험들을 정확하게 인식하여 측정하고 그에 합당한 위험관리를 하였어야 함에도 불구하고 이를 등한히 한 결과로 Orange County는 파산하고 만 것이다.

[객관식]

01. 투자등급미만의 신용등급을 갖는 채권으로서 부도가능성이 높은 채권이며, 위험이 크기 때문에 가격이 저렴하여 고수익이 기대되는 채권은?

　① 프라임 본드(prime bond)　　② 정크 본드(junk bond)
　③ 하이 일드 본드(high yield bond)　④ 투자 본드(investment bond)

02. 보험회사가 인수한 대형 위험의 일부 또는 전부를 다른 보험사에게 전가하여 보험사업의 안정화를 도모하는 보험을 무엇이라 하는가?

　① 보장보험　　　　　　　② 손해보험
　③ 재보험　　　　　　　　④ 회사보험

03. 컨벡시티에 관한 다음 설명 중 옳지 않은 것은?

　① 채권가격의 볼록성을 측정한다.
　② 켄벡시티는 채권가격의 변동과 정(+)의 관계를 가진다.
　③ 컨벡시티는 채권가격에 대한 이자율의 1차미분으로 측정할 수 있다.
　④ 금리가 많이 변동할 때는 듀레이션과 함께 컨벡시티를 고려해야 한다.

04. 주식과 채권의 시장리스크에 대해 다음 중 서로 비슷한 의미의 측정치들로 올바르게 짝지어진 것은?

　① 베타, 컨벡시티　　　　　② 감마, 컨벡시티
　③ 듀레이션, 공분산　　　　④ 베타, 듀레이션

05. 주식의 리스크에 대한 다음 설명 중 옳지 않은 것은?

① 베타가 클수록 비체계적 위험이 크다.
② 체계적 위험과 비체계적 위험의 합이 총위험이다.
③ 총위험은 수익률의 분산으로 측정할 수 있다.
④ 체계적 위험은 분산투자로 줄일 수 없는 위험이다.

06. portfolio 전체의 위험을 최소화하려면 다음 중 어떤 전략이 가장 적합한가?

① 공분산이 크고 표준편차는 작은 자산들을 동시에 매입한다.
② 상관계수가 (+)인 자산들을 동시에 매입한다.
③ 상관계수가 크고 분산이 큰 자산들을 동시에 매입한다.
④ 상관계수가 (−)인 자산들을 동시에 매입한다.

07. 보험가능 리스크의 요건 중 '피해의 원인이나 시간, 장소, 피해의 정도를 분명히 식별하고 측정할 수 있어야 한다는 것'은 다음 중 어느 것인가?

① 다수의 동질적 리스크　　　② 한정적 손실
③ 비재난적 손해　　　　　　　④ 우연한 손실

08. 다음 중 보험 대상 리스크의 큰 분류에 해당되지 않는 것은?

① 인적 리스크　　　　　　　　② 재산 리스크
③ 천재지변 리스크　　　　　　④ 배상책임 리스크

09. 파생상품에 관한 다음 설명 중 옳지 않은 것은?

① 리스크 관리에 많이 활용되고 있다.
② 파생상품거래 당사자간의 가치의 합은 0이다.
③ 파생상품의 가치와 기초자산의 가치는 상호독립적이다.
④ 대표적인 파생상품으로 선물, 옵션, 스왑 등이 있다.

10. 단일지표모형에 따르면 체계적 위험의 크기는 얼마인가?

① 베타의 제곱　　　　　　　　② 베타×시장의 분산
③ 베타의 제곱×시장의 분산　　④ 베타×시장의 표준편차

11. 듀레이션에 관한 다음 설명 중 옳지 않은 것은?

① $MD = \dfrac{D}{(1+r)}$ 이다.

② 듀레이션은 만기보다 클 수 없다.

③ 듀레이션은 채권의 평균회수기간을 의미한다.

④ 채권가격공식을 모를 때는 미분을 이용하여 듀레이션을 구한다.

12. 다음 중 Duration을 더 커지게 하는 원인이 되는 것은?

① 표면이자율의 증가   ② YTM의 증가

③ 표면이자지급횟수의 증가   ④ 만기의 증가

13. 현재 시장가격이 $102.9, 만기가 1년, 액면가 $100, 연간 8% 표면이자를 연간 2회 지급하는 채권의 연간 수익률은?

① 2.9%   ② 4%

③ 5%   ④ 6.8%

14. 현재 주당 배당이 $6, 주가할인율이 연간 12%, 이 기업의 성장률이 5%일 때, 영구보유주식의 이론적인 가치는 약 얼마인가?

① $50   ② $60

③ $90   ④ $120

15. 총위험이 0.80, 시장의 표준편차가 10%, 이 자산의 베타가 1.30이라면, 단일지수모형을 이용하여 이 자산의 비체계적 위험을 구하면 약 얼마인가?

① 0.78   ② 1.00

③ 1.35   ④ 3.54

16. 현재 어느 풋옵션의 시장가격이 $10, 이 옵션의 행사가격은 $110, 이 옵션의 기초자산가격은 현재 $105, 그리고 시장에 아비트라지 기회가 없다면, 이 옵션의 외재가치(EV)는 얼마이어야 하는가?

① $0   ② $1

③ $3   ④ $5

17. 액면가가 $100, 만기가 10년, 만기수익률이 연간 3%인 순수할인채권의 시장가격은 약 얼마이어야 하는가?

① $65   ② $71

③ $74   ④ $100

18. 사대주식의 기대수익률은 10%, 시장전체의 기대수익률은 8%, 무위험이자율은 4%, 시장전체의 변동성은 10%라 할 때, CAPM을 이용할 경우 사대주식과 시장전체와의 공분산은 얼마인가?

① 0.015   ② 0.040

③ 0.080   ④ 0.100

19. 어느 기업의 전년도 유보이익은 100억원, 순이익은 500억원이었다. 전년도 자기자본가치가 5,000억원이었다면, 올해 이 기업의 성장률은 얼마로 추정되는가?

① 2%   ② 5%

③ 10%   ④ 20%

20. 환율은 국제금융시장에서 이자율, 물가, 현물환율 및 선물환율들 사이의 균형관계(equilibrium relations)에 의해 결정된다는 이론은?

① 구매력평가이론   ② 금리평가이론

③ 국제평가이론   ④ 국제피셔효과

[주관식]

01. 총위험이 0.60이고 비체계적 위험이 0.20이며, 시장수익률의 표준편차가 0.10이라면 이 자산의 베타를 단일지수모형을 이용하여 구하면 얼마인가?

02. 3개의 자산을 포함하고 있는 포트폴리오의 자료가 다음과 같을 때 단일지표모형을 이용하여 포트폴리오의 총위험을 구하면 얼마인가? (단, 지표의 분산은 5.0임)

구분	자산1	자산2	자산3
베타	0.8	1.0	1.2
잔차분산	1.0	1.0	1.0
투자비율	0.5	0.3	0.2

03. 올해 지급된 배당은 $1.4이고, 내년부터는 배당이 매년 4.5%씩 증가한다고 한다. 현재 할인율이 8%라 하면, 이 주식의 현재가치는?

04. 만기가 9년이고 매년 지급하는 표면이자는 7%, 만기수익률이 5.85%, 액면가가 $1,000인 채권의 현재가격은 얼마이어야 하는가?

05. 만기가 3년이고 표면이자는 연간 10%로 연 1회 지급하며, 액면가는 $1,000이고 만기수익률이 10%인 채권의 Macaulay 듀레이션을 구하면 얼마인가?

06. 현재 기초자산의 현물가격이 $100, 만기는 3개월, 연간배당율은 2%, 연간할인율은 6%, 더 이상 다른 보유비용은 없다고 할 때, 연속 복리방법으로 선물가격을 계산하면 얼마인가?

07. ROE가 10%이고, 기업의 지난해 유보이익이 100억, 이 기업의 성장률이 연간 5%라면, 이 기업의 지난해 순이익은 얼마인가?

08. 어떤 주식의 총위험이 15%, 비체계적 위험은 5%, 그리고 시장의 표준편차가 20%라 하면, 시장모형으로 이 주식의 베타를 구하면 얼마인가?

09. 주가할인율이 연간 10%, 자기자본이익률이 13.2%, 현재 주당배당금이 $6, 유보비율이 60%일 때, 이 영구보유주식의 현재 이론적 가치는 약 얼마인가?

10. 현재 주식가격이 $100, 그리고 배당이 매년 일정한 액수인 주당 $10씩 지급된다면, 정액배당모형을 따를 경우 이 주식의 수익률은 얼마인가?

11. 자산A의 투자규모는 $10만로서 듀레이션이 4년이며, 자산B의 투자규모는 $9만로서 듀레이션이 5년이라면, 이 포트폴리오의 종합듀레이션은 약 얼마인가?

12. 주식1, 주식2, 주식3의 기대수익률은 각각 9%, 6%, 3%이다. 세 주식에 각각 투자자금의 1/3씩 투자한 포트폴리오의 기대수익률은?

13. 만기가 10년, 수익률이 10%인 zero-coupon bond의 수정듀레이션은 약 얼마인가?

14. 연간 수익률이 10%인 영구채권의 수정듀레이션은 얼마인가?

15. 현재의 주가가 $50, A은행은 B은행으로부터 만기 6개월 주식 풋옵션을 행사가격 $53로 100개 매입하였으며, 지급한 프리미엄은 계약단위당 $3이다. 이 주식의 가격변동성은 연간 10%, 신뢰구간은 99%라면, A은행의 손실노출액(REE)은 약 얼마인가?

16. 수정듀레이션이 7이고 컨벡시티가 50이며, 만기가 10년인 액면가채권이 있다. 만일 시장에서 수익률이 10bp 증가한다면 이 채권의 가격은 얼마나 변동하는가?

17. 만기가 10년, 수익률이 10%인 zero-coupon bond의 convexity는 약 얼마인가?

18. 만기가 2년인 채권의 YTM이 6%, 향후 2년부터 5년까지의 선도이자율이 7%라 한다. 시장에 아비트라지(arbitrage) 기회가 없다고 가정할 때, 만기가 5년인 채권의 YTM은 약 얼마이어야 하는가? (단, 이산복리로 이자계산)

19. 어떤 자산의 현재가격이 $50이고, 이 기초자산은 앞으로 3개월 후에 $5의 배당을 지급할 예정이다. 이 자산을 기초자산으로 하는 유럽형 콜옵션이 현재 시장에서 $8에 거래되고 있으며 이 옵션의 만기는 6개월 남아있다. 시장에서 무위험 이자율은 현재 연간 5%이며 이 콜옵션의 행사가격은 $52이다. 시장에 아비트라지 기회가 없다면, 이 콜옵션과 동일한 조건을 갖는 유럽형 풋옵션의 현재가치는 얼마이어야 하는가? (단, 모든 이자계산은 연속복리로 하기로 한다)

20. 어떤 채권의 현재 가격은 $100이고 채권수익률은 연간 8%라 한다. 시장금리가 1 b.p.(=0.01%) 상승하면 채권가격은 $99.95로 하락하고, 금리가 1 b.p. 하락하면 채권가격은 100.04로 상승한다고 한다. 이 채권의 유효 듀레이션은 얼마인가?

[객관식]

01. ②   02. ③

03. ③

> **해설** 컨벡시티는 채권가격에 대한 이자율의 2차미분으로 측정할 수 있다.

04. ④

> **해설** 베타와 듀레이션은 모두 1차민감도(미분)와 관련이 있다.
>
> **핵심체크** 1차민감도: 베타, 듀레이션, 2차민감도(미분): 컨벡시티, 감마

05. ①

> **해설** 베타가 클수록 체계적 위험이 크다.

06. ④

> **해설** 상관계수가 (−)인 자산들을 동시에 매입할 때 분산투자효과(diversification)가 최대
> 화되어 포트폴리오 전체의 분산이 최소화된다.

07. ②   08. ③

09. ③   10. ③

11. ④

> **해설** 채권가격공식을 모를 때는 일반적으로 Macaulay Duration을 이용한다. 채권가격공
> 식을 알 때는 미분을 이용하여 듀레이션을 구할 수도 있다.

12. ④

13. ③

> **해설** $FV = 100$, $PV = -102.9$, $PMT = \dfrac{100 \times 8\%}{2} = \$4$, $N = 1$년$\times 2 = 2$, 이를 이용하여
> YTM을 계산하면 약 2.5%인데 이는 6개월 수익률이므로 연간 수익률은 약 5%임.

14. ③

> **해설** $P_0 = \dfrac{D1}{(r-g)} = \dfrac{D0(1+g)}{(r-g)} = \dfrac{\$6(1+0.5)}{(0.12-0.05)} = \$90$.

15. ①

> **해설** 체계적위험 = (베타^2) × 시장분산 = $(1.3^2) \times (0.1^2) = 0.0169$.
> 그런데, 비체계적위험 = 총위험 − 체계적위험 = $0.80 - 0.0169 = 0.7831$.
>
> **핵심체크** $\sigma_j^2 = \beta_j^2 \sigma_M^2 + \sigma_\varepsilon^2$

16. ④

> **해설** 풋옵션의 시장가격 = 내재가치 + 외재가치.
> 그런데, 풋옵션의 외재가치 = $\max(K-S,\ 0) = \max(110-105,\ 0) = \$5$.
> 따라서, 외재가치 = 옵션시장가격 − 내재가치 = $\$10 - \$5 = \$5$.

17. ③

> **해설** $FV = 100$, $T = 10$, $r = 3\%$, $PMT = 0$이므로, 재무계산기 혹은 현재가치 공식을 이
> 용하면 $PV = \dfrac{FV}{(1+r)^T} = \dfrac{100}{(1+0.03)^{10}} = \$74.41$.

18. ①

> **해설** 먼저 CAPM을 이용하여 베타를 구해보자.
> $R = R_f + $ 베타$(R_m - R_f)$이므로,
> $10\% = 4\% + $ 베타$(8\% - 4\%) = 4 + 4 \times$ 베타
> 따라서, 베타 $= \dfrac{6}{4} = 1.5$
> 그런데, 베타 $= \dfrac{\text{공분산}}{\text{시장분산}}$ 이므로,
> 공분산 = 베타 × 시장분산 $= 1.5 \times (0.1)^2 = 0.015$

19. ①

> **해설** 성장률 = 유보율 × ROE = $\left(\dfrac{\text{유보이익}}{\text{순이익}}\right)$ × $\left(\dfrac{\text{순이익}}{\text{자기자본}}\right)$
>
> $= \left(\dfrac{100}{500}\right) × \left(\dfrac{500}{5,000}\right) = 2\%$
>
> **핵심체크** g_t = 유보율 × ROE − b × ROE

20. ③

> **해설** 국제평가(平價 혹은 등가)이론은 국제금융시장에서 아무런 제약이 주어지지 않을 경우에 성립하는 이자율, 물가, 현물환율 및 선물환율들 사이의 균형관계(equilibrium relations)를 설명하는 이론이다.

[주관식]

01. 6.32

> **해설** 총위험 = 체계적 위험 + 비체계적 위험이므로,
> 체계적 위험 = 총위험 − 비체계적 위험 = 0.60 − 0.20 = 0.40.
> 그런데, 체계적 위험 = (베타)^2 × (시장의 분산)이므로,
> 베타 = $\beta = \sqrt{\dfrac{\text{체계적 위험}}{\text{시장의 분산}}} = \sqrt{\dfrac{0.40}{0.10^2}} = 6.32$

02. 4.798

> **해설** 다음 식에 대입하면 된다.
> $$\sigma_P{}^2 = \beta_j{}^2 \sigma_M{}^2 w_j{}^2 + \sum_{j=1}^{3}\sum_{i=1}^{3} \beta_i \beta_j \sigma_M{}^2 w_i w_j + \sum_{i=1}^{3} \sigma_{\varepsilon_j}{}^2 w_j{}^2$$
> (단, w_j = 자산 j의 투자비율(가중치), j = 자산 j의 베타, $\sigma_{\varepsilon_j}{}^2$ = 자산 j의 잔차분산임)

03. $41.80

04. $1,078.73

05. 2.736년

06. $101

> **해설** $F = Se^{(r-q)(T-t)} = \$100e^{(0.06-0.02)(\frac{3}{12})} = \$100 \times 1.01 = \$101$

07. 200억원

> **해설** 성장률$_t$ = $\dfrac{\text{유보이익}_{t-1}}{\text{순이익}_{t-1}} \times ROE$이므로,
>
> 순이익$_{t-1}$ = $\dfrac{\text{유보이익}_{t-1}}{\text{성장률}_t} \times ROE = \dfrac{100\text{억원}}{5\%} \times 10\% = 200\text{억원}$.

08. 1.58

> **해설** 총위험＝체계적 위험＋비체계적 위험이므로,
>
> 15%＝체계적 위험＋5% ⇒ 체계적 위험＝10%
>
> 따라서, 시장모형에서 체계적 위험＝(베타)$^2 \times$시장분산＝10%＝0.10.
>
> 그러므로, (베타)$^2 = \dfrac{0.10}{(0.2)^2} = 2.5$. 따라서, 베타＝1.58.

09. $311

> **해설** $P_0 = \dfrac{D1}{(r-g)}$ 인데, $g = ROE \times$유보율＝13.2%×0.6＝7.92%이므로,
>
> $P_0 = \dfrac{\$6(1+0.0792)}{(0.10-0.0792)} = \$311$.

10. 10%

> **해설** $P_0 = \dfrac{D}{r}$이므로,
>
> $r = \dfrac{D}{P_0} = \dfrac{\$10}{\$100} = 10\%$.

11. 4.47

> **해설** 종합듀레이션＝$\sum_j$(가중치$j \times$ 듀레이션j)
>
> $= \dfrac{10\text{만}}{19\text{만}} \times 4 + \dfrac{9\text{만}}{19\text{만}} \times 5 = 4.47$.

12. **6%**

> **해설** 포트폴리오 기대수익률 $= (\dfrac{1}{3})(9+6+3)\% = 6\%$.

13. **9.09**

> **해설** $\dfrac{dP}{dr} = (-)MD \times P$인데,
>
> $P = \dfrac{F}{(1+r)^T}$ 이므로, P를 r에 대해 미분하면,
>
> $\dfrac{dP}{dr} = \dfrac{(-)T}{(1+r)P}$ 이므로, $MD = \dfrac{T}{(1+r)} = \dfrac{10}{(1+0.10)} = 9.09$년.

14. **10년**

> **해설** 영구채권의 듀레이션 $= D = \dfrac{(1+r)}{r}$
>
> 따라서, 수정듀레이션 $= MD = \dfrac{D}{(1+r)} = \dfrac{1+r}{r} \times \dfrac{1}{1+r} = \dfrac{1}{r} = \dfrac{1}{0.1} = 10$
>
> **핵심체크** $\dfrac{MD}{1+r}$

15. **$1,424**

> **해설** 옵션의 경우 매도자는 위험이 없으며, 매입자만 위험에 노출된다.
>
> − 풋옵션 매입의 손실노출액:
>
> $REE = $ total premium $+ \max\{0, \ N[RF \times S + (X-S)]\}$
>
> − RF(Risk Factor) $= \sigma \times$ 신뢰수준 값 $\times \sqrt{t} = 0.1 \times 2.33 \times \sqrt{0.5} = 0.1648$
>
> 따라서, $REE = \$3 \times 100 + \max\{0, \ 100[0.1648 \times \$50 + (53-50)]\} = \$1,423.80$

16. **−0.698**

> **해설** $\dfrac{dP}{P} = (-)MD \times dr + \dfrac{1}{2} \times C \times (dr)^2$
>
> $= (-7) \times 0.001 + 0.5 \times 50 \times (0.001)^2$
>
> $= -0.698$.

17. **90.91**

> **해설** $\dfrac{d^2P}{dr^2} = C \times P$인데, $\dfrac{d^2P}{dr^2} = \dfrac{T(T+1)}{(1+r)^2} \times P$이므로,
>
> $C = \dfrac{T(T+1)}{(1+r)^2} = \dfrac{10(11)}{(1+0.1)^2} = 90.91$.

18. 6.6%

> **해설** 아비트라지 기회가 없다면 시장은 균형상태에 있게 되며, 균형하에서는 다음식이 성립해야 한다. 즉,
>
> $$(1+r_5)^5 = (1+r_2)^2(1+f_{2,\,5})^3 = (1+0.06)^2(1+0.07)^3 = 1.3765$$
>
> 따라서, 만기 5년 채권의 YTM, $r_5 = 6.6\% = 0.066$.
>
> (단, $r_n = n$년 현물이자율, $f_{2,\,5} =$ 향후 2년 후부터 5년 후까지의 선도이자율)

19. $13.65

> **해설** 풋 $-$ 콜 패리티(put $-$ call parity)공식을 이용하면,
>
> $$p + S - PV(D) = c + Xe^{-rT}$$
>
> 따라서,
>
> $$p = c + Xe^{-rT} - S + PV(D) = \$8 + 52e^{-0.05(0.5)} - \$50 + \$5e^{-0.05(0.25)} = \$13.65.$$
>
> > **핵심체크** 유럽형옵션의 풋 $-$ 콜 패리티: $p + S - PV(D) = c + Xe^{-rT}$

20. 4.50

> **해설** 유효듀레이션
>
> $$= \frac{(상승채권가격 - 하락채권가격)}{(2 \times 현재채권가격 \times 금리변동폭)} = \frac{(100.04 - 99.95)}{(2 \times 100 \times 0.0001)} = 4.50$$
>
> > **핵심체크** 유효(실효)듀레이션: $D_E = \dfrac{P_u - P_d}{2P\Delta r}$

제10장

신용리스크와 국가리스크

1 신용리스크의 개념

가. 신용리스크의 정의

신용리스크(credit risk)란 거래상대방이 계약에 명시된 의무의 이행에 대한 요구를 충족시키지 못하는 리스크로서 때로는 채무불이행 리스크(default risk)라 하는데, 채무 원리금 상환이 이행되지 못하는 리스크라는 뜻이다. 신용리스크는 대출금, 채권, 파생 금융상품 등 전반에 관한 사항으로 폭넓은 개념이다.

나. 신용리스크의 중요성

신용리스크는 개별채권의 가격결정과 대출이자율 결정 시 채권발행자와 차입자에 대한 채무불이행 위험의 크기를 측정하여 그 크기에 따른 리스크 프리미엄을 채권수 익률과 대출이자율에 반영하므로 매우 중요하다.

특히 신용리스크는 금융업의 가장 대표적인 리스크로서 금융업의 성패가 신용리 스크 관리에 있다고 해도 과언이 아니다. 비록 신용리스크를 계량화하는 것이 어렵긴 해도 많은 노력이 필요하다.

다. 신용리스크의 활용사례

(1) 채무불이행위험을 고려한 채권수익률의 측정

채무불이행위험을 고려할 경우 채권수익률을 측정하는 일반적인 방법은 다음과 같다. 참조로 여기서 언급되는 채무불이행률은 위험중립적(risk-neutral) 확률이다.

$$1 + r_g = [1 - d_a(1 - f_a)](1 + r_a)$$

$$\Rightarrow r_a = \frac{1 + r_g}{[1 - d_a(1 - f_a)]} - 1 \qquad \text{(식 10-1)}$$

단, r_g = 채무불이행위험이 없는 국채이자율
r_a = 채무불이행률이 d_a인 채권수익률
f_a = 채무불이행 시 회수율

(식 10-1)은 시장에서 무위험 차익거래기회가 없을 경우 성립하는 균형 하의 공식이다. 무위험 국채이자율(r_g), 채무불이행율(d_a), 채무불이행 시 회수율(f_a)을 알면 균형 채권수익률을 구할 수 있는 것이다.

(2) 채권등급을 통한 채권수익률의 측정

실무에서 실제로는 채무불이행율(d_a)과 회수율(f_a)의 측정이 쉽지 않기 때문에 앞에서 설명한 공식을 이용하기가 불가능한 경우가 많다. 따라서, 다양한 정보를 이용하여 회사들의 채권등급(bond rating)을 평가하고, 이를 이용하여 수익률을 결정하는 경우가 많다. 채권평가기관으로서 세계적으로 잘 알려진 경우는, S&P, Moody's Investors Service, Fitch Investors Service 등이 있으며, Moody's는 Baa3 이상을, S&P는 BBB- 이상을 투자적격으로 분류하고 있다.

(3) 시장에서 형성된 채권가격을 통한 채무불이행위험의 측정

만기, 액면가 등 채권의 조건이 비슷한 국채와 채권의 시중 가격을 비교함으로써 다음과 같이 채권불이행위험을 측정할 수 있다.

$$d_a = \frac{P_g - P_a}{P_g} = 1 - \frac{P_a}{P_g}$$

(식 10-2)

단, d_a = 채권불이행률(위험)
P_g = 국채의 시장가격
P_a = 국채와 유사한 조건을 갖는 채권의 시장가격

(4) 대출 스프레드와 대출 이자율

① 대출 스프레드

대출 스프레드(spread)는 대출기관이 자금을 대출할 때 수수료 등의 명목으로 채무자에게 요구하는 추가적인 금리를 말한다. 통상 은행의 금리를 말할 때 '예대마진'이란 표현을 쓰며, 이 예대마진이 곧 대출 스프레드라 할 수 있다. 즉,

대출 스프레드＝대출금리－예금금리(투자자의 투자수익률)

(식 10-3)

따라서, 대출금리＝스프레드＋예금금리(투자수익률)가 된다.

② 대출 스프레드 계산 공식

채무불이행 위험이 있을 경우, 대출 스프레드는 다음 공식으로 계산할 수 있다.

$$1 + r = [1 - d_a(1 - f_a)](1 + r + S)$$
$$\Rightarrow S = \frac{1 + r}{[1 - d_a(1 - f_a)]} - (1 + r)$$

(식 10-4)

단, S = 대출 스프레드
r = 투자수익률(예금이자율)

(식 10-4)는 균형 하에서 성립될 수 있는 공식으로서 은행들의 대출 스프레드를 결정하는 데 매우 유용하다.

신용리스크를 측정하는 방법을 크게 나누면 다음과 같다. 재무데이터를 이용하는 방법, 옵션평가 모형, 거시경제변수를 이용하는 방법, Decision Tree법, 신경망(Neural Network)법, 그리고 수리계획법 등이 있다. 각각에 대해서 모두 설명하기는 지면상 어렵기 때문에 중요한 몇몇 방법에 대해서만 이 장에서 설명하기로 한다.

<표 10−1>은 다양한 신용리스크 측정 방법을 요약한 것이다.[1]

〈표 10-1〉 신용리스크 측정 방법

구 분	주요 측정 모형
재무데이터 이용방법	판별분석(Altman의 Z−score모형), 회귀분석, 로짓, 프로빗, Hazard모형
옵션 모형	KMV모형, Black−Scholes 모형
거시경제변수 방법	GNP변동율, 주가지수 등을 이용하여 도산확률을 추정하는 모형
Decision Tree 법	전체집합을 유사그룹으로 분류하여 개별기업을 분석하는 모형
Neural Network 법	선형, 비선형 신경망을 이용하여 도산확률을 추정하는 모형
수리계획법	LP(Linear Programming), Non−LP모형

가. 사전 분석

종합평점법이나 판별분석법에서 분석대상이 되는 재무비율을 선정할 때는 문제기업(도산가능기업)과 정상기업을 판별하는 정도가 높은 지표를 선정한다. 즉, 도산확률을 예측하는 데 도움이 되는 분석지표를 선정하는 사전분석작업으로서 프로파일분석과 양분검증분석법이 있다.

---

1) 신용리스크에 대한 논의는 매우 방대하므로 좀 더 세부적이고 깊은 이해를 원할 경우, Caouette, Altman, Narayanan이 공저한 *Managing Credit Risk*(한국어 번역판: 김철중, 윤평식 공역, *신용위험관리*(한국신용분석사회))를 참조하기 바란다.

(1) 프로파일분석법

프로파일분석(profile analysis)법에서는 과거 몇 년간의 지표별 추이변화를 통하여 정상기업과 문제기업의 변별력이 나타나는 지표를 선정한다.

[그림 10−1]은 '자기자본비율(=자기자본/총자산)'이라는 분석지표를 사용하여 프로파일분석을 시행한 예로서, 그림에서 보는 바와 같이 정상기업과 문제기업(도산기업)은 자기자본비율에서 유의적인 차이를 보이고 있으므로 자기자본비율은 도산예측에서 중요한 예측지표로 선정될 수 있는 것이다.[2] 결국 프로파일분석을 효율적으로 수행하기 위해서는 리스크관리자의 경험, 리스크에 관한 지식 등이 매우 중요하다. 참고로 그림에서 'Y'는 문제기업이 실제 도산한 시점을 의미하며 'Y−t'는 도산시점으로부터 t기간 이전시점을 의미하는데, 그림의 사례에서는 도산시점을 기준으로 약 4기간 전부터 문제기업의 자기자본비율이 급격히 악화되고 있음을 보여준다.

[그림 10−1] 프로파일분석

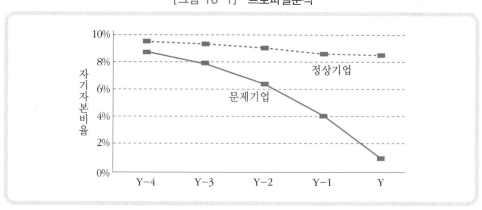

(2) 양분검증분석법

양분검증분석(dichotomous analysis)법은 문제기업과 정상기업을 변별하는 임계치를 설정한 다음, 판정오류(예컨대, 문제기업을 정상기업으로 판정하거나, 정상기업을 문제기업으로 판정하는 것) 건수가 적은 지표를 선정하는 방법이다. 양분검증분석은 임계치를 설정하여 분석대상기업이 정상기업인지, 아니면 문제기업인지 판단하는 기준으로 활

---

2) 자료: 윤만하, *금융리스크관리*, 경문사, 2000, p.124.

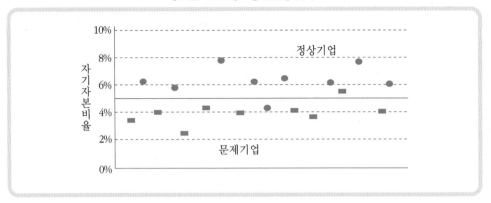

[그림 10-2] 양분검증분석

용된다. [그림 10-2]는 '자기자본비율(=자기자본/총자산)'이라는 분석지표를 사용하여
양분검증분석을 시행한 예로서, 그림에서 보는 바와 같이 정상기업(● 표시)과 문제기
업(■ 표시)을 구분하는 임계치로서 자기자본비율을 5%로 할 때 판정오류가 최소가
됨을 알 수 있다.[3] 따라서 프로파일분석에서 분석지표가 선정되면 양분검증을 통해
분석지표의 임계치를 설정할 수 있다. 양분검증분석을 통해 임계치가 결정되면 이 임
계치는 어떤 기업이 정상기업인지, (도산가능성이 있는) 문제기업인지 판별할 수 있게
해준다. 따라서 양분검증분석은 특정기업의 분석지표가 이러한 임계치에 포함될 확
률, 즉 도산확률을 사전적으로 분석하는 데 도움이 된다.

나. 도산확률분석

신용리스크를 측정하는 데 있어 가장 어렵고 중요한 부분이 바로 도산확률분석이
다. 따라서 도산확률을 얼마나 정확히 예측할 수 있는가가 신용리스크관리에서 가장
중요한 핵심부분이라 할 수 있다. 아직까지 이론적으로 완벽하다고 할 만한 도산확률
측정모형은 없으나 실무에서 활용가능하고 어느 정도 통계적으로 의미를 가지는 모
형들은 있으므로 여기서는 학계와 실무계에서 어느 정도 검증된 모형들을 중심으로
소개하고자 한다.

---

3) 자료: 윤만하, *금융리스크관리*, 경문사, 2000, p.124.

(1) 선형확률모형

선형확률모형(LPM: Linear Probability Model)이란 종속변수가 더미변수(dummy var-iable)를 취하고, 설명변수(독립변수)가 부실화(도산)와 관련된 재무비율지표인 모형으로 다음과 같은 형태를 가진다.

$$Y_i = \alpha + \beta X_i + u_i \qquad \text{(식 10-5)}$$

단, Y_i = 더미변수로서, 부실기업은 1, 정상기업은 0을 가짐,
X_i = 부실화 관련 설명 변수

(식 10-5)에 있는 선형확률모형의 특징 중 하나는 $P_i = Pr(Y_i = 1)$이라 하면, $E(Y_i) = P_i$가 된다는 점이다.[4] 즉, 도산확률 $= P_i = \alpha + \beta E(X_i)$가 되어 평균설명변수값(즉, $E(X_i)$)과 계수(α와 β)값만 알면 도산확률을 추정할 수 있다. 여기서 설명변수란 앞서 설명한 자기자본비율이나 부채비율 같은 도산과 관련이 있는 분석지표를 말하며, 계수 추정값은 과거자료를 이용한 회귀분석으로부터 추정할 수 있다.

예제 10-1

과거 정상기업 100개와 도산기업 100개의 자료를 수집했다고 하자. 그리고 기업의 도산을 결정하는 변수(X)는 부채비율 1개라 하자. 이 경우, Y값으로 정상기업의 경우 0을, 부실기업(도산가능기업)의 경우는 1을 사용하고, X값으로는 각 기업의 부채비율을 사용하면 되며, 이러한 200개의 자료를 (식 10-5)의 회귀식을 이용하여 분석하면 α와 β값을 구할 수 있다. 회귀분석결과 $\alpha = 0.3$, $\beta = 0.05$라 하자.

이제 리스크관리자가 자기 회사의 도산확률을 구하고자 하고, 이 회사의 최근 몇 년간 평균부채비율($E(X)$)이 200%라 하면, 이 회사의 도산확률은?

도산확률 $= P_i = \alpha + \beta E(X_i) = 0.3 + 0.05(200\%) = 0.3 + 10\% = 0.4$ 혹은 40%

---

4) 증명: $E(Y_i) = \sum_{y_i=0}^{1} y_i Pr(y_i) = 0 \times Pr(Y_i = 0) + 1 \times Pr(Y_i = 1)$
$= Pr(Y_i = 1) = P_i = i$ 기업이 도산할 확률

이러한 선형모형의 장점은 모형이 간단하고 이해가 쉽다는 것이다. 문제점은 모형이 선형(직선)이기 때문에 X_i의 크기에 관계없이 계수, 즉 베타가 일정하다는 점이다. 예를 들어, X_i가 부채비율이라 할 때, 큰 부채비율이나 작은 부채비율이나 부도확률에 늘 동일한 영향을 준다고 가정하고 있는데 이는 다소 비현실적이다. 예를 들어, 부채비율이 1,000%로 매우 높은 기업이 부채비율을 10% 더 높일 때와 부채비율이 50%로 매우 낮은 기업이 부채비율을 10% 더 높일 때 도산확률이 동일한 크기로 증가한다고 가정하는 것은 비합리적이다. 동일한 수준으로 부채비율을 높인다 해도 부채비율이 높은 기업의 부도확률이 더 민감하게 많이 증가한다는 것이 보다 현실적이라 할 수 있다. 이러한 선형모형의 단점을 보완하려는 모형이 바로 비선형모형(non-linear model)들인데 지금부터 설명하는 모형들이 대부분 이에 해당한다.

(2) 로짓모형과 프로빗모형

두 모형 모두 선형확률모형과 달리 S자 모양의 비선형 확률분포를 이용한다는 특징이 있어 선형모형의 단점을 극복하고 있다.

로짓모형(logit model)은 로지스틱분포(logistic distribution)를 이용하며, 프로빗모형(probit model)은 누적정규분포(cumulative normal distribution)를 이용한다. 로짓모형은 다음과 같은 공식으로 부도확률(P_i)을 측정한다.

$$P_i = \frac{1}{1+e^{-Z_i}} = \frac{1}{1+e^{-(\alpha+\beta x_i)}}$$

$$\ln\left(\frac{P_i}{1-P_i}\right) = Z_i = \alpha + \beta x_i \qquad \text{(식 10-6)}$$

(식 10-6)에서 보는 바와 같이 도산확률(P_i)은 설명변수(X)에 대해 비선형이다. 선형인 $Z_i = \alpha + \beta X_i$ 회귀식으로 먼저 회귀계수 α와 β를 먼저 추정한 후 확률(P_i)을 구하는 첫번째 공식을 이용하여 도산확률을 구하면 된다.

한편, 프로빗모형은 다음 공식으로 부도확률(P_i)을 측정한다.

$$P_i = N(Z_i) = \int_{-\infty}^{Z_i} \frac{1}{\sqrt{2\pi}} e^{-\frac{y^2}{2}} dy \qquad \text{(식 10-7)}$$

(식 10−7)에서 도산확률(P_i)은 표준정규분포의 누적확률분포처럼 S자 모양을 가지는 비선형곡선이다. Z_i값이 커질수록 도산확률이 훨씬 민감하게 증가함으로써 보다 현실적인 도산확률예측을 가능하게 한다.

(3) 다변량 판별분석모형: Altman(1968)모형

다변량 판별분석(multivariate discriminant analysis)이란 성격이 상이한 2개 이상의 집단을 구분해 주는 판별기준을 찾아내는 계량적 방법이다. 이 방법에서는 판별함수가 대단히 중요한데, 판별함수란 기업을 정산기업군(N)과 문제기업군(F)으로 구분하고, 이를 구분하는 설명변수를 이용, 판별점수를 산출하는 함수를 말한다. 판별함수의 예를 들어 보면 다음과 같다.

예 $Z_i = a_1 X1 + a_2 X2 + \cdots + a_n Xn$

단, $Z_i = i$ 기업의 판별점수,
$Xj = j$ 번째 설명변수,
$a_j = j$ 번째 판별함수 계수

다변량 판별분석을 이용한 도산확률모형 중 가장 널리 사용되는 것이 알트만(Altman)모형이다.

① 알트만의 Z-score모형

알트만의 Z−score모형은 기업의 부도를 잘 설명해 주는 변수를 다변량판별분석으로 설정하고 이를 점수화하여 신용평점을 산출하며, 이를 활용하여 부도가능성을 예측하는 방법이다. 이와 같은 모형은 기업의 부도예측뿐만 아니라 은행이 대출을 결정할 때도 사용할 수 있다. 이 모형은 사기업과 비제조기업 그리고 신흥시장 기업들에게도 적용되고 있으며 모형은 다음과 같다.

$$Z_i = 1.2X1 + 1.4X2 + 3.3X3 + 0.6X4 + 0.999X5 \qquad \text{(식 10-8)}$$

단, $Z_i = i$ 기업의 판별점수
$X1 =$ 순운전자본/자산
$X2 =$ 유보이익/자산
$X3 =$ 영업이익/자산
$X4 =$ 자기자본시가/부채장부가치
$X5 =$ 매출액/자산

(식 10-8)의 좌변이 Z값이기 때문에 'Z-score모형'이라고도 부른다. 판별함수의 변수나 변수의 계수는 사기업이나 비제조기업의 경우 조금 다른데 이는 뒤에서 다시 설명하기로 한다. 판별함수인 (식 10-8)에 실제 자료를 대입하여 판별함수값이 나오면 다음과 같이 해석한다.

- $Z > 3.0$: 부도 가능성 거의 없음(unlikely to default)
- $2.7 < Z \leq 3.0$: 부도 경고(on alert)
- $1.8 < Z \leq 2.7$: 상당한 부도 가능성 있음(good chance of default)
- $Z \leq 1.8$: 부도 가능성 매우 높음(high probability of default)

알트만은 집단내 변동은 최소화하고 집단간 변동은 최대화되도록 변수들을 조합시키는 다변량 판별분석을 이용하여 (식 10-8)과 같은 모형을 개발하였다. 여기서 중요한 것은 만약 단일변량 수준에서 집단들간에 상당한 차이가 존재하지 않는다면 다변량모형도 충분한 판별력을 갖지 못한다는 것이다. 알트만은 당초 22개의 변수를 고려하였는데 판별분석결과 최종적으로는 (식 10-8)에 있는 것과 같은 5개가 선정되었다.

② 모형에 있는 각 변수 설명

(식 10-8)에 포함되어 있는 설명변수들에 대해 그 의미에 대해 자세히 살펴보도록 하자.

(i) X1: 순운전자본/총자산

운전자본 구성비율은 기업의 유동성 여부를 파악할 때 쓰이는 비율로서 기업의 총자산에 대한 운전자본의 비율이다. 여기서 순운전자본(NWC: Net Working Capital)이란 유동자산과 유동부채의 차이를 말하며, 이 비율에는 유동성과 규모(총자산)의 특성이 명백히 반영되어 있다. 일반적으로 지속적인 영업손실을 보고 있는 기업은 이 비율이 감소할 것이다. 기업의 유동성 위험과 밀접한 관련이 있다.

(ii) X2: 이익잉여금/총자산

이익잉여금(RE: Retained Earnings or Earned Surplus) 혹은 유보이익은 전체 기간에 걸쳐 발생한 재투자이익금 혹은 손실금의 총합이다. 기업의 연령이 이 비율에 나타나 있다. 예를 들어, 상대적으로 설립역사가 짧은 기업은 이익을 누적시킬 만한 기간이 없었기 때문에 낮은 비율을 보일 것이다. 연구결과에 의하면 부도기업의 많은 부분이 창업한 지 5년 이내의 젊은 기업들이라고 한다. 이 비율은 이 점을 고려한 것이다.

(iii) X3: 영업이익/총자산

영업이익(EBIT: Earnings Before Interest and Tax)은 이자와 세금을 납부하기 전의 이익이다. 따라서 이 비율은 기업의 수익성을 평가한다. 기업의 궁극적인 생존은 자산의 이익 창출 능력에 기초하므로 이 비율은 기업 부도연구에 있어 특히 중요하다.

(iv) X4: 자기자본의 시장가치/총부채의 장부가치

자기자본은 우선주와 보통주의 시장가치로 평가하는 반면, 총부채는 유동부채와 장기부채의 합으로 측정한다. 시장가치가 리스크를 측정하는 데는 더 바람직하지만 채권이나 부채의 경우 시장가치 평가가 어려운 측면이 있어 부득이 장부가치를 평가한다. 이 비율은 부채가 자산을 초과해서 파산하기 전까지 기업 자산의 가치가 어디까지 하락할 수 있는지 보여준다.

(v) X5: 매출액/총자산

이 비율은 기업자산의 매출창출능력을 보여주는 지표이다. 이는 경쟁상황에서 경영자 능력을 측정할 수 있는 지표로서, 알트만모형에서 매우 중요한 비율이다. 다만 이 비율은 산업간 편차가 크다는 단점을 가지고 있다.

③ 사기업을 위한 Z-score 모형

여기서 사기업(private company)이란 기업이 공개되지 않아 자기자본 전체가 가족이나 일부의 사람들에 의해 소유되어 사적인 형태로 운영되는 기업을 말한다. 기업이 공개되지 않을 경우 주식시장에서 주식이 공개적으로 거래되지 않으므로 시장가치를 평가할 수 없다. 이를 반영하기 위해 알트만은 $X4$ 변수를 조금 수정하였는데, 자기자본을 시장가치가 아닌 장부가치로 바꾸었다. 이렇게 변수가 수정할 경우 (식 10-8)의 판별식은 다음과 같이 조정된다.

$$Z_i = 0.717X1 + 0.847X2 + 3.107X3 + 0.420X4 + 0.999X5 \qquad \text{(식 10-9)}$$

사기업을 위한 알트만모형(식 10-9)을 일반 공개기업을 위한 모형(식 10-8)과 비교분석한 결과, 제1종오류(정상기업을 부도기업으로 판정하는 오류)의 경우는 사기업모형이 다소 낮았으나, 제2종오류(부도기업을 정상기업으로 판정하는 오류)는 거의 같았다.[5]

④ 비제조기업을 위한 Z-score 모형

앞에서도 이미 설명한 바와 같이 알트만모형에서 변수 $X5$ 는 산업간에 큰 차이를 보이고 있어 모든 기업에 일률적으로 적용하면 부도를 정확히 예측하기 힘들다. 따라서 이러한 특성을 고려하여 비제조기업의 경우 $X5$ 를 아예 모형에서 제외시키고 $X4$ 에서도 자기자본을 장부가치로 측정하게 되는데 이를 적용할 경우 알트만모형은 다음과 같이 조정된다.

$$Z_i = 6.56X1 + 3.26X2 + 6.72X3 + 1.05X4 \qquad \text{(식 10-10)}$$

(식 10-10)에서 보는 바와 같이 모든 변수의 계수는 변하였으며 이 모형은 자산에 투자되는 자본을 다양한 방법으로 조달하는 기업에 특히 유효하다.

---

5) 제1종오류와 제2종오류: 통계학에서 제1종오류(Type 1 error)란 귀무가설이 사실인데도 기각하는 오류를 말하며, 통상 알파(α)로 표시하고 유의수준(significance level)이라고도 한다. 제2종오류(Type 2 error)란 귀무가설이 틀린데도 기각하지 않을 오류를 말하며, 통상 베타(β)로 표시한다. 부도기업을 예측할 때 보통 귀무가설(H_0)을 정상기업으로 놓고 검정한다.

⑤ 알트만모형의 적용 사례

다음 <표 10-2>에 나와 있는 것은 알트만이 자신의 모형을 이용하여 부도기업
그룹과 정상기업그룹 사이의 Z-score의 평균을 구해 비교한 사례이다.[6] <표
10-2>에서 보는 바와 같이 Z-score모형을 부도기업군과 정상기업군에 각각 적용
하여 비교해 본 결과 각 변수가 두 그룹간에 확실하게 차이가 있었다. $X5$변수를 제
외하고는 모두 1% 수준에서 유의적인 차이가 있었고, 두 그룹의 차이가 큰 순서대로
나열해 보면, $X2$, $X4$, $X1$, $X3$, $X5$였다. 즉, 변수 $X2$, $X3$, $X1$은 기업의 부도를
예측하는 데 매우 공헌도가 큰 변수들임을 알 수 있으며, 이는 투자자들에게도 좋은
가이드라인이 될 것이다.

〈표 10-2〉 알트만모형의 적용 사례

판별 변수	부도기업그룹 평균	정상기업그룹 평균	F-값[7]
$X1$ = 운전자본/총자산	-6.1%	41.4%	32.60
$X2$ = 이익잉여금/총자산	-62.6%	35.5%	58.86
$X3$ = 영업이익/총자산	-31.8%	15.4%	26.56
$X4$ = 자기자본시가/부채	40.1%	247.7%	33.26
$X5$ = 매출액/총자산	1.5배	1.9배	2.84

알트만의 Z-score모형은 변수들의 측정치로 주로 장부가치를 사용하기 때문에
현실성이 다소 결여되고 따라서 부도예측능력도 떨어지는 것이 사실이다. 따라서 요
즘에는 모형에서 주로 시장가치를 활용하는 옵션평가모형을 많이 사용하는데 이에
대해서는 다음 KMV모형에서 자세히 설명하기로 한다.

(4) KMV모형

① KMV모형의 개요

(i) KMV모형의 기본 개념

KMV의 EDF(Expected Default Frequency)모형은 KMV사가 Black-Scholes 옵션평

---

6) 자료: 김철중, 윤평식, *신용위험관리*, 한국신용분석사회, 2001, p.220.
7) F-값은 두 집단 평균치 간의 통계적 차이를 검정하는 통계량으로서 그 값이 클수록 두 집 간의 평균
에 차이가 크다는 것을 의미하며 $X5$ 이외의 모든 변수에 대해 1%에서 유의적 차이를 보여주고 있다.

가모형에 의해 주가를 이용한 자산의 시장가치, 변동성, 채무의 장부가치 등을 고려하여 도산점(DP: Default Point)을 추정하고 이를 통해 부도확률을 산출한다. 즉, 기업의 부채를 행사가격으로 하고, 자산의 가치를 기초자산가치라 할 때, 기업의 가치는 콜옵션의 가치와 같다고 볼 수 있고, 자산의 시장가치가 부채의 시장가치보다 작을 때 부도가 발생한다고 보고 부도확률을 추정하는 방법이다.

(ii) KMV모형의 기본 요소

KMV모형을 구성하는 기본 요소에는 크게 두 가지가 있는데, 하나는 개별리스크이고, 다른 하나는 투자리스크이다. 각각을 설명하면 다음과 같다.

(ㄱ) 개별리스크

개별리스크(standalone risk)는 다음과 같이 세 가지로 구성된다.

첫째, 도산확률(default probability)로서 차입자의 채무불이행 가능성을 말한다.

둘째, 채무불이행에 따른 손실(loss given default)의 크기이다.

셋째, 도산확률의 변동성(migration risk)으로서 도산확률이 시간이 지남에 따라 어떻게 변동해 가는지를 측정한다.

(ㄴ) 투자리스크

투자리스크(portfolio risk)는 포트폴리오 리스크로서 다음과 같이 두 가지를 추정해야 한다.

첫째, 채무불이행 위험도간의 상관관계(default correlation)를 추정해야 한다.

둘째, 채무불이행위험에 노출된 투자금액이나 비율(exposure)을 추정해야 한다.

② KMV모형에 의한 신용리스크 측정

(i) KMV모형에서 3가지 부도확률 결정 요소

기업의 부도확률을 측정하기 위해서는 세 가지 중요한 변수를 측정해야 하는데, 이는 기업자산의 시장가치, 자산가치의 위험(변동성), 그리고 기업부채의 장부가치이다. KMV모형에 따르면 도산시점(DP: Default Point)은 이론적 도산시점과 실제 도산시점이 있는데 이들은 다음과 같다.

첫째, 이론적 도산시점은 '자산의 시장가치=부채의 장부가치'가 되는 시점이다.

둘째, 실제 도산시점은 '자산의 시장가치=단기부채+(1/2)장기부채'인 시점이다.

즉, 자산의 시장가치가 '단기부채+(1/2)장기부채'보다 크면 정상기업으로, 그렇지 않으면 부도기업으로 추정한다. 즉, KMV모형은 이론 도산시점이 아닌 실제 도산시점을 기준으로 신용리스크를 평가한다. 이는 이론 도산시점에 이르러도 실제로 기업들이 도산에 이르는 경우는 드물고 실제 도산 시점에 이를 때 비로소 도산에 이른다는 것을 의미한다.

KMV모형으로 부도확률을 구하는 절차를 설명하면 다음과 같이 세 단계이다.

㈀ 1단계: 기업의 자산가치와 변동성, 부채의 장부가치 추정

첫 단계에서는 기업의 자산가치와 그 가치의 변동성, 그리고 부채의 장부가치를 추정한다. 그런데 자산전체의 시장가치와 변동성을 추정하는 것은 그리 쉽지 않다. 먼저, 자산은 유동자산과 고정자산으로 구성되는데 이들의 현재 시장가치를 구하는 것은 보통 복잡하고 어려운 일이 아니다. 장부가치는 대부분 구입 당시의 가치이기 때문에 현재 시장가치를 구하는 것은 많은 시간과 노력이 필요하다. 따라서 각각의 자산에 대해 모두 직접적으로 시장가치를 구하기보다는 회계학의 기본 이론을 이용하여 간접적으로 구하는 것이 더 쉽다. 즉, 회계항등식에 따르면, 자산=자기자본+타인자본(부채)이다. 따라서 좌변의 자산 시장가치를 구하는 방법이 어렵고 복잡하므로 우변의 자기자본과 부채를 이용하여 구하면 상대적으로 더 쉽다. 왜냐하면 공개된 기업의 주식가치는 시장에서 관찰 가능하기 때문에 이를 이용하여 자기자본의 시장가치를 구하되 부채의 시장가치는 불가능한 경우가 많으므로 장부가치를 이용한다.

이러한 방법은 옵션이론을 이용하면 훨씬 쉬워진다. KMV는 바로 이 옵션이론을 이용하여 자산의 가치, 부도거리, 부도확률을 계산하는 것이다. 옵션이론을 이용하여 자산의 시장가치와 변동성을 구하는 방법은 다음과 같다.

기업의 주주들은 부채만 갚으면 기업의 자산이 자신들의 것이 되기 때문에 주식의 가치는 옵션이론을 이용해 구할 수 있다. 즉, 주주들은 기업의 자산을 살 수 있는 콜옵션을 가지고 있는데, 행사가격은 총부채이고, 기초자산은 기업의 자산이 된다. 이 때 Black-Scholes의 콜옵션 모형을 이용하면 다음과 같은 주식의 가치평가 모형을 얻을 수 있다.

$$E = VN(d1) - De^{-rT}N(d2)$$

(식 10-11)

단, E= 주식의 시장가치

V = 자산의 시장가치

D = 부채의 장부가치

r = 무위험이자율

T = 옵션의 만기

$N(d)$ = $-\infty$부터 d까지의 표준정규분포 누적확률

$$d1 = \frac{\ln(\frac{V}{D}) + (r + \frac{1}{2}\sigma_v{}^2)T}{\sigma_v\sqrt{T}}$$

$$d2 = d1 - \sigma_v\sqrt{T}$$

σ_v = 자산 시장가치의 변동성

(식 10-11)과 같은 옵션평가모형을 얻기 위해서는 자산의 시장가치 V가 기하브라운과정(GBM: Geometric Brownian Motion)을 따른다는 가정이 필요하다. 즉, V는 다음과 같은 확률과정을 따른다.

$$dV = V_{\mu_V}dt + V\sigma_V dZ \qquad\qquad\qquad \text{(식 10-12)}$$

자기자본의 가치 E를 자산의 가치 V와 시간 t의 함수로 보면 $E = f(V, t)$가 되며, 여기에 Ito Lemma를 적용하면 다음과 같은 공식을 얻을 수 있다.[8]

$$\sigma_E E = N(d1)\sigma_V V \qquad\qquad\qquad\qquad \text{(식 10-13)}$$

(식 10-13)에서 σ_E는 자기자본의 변동성으로 주식가격 수익률의 표준편차로 쉽게 측정 가능하다.

이상을 정리하면 자산의 시장가치(V)와 변동성(σ_V)을 구하기 위해서는 (식 10-11)과 (식 10-13)을 연립방정식으로 풀면 된다. 방정식이 두 개이고 미지수가 두 개(V와 σ_V)이므로 유일한 해를 갖게 된다. 다만 연립방정식이 선형방정식이 아니기 때문에 풀기가 쉽지 않아 보통 Newton-Rapson과 같은 수치해석법(numerical analysis method)으로 계산하며, 통계 패키지인 SAS에서도 가능하다. 한편 부채의 장부가치(D)는 기업의 대차대조표에서 쉽게 구할 수 있다.

---

8) Ito Lemma: 이토렘마는 추계적 과정(stochastic process)에서 많이 사용하는 이론으로서 함수를 각 독립변수에 대해 Taylor Series를 이용하여 전개한 것을 말한다.

(ㄴ) 2단계: 부도거리 계산

부도거리(DD: Distance from Default)란 자산의 시장가치가 부도점으로부터 떨어져 있는 거리를 의미한다. 즉, 부도거리가 멀면 부도가능성이 작은 것이고, 짧으면 부도가능성이 큰 것이다. 따라서 부도가능성을 측정하는 주요 변수로서 이를 이용하여 신용등급을 매기기도 한다. 부도거리는 다음과 같은 공식으로 계산한다.

$$DD = \frac{\text{자산의 시장가치} - \text{Default Point(DPT)}}{\text{자산의 시장가치} \times \text{자산의 변동성}} \qquad \text{(식 10-14)}$$

(식 10-14)에 있는 부도거리를 그림으로 표시하면 다음과 같다.[9]

[그림 10-3] 부도거리(DD)

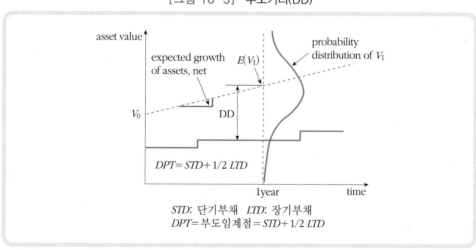

(ㄷ) 3단계: 부도확률 산출

앞에서 설명한 옵션이론으로부터 부도확률은 다음과 같이 계산할 수 있다.[10]

---

9) 자료: Crouhy, Galai, and Mark(2001). [그림 10-3]에서 DPT(Default PoinT)는 실제도산시점(부도임계점)을, LTD(Long-Term Debt)는 장기부채, STD(Short-Term Debt)는 단기부채를 각각 의미한다.
10) 동일한 논리로 대출(D)에 대한 '위험중립회수율'도 다음과 같이 구할 수 있다:

$$\text{위험중립회수율} = \frac{E_t(V_T|V_T < D)}{D} = e^{r(T-t)}(\frac{V_t}{D})[\frac{N(-d)}{N(-d + \sigma\sqrt{T-t})}]. \quad \text{(Sundaram and Das(2016)}$$

참조)

$$\text{부도확률} = EDF$$
$$= P(V \leq DPT)$$
$$\approx P(\ln V \leq \ln D)$$
$$= N(-d2)$$
$$= 1 - N(d2) \qquad \text{(식 10-15)}$$

(식 10 − 15)에서 근사치를 사용한 이유는 (식 10 − 15)에서 실제 부도시점(DPT) 이 아닌 이론적인 부도시점(D)을 사용했기 때문이다. 실제 부도시점을 사용하면 좀 더 복잡하여 여기서는 생략하기로 한다.

(ii) KMV와 신용평가등급

KMV는 EDF를 중심으로 신용등급을 산정하고 전이확률(transition probability)을 계산한다. 예를 들면, 2bp보다 적은 EDF를 가진 기업들은 AAA신용등급, 3~6bp의 기업은 AA등급, 7~15bp의 기업은 A등급을 부여하는 방식이다. 그런 다음 EDF의 변화에 대한 과거자료로부터 전이행렬(transition matrix)을 만든다. 일반적으로 동일한 신용등급 안에서도 채무자의 부도확률은 서로 다를 수 있다. 상대적으로 높은 부도확률을 가진 채무자로서 등급하락이 예상되는 기업이 있고, 반대로 해당 등급에서 상향되었어야 하는 기업도 있다. 그러나 신용평가기관들이 신속하게 등급을 변화시키지 않기 때문에 신용등급만으로 추산되는 부도확률은 실제 부도확률과 달라질 수 있다. 이에 대해 KMV모형에서는 기업의 재무상황이 악화(호전)될 때 EDF는 빠르게 증가(감소)하는 경향을 보이며, 이를 통해 신용평가회사들에 의한 채무자 신용등급 하락(상승)을 미리 예측할 수도 있다.

(iii) KMV의 응용 사례

역사적으로 은행들은 대출의사결정에서 기업의 주가를 반영하지 않았다. 이는 시장가치를 고려한 신용리스크 측정 모형이 개발되지 않았기 때문이다. 그러나 KMV같은 모형들이 개발됨으로써 이제 은행들은 시장가치를 고려한 대출이 가능해졌을 뿐만 아니라 KMV를 이용하여 고객의 신용 리스크를 측정하고 리스크에 대비할 수 있게 된 것이다.

금융기관들이 KMV모형을 이용하는 분야는 매우 다양하다. 가장 단순한 것으로 일부 은행에서는 EDF를 중요한 정보로 사용하는데, 예를 들어 EDF를 고객 신용분석의 공식모형으로 사용하기도 한다. 또한 많은 금융기관들이 EDF를 신용의 내부위험등급을 정하는 데 사용하기도 한다. 어떤 기관들은 EDF를 기업의 위험변화에 대해 대출담당자에게 정보를 전달하기 위한 조기경보시스템으로 사용하기도 한다.

KMV는 금융기관들이 그들 상황에 가장 잘 맞는 모형을 이용할 것을 추천하고 있다. 어떤 경우에는 EDF가 신용의사결정의 우선순위를 정하는 도구 역할을 하기도 하며, 채무불이행위험을 평가하는 데 드는 시간을 최소화해서 더 많은 자원이 채무불이행 시 회수를 극대화하는 거래에 집중하도록 도와주기도 한다.

(5) 부도확률 측정과 관련된 주요 이슈들

① 역사적 부도율

역사적 부도율이란 무작위 조사대상 표본기업들 중에서 실제 부도가 발생한 기업의 비율이다. 이는 앞에서 설명한 다양한 확률적 방법에 의한 부도확률예측, 재무변수나 경제변수를 이용한 부도확률 추정과는 다른 실제 자료를 이용한 부도율이라는 점에서 차이가 있다. 따라서 역사적 부도율은 현실감이 있다는 장점이 있으나, 신용등급이 높은 기업들의 경우 부도사례가 많지 않아 표본을 어떻게 구성하느냐에 따라 부도율이 민감하게 반응, 변화한다는 단점도 있다. <표 10-3>과 <표 10-4>는

〈표 10-3〉 역사적 부도율(%: 누적): Moody's

등급	연도																			
	1	2	3	4	5	6	7	8	9	10	11	12	13	14	15	16	17	18	19	20
Aaa	0.00	0.00	0.02	0.08	0.16	0.26	0.37	0.53	0.07	0.90	1.07	1.21	1.36	1.41	1.45	1.53	1.62	1.68	1.77	1.83
Aa	0.06	0.18	0.29	0.45	0.70	1.01	1.34	1.65	1.95	2.29	2.68	3.10	3.51	3.93	4.25	4.49	4.68	4.88	5.09	5.27
A	0.07	0.24	0.50	0.81	1.12	1.45	1.80	2.13	2.50	2.90	3.34	3.77	4.12	4.50	4.92	5.28	5.56	5.81	6.08	6.33
Baa	0.29	0.85	1.56	2.34	3.14	3.94	4.71	5.48	6.28	7.06	7.80	8.54	9.24	9.89	10.44	11.01	11.53	12.00	12.44	12.91
Ba	1.34	3.20	5.32	7.49	9.59	11.56	13.36	15.11	16.73	18.44	20.00	21.52	23.04	24.34	25.51	26.64	27.81	28.91	29.85	30.78
B	4.05	8.79	13.49	17.72	21.43	24.66	27.59	30.04	32.15	33.93	35.64	37.26	38.69	40.08	41.40	42.68	43.73	44.52	45.07	45.38
Caa-C	13.73	22.46	29.03	33.92	37.64	40.58	42.87	44.92	47.00	48.98	50.99	53.07	55.05	57.11	59.12	60.98	62.63	64.20	65.68	67.13
투자등급	0.14	0.43	0.81	1.23	1.69	2.16	2.63	3.09	3.58	4.08	4.58	5.09	5.57	6.00	6.42	6.79	7.12	7.41	7.71	8.00
투기등급	3.59	7.24	10.75	13.92	16.71	19.18	21.37	23.34	25.11	26.83	28.44	30.00	31.50	32.87	34.13	35.35	36.52	37.57	38.46	39.28
전체	1.41	2.88	4.32	5.63	6.80	7.85	8.80	9.67	10.48	11.28	12.05	12.80	13.50	14.15	14.74	15.29	15.79	16.25	16.66	17.06

〈표 10-4〉 역사적 부도율(%: 누적): S&P

등급	연도														
	1	2	3	4	5	6	7	8	9	10	11	12	13	14	15
AAA	0.00	0.00	0.09	0.18	0.28	0.41	0.48	0.59	0.63	0.67	0.67	0.67	0.67	0.73	0.79
AA	0.01	0.05	0.09	0.19	0.29	0.40	0.52	0.62	0.71	0.81	0.91	0.99	1.09	1.17	1.21
A	0.06	0.16	0.29	0.45	0.64	0.85	1.11	1.32	1.53	1.76	1.95	2.11	2.26	2.39	2.61
BBB	0.23	0.65	1.13	1.75	2.38	2.98	3.47	3.96	4.42	4.89	5.37	5.75	6.22	6.68	7.20
BB	1.00	2.93	5.19	7.36	9.30	11.19	12.72	14.05	15.27	16.24	17.13	17.87	15.51	18.96	19.43
B	4.57	10.06	14.72	18.39	21.08	23.19	14.94	26.37	27.55	28.74	29.80	30.70	31.61	32.47	33.26
CCC	25.59	34.06	39.04	41.86	44.50	45.62	46.67	47.25	48.86	49.76	50.50	51.26	51.87	52.50	52.50
투자등급	0.10	0.30	0.52	0.81	1.11	1.42	1.69	1.95	2.19	2.44	2.66	2.85	3.05	3.24	3.47
투기등급	4.11	8.11	11.66	14.57	16.90	18.84	20.45	21.79	23.01	24.08	25.05	25.87	26.64	27.30	27.90
전체	1.45	2.91	4.21	5.33	6.26	7.06	7.73	8.30	8.81	9.29	9.72	10.08	10.44	10.76	11.09

각각 Moody's와 S&P에 의해 보고된 역사적 부도율이다.[11]

위 표에 나타나 있는 부도율은 최초 신용등급별 누적부도율(cumulative default rate)이다. 즉, 최초시점부터 해당 년도(t) 사이 모든 시점에서 발생한 부도의 총 빈도를 의미한다. 예를 들어, <표 10-3>에서 B등급 기업의 경우 1년 후 부도확률은 4.05%이지만, 5년후에는 21.43%로 급증함을 알 수 있다. 이러한 역사적 부도율은 시점에 따라, 조사대상 표본기업에 따라 달라질 수 있다는 점에 유의하여 활용할 필요가 있다.

② 한계, 누적, 평균부도율

앞에서 t시점 누적부도율이 최초시점부터 t시점까지의 발생한 모든 부도의 총 빈도라면, t시점 한계부도율(marginal default rate)은 t번째 연도에만 발생한 부도빈도이다. 다음 [그림 10-4]는 일련의 부도과정을 잘 보여주고 있다. 그림에서 $d_t = t$시점의 한계부도율, $C_t = t$시점까지의 누적부도율이다.[12]

---

11) Jorion(2011)에서 인용함.
12) $t = 2$시점의 누적부도율 C_2는 생존율$(1-d)$을 이용해 다음과 같이 표시할 수도 있다.
$C_2 = 1 - (1-d_1)(1-d_2)$.

[그림 10-4] 부도과정

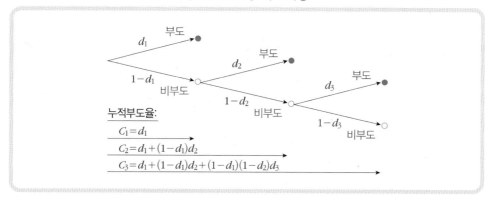

초기시점에 신용등급이 R이고 T시점까지 도산하지 않고 생존할 확률을 생존율(survival rate: $S_T(R)$)이라 하는데 이는 다음과 같이 구할 수 있다.

$$S_T(R) = \prod_{t=1}^{T}[1-d_t(R)] = [1-d_1(R)][1-d_2(R)] \cdots [1-d_T(R)] \quad \text{(식 10-16)}$$

그리고 초기시점에 신용등급이 R일 때 T시점의 한계부도율($m_T(R)$)과 누적부도율($C_T(R)$)은 생존율을 이용하여 아래와 같이 구할 수 있다.

$$m_T(R) = S_{T-1}(R) \cdot d_T(R) \qquad\qquad \text{(식 10-17)}$$

$$C_T(R) = \sum_{t=1}^{T}d_t(R) = 1 - S_T(R) \qquad\qquad \text{(식 10-18)}$$

한편, 모든 기간의 평균부도율(average default rate)을 d라 하면, 총 누적부도율(C_T)은 다음과 같이 계산할 수 있다.[13]

$$C_T = 1 - \prod_{t=1}^{T}(1-d_t) = 1 - (1-d)^T \qquad\qquad \text{(식 10-19)}$$

---

13) 만일 (식 10-19)에서 이자계산이 연속복리로 이루어진다면, 총 누적부도율 = $\lim_{n \to \infty}[1-(1-\frac{d_n}{n})^{nT}]$ $= 1-e^{-dT}$가 된다. 단, n = 년간 복리횟수이다.

③ 전이확률

일반적으로 장기 부도율을 측정할 때 표본이 작을 경우 측정오차가 발생할 수 있다. 이러한 문제는 신용등급의 변화에 마코브과정(Markov process)과 같은 특정 확률과정(stochastic process)을 가정하여 모형화할 수 있다. 신용등급이 어떤 기간에서 다른 기간 사이에 변화하는 과정을 '전이(migration)'라 하며, 이를 모든 등급에 대해 행렬로 표시한 것을 '전이행렬(migration matrix)'이라 한다.

다음 <표 10-5>와 [그림 10-5]는 전이확률을 이용한 부도확률 추정의 예이다.[14]

〈표 10-5〉 신용등급 전이확률

초기 상태	종료 상태				총확률
	A	B	C	D	
A	0.97	0.03	0.00	0.00	1.00
B	0.02	0.93	0.02	0.03	1.00
C	0.01	0.12	0.64	0.23	1.00
D	0	0	0	1.00	1.00

<표 10-5>에서는 전이확률을 쉽게 설명하기 위해 네 개의 상태(즉, 신용등급) A, B, C, D를 가정하였다. 예컨대, 초기 신용등급B가 다음 시점에 신용등급C로 하락하여 전이할 확률은 0.02(혹은 2%)이고, 초기 신용등급C가 다음 시점에 신용등급B로 상승하여 전이할 확률은 0.12(혹은 12%) 임을 보여준다. [그림 10-5]는 다양한 부도경로에 대해 각 시점의 부도확률과 누적부도확률을 예시하고 있다.

---

14) Jorion(2011)에서 인용함.

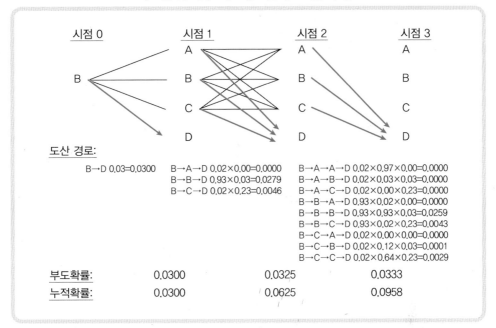

[그림 10-5] 부도경로별 부도확률 추정

시점 0	시점 1	시점 2	시점 3
	A	A	A
B	B	B	B
	C	C	C
	D	D	D

도산 경로:

B→D 0.03=0.0300

B→A→D 0.02×0.00=0.0000
B→B→D 0.93×0.03=0.0279
B→C→D 0.02×0.23=0.0046

B→A→A→D 0.02×0.97×0.00=0.0000
B→A→B→D 0.02×0.03×0.03=0.0000
B→A→C→D 0.02×0.00×0.23=0.0000
B→B→A→D 0.93×0.02×0.00=0.0000
B→B→B→D 0.93×0.93×0.03=0.0259
B→B→C→D 0.93×0.02×0.23=0.0043
B→C→A→D 0.02×0.00×0.00=0.0000
B→C→B→D 0.02×0.12×0.03=0.0001
B→C→C→D 0.02×0.64×0.23=0.0029

부도확률:	0.0300	0.0325	0.0333
누적확률:	0.0300	0.0625	0.0958

④ 신용파생상품

신용파생상품(credit derivatives)은 신용리스크(credit risk)를 관리하는 최신 수단으로서 신용파생상품 계약의 가치는 신용리스크에 기초한다.[15] 이러한 신용파생상품은 한 거래상대방으로부터 다른 거래상대방으로의 신용리스크 교환을 가능하게 해준다. 신용파생상품은 초기에 은행의 신용노출(credit exposure) 조절 수요로부터 성장하여 지금은 필수적인 포트폴리오 관리수단이 되었다. 또한, 신용파생상품으로 인하여 신용리스크를 다른 리스크와 분리하고 증권의 신용위험 속성만 따로 트레이딩 하는 것이 가능하게 되었다. 주로 신용리스크를 최소화하려는 투자가와 자금부담 없이 수수료수입을 증대시키려는 은행간에 거래가 이루어지고 있다. 신용파생상품은 신용위험을 부담하거나 타인에게 전가하는 데 이용되는 부외(off-balance) 금융상품으로 기초자산에서 발생하는 성과, 가치변동, 신용등급하락 및 채무불이행과 관련된 신용위험을 제3자에게 이전하는 상품이다. 현금흐름은 파생상품과 유사하다.

---

15) 신용리스크를 대상으로 하는 '신용파생상품'은 1992년 국제스왑및파생상품협회(ISDA: international swap and derivatives association)의 컨퍼런스에서 처음 제안되었다.

신용파생상품에는 신용부도스왑(CDS: credit default swap), 총수익스왑(TRS: total return swap), 신용스프레드선도(CSF: credit spread forward), 그리고 신용스프레드옵션(CSO: credit spread option) 등이 있다. 여기서 신용스프레드(credit spread)란 신용리스크가 있는 자산의 수익률과 비교대상 무위험자산의 수익률의 차이를 의미한다.

(i) 신용부도스왑(CDS)

CDS는 일방(보장 매입자)이 상대방(보장 매도자)에게 정기적으로 금액(수수료)을 지불하고, 그 대신 명시된 준거증권(준거채무)에 '신용사건(credit event)'이 발생하면 일시금(신용리스크로 인한 손실금액)을 지급받는 쌍방계약이다. 여기서 준거증권은 신용리스크가 있는 어떤 채무라도 가능한 데, 회사, 국가, 준정부 기관의 채무 모두 가능하다. 스왑매입자는 스왑계약에 대해 현금으로 정산하거나 아니면 기초자산을 직접 매입할 수 있다. 이러한 계약 내용을 그림으로 표시하면 [그림 10−6]과 같다.

[그림 10−6] 신용부도스왑(CDS)

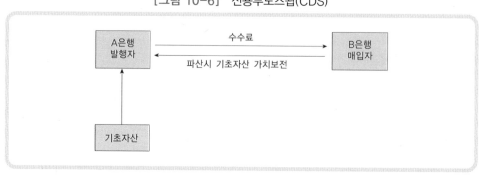

CDS의 만기는 준거채무의 만기와 일치할 필요는 없으며, 1년부터 10년까지 다양하다. 시장에서 가장 일반적인 만기는 5년이다. 손실을 유발시키는 대표적인 신용사건들에는 지급불이행(failure to pay: 최소연체금액, 유예기간 통상 3일 적용), 파산(bankruptcy: 지급불능상태, 국가는 제외), 지급거절/지급정지(repudiation/moratorium), 채무불이행(obligation default), 만기보장상실(obligation acceleration), 채무재조정(restructuring) 등이 포함된다.[16] 한 가지 유의해야 할 것은 보장 매입자의 경우 신용리스크로 인한 손실만 보상받을 수 있고 시장리스크 등 다른 리스크에 의한 손실은 보장받지 못한다는 것이다.

---

16) G7국가들에서는 위 신용사건 중 파산, 지급불이행, 채무재조정 등만 포함된다.

CDS는 신용사건에 대한 보험의 한 형태이므로 신용사건이 발생하지 않으면 보장매입자는 아무것도 수령하지 않으며 신용사건이 발생하면 가치손실에 보상을 받는다. CDS는 대출이나 채권포트폴리오의 헷징을 원하는 은행이나 기타 기관에게는 매우 유용한 수단이 될 수 있다. 포트폴리오에 포함된 특정 자산에 대한 보장을 매입함으로써 소유권을 이전하지 않으면서도 그 자산에 포함된 신용리스크를 전가할 수 있게 된다. 즉, 사실상 기초자산(준거자산)에 대한 매도포지션을 취하게 된다. CDS에서 보장매입자가 지불하는 연간지급액을 CDS스프레드라 하는데 이는 부도확률에 비례하므로 CDS스프레드는 부도확률의 간접적 지표로 활용될 수 있다. 또한, CDS의 명칭 때문에 스왑의 한 형태로 이해하기 쉽지만 실제로는 옵션(option)이라 볼 수 있다. 즉, 신용리스크가 있는 채권에 투자하는 것은 무위험채권에 투자하고 동시에 신용부도스왑을 매도하는 것과 같다.

(ii) 총수익스왑(TRS)

TRS는 양자 간 금융계약으로서 일방(보장 매입자 혹은 총수익 지급자)이 정해진 자산(즉, 준거채무)의 총수익률을 상대방(보장 매도자 혹은 총수익 수령자)에게 지급하고, 미리 정해진 현금흐름(통상 명목금액에 (LIBOR+스프레드)이율을 적용한 금액)을 대신 받는 계약이다. TRS의 만기가 준거채무의 만기와 동일할 필요는 없으며, 수익률은 음수(−)도 가능하므로 수익률이 음수가 되면 오히려 총수익 수령자가 총수익 지급자에게 지급해야 한다. 자산의 가치변동에 따른 결제는 만기에 할 수도 있고 정기적으로 할 수도 있다. CDS가 신용리스크만 보장해주는 반면, TRS는 신용리스크와 시장리스크 모두 보장해 준다는 차이점이 있다.

좀 더 구체적으로 설명하면, 총수익률스왑(total rate−of−return swap)은 신용파생상품 거래의 가장 일반적인 형태로서 A은행이 은행대출채권, 회사채 및 후순위채 등 기초자산으로부터 발생하는 모든 수익을 B은행에 지급하는 대신, 약정금리(예를 들어, LIBOR+가산금리)[17]를 받는 계약을 말한다. 이 경우 B은행은 기초자산의 현금흐름을 수취할 뿐만 아니라 기초자산의 가치증가에 따른 수익을 수취하고 가치감소에 따른 손실을 부담함으로써 기초자산에 대한 A의 총수익을 일정수준으로 보증하는 보증인 역할을 수행한다. 이러한 계약 내용을 그림으로 표시하면 [그림 10−7]과 같다.

---

17) 리보(LIBOR): London Inter Bank Offer Rate의 약자로서 런던은행간 단기간 대출이자율을 의미하는데, 통상 국제금융시장에서 기준금리로 이용된다.

[그림 10-7] 총수익률스왑

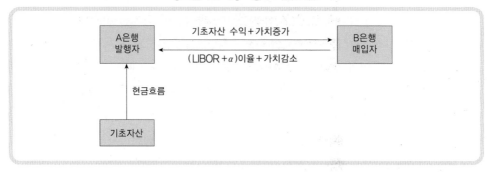

(iii) 신용스프레드선도(CSF)와 옵션(CSO)

CSF와 CSO는 신용파생상품들이다. 먼저, CSF(credit spread forward)에서 매입자는 만기 신용스프레드와 계약 신용스프레드의 차이가 양수이면 이 차액을 수취하고, 음수이면 차액을 지급한다. 일반적인 매입자의 지급액 공식을 다음과 같다.

$$지급액 = (S - F) \times MD \times 기준금액 \qquad\text{(식 10-20)}$$

단, S= 실제스프레드
F= 계약스프레드
MD= 수정듀레이션

위 지급액을 가격기준으로 전환하면 다음과 같다.

$$지급액 = [P(y + F, \tau) - P(y + S, \tau) \times 기준금액 \qquad\text{(식 10-21)}$$

단, $P(y+S,\tau)$ = 잔존만기 τ년인 증권의 현재가치(%)
y = 동등국채수익률

한편, CSO에서 매입자는 미리 정해진 만기에 매도자에게 스프레드 상승분을 전가할 수 있는 권리의 대가로 프리미엄을 지급한다. 지급액은 다음 식과 같다.

$$지급액 = Max(S - K, 0) \times MD \times 기준금액 \qquad\text{(식 10-22)}$$

단, S= 실제스프레드
K= 행사스프레드

(iv) 신용연계채권

신용연계채권(credit linked note)이란 매입자가 채무불이행에 따른 손실위험과 연계된 채권을 매도자에게 매각하고, 채무자의 채무불이행 때는 채권발행액 중 일정금액만을 상환하며, 채무이행 때는 발행채권 액면을 전액 상환하는 계약을 말한다.

다. 신용리스크 측정기법의 검증방법

신용리스크 측정기법의 검증방법이란 부도기업을 판별하는 종합평점법, 판별분석법, 도산확률예측모형 등이 부도기업을 정확하게 판별하고 있는 지를 분석하는 기법을 말한다. 대표적으로 제1종오류(혹은 제2종오류) 검증법, Kolmogorov-Smirnov 검증법 등이 있다.

(1) 제1종오류 검증법

다음과 같은 가설검증을 생각해 보자.

귀무가설(H_0): 기업 A는 정상기업이다.
대립가설(H_A): 기업 A는 정상기업이 아니다(즉, 도산가능기업이다).

위의 가설을 검증하기 위해 여러 개의 실제 기업에 대해 앞에서 설명한 여러 도산확률예측모형들을 이용하여 도산확률을 추정했다고 가정하자. 이 때 어떤 기업이 실제 '정상기업'임에도 부도확률이 높게 나와 도산기업이라 판정했다면 이러한 오류를 '제1종오류(Type 1 error)'라 하며, 실제 '도산기업'임에도 부도확률이 낮게 나와 정상기업이라 판정했다면 이런 오류를 '제2종오류(Type 2 error)'라 한다. <표 10-6>은 가설검증의 4가지 가능한 결과에 대해 요약하고 있고 제1종오류와 제2종오류를 설명하고 있다. 제1종오류는 유의수준(significance level: α)이라고도 부르며, 제2종오류는 통상 β라고 표시한다. 귀무가설이 사실인지 아닌지 실제상황은 시간이 흘러야만 알 수 있다. 따라서, 이와 같은 불확실성하에서의 가설검증(의사결정)은 항상 두 가지 오류 중 하나의 오류를 범할 가능성을 가지고 있다. 표에서 $(1-\alpha)$와 $(1-\beta)$는 모두 올바른 결정(correct decision)을 할 확률을 표시하고 있는데, 특히 $(1-\beta)$는 허위인 귀무가설을 기각할 확률을 의미하며, 귀무가설이 허위일 때 이를 제대로 기각할 수 있는 힘의 정도를 나타낸다고 하여 '검정력(power of test)'이라고도 불린다.

〈표 10-6〉 제1종오류 vs. 제2종오류

의사결정＼실제상황	귀무가설: True	대립가설: True
귀무가설: 기각	Type 1 error: α	Correct: $1-\beta$=power
귀무가설: 채택	Correct: $1-\alpha$	Type 2 error: β

따라서, 이러한 1종, 2종오류를 가급적 작게 만드는 도산확률모형일수록 좋은 모형이라는 것은 너무나 자명하다. 그러므로 제1종오류 검증법이란 다름 아닌 제1종오류나 제2종오류를 최소화하는 도산예측모형 검증법이다. 통계이론에 따르면 주어진 표본수에서는 1종오류와 2종오류는 상충관계를 가진다. 즉, 1종오류를 줄이면 2종오류가 커지고, 2종오류를 줄이면 1종오류가 커지므로 둘 다 줄일 수는 없다. 한쪽을 증가시키지 않으면서 다른 쪽을 감소시킬 수 있는 방법은 표본수를 늘려 표본분포의 형태를 바꾸는 것이다.

즉, 제1종오류와 제2종오류를 동시에 줄이는 것은 쉽지 않으므로, 제1종오류를 허용할 수 있는 범위만큼으로 제한하면서 제2종오류를 최소화하는 방법이 가장 현실적이고 최선의 리스크 관리 방법이 될 것이다. 통상 제1종오류로 1%, 5%, 10%의 세 가지가 가장 많이 사용되고 있다.

리스크 관리 측면에서 볼 때 제2종오류가 제1종오류보다 더 심각한 문제라고 할 수 있는데, 그 이유는 정상으로 예측(의사결정)하게 되면 이에 대해 보통 리스크 대비(대손충당금 준비 등)를 하지 않게 되는데 이런 상황에서 기업이 도산하면 이런 기업에 대출을 해 준 금융기관 등은 예상치 못한 위험에 직면할 수 있기 때문이다. 따라서 대손충당금 준비로 인해 기회비용이 좀 더 들더라도 제2종오류는 가급적 작게 하는 것이 바람직하다. 2종오류(β)를 최소화한다는 것은 곧 검정력(power: $1-\beta$)을 최대화한다는 것을 의미하므로 바람직하다. 한편, 실제 정상기업임에도 도산할 기업이라 예측하게 되면 이에 대한 대비를 하게 될 것인데, 예측과 달리 실제로는 그 기업이 도산하지 않더라도 이런 기업 때문에 위험에 직면하지는 않을 것이기 때문에 제1종오류는 제2종오류에 비해 덜 중요하다고 할 수 있다. 따라서, 검정력을 최대화하는 부도예측모형이 가장 좋은 모형이 될 것이므로 검정력은 모형선정의 중요한 기준이 된다.

(2) Kolmogorov-Smirnov 검증법

Kolmogorov — Smirnov 검증법은 대표적인 비모수검증법(non — parametric test method)의 하나로서 귀무가설에서 주장하는 확률분포가 맞는지 검증하는 방법이다. 여기서 '비모수'라 함은 특정 확률분포를 가정하지 않는다는 의미이다. 이러한 검증법을 적용하기 위해서 다음과 같은 가설을 사용한다.

귀무가설(H_0): $F(x) = F^*(x)$
대립가설(H_A): $F(x) \neq F^*(x)$

위 가설에서 $F(x)$ 란 확률변수 X 의 누적확률함수(cumulative distribution function)로서 단조증가함수이고 연속함수이다. 좋은 도산확률예측모형일수록 사전적 예측도산확률(즉, $F^*(x)$)이 사후적 실제도산확률(즉, $F(x)$)과 유의적으로 차이가 나지 않을 것이다. 역으로 부정확한 도산확률예측모형일수록 예측도산확률과 실제도산확률이 유의적으로 차이가 날 것이다. 이러한 원리를 이용하여 비모수적으로 도산확률예측모형의 정확성을 검증하는 방법이 바로 Kolmogorov — Smirnov 검증법이다. 좀 더 세부적인 검증방법은 DeGroot(1987, pp.552~558) 혹은 통계학관련 전문서적을 참조하기 바란다.

3 신용리스크측정 소프트웨어(S/W)

가. CreditRisk+

(1) CreditRisk+와 CreditMetrics™의 비교

CreditRisk+는 CSFB(Credit Suisse First Boston)사가 개발한 신용리스크측정기법이다.[18] 이는 J.P. Morgan이 개발한 CrditMetrics™과 마찬가지로 신용포트폴리오를 대상으로 개별 신용자산들간의 상관관계를 고려한 신용리스크측정기법이지만, 둘 사이에는 다음과 같은 두 가지 차이점이 있다.

① 개별자산의 신용리스크측정에 대한 접근방법의 차이

CrditMetrics™은 신용등급에 따른 부실화 확률과 신용등급 변화분석을 통하여 개별 신용자산의 부실화 확률과 이에 따른 자산가치분포를 도출한다.

반면에 CreditRisk+는 신용등급 자체보다는 개별 신용자산의 평균 부실화 확률과 그 변동성에 주목한다. 즉, CreditRisk+는 개별적인 거래상대방의 부실화 확률 자체가 일정한 확률분포(즉, 포아송 분포, Poisson distribution)를 따른다고 가정하고 그 부실화 확률의 평균과 분산을 이용해 포트폴리오 신용손실의 확률분포를 도출한다.

② 부실화 확률과 신용손실과의 연계방법의 차이

CrditMetrics™은 신용자산의 회수우선순위와 회수율을 고려한 신용손실 자체가 확률분포를 갖는 것으로 가정한다.

그러나 CreditRisk+는 개별자산의 신용손실 확률분포를 별도로 가정하지 않고 각 신용자산을 신용손실의 규모에 따라 별도의 그룹으로 구분한 다음 각 그룹별로 부실화 확률의 분포가 다른 것으로 가정한다.

---

18) CreditRisk+도 인터넷상에 신용리스크측정 방법론을 공개하고 있다. www.csfp.csh.com 참조.

③ 신용자산들 사이의 상관관계를 고려하는 방법의 차이

CrditMetrics™은 신용자산들간의 부실화 상관관계를 도출하는 기본요소로 거래 상대방의 기업가치간의 상관관계를 구하고 이로부터 기업가치 변화에 따른 신용등급변화 확률을 적용함으로써 신용자산가치의 상관관계를 도출한다.

반면에 CreditRisk＋는 신용자산들간의 상관관계는 자산들에게 공통적으로 영향을 미치는 경제요인들(economic factors)에 의해 발생하는 것으로 보고 각 신용자산을 이러한 경제요인들에 연관 짓는 부문분석(sector analysis)을 통하여 신용자산들간의 상관관계를 도출한다.

(2) CreditRisk＋의 포트폴리오 신용리스크측정

CreditRisk＋의 포트폴리오 신용리스크측정은 다음과 같이 세 단계로 이루어진다.

① 부실화 확률분포

첫 번째 단계에서는 각 신용공여대상에 대하여 부실화 확률의 평균과 분산을 구한다. 즉, 개별 신용공여대상의 부실화 확률에 대한 확률분포를 구하는 것으로서 과거 데이터를 통계적으로 처리하여 산출한다.

② 신용자산의 분해

신용자산의 분해(decomposition)는 CreditRisk＋의 가장 큰 특징이다. 이를 이해하기 위해 우선 거래상대방 A가 부실화될 가능성을 나타내는 부실화확률 p_A가 평균 μ_A이고, 표준편차 σ_A인 확률분포를 따르며, A가 부실화될 경우에 $L_A = v_j L$만큼 손실이 발생한다고 가정하자. 이때 v_j는 손실의 규모에 따라 자산을 그룹화하기 위한 지표로 이해할 수 있다. 또한 기업의 부실화에 영향을 주는 경제적 요인이 n개이며, 경제적 요인 k가 A라는 거래상대방의 부실화 확률에 미치는 영향의 가중치가 θ_{Ak}라고 가정하자. 그리고 주요 변수들을 다음과 같이 정의한다고 하자.

$$\mu_k = \sum_A \theta_{Ak} \times \mu_A$$

$$\sigma_k = \sum_A \theta_{Ak} \times \sigma_A$$

$$\alpha_k = \frac{\mu_k^{\ 2}}{\sigma_k^{\ 2}}$$

$$\beta_k = \frac{\sigma_k^{\ 2}}{\mu_k}$$

(식 10-23)

그러면 경제적 요인 k에 따른 포트폴리오의 부실화 확률분포는 감마분포(gamma distribution) $\Gamma(\alpha_k,\ \beta_k)$를 따르게 된다.[19] 여기서 주의할 점은 (식 10-23)에 있는 α_k와 β_k의 정의에서 보듯이 신용자산들간의 상관관계를 유발하는 경제요인의 가중치 θ_k를 이미 반영하였기 때문에 감마분포로 표현된 포트폴리오의 부실화 확률은 신용 자산들간의 상관관계로 인한 포트폴리오 분산효과를 반영한 것이라는 점이다.

③ 포트폴리오 신용손실의 확률분포

앞에서 구한 포트폴리오 부실화 확률분포는 포트폴리오 신용손실의 확률분포를 구하는 데 활용된다. 신용손실의 규모에 따른 그룹 j의 부실화 확률, 즉 신용포트폴 리오의 특정부문에서 nL만큼의 신용손실이 발생할 확률을 A_n이라 하면, 이 확률은 다음과 같은 차분방정식(difference equation)으로부터 구할 수 있다.

$$A_n = \sum_{\substack{k \leq n-1, \\ k = v_j - 1 \\ \text{for some } j}} (\frac{1}{n!})_{n-1} C_k (k+1)!(n-k-1)!\,\mu_j A_{n-k-1}$$

$$A_0 = e^{\sum_{j=1}^{n} \frac{\varepsilon_j}{v_j}}$$

$$\varepsilon_j = \nu_j v_j$$

(식 10-24)

따라서 신용포트폴리오 전체의 기대손실액 L_p는 다음과 같이 도출된다.

$$L_p = \sum_{n=1}^{\infty} n A_n L$$

(식 10-25)

---

19) 감마분포를 따르게 되는 수학적 증명은 본 교재의 수준을 넘으므로 여기서는 생략하기로 한다.

그리고 대손액의 분산은 다음과 같이 구할 수 있다.

$$\sigma_p{}^2 = \sum_{n=1}^{\infty} (nL - L_p)^2 A_n$$

(식 10-26)

이상에서 보듯이 CreditRisk+는 매우 복잡한 통계학의 확률모형을 응용하며, 단순히 포트폴리오 가치의 변동성이 아닌 대손액의 확률분포를 직접 구한다. 그러나 이러한 수학적 복잡성의 이면에 있는 기본원리는 CreditMetrics[TM]과 큰 차이가 없다. 즉, 포트폴리오의 신용손실에 대한 확률분포를 도출하기 위한 통계적 가정에서 CreditMetrics[TM]가 정규분포의 가정에서 출발하여 비교적 단순한 형태의 확률분포를 도출하는 반면, CreditRisk+는 처음부터 정규분포의 가정은 포기하고 보다 복잡한 형태의 확률분포(즉, 감마분포)를 가정하고 있다는 차이가 있을 뿐 방법론은 유사하다고 할 수 있다.

참고로 CreditRisk+의 기본구조를 도식화하면 다음 [그림 10-8]과 같다.[20]

[그림 10-8] CreditRisk+의 기본구조

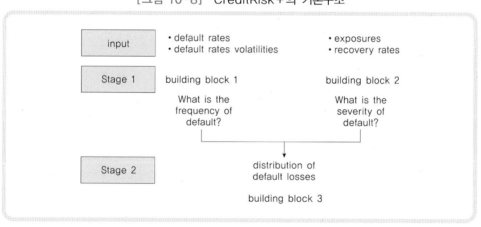

---

20) 자료: Crouchy, Galai and Mark, *CreditRisk+*, 2001.

나. CreditRisk+의 장단점

(1) 장점

CreditRisk+는 포트폴리오 부실화 확률의 분포를 '닫힌 해(closed solution)'로 나타낼 수 있어 계산이 확실하다는 장점이 있다.[21] 또한 신용등급 하락 리스크를 포함하지 않는 부실화 확률에만 중점을 두고 있어서 상대적으로 적은 양의 정보투입을 요구하며, 추정해야 할 모수의 수도 적어 실무적으로 적용이 쉽다는 장점도 있다.

(2) 단점

CreditRisk+도 다른 신용리스크 측정 모형들과 같이 신용리스크와 시장리스크의 상관관계를 고려하지 못하여 통합리스크를 과대평가하는 단점이 있다. 또한 신용등급 변동 리스크(migration risk)를 고려하지 않고 단지 부실화 리스크만을 신용리스크로 간주함으로써 채무자 신용정보의 변화에 신용리스크가 민감하게 반응하지 않는다는 단점도 있다. 그리고 CreditRisk+는 KMV모형과 마찬가지로 옵션 등 비선형 금융자산 처리에 있어 한계를 보인다는 문제점도 가지고 있다.

4 국가리스크

가. 국가리스크의 정의

국가리스크(country risk)란, 차입자 개인의 신용이 아니라 차입자가 소속된 국가에 문제가 발생하여 원리금상환이 지연, 축소, 혹은 취소될 가능성을 의미한다. 국가리스

---

21) 닫힌 해(closed solution): 닫힌 해란 독립변수의 값만 대입하면 종속변수의 값을 완전하게 구할 수 있는 방정식에서의 해를 말한다. '폐쇄 해'라고도 한다.

크에 영향을 미치는 주요 요인으로는 정치적리스크, 경제적 리스크, 사회적 리스크, 환경 리스크, 규제(관세 및 세금 등) 리스크 등이 있는데 특히 중요한 정치·경제적 리스크 각각에 대해 좀 더 자세히 살펴보면 다음과 같다.[22]

(1) 정치적 리스크

정치적 리스크를 측정함에 있어서는 각국의 헌법 운용형태, 정치적 리더십 및 관료체제의 형태, 부패의 정도가 중요 요소가 된다. 냉전 시대가 막을 내리면서 각 나라의 정치적 행동결정은 이데올로기적인 요인보다는 지정학적, 인종적, 종교적 요인 등으로부터 많은 영향을 받고 있으며, 그 밖에 문맹률, 도시화의 정도, 소득분배, 1인당 소득, 출생률 등 사회구조 관련 지표도 정치적 리스크에 대한 수량적 지표가 될 수 있다.

(2) 경제적 리스크

경제적 리스크는 차입자의 재무상태와 관계없이 그가 속해 있는 국가의 경제적·재정적 요인 때문에 발생하는 리스크로서 각국의 경제적 리스크 산정을 위해서는 통상적으로 그 나라의 국제수지 상황을 분석한다. 국제수지 상황은 경상수지 포지션, 대외부채의 규모와 구조, 해외 유동자산 보유액 등으로 평가되며, 인플레이션, 환율, 통화정책, 재정정책, 대외개방도 등의 대내적 경제요인들과 무역장벽, 국제원자재가격, 해외이자율, 기상변화 등 대외적 요인이 작용한다. 또한 이러한 대내외적 요인 이외에도 IMF, World Bank 등 주요한 유동성 공급기관들로부터의 자금조달능력 등이 경제적 리스크 결정에 작용한다.

---

[22] 국가리스크를 신용리스크의 한 종류로 보기도 한다. 그러나 본 교재에서는 정치, 경제, 사회, 문화, 교육 등 국가리스크에 미치는 요인들이 통상의 기업 신용리스크와는 다른 점이 있어 별도로 분리하여 다루고자 한다.

나. 국가리스크 측정 방법

여기서는 국가리스크 측정에 사용되는 주요 비율, 국가리스크 측정기관, 주요 국가리스크 측정 방법 등에 대해 살펴보기로 한다.

(1) 국가리스크의 주요 측정비율

국가리스크 측정에 사용되는 주요 비율로는 이자지급비율, 외환보유고비율, 유동성갭비율, 경상수지비율 등이 있으며, 이들 각각에 대한 자세한 내용이 다음 <표 10-7>에 요약되어 있다.[23)]

〈표 10-7〉 국가리스크 측정을 위한 주요 비율

주요 비율	정의	리스크 판단 기준
이자부담비율 (interest service ratio)	지급기일이 도래한 이자금액/ 동 기간 중 수출금액	4% 정도면 양호 20% 상회하면 위험
외환보유고/수입금액 (reserves/imports)	외환보유고/월평균 수입액	3개월 이상이면 양호
유동성갭비율 (liquidity gap ratio)	1년만기 단기부채 －경상수지＋외부조달가능자금	유동성 측정지표
경상수지/국민총생산 (CA Balance/GNP)	경상수지/국민총생산	(＋)면 양호, －5% 이하면 위험

(2) 국가리스크 측정기관

신용평가기관은 국가신용을 모니터링하고 등급을 산정하는 작업을 수행하면서 국가리스크를 평가하고 있다. 최근 들어, 국가신용평가의 필요성이 점차 커지고 있으나 많은 분석기관에서 국가리스크 분석과 관련된 정보를 외부에 공개하지 않고 있다. 따라서, 우리나라도 국가차원에서 분석기관 양성을 위한 지원과 대책마련이 필요하다. 세계적으로 잘 알려진 국가리스크 분석기관으로서는 Credit Risk International, Institutional Investor, Moody's, S&P, Euromoney 등이 있다.

---

23) 자료: 김철중, 윤평식, *신용위험관리*, 한국신용분석사회, 2001, p.578.

(3) 국가리스크 평가 개념

리스크 평가부문을 몇 개로 나누어 각 부문의 점수를 종합하는 평가시스템이 여러 국가의 상대적인 리스크를 비교할 수 있는 방법으로 이용되고 있다. 주요 리스크 측정기관들이 평가하는 방법을 살펴보면 다음과 같다.

① Credit Risk International

5개 평가부문으로 구분하고 각 부문별 주 항목 및 세부항목을 평가하여, 부문별 점수와 종합평가점수를 산출한다. 질적인 요소들로만 구성되어 있다는 특징이 있다. 이를 요약하면 <표 10-8>과 같다.[24]

〈표 10-8〉 Credit Risk International의 국가리스크 평가시스템

부문	항목	평가 내용	가중치
<부문1> 시장의 전망 및 변화에 대한 유연성	1	경제규모(economic size)	30%
	2	경제발전수준(level of economic development)	40%
	3	생활수준(standard of living)	30%
<부문2> 재무적 위험	4	재무적 약점(financial vulnerability)	30%
	5	대외 부채(external debt)	30%
	6	재무 등급(financial rating)	40%
<부문3> 정치적 불안정	7	사회구조의 동질성(homogeneity of social fabric)	30%
	8	정권의 안정성(government political regime stability)	50%
	9	외교관계(foreign relationship)	20%
<부문4> 기업 경영환경	10	경제경영(management of economy)	40%
	11	외국인 투자(foreign investment)	40%
	12	근로환경(working conditions)	20%

② Euromoney

Credit Risk International이 5개 평가부문으로 주로 질적인 요소들로 평가하는 반면, Euromoney는 계량적인 데이터를 함께 고려한다는 특징이 있다. 평가방법을 요약하면 <표 10-9>와 같다.[25]

---

24) 자료: 윤만하, *금융리스크관리*, 경문사, 2000, p.140.
25) 자료: 윤만하, *금융리스크관리*, 경문사, 2000, p.141.

〈표 10-9〉 Euromoney의 국가리스크 평가시스템

평가 내용	가중치(%)
경제전문가(leading economist)의 서베이에 근거한 경제 데이터	25
동 서베이에 근거해 산출한 정치적 리스크	25
외채지표(DSR 및 GNP 대비 외채와 경상수지)[26]	10
World Bank debt table의 비율분석에 의한 재무 데이터	10
국가채무등급(sovereign debt rating)	10
외부자금(capital markets)의 조달능력	20

③ Belcsak(1995)

은행 경영평가시스템과 유사한 'CAMEL'방식을 이용하여 국가 간 리스크 비교 혹은 개별국가의 추세분석방법을 제시하였다.[27]

그외, Feder & Just(1977)의 로짓분석모형, Dym(1997)의 거시경제모형, Clark & Marois(1996)의 평균－분산모형, Clark(1991), Morris(1997) 등의 옵션평가모형 등이 있다.

---

26) DSR: Debt Service Ratio의 약자로서 국가의 대외부채(원금과 이자 포함)를 감당하기 위해 필요한 수출이익을 의미한다.

27) CAMEL: 현재수익(Current earnings), 자산건전성(Asset quality), 경영건전성(Management quality), 잠재수익(Earnings potential), 유동성(Liquidity)으로 구성되는 은행평가시스템이다.

요약

- 부도예측을 위한 다양한 모형들 중 대표적인 것에 판별분석이 있다. 알트만의 모형이 그 중 잘 알려져 있고 실무에서도 많이 사용되어 온 모형이다. 그 개념과 사용방법을 잘 이해할 필요가 있다.

- 알트만모형의 장단점을 이해하고 실무에 적용할 수 있어야 한다.

- 시장가치를 주로 이용한 부도예측방법으로 최근 많이 사용되고 있는 모형은 KMV사가 개발한 KMV모형이다. 그 개념과 산출방법을 숙지하고 실무에 적용할 수 있어야 한다.

- KMV로 산출한 부도거리(DD)는 신용등급평가에 활용되며, 부도확률은 신용리스크 평가에 이용할 수 있다.

- 도산확률을 추정하는 다양한 모형들이 있지만 나름대로 장단점이 있음을 숙지하고, 제1종 오류 검증법, Kolmogorov-Smirnov 검증법 등 통계적 사후검증을 통해 리스크 관리자에게 가장 적절한 방법이 무엇인지 검증할 수 있어야 한다.

- 포트폴리오의 신용리스크를 측정하는 대표적인 모형들인 CreditRisk+와 CreditMetrics™의 개념을 정확히 이해하고 실무에서 활용해야 한다.

- CreditRisk+와 CreditMetrics™의 장단점을 이해하고 어떤 것이 우리 기업에 적절한지 판단해서 이용해야 한다.

- 최근 세계화가 진행되면서 국가간의 투자와 거래, 상호 경제적 의존도가 대폭 증가되고 있고, 이에 따라 국가리스크의 중요성도 커지고 있다. 국가리스크의 개념에 대해 분명히 이해할 필요가 있다.

- 국가리스크를 전문적으로 측정하는 기관들이 전 세계에 있지만 자세한 측정방법은 공개하지 않는다. 따라서 국가 차원에서도 국가리스크를 정확히 측정할 수 있도록 지원하고, 각 기업들도 적극적으로 참여하여 역량을 높여야 한다.

사례 10-1

신용리스크 측정사례1: Altman모형

1. 개요

오늘날 기업환경이 급변하고 있고 이에 적응하지 못하는 기업들의 도산이 늘어나고 있다. 특히 외환위기를 전후하여 한보, 기아, 대우 등 대기업 및 중소기업의 많은 도산으로 인해 기업도산에 대한 사회적 관심이 급증하고 있는 실정이다. 기업이 지급불능이나 파산상태에 이르면 그 기업의 여러 이해관계자에게 지대한 영향을 미친다. 주주의 입장에서 보면 주주의 부가 감소하게 되고, 채권자 역시 기업이 파산하게 될 경우 그 청산가치가 크게 줄게 되므로 채권자의 부는 감소한다. 기업부실은 사회적 · 경제적 측면에서도 심각한 문제를 야기시킨다. 부도기업의 속출은 실업증가, 투자와 성장 둔화, 금융기관의 부실채권 증가, 금융비용 증가로 기업채산성 악화, 국제 신인도 하락, 경기침체로 이어질 수 있다. 이와 같이 주주, 채권자 및 국가경제에 미치는 영향을 고려할 때 기업부실을 미리 예측할 수 있는 방법이 강구된다면 매우 유용한 정보가 된다. 조기에 도산 가능성을 예측할 수 있다면 주주와 채권자는 상기의 여러 가지 도산비용을 줄일 수 있을 것이다.

우리나라 기업에 대한 도산예측모형은 여러 학자에 의하여 다양하게 개발되었으나 본 조사에서는 세계적 부도연구학자인 Altman(1995년)의 도산예측모형(K1−score: 실증모형)을 벤처기업 사례분석에 사용하였다.

2. Altmanan 부도예측 모형과 데이터 분석

1) 다변량판별분석

다변량판별분석(MDA)은 종속변수가 도산 또는 비도산과 같은 범주형 변수이고, 독립변수가 연속변수일 때 일련의 독립변수를 이용하여 두 집단의 차이를 구분하는 함수를 도출하기 위해 사용되는 분석기법이다. MDA는 두 개 이상의 집단들을 가장 잘 판별할 수 있는 둘 이상의 독립변수의 선형조합을 찾아내는 과정이다. 다변량판별함수는 다음과 같이 각 독립변수에 일정한 가중치를 부여하고 이를 더한 형태를 가지고 있다.

$$Z = W_1 X_1 + W_2 X_2 + W_3 X_3 + \cdots + W_n X_n$$

2) Altman의 K1모형(1995)

Altman모형을 우리나라 기업도산예측에 적용한 모형(K1)을 설명하면 다음과 같다.

① 도산예측모형 개발절차

도산의 정의: 부도 또는 청산

↓

표본의 수집
추정표본: 1991~1993년 상장기업 중 34개 도산기업과 61개 비도산기업
통제표본: 1998년부터 1992년까지 435개의 비도산 상장기업

↓

변수의 선정
X_1: log(총자산), X_2: log(매출/총자산), X_3: 유보이익/총자산,
X_4: 지분의 장부가치/총부채

↓

자료수집: 재무제표 또는 데이터베이스로부터

↓

통계분석: 다변량판별분석

↓

모형개발: $Z = -17.862 + 1.472 X_1 + 3.041 X_2 + 14.839 X_3 + 1.516 X_4$
(판별점: $Z > 0 \rightarrow$ 비도산, 모형개발: $Z < 0 \rightarrow$ 도산)

↓

통제표본에 의한 예측력 검증
70.2%: 비도산기업에 대한 것만 실시
* 추정표본에 대한 예측력은 아래표 참조

② 추정표본에 대한 예측력 검증

년 수	총기업수(a)	맞은 기업수(a)	1종오류수(b)	2종오류수(c)	예측정확도
도산 1년전	34/29	33/27	1개(3%)	2개(7%)	95%
도산 2년전	34/47	30/42	4개(12%)	5개(11%)	89%
도산 3년전	33/59	23/49	10개(30%)	10개(17%)	78%
도산 4년전	32/58	16/47	16개(50%)	11개(19%)	70%
도산 5년전	16/57	11/44	5개(31%)	13개(23%)	75%

주) a) 도산기업/비도산기업
 b) (총기업수−맞은기업수)/총기업수: 도산기업을 비도산으로 예측한 오류
 c) (총기업수−맞은기업수)/총기업수: 비도산기업을 도산으로 예측한 오류

3) 분석대상 회사소개

① 심텍

기업 현황

- 반도체용 인쇄회로기판 전문제조기업
- 경기회복에 따른 반도체 업계의 수요증가로 인쇄회로기판의 판매호조로 외형증가
- DDR2의 출하량이 증가하면서 전용 substrate인 BOC 매출 증가

- 요약 대차대조표/손익계산서

(단위: 억원)

항 목	2004.12.31	2005.12.31	2006.12.31
유동자산	930.1	1,114.3	1,301.1
비유동자산	1,304.0	1,725.6	1,883.3
자산총계	**2,234.1**	**2,840.0**	**3,184.4**
유동부채	1,081.5	1,112.3	1,501.8
비유동부채	379.9	842.9	642.7
부채총계	**1,461.5**	**1,955.3**	**2,144.5**
자 본 금	136.0	136.0	136.0
자본잉여금	488.7	488.7	488.8
이익잉여금	180.1	305.1	470.7
자본총계	**772.6**	**884.7**	**1,039.9**

항 목	2004.12.31	2005.12.31	2006.12.31
매 출 액	1,472.4	2,291.6	2,911.9
영업이익	113.5	223.0	323.2
영업외수익	160.7	93.2	115.9
영업외비용	94.0	138.4	182.8
당기순이익	180.1	174.1	215.0

② 주성엔지니어링

<table>
<tr><td colspan="2" align="center">기업 현황</td></tr>
<tr><td colspan="2">－반도체/LCD 전공정 화학증착장비 제조기업</td></tr>
<tr><td colspan="2">－반도체 주력장비 다변화 및 신사업인 태양전지 장치의 수주 증가로 매출 증가</td></tr>
<tr><td colspan="2">－기술력 확보를 위한 대규모 연구개발비 투자</td></tr>
</table>

－요약 대차대조표/손익계산서

(단위: 억원)

항　목	2004.12.31	2005.12.31	2006.12.31
유동자산	1,092.2	1,258.4	1,433.2
비유동자산	511.6	604.5	632.4
자산총계	**1,603.9**	**1,863.0**	**2,065.7**
유동부채	588.9	418.7	475.8
비유동부채	20.0	248.2	250.1
부채총계	**608.9**	**667.0**	**726.0**
자 본 금	154.2	160.2	160.2
자본잉여금	489.5	634.6	636.0
이익잉여금	339.9	389.2	558.1
자본총계	**995.0**	**1,195.9**	**1,339.6**

항　목	2004.12.31	2005.12.31	2006.12.31
매 출 액	1,668.9	1,312.1	1,210.7
영업이익	354.8	82.8	123.1
영업외수익	94.9	48.3	103.5
영업외비용	109.8	72.3	100.4
당기순이익	339.9	49.3	168.9

③ 메디슨

기업 현황

- 초음파영상진단기 등 전자의료기기 전문생산업체
- 투자주식평가익(자본조정)의 감소로 제반 재무안정성 지표는 저하
 * 부도처리: 2002.1.29, 상장폐지: 2002.4.27

- 요약 대차대조표/손익계산서

(단위: 억원)

항 목	1999.12.31	2000.12.31	2001.12.31
유동자산	2,168	2,227	2,402
비유동자산	6,323	2,230	1,141
자산총계	8,491	4,457	3,543
유동부채	1,695	2,008	3,143
비유동부채	1,147	1,589	1,130
부채총계	2,842	3,597	4,273
자 본 금	169	169	169
자본잉여금	1,062	1,062	1,062
이익잉여금	501	−666	−1,681
자본총계	5,649	860	−729

항 목	1999.12.31	2000.12.31	2001.12.31
매 출 액	2,123	2,074	2,072
영업이익	146	62	44
영업외수익	1,126	1,462	953
영업외비용	545	2,872	1,699
당기순이익	524	−1,167	−1,014

④ 세림아이텍

기업 현황

- 대구, 경남지역 제2무선호출사업자
- 이동전화서비스로의 가입자 이탈 등으로 무선호출 가입자수가 크게 줄어들어 외형 감소 지속
- 고정비부담 등으로 인해 영업적자가 발생
  * 부도처리: 2002.11.1, 상장폐지: 2002.11.26

- 요약 대차대조표/손익계산서

(단위: 억원)

항 목	1999.12.31	2000.12.31	2001.12.31
유동자산	152	93	81
비유동자산	316	149	92
자산총계	**469**	**242**	**173**
유동부채	134	90	104
비유동부채	60	41	5
부채총계	**194**	**131**	**109**
자 본 금	67	67	98
자본잉여금	1	3	46
이익잉여금	56	33	-80
자본총계	**275**	**111**	**64**

항 목	1999.12.31	2000.12.31	2001.12.31
매 출 액	160	31	47
영업이익	-60	-99	-73
영업외수익	35	91	44
영업외비용	19	14	84
당기순이익	-44	-23	-114

3. 데이터 분석 결과

* Z값 산출내용

업체명	연도	총자산	총부채	매출액	유보이익	자기자본	X_1 (log총자산)	X_2 log (매출액/총자산)	X_3 (유보이익/총자산)	X_4 (자기자본/총부채)	Z-값
심 텍	2006	318,449	214,453	291,197	47,078	103,995	12.6712	−0.0895	0.1478	0.4849	3.4469
	2005	284,002	195,531	229,161	30,511	88,470	12.5567	−0.2146	0.1074	0.4525	2.2492
	2004	223,416	146,150	147,248	18,015	77,266	12.3168	−0.4169	0.0806	0.5287	0.9985
주성 엔지니어링	2006	206,571	72,606	121,072	55,818	133,965	12.2384	−0.5343	0.2702	1.8451	5.3351
	2005	186,300	66,704	131,210	38,926	119,596	12.1351	−0.3506	0.2089	1.7929	4.7534
	2004	160,394	60,891	166,892	33,994	99,503	11.9854	0.0397	0.2119	1.6341	5.5236
메디슨	2001	354,311	427,259	207,178	−168,068	−72,948	12.7779	−0.5366	−0.474	−0.170	−7.982
	2000	445,663	359,678	207,434	−66,640	85,985	13.0073	−0.7647	−0.149	0.2391	−2.897
	1999	849,089	284,212	212,288	285	564,877	13.6519	−1.3862	0.0003	1.9875	1.0362
세림 아이텍	2001	17,269	10,901	4,711	−8,033	6,369	9.7567	−1.2990	−0.465	0.5843	−13.47
	2000	24,178	13,082	3,093	3,333	11,096	10.0932	−2.0563	0.1379	0.8482	−5.927
	1999	46,853	19,370	16,015	5,623	27,484	10.7548	−1.0735	0.1200	1.4189	−1.364

주) 1) Z값 $= -17.862 + 1.472X_1 + 3.041X_2 + 14.839X_3 + 1.516X_4$

　　[※ 판별점: $Z > 0 \rightarrow$ 비도산, $Z < Z < 0 \rightarrow$ 도산]

　2) 메디슨, 세림아이텍: 2002년 중 부도발생

4. 결론

본 사례분석에서 Altman의 K1모형을 적용한 도산예측치인 Z값 산출 결과, 정상기업인 2개업체(심텍, 주성엔지니어링)는 비도산으로, 부도기업인 2개업체(메디슨, 세림아이텍)의 경우 도산으로 일관되게 나타나고 있다. 특히, 도산기업의 경우 도산 1년 전의 Z값이 2년 전과 3년 전에 비해 큰 폭으로 감소함을 나타내고 있어 도산가능성이 높음을 보여주고 있다.

기업의 도산은 기업의 조직, 재무정책, 투자정책, 최고경영진의 역량, 노사관계 등의 내부요인과 환율, 금리, 에너지가격 등 기업이 통제할 수 없는 외부요인이 복합적으로 작용하여 발생한다. 도산기업의 경영진은 경기침체로 인한 매출액의 감소, 금리나 환율의 급격한 상승, 금융권의 자금회수 등 외부의 통제할 수 없는 요인을 기업도산의 직접적인 원인으로 대부분 지목하는 것이 일반적이다.

그러나 좀 더 객관적인 입장에서 보면, 기업도산의 궁극적인 책임은 최고경영자를 비롯하여 기업의 경영진에게 있다. 경영진이 도산의 원인을 직접 초래하지는 않는다 해도 노사관계나 내부통제제도 등 조직관리의 소홀, 외부환경 위험에 적절히 대응할 수 있는 위기관리 능력의 부재 등에 대한 책임을 면할 수 없는 것이다.

기업도산으로 인해 임직원의 퇴출, 관련기업의 연쇄도산이 이어지고 이런 처리비용은 국민의 세금으로 지원될 수밖에 없는 상황이 발생한다. 물론 도산이 비효율적인 기업의 시장에서의 퇴출을 유도하여 장기적으로 시장의 효율성과 경쟁력을 제고한다는 긍정적인 면도 없는 것은 아니지만, 기업의 부실화 및 도산이 갖는 커다란 사회경제적 역기능을 감안한다면 사전에 이를 예방하고 차단하여 사회적 비용을 감소시키려는 노력이 더욱 필요할 것이다. 아울러 예측력이 보다 높은 다양한 도산예측모형 개발과 폭넓은 실무에서의 활용이 병행되어야 할 것이다.

참고로, 부실기업의 단계별 요인과 징후를 요약하면 다음과 같다.

부실 요인			징후
제1차 요인	경영자 요인	• 지식·경험·의사결정능력부족, 경영, 방만 경영	• 수익성 저하
	기업외적 요인	• 불황(경기변동), 시중자금사정의 악화, 원자재가격 급등, 연쇄도산	
제2차 요인	판매 요인	• 소수 주요 고객에 대한 과도한 의존, 과도한 신용판매, 가격정책 실패, 부적합한 판매경로, 시장조사 결여, 제품 다양화 실패	• 매출 감소 • 반품 증가
	구매·생산 요인	• 단일구입처에 의존, 계획성 없는 재고관리, 저질의 품질관리, 시설노후, 제품개발노력 부족·실패, 낮은 기술수준, 부적절한 입지	• 불량품 증가 • 과다 재고 • 원가 증가
	재무 요인	• 자기자본 부족, 과다한 설비투자 확장, 자금계획의 결여, 과다한 운전자본 투자	• 자금부족 • 일부자산 매각, 금융어음 과다, 임금체불, 회계처리방법 변경, 결손 누적
	조직·노무 요인	• 내부견제조직의 결여, 노사관계의 불안정, 책임·권한의 불명확 등 경영조직의 불안정성	• 높은 이직률 • 생산성 저하

신용리스크 측정사례2: KMV모형

1. 개요

본 사례연구에서 사용될 ㈜유비스타(Ubistar)는 1992년 설립되어 유선 공중전화기를 생산하여 KT에 공급하던 업체로 1999년 KOSDAQ에 등록되었으며, 현재 GPS 및 WLL(무선가입자망)의 제조, 판매를 주된 사업으로 하는 중소형 기업이다. 동사의 사업부문은 GPS/네비게이션, CDMA/WLL, 인터넷전화(VoIP: Voice over Internet Protocol), LBS(위치기반서비스) 등으로 구성되며, 이 중 GPS단말기와 WLL단말기는 수위의 시장점유율을 보유하고 있다.

요약 재무제표

(단위: 백만원)

구 분	제 16 분기 (2007.3)	제 15기 (2006.12)	제 14기 (2005.12)	제 13기 (2004.12)
[유동자산]	30,979	31,957	70,971	24,346
[비유동자산]	121,520	116,807	7,668	7,237
자산총계	152,499	148,764	78,639	31,583
[유동부채]	23,443	21,190	42,221	21,993
[비유동부채]	75,890	75,830	9,639	4,269
부채총계	99,333	97,020	51,860	26,262
[자본금]	22,848	22,848	14,128	7,255
[자본잉여금]	45,169	45,169	20,234	2,358
[자본조정]	−	−	△3,809	△4,422
[기타포괄손익누계액]	△3,709	△3,553	△2,688	△831
[이익잉여금]	△11,142	△12,720	△1,087	961
자본총계	53,166	51,744	26,778	5,321
매출액	7,901	35,099	72,500	46,708
영업이익	2,622	△28,797	△3,444	△389
계속사업이익	1,578	△11,632	△2,048	104
당기순이익	1,578	△11,632	△2,048	△86

2004년 인텔링스와 합병 이후 매출폭이 일시 증대되었으나 2006년 경쟁업체의 시장 진입과 IT업계내에서 미진한 시장지위로 인해 사업의 안정성은 낮은 모습을 보이고 있으며, 그만큼 수익성의 변동폭이 크게 나타나고 있다. 2007년 3분기 말 부채비율이 186.8%로 비교적 높게 형성되어 있고, 총차입금 810억원, 차입금 의존도 53%의 열악한 재무안정성을 보이고 있다. 영업수익 측면에서도 2006년도 (−)80%의 대규모 영업손실을 보이고 있는

데, 이는 감소한 매출로 인한 고정비 레버리지 효과와 원재료 상승 등에 기인하고 있다. 특히, 향후 비용처리해야 할 악성 채권에 대한 대손상각비 추가 계상으로 인해 영업수익성이 대폭 하락하였는데, 예상손실의 당해년도 재무제표 일시 반영으로 향후 비용인식 부담은 경감된 측면도 있다. 향후 수익성은 점차 개선될 것으로 판단되며 당 분기 영업 수익률인 33% 수준이 향후에 유지될 수 있을 것으로 기대된다.

유비스타의 과거이력을 보면, 회사창업 후 순수 제조업으로 사업을 영위하던 창업 초창기를 제외하고 KOSDAQ상장 후 제품 판매를 통한 이익창출보다는 유상증자, 전환채권(CB), 신주인수권부채권(BW)를 통한 자금조달 등을 통해 부족한 운영자금을 조달하고 있으며, M&A를 통한 신규사업으로의 진출을 확대하고 있어 자체 수익 외의 영업활동이 매우 활발히 진행되고 있으나, 결과적으로 동사의 사업안정성 면에서 추구하는 사업다각화의 효과는 미미한 수준이라고 판단된다.

2. KMV 모형을 이용한 부도예측

KMV 모형을 통한 부도예측은 일반적으로 아래의 3단계로 진행된다.

1) 기업의 자산가치와 그 변동성 추정

KMV모형은 기업의 시장가치가 일정수준 이하로 떨어질 때, 기업은 채무불이행 상황에 직면할 것이라는 가정하에 도출되는 모형이다. 자기자본의 가치를 콜옵션으로 볼 수 있는데, 이 경우 옵션만기는 부채의 보유기간, 기초자산은 기업의 현 자산총액이 된다. 이러한 논리에 의해 자기자본의 시장가치는 아래와 같은 함수로 나타낼 수 있다.

$$\text{자기자본의 시장가치}(E) = f(D, V, \sigma_a, r, T)$$

단, E = 자기자본의 시장가치

D = 부채의 시장가치

V = 기업자산의 시장가치

σ_a = 자산가치의 변동성

r = 차입과 대출 시의 무위험 이자율

옵션 공식을 이용하여 이용할 수 있는 변수를 정리하면, 우선, 자기자본의 시장가치는 현재 유비스타의 시가총액으로 보았으며, 부채의 시장가치는 2007년 1분기 말 시점의 재무제표상의 금액으로 가정하였다. 무위험 이자율은 91일 CD금리를 이용하였으며, 만기 기간은 분기로 보았다. 만기 관련하여 자료의 시계열 분석은 분기별로 나열하였으며, 1분기를 1기간으로 가정하였다. 다만, CD금리의 경우 연 CD금리를 분기 CD금리로 환산하여 사용하였다.

증권가치의 경우 일반적으로 기하브라운운동(Geometric Brownian Motion)을 따르므로 기업의 자산가치의 변동은 다음과 같다.

$$dV = \mu V dt + \sigma V dz$$

위 함수에 Ito's Lemma를 적용하여 정리하면 다음의 결과를 얻는다.

$$\sigma_e = (\partial E / \partial V) \sigma_a V$$

or

$$\sigma_e = N(d1) \sigma_a V \qquad \text{(식a)}$$

여기서 σ_a는 자산의 변동성, σ_e는 자기자본의 변동성, E는 자기자본의 시장가치(주식가치)이다.

따라서, 자산가치의 변동성(σ_a)을 계산하기 위해 자기자본의 변동성(σ_e)을 우선 도출하여야 하며, 자기자본의 변동성은 아래의 방법을 적용하였다.

첫째, 현시점에서 21기간에 걸친 분기말 주가(종가)를 수집하였다.

둘째, 해당 시계열 기간내에 꾸준히 증자가 진행되어왔으므로 자기자본의 가치 변동을 계산하기 위해서 분기말 주가에 해당 시점의 주식수를 곱한 금액을 산출하였다. 여기서 자기주식의 가치는 자기자본과 무관하므로 자기주식을 발행주식수에서 차감하여 계산한다.

셋째, 시계열 시가총액자료를 토대로 분기별 수익률을 계산하였다. 수익률은 로그노말함수를 적용하여 $\ln(S_1/S_0)$으로 산정하였다.

넷째, 아래의 산식을 적용하여 자기자본 가치의 변동성을 도출한다.

$$S = \sqrt{\frac{1}{n-1} \sum (\mu - \overline{\mu})^2}$$

변동성을 추정하기 위한 최근의 주가자료는 다음과 같다.

t	시점 (분기별)	주식가격 (종가)	주식수	자기주식	시가총액 (S_t)(백만원)	전기대비 변화율 (S_t/S_{t-1})	quarterly return(u)= $\ln(S_t/S_{t-1})$	$(u-\text{수익률평균})^2$
0		2,030	7,882,000		16,000			
1	2002-1	1,980	7,882,000		15,606	0.9754	-0.02494	0.012888
2	2002-2	1,470	7,882,001		11,587	0.7424	-0.29783	0.149321
3	2002-3	840	7,882,002		6,621	0.5714	-0.55962	0.420166
4	2002-4	380	7,882,003		2,995	0.4524	-0.79323	0.777601
5	2003-1	450	10,413,957		4,686	1.5646	0.44764	0.128920
6	2003-2	430	10,413,957		4,478	0.9556	-0.04546	0.017969
7	2003-3	410	12,569,565		5,154	1.1209	0.14050	0.002695
8	2003-4	165	20,081,450		3,313	0.6429	-0.44169	0.281197

t	시점 (분기별)	주식가격 (종가)	주식수	자기주식	시가총액 (S_t)(백만원)	전기대비 변화율 (S_t/S_{t-1})	quarterly return(u)= $\ln(S_t/S_{t-1})$	$(u-수익률평균)^2$
9	2004-1	2,425	20,081,450		48,698	14.697	2.68764	6.755087
10	2004-2	2,930	20,081,450		58,839	1.2082	0.18917	0.010117
11	2004-3	1,740	20,081,450		34,942	0.5939	−0.52112	0.371738
12	2004-4	1,550	20,081,450		31,126	0.8908	−0.11563	0.041704
13	2005-1	3,800	16,891,902		64,189	2.0622	0.72378	0.403476
14	2005-2	3,965	22,523,977	1,215,808	84,487	1.3162	0.27476	0.034661
15	2005-3	2,670	28,256,935	1,215,808	72,200	0.8546	−0.15716	0.060391
16	2005-4	3,930	28,256,935	1,215,808	106,272	1.4719	0.38656	0.088789
17	2006-1	2,965	28,649,091	845,884	82,437	0.7757	−0.25397	0.117345
18	2006-2	1,595	43,352,185	845,884	67,795	0.8224	−0.19550	0.080706
19	2006-3	2,815	45,152,376	845,884	124,723	1.8396	0.60957	0.271421
20	2006-4	2,925	45,695,520	76	133,659	1.0717	0.06920	0.000376
21	2007-1	2,250	45,695,520	76	102,815	0.7692	−0.26236	0.123166
							total	10.149736

standard deviation of quarterly return

0.712381066

한편, 기간과 관련하여 상기 자료는 1분기를 한 기간으로 보고 자기자본의 변동성을 도출하였으므로, 앞으로 부도예측 계산 진행 시 향후 수익률로 거론되는 CD금리를 분기금리로 수정하는 과정을 거친다면 산출되는 부도확률은 목표기간이 1분기인 부도확률(1분기내 부도할 확률)이 계산될 것이며, 본 연구에서도 1분기를 목표기간으로 하는 부도확률을 산정하고자 하므로 산식의 추가적인 변화는 필요하지 않다.

상기 자료를 토대로 자기자본의 변동성을 도출한 결과, 0.71238로 계산되었다. 블랙숄즈 모형을 이용한 자기자본의 가치는 아래의 산식으로 계산된다.

$$자기자본의\ 가치 = V_a N(d_1) - De^{-rT} N(d_2) \qquad (식b)$$

따라서 (식a)와 블랙숄즈의 모형에 의한 (식b)를 통해 자산가치와 그 변동성을 추정할 수 있다. 함수의 식이 a, b 2개이고 찾고자 하는 변수가 둘이므로 해를 도출할 수 있으며, 분석 도구로는 엑셀 프로그램상에서 해찾기 기능을 이용하면 된다.

각각의 해를 도출하는 과정은 아래와 같다.

기본 자료

(단위: 원)

자산가치(Va)	?	도출하고자 하는 해
자산가치의 변동성(σ_a)	?	도출하고자 하는 해
주식가치(Ve)	102,814,749,000	분기말 시가총액(2007.3.31)
주식가치의 변동성(σ_e)	0.71238	과거 21개 분기 변동성 산출
부채가치(D)	99,332,933,775	분기말 장부가액(2007.3.31)
수익률(r)	1.235%	CD금리 분기 수익률로 환산(2007년 3월 말 CD수익률: 4.94%, 4.94%/4)

자산가치(Va)와 자산가치의 변동성(σ_a)을 도출하기 위해 자기자본의 변동성이 0.71238 인 제약하에서 자기자본의 가치가 1,028억원이 되는 값을 찾으면 기업가치(V_a)는 2,003억 원, 자산가치의 변동성(σ_a)은 0.372의 결과를 얻을 수 있다.

결과치-Excel 해찾기 기능

구 분	산 식	해
d_1	$d_1 = \dfrac{\ln(V_a/D) + (r + \sigma^2/2)\,T}{\sigma\sqrt{T}}$	2.10546
d_2	$d_2 = \dfrac{\ln(V_a/D) + (r + \sigma^2/2)\,T}{\sigma\sqrt{T}} = d_1$	1.73337
$N(d_1)$	Normsdist	0.9824
$N(d_2)$	Normsdist	0.9585
자기자본 가치(Ve)	$V_a N(d_1) - De^{-rT}N(d_2)$	102,814,708,911원
자산가치(Va)		200,387,464,958원
자산가치의 변동성(σ_a)		0.37206

2) 부도거리(Distance to default: DD) 계산

기업의 순가치는 자산의 시장가치에서 부도점의 가치로 볼 수 있는데, 기업의 순가치가 '0'이 될 때 기업은 부도가 발생한다. 부도점(Default Point)은 KMV모형이나 국내 대부분의 연구에서 '(유동부채+고정부채/2)'로 보고 있으며, 본 연구에서도 부도점으로 동 모형을 이용한다.

$$DD = \frac{\text{자산의 시장가치}(V_a) - \text{부도점}(DPT)}{\text{자산의 시장가치}(V_a) \times \text{자산의 변동성}(\sigma_a)}$$

3. 분석결과 및 결론

유비스타의 부도점(default point)은 61,387,987,777원이며, 동 부도점을 통한 DD는 1.86이다. 자산가치가 DP보다 작아지는 영역을 부도가 발생하는 영역으로 볼 경우, quantile이 DD부분 아래에 존재하는 영역은 결과적으로 부도확률이라고 볼 수 있다. 동 DD를 quan-tile로 하는 부도확률은 3.11%로 나타난다.

자산가치의 분포가 대수정규분포임을 가정하면 DD는 아래와 같다.

$$DD = \frac{\ln(V_a/DPT) + (\mu - \sigma^2/2)T}{\sigma\sqrt{T}}$$

여기서 μ는 자산의 기대수익률을 의미하며, 본 연구에서는 3개월 CD수익률을 사용하였다. 이 경우 DD는 3.03으로 도출되어 분포의 가정차이에 따라 부도발생가능성이 다소 줄어드는 모습을 보이고 있으며, 도출된 유비스타의 부도확률$(1 - N(d_2))$은 0.1236% 수준이다.

[객관식]

01. 신용리스크 측정을 위해 많이 사용되는 다변량 판별분석의 가장 대표적인 기법은 다음 중 어느 것인가?

① Decision Tree Model   ② KMV Model

③ Altman's Z−score Model   ④ Linear Programming Model

02. 부도확률을 예측하는 모형 중 정규분포의 누적확률을 이용하는 방법은?

① probit model   ② logit model

③ linear model   ④ Altman model

03. 다음 중 비제조기업 알트만모형에서 사용되는 변수가 아닌 것은?

① 이익잉여금/총자산   ② EBIT/총자산

③ 순운전자본/총자산   ④ 매출액/총자산

04. 부도예측모형에서 귀무가설이 정상기업일 때, 정상기업을 부도기업으로 잘못 판정하는 오류와 관계가 없는 것은 다음 중 어느 것인가?

① 베타   ② 알파

③ 제1종오류   ④ 유의수준

05. 다음 중 CreditRisk+와 CreditMetrics™의 차이점으로 보기 어려운 것은?

① 개별자산의 신용위험 측정에 대한 접근방법

② 시장리스크와 신용리스크의 연계 방법

③ 신용자산들 사이의 상관관계를 고려하는 방법

④ 부실화 확률과 신용손실과의 연계방법

06. 다음 중 CreditRisk+를 개발한 기관은?

① J.P. Morgan   ② Bankers Trust

③ Credit Suisse First Boston   ④ Bank of Canada

07. KMV모형으로 기업의 부도확률을 예측할 때 부도확률을 올바로 표시한 것은?

① $N(d1)$ ② $N(-d1)$

③ $N(d2)$이다.   ④ $N(-d2)$이다.

08. 신용리스크 측정방법 중 KMV모형은 어떤 종류에 속하는가?

① 재무데이터이용법   ② 거시경제법

③ 옵션모형법   ④ 수리계획법

09. 다음 중 신용리스크 측정의 3요소가 아닌 것은?

① probability of default(PD)   ② credit portfolio(CP)

③ loss given default(LGD)   ④ exposure at default(EaD)

10. KMV모형에 관한 다음 설명 중 옳지 않은 것은?

① Merton의 옵션모형을 이용한다.

② 부도거리(DD)가 클수록 부도확률이 높다.

③ 실제도산시점은 자산의 시장가치가 (단기부채+0.5×장기부채)와 같을 때이다.

④ 이론적 도산시점은 자산의 시장가치가 부채의 장부가치와 같을 때이다.

11. 다음 사건들중 신용사건(credit event)이 아닌 것은?

① 파산
② 지급불이행
③ 지불정지
④ 채권 중도상환

12. 다음 중 한계부도확률과 누적부도확률의 차이를 가장 잘 설명한 것은?

① 한계부도확률은 채무자가 도산할 최소확률이고, 누적부도확률은 최대부도확률이다.
② 한계부도확률은 채무자가 어떤 주어진 해에 도산할 확률이고, 누적부도확률은 특정한 기간에 대한 부도확률이다.
③ 한계부도확률은 특정 신용사건으로 부도날 확률이고, 누적부도확률은 모든 가능한 신용사건에 대한 부도확률이다.
④ 한계부도확률은 채무가 한 단위 더 증가할 때 부도가 발생할 확률이고, 누적부도확률은모든 채무가 누적되어 부도가 발생할 확률이다.

13. 다음 중 신용등급의 전이행렬(transition matrix)이 포함하고 있는 정보가 아닌 것은?

① BB등급 채권의 부도확률
② 고수익 투기채권이 투자등급으로 등급상승할 확률
③ 3년 동안 AA등급 기업이 BB등급으로 하락할 가능성
④ BBB에서 BB로 신용등급이 하락한 채권의 가격

14. 만약 다른 조건이 같다면, 부도사건에서 가장 높은 회수율이 기대되는 회사의 종류는 다음 중 어느 것인가?

① 자산집약적 제조회사
② 최신유행 소비재제품의 인터넷 판매기업
③ 변동성 높은 시장에서 활발히 영업하는 회사
④ 높은 레버리지를 가진 헷지펀드

15. 국가리스크 평가와 관련한 다음 설명 중 옳지 않은 것은?

① 국가리스크는 높은 신용도를 가진 민간 기업의 부도를 유발할 수 있다.
② 파산법은 일반적으로 국가리스크로부터 투자자를 보호하지 않는다.
③ 부채변제의 거부는 채무자의 현재와 미래의 모든 외화채무를 연기하는 것이다.
④ 부채 재조정은 채권자들이 채무에 대한 지불유예를 선언하고 상환일정 재조정을 모색할 때 발생한다.

16. 신용평가기관은 일반적으로 부채를 발행하는 국가에게 두 가지 등급을 부여한다. 첫째는, 자국통화표시 부채의 신용등급이고, 둘째는 외국통화표시 부채의 신용등급이다. 역사적으로 부도는 외국통화 부채에서 자국통화 부채보다 빈번하게 발생했다. 이러한 결과의 중요한 이유를 가장 잘 설명하고 있는 것은?

① 위기상황에서 정부는 정치적 이유 때문에 외화표시 부채를 먼저 불이행하는 경향이 있다.
② 자국통화표시 부채의 상환의무는 통화발행 확대를 통한 통화팽창정책을 통해 이루어질 수 있다.
③ 부도율은 이론적으로 두 경우가 같아야 하므로 이러한 결과는 통계적으로 예외적인 현상이다.
④ 외화표시 부채는 일반적으로 자국통화표시 부채보다 더 적은 담보를 요구한다.

17. 위험채권의 수익률과 동일조건을 가진 무위험채권 수익률의 차이를 채권스프레드(bond spread)라 한다. 다음 설명 중 옳은 것은?

① 채권스프레드의 변화는 신용등급의 변화를 뒤따른다.
② 채권스프레드의 변화는 신용등급의 변화와 동시에 일어난다.
③ 채권스프레드의 변화와 신용등급의 변화 사이에는 관계가 없다.
④ 채권스프레드의 변화는 신용등급의 변화를 가져온다.

18. 다음 중 KMV모형에서 부도율의 중요한 원인이 되는 변수는?

① 채권의 변동성 　　　　　② 주식가격
③ 채권수익률 　　　　　　④ 대출의 가치

19. 다음 중 KMV모형에서 도출되는 주요 공식이 아닌 것은? (단, $S=$ 주식가격, $K=$ 채권의 액면가, $V=$ 자산가치, $T=$ 옵션만기)

① $B_T = Max(V_T, K)$ ② $B_T = K - Max(K - V_T, 0)$

③ $S_T = Max(V_T - K, 0)$ ④ $B_T = V_T - Max(V_T - K, 0)$

20. 만일 투자자가 5년 만기 강서기업 채권을 보유하면, 이는 다음 어떤 포지션과 유사한 수익률을 제공하는가?

① 5년 만기 무위험채권 매입과 고정비용을 지급하고 부도 시 지급받는 5년 만기 강서기업 CDS

② 고정비용을 지급하고 부도 시 지급받는 5년 만기 강서기업 CDS

③ 5년 만기 무위험채권 매입과 고정비용을 지급받고 부도 시 지급하는 5년 만기 강서기업 CDS

④ 고정비용을 지급받고 부도 시 지급하는 5년 만기 강서기업 CDS

[주관식]

01. 어느 기업의 자산가치가 100이고, 도산시점이 25라면 이 기업의 순자산가치(net worth)는 75가 된다. 따라서, 자산가치가 75% 하락하면, 이 기업은 도산하게 된다. 만일 이 기업의 자산가치의 변동성이 15%라 하면, 이 기업의 부도거리(DD)는 얼마인가?

02. 시장에서의 투자수익률이 연간 10%, 채무불이행율이 5%, 회수율이 50%라 할 때, 대출스프레드는 얼마이어야 하는가?

03. 어느 기업의 자산시장가치가 1,000, 도산시점이 500, 자산의 변동성은 20%라 하면 KMV모형에서 부도거리(DD)는 얼마인가?

04. 동강기업이 부도 날 확률이 매년 30%로 일정하다고 한다. 3년 후 이 회사가 부도 날 확률은 약 얼마인가?

05. 6개월 동안의 채무불이행확률이 5%라면, 1개월 동안의 채무불이행확률은?

06. 어떤 투자자가 BBB등급의 채권 5개로 총10억원의 투자 포트폴리오를 구성하였다. 각 채권발행자의 1년간 채무불이행확률은 3%이고, 채무불이행시 평균회수율은 50%라 한다. 이 투자자의 1년간 기대손실은 얼마인가?

07. AA등급을 받은 채권의 3년간 누적 채무불이행 확률이 10%라 한다. 3년에서 4년째의 한계채무불이행 확률이 5%라면, 4년까지의 누적 채무불이행확률은 얼마인가?

08. 남강기업의 부도확률을 예측하기 위해 로짓모형(logit model)을 이용하고자 한다. 부도를 예측하는 변수(x)로는 부채비율(즉, 부채/자기자본)을 사용하기로 하였다. 과거 20년간의 자료를 이용하여 회귀분석을 실시한 결과 $\alpha = 0.5$, $\beta = 0.3$ 이었다. 만일 현재 부채비율이 200%라면, 부도확률은 얼마로 추정되는가?

09. 서강기업의 회계자료가 다음과 같을 때 Altman's Z-Score를 구하고, 부도가능성에 대해 설명하라. (단, 서강기업은 공개기업이고 일반 제조기업이라 가정한다)

10. 강서기업 자기자본의 시장가치가 1,000억원, 부채의 시장가치가 1,500억원, 자산 시장가치의 변동성이 연간 30%, 부채의 평균만기가 2년, 무위험이자율이 연간 5%일 때, 강서기업의 부도확률을 KMV모형으로 구하라. (단, 부도점(DPT)은 이론적인 부도점을 사용한다)

11. 서강은행은 고려기업에 50억원을 만기 일시 상환조건으로 대출하였다. 만기 전에 기업이 파산할 확률은 5%이며, 파산 시 이 기업의 소유자산 등을 고려할 때 파산법원으로부터 원금의 80%를 회수할 수 있으리라 추정된다. 만일 예상손실과 동일한 금액의 대손충당금을 쌓아야 한다면 서강은행이 보유해야 하는 대손충당금은 얼마인가?

12. 당신은 지금 1억달러의 투자 포트폴리오를 보유하고 있다. 이 포트폴리오는 A등급 채권 4,000만달러와 BBB등급 채권 6,000만달러로 구성되어 있으며, A등급과 BBB등급 채권의 연간 부도확률은 각각 3%, 5%이고, 이들은 상호 독립적이라 한다. 만일 A등급 채권과 BBB등급 채권의 부도 시 회수가치가 각각 70%, 45%라면, 이 포트폴리오의 연간 예상손실은 얼마인가?

13. 첫 해의 한계부도율 $d_1 = 3\%$, 둘째 해의 한계부도율 $d_2 = 5\%$인 BB등급 기업의 2년 말의 누적부도율을 계산하라.

14. 강남기업은 2022년 1월 1일에 설립되었다. 이 회사의 연간 기대부도율은 10%라 추정된다. 분기별로 일정한 부도율을 가정하고 이 회사가 2022년 4월 1일까지 도산하지 않을 확률을 계산하라.

15. 강북기업의 1년, 2년, 3년차 연간 부도율이 각각 5%, 7%, 10%라 할 때, 3년말 이 기업의 생존확률을 계산하라.

16. A신용평가회사는 과거 자료 등을 이용하여 회사채들의 신용등급 변화를 연구한 결과 다음과 같은 연간 전이행렬을 추정하였다. 이러한 전이행렬이 앞으로 안정된 값을 갖는다고 가정하고 현재 BBB등급인 회사채가 앞으로 2년 후 도산할 확률을 계산하라.

연초 신용등급	연말 신용등급			
	AAA	BBB	CCC	부도
AAA	0.90	0.10	0.00	0.00
BBB	0.00	0.75	0.15	0.10
CCC	0.00	0.05	0.55	0.40

연습문제 정답 및 해설

[객관식]

01. ③   02. ①   03. ④

04. ①

> **해설** **핵심체크** 가설검정에서의 오류

의사결정 ＼ 실제상황	귀무가설: True	대립가설: True
귀무가설: 기각	Type 1 error: α	Correct: $1-\beta$＝power
귀무가설: 채택	Correct: $1-\alpha$	Type 2 error: β

05. ②   06. ③

07. ④

> **해설** **핵심체크** KMV모형에서 부도확률＝$N(-d2)=1-N(d2)$

08. ③   09. ②

10. ②

> **해설** 부도거리가 클수록 부도임계점으로부터 멀어지므로 부도확률은 작아진다.

11. ④   12. ②

13. ④

> **해설** 전이행렬에는 가격에 대한 정보는 없다.

14. ①

> **해설** 회수율은 도산회사의 자산이 쉽게 매각될 수 있는 유형자산으로 구성되어 있을 때 높다. 변동성이 높거나, 유행에 민감하거나, 레버리지가 높은 경우 자산의 가치하락 가능성이 높아 회수율도 낮아질 수 있다.

15. ③

> **해설** 채무변제의 거부는 무효화이며 연기는 아니다. 나머지 설명은 모두 옳다.

16. ②

> **해설** 자국통화표시 부채의 경우 통화확대정책을 통해 부채의 상환이 가능하므로 일반적으로 외화표시 부채의 부도율이 더 높다. 다만, 통화확대정책은 인플레이션을 유발하므로 경제에 또 다른 문제를 야기할 수 있고 궁극적으로 국가신용등급에도 부정적인 영향을 미칠 수 있으므로 외화표시 부채에 악영향을 줄 수 있어 악순환이 반복되므로 신중한 접근이 필요하다.

17. ④

> **해설** 일반적으로 채권스프레드를 포함한 시장가격의 변화는 신용등급의 변화를 초래한다. 이는 시장가격이 회사의 모든 공개된 정보를 반영하기 때문이다. 신용등급은 이러한 회사정보에 변화가 있을 때 반영된다.

18. ②

> **해설** 주식가격은 자본가치를 결정하기 때문에 KMV의 예상부도확률(EDF)의 주요 요인이다.

19. ①

> **해설** 주식가격과 채권가격은 KMV모형에서 다음과 같이 표현될 수 있다.
> $S_T = Max(V_T - K, \ 0) = 콜옵션$
> $B_T = V_T - S_T = V_T - Max(V_T - K, \ 0) = Min(V_T, K)$
> $\quad\quad = K - Max(K - V_T, \ 0) = K - 풋옵션$

20. ③

> **해설** 다음을 기억하면 된다.
> $+B = \ +RF - CDS$
> 즉, 위험채권매입 = 무위험채권매입 + CDS 매도

[주관식]

01. 5

> **해설** 부도거리(DD)＝(자산의 시장가치－부도점)/(자산의 시장가치×자산의 변동성)
> ＝(100－25)/(100×0.15)＝75/15＝5

02. 2.82%

> **해설** 대출시장이 균형이라면, 대출스프레드는 다음 공식을 만족한다.
> $$S = \frac{1+r}{1-d_a(1-f_a)} - (1+r) = \frac{1+0.1}{1-0.05(1-0.5)} - (1+0.1)$$
> $$= 0.0282 = 2.82\%$$

03. 2.5

> **해설** 부도거리(DD)＝(자산의 시장가치－부도점)/(자산의 시장가치×자산의 변동성)
> ＝(1,000－500)/(1,000×0.20)＝500/200＝2.5

04. 34.3%

> **해설** 3년 후 부도확률＝3년 이내 부도 안 날 확률
> ＝(1－0.3)(1－0.3)(1－0.3)＝0.343＝34.3%

05. 0.85%

> **해설** 1개월 동안의 채무불이행 확률 ＝p라 하면,
> 6개월 동안의 채무불이행 확률＝0.05＝1－6개월 동안 채무이행확률＝$1-(1-p)^6$
> 따라서, 이방정식을 풀면, $p = 0.0085$ 혹은 0.85%

06. 1,500만원

> **해설** CreditMetrics모형에서 기대손실은 다음과 같이 계산한다.
> 기대손실＝위험노출액×누적채무불이행확률(EDF)×채무불이행시 손실율*
> ＝10억원×0.03×(1－0.5)＝1,500만원
> (*손실률＝1－회수율)
>
> **핵심체크** 기대손실＝위험노출액×누적채무불이행확률(EDF)×채무불이행시 손실율

07. 14.5%

> **해설** 먼저, 4년째 채무불이행 확률=3년간 채무이행확률×4년째 한계채무불이행 확률
> $$=(1-0.10)\times0.05=0.045$$
>
> 따라서,
> 4년간 누적채무불이행확률=3년간 누적채무불이행확률+4년째 채무불이행확률
> $$=0.10+0.045=0.145 \text{ 혹은 } 14.5\%$$

08. 0.7502 혹은 75.02%

> **해설** 로짓모형에서 부도확률을 구하는 다음 공식을 사용할 수 있다.
> $$P_i = \frac{1}{1+e^{-Z_i}} = \frac{1}{1+e^{-(\alpha+\beta x_i)}} = \frac{1}{1+e^{-(0.5+0.3\times2.0)}} = 0.7502$$

09. Z_i = 3.2512, 부도가능성이 거의 없다.

> **해설** 주어진 회계자료로부터 알트만판별식에 필요한 변수를 계산해 보면,
> X1 = 순운전자본/자산=100/1000=0.1,
> X2 = 유보이익/자산=200/1000=0.2,
> X3 = 영업이익/자산=500/1000=0.5,
> X4 = 자기자본시가/부채장부가치=400/600=0.67,
> X5 = 매출액/자산=800/1000=0.8
> 이러한 결과를 판별식에 대입하면,
> Z_i = 1.2X1+1.4X2+3.3X3+0.6X4+0.999X5=3.2512
> Z_i값이 3보다 크므로 서강기업은 '부도가능성이 거의 없다'고 판정된다.
>
> > **핵심체크** 알트만판별함수
> > $$Z_i = 1.2X1+1.4X2+3.3X3+0.6X4+0.999X5$$
> > 판별기준: * $Z > 3.0$: 부도 가능성 거의 없음
> >   * $2.7 < Z \leq 3.0$: 부도 경고
> >   * $1.8 < Z \leq 2.7$: 상당한 부도 가능성 있음
> >   * $Z \leq 1.8$: 부도 가능성 매우 높음

10. 0.1098 혹은 10.98%

KMV모형에서 이론적인 부도점을 사용할 경우 부도확률 $= N(-d2)$ 이다.

먼저, $d2$를 구해보자.

$$d1 = \frac{\ln(\frac{V}{D}) + (r + \frac{1}{2}\sigma_v^2)T}{\sigma_v\sqrt{T}} = \frac{\ln(\frac{1000+1500}{1500}) + (0.05 + \frac{1}{2}0.3^2)2}{0.3\sqrt{2}} = 1.6519$$

$$d2 = d1 - \sigma_v\sqrt{T} = 1.6519 - 0.3\sqrt{2} = 1.2276$$

따라서, 부도확률 $= N(-d2) = 1 - N(d2) = 1 - N(1.2276)$
$$= 1 - (0.3902 + 0.5) = 0.1098$$

핵심체크 $N(1.2276)$은 표준정규분포표에서 보간법으로 계산

11. 5,000만원

예상손실(EL) = 대손충당금 = 노출금액(CE) × 파산확률(π_i) × 손실률
$$= 50억원 × 0.05 × (1 - 0.8) = 5,000만원$$

12. $2,010,000

상호 독립인 경우 포트폴리오의 예상손실(EL)은 다음과 같다.

$$EL = \sum_{i=1}^{N}[CE_i \times \pi_i \times (1 - f_i)]$$
$$= \$40,000,000(0.03)(1 - 0.7) + \$60,000,000(0.05)(1 - 0.45)$$
$$= \$2,010,000$$

(단, EL = 예상손실, CE = 노출금액, π_i = 부도확률, f_i = 회수율 = 1 - 손실률)

13. 7.85%

2년까지 누적부도율 $= C_2 = d_1 + (1 - d_1)d_2$
$$= 0.03 + (1 - 0.03)0.05 = 7.85\%$$

14. 0.974

1년 생존확률 $= S_1 = 1 - 1$년 부도율 $= 1 - d$
분기부도율 $= d_q$라 하면, 분기생존율 $= 1 - d_q$이다.
따라서,
$$S_1 = S_q^4 \Rightarrow 1 - d = (1 - d_q)^4 \Rightarrow S_q = 1 - d_q = (1 - 0.10)^{\frac{1}{4}} = 0.974$$

15. 0.7952

해설 3년말 생존율 $= S_3 = (1-d_1)(1-d_2)(1-d_3)$
$$= 0.95(0.93)(0.90) = 0.7952$$

(단, $d_t = t$ 년차 연간 부도율)

16. 0.235

해설 (1) 1년 후 도산확률 $= 0.10$

(2) 2년 후 도산할 확률: 3가지 경우의 수가 있다.

BBB → AAA(1년 후) → 부도(2년 후) : 확률 $=(0.00)(0.00)=0.000$

BBB → BBB(1년 후) → 부도(2년 후) : 확률 $=(0.75)(0.10)=0.075$

BBB → CCC(1년 후) → 부도(2년 후) : 확률 $=(0.15)(0.40)=0.060$

따라서, 2년 후 도산확률 $=0.000+0.075+0.060=0.135$

(1)과 (2)로부터 2년 후 도산확률 $=0.100+0.135=0.235$

제11장 운영리스크와 유동성리스크

1 운영리스크

가. 운영리스크의 개념

운영리스크(operational risk)란 직원의 내부사기(fraud)나 업무실수, 보유자산의 소실이나 분실, 전산시스템의 다운이나 바이러스 침투, 거래고객의 소송이나 불만, 외부의 사기, 범칙금의 지급 등으로 경영에 손실이 발생할 위험을 말한다. BIS의 신 BASEL II 협약에서는 운영리스크가 매우 중요하게 포함되어 있으며, 이는 초기 BASEL협약과 크게 다른 점이다. 운영리스크는 크게 다음과 같이 세 가지로 정의할 수 있다.

(1) 광의의 정의

기장 넓은 의미(the broadest definition)에서 운영리스크는 시장리스크와 신용리스크를 제외한 모든 재무적 위험을 말한다. 예를 들어, 전략적 의사결정의 문제 등을 포함하는 넓은 개념이다.

(2) 협의의 정의

가장 좁은 의미(the narrowest definition)에서의 운영리스크는 기업 운영(operation)으로부터 발생하는 모든 위험을 말한다. 예를 들어, 거래과정상의 오류, 기계적 결함, 시스템 오류 등이 있다.

(3) 중도적 정의

중도적인 의미(intermediate definition)에서의 운영리스크는 내부과정, 사람, 시스템, 외부사건에 의해 발생하는 모든 부적절하고 실패한 과정들을 말한다.

나. 운영리스크의 중요성

바젤II가 공시된 2004년 전까지는 운영리스크에 대해 공식적인 규제가 없어 그 중요성과 필요성에 대해 인식이 부족하였고 관리노력도 크지 않았다. 즉, 바젤II 이전에는 기업들이 시장리스크나 신용리스크에 대해 주로 관심을 갖고 관리하였으나, 금융산업이 더욱 복잡해지고 경쟁이 치열해지면서 운영리스크가 점차 커지고 있어 그 중요성은 아무리 강조해도 지나치지 않을 것이다. 다음 <표 11-1>은 세계 굴지의 대표적인 금융기관에 대해 운영리스크의 비중을 조사한 자료이다.[1] 표에서 보는 바와 같이, 3대 중요리스크인 신용리스크, 시장리스크, 운영리스크 중 가장 큰 비중을

〈표 11-1〉 운영리스크의 비중과 중요성

리스크 종류	Citigroup	JPM Chase	Deutsche Bank
신용리스크	33.2	16.5	6.0
시장리스크	16.0	7.5	5.5
운영리스크	8.1	4.5	2.2
합계	57.3	28.5	13.7
실제 자기자본	74.4	68.6	18.7

주) 단위: US$10억

---

1) 자료: Jorion(2007), p.493.

차지하는 것은 신용리스크, 그 다음이 시장리스크이고, 운영리스크는 세 번째이긴 하지만 3개 리스크 합의 평균 약 15%를 차지함으로써 결코 작지 않은 비중이며 그 중요성을 잘 보여주고 있다. 금융기관의 특성상 신용리스크가 큰 것은 당연한데, 운영리스크가 시장리스크와 비슷한 규모라는 것은 매우 주목할 만한 사실이다.

다. 운영리스크의 분류

운영리스크는 크게 내적리스크(internal risk)와 외적리스크(external risk)로 구분할 수 있다.

첫째, 내적리스크는 다시 사람에 의한 리스크(공모, 사기, 실수, 악행, 능력부족, 미숙 등), 업무추진 과정상의 리스크(회계부문 실수, 용량오류, 접촉리스크, 보고상 실수 등), 그리고 기술상의 문제로 발생하는 리스크(자료의 질, 프로그램 실수, 시스템다운 및 용량부족 등)로 구분된다.

둘째, 외적리스크에는 외부리스크(법적리스크, 자금세탁, 정치적 리스크, 세금리스크, 공급자리스크 등), 물리적인 리스크(화재, 자연재해, 테러, 도난, 물리적 보안 등)가 있다. 이를 요약하면 다음 <표 11-2>와 같다.

〈표 11-2〉 운영리스크의 분류

분류	리스크 원천	리스크 종류
Internal Risk (내적리스크)	People	Employee collusion/fraud, error, misdeed, ability, skill, etc
	Process	Accounting error, capacity risk, contract risk, reporting error, etc.
	Technology	Data quality, programming error, system failure & capacity, etc.
External Risk (외적리스크)	External	Legal, money laundering, political, tax, supplier risk, etc.
	Physical	Fire, natural disaster, terrorist, theft, physical security, etc.

[그림 11-1] 모든 조직이 직면하는 운영리스크

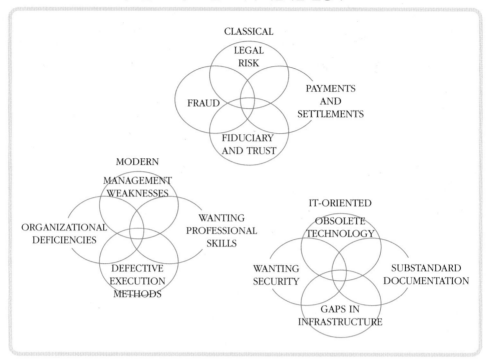

이러한 운영리스크를 다시 조직과 관련하여 분류한 것이 [그림 11-1]이다.[2] 그 림에서 보는 바와 같이 거의 모든 조직에서는 3가지 중요한 운영리스크 원천이 있다.

첫째, 전통적인(classical) 운영리스크로서 법적리스크(legal risk), 지급과 결제(payment and settlement), 보증 및 신탁(fiduciary and trust), 사기(fraud) 등의 리스크가 있다.

둘째, 현대적(modern) 운영리스크로서 경영상 약점(management weakness), 필요 전문기술(wanting professional skills), 결점이 있는 집행방법(defective execution methods), 조직상 결함(organizational deficiencies) 등의 리스크가 있다.

셋째, 정보기술중심적(IT-oriented) 운영리스크로서 시대에 뒤쳐진 진부한 기술(obsolete technology), 표준이하의 문서화(substandard documentation), 못미치는 인프라(gaps in infrastructure), 필요 보안문제(wanting security) 등의 리스크가 있다.

이렇게 다양한 종류의 운영리스크가 있는데, 이들 중 일부는 법적리스크(legal risk), 유동성리스크(liquidity risk) 등 별개의 리스크에 분류되기도 한다. 따라서 본 교

---

2) 자료: Chorafas(2004), p.7.

[그림 11-2] 조직 운영리스크의 상호작용

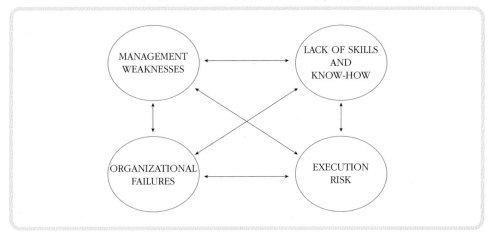

재에서는 법적리스크와 유동성리스크는 별도로 독립하여 구분하고 그 외의 리스크들로 운영리스크를 정의하고자 한다.

한편, 다양한 운영리스크들을 몇 개의 아주 중요한 상위개념으로 묶어 다음과 같이 4가지로 구분하기도 한다. 즉, 경영상약점(management weakness), 기술과 노하우의 부족(lack of skills and know-how), 집행리스크(execution risk), 그리고 조직상 실패 (organizational failures) 등이다. 이들 중요한 4가지 운영리스크간의 상호작용을 표시한 것이 [그림 11-2]이다.[3]

라. 운영리스크의 관리 및 통제

(1) 운영리스크 관리

현재 운영리스크의 주요 관리 방안은 개별금융회사 단위에 초점을 두고 있다. 그 이유는 과거 운영리스크는 그 피해가 주로 해당금융회사에 국한된 문제로 인식되었기 때문이다. 이에 따라 바젤의 운영리스크 관리 또한 개별금융회사의 리스크 대비 자기자본확충(ORC: Operational Risk Charge)이 주된 대비책으로 사용되고 있다.

---

3) 자료: Chorafas(2004), p.10.

그러나, 문제는 IT기술의 발달과 금융상품의 고도화, 금융산업의 글로벌화 등으로 금융산업의 연계성이 높아져 한 기업의 운영리스크가 다른 기업으로 전이될 위험이 커져간다는 데 있다. 즉, 운영리스크가 국가경제 전체 시스템리스크를 증가시킬 수 있다는 사실이다.4)

이렇게 다양하고 복잡한 운영리스크를 기업이 제대로 관리, 통제(control)하기 위해서는 두 가지 중요한 업무가 효율적으로 수행되어야 한다.

첫째, 분석과정(analytical processes)이다. 이 과정에서는 다음과 같은 3가지 중요한 업무가 필수적이다. 즉, 규제점검(check for compliance), 모니터 및 측정(monitor and measure), 그리고 운영리스크 관련 이슈의 이해(understand the operational risk issues) 등을 말한다.

둘째, 통제활동(control activities)이다. 이러한 활동들에는 교정조치의 실행(take corrective action), 한계치설정(put limits), 그리고 한계치통제(control the limits) 등이 있다.

이상의 운영리스크 통제업무들간의 상호관계를 표시한 것이 [그림 11−3]이다.5)

[그림 11-3] 운영리스크의 통제

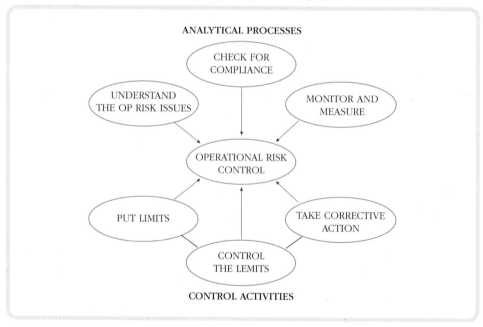

4) 자료: 최순영(2011).
5) 자료: Chorafas(2004), p.15.

이러한 일련의 운영리스크 관리는 바젤Ⅱ(New Capital Adequacy Framework: 신자본 적정성기준)에 부합하여야 한다. 예컨대, 뒤에서 자세히 설명하는 바와 같이 바젤Ⅱ는 3개의 중심기둥(pillar)으로 구성되어 있다.[6] 따라서, 기업이 전사적으로 수행하는 운영리스크관리는 Pillar 1(최저자기자본규제)의 비용측면, Pillar 2(감독당국의 점검)의 감독측면, 그리고 Pillar 3(시장규율)의 사회적 명성측면 등에 잘 부합하도록 합리적이고 효율적으로 운영리스크관리가 필요하다.

따라서, 금융기관들은 운영위험발생을 최소화하기 위해 체크리스트를 통한 점검, 상시감시시스템의 운영, 직무의 상호견제, 거래의 재확인, 예외사항의 보고 등 제반 대책을 강구하고 있다.

(2) 운영리스크의 분포 및 자본배분

운영리스크는 재무적 리스크를 흡수하기 위해 필요한 자본금액을 추정하는 데 사용될 수 있다. 다음 [그림 11-4]는 전형적인 운영리스크 분포 모양을 보여주고 있다. 그림에서 보듯이 운영리스크에 의한 손실은 크게 세 부분으로 나눌 수 있다.

첫째, 예상손실(EL: expected loss)은 주어진 정보에 의해 예상가능한 운영손실로서 분포의 기댓값(평균)으로 산출되며, 이러한 손실은 일반적으로 정상적 비용에 의해 흡수되고 내부통제에 의해 관리된다. 대부분 발생빈도는 높고 손실수준은 낮은 사건에

[그림 11-4] 운영리스크의 분포

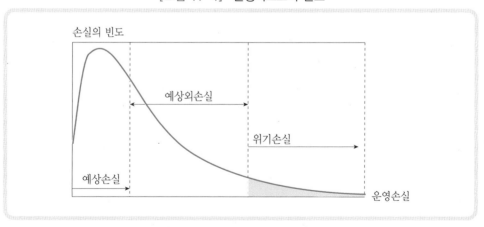

---

6) 자세한 사항은 본 교재 '제19장: 바젤협약'을 참조하기 바람.

의해 발생하며 이러한 손실은 거의 공시되지 않는다.

둘째, 예상외손실(UL: unexpected loss)은 어떤 신뢰수준에 해당하는 손실금액과 예상손실 사이의 차이를 의미하며, 이러한 손실은 통상 유보자본(RE: retained earnings)에 의해 충당되거나 외부 보험으로 전가하기도 한다. 대부분 발생빈도는 낮고 손실수준은 높은 사건들에 의해 유발된다. 셋째, 위기손실(극단적 손실)은 예상외손실을 초과하는 손실로서 너무나 많은 자본배분을 요구하기 때문에 기업의 자본으로 흡수하기 어렵고 보험회사에 이전해야 한다. 이런 손실은 발생빈도는 매우 낮으나 기업에 심각한 타격을 주므로 대중에게 공시된다.

마. 운영리스크 측정방법

운영리스크 측정은 시장리스크, 신용리스크보다 훨씬 어렵고 따라서 정교한 모형의 개발도 쉽지 않다. 그 이유는 다음과 같다.

첫째, 운영리스크의 개념이 다른 리스크들과 달리 추상적이고 모호하여 계량화 및 측정이 쉽지 않으며, 다른 리스크들과 달리 수익과의 직접적 연관이 분명하지 않고, 리스크 원인의 종류도 워낙 많고 복잡하게 얽혀 있기 때문이다.

둘째, 각 기업마다 사업영역 및 업무방식이 다르기 때문에 발생하는 운영리스크의 성격과 내용도 달라져서 모든 기업에 적용 가능한 표준모형 개발이 어렵다.

셋째, 운영리스크와 관련한 자료는 사기, 횡령, 도난, 컴퓨터시스템 다운 등 기업의 이미지나 명성에 부정적인 것들이 많아 기업들은 공개를 꺼려하고 자료축적의 유인도 작다. 따라서 연구자들이 운영리스크 관련 자료를 얻는 것이 매우 어렵다.[7]

따라서, 이런 이유들로 운영리스크에 대한 가치평가(valuation)와 가격결정(pricing)이 어려워 리스크관리도 힘든 것이 현실이지만, 운영리스크의 비중과 중요성을 감안할 때 앞으로 많은 연구가 이루어져야 한다. 본 교재에서는 운영리스크 측정과 관련하여 어떤 정밀한 모형을 제시하기 보다는 개념적 방법론을 중심으로 설명하고자 한다. 참고로, 다음 <표 11-3>은 주요 금융리스크인 시장리스크, 신용리스크, 운영리

---

7) 비영리협회인 운영리스크자료교환협회(ORX: Operational Risk data eXchange association)는 2002년부터 18개국의 57개 회원 은행들의 운영손실 자료를 공유하고 있으며, 약 20만건, 700억유로 규모의 운영손실자료를 구축하고 있다(자료: 최순영(2011)).

〈표 11-3〉 주요 금융리스크 측정방법

측정단계	시장리스크	신용리스크	운영리스크
1단계: 리스크원인 규정	이자율, 주식, 통화, 상품가격	부도, 신용등급하향	과정, 사람, 시스템, 외부요인
2단계: 리스크요인 측정	변동성, 상관관계	부도 확률분포, 회수율 확률분포	손실빈도
3단계: 리스크노출 측정	듀레이션, 델타	현존, 잠재적 부도 에의 노출	손실강도
4단계: 리스크계산	시장VaR	신용VaR, 기대손실	운영VaR, 기대손실

스크의 측정상 차이점을 비교, 정리한 것이다.[8)

운영리스크를 측정하기 위한 원론적인 방법론으로는 다음의 3가지가 있다.

첫째, 운영리스크 지표를 이용하는 방법으로서, 거래규모, 영업점수, 직원수, 실수발생빈도, 수익변동성 등 기업운영관련 주요 지표(indicator)를 개발하여 분석하는 방법이다. 또한 이들 지표와 손실발생액을 회귀분석하는 방법도 있다.

둘째, 내부검사부서 평가법으로서, 기업 내부검사부서가 부서별, 업무별 위험순위를 설정하고 평가하는 방법이다.

셋째, 차감 방법으로서, 다음과 같이 전체리스크(총위험)에서 시장리스크와 신용리스크를 차감하는 것이다. 즉,

운영리스크＝전체리스크(총위험)－시장리스크－신용리스크   (식 11-1)

운영리스크를 측정하기 위한 보다 진전된 방법으로 최근에 많이 사용되고 있는 다음과 같은 두 가지 방법을 설명하고자 한다.

(1) 보험수리모형

보험수리모형(actuarial model)은 보험분야에서 각종 손해나 사고의 보험금을 산정할 때 확률이론이나 통계모형을 적용하여 수리적으로 결정하는 것처럼, 운영리스크 관련 과거 사고나 사건통계를 기초로 손실발생 횟수나 손실액에 대해 확률모형을 이

---

8) 자료: Jorion(2007), p.497.

용하여 운영리스크를 측정하는 방법이다.

따라서 보험수리모형을 적용하기 위해서 가장 중요한 두 가지 확률변수가 있는데, 하나는 손실발생빈도(N: loss frequency)이고, 다른 하나는 손실강도(X: loss severity)이다. 이 두 개의 변수에 대해 확률분포를 어떻게 정의하느냐에 따라 운영리스크의 크기가 결정되는데, 두 개의 변수를 결합하면 총리스크(total risk)를 결정할 수 있다. 이 두개의 변수를 결합하여 총운영리스크를 구하기 위해 만든 보험수리모형을 '손실분포접근법(LDA: Loss Distribution Approach)'이라 부른다.

LDA를 간단한 사례를 통해 설명하면 다음과 같다.

먼저, 운영리스크관련 사건이 발생한 횟수를 N이라 하면 이는 이산확률변수 (discrete random variable)가 되고, 다음과 같은 확률분포를 갖는다고 가정할 수 있다.

$$\text{손실발생빈도}(N)\text{의 확률분포함수} = f(n), \ n = 0, \ 1, \ 2, \ \cdots \qquad \text{(식 11-2)}$$

다음, 손실이 일단 일어나면 발생하는 손실강도 혹은 손실규모를 X라 하면 이는 연속확률변수(continuous random variable)가 되고, 확률분포는 다음과 같이 가정할 수 있다.

$$\text{손실강도}(X)\text{의 확률분포함수} = g(X|n=1), \ x \geq 0 \qquad \text{(식 11-3)}$$

(식 11-2)와 (식 11-3)을 결합하면 총손실액(S_n)은 다음과 같은 공식으로 구할 수 있다.

$$S_n = \sum_{j=1}^{n} X_j \qquad \text{(식 11-4)}$$

만일 두 확률변수 N과 X가 독립이라면, $E(S) = E(N) \times E(X)$가 되어 총운영리스크의 평균을 구하는 것이 훨씬 간단해지지만, 만일 그렇지 않으면 조건부확률분포를 이용하여 구하여야 한다.

과거 운영리스크자료를 분석해 본 결과 손실발생빈도(N)와 손실강도(X)의 확률분포가 다음 표와 같다고 할 때, 총운영리스크의 평균을 구하라. (단, 확률변수 N과 S는 서로 독립이라고 가정한다)

손실발생빈도(N)		손실강도(X)	
N	확률	X	확률
0		$1,000	0.6
1		$10,000	0.3
2		$100,000	0.1
$E(N) = 0 \times 0.5 + 1 \times 0.3 + 2 \times 0.2$ $= 0.7$		$E(X) = 1,000 \times 0.6 + 10,000 \times 0.3 +$ $100,000 \times 0.1$ $= \$13,600$	

N과 S는 독립이라고 가정하였으므로,

총운영리스크의 평균은, $E(S) = E(N) \times E(X) = 0.7 \times 13,600 = \$9,520$가 된다.

(2) 바젤 모형

바젤위원회는 바젤 Ⅱ에서 운영리스크를 구하는 3가지 방법을 제시하고 있다.

① 기본지표방법(BIA)

기본지표방법(BIA: Basic Indicator Approach)은 가장 단순한 방법으로서 하향식 (top-down approach)방법이다. BIA에서는 운영리스크의 크기를 총소득(GI: Gross Income)에 일정상수(α factor: 알파승수)를 곱해서 구하기 때문에 아주 단순하다. 이 방법의 기본 원리는 총소득규모가 커지면 그만큼 영업활동(business activities)규모는 그만큼 커지게 되고, 영업활동규모가 커지면 운영리스크도 비례해서 생긴다는 것이다. 이를 식으로 표시하면 다음과 같다. 참고로 운영리스크의 크기만큼 금융기관이 자본금을 적립해야 하고 이를 바젤은 ORC(Oprational Risk Charge)라 하는데 운영리스크의 크기라 간주하면 된다.

$$ORC^{BIA} = \alpha \times GI \qquad\qquad \text{(식 11-5)}$$

단, $ORC^{BIA} = BIA$ 방법으로 구한 ORC
$\alpha =$ 알파승수(alpha factor)
$GI =$ 총소득(Gross Income)

현재 보통의 은행에 대해서는 $\alpha = 15\%$가 적용되고 있고, GI는 통상 최근 3년간 총소득의 평균으로 구하되 ($-$)값이 있으면 제외하고 평균을 계산한다.

BIA방법의 장점은 투명하고, 단순하고, 쉽게 구할 수 있는 자료들을 활용한다는 것이고, 단점은 리스크관리나 영업활동의 질적인 측면을 전혀 고려하지 않는다는 것이다. 복잡한 영업이나 단순한 영업이나 고려하지 않고 동일한 알파인자를 고려하는 것은 현실적이지 않다. 복잡한 영업활동이 많은 은행에 운영리스크도 더 많이 발생할 가능성이 크다는 것은 너무도 당연하기 때문이다.

② 표준방법(SA)

표준방법(SA: Standard Approach)은 금융기관의 영업라인(business line)을 8개의 세부업무로 나누고, 각 업무별(j)로 총소득(GI_j)을 할당하고, 업무별 리스크에 따라 다른 수준의 가중치(β_j: beta factor: 베타승수)를 사용하는 방법이다. 운영리스크(ORC)를 구하는 공식은 다음 (식 11-6)과 같다.

$$ORC^{SA} = \sum_{j=1}^{8} (\beta_j \times GI_j) \qquad\qquad \text{(식 11-6)}$$

단, $ORC^{SA} = SA$ 방법으로 구한 ORC
$\beta_j = j$ 번째 업무의 베타승수(beta factor)
$GI_j = j$ 번째 업무의 총소득(Gross Income)

바젤이 제시하는 세부업무별 베타는 다음 <표 11-4>와 같다.

〈표 11-4〉 베타승수(beta factor)

세부업무(business lne: j)	베타(β_j)
기업재무(corporate finance)	18%
거래와 판매(trading and sales)	18%
소매은행업무(retail banking)	12%
상업은행업무(commercial banking)	15%
지급, 결제(payment, settlement)	18%
대행서비스(agency services)	15%
자산관리(asset management)	12%
소매중개업무(retail brokerage)	12%

③ 고급측정방법(AMA)

고급측정방법(AMA: Advanced Measurement Approach)은 앞에서 설명한 두 가지 방법보다 더 정교하고 복잡한 모형으로서, 은행 각자가 자신의 여건에 맞게 개발하되 바젤의 기본가이드라인(정성적, 정량적 기준)을 준수하여 만든 내부모형(internal model)을 말한다. 통상 99%신뢰수준에서 구한 VaR 혹은 UL(Unexpected Loss)를 이용하여 다음 (식 11-7)과 같이 계산한다.

$$ORC^{AMA} = UL(\text{신뢰수준 99\% VaR}) \qquad \text{(식 11-7)}$$

④ 신표준방법

2008년 글로벌 금융위기를 계기로 기존의 요구자본 산정방법의 한계가 드러남으로써 요구자본만으로 운영리스크 손실을 감당하기에 충분하지 않고 내부모형으로는 측정하기도 쉽지 않음을 인식하게 되었다. 이에 따라 'Basel III 최종안'에서는 기존의 3가지 운영리스크 측정방법(즉, 기본지표방법(BIA: basic indicator approach), 표준방법 (SA), 고급측정방법(AMA: advanced measurement approach))을 신표준방법으로 통일해서 사용하도록 개정하였다. 이는 현행 기본지표방법 및 표준방법이 영업규모만 반영할 뿐 은행의 손실경험을 제대로 반영하지 못하고 있고 고급측정방법은 은행별로 활용 모형이 상이하여 비교가능성이 현저히 떨어지기 때문이다. 또한 최종안에는 은행에서 발생한 손실사건 누적규모에 따라 운영위험가중자산이 차등산출되도록 함으로써 손실금액이 클수록 자본을 더 많이 쌓도록 개선하였다.

좀 더 구체적으로 살펴보면, 신표준방법에서 운영리스크 대비 자기자본은 영업지수(BI: business index)와 내부손실승수(ILM: internal loss multiplier)를 이용하여 다음 식과 같이 구한다.

$$ORC(\text{신표준방법}) = \text{영업지수}(BI) \times \text{내부손실승수}(ILM)$$

단, 영업지수＝이자×리스×배당요소＋서비스요소금융거래요소
내부손실승수＝총소득(GI: gross income)과 역사적 내부손실자료(ILH: internal loss history)를 활용하여 계산

2 유동성리스크

가. 유동성의 개념

유동성(liquidity)이란, 어떤 자산을 공정한 가격(fair price)을 받고, 얼마나 신속하게 또는 용이하게 현금화할 수 있는가 하는 정도를 의미한다. 즉, 통상 유동성은 '자산의 현금화 속도'를 말한다. 예를 들어, 화폐시장의 단기금융자산들은 대체로 유동성이 높으며, 부동산 등은 유동성이 낮다. 따라서 투자자들은 투자자금을 어느 정도 긴급하게 회수할 필요가 있는가를 고려하여 투자자산을 선택하게 된다.

금융기관에서 유동성리스크가 발생하는 원천은 대차대조표를 중심으로 크게 3가지로 구분해 볼 수 있다.

첫째, 자산(assets) 측면에서 보면 두 가지 원천이 있는데, 하나는 포지션규모(size of position)이고 다른 하나는 거래에서의 가격영향(price impact of unit trade)이다. 이러한 원천에 의해 생기는 리스크를 통상 자산유동성리스크, 시장유동성리스크, 제품유동성리스크라 부른다.

둘째, 부채(liabilities) 측면에서 보면, 두 가지 원천이 있는데, 하나는 자금조달(funding)이고, 다른 하나는 시장가치로의 전환(mark-to-market, haircut 등)이다. 주로 실제 현금흐름과 관련이 있기 때문에 현금흐름유동성리스크, 자금조달유동성리스크

라 부른다.

셋째, 자기자본(equity)과 관련된 원천으로서, 투자자의 환매(redemption)요구가 그 예이다.

본 교재에서는 주로 위의 3가지 유동성리스크 중 처음 두 가지, 즉 시장유동성리스크와 현금흐름유동성리스크에 초점을 맞추어 유동성리스크를 설명하고자 한다.

나. 유동성리스크

유동성리스크(liquidity risk)는 유동성의 부족으로 생기는 위험이며, 시장리스크(market risk)의 일부로 해석하기도 한다. 유동성리스크는 때론 기업의 부도로 연결될 수 있기 때문에 신중한 관리가 필요하다. 한국의 1997년 금융위기는 많은 경우 유동성리스크 때문에 초래되었다. 장부상으로는 부도가 아닌데(technically solvent) 당장의 유동성 위기로 부도를 맞는 경우가 많았다는 것이다.

시장리스크, 신용리스크, 운영리스크와는 달리 유동성리스크는 공식적인 리스크측정에 적합하지 않다. 그래서 바젤위원회(BCBS)는 유동성리스크에 대해 공식적인 자본요구를 설정하지 않는다. 그렇다고 바젤위원회가 유동성리스크를 과소평가하는 것은 아니며 다음과 같이 유동성의 중요성을 강조하고 있다. 즉, 유동성은 금융기관의 지속적 생존에 필수적이며 자본포지션은 특히 위기에서 유동성 조달능력에 큰 영향을 주므로 금융기관은 유동성리스크를 평가하고 감시하며 관리하는 것이 매우 중요하다.

유동성리스크는 다음과 같이 분류된다.

(1) 시장유동성리스크

① 시장유동성리스크의 개념

시장유동성(market liquidity)이란 보유자산을 시장에서 구입 또는 처분하는 용이성을 의미하며, 일반적으로 증권의 발행량이 많은 경우 유동성이 크다고 할 수 있다. 따라서 유동성 프리미엄은 매입율(bid rate)과 매도율(offer or ask rate)의 차이(즉, 스프레드(spread))로서 설명할 수 있다. 즉 매입율과 매도율의 차이가 작을수록 유동성이 크다고 볼 수 있으며, 이 경우 유동성프리미엄은 작을 것이다. 반대로 유동성이 작으면 유동성 프리미엄도 커질 것이다. 시장유동성리스크는 시장에서 공시된 가격으로 거래가 제대로 이루어지지 않을 경우 발생하는 위험이며, 통상적인 거래량 보다 매매를 원하는 거래가 더 클 때 생긴다. 시장유동성은 제품유동성(product liquidity) 혹은 자산유동성(asset liquidity)이라고도 한다.

시장유동성리스크에 영향을 미치는 두 가지 요인은 가격영향(price impact)과 포지션 규모(size of position)이다. 이들 각각에 대해 좀 더 살펴보자.

첫째, 가격영향효과(price impact effect)란, 유동성이 높은 자산일수록 아주 작은 가격변화에도 포지션이나 거래량이 크게 영향을 받는다는 것을 말하며, 시장영향효과(market impact effect)라고도 한다. 가격−수량함수(price−quantity function)가 중요한 역할을 한다. 위에서 설명한 바와 같이 유동성이 높은 자산들은 스프레드가 아주 작아지며 이런 자산들이 거래되는 시장은 'deep market'의 특징이며, 반면에 유동성이 낮은 자산들이 거래되는 시장은 'thin market'의 특징이다.[9]

둘째, 포지션규모효과(size of position effect)란, 매매하려는 포지션의 규모가 커지면 스프레드가 커지고 따라서 시장유동성리스크가 커짐을 의미한다. 예를 들어 어떤 투자자가 매도하려는 자산의 규모가 일정수준을 넘어서면 시장에서의 매각이 대단히 어려워져 거래가 힘들어지므로, 중개인이 투자자에게 매입하려는 매입가격(bid price)은 낮아지게 되고, 중개인이 큰 규모의 자산을 매각하기 힘들어지므로 보유비용이 증가하여 매도가격(ask price)은 높아지게 된다. 매매포지션규모의 증가로 인한 유동성비용(liquidation cost)은 다음 (식 11−8)에 의해 측정한다.

$$\text{유동성비용} = \frac{P(Q0) - P(Q1)}{P(Q0)} \qquad \text{(식 11-8)}$$

단, $Q0$ = 정상 거래규모
$Q1$ = 정상규모를 넘는 거래규모
$P(Q)$ = 거래규모가 Q일 때의 가격수준

시장유동성리스크와 관련된 이상의 두 가지 효과를 요약, 설명하는 것이 다음 [그

---

9) 'deep market'과 'thin market'에 대한 우리말 번역은 일반화되어 있지 않아 그대로 원문을 사용하였다. 일부 전문가들은 '거래층이 두터운 시장', '거래층이 얇은 시장' 등으로 번역하기도 한다. 'deep market'에서 거래되는 대표적 자산으로 주요국 통화(미국달러, 유로화 등), 미국국채(T−bond 등) 등이 있고, 대표적 'thin market' 자산으로는 장외시장(OTC)파생상품, 신흥공업국 주식(emerging market equities) 등이 있다.

[그림 11-5] 가격-수량함수

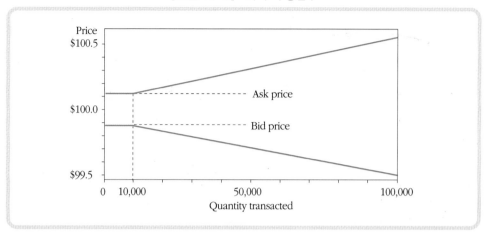

림 11-5]에 있는 가격-수량함수(price-quantity function)이다.[10] 그림에서 볼 수 있는 직선의 가격곡선기울기는 시장영향(market impact)을 표시한다. 물론 그래프는 시장에 따라 직선도, 곡선도 가능하지만 여기서는 이해를 돕기 위해 직선으로 가정하였다.

그림에서 보는 바와 같이, 거래량(quantity transacted)이 10,000단위까지는 중개인의 매도가격(ask price)이나 매입가격(bid price)의 변화가 없어 스프레드(약 $0.25)는 일정하고 매우 작다. 여기서 유동성리스크의 변화가 없는 거래규모 10,000을 정상시장규모(normal market size) 혹은 'depth'라 부른다. 그러나 거래규모가 10,000을 넘어 점점 커질수록 앞에서 설명한 것처럼 매입가격은 낮아지고 매도가격은 높아진다. 시장가격은 보통 매입가격과 매도가격의 평균에서 형성되므로 정상규모 이하일 때는 약 $100이고 정상규모를 넘어서는 거래에서는 달라진다. 그림에서 100,000단위의 거래가 이루어질 때 시장가격이 $99.4가 되었다면 유동성비용은, $[P(Q0) - P(Q1)] / P(Q0) = [100 - 99.4] / 100 = 0.006$ 혹은 0.6% 혹은 60bp가 된다.

② 시장유동성리스크 측정

(i) 포지션규모효과의 반영

앞서 설명한 바와 같이 포지션의 규모가 정상규모를 넘으면 스프레드가 달라지므

---

10) 자료: Jorion(2007), p.336.

로 포지션규모효과는 스프레드효과(bid-ask spread effect)라고도 한다. 일반적으로 시장의 미시구조(microstructure)이론에 의하면, 시장에서 스프레드가 생기는 이유는 크게 3가지이다.[11]

첫째, 주문처리비용(OPC: Order Processing Costs)으로서, 유동성 서비스를 제공하는 대가를 말하며, 거래비용, 거래규모, 기술수준, 경쟁 등의 요소에 의해 결정된다. 운영비용이 일정하다면, 일반적으로 주문처리비용은 거래량과 반비례한다.

둘째, 비대칭정보비용(AIC: Asymmetric-Information Costs)으로서, 중개인보다 정보가 부족한 일반 투자자가 지불하는 비용이다. 중개인은 거래전문인으로서 시장조성(market making)을 위해 더 많은 정보를 가져야 하고 이를 위해 노력하며, 이러한 정보수집노력이 스프레드에 반영된다는 것이다.

셋째, 재고보유비용(ICC: Inventory Carrying Costs)으로서, 시장조성을 위해 중개인이 거래자산 재고를 보유하면 기회비용, 가격변동성, 거래규모에 따라 추가적으로 지불해야 하는 비용들이다.

따라서, 이상의 3가지 요인을 고려하면, 스프레드는 OPC, AIC, ICC의 함수라 볼 수 있고, 스프레드를 S라 하면, $S=f(OPC, AIC, ICC)$와 같이 표시할 수 있다. 또한 매도가격($P(ask)$)과 매입가격($P(bid)$), 그리고 두 가격의 평균가격($P(mid)$)을 이용하여 일반적으로 다음 (식 11-9)와 같이 스프레드를 표시한다.

$$\text{Spread} = S = \frac{P(ask) - P(bid)}{P(mid)} \qquad \text{(식 11-9)}$$

스프레드효과(포지션규모효과)를 반영할 경우 유동성리스크의 크기는 다음 (식 11-10)과 같이 3가지 방법으로 측정된다.

$$LVaR_1 = VaR + L_1 = W \cdot CL \cdot \sigma + \frac{1}{2} W \cdot S$$

$$LVaR_2 = VaR + L_2 = W \cdot CL \cdot \sigma + \frac{1}{2} \sum_{j=1}^{N} |W_j| S_j \qquad \text{(식 11-10)}$$

---

11) 시장미시구조(market microstructure)이론이란 특정 규칙하에서 자산거래의 절차 혹은 결과를 연구하는 것(the study of the process and outcomes of exchanging assets under a specific set of rules)을 말하며, 특정거래메커니즘이 가격(prices), 거래비용(transaction costs), 공시가격(quotes), 거래량(volume), 거래행태(trading behavior) 등에 미치는 영향을 주로 분석한다.

$$LVaR_3 = VaR + L_3 = W \cdot CL \cdot \sigma + \frac{1}{2}[W \cdot (\overline{S} + CL \cdot \sigma_s)]$$

단, (식 11-10)에서 $W =$ 포지션의 규모, $CL =$ 신뢰수준값(99%신뢰수준에서는 2.33, 95%신뢰수준에서는 1.65), $\sigma =$ 자산의 변동성, $S =$ 스프레드를 의미하며, VaR (Value at Risk)는 뒤의 16장에서 배울 시장리스크측정치이고, LVaR는 Liquidity VaR를 의미한다. 스프레드를 어떻게 유동성비용으로 반영하느냐에 따라 3가지 방법이 가능한 것이다. 즉, 기본적으로 유동성리스크는 'VaR+유동성비용'으로 해석할 수 있다.

(ii) 가격영향효과의 반영

가격영향효과를 리스크유동성측정에 반영하기 위해 다음 (식 11-11)과 같은 가격함수를 예로 들어 보자.

$$P(q) = P_0(1 - kq) \qquad \text{(식 11-11)}$$

단, (식 11-11)에서 $P(q)$는 거래량이 q일 때의 가격수준, k는 상수, P_0는 초기 가격이다. 가격은 거래량과 반비례하므로 감소함수이다.

이제 2가지 매도주문전략을 이용하여 가격함수와 유동성리스크를 측정하는 방법을 살펴보자. [그림 11-6]은 주문전략에 따른 가격영향의 예를 보여주고 있다.[12]

[그림 11-6] 주문집행전략에 따른 가격영향

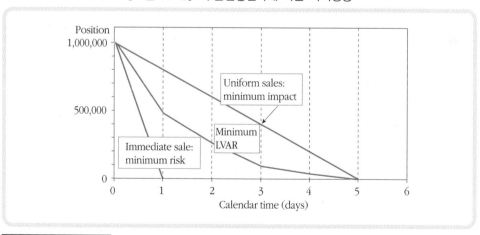

---

12) 자료: Jorion(2007), p.343.

첫째, 하루에 모두 동시매각(immediate liquidation or sale)하는 경우, 가격은 일시에 하락하게 된다. [그림 11–6]에서 보듯이 맨 왼쪽에 있는 직선이 동시매각의 경우 가격변화를 보여주고 있다. 이 경우 가격변동성은 작지만 유동성비용이 커지며, 가격하락으로 인한 유동성비용, $C1(W)$는 다음과 같이 계산할 수 있다. 즉,

$$C1(W) = q[P_0 - P(q)] = q[P_0 - P_0(1 - kq)] = kP_0 q^2 \qquad \text{(식 11–12)}$$

둘째, 매각을 n번 동일한 규모로 나누어 실시하는 균등매각(uniform liquidation or sale)의 경우, 가격은 매각기간(n) 동안 조금씩 하락하게 된다. [그림 11–6] 맨 오른쪽 직선에서 보듯이 가격은 점진적으로 하락한다. 유동성비용은 작지만 가격변동성은 커지게 되며, 유동성비용, $C2(W)$는 다음과 같이 계산할 수 있다. 즉,

$$C2(W) = q[P_0 - P(q)] = q[P_0 - P_0(1 - k\frac{q}{n})] = kP_0 \frac{q^2}{n} \qquad \text{(식 11–13)}$$

이상의 결과로부터 가격영향효과를 반영할 경우 유동성리스크의 크기는 다음 (식 11–14)와 같이 측정할 수 있다.

$$LVaR = CL \times P_0 \times \sqrt{V(W)} + C(W) \qquad \text{(식 11–14)}$$

단, $LVaR$ = 유동성리스크
$V(W)$ = 가격변동성(분산)
$C(W)$ = 유동성비용
CL = 신뢰수준값(99%: 2.33, 95%: 1.65)

(2) 현금흐름유동성리스크

① 현금흐름유동성의 개념

현금흐름유동성(cash flow liquidity)이란 자금의 지급(payment)과 결제(settlement)를 제때 용이하게 할 수 있는 정도를 의미한다. 현금흐름유동성을 충족하는 방법으로 세 가지가 있다. 즉, 현금(cash), 다른 자산의 매각(sales of other assets), 그리고 대출

(borrowings) 등이 있다. 현금흐름유동성은 때로 자금조달유동성(funding liquidity)이라고도 한다. 현금흐름유동성리스크는 자금의 지급과 결제의 시차에 따라 나타나는 위험이다.

현금흐름유동성의 사례로서 금융기관의 경우를 살펴보자. 은행 등 금융기관들은 적정유동성계획을 수립하여 위험을 관리해야 하는데, 예금과 대출에 영향을 미칠 것으로 보이는 요인들을 잘 고려해야 한다. 예컨대, 경기순환국면과 통화정책이 중요한 변수가 된다.

이와 같이 현금흐름유동성리스크에 영향을 미치는 요인들은 많이 있는데, 이를 정리하면 다음과 같이 크게 3가지로 구분할 수 있다.

첫째, 레버리지효과(leverage effect)이다. 전형적인 자금조달리스크는 대차대조표의 부채부문에서 발생하는데, 채권자나 중개인들은 채무액보다 높은 담보(collateral)를 요구한다. 이는 담보가치저평가(haircut) 때문이다. 따라서, 담보가치가 낮을수록 채무자인 기업의 입장에서는 채무불이행에 대비한 현금의 필요성은 커지고, 이는 유동성리스크를 커지게 하는 요인이 된다.

둘째, 담보요구조건의 변동(changes in collateral requirements)이다. 시장전체의 변동성이 커질수록 채권자는 담보가치를 더 저평가할 것이고, 이는 채무자인 기업으로 하여금 더 많은 현금을 필요하게 할 것이며, 이는 유동성리스크의 증가를 초래한다.

셋째, 지급시기의 불일치(mismatches in timing of payments)이다. 예를 들어, 헷지포지션을 취한 기업에게 헷지포지션으로부터는 지급을 받지 못한 상황에서 헷지된 자산의 지급을 요구받을 경우 지급시기불일치 문제가 발생할 수 있다.

② 현금흐름유동성리스크의 측정

현금흐름유동성을 측정하기 위해 이용되는 기법으로서 계량경제모형, 회귀분석, 투입산출모형, 시뮬레이션, 주관적 판단, LaR(Liquidity at Risk)모형 등이 있다. 본 교재에서는 현금흐름유동성리스크를 측정하기 위해 고려해야 할 몇 가지 사항만 간략하게 제시하고자 한다.

첫째, 자산－부채구조를 잘 반영해야 한다.

둘째, 기업이 전형적으로 필요로 잠재적인 현금수요와 유동성의 원천들을 잘 반영해야 한다.

CRMPG(Counterparty Risk Management Policy Group)가 1999년 제안한 현금흐름유동성관리 가이드라인도 참조할 만하다. CRMPG는 현금유동성을 다음과 같이 정의한다.

$$Cash\ liquidity = \frac{Cash\ Equivalent}{Potential\ decline\ in\ the\ value\ of\ positions}$$

즉, 위의 식에서 보듯이 바로 현금화가 가능한 현금성자산을 잠재적 포지션가치하락분과 비교하여 이 비율이 일정 기준보다 크면 유동성리스크가 작은 것이고, 작으면 유동성리스크가 커진다. CRMPG는 이러한 두 개의 가치를 비교하여 유동성리스크를 관리한다.[13]

요약

- 국제결제은행(BIS)에서 금융기관에 요구하는 최소 자본을 구하는 공식에서 운영리스크가 새롭게 추가되어 그 중요성이 커지고 있다. 확실히 이해하고 대비해야 한다.

- 1997년 외환위기 때 많은 기업이 부도가 나면서 유동성리스크에 대한 관심이 매우 커지고 있다. 장부상으로는 흑자이면서도 실제로는 만기가 다가온 단기 채권을 갚지 못하는 등의 이유로 흑자부도가 발생하고 있다. 유동성리스크를 어떻게 관리해야 부도위험을 피할 수 있는지 잘 이해할 필요가 있다.

---

13) CRMPG는 미국의 LTCM(long-Term Capital Management) 유동성위기 때 LTCM에 자금을 지원했던 주요은행들의 고위급실무자들로 구성된 협의체이다.

사례 11-1

운영리스크 사례1: Barings은행[14]

1. 개요

베어링사는 1862년 영국에서 설립된 세계 유수의 금융회사였다. 233년의 유구한 역사와 명성을 자랑하던 이 회사는 닉 리슨(Nicholas Leeson)이라는 28세의 젊은 직원으로 인해 망하고, 1995년 2월 네덜란드의 ING(Internationale Netherlanden Group)에 단돈 1파운드에 구제합병되고 말았다. 이 사건은 한 직원으로 인해 거대한 회사가 망했다는 점에서 전세계적으로 큰 충격을 주었는데, 금융위험관리 측면에서는 전세계적으로 파생상품거래의 위험성에 대한 논의에 불을 붙인 계기가 되기도 하였다.

영국 베어링사는 아시아 선물시장에 진출하려는 목적으로 싱가포르에 자회사인 베어링 선물회사(Baring Futures, Singapore)를 설립하였다. 닉 리슨은 일본 오사카거래소(OSE)와 싱가포르거래소(SIMEX)간 Nikkei 255 지수선물의 차익거래를 담당하면서 1992년 3월부터 이곳에서 일했다. 차익거래란 두 거래소 중 지수가 싼 곳에서 매입하고 동시에 비싼 곳에 매도하여 위험없이 차익을 얻고자 하는 거래전략이다.

문제의 발단은 닉 리슨이 거느리는 팀의 사소한 거래실수에서 시작되었다. 이로 인한 손해를 감추기 위해 리슨은 '계좌 88888'이라는 특별계좌를 고안했다. 통상 금융회사들이 실수를 정리하거나 고객지원 등을 위해 제한된 편법거래를 행하는 과정에서 일시적으로 가공계좌를 이용하는 것은 드문 일은 아니다. 그러나 리슨은 '계좌 88888'을 보다 적극적인 목적에 활용하기 시작했다.

[그림] 베어링사건 거래구조

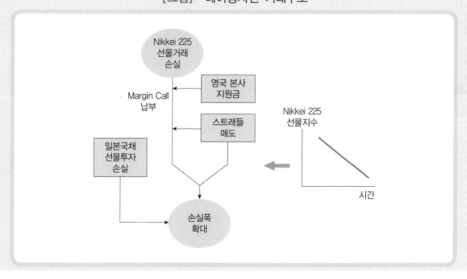

---

14) *CEO를 위한 전략적 기업재무*(석승훈, 2008)에서 인용함.

선물거래는 포지션과 시장가격의 움직임 방향에 따라 이익이 나거나 손해를 보게 된다. 리슨은 초기의 작은 손실을 만회하기 위해 차익거래뿐 아니라 시장가격의 움직임 방향에 베팅을 거는 투기거래(directional trading)에 나섰다. 문제는 손익의 처리방법이었다. 그는 이익이 나면 이를 정식계좌에 등록하여 보고하였으나, 손실이 발생한 경우 정식계좌에서 빼내어 '계좌 88888'에 감추었다. 이런 식이라면 공식적으로 볼 때 리슨은 항상 이익을 내게 되어 있었다. 당연히 리슨은 회사내에서 주목받는 기린아로 등장한다.

그러나 당연히 숨겨진 손실은 점점 쌓여 1992년에 200만파운드에서 1993년에는 2,300만 파운드로 증가하였다. 선물거래는 주식이나 채권거래와 달리 이익이나 손실이 거래만기에 실현되는 것이 아니라 매일매일 시가평가에 의해 이루어진다(marking-to-market). 손실에 대비하여 초기 증거금을 납부하지만 그 이상 손실이 발생하면 해당금액을 거래소에 추가로 납부하게 되어 있다(margin call). 리슨의 경우 선물거래에서 계속된 손실로 인해 상당한 금액의 마진콜을 납부해야만 했다.

처음에 리슨은 영국 본사에 적당히 둘러대어 자금을 융통해 왔다. 그러나 규모가 점점 커지자 다른 방법을 모색하기로 했는데, 그것은 Nikkei 225 주가지수의 스트래들(straddle)을 매도하는 것이었다. 스트래들은 동일한 행사가격을 갖는 콜옵션과 풋옵션 1개씩을 합친 것이므로, 매도 스트래들의 수익구조는 [그림]과 같이 나타난다. 따라서 주가가 행사가격 중심에서 큰 변화를 보이지 않으면 옵션 프리미엄으로 인해 이익이 나지만, 급등 또는 급락할 경우 무한대의 손해가 나게 되는 것이다.

[그림] 매도 스트래들거래의 손익

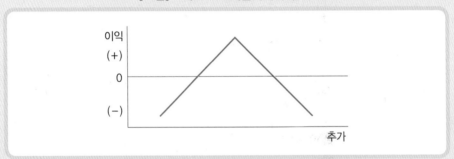

리슨이 스트래들을 매도한 것은 향후 주가변동폭이 작을 것으로 예측하고 이익을 내려는 것보다는 선물거래의 마진콜에 필요한 자금동원이 목적이었다. 스트래들 매도는 콜과 풋옵션의 프리미엄 수입 두 가지를 한꺼번에 확보할 수 있기 때문이다. 당시 옵션시장은 높은 변동성(volatility)으로 프리미엄이 기초자산가격의 5%라는 높은 수준을 유지하고 있었으며, 리슨은 기초자산의 가격등락이 곧 안정될 것으로 예측하였다. 그러나 시장은 리슨의 희망과 달리 움직였다. Nikkei 225 지수는 크게 하락하여 선물매입과 스트래들 매도에서 입은 누적 총손실은 1994년에 2,800만파운드에 달했다. 손실이 모두 '계좌 88888'에 감추어졌음은 물론이다.

당연한 결과이지만 가공거래를 통해 리슨의 업적은 계속 뛰어난 것으로 평가되었다. 리슨은 자신의 분야에서 1994년 중 2,850만파운드의 이익을 낸 것으로 보고하였고 그 대가로 15만달러의 연봉에 더하여 100만달러의 보너스를 받았다. 리슨의 상사와 동료들도 그의 뛰어난(?) 업적에 힘입어 추가적인 보상을 받았다.

1995년 1월 일본에서는 고베지진이 발생하면서 Nikkei 225 지수가 다시금 하락하였다. 리슨의 손실이 증가했음은 당연하다. 이 때 리슨은 이제까지의 손해를 일시에 회복하기 위해 마지막으로 큰 모험을 했다. 고베지진 복구를 위한 재정지출 증가로 일본경제가 회복되고 주가도 상승할 것이라는 전망을 근거로 그간의 누적손실을 일시에 만회하기 위하여 주가지수선물을 대량 매입하였다. 한편으로는 계속되는 증거금 납입요구(margin call)에 맞추기 위해 스트래들도 추가 매도하였다.

이 때 흥미로운 사실은 리슨이 더불어 160억달러 상당의 일본국채선물을 매도하였다는 점이다. 과거 자료를 분석해보면 일본 주식과 채권은 음(-)의 상관관계를 갖는데, 이는 채권가격 하락과 주가상승이 함께 함을 뜻한다. 따라서 과거의 상관관계가 지속된다고 하면 리슨은 채권선물매도를 통해 오히려 시장위험을 확대시킨 셈이다. 왜냐하면 주가가 하락할 경우 주가지수선물 매입포지션에서도 손해를 보기 때문이다.

그러나 기대와 달리 주가지수는 하락을 거듭한 결과 1995년 1~2월 중 15% 이상 하락하여, 리슨은 주가지수선물거래에서만 3억파운드의 손실을 내게 되었다. 더불어 스트래들 추가 매도에 따른 손실 1억 2천만파운드라는 막대한 손실이 발생하면서 결국 닉 리슨의 도피, 체포 그리고 베어링사의 파산으로 이어졌다. 마지막 순간 베어링의 주주들은 10억달러에 달하는 회사 자기자본의 시장가치가 완전 소멸되어 사실상 빈털터리가 되었으며, 채권자들은 채권액의 20분의 1만큼만을 겨우 건질 수 있었다. 리슨은 도피 중 체포되어 싱가포르로 인도되어 6년 6개월의 징역형을 선고받았다.

[그림] Nikkei 지수의 변화

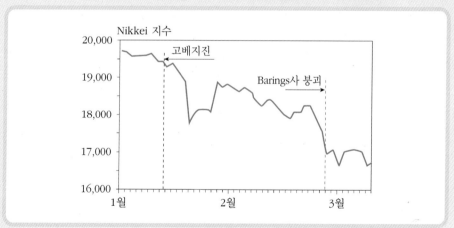

자료: Jorion(1997).

2. 교훈

이 사건의 첫 번째 교훈은 헷지없는 거래의 위험성이다. 리슨은 주가지수선물거래에서 투기적 포지션을 취하면서 헷징을 하지 않았다. 또한 손실규모가 늘면서 이를 단번에 만회하기 위해 포지션 규모를 늘려가면서도 여전히 헷징을 무시했다. 따라서 베어링사의 패망은 높은 수익률을 달성하기 위해서는 높은 위험이 불가피하다는 기본 원리(high risk, high return)를 무시한 결과였다.

또 다른 교훈으로 베어링사 내부통제시스템의 결핍을 들 수 있다. 베어링의 닉 리슨은 본인이 금융거래를 하고(front office 기능), 이에 대한 장부정리(back office 기능)까지 함으로써 사실상 대규모 부정이 발생할 소지가 있었다. 또한 당시 베어링선물회사의 조직체계는 매트릭스 구조로 되어 있어, 리슨은 지역본부장과 담당 금융거래팀장에게 교차 보고하고 있었다. 파생금융상품이라는 전문화된 거래에 대해 리슨의 상사들은 자신이 아닌 다른 편에서 챙기고 있겠지 하는 안이한 자세를 보였다. 결국 리슨은 아무런 내부통제를 받지 않고 일을 벌일 수 있었다.

한편으로 리슨은 거래기간 내내 손실규모를 감춘 채 허위로 이익이 나는 것처럼 보고했기 때문에 상위감독자들이 감독을 소홀히 하는 유인을 제공하였다. 남들보다 더 큰 위험을 감내한 결과일 수도 있다. 따라서 상위감독자는 리슨과 같이 성공적으로 보이는 거래담당자들에 대해서 오히려 더 면밀한 감독을 행할 필요가 있었다.

통제시스템의 결핍은 리슨의 포지션 관리에서도 나타난다. 최후 순간 베어링선물이 보유한 Nikkei 225 선물계약수는 43,000계약이며 금액으로는 70억달러에 달하였다. 이는 SIMEX의 미결제 잔고의 30%에 달하는 엄청난 규모였음에도 리슨의 과도한 포지션 보유에 대해 제동을 걸 수 있는 시스템이 없었다는 것은 놀랍기만 하다.

이와 같은 상황에서는 금융위험관리를 논한다는 것조차 무의미하다. 위험관리의 핵심은 포지션에 대한 위험을 측정하고 적정 위험수준과 비교하여 위험을 줄이거나 늘리는 것이다. 베어링의 경우에는 위험을 측정하지도 않았고, 설령 측정하였다 해도 포지션을 통제할 내부시스템이 없었다.

사례 11-2

운영리스크 사례2: Daiwa은행[15]

1. 개요

다이와은행은 일본내에서 10위권 부근의 유수 은행이었다. 비교적 탄탄한 경영으로 유지해 온 다이와은행은 단 한 명의 직원으로 인해 1995년 자본금의 1/7에 달하는 총 11억달러의 손실을 입었다. 44세의 도시히데 이구지(Toshihide Igushi)라는 직원에 의해 저질러진 이 사건은 손실규모도 컸지만 11년간이나 미국, 일본 양국의 감독당국의 눈을 피해서 계속되었다는 점에서 큰 충격을 주었다. 또한 사건처리를 둘러싸고 미국과 일본의 처리방식상의 문화적 차이로 양국이 갈등을 겪은 사건이기도 하다.

이구지는 일본인 2세로서 다이와은행 뉴욕사무소에 채권운용자로 채용되어 1984년부터 재무성증권(Treasury Bond) 거래를 맡았다. 당시 일본의 본점에서는 세계에서 가장 안전하다고 일컬어지는 재무성증권을 거래하기 때문에 금융위험에 대해 별 걱정을 하지 않았다. 그러나 채권이 안정적 투자대상이 되는 것은 만기까지 보유할 경우에 국한된다. 만기 이전에 매도할 경우 시장금리가 상승했다면 손해를 볼 수 있게 된다.

이구지는 일본 본사의 허락없이 금리등락을 이용하여 채권의 만기전 매매를 통해 자본이익을 구하려는 적극적 투자를 시행하는 과정에서 금리흐름을 잘못 읽어 손해를 보게 되었다. 초기에 이를 보고하고 문제를 끝냈으면 좋았을 것을 이구지는 손실발생을 감추기로 했다. 이 때 그가 사용한 방법은 다이와은행이 고객으로부터 맡아 보관하던 채권을 불법인출하여 매도한 돈으로 손실을 보전하는 것이었다.

당시 다이와은행 뉴욕지점의 채권은 BTC(Bankers Trust Company)에 보관중이었다. 이구지는 채권 불법인출을 은폐하기 위해 당연히 장부를 조작하였으므로, 일본 본사가 보고받는 채권보유고와 BTC의 실제 잔고 간에는 차이가 존재했다.

초기의 일시적 손실을 언젠가 만회할 수 있을 것이라는 기대하에 이구지는 계속 채권거래를 했지만, 결과는 손실금액만 증가했을 뿐이다. 결국 1984년에 시작한 거래는 1995년 9월에 이르러 11억달러라는 막대한 손실을 남기고 마감하기에 이르렀다. 채권잔고를 속여 손실을 감추기에는 이미 손실 규모가 너무 커져버린 것이다. 1995년 10월, 다이와은행의 미국 현지법인은 폐쇄되었다.

[그림] 일본 Daiwa은행 사건 거래구조

---

15) *CEO를 위한 전략적 기업재무*(석승훈, 2008)에서 인용함.

2. 교훈

다이와 사건은 기본적으로 직원의 사기(fraud)로 인해 손실을 본 경우로서 내부통제 실패에 기인하므로, 금융위험관리 실패라기보다는 영업위험관리 실패사례에 속한다. 첫 번째 교훈은 다이와은행 본사의 관리소홀이다. 본사는 미국 지사가 채권을 '매입 후 보유(buy and hold)'한다고 알았으며 적극적 채권매매(directional trading)를 하는 사실에 관심을 두지 않았다. 채권은 만기 전에 매도할 경우 시장위험에 노출되며, 더욱이 이구지가 다룬 30년 만기 채권의 경우 듀레이션이 큰 탓으로 시장위험이 무척 컸다. 그럼에도 불구하고 관리감독에 철저하지 않았던 점은 결과적으로 다이와의 뼈아픈 실책으로 기록될 것이다.

두 번째 교훈은 효과적 내부통제를 위해 일선 영업부서(front office)와 후선 계리부서(back office)를 구분하는 것이 중요하다는 점이다. 금융기관 영업에서 당연한 이 원칙은 다이와 사건에서 무시되었다. 이구지는 자신이 채권매매를 하고 장부정리 및 채권 인수도와 보관까지 담당함으로써 사실상 부정을 막을 감독과 견제장치는 전혀 없었던 것이다. 비슷한 시기의 유명한 베어링 사건에서도 이와 같은 실수는 똑같이 나타났다.

세 번째는 이 사건이 무려 11년간이나 감춰질 수 있었으며 그것도 마지막 순간에 이구지의 고백이 없었다면 사건의 공개가 더 연기되었을 가능성도 부인할 수 없다는 점이다. 이구지는 감옥에서 쓴 자서전 속에서 미국과 일본 양국 감독기관의 무능과 태만을 지적하고 있다. 그는 감독기관의 정기감사를 몹시 두려워했지만 사실상 감독기관을 속이기는 쉬웠다고 지적한다. 다만, 미국에서는 BCCI(Bank of Credit and Commerce Internationals)의 붕괴 이후 외국계 은행에 대한 감독이 강화되면서, 연방준비은행이 1992년과 1993년에 걸쳐 다이와은행을 감사하고 경영구조상의 위험을 경고한 바 있다. 그러나 이들 역시 문제의 핵심을 발견하지는 못했으며, 감사 지적을 받은 다이와은행도 이구지의 직책을 잠시 옮겨두는 미봉책만을 시행했을 따름이다. 따라서 이 사건은 날로 복잡다기해 가는 국제금융시장에서 금융기관을 감독해야 하는 감독기관들의 어려움과 감독의 중요성을 보여준 대표적 경우라할 수 있다.

마지막으로 지적할 점은 이 사건을 둘러싼 미국과 일본 감독기관간의 갈등이다. 마지막 순간에 이구지는 자신의 부정을 처음 고백할 대상으로 미국과 일본 양자를 두고 갈등을 한 것으로 보인다. 최종적으로 이구지는 일본을 선택했다. 그러나 이를 보고받은 다이와 본사와 일본 대장성은 사건을 은폐하기에 급급하였다. 투명성을 무엇보다 중시하는 미국 입장에서 이러한 일본 당국의 태도는 분노를 끌어내기에 충분하였으며, 미국측은 다이와은행이 '위험하고 불건전한 영업행위와 범법행위'를 저질렀다고 비난하였다. 투명한 정보의 흐름만이 시장효율성을 증대시킨다는 자유시장원리를 부정한 대가였다.

미·일 양국간의 문화차이는 양국의 위험관리방식에서도 차이를 보였다. 일본은행들은 전통적으로 '집단정신(group spirits)'에 의해 내부위험을 관리하며 조직의 안정과 건전성을 확보한다. 일본인 2세인 이구지에게도 꼭같은 방식이 적용되리라 기대한 무모함이 다이와가 미국시장에서 큰 실패를 경험한 한 원인이 되었을 수 있다.

사례 11-3

유동성리스크 사례: AIG[16]

1. 개요

AIG(American International Group)는 세계적인 보험그룹이며 안정된 매출과 자본기반으로 인해 오랜기간 AAA 최상위 신용등급을 유지하였다. 그러나 AIG는 금융상품사업부로 하여금 점점 더 큰 포지션을 갖도록 허용하였고 CDO(collateralized debt obligation: 부채담보부증권)의 선순위 트란세(tranche)에 대한 신용부도스왑(CDS: credit default swap)을 매도하였고 높은 신용등급으로 인해 담보를 제공할 필요가 없었다.

2005년 3월 14일 AIG의 CEO는 문제소지가 있는 업무관행 의혹 속에 사퇴해야 했는데 다음 날 이 회사의 신용등급은 AA+로 하락했다. 등급하락은 CDS에 대해 12억 달러의 추가담보요구를 유발하였으나 당시 회사는 800억달러의 자기자본은 보유하고 있어 상황은 여전히 관리가능한 상태였다.

2. 유동성위기의 진행과 교훈

이후 회사의 CDS는 계속 증가하여 5,000억달러에 이르렀고 서브프라임(sub-prime)위기가 진행되기 시작했을 때 CDO트란세들의 가치는 급락하여 2008년 상반기에 130억달러의 손실을 발표하였다.

2008년 9월 15일 S&P는 AIG의 신용등급을 AA-에서 A-로 낮추었고 이 회사는 200억달러의 추가담보를 제공해야 했으나 회사의 형편상 불가능하였다. 그런데 AIG의 붕괴는 금융권 전체의 시스템리스크를 초래할 수 있어 2008년 9월 16일 미국 정부는 지분참여채권의 형태로 회사지분의 79.9%를 받고 이 회사에 850억달러의 대출을 제공하였다. 같은 해 10월에는 380억달러를 추가 지원하였고 11월에는 미국 재무부가 AIG 신규발행 선순위 우선주에 400억달러를 추가 투자하였는데, 이는 민간기업에 대한 역대급 공적 지원이었다.

이러한 AIG의 유동성위기는 회사 금융상품사업부 책임자들이 높은 신용등급만 믿고 리스크가 큰 금융상품에 대한 투자를 늘려 결국 연쇄적인 신용등급 하락을 막지 못하고 추가담보 제공 등으로 유동성을 크게 악화시킨데 그 원인이 있다고 하겠다.

본 사례는 기업의 자본금수준, 위험자산에 대비한 담보물 준비, 제공한 담보물에 대한 헷지전략, 신용등급관리 등에서의 문제가 복합적으로 작용하여 기업의 유동성위기를 초래한 경우로서, 기업의 유동성위기가 기업의 생존문제에 얼마나 치명적으로 영향을 줄 수 있는지 큰 교훈을 주고 있다.

---

16) Jorion(2011)에서 인용함.

연습문제

[객관식]

01. 다음 중 시장유동성이 낮은 징후로 볼 수 없는 것은?

① 높은 volatility   ② 높은 bid/offer spread
③ 적은 시장참여자   ④ 거액거래에 따른 급격한 가격변화

02. 다음 중 운영리스크와 관련이 없는 것은?

① 거래실수(transactional mistake)
② 직원의 사기(fraud)
③ 시장가격변동(market price volatility)
④ 계약실수(contract error)

03. 다음 운영리스크 중 내부리스크가 아닌 것은?

① 직원의 업무실수   ② 컴퓨터 다운
③ 돈세탁   ④ 계약리스크

04. 유동성리스크에 대한 설명으로 적절하지 않은 것은?

① 특정자산 및 시장과 연관된 리스크가 있다.
② 금융기관의 일반적인 자금조달과 관련된 리스크로 구분된다.
③ 유동성리스크는 VaR를 사용하여 측정할 수는 없으나 측정시 필요한 목표기간
  을 설정하는 데 좋은 지표가 된다.
④ 장외시장에서 거래할 때와 헷징을 동적으로 실행할 때에 유동성위험이 상대적
  으로 낮아진다.

05. 다음 중 그 성격이 다른 유동성은 어느 것인가?

① asset liquidity   ② product liquidity
③ cash flow liquidity   ④ market liquidity

06. operational risk economic capital의 기본 목적은 무엇인가?

① 규제의 기본 가이드라인을 지키는 것
② 재무보고의무를 지키는 것
③ 예상했거나 예상하지 못한 운영손실로부터 회사를 보호하는 것
④ 예상치 못한 운영손실로 인한 지급불능으로부터 회사를 보호하는 것

07. 다음 중 법적리스크와 관련이 적은 것은?

① 부적합한 서류준비와 같은 법적 장애물
② 직원의 회계기록 실수
③ 법의 변경, 대리인의 자격 문제
④ 특정상대방에 대한 계약금지 규제

08. 다음 중 "internal operational risk"에 해당되지 않는 것은?

① supplier risk   ② employee collusion
③ contract risk   ④ data quality

09. 운영리스크 중 과정(process)상의 문제로 발생하는 리스크가 아닌 것은?

① accounting error   ② data quality
③ capacity risk   ④ reporting error

10. 다음 중 금융기관이 정상적인 영업을 하는 과정에서 부수적으로 발생하는 리스크가 아닌 것은?

① 운영리스크   ② 유동성리스크
③ 법적리스크   ④ 시장리스크

11. 거래의 일방이 이미 비용을 지급한 후에 거래중개인이 채무불이행할 수 있는 가능성 때문에 발생하는 리스크는?

    ① 시장리스크   ② 신용리스크

    ③ 정산리스크   ④ 법적리스크

12. 내부시스템 혹은 내부시스템을 운영하는 사람으로부터 발생하는 리스크는?

    ① 운영리스크   ② 신용리스크

    ③ 정산리스크   ④ 유동성리스크

13. 계약을 집행하지 못해 발생하는 손실에 대한 리스크는?

    ① 시장리스크   ② 신용리스크

    ③ 법적리스크   ④ 운영리스크

14. 시장리스크, 신용리스크, 운영리스크를 비교한 다음 설명 중 적절치 않은 것은?

    ① 운영리스크의 리스크요인은 손실빈도로 측정한다.

    ② 신용리스크의 주요 리스크원인은 부도이다.

    ③ 운영리스크에의 노출은 손실강도로 측정한다.

    ④ 시장리스크를 계산하는 가장 일반적인 방법은 기대손실이다.

15. 금융기관의 유동성관리에 대한 설명으로 적절하지 않은 것은?

    ① 유동성이 높아지면, 수익성도 높아진다.

    ② 유동성이 높아지면, 대외공신력이 높아진다.

    ③ 유동성이 높아지면, 안전성도 높아진다.

    ④ 유동성관리를 위해서는 금융기관의 모든 현금흐름의 파악이 필요하다.

16. 시장미시구조이론(market microstructure theory)에 의하면 시장에서 스프레드가 발생하는 이유 3가지가 있는데, 이에 해당하지 않는 것은?

① 재고보유비용(ICC: inventory carrying costs)
② 비대칭정보비용(AIC: asymmetric – information costs)
③ 주문처리비용(OPC: order processing costs)
④ 리스크헷지비용(RHC: risk hedge costs)

17. 현금흐름유동성리스크에 영향을 미치는 주요 3가지 요인과 거리가 먼 것은?

① 담보요구조건의 변동(changes in collateral requirements)
② 포지션규모효과(size of position effect)
③ 지급시기의 불일치(mismatches in timing of payments)
④ 레버리지효과(leverage effect)

18. 운영리스크에 의한 손실분포는 다음 중 어떤 형태를 따르는가? (단, 손실을 양(+)으로 표시함)

① 왼쪽으로 긴 꼬리   ② 짧은 꼬리의 대칭
③ 오른쪽으로 긴 꼬리   ④ 긴 꼬리의 대칭

19. 유동성리스크와 관련된 다음 설명 중 옳은 것은?

① 자산 유동성리스크는 금융기관이 지급의무를 이행할 수 없을 때 발생한다.
② 자금조달 유동성리스크는 특정 자산시장이나 상품의 한도설정 및 다각화를 통해 관리될 수 있다.
③ 시장전체의 변동성이 더 커지면 담보가치가 고평가되어 유동성리스크가 증가된다.
④ 시장유동성을 정확히 측정하기 위해서는 포지션규모효과와 가격영향의 효과를 반영해야 한다.

20. 유동적인 자산과 비유동적인 자산을 비교한 다음 설명 중 적절하지 않은 것은?

① 유동적 자산은 더 빈번하게 거래되므로 더 큰 가격변동성을 갖는다.
② 유동적인 자산은 높은 거래량을 보인다.
③ 가격에 거의 영향을 주지 않으면서 큰 규모의 유동적 자산을 거래할 수 있다.
④ 유동적 자산의 매수-매도 스프레드는 작다.

[주관식]

01. 다음과 같은 3가지 업무로 구성되어 있는 은행에 대해 바젤Ⅱ의 표준모형(SA)으로 운영리스크부담금(ORC)을 구하라.

세부업무	총소득(GI)
기업재무	1,000억원
상업은행업무	500억원
소매중개업무	1,500억원

02. 기업이 보유하고 있는 자산의 초기가치가 1억원, 자산의 1년간 시장가치변화의 표준편차는 10%, 이 자산의 유동성비용이 100만원이라면, 99%신뢰수준하에서 이 자산의 유동성리스크금액은 얼마인가?

03. 운영리스크의 발생횟수(N)가 1년간 이항분포, $b(365, 0.03)$를 따르고, 운영손실이 발생할 시 손실액규모(X)는 정규분포, $n(\$1000, 1002)$를 따른다고 가정할 때, 1년간 발생할 평균 총운영리스크는 얼마인가? (단, 확률변수 N과 X는 서로 독립이라 한다)

04. 운영리스크의 발생횟수(N)와 손실액규모(X)의 분포가 다음 표와 같이 주어져 있다고 하고 다음 질문에 답하라. (단, N과 X는 상호 독립이라 가정한다)

발생횟수(N)		손실액규모(X)	
확률	발생빈도	확률	손실액
0.6	0	0.5	$1,000
0.3	1	0.3	$10,000
0.1	2	0.2	$100,000

(1) 주어진 자료로부터 총운영리스크 예상액(EL: expected loss)을 구하라.

(2) 총손실의 확률분포를 표로 작성하라.

(3) 총손실의 확률분포를 표로 작성하고 신뢰수준 95%하에서 예상외손실을 구하라. (단, 예상외손실(UL: unexpected loss)이란 손실 누적확률분포에서 신뢰수준을 초과하는 가장 낮은 손실금액을 말한다)

05. 보통주에 투자하는 어떤 뮤추얼펀드(mutual fund)는 각 자산의 보유를 1개월 평균 거래가치의 최대 30%까지로 제한하는 유동성리스크 규정을 도입하였다. 만약 펀드규모가 3조원일 때, 1개월 평균거래가치가 240억원인 주식의 보유가능 최대가중치를 구하라.

연습문제 정답 및 해설

[객관식]

01. ①

> **해설** 가격변동성은 거래량과 시장참여자 수에 비례하므로, 변동성이 크면 일반적으로 유동성이 높다고 할 수 있다.

02. ③ 03. ③

04. ④

> **해설** 유동성이 낮은 장외시장에서 거래할 때와 헷징을 동적으로 실행할 때에 유동성리스크는 커진다.

05. ③

> **해설** **핵심체크** (1) asset liquidity=product liquidity, market liquidity, (2) cash flow liquidity=funding liquidity

06. ④

07. ②

> **해설** 법적리스크를 구성하는 중요한 3가지: 부적합한 서류준비와 같은 법적 장애물, 특정 상대방에 대한 계약금지 규제, 법의 변경, 대리인의 자격 문제, 직원의 회계기록 실수는 운영리스크 중 내부리스크에 해당된다.

08. ① 09. ②

10. ④

> **해설** 시장리스크와 신용리스크는 금융기관의 수익을 위해 직접적으로 부담해야 하는 리스크로서 영업리스크(business risk)라고도 한다. 이에 비해, 운영리스크, 유동성리스크, 법적리스크는 부수적인 리스크들이다.

11. ③

> **해설** 정산리스크(settlement risk)에 관한 설명이다.

12. ①

> **해설** 운영리스크란 부적절한 내부시스템, 관리실패, 잘못된 통제, 사기, 인간의 오류 등으로 발생하는 리스크이다.

13. ③

> **해설** 법적리스크는 계약이 잘못 문서화된 경우와 거래상대방이 법적으로 계약할 권한이 없는 경우 발생할 수 있다.

14. ④

> **해설** 시장리스크, 신용리스크, 운영리스크 측정방법을 비교, 요약하면 다음과 같다. 표에서 보듯이 시장리스크 계산방법은 시장VaR이다.

측정단계	시장리스크	신용리스크	운영리스크
1단계: 리스크원인 규정	이자율, 주식, 통화, 상품가격	부도, 신용등급하향	과정, 사람, 시스템, 외부요인
2단계: 리스크요인 측정	변동성, 상관관계	부도 확률분포, 회수율 확률분포	손실빈도
3단계: 리스크노출 측정	듀레이션, 델타	현존, 잠재적 부도에의 노출	손실강도
4단계: 리스크계산	시장VaR	신용VaR, 기대손실	운영VaR, 기대손실

15. ①

> **해설** 일반적으로 유동성과 수익성은 반비례한다. 이러한 상충관계를 잘 고려하여 유동성과 수익성을 관리해야 한다.

16. ④

> **해설** 시장의 미시구조(microstructure)이론에 의하면, 시장에서 스프레드가 생기는 이유는 크게 3가지: (1) 주문처리비용(OPC: order processing costs), (2) 비대칭정보비용(AIC: asymmetric-information costs), (3) 재고보유비용(ICC: inventory carrying costs)

17. ②

> **해설** 이와 같이 현금흐름유동성리스크에 영향을 미치는 주요 요인 3가지: (1) 레버리지효과 (leverage effect), (2) 담보요구조건의 변동(changes in collateral requirements), (3) 지급시기의 불일치(mismatches in timing of payments).
>
> 그러나, 포지션규모효과(size of position effect)는 시장유동성리스크에 영향을 주는 요인에 속한다.

18. ③

> **해설** 손실분포는 매우 큰 손실을 포함해야 하므로 긴 오른쪽 꼬리를 가진 비대칭 형태이다.

19. ④

> **해설** ①, ②번은 설명이 서로 뒤바뀌어 오답이고, ③번은 시장전체의 변동성이 더 커지면 담보가치가 저평가되어야 하는데 반대로 설명되어 오답이다.

20. ①

> **해설** 거래가 빈번하다고 가격변동성이 반드시 크다고 할 수 없다. 유동적 자산은 일반적으로 거래량이 많으며, 유동성이 크면 가격에 영향을 거의 주지 않고 대규모의 거래가 가능하며 유동성과 자산의 매수−매도 스프레드는 반비례한다.

[주관식]

01. 435억원

> **해설** 본문에 있는 바와 같이 바젤Ⅱ의 표준모형(SA)에 의하면 금융기관의 세부업무별 베타승수(β factor)는 다음과 같다.
>
> | 세부업무(j) | 총소득(GI) | 베타(j) |
> |---|---|---|
> | 기업재무 | 1,000억원 | 18% |
> | 상업은행업무 | 500억원 | 15% |
> | 소매중개업무 | 1,500억원 | 12% |
>
> 따라서, 이 은행의 운영리스크부담금(ORC)은 SA모형에 의하면 다음과 같다.
>
> $$ORC^{SA} = \sum_{j=1}^{8} (\beta_j \times GI_j)$$
>
> $$= 0.18 \times 1,000억원 + 0.15 \times 500억원 + 0.12 \times 1,500억원$$
>
> $$= 435억원$$

02. 2,430만원

> **해설** 유동성리스크를 구하는 다음 공식을 이용하면,
>
> $$LVaR = CL \times P_0 \times \sqrt{V(W)} + C(W)$$
>
> $$= 2.33 \times 1\text{억 원} \times \sqrt{0.10^2} + 100\text{만원} = 2,430\text{만원}$$
>
> **핵심체크** $LVaR = CL \times P_0 \times \sqrt{V(W)} + C(W)$

03. $10,950

> **해설** 확률변수 N과 X는 서로 독립이라면, 평균 총운영리스크 $= E(N) \times E(X)$이다.
> 그런데, N이 이항분포, $b(n, p)$를 따르면,
> $E(N) = n \times p = 365 \times 0.03 = 10.95$이고,
> X가 정규분포, $n(\mu, \sigma^2)$을 따르므로 $E(X) = \mu = 1,000$이다.
> 따라서, 평균 총운영리스크 $= E(N) \times E(X) = 10.95 \times 1,000 = \$10,950$
>
> **핵심체크** 발생빈도(N)와 손실금액(X)이 독립
> $\Rightarrow$ 평균 총운영리스크 $= E(N) \times E(X)$)

04. (1) $11,750

(2) 해설 참조

(3) 해설 참조, $100,000

> **해설** (1) EL을 구하기 위해 먼저 $E(N)$과 $E(X)$를 구해야 한다.
> $E(N) = 0.6(0) + 0.3(1) + 0.1(2) = 0.5$
> $E(X) = 0.5(1,000) + 0.3(10,000) + 0.2(100,000) = 23,500$
> 그런데, N과 X가 상호 독립이기 때문에,
> $EL = E(N) \times E(X) = 0.5 \times 23,500 = \$11,750$
>
> (2) 가능한 모든 손실금액 경우의 수에 대해 손실분포를 구하면 다음과 같다.

발생횟수	첫째손실($)	둘째손실($)	총손실	확률
0	0	0	0	0.600
1	1,000	0	1,000	0.3×0.5=0.150
	10,000	0	10,000	0.3×0.3=0.090
	100,000	0	100,000	0.3×0.2=0.060
2	1,000	1,000	2,000	0.1×0.5×0.5=0.025
	1,000	10,000	11,000	0.1×0.5×0.3=0.015
	10,000	1,000	11,000	0.1×0.3×0.5=0.015
	10,000	10,000	20,000	0.1×0.3×0.3=0.009
	1.000	100,000	101,000	0.1×0.5×0.2=0.010
	100,000	1,000	101,000	0.1×0.2×0.5=0.010
	10,000	100,000	110,000	0.1×0.3×0.2=0.006
	100,000	10,000	110.000	0.1×0.2×0.3=0.006
	100,000	100,000	200,000	0.1×0.2×0.2=0.004

(3) 위에서 구한 손실분포를 이용하여 누적확률분포를 구하면 다음과 같다.

총손실($)	누적확률(%)
0	60.0
1,000	75.0
2,000	77.5
10,000	86.5
11,000	89.5
20,000	90.4
100,000	**96.4**
101,000	98.4
110,000	99.6
200,000	100.0

누적확률분포로부터 95%신뢰수준하에서 예상외손실＝$100,000.

05. 0.24%

해설 최대가중치를 w라 하면, w는 다음과 같이 구할 수 있다.

3조원 $\times w = 240$억 $\times 30\%$

$\Rightarrow \; w = \dfrac{240억}{3조}(0.3) = \dfrac{240}{30,000}(0.3) = 0.0024$ 혹은 0.24%

 제12장 법적리스크/모형리스크/ALM

---

1   법적리스크   ›

가. 법적리스크의 개념

법적리스크(legal risk)란 계약이 법적인 이유로 집행될 수 없거나, 서류가 정확히 작성되지 않을 위험을 말한다. 좀 더 구체적으로 말하면, 계약이 다음과 같은 이유로 완결되지 못하는 위험을 말한다. 법적리스크를 운영리스크의 한 부분으로 간주하기도 한다.

- 부적합한 서류준비와 같은 법적 장애물
- 특정 상대방에 대한 계약금지 규제
- 법의 변경, 대리인의 자격 문제 등

Chorafas(2004)는 법적리스크의 개념을 설명하기 위해 3가지 중요한 법적리스크 원천을 기준으로 다음 [그림 12-1]과 같은 개념틀을 제시한다.[1]

첫째, 계약조항들(contractual clauses), 사건의 유형(type of event) 등이다.

둘째, 법적 의무(legal responsibilities), 경감정책(mitigation policies) 등이다.

셋째, 법적리스크의 소재지(locations), 유형(types), 발생빈도(frequencies) 등이다.

---

1) 자료: Chorafas(2004), p.57.

[그림 12-1] 법적리스크 분석틀

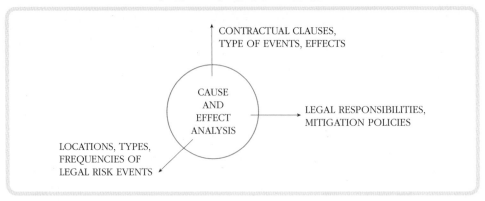

이러한 법적리스크 원천들에 대해 인과관계(cause and effect)분석을 통해 법적리스크를 관리하게 된다.

나. 파생상품과 관련된 법적리스크

파생상품과 관련한 법적리스크(legal risk with derivatives)는 거래소에서 거래되지 않는 비표준화된 파생상품 거래에서 주로 발생한다. 거래소에서 거래되는 선물과 옵션 등 파생상품 등은 계약조건이 표준화되어 있고, 거래소 혹은 청산소가 계약을 보증하기 때문에 법적인 문제가 발생하지 않으나, 장외시장(OTC)의 경우에는 계약당사자와 거래조건(만기, 가격 등)에 대해 계약을 체결하고 이를 문서화하는 과정에서 법적리스크가 발생하게 된다.

앞의 파생상품과 관련한 법적리스크가 주로 계약문서 작성에서 비롯된 반면, 또 다른 리스크는 거래 상대방의 신용위험과 관련된 것이다. 즉, 상대방이 시장에서 거액의 손실을 보면 나의 계약액에 해당되는 액수를 갚지 못하게 되고, 나는 일부라도 회수하기 위해 법적인 소송을 제기할 수 있는데 이런 리스크를 또 다른 파생상품의 법적리스크라 할 수 있다.

다. 네팅과 관련된 법적리스크

네팅(netting, 상계)이란, 스왑계약에서 많이 사용되는 개념으로, 만기 결제 시 계약원금 전체를 교환하는 것이 아니라 차액(difference)만 주고받는 것을 말한다. 예를 들어, 금리스왑에서 금리변동에 의한 손익만 교환하고 계약원금은 상쇄하는 경우를 들 수 있다. 이러한 네팅과정에서도 법적리스크(legal risk with netting)가 발생할 수 있다.

라. 국가간 법적리스크

국가 간 거래가 빈번해지면서 국가 사이의 법적리스크로 점점 커지고 있다. 본사는 국내에 있고 지점 등 영업망이 해외에 있는 경우, 법규정과 체계의 차이, 동일한 사건에 대해서도 법원판결의 차이, 부도처리방식의 차이, 계약관행의 차이 등은 국내와는 다른 차원의 법적리스크를 유발한다.

또한 금융기관들을 비롯한 기업들의 법적리스크 관리를 더욱 어렵게 하는 것은 나라마다 상이한 규제들이다. 따라서 기업의 사업이 수행되고 있는 현지 국가와 지역의 특별한 규제 등에 대해 면밀히 분석하고 대처해야 법적리스크를 최소화할 수 있을 것이다. 특히, 2008년의 글로벌 금융위기 이후 날로 강화되고 있는 바젤의 자본규제 등에 대해서도 충분히 연구하고 대비해야 국제사회에서의 법적리스크를 줄일 수 있을 것이다.

이러한 국가 간 법적리스크는 아주 복잡하고 다양해서 이에 대한 체계적인 지원시스템이 매우 중요하다. 다음 [그림 12-2]은 국가 간 법적리스크를 지원하는 종합적인 해결시스템(legal risk solution system)의 구성을 보여주고 있다.[2] 기업들이 법적리스크 관리 시스템을 구축할 때 참고할 만하다.

---

2) 자료: Chorafas(2004), p.60.

[그림 12-2] 국가간 법적리스크 해결시스템

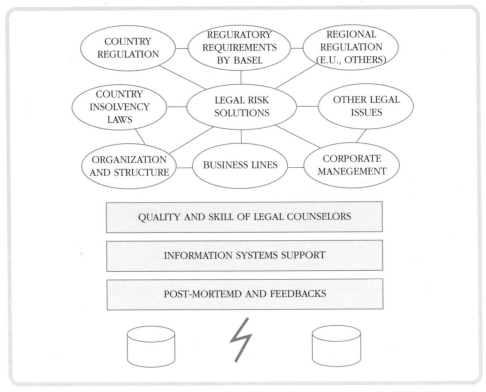

2 모형리스크

가. 모형리스크의 정의

가치평가, 리스크 평가, 상품가격 평가 등 금융에서 수학모형의 사용은 불가피하지만 기억해야 할 것은 모형의 한계를 인식하는 것이다. 수학모형은 자체적으로는 정확하더라도 복잡한 현실세계에서 잘 적용되지 않으며 적용여부는 시간과 장소에 따라 크게 달라질 수 있으므로 모형을 현실에 적용할 경우에는 모형의 한계를 충분히 감안해야 할 것이다.

모형리스크(model risk)란 수학모형에 의해 계산된 값이 실제와 오차를 가질 가능성을 말한다. 주식, 채권 등 기초상품의 경우보다는 파생금융상품, 특히 장외시장(OTC: Over-The-Counter market)상품을 다루거나 복잡한 차익거래전략을 구사하는 회사들의 경우 모형리스크는 더욱 심각한 문제가 될 가능성이 크다.

효율적이며 유동성이 큰 시장에서 시장가격은 자산가치를 잘 나타내는 척도가 되므로 굳이 수학모형을 사용할 이유가 없다. 그러나 장외시장 상품처럼 유동성이 결여되어 시장평가가 어려운 경우 상품의 가치를 평가하고 리스크를 측정하며 적절한 헷징전략을 구사하기 위해서는 가치평가를 위한 수학모형의 사용이 불가피하며 따라서 오류의 가능성도 커진다.

나. 모형리스크의 원인

주식, 채권 등 금융자산에 대한 가치평가모형은 일반균형(general equilibrium)[3]과 완전하고 효율적 시장을 가정하고 도출된다. 따라서 비효율적이고 불완전한 현실시장에서 이들 이론적 모형은 분명한 한계를 가진다. 따라서 이들 모형들은 자산의 정확한 값을 제시한다기보다는 방향성을 제시한다고 보는 것이 더 타당할 것이다.

금융모형은 크게 세 가지로 구분된다.

첫째, 구조적 모형(structural model)이 있다. 이는 시장 변수들간의 합리적 인과관계에 기초한 것으로 자산의 균형가격을 추정하는 과정에서 기초자산 수익률의 특정 확률과정(stochastic process)과 시장균형을 가정한다. Black-Scholes옵션 평가모형이 대표적인 예이다.

둘째, 통계적 모형(statistical model) 또는 축약형 모형(reduced-form model)이 있다. 이는 변수들간의 이론적 인과관계 보다는 경험적 상관관계에 기초한다. 투자론에서의 시장모형(market model), 분산을 추정할 때 많이 사용하는 GARCH(Generalized

---

3) 균형(equilibrium)이란 물리학이나 경제학에서 많이 사용되는 중요한 개념이다. 두 개의 반대방향으로 향하는 힘이 서로 같을 때 발생하는데, 특히 경제학에서는 수요(demand)라는 힘과 공급(supply)이라는 힘이 같을 때 발생한다. 경제학에서 일반균형(general equilibrium)은 모든 시장에서 수요와 공급이 일치하는 상태를 말하며, 부분균형(partial equilibrium)은 어떤 특정한 시장(예를 들어, 주식시장이나 채권시장)에서의 균형을 말한다.

AutoRegressive Conditional Hetero-scedasticity)모형이 대표적인 사례들이다.

셋째, 앞의 두 가지 모형의 혼합형 모형이 있는데 GARCH-옵션가격결정모형이 그 예이다. 이 모형에서 수익률변동성은 GARCH를 따르는 것으로 가정하지만 옵션균형가격은 무차익거래(no arbitrage)의 구조적 모형에서 결정된다.

이상의 어떤 모형을 이용하든 모형리스크는 발생하게 마련인데 그 주요 원인은 다음과 같은 두 가지이다.

(1) 모형의 실제목적과의 무관성

이는 모형을 지지할 확실한 이론이 존재하지 않거나, 모형의 유효성을 입증할 실증적 자료가 없는 경우를 말한다. 대표적인 예로 투자론에서 주가를 예측할 때 많이 사용하는 기술분석(technical analysis)이 있다.[4] 효율적 시장가설(EMH: Efficient Market Hypothesis)에 따르면 시장이 효율적이라면 증권가격에는 이미 과거와 현재 정보들이 반영되어 있으므로 과거자료를 이용하여 미래 가격을 예측하는 기술분석은 아무런 의미가 없게 된다. 따라서 이에 기초한 가격결정이나 투자전략은 모형리스크를 유발할 수 있는 것이다.

(2) 부정확한 모형 설계

파생금융상품의 가격결정이나 투자전략은 복잡한 방정식과 고급수학을 사용하는데, 방정식 자체를 잘 못 세우거나 방정식의 해(solution)에 실수(error)가 존재한다면 그 모형은 정확하지 않은 것이다. 또한 파생상품의 기초가 되는 기초자산 수익률의 확률과정에 대해 잘못 가정할 때도 모형리스크가 발생할 수 있다.

모형은 현실을 잘 설명하려고 노력할수록 복잡해지지만, 분석과 응용을 위해서는 다루기 편하도록 간단한 것이 좋다. 전문가들은 이 둘 사이의 상충관계(trade-off) 속에서 최적의 절충안을 찾으려고 노력하지만 어느 방향으로 가든 모형리스크가 존재

---

4) 미래 증권가격을 예측하는 증권분석(security analysis)에는 크게 기본분석(fundamental analysis)과 기술분석(technical analysis)이 있다. 기본분석은 기본적인 거시(macro)·미시(micro)경제이론 등을 활용하여 미래 가격을 예측하는 것이고, 기술분석은 추세분석, 패턴 분석 등 과거자료를 분석하여 미래 가격을 예측하는 통계적인 방법이다.

하는 것이 현실이다. 따라서 모형리스크를 완전히 회피할 수 없다면 잘 관리할 수 있는 체계를 기업은 가져야 할 것이다.

다. 모형리스크의 종류

모형리스크는 [그림 12−3]에 요약되어 있는 것과 같이 크게 4가지로 구분할 수 있다.[5]

[그림 12−3] 다양한 모형리스크

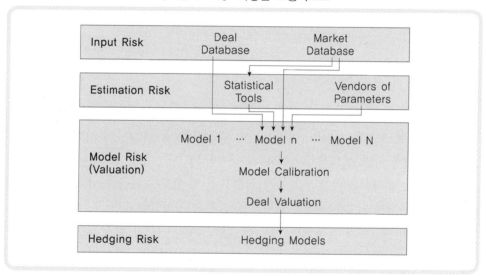

(1) 투입리스크

투입리스크(input risk)란 모형에 입력하는 자료에서 오류가 생겨 생기는 손실 가능성이다. 구체적으로 몇 가지로 나누어 살펴보면 다음과 같은 오류들이 있다.

첫째, 표본기간선택(length of sampling period)의 문제이다. 즉, 모형추정에 사용되는 과거 관측기간을 증가시키면 통계적 검정력이 향상되어 추정오차는 줄어들 수 있으나, 오래되고 진부한 정보가 많이 포함됨에 따라 최근의 금융시장변화를 정확히 반

---

5) 자료: Crouhy, Galai, and Mark(2001).

영하지 못할 수도 있으므로 이에 대한 전문적인 판단은 모형리스크 관리를 위해 대단히 중요하다.

둘째, 부정확한 자료(inaccurate data)문제로서, 입력자료가 부정확 할 경우 아무리 모형이 좋다 할지라도 정확한 결과를 얻을 수 없을 것이다. 쓸모없는 자료를 입력하면 쓸모없는 결과가 나올 수밖에 없다(Garbage in, garbage out!)는 경구는 이러한 부정확한 입력자료에 의한 모형리스크를 잘 설명하고 있다.

셋째, 거래빈도(frequency of trading and market depth)와 유동성(liquidity)문제이다. 거래빈도가 많지 않은 증권은 가격시계열이 부정확하고 현 시세를 반영하지 못하며, 수요, 공급이 많지 않아 유동성이 작은 증권들도 스프레드(bid-ask spread)가 커서 정확한 균형가격 산출 시 오차가 커질 수 있다. 이러한 가격을 사용할 경우 통계적 추정결과를 왜곡시켜 모형리스크를 유발시킨다.

(2) 추정리스크

추정리스크(estimation risk)란 통계적 기법(statistical tools)을 잘못 선택하거나 리스크 관리 시스템 제품들 사이의 차이로 인한 리스크를 말한다.

첫째, 통계적 기법 선택의 오류는 다시 몇 가지로 나누어 볼 수 있다. 금융모형이 기반하고 있는 수학식을 푸는 과정에서 실수로 인해 잘못된 답을 얻었다든지, 통계적 과정의 가정이 잘못되었다든지, 기초자산을 잘못 선정하였다든지, 혹은 필요한 리스크 요인을 누락했다든지 했을 때 일어나는 리스크이다.

둘째, 리스크 관리 시스템상의 오류는 리스크를 측정하는 시스템들이 서로 다른 결과를 줄 때 발생하는 리스크이다. 예를 들면, 선도에 대한 VaR를 측정하는 데도 리스크 시스템을 개발한 회사들의 제품에 따라 서로 다른 VaR를 산출할 수 있는데 이런 오류를 말한다. 이런 오류는 각 제품이 가지고 있는 데이터베이스가 다소 다르고 측정기법도 서로 다른 특징을 가지고 있기 때문에 주로 발생한다. Jorion(2007)은 이러한 리스크를 모형 실행리스크(implementation risk)라고 정의하기도 한다.

다음 <표 12-1>은 이러한 제품별 추정 리스크 오류를 잘 보여주고 있다. 표는 VaR를 계산하는 10개 회사의 리스크 관리 시스템 제품들을 비교한 것이다. 표에서 보는 바와 같이 선도(forward) 등 7개의 포트폴리오에 대한 1일 VaR를 계산하는 데 각 10개의 제품이 계산한 VaR들의 중앙값(median)과 10개 VaR의 표준편차(SD:

Standard Deviation)를 구하여 그 비율(ratio=SD/median)을 산출한 것이다. 이 비율이 클수록 10개 제품이 산출한 VaR들 사이의 편차가 크다는 것을 의미하며 이는 모형리스크도 커짐을 의미한다. 선도의 경우 이 비율이 1%로서 가장 작은 모형리스크를 보여주고 있으나, 금리옵션(interest rate options)의 경우 무려 이 비율이 28%를 나타내고 있어 대단히 모형리스크가 큼을 보여주고 있다. 상품구조가 단순한 증권은 모형리스크가 작고 금리관련 상품같이 복잡한 증권의 모형리스크는 더욱 커짐을 알 수 있다.[6]

〈표 12-1〉 모형리스크: 리스크 관리 제품별 실행 오차*

구분	포트폴리오						
	Forward	Money Market	FRAs	Global Bonds	Interest-rate swap	FX Option	Interest-rate option
원금	130M	46M	375M	350M	311M	374M	327M
VaR	425,800	671,300	79,000	3,809,100	311,100	804,200	416,700
SD	4,800	60,700	7,500	652,800	66,600	198.800	115,200
Ratio	1%	9%	10%	17%	21%	25%	28%

*주) 1) 포트폴리오 상품명: Forward: 선도, Money Market: 단기통화시장상품(CD 등), FRAs: 선도금리계약, Global Bonds: 국제채권, Interest-rate Swap: 금리스왑, FX Option: 유연옵션, Interest-rate Option: 금리옵션.
　2) 금액 단위: 모두 미국$이고, M=백만(million).
　3) VaR는 1일 VaR로서 10개 제품의 중앙값(median)이고, SD는 표준편차, Ratio=SD/median임.

(3) 가치평가리스크

가치평가리스크(valuation risk)란 가치평가모형을 잘못 적용할 때 발생하는 리스크를 말한다. 다음과 같이 몇 가지로 구분할 수 있다.

첫째, 통계적 추정기법(statistical estimation technique)을 무엇으로 하느냐에 따라 결과가 달라질 수 있다. GARCH모형을 써서 미래 표준편차를 추정할 것인지 혹은 ARCH모형을 사용할 것인지에 따라 모수 추정치는 달라질 것이고 따라서 리스크 측정 결과는 달라질 것이다.

둘째, 추정오차(estimation error)의 문제로서, 모든 통계적 추정치에는 오차가 있기 마련인데 이는 전수조사를 하지 않고 표본조사를 하기 때문에 발생하는 불가피한 결과이다. 자료조사 시 전수조사를 하는 것은 현실적으로 불가능하기 때문에 불가피 하

6) 자료: P. Jorion, *Value at Risk*, 2007, p.551.

게 표본조사를 하게 되지만, 추정 오차를 줄여 모형리스크를 줄이기 위한 노력이 필요하다.

셋째, 추정방법상의 오류인데, 예를 들어 극단치(outlier)의 처리방법, 추정 시차간격(달력일: calendar day, 영업일: business day), 추정모수의 재조정(calibration and revision of estimated parameter) 등의 방법에 따라 추정결과는 달라지고 모형리스크도 달라질 수 있다.

(4) 헷징리스크

헷징리스크(hedging risk)란 헷징 모형을 무엇을 사용하느냐에 따라 헷징 결과가 달라지고 따라서 손실규모도 달라질 위험을 말한다. 헷징하는 방법에는 선물이나 옵션, 스왑 같은 파생상품을 이용하는 방법, 기초자산 자체를 이용하는 방법, 직접 투자를 이용하는 방법 등 다양하다. 어떤 모형을 이용하느냐에 따라 헷징결과는 달라질 수 있으며 헷징비용도 달라진다. 따라서 헷징 모형의 선택도 중요한 모형리스크의 한 부분이라 볼 수 있다.

3 ALM

가. ALM의 개념

ALM은 전통적으로 금융기관들이 사용하던 리스크 관리 시스템으로서 여기서는 ALM의 기본개념은 무엇인지, 그리고 본 교재에서 중점적으로 다루고 있는 VaR시스템과는 어떤 차이가 있는지를 설명하고자 한다.

(1) ALM의 정의

ALM(Asset Liability Management)이란 금융기관이 가지고 있는 자산과 부채를 연계하여 종합적으로 관리하는 것으로서, 금리 및 유동성에 대한 여러 시나리오를 고려하여 금융기관의 대차대조표(B/S: Balance Sheet)를 통합적으로 관리하는 시스템이다. 물론 ALM의 대상으로 주식이나 외환 등도 포함될 수 있으나 ALM은 금리리스크 관리 위주로 발전하여 왔으며 유동성리스크 관리, 신용리스크 관리 등으로 확장되어 왔다.

(2) ALM의 목표

ALM의 목표는 자산과 부채구성의 최적화를 통해 위험을 최소화하는 동시에 이익을 최대화하는 것이라 할 수 있다. 그런데 위험을 최소화하기 위해서는 이익의 축소도 불가피하므로 위험을 최소화하면서 이익을 최대화한다는 것은 서로 상반되는 목표가 될 수 있다. 금융환경의 변화에 따라 수익기회도 커지지만 그에 따른 위험도 커지기 때문에 적절한 위험수준 하에서 수익을 극대화하든지, 아니면 적절한 수익 하에서 위험을 극소화하는 전략을 추구해야 할 것이다. 따라서 ALM의 목표는 자산과 부채구성을 조정하여 위험조정 자기자본이익율(risk-adjusted rate of return)을 극대화하는 것이라 할 수 있다.

(3) ALM의 도입 배경

금리(interest rate)는 미국을 비롯한 선진국들에서조차 규제의 대상으로 각국은 초기에 거의 고정금리체계를 유지하고 있었다. 따라서 신용위험이나 유동성 위험 등 여타 위험에 대해 오랜 경험을 가지고 있던 미국의 선진은행들조차도 금리위험에 대해서는 생소하였다. 그러던 중 금융의 탈규제화(financial deregulation)의 영향으로 금리에 대한 규제도 풀려 변동금리 체제로 전환되면서 자산과 부채운용 측면에서 금리위험관리의 필요성이 대두된 것이다. 결국 ALM은 금리자유화 시대에 자산과 부채의 금리위험을 종합적으로 관리한다는 목적 하에 도입된 것이다.

자금조달(부채)과 운용(자산)금리가 자유화되면서 양자를 함께 다룰 필요성이 부각되었다. 예를 들어, 은행의 경우[7] 과거와 같이 예금만을 증가시키기 위해 고금리로 예금을 유치하다 보면 적절한 고수익 투자대상을 찾지 못하여 오히려 은행이 손해를 보는 경우도 생긴다. 또한 좋은 투자대상이라 판단하여 투자를 한 뒤 자금을 조달하려다 보면 시중자금사정의 경색으로 자금조달금리가 높아져 아까운 투자기회를 놓치는 경우도 발생한다. 따라서 변동금리체제 하에서는 자산(투자 및 운용)과 부채(자금조달)를 동시에 관리해야 하는 필요성이 부각되는 것이다.

우리나라의 경우도 금융자율화 이후 ALM시스템을 구축하는 등 위험관리 능력 배양에 많은 노력을 해 오고 있으며, 특히 1997년 IMF금융위기 이후 금융위험관리의 중요성을 절감하게 되었다.

(4) ALM과 VaR의 비교

ALM기법은 금융기관의 거래 중에서 발생주의 원칙(accrual basis)으로 기록되는 발생주의 항목(accrual item)[8]들을 대상으로 중기금리(intermediate interest rate)의 움직임을 예측한 후 이것이 금융기관의 수익에 미치는 영향을 시뮬레이션하여 최종적으로 추정 손익계산서(projected income statement)를 작성하는 것이다. ALM기법은 매우 복잡한 금융상품이나 매일 시가를 계산하는 거래항목(trading item), 즉, 현금주의 원칙으로 기록되는 항목들은 고려하지 못한다는 한계점을 갖는다.

반면, VaR는 거래항목에 적용할 수 있다. 즉, VaR기법은 거래항목에 적용하여 현재의 시가로 평가할 뿐만 아니라 여러 위험 요인의 단기(short-term)변화를 예측하여 시장가치의 변화를 시뮬레이션할 수 있다. 전통적인 ALM기법에 비하여 VaR기법은 다음과 같은 두 가지 장점을 갖는다.

첫째, 시가를 반영하므로 현재의 상태를 정확히 반영할 수 있다는 것이다. 발생주의 회계원칙에 의하여 기록되는 경우 실제로는 손실이 발생하였으나 이를 인식하지 않아 현재에 이익이 발생한 것으로 기록할 수 있다. VaR기법은 이런 문제를 해결할

---

7) 전통적으로 은행의 주요 역할은 다음과 같다. ① 소액예금을 모아 거액투자를 가능하게 하는 자산변형자로서의 신용위험관리자, ② 결제서비스 제공자로서 유동성위험 관리자, ③ 단기예금을 장기대출로 전환하는 등 만기구조 변형자로서의 금리위험 및 유동성위험 관리자 등이다. 따라서 은행은 각종 금융위험 관리능력을 키워 왔다. 따라서 위험관리능력은 은행이익창출의 근원이면서 생존이 필수조건이라 할 수 있다.

8) 회계학에서 발생주의(accrual basis)란 현금의 수취나 지불에 관계없이 재무제표에 인식할 조건이 갖추어졌을 때 수익과 비용을 기록하는 것이고, 현금주의(cash basis)란 현금을 수취하거나 지불하였을 때만 수익과 비용으로 기록하는 것을 말한다.

수 있다.

둘째, ALM기법이 위험요인의 중기변화를 예측하는 데 비하여 VaR는 주로 위험요인의 단기변화를 예측한다. 따라서 VaR기법은 예측기간이 짧으므로 위험요인의 변화를 보다 정확히 추정할 수 있다.

다음 <표 12-2>[9)]와 [그림 12-4][10)]는 VaR기법이 금융기관의 모든 거래에 적용되는 과정을 보여준다. 그림에서 보듯이 ALM기법과 VaR기법의 차이를 명확히 알 수 있다. 즉, 전통적인 ALM기법은 거래항목에는 적용되지 않으므로 결국 손익계산서는 발생주의 항목만을 대상으로 추정된다. 반면 VaR기법은 모든 항목에 적용되는데 발생주의 항목의 경우 현재 가격을 알 수 없으므로 대용가치(proxy value)를 사용한다. 결국 VaR기법은 모든 항목에 대하여 위험요인의 단기변화를 예측하고 이를 통해 시

〈표 12-2〉 ALM과 VaR의 주요 특징 비교

구분	위험측정방법	위험비교	위험기간	적용대상
ALM	자산갭 시뮬레이션 듀레이션갭	측정기법별로 benchmark 설정 후 비교	중기	예금 및 대출
VaR	VaR (BIS비율)		단기	주식, 채권, 외환, 파생상품

[그림 12-4] ALM과 VaR의 적용방법 비교

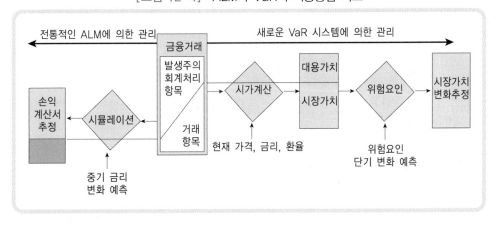

---

9) 자료: 김진호, *리스크의 이해*, 경문사, 2005, p.154.
10) 자료: 윤평식, 김철중, *금융기관 시장위험관리*, 한국금융연수원, 2002, p.15.

장가격의 변화를 시뮬레이션 하는 기법이다. 물론 VaR기법이 ALM기법을 완전히 대체할 수는 없으므로 두 기법의 장단점을 적절히 활용할 때 보다 효과적인 위험관리가 이루어 진다. 결론적으로 ALM과 VaR는 상호 대체관계에 있다기보다는 상호 보완관계에 있다고 하는 것이 보다 정확할 것이다.

나. ALM 기법

ALM에 활용하는 주요 기법을 소개하면 다음과 같다. 많은 기법이 가능하나 앞에서 설명한대로 자산과 부채에 대한 금리리스크와 유동성 관리가 주 내용이 된다.

(1) 금리리스크 분석

① 금리리스크

앞서 이미 배운 바와 같이 금리리스크(interest rate risk)란 금리변동으로 인해 해당 기관의 현금흐름의 불확실성이 증가하는 것을 말한다. 금리변동은 두 가지 경로로 현금흐름에 영향을 준다. 하나는 재투자수익과 재조달비용의 변화를 통해서이고, 다른 하나는 자산과 부채의 가치변동을 통해서이다. 따라서 금리리스크는 금리가 변할 때 해당기관의 순이자소득이 얼마나 변동하는가와 자본금의 시장가치가 얼마나 변동하는가를 의미한다고 할 수 있다.

이러한 금리리스크가 바로 ALM의 전통적 관심대상 중 하나라고 할 수 있는데 좁은 의미의 ALM은 금리위험만을 관심대상으로 하기도 한다. 이는 신용리스크나 유동성리스크가 중요하지 않아서라기보다는 금리리스크가 총체적 수준에서 체계적 관리가 가능하기 때문이다.

② 금리리스크 관리지표

금융기관들이 금리리스크를 측정하는 수단으로 보통 다음과 같은 세 가지 관리지표를 이용한다.

첫째, 순이자소득(NII: net interest income)이다. 이는 가장 널리 사용되는 관리지표로서 대부분의 금융기관의 주요 분석대상이 된다. 이는 회계적 개념에 근거한 것으로 주로 단기간의 금리변화로 인한 단기간 수익변화를 보는 수익중심의 지표이다.

둘째, 자본금의 시장가치(market value of equity)이다. 즉, 주가가 어떻게 변하는가를 측정하는 관리지표이다. 주가라는 것은 미래 배당금의 현재가치 합계이므로 이는 장기적이고 현금개념에 기초한 지표라 할 수 있다.

셋째, 경제적 자본비율(economic equity ratio)이다. 이 비율은 자본금의 시장가치를 자산의 시장가치로 나눈 것으로 시장자본비율(market capital ratio)이라고도 한다. 이는 금리가 변할 때 자산에 대한 자본금의 비율이 시장가치에 근거하여 어떻게 변하는가를 측정한다. 이 지표도 자본금의 시장가치지표와 마찬가지로 장기적이고 현금흐름 중심의 관리지표라 할 수 있다. 경제적 자본비율은 주로 감독기관이 많이 사용하는 지표이기도 하다.

(2) 갭분석

갭분석에는 여러 가지가 있으나 여기서는 자금갭분석을 중심으로 설명한다.

① 자금갭분석

갭분석(gap analysis)이란 금융기관이 금리리스크에 대한 노출정도를 측정하기 위해 모든 자산과 부채를 금리에 민감한 부분과 민감하지 않은 부분으로 대별하여 금리민감자산(RSA: Rate Sensitive Asset)금액과 금리민감부채(RSL: Rate Sensitive Liability)금액을 비교함으로써 금리위험을 측정하는 방법이다. 이 방법은 금리리스크를 측정할 때 금융기관이 가장 많이 사용하는 방법 중 하나이다.

갭분석을 위해서는 갭과 갭비율이 사용되는데, 갭 혹은 자금갭(혹은 만기갭이라고도함)은 RSA(금액)/RSL(금액)로 정의되며 갭비율은 RSA(금액)/RSL(금액)로 정의된다. 갭 또는 갭비율은 금융기관의 단기간의 순이자소득(NII)이 금리변화에 따라 얼마나 영향을 받는지를 보여준다. 즉, 갭은 그 크기가 클수록, 그리고 갭비율은 1보다 클수록 금융기관의 순이자소득이 금리변화에 민감하고 따라서 금리리스크에 많이 노출되어 있다고 할 수 있다.

우리나라 은행들의 경우 실제로 갭을 구해보면 대체로 양(+)의 값을 보여주는데 이는 은행들이 자산민감형이라 할 수 있다. 이는 우리나라 은행들이 고정금리로 자금을 조달하여 우대금리(prime rate)에 연동하여 자금을 운용한다는 것을 보여준다.

② 자금갭 관리전략

자금갭 관리전략을 설명하면 다음과 같다. 갭이 양(+)의 값을 보이면 금리가 하락할 때 순이자소득의 감소가 예상되므로 갭을 축소시켜야 한다. 즉, 금리민감자산을 줄이고 금리민감부채를 늘리는 전략을 취해야 한다. 향후 금리예측이 어려운 경우에는 갭의 크기를 축소하여 금리위험을 줄여나가는 것이 최선의 전략이다. 이는 소극적 관리전략으로 볼 수 있다. 그러나 금리예측에 자신이 있는 금융기관은 보다 적극적인 관리전략을 취할 수 있다.

③ 갭분석의 문제점

갭분석은 쉽고 단순하여 적용하기도 용이하여 금융기관에서 많이 사용하고 있다. 그러나 갭분석은 다음과 같은 몇 가지 문제점을 가지고 있으므로 신중히 사용해야 하며, 다른 방법들과 병행해 사용하는 것이 바람직하다.

첫째, 장부가치에 근거하여 순이자소득을 측정하기 때문에 금리변동에 따른 시장가치의 변화를 다룰 수 없다는 문제점이 있다.

둘째, 대출의 일부상환이나 중도상환문제가 있다. 즉, 일부가 상환되는 경우 이 부분은 당시 시장금리로 재투자될 것이므로 금리민감 부분으로 보아야 하고 중도상환의 경우에도 계약상의 만기와 실제 만기가 달라지므로 갭분석이 상당히 달라질 수 있다는 문제점이 있다.

셋째, 갭의 일정조정기간이 자의적이라는 문제가 있다. 또한 시간구간을 1일로 하지 않는 한 한 구간 내의 금리민감자산과 금리민감부채가 동일한 시점에 만기가 돌아오거나 금리가 재설정되는 것으로 가정할 수밖에 없는데 이는 시간구간을 짧게 하면 그 심각성은 줄어드나 각 시간구간별로 금리민감부분과 금리비민감부분을 구분하기가 어려워지는 문제점이 생긴다.

(3) 시뮬레이션분석

시뮬레이션분석은 분석대상 기간을 설정하고 이 기간 동안에 금리변동 가능성을 몇 개의 시나리오로 구분하여 금융기관의 대차대조표와 손익계산서가 어떻게 변화하는지를 분석하고 나아가 순이자이익이 어떻게 변하는지를 관찰하는 것이다. 시뮬레이션분석은 뒤에서 자세히 설명하므로 여기서는 ALM시뮬레이션을 위한 주요 가정만 설명하기로 한다.

① 수익률 곡선에 대한 가정

금리리스크에서 가장 중요한 금리변화에 대해 다양한 시나리오를 만드는 부분이다. 채권의 만기별 수익률이 수익률 곡선(yield curve)인데 시뮬레이션의 장점은 이에 대해 다양한 가정을 할 수 있다는 것이다.

② 비만기수익률곡선 금리에 대한 가정

비만기수익률곡선 금리란 만기 수익률곡선으로부터 직접적으로 유도할 수 없는 금리를 말하는 것으로 우대금리, 요구불예금금리, 정기예금금리 등이 여기에 해당한다. 이들에 대해서는 항목마다 적절한 가정을 하여야 한다.

③ 신규거래의 금리설정 가정

이는 미래 예측기간 동안에 설정될 신규거래와 관련된 금리를 말한다. 이들은 만기수익률곡선이나 비만기수익률곡선을 기준으로 얼마의 스프레드를 더하고 뺄 것인가 하는 문제로 귀결된다. 예를 들어, 신규금리는 우대금리에 가산금리(α)를 더하는 것과 같은 방식으로 다양한 시뮬레이션을 할 수 있다.

④ 대차대조표 기존항목의 월별 잔액에 대한 예측

시뮬레이션분석은 보통 일단위로 이루어지기 때문에 현재 보유하고 있는 자산과 부채항목의 포지션 금액에 대한 월별 추정이 필요하다. 이를 위해서는 당연히 향후 1년간 은행의 대출금이나 예수금 등의 규모에 대한 정책을 가정해야 한다.

⑤ 신규항목의 만기 스케줄 결정

대차대조표의 기존 항목 이외에 새로운 항목이 추가될 때 이들은 어떠한 만기구조를 갖도록 할 것인지 가정해야 한다.

(4) 듀레이션갭 분석

① 듀레이션갭의 정의

앞에서 설명한 자산갭법은 금리변동에 따른 순이자소득 변동을 비교적 간편하게 산출할 수 있지만, 순자산가치의 변동효과를 정확하게 측정하지 못한다. 이러한 단점을 극복하고 금리변화가 자산 및 부채의 순현재가치에 미치는 영향을 듀레이션(duration)이라는 개념을 사용하여 측정하는 기법을 듀레이션갭(duration gap)법이라 한다. 듀레이션의 개념은 이미 앞에서 충분히 설명하였으므로 여기서는 생략하기로 한다.

② 듀레이션갭법

듀레이션갭법은 자산, 부채 각각의 듀레이션 측정을 통해 금리변화로부터 유발되는 자기자본의 시장가치변화를 측정한다. 듀레이션갭은 다음과 같이 정의된다.

듀레이션갭＝자산의 듀레이션－부채의 듀레이션

예를 들어, 자산의 듀레이션이 부채의 듀레이션보다 크면 양(＋)의 갭을 갖게 되는데, 이런 금융구조를 갖는 금융기관은 금리상승 시 자기자본 가치가 하락할 리스크에 처하게 된다.

듀레이션갭법이 주로 적용되는 대상은 유가증권 중 채권이다. 현행 회계기준은 유가증권을 만기보유증권, 단기매매증권, 그리고 매도가능증권으로 분류한다. 따라서 현행 회계기준에 따르면 자산갭법은 만기보유증권에, 듀레이션갭법은 단기매매증권에 주로 적합한 방법이다.

③ 듀레이션갭법의 단점

다음과 같은 몇 가지 단점을 가지고 있다.

첫째, 듀레이션갭법은 수익률 곡선(yield curve)의 수평이동을 요구하는데 이는 비현실적이다.

둘째, 만기개념이 불분명한 항목(요구불 예금 등)의 듀레이션 산출이 어렵다.

셋째, 듀레이션은 시간이 경과함에 따라 변화하는데 실무적으로 매번 이를 측정하여 지속적으로 조정하는 것은 부담스러운 일이다.

넷째, 대표 시장금리의 선정이 어렵고 선정된 대표금리와 관리대상이 되는 여수신 금리와 연동이 불투명하다는 문제점도 있다.

- 법률시장이 커지고 기업법관련 분쟁이 많아짐에 따라 점차 커지고 있는 법적리스크에 대해서도 그 원인과 대처방안에 대해 이해가 필요하다.

- 국가 간의 경계를 넘어서는 거래가 빈번해짐에 따라 국제적으로 발생할 수 있는 법적리스크도 점증하고 있어, 이에 대한 이해와 지원시스템의 구축이 필요하다.

- 재무와 금융에서 가치평가, 리스크 측정, 상품가격추정 등에서 평가모형의 사용은 필수불가결하다. 이러한 모형의 사용으로 발생할 수 있는 다양한 모형리스크를 이해하고 적절하게 모형을 적용해야 한다.

- 모형리스크 실제사례를 통해 모형리스크의 중요성을 이해할 필요가 있다.

- ALM은 금융기관들이 금융리스크를 관리하는 전통적인 방법으로서 아직도 중요하게 사용되고 있어 이에 대한 이해가 필요하다.

- ALM과 VaR은 각각 장단점을 가지고 있다. 서로 보완해서 사용하면 금융리스크 관리를 보다 효율적으로 할 수 있다.

사례 12-1

모형리스크 측정 사례: UBS(Union Bank of Switzerland)[11]

1. 개요

이 사건은 UBS가 파생금융상품에 대한 투자실패로 6억 9천만달러의 손해를 보게 된 경우이다. UBS는 일본 후지은행이 발행한 전환우선주에 투자를 하면서 헷지수단으로서 니케이(Nikkei) 225지수를 선물매도하였다.[12]

전환우선주는 발행당시에는 우선주이지만 일정조건하에 보통주로 전환될 수 있다. 국내에서도 널리 거래되는 전환사채(CB)는 발행당시 채권이라는 점에서 서로 다르다. 국내 우선주와 달리 외국의 우선주는 고정배당금을 지급받는다는 점에서 채권과 유사하면서도 채권이 갖지 못하는 주식으로서의 일부 권리를 가지므로, 전환우선주는 일반적으로 전환사채에 비해 선호된다. 이 때문에 전환우선주에는 사전에 정해진 수준 이상의 주가상승분만큼을 매입자가 매도자에게 돌려주는 장치를 마련해둔다. 따라서 전환우선주 매입은 배당금이 지급되는 채권을 매입함과 동시에 해당주식에 대한 풋옵션을 발행한 것과 동일한 효과를 갖게 된다.

[그림] 전환사채와 전환우선주의 수익구조

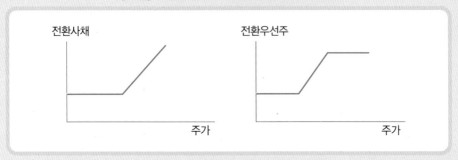

UBS는 자체적으로 갖고 있던 컴퓨터 프로그램을 사용하여 후지은행 전환우선주의 적정가치를 계산한 후 충분한 수익성이 있다고 판단하여 투자를 했는데, 이 때 문제는 모형이 부적절하게 설정되어 가치를 과대평가했다는 점이다. 결과적으로 UBS는 적정가치보다 비싸게 주고 전환우선주를 매입하였으나 이후 1997년 11월 일본 야마이치증권 파산의 여파로 후지은행을 포함한 은행들의 주가가 계속 하락함에 따라 큰 손해를 보기에 이르렀다.

---

11) *CEO를 위한 전략적 기업재무*(석승훈, 2008)에서 인용함.

12) 이 경우는 후지은행 주가와 니케이 주가지수가 동일한 방향과 비슷한 크기를 갖고 움직이는 것을 전제로 한다. 그렇다면 후지은행 우선주 가격이 하락하면 주식현물 매입포지션에서 손해를 보지만, 반대편 지수선물거래에서는 매도포지션에 따라 지수하락이 이익을 낳게 되므로 두 포지션의 손익이 상쇄되는 효과를 보인다. 따라서 지수선물 매도는 은행주 매입에 대한 헷징거래가 되는 것이다. 그러나 뒤에 설명되지만 은행주가와 주가지수가 다르게 움직이면 베이시스 위험에 따라 이 헷징은 실패할 소지가 있다.

그렇다면 전환우선주 매입에 대해 헷징수단으로 선물매도한 니케이 225지수로부터 어느 정도의 손실보전을 받았을까? 안타깝게도 답은 '아니오'이다. 은행주 매입포지션에 대해 주가지수 매도포지션으로 헷징을 했으므로 이 거래는 베이시스 위험(basis risk)에 노출되어 있었다. 많은 경우 주가지수와 은행주 주가는 같은 방향으로 움직이는 데 반해 UBS의 경우는 반대방향으로 움직였다. 즉, 후지은행 주가는 하락하고 니케이 225지수는 상승하는 베이시스 위험의 최악의 경우가 발생한 것이다.[13]

[그림] UBS 사건 거래구조

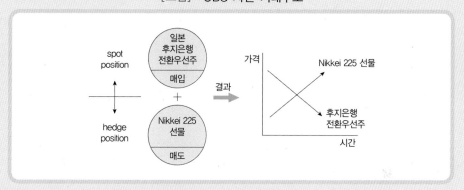

2. 교훈

UBS 사건은 전환우선주 매입과 함께 주가지수선물 매도를 함으로써 위험을 관리했음에도 큰 손실을 본 경우이다. 이 사건은 모형위험과 베이시스 위험관리에 실패한 예라고 할 수 있다. 첫째, UBS의 실수로는 당시 후지은행 전환우선주의 적정가치를 과대평가한 것이 꼽힌다. 이를 금융위험 중에서 특히 모형위험(model risk)이라고 한다. 흔히 재무학자들과 더불어 '로켓 과학자(rocket scientist)'라 불리는 수학과 컴퓨터의 천재들이 파생금융상품의 적정가치를 산정하는 모형을 수립하는데, 이 과정에서 오류를 범할 경우 UBS 사건에서와 같은 치명적 손해를 볼 수 있다.

두 번째 교훈은, 개별주가위험을 헷지하기 위해 주가지수선물을 사용하는 경우 베이시스 위험(basis risk)에 노출된다는 점이다. UBS 사건은 앞서 지적한 바와 같이 베이시스 위험이 최악으로 나타난 경우로 볼 수 있을 것이다. 통상 베이시스 위험은 다른 금융위험에 비해 작으므로 무시되는 경향이 있는데, UBS 사건은 이러한 무시가 얼마나 위험할 수 있는가를 극명하게 보여주는 사건이라 할 것이다.

---

13) 이 경우 베이시스는 후지은행 주가와 니케이 주가지수의 변화율 차이로 계산된다. 문제가 되는 것은 베이시스 절대값의 크기이다. 두 가격이 정확하게 동일한 방향과 크기를 갖고 움직였다면 베이시스는 0의 값을 갖고, 동일한 방향으로 비슷한 크기로 움직였어도 베이시스 값이 크지 않았다. 방향이 같더라도 가격변화율이 큰 차이를 보일 경우 베이시스는 커질 수 있다. 그러나 UBS 사건에서는 방향이 반대로 감으로써 베이시스 (절대)값이 아주 커진 것이다. 많은 경우 은행주가와 주가지수는 동일한 방향으로 움직이므로 반대방향의 움직임은 의외의 결과였다.

연습문제

[객관식]

01. 다음 중 모형리스크와 거리가 먼 것은?
    ① input risk
    ② output risk
    ③ estimation risk
    ④ hedging risk

02. 모형리스크 중 투입리스크(input risk)에 영향을 주는 요인이 아닌 것은?
    ① length of sampling period
    ② inaccurate data
    ③ model calibration
    ④ frequency of trading

03. 국가리스크 측정을 위한 주요 비율 중 이자지급비율이 몇 %를 상회하면 위험한가?
    ① 10%
    ② 20%
    ③ 30%
    ④ 40%

04. 다음 중 Credit Risk International의 국가리스크 측정 항목이 아닌 것은?
    ① 경제규모
    ② 대외부채
    ③ 국가채무등급
    ④ 근로환경

05. 다음 중 ALM의 주요 기법이 아닌 것은?
    ① Simulation
    ② Gap
    ③ VaR
    ④ Duration gap

06. 다음 중 ALM의 특징이 아닌 것은?

① 자산가 부채의 연계　　　　② 현금주의
③ 발생주의　　　　　　　　　④ 대차대조표 종합관리

07. 국가리스크를 측정할 때 (외환보유액/월평균 수입액)이 몇 개월 이상 될 때 '양호'하다고 평가되는가?

① 1개월　　　　　　　　　　② 3개월
③ 6개월　　　　　　　　　　④ 9개월

08. 측정모형리스크 중에서 추정리스크에 속하는 것은?

① 리스크관리 시스템상의 오류　② 부정확한 자료
③ 거래빈도　　　　　　　　　④ 표본기간선택 오류

09. Jorion(2007)의 실증연구에 의하면 다음 중 어떤 상품의 모형리스크가 시장에서 가장 크게 나타나는가?

① Interest Rate Option　　　　② Forward Rate Agreement(FRA)
③ Money Market Funds　　　　④ Global Bonds

10. 금융기관이 가지고 있는 자산과 부채를 연계하여 종합적으로 관리하는 것을 무엇이라 하는가?

① RAPM　　　　　　　　　　② CaR
③ VaR　　　　　　　　　　　④ ALM

11. 국가리스크 측정을 위한 다음의 주요 비율 중 옳지 않은 것은?

① 이자지급비율 4% 정도면 양호하다.
② (경상수지/국민총생산)비율이 0% 이하면 위험하다.
③ (외환보유고/월평균수입액)이 3개월 이상이면 양호하다.
④ 이자지급비율이 20%를 상회하면 위험하다.

12. VaR기법이 ALM기법에 비해 갖는 장점이 아닌 것은?

① 시가를 반영하므로 현재상태를 정확히 반영한다.

② 위험요인의 중기변화를 예측하는 데 적절하다.

③ 파생상품과 같은 부외자산을 포함하는 거래항목을 중심으로 하는 기법이다.

④ 시장가치 변화를 시뮬레이션할 수 있다.

13. ALM(Asset Liability Management)의 특징을 설명한 다음 내용 중 옳지 않은 것은?

① 측정기법별로 benchmark 설정 후 비교한다.

② 적용대상은 예금 및 대출이다.

③ 부외거래로 취급한다.

④ 위험측정방법은 갭분석, 시뮬레이션 등이다.

14. 국가가 외환거래를 강제로 통제해서 거래상대방이 계약을 이행하지 못할 때 발생하는 리스크는?

① 사건리스크   ② 국가리스크

③ 법적리스크   ④ 모형리스크

15. 다음 중 유로머니(Euromoney)에 의한 국가리스크 평가지표가 아닌 것은?

① 경제데이터   ② 국가채권등급

③ 외부자금 조달능력   ④ 외채지표

16. ALM과 VaR를 비교한 다음 내용 중 적절치 않은 것은?

	구분	ALM	VaR
①	위험측정방법	자산갭, 시뮬레이션, 듀레이션갭	VaR(BIS비율)
②	위험기간	중기	단기
③	적용대상	예금 및 대출	주식, 채권, 외환, 파생상품
④	추정목표	시장가치변화	손익계산서

17. 금융기관들이 금리리스크를 측정하는 수단으로 주로 사용하는 3가지 관리지표에 해당 되지 않는 것은?

① 순이자소득
② 부채비율
③ 자본금의 시장가치
④ 경제적 자본비율

18. 자금갭분석과 관련한 다음 설명 중 옳은 것은?

① 금리민감자산과 금리민감자본의 차이를 자금갭이라 한다.
② 자금갭은 단기간의 순이익이 금리변화에 얼마나 민감한지를 보여준다.
③ 자금갭이 양(+)의 값을 보이면, 금리가 하락할 때 갭을 축소해야 한다.
④ 자금갭이 양(+)의 값을 보이면, 금리가 상승할 때 금리민감자산은 줄여야 한다.

19. 갭분석(gap analysis)의 문제점에 관한 다음 설명 중 옳지 않은 것은?

① 장부가치에 근거하므로 시장가치변화를 다룰 수 없다.
② 갭의 일정조정기간이 자의적이다.
③ 대출의 일부상환이나 중도상환의 문제가 있다.
④ 분석이 보통 일단위로 이루어지기 때문에 포지션금액에 대한 월별추정이 필요 하다.

20. 다음 중 듀레이션갭분석의 단점이라 보기 어려운 것은?

① 수익률곡선의 수평이동을 가정해야 한다.
② 대표 시장금리의 산정이 어렵다.
③ 만기개념이 불분명한 경우 듀레이션 산출이 어렵다.
④ 주로 적용되는 대상이 예금과 대출이라는 한계가 있다.

연습문제 정답 및 해설

[객관식]

01. ②

02. ③

> 핵심체크 투입리스크: length of sampling period, inaccurate data, frequency of trading

03. ②   **04.** ③

05. ③

> 해설 핵심체크 대표적인 ALM기법: 자금갭분석, 시뮬레이션분석, 듀레이션갭분석

06. ②

> 해설 핵심체크 ALM: 발생주의(accrual basis)원칙

07. ②

08. ①

> 해설 핵심체크 추정리스크: 통계적기법 선택의 오류, 리스크관리 시스템 상 오류

09. ①

> 해설 Jorion(2007)의 연구에서 모형리스크의 순위: Interest Rate Option > FX option > Interest rate swap > Global Bonds > Forward Rate Agreement(FRA) > Money Market Funds > Forward

10. ④

11. ②

> **해설** (경상수지/국민총생산)비율이 −5% 이하면 위험하다.

12. ②

> **해설** VaR는 주로 위험요인의 '단기'변화에 관심을 두며, 반면 ALM은 '중기'변화를 예측하는 데 사용된다.

13. ③

14. ②

> **해설** 국가리스크에 대한 설명이다. 국가리스크는 넓은 의미로 보면 신용리스크로도 볼 수 있다.

15. ②

> **해설** 국가채권등급이 아니라 국가채무등급(sovereign debt rating)이다.

16. ④

> **해설** ALM과 VaR의 차이를 비교하면 다음과 같다.
>
> | 구분 | ALM | VaR |
> |---|---|---|
> | 위험측정방법 | 자산갭, 시뮬레이션, 듀레이션갭 | VaR(BIS비율) |
> | 위험기간 | 중기 | 단기 |
> | 적용대상 | 예금 및 대출 | 주식, 채권, 외환, 파생상품 |
> | 추정목표 | 손익계산서 | 시장가치변화 |

17. ②

> **해설** **핵심체크** 금융기관들이 금리리스크를 측정하는 수단으로 주로 사용하는 3가지 관리지표: 순이자소득, 자본금의 시장가치, 경제적 자본비율

18. ③

> **해설** 자금갭의 경우,
> ① 금리민감자산과 금리민감부채의 차이를 자금갭이라 한다.
> ② 자금갭은 단기간의 순이자소득(NII)이 금리변화에 얼마나 민감한지를 보여준다.
> ③ 자금갭이 양(+)의 값을 보이면, 금리가 하락할 때 갭을 축소해야 한다.
> ④ 자금갭이 양(+)의 값을 보이면, 금리가 상승할 때 금리민감자산은 늘려야 한다.

19. ④

해설 분석이 보통 일단위로 이루어지기 때문에 포지션금액에 대한 월별추정이 필요한 것은 갭분석이 아니라 시뮬레이션분석이다.

20. ④

해설 듀레이션갭이 주로 적용되는 대상은 유가증권 중 채권이다.

제 5 부

VaR(Value at Risk)

제13장 VaR의 개념과 측정방법

---

1 VaR의 측정방법 및 측정요소

가. VaR의 정의

VaR(Value at Risk)란 "주어진 신뢰수준 하에서 주어진 기간 동안에 정상시장상황 하에서 발생할 수 있는 최대 손실가능금액"을 말한다(the worst expected loss over a given horizon under normal market conditions at a given confidence level).[1] 이러한 정의로부터 알 수 있는 바와 같이 VaR의 가장 중요한 특징은 '정상상황' 하에서의 리스크를 측정한다는 것과, 손실부분(즉, 정규분포로 말하면 평균 이하의 극단적인 손실: downside risk)만을 측정한다는 것이다. 전통적인 위험측정치 중의 하나인 표준편차(변동성)가 평균을 중심으로 좌, 우측 변동을 모두 리스크로 간주하는 것과는 큰 차이가 있고, 기업의 입장에서 보면 손실부문만을 다루므로 대손충당금 등 리스크에 대처하는 것이 보다 직접적이고 효율적이라 할 수 있다.

나. VaR와 전통적 리스크측정방법의 비교

전통적인 리스크측정치들(β, σ 등)이 그 단위로 %를 사용하거나 혹은 아예 단위

---

[1] VaR에 대한 자세한 정의는 'Philipppe Jorion, *Value at Risk*, 3rd Edition, McGraw−Hill, 2007, p.106'을 참조하기 바람.

가 없이 리스크를 측정하는 데 반해, VaR는 리스크에 대한 종합적인 관점을 화폐금액으로 표시해 주기 때문에 리스크의 크기에 대해 이해하기 쉽고, 경영진의 의사결정에 많은 도움이 된다. 즉, 리스크를 %로 표시하거나 단위가 없이 표시하면 그 의미를 해석하는 것이 대단히 어려우며 따라서 경영자들이 리스크에 대처할 수 있는 방법을 찾는 것이 훨씬 더 힘들게 된다. 예를 들어, 한 달 이내에 정상상황 하에서 발생할 수 있는 최대 손실금액이 10억원이라는 정보와 한 달 이내 리스크의 크기가 10%라는 정보 중 어느 것이 이해하기 쉽겠는가? 그리고 그 리스크에 대처하기 용이하겠는가? 당연히 금액으로 표시된 VaR일 것이다. 따라서 최근에 대부분의 금융기관들이 왜 VaR를 주요 리스크 측정방법으로 이용하는지 그 이유도 이해할 수 있다. 한 가지 더 강조해야 할 사항은 VaR를 이용한다고 해서 전통적인 리스크 측정 방법이 의미가 없는 것은 아니라는 사실이다. 왜냐하면, VaR를 측정하는 요소 중 매우 중요한 것이 바로 변동성 요소이기 때문이다. 변동성은 전통적으로 표준편차(σ)를 많이 이용하기 때문에 대표적인 전통적 리스크 측정치인 표준편차는 VaR를 측정하는 데 매우 중요한 것이다. 따라서 VaR와 전통적인 리스크 측정치들은 상호 경쟁관계만 가지는 것이 아니라 보완관계도 함께 가지고 있다고 할 수 있다.

다. VaR의 분류 및 주요 측정방법

VaR를 구분하는 분류방법 및 주요 측정방법을 설명하면 다음과 같다.

(1) 부분가치평가법과 완전가치법

VaR는 리스크요소가 변할 경우 새로이 변동된 VaR를 구할 때, 미분이나 민감도와 같은 방법을 사용하여 근사적으로 신속하게 구하는 부분가치평가법과 정확하게 처음부터 다시 구하는 완전가치평가법으로 구분할 수 있다.

① 부분가치법

부분가치평가법(local valuation)이란 위험을 유발하는 요소에 변동이 생길 경우 민감도나 함수의 기울기 등 수학적 특성을 이용하여 근사적으로 빠르게 변화된 VaR를 측정하는 방법이다. 이는 본 교재 채권리스크에서 다룬 듀레이션과 컨벡시티를 이용한 채권가격변동성의 측정개념과 유사하다고 할 수 있다. 대표적인 부분가치평가법으로는 델타분석법과 델타감마법이 있는데 뒤에서 자세히 다룰 것이다.

② 완전가치평가법

완전가치평가법(full valuation)이란 위험을 유발하는 요소에 변동이 생길 경우 완전히 다시 변화된 VaR를 측정하는 방법이다. 다시 VaR를 측정해야 하기 때문에 부분가치평가법 보다 시간과 비용이 훨씬 많이 소요되는 단점이 있는 반면, 근사치를 이용하지 않고 정확하게 측정한다는 점에서 정확도가 높아지는 장점이 있다. 대표적인 완적가치평가법으로는 역사적 시뮬레이션(historical simulation), 몬테카를로 시뮬레이션(Monte Carlo simulation), 스트레스 테스팅(stress testing) 등이 있으며 뒤에서 자세히 설명한다.

(2) 상대VaR와 절대VaR

VaR는 측정할 때 어떤 기준점을 중심으로 구하느냐에 따라 구분할 수 있는데, 평균값을 기준으로 할 경우 상대VaR, 초기값을 기준으로 할 경우 절대VaR라 한다.

① 상대VaR

상대VaR(relative VaR)란 VaR를 평균(mean)을 기준점으로 측정하는 방법으로서 다음 (식 13-1)과 같이 정의된다.

$$상대VaR = E(W) - W^*$$ (식 13-1)

단, $E(W)$ = (자산가치)평균값
W^* = 유의수준(α)에 해당하는 자산가치값

상대VaR의 개념을 그림으로 표시하면 [그림 13-1]과 같다.

만일 W_0를 리스크관리의 대상이 되는 자산의 초기값이라 하고, R을 보유기간(혹은 리스크 관리기간) 동안의 이 자산의 수익률이라 하면, 보유기간말의 자산가치는 $W = W_0(1+R)$이 되고, 유의수준에 해당하는 자산가치값은 $W^* = W_0(1+R^*)$가 된

[그림 13-1] 상대VaR

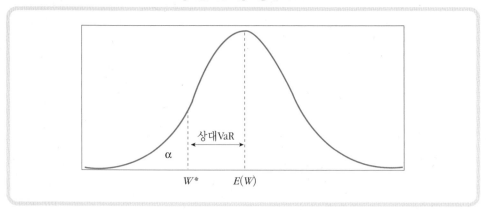

다. 따라서, 기대값의 성질에 의해 $E(W) = W_0[1 + E(R)]$이 되고, (식 13-1)의 상대VaR는 다음 (식 13-2)와 같이 표시할 수 있다.

$$\text{상대VaR} = E(W) - W^*$$
$$= W_0[1 + E(R)] - W_0[1 + R^*]$$
$$= -W_0[R^* - \mu] \qquad\qquad\qquad\qquad (\text{식 } 13-2)$$

단, (식 13-2)에서 수익률 R의 기대값은 μ, 표준편차는 σ라 가정한다. 즉, $E(R) = \mu$, $\text{Variance}(R) = \sigma^2$.

② 절대VaR

절대VaR(absolute VaR)란 VaR를 초기값(initial wealth: W_0)을 기준점으로 측정하는 방법으로서 다음 (식 13-3)과 같이 정의된다. 즉, 절대VaR는 '손실금액'을 의미한다.

$$\text{절대VaR} = W_0 - W^* \qquad\qquad\qquad\qquad (\text{식 } 13-3)$$

단, W_0 = (자산가치)초기값
W^* = 신뢰수준에 해당하는 자산가치값

(식 13-2)를 (식 13-3)에 대입하면 절대VaR는 다음 (식 13-4)와 같이 표시 할

수 있다.

$$절대\text{VaR} = W_0 - W^*$$
$$= W_0 - W_0(1 + R^*)$$
$$= -W_0 R^* \qquad \text{(식 13-4)}$$

일반적으로 VaR라 함은 '정상상황'하에서의 최대 가능손실을 말하므로 정상상황하에서 기대되는 '기대값'을 기준으로 손실을 구하는 상대VaR를 의미한다. 따라서, 본 교재에서는 특별한 언급이 없다면 VaR는 상대VaR를 의미하는 것으로 하며, 그 크기는 [그림 13-1]과 같다. 참고로, (식 13-2)와 (식 13-4)를 비교해 보면 상대VaR와 절대VaR 값의 차이는 $W_0\mu$가 된다. 그런데 보유기간이 아주 짧다면($T \to 0$), 기대수익률(μ)은 0에 가깝게 되므로, 다음 (식 13-5)와 같은 근사식을 얻을 수 있다. 즉, 리스크관리 기간이 매우 짧다면 상대VaR와 절대VaR의 크기가 거의 같으므로 어떤 방법으로 VaR를 측정하든 상관없게 된다.

$$\lim_{T \to 0} (상대\text{VaR} - 절대\text{VaR}) \to 0 \qquad \text{(식 13-5)}$$

(3) 비모수VaR와 모수VaR

VaR를 측정함에 있어 리스크관리 대상 자산에 대해 특정한 확률분포를 가정하지 않는 비모수VaR와 특정 확률분포를 가정하는 모수VaR로 구분할 수 있다.

① 비모수VaR

리스크관리 대상이 되는 자산에 대해 특정 확률분포를 가정하지 않고 측정하는 VaR를 비모수VaR(non-parametric VaR)라 한다. 비모수VaR를 계산하는 절차는 다음과 같다.

i) 리스크대상이 되는 자료를 작은 것부터 큰 것 순서로 정렬하고 자료의 평균값
   (즉, $E(W)$)을 구한다.

ii) 주어진 유의수준에 해당하는 자료(W^*)를 찾는다. 해당하는 자료가 둘 이상일 경우 보간법(interpolation) 등을 이용하여 하나의 값을 구한다.

iii) VaR $= E(W) - W^*$를 이용하여 VaR를 구한다.

예제 13-1

다음과 같은 최근 10일간 매출액자료를 이용하여 1일VaR를 구해보자. (단, 유의수준은 10%로 한다)

일(day)	1	2	3	4	5	6	7	8	9	10
매출액	10	5	8	7	20	13	4	21	33	9

i) 먼저, 매출액자료를 작은 것부터 큰 것 순서로 정렬하면 다음과 같다.
　　4, 5, 7, 8, 9, 10, 13, 20, 21, 33
　　이 자료의 기대값(즉, 평균: $E(W)$)은 13이다(즉, 130/10).

ii) 유의수준이 10%이므로 작은 것부터 하위 10%에 해당하는 것은 10개×10%＝1. 즉, 하위 첫 번째 값이 유의수준에 해당하는 $W^* = 4$가 된다.

iii) VaR $= E(W) - W^* = 13 - 4 = 9$

위의 [예제 13-1]에서는 유의수준에 해당하는 값(W^*)가 1개여서 간단하게 VaR를 계산하였지만, 때로는 그렇지 않은 경우가 있는데, 이때는 보간법으로 W^*를 구한다. 다음과 같은 예제를 통해 설명하고자 한다.

예제 13-2

VaR를 구하기 위한 가격자료가 총 254개 있고, 유의수준은 5%라 하자.

이 경우 유의수준에 해당하는 자료는 254개×5%＝12.7번째 자료이다. 그러나 12.7번째라는 자료는 없으므로 보간법으로 찾아야 한다. 자료를 작은 것에서 큰 것 순으로 정렬해 보니 －1,000만원보다 작은 자료가 11개, －900만원보다 작은 자료가 15개 있다고 한다. 그러면 비례식을 이용하는 보간법으로 다음과 같이 12.7번째 자료(x)를 추정할 수 있다.

$$[-900\text{만원}-(-1{,}000\text{만원})] : [x-(-1{,}000\text{만원})]$$
$$=(15\text{개}-11\text{개}) : (12.7\text{번째}-11\text{번째})$$
$$100\text{만원} : (x+1{,}000\text{만원})=4 : 1.7$$
$$4(x+1{,}000\text{만원})=170\text{만원}$$
$$\text{따라서,}\ x = -957.5\text{만원} = W^*$$

② 모수VaR

모수VaR(parametric VaR)란 리스크 측정대상이 되는 자산에 특정한 확률분포를 가정하고 VaR를 측정한 것을 말한다. 다양한 확률분포를 가정할 수 있으나 경영학 혹은 사회과학에 가장 많이 사용되는 분포 중의 하나가 '정규분포'이므로 모수VaR를 측정할 때도 정규분포를 가장 많이 사용한다. 본 교재에서는 특별한 언급이 없다면 정규분포를 가정한 모수VaR를 VaR로 사용한다.

리스크관리 대상이 되는 자산의 수익률(R)이 평균이 μ이고 표준편차가 σ인 정규분포를 따른다고 가정하면(즉, $R \sim N(\mu,\ \sigma^2)$), $W^* = W_0(1+R^*)$이고, R^*는 일반적으로 손실부분이므로 음수($-$)이다. 따라서, $R^* = -|R^*|$로 표시할 수 있다. 또한 R^*는 유의수준에 해당되는 값이므로 다음 (식 13-6)과 같이 표준정규분포로 표현할 수 있다.[2]

$$-\alpha = \frac{-|R^*|-\mu}{\sigma}$$
$$= \frac{R^*-\mu}{\sigma}$$
$$R^* = -\alpha\sigma+\mu \qquad\qquad\text{(식 13-6)}$$

따라서, (식 13-6)을 (식 13-2)에 대입하면 정규분포하에서 '상대모수VaR'는 다음 (식 13-7)과 같이 표현할 수 있다.

$$\text{상대모수VaR} = -W_0[R^*-\mu]$$

---

2) 확률이론에 의해 확률변수 X가 평균이 μ이고 표준편차가 σ인 정규분포(즉, $X \sim N(\mu,\ \sigma^2)$)를 따른다면, $Z=(X-\mu)/\sigma$는 평균이 0이고 표준편차가 1인 표준정규분포(즉, $X \sim N(0,\ 1)$)를 따른다.

$$= W_0[-\alpha\sigma + \mu - \mu]$$
$$= W_0\alpha\sigma \qquad\qquad (식 13-7)$$

마찬가지 논리로 (식 13-6)을 (식 13-4)에 대입하면 정규분포하에서 '절대모수 VaR'는 다음 (식 13-8)과 같이 표현할 수 있다.

$$절대모수VaR = -W_0R^*$$
$$= W_0(\alpha\sigma - \mu) \qquad\qquad (식 13-8)$$

라. 외국은행의 주요 VaR시스템

현재 많은 금융기관 감독기관들이 VaR사용을 의무화하고 있으며, 금융기관들은 자체적으로 시장리스크를 관리하기 위하여 VaR를 이용한 리스크관리시스템을 구축하고 있다. 미국의 모건사(J.P. Morgan)를 비롯한 대형금융기관들은 자체적으로 VaR를 이용한 위험관리시스템을 구축하고 자사의 방식이 산업의 표준이 되도록 노력하고 있다. 이렇게 금융기관들이 앞다투어 리스크관리시스템을 개발하는 이유는 두 가지이다. 하나는 자사의 리스크를 효율적으로 관리하기 위함이고, 또 하나는 리스크관리소프트웨어와 데이터베이스 판매 등 시스템 판매로부터 얻는 수익이 막대하기 때문이다. 예를 들어, 뱅커스 트러스트(Bankers Trust)의 리스크관리시스템을 이용하려면 100만달러 이상의 수수료를 지불해야 한다. 여기서는 금융기관들이 개발한 주요 VaR시스템을 소개하고자 한다.

(1) 모건사의 리스크메트릭스

모건(J.P. Morgan)사가 개발한 대표적인 리스크관리시스템이 바로 리스크메트릭스(RiskMertrics)이다. 우리가 알고 있는 대부분의 VaR가 리스크메트릭스에 기초한다고 해도 과언이 아닐 정도로 실무에서 많이 사용되고 있는 시스템이다.

VaR의 탄생배경을 설명하기 위해 VaR의 기원에 대해 간략히 소개하면 다음과 같다. 모건사의 전 회장인 데니스 웨더스톤(Dennis Weatherstone)은 금융기관이 노출된 리스크를 하나의 수치로 요약해야 할 필요성을 느끼고 매일 영업이 끝난 후 15분 이내에 자신에게 1페이지짜리 보고서를 제출하도록 요구하였다. 보고서에는 모건사의 모든 리스크가 하나의 수치인 VaR로 종합되어 있다. 이 보고서는 매일 오후 4시 15분에 제출되었기 때문에 '4.15보고서'로 불렸다. 이것이 우리가 사용하고 있는 VaR의 시초이다.

금융기관 중에서 모건사가 가장 공격적으로 자사의 리스크관리시스템이 산업표준이 되도록 노력하고 있다. 이런 노력의 일환으로 모건사는 1994년 10월부터 인터넷을 통해 자사의 시스템인 리스크메트릭스의 방법론과 일부 데이터를 무료로 제공하고 있다. 특히 리스크메트릭스 데이터베이스에는 약 450개 리스크요인들의 가격변동성과 이들 간의 상관관계에 대한 자료가 포함되어 있으며 이들 자료들은 매일 업데이트되고 있다. 변동성을 구할 때는 '지수가중이동평균법(exponential weighted moving average: EWMA)'을 사용한다.

모건사의 리스크메트릭스는 정규(normal)분포를 가정하고 선형(linear)으로 VaR를 추정하기 때문에 델타-노말방법으로도 불리는데 이에 대해서는 뒤에서 좀 더 상세히 다룰 것이다. 모건사는 주로 시장리스크를 측정하는 시스템으로 리스크메트릭스를 운용하며, 신용리스크를 관리하는 시스템으로 크레딧메트릭스(CreditMetrics)를 운용하고 있다.

(2) 뱅커스 트러스트의 RAROC2020

거래자의 성과를 측정하기 위해 개발된 RAROC은 1980년대 중반에 모든 리스크를 측정할 수 있는 종합적인 시스템으로 발전되어 RAROC2020(Risk Adjusted Return On Capital 2020)[3]으로 불리는 종합관리시스템이 되었다. 이 시스템은 시장리스크뿐만 아니라 신용리스크까지도 관리할 수 있는 종합적인 리스크관리시스템이다.

---

3) RAROC=수익/리스크: RAROC은 위험을 조정한 수익률로 볼 수 있으며 자세한 사항은 뒤에서 다룰 '리스크조정성과평가(RAPM)'를 참조하기 바람.

(3) 보스톤은행의 프라임리스크

미국의 투자은행인 보스톤은행(CS First Boston)은 VaR를 이용하여 시장위험을 관리하는 시스템인 프라임리스크(PrimeRisk)를 개발하여 운용하고 있다. 모건사의 리스크메트릭스가 하루에 한 번 데이터를 업데이트하는 반면, 프라임리스크는 하루에 두, 세 번 데이터를 업데이트한다. 또한 프라임리스크는 리스크메트릭스에 비하여 보다 광범위한 데이터를 축적하고 있다.

(4) CIBC의 프런티어

캐나다 토론토에 소재한 CIBC(Canadian Imperial Bank of Commerce)는 캐나다의 초대형 은행으로서 프런티어(Frontier)라는 리스크관리시스템을 운용하고 있다. 프런티어는 시장리스크와 신용리스크뿐만 아니라 운영리스크(operational rsik)까지도 관리하는 종합적인 리스크관리시스템으로서 RAROC을 일관성 있게 계산해 준다.

마. VaR의 측정 요소

VaR를 측정하기 위해서는 몇 가지 중요한 자료가 필요한데 이를 요약하면 다음과 같다.

(1) 측정 요소

① 거래금액

거래금액(포지션, position)이란 리스크 측정과 관리를 위해 관심이 있는 대상의 총 가치를 말한다. 반드시 시장가격으로 표시하는 것이 원칙인데 이를 '시가(市價)로의 환산(mark to market)'이라 부른다. 예를 들어, 포트폴리오를 관리하는 펀드 매니저의 입장에서는 운영하고 있는 포트폴리오의 총 시장가치가 거래금액이 되며, 매출액의 변동성을 관리하고 있는 기업 재무담당자의 입장에서는 시가로 계산된 총매출액이 거래금액이 될 것이다. 참고로 기업이나 조직뿐만 아니라 자산을 관리하는 개인들도

VaR를 사용할 수 있다.

② 가격변동성

가격변동성이란 앞서 설명한 바와 같이 전통적인 리스크 측정치로 많이 사용되는 것으로서 대표적으로 표준편차(σ), 민감도(sensitivity) 등으로 측정한다. 예를 들어, 매출액의 연간 표준편차가 10%라 하면 이것이 바로 매출액의 변동성이 된다. VaR를 계산할 때는 주로 표준편차를 변동성으로 사용한다. 표준편차를 변동성으로 사용하면 단위가 %로 되지만, 분산을 변동성으로 사용할 경우 단위가 %^{2}이 되어 다루기에 불편하고 수익률 등 단위가 %인 지표들과의 직접적 비교가 곤란해진다.

③ 보유기간

보유기간(time horizon or holding period)이란 리스크관리의 대상이 되는 자산의 리스크 측정 대상기간(목표기간)을 말한다. 예를 들어, 3개월간의 VaR를 측정하고자 한다면, 보유기간이 3개월이 되는 것이다. 따라서 보유기간이란 실제 자산을 보유하는 기간을 의미하는 것이 아니고, 어느 기간 동안의 리스크를 측정하느냐의 여부이다. 매출액을 예로 든다면, 3개월 단위로 매출액 변동성을 관리할 것인지, 아니면 1년 단위로 할 것인지에 따라 보유기간이 결정된다. 리스크관리분야에서 잘 알려진 기관들이나 감독기구들이 권유하는 보유기간을 살펴보면, Bankers Trust의 경우 1년을, 국제결제은행(BIS) 산하 Basel Committee의 경우 금융기관들에게 10일을 요구하고 있고, J.P. Morgan이 개발한 RiskMetrics의 경우에는 1일을 사용하고 있다. 따라서 보유기간은 모든 자산에 대해 일괄적으로 동일한 기간이 적용되는 것이 아니라 리스크 관리의 대상이 되는 자산의 특성에 따라 결정하면 된다. 다만 보유기간이 적절하지 않을 경우, 즉 너무 길면 예상치 못한 리스크가 발생하여 큰 손실이 생길 수 있고, 너무 짧으면 리스크 관리는 철두철미하게 이루어질 수 있으나 비용이 많이 든다는 문제가 있으므로 기업이나 개인마다 많은 자료와 경험을 통해 가장 적절한 보유기간을 설정해야 할 것이다.

④ 신뢰수준

신뢰수준(CL: Confidence Level)이란 표본자료를 이용하여 어떤 모수(parameter)를 추정할 때 구간추정량(interval estimator)이 모수를 포함할 확률을 의미한다.[4] 통계학에서 구간추정(interval estimation)이란 상한치와 하한치를 구하여 모수가 속할 추정구간을 정하는 것인데, 이때 실제로 모수가 이 구간 안에 포함될 확률이 바로 신뢰수준이다. 100번의 실험을 하였는데 그 중 90%에서 신뢰구간이 모수를 포함하면 신뢰수준이 90%가 되는 것이다. 예를 들어, 표준정규분포의 경우 평균(제로)이 신뢰구간(−1.645, +1.645)에 포함될 신뢰수준(확률)은 90%이고, 신뢰구간(−1.96, +1.96)에 포함될 신뢰수준(확률)은 95%이며, 신뢰구간(−2.58, +2.58)에 포함될 신뢰수준(확률)은 99%이다. 여기서 각각의 값(1.645, 1.96, 2.58)을 신뢰수준값이라 할 수 있다. 신뢰수준이 높을수록 신뢰구간은 넓어지게 되며, 보다 극단적인 이익이나 손실을 포함할 수 있게 된다. 반면 이 경우 관리 비용이 많이 소요된다는 단점도 있다. 신뢰수준은 양측검정(two−side test)에서도 사용할 수 있고 단측검정(one−side test)에서도 사용된다. 다만 단측검정에서는 상한치와 하한치가 달라지게 된다.[5] VaR는 손실이 발생하는 좌측만 사용하므로 단측검정에서 사용하는 신뢰수준값을 사용해야 한다.

주요 기관들이 사용하거나 권유하는 신뢰수준을 보면, 99%를 사용하는 기관들은 대표적으로 Bankers Trust와 Basel Committee가 있고, 95% 사용하는 대표적인 기관으로는 Morgan(RiskMetrics)이 있다.

(2) VaR 측정 요소의 결합

정규분포를 가정할 경우 앞의 4가지 측정요소를 결합하면, 앞에서 도출한 (식 13−7)을 적용할 경우 다음과 같은 일반적인 VaR 측정공식이 도출된다.

$$VaR = (거래금액) \times (변동성) \times \sqrt{보유기간} \times (신뢰수준값) \qquad (식\ 13-9)$$

단, 신뢰수준값: 99%인 경우 2.33, 95%인 경우 1.65

(식 13−9)가 이제 앞으로 리스크 관리에서 빈번하게 사용할 VaR값이다. 참고로 VaR계산 시 주의해야 할 사항으로 변동성을 측정하는 기간과 보유기간의 단위를 항

---

4) 관례적으로 통계학에서 신뢰수준은 $(1-\alpha)$로 표시하며, 유의수준은 α로 표시한다.

5) 양측검정이란 상한치와 하한치를 모두 이용하는 검정이고, 단측검정이란 상한치와 하한치 중 하나만 이용하는 검정이다. 예를 들어 '평균≠0'과 같은 가설을 검증하려면 평균이 0보다 크거나 작은 양쪽을 다 검정해야 하므로 양측검정이지만, '평균>0' 혹은 '평균<0'과 같은 가설들은 한 쪽만 검정하면 되므로 단측검정이라 한다.

[그림 13-2] VaR를 계산하는 과정

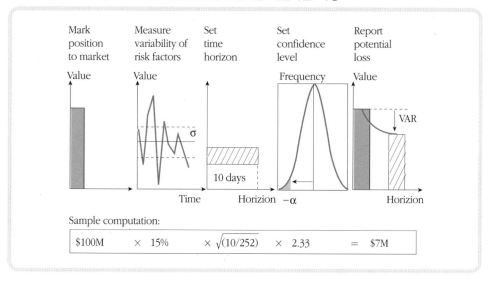

상 일관성 있게 사용해야 한다는 점이다. 변동성 추정기간이 연간이라면 보유기간도 연간으로 환산해서 사용해야 한다. 예를 들어, 변동성 추정기간은 1년이고 보유기간이 6개월이면 (식 13-1)에서 제곱근(root) 안에는 1/2을 사용해야 한다. 통상 공휴일은 제외하고 순 영업일(business day)을 변동성 추정날짜에 사용하므로 미국의 경우 1년은 약 252일로 사용한다. 따라서 보유기간이 10일이면 보유기간을 연간단위로 환산할 때 10/252로 계산한다.

VaR를 계산하기 위해 측정요소들을 결합하는 과정을 그림으로 표시한 것이 [그림 13-2]이다. 그림에서는 거래금액이 $100만이고, 연간 변동성은 15%, 보유기간은 10일, 신뢰수준은 99%(즉, 신뢰수준값은 2.33)인 경우의 VaR계산사례를 잘 보여주고 있다.[6]

(3) 현금흐름매핑

현금흐름매핑(cash flow mapping)이란 금융상품의 VaR 추정 시 그 금융상품의 유통시장이 없어 시장가치 파악이 어려운 경우나, 금융상품의 다양한 현금흐름으로 인

---

6) 자료: P.Jorion, *Value at Risk*, 3rd Edition, McGraw-Hill, 2007, p.107.

해 대량의 변동성과 상관관계를 계산해야 하는 경우, 금융상품의 현금흐름과 관련된 리스크를 용이하게 추정하기 위해 금융상품을 기본적인 현금흐름요소로 분해하는 것을 말한다. 이 경우 현금흐름을 금액, 지급기일, 지급인의 신용상태에 따라 시가로 평가(mark-to-market)한다.

2 부분가치평가법과 완전가치평가법

가. 부분가치평가법

부분가치평가법(local valuation)이란 리스크를 유발하는 요소가 변동할 경우 미분 등을 이용한 근사적 방법으로 변동된 VaR값을 구하는 방법을 말한다. 두 가지 대표적인 방법인 델타노말법과 델타감마법을 간략히 설명하기로 한다. 뒤에서 좀 더 상세하게 배울 것이다.

(1) 델타노말분석법

델타노말분석법(delta normal method)은 선형(linear) 금융상품의 VaR를 측정하는 데 사용되며, 다음과 같은 가정하에 사용한다.

i) 금융상품의 수익률은 정규분포(노말분포)를 따른다.

ii) 포지션의 상대적 가치변동은 기초자산수익률의 선형함수이다.

이 방법에 따르면, VaR는 포트폴리오 상대적 변동분포의 5퍼센타일(percentile)로 정의되며, VaR는 다음과 같이 계산한다.[7]

---

7) k-퍼센타일(persentile)이란 주어진 값보다 작은 값을 가지는 확률이 k%임을 의미한다. 즉, 5-퍼센타일은 어떤 주어진 값보다 작은 경우가 총 5%임을 의미한다. 예를 들어 나의 소득수준이 90-페센타일이라 한다면, 나의 소득보다 적은 소득을 얻는 사람이 90%임을 나타낸다. 때로는 퍼센타일을 퀀타일(quantile)이라고도 한다.

$$\text{VaR} = \text{거래금액} \times 1.65 \times \text{금융자산의 표준편차} \qquad \text{(식 13-10)}$$

(2) 델타감마법

델타감마법(delta gamma method)은 비선형(non-linear) 금융상품의 VaR를 측정하는 데 사용되며, 금융상품의 수익률변동분포가 정규분포를 나타내지 않으므로 2차미분효과, 즉 감마효과를 감안하게 된다. VaR 산출 시, 포트폴리오 수익률 분포의 평균, 표준편차, 왜도(skewness) 및 첨도(kurtosis)를 계산한 다음, 동 분포의 5 퍼센타일을 계산하여 VaR를 측정한다.

(3) 몇 가지 사례

부분가치평가법을 이용한 VaR계산의 몇 가지 사례를 살펴보고자 한다.

① 채권 VaR의 계산

채권의 VaR를 계산하기 위한 채권 표준편차계산법은 다음과 같다.

첫째, 시장에서 채권가격이 형성된 경우에는 가격의 변동성을 직접 추정하여, 다음과 같이 VaR를 계산한다.

$$\text{VaR(채권)} = W \times CL \times \sigma_B \times \sqrt{T} \qquad \text{(식 13-11)}$$

단, W= 거래금액
CL= 신뢰수준값
σ_B= 채권변동성(연간)
T= 만기(연간단위)

둘째, 시장에서 채권가격이 형성되지 않은 경우에는 듀레이션과 금리변동성을 곱하여 다음과 같이 가격변동성으로 전환하여 VaR를 계산한다.

$$\text{VaR(채권)} = W \times CL \times D \times \sigma_r \times \sqrt{T} \qquad \text{(식 13-12)}$$

단, D= 채권의 듀레이션
σ_r = 금리변동성

② 외환 VaR의 계산

외환의 VaR를 계산하기 위한 표준편차계산법에서는 하나의 통화에 대한 VaR를 측정할 때 환율의 변동성을 그대로 이용하면 되지만, 외환증권과 같이 2개 이상의 리스크 측정요소가 결합되는 경우에는 측정요소간 상관관계를 감안하여 포트폴리오 분산을 구하는 방법으로 표준편차를 측정한다. 외환 VaR는 다음과 같이 계산한다.

$$\text{VaR(외환)} = W \times ER \times 1.65 \times \sigma_E \times \sqrt{T} \qquad \text{(식 13-13)}$$

단, ER = 환율
σ_E = 환율변동성

③ 주식VaR의 계산

주식의 VaR를 계산하기 위한 표준편차계산법은 다음과 같다.

첫째, 주식의 표준편차는 시장에서 형성된 가격의 변동성을 이용하여 계산하고 VaR는 다음과 같이 산출한다.

$$\text{VaR(주식)} = W \times CL \times \sigma_S \times \sqrt{T} \qquad \text{(식 13-14)}$$

단, σ_S = 주식변동성

둘째, 다수의 보유주식을 분석하기 어려운 경우에는 민감도인 베타에 종합주가지수의 변동성을 곱하여 주가변동성으로 전환하고 다음과 같이 VaR를 계산한다.

$$\text{VaR(주식)} = W \times 1.65 \times \sigma_{SI} \times \sqrt{T} \qquad \text{(식 13-15)}$$

단, σ_{SI} = 주가지수변동성

나. 완전가치평가법

완전가치평가법(full valuation)은 부분가치평가법으로 VaR를 계산하기 어려운 경우, 즉 대상자산이 위험요소와 비선형적(non-linear)으로 결합되어 있거나 수식으로 표현하기 어려운 경우에 사용되는 방법이다. 완전가치평가법에는 크게 역사적 시뮬레이션, 몬테카를로 시뮬레이션, 그리고 스트레스 테스팅 등이 있다. 뒤에서 상세하게 다룰 예정이므로 여기서는 간단히 설명하고자 한다.

(1) 역사적 시뮬레이션

포트폴리오를 구성하는 개별자산의 과거 수익변동성과 상관관계가 미래에도 반복될 것이라는 가정 하에 현재 포트폴리오포지션의 미래 수익률의 분포를 추정하여 VaR를 산정한다.

(2) 몬테카를로 시뮬레이션

과거의 실제 자료를 이용하여 시뮬레이션 하는 역사적 시뮬레이션과 달리, 확률적 모형을 가정하여 미래 수익률분포를 구하고 VaR를 구한다.

(3) 스트레스 테스팅

스트레스 테스팅(stress testing)방법은 극단적인 시장가격변동과 보유 포트폴리오에 미치는 영향을 시나리오 분석(scenario analysis)기법을 이용하여 파악하는 기법이다. 스트레스 테스팅은 주요 시장사건이나 위기상황 하에서 리스크를 측정할 목적으로 사용자 중심의 시나리오를 작성하여 분석하게 되며, 극단적인 시장변동을 분석대상으로 하고 있다는 점에서 정상적 상황하에서의 최대손실을 분석하는 VaR의 개념과는 차이가 있다.

다. 부분가치평가법과 완전가치평가법의 비교

부분가치평가법과 완전가치평가법을 비교하면 <표 13-1>과 같다.

〈표 13-1〉 부분가치평가법과 완전가치평가법의 비교

구분	부분가치평가법	완전가치평가법
사용환경	−시장가격수익률이 정규분포 −포트폴리오위험 민감도는 개별포지션 위험민감도의 평균	시장가격수익률이 정규분포가 아닐 때 유용
VaR 계산식	$\Delta V = \beta \times \Delta S$ (V = portfolio가치, S = 시장가격)	$\Delta V = V(S1) - V(S0)$
장점	−VaR계산이 쉽고 간단 −많은 위험요인, 큰규모 포트폴리오에 적합	−비선형포지션에 적합 −적은 수, 복잡한 위험에 적합
단점	Portfolio민감도(델타)가 시간에 따라 변동될 우려	−많은 자료 요구 −복잡한 계산식과 많은 시간
추정법	모수적(parametric) 접근	비모수적(non−parametric) 접근

3 포트폴리오 VaR의 측정

F개의 위험요인에 대한 포트폴리오 총위험(σ_P)이 구해지면, 다음 공식으로 VaR를 구한다. (식 13−16)에서 σ_P는 포트폴리오변동성을 의미한다.

$$\text{VaR}_P(\%) = W \times CL \times \sigma_P \times \sqrt{T} \qquad \text{(식 13−16)}$$

포트폴리오 VaR에 대해 보다 상세한 내용은 뒤에서 자세히 다루기로 한다.

VaR의 용도와 한계

가. VaR의 용도

VaR의 용도는 사용하는 주체에 따라 다소 다른데, 금융기관, 비금융기관, 그리고 감독기관 등 세 가지 주요 주체로 나누어 살펴보기로 한다.

(1) 금융기관의 경우

① 정보보고

VaR는 금융기관이 노출된 시장위험을 주주에게 전달하는 목적으로 사용될 뿐만 아니라 내부적으로 중요한 의사결정 자료로 사용된다. 최근 들어 금융기관들은 주주들에게 보다 많은 정보를 제공하려고 노력하고 있다. 대부분의 주주들은 경영에 대한 전문지식이 결여되어 있으므로 금융기관들은 경영상태를 주주들에게 정확히 전달하는 데 많은 어려움을 겪고 있다. 따라서, 이런 상황에서 VaR는 비전문적인 일반 주주들도 기업의 경영상태를 이해하는 데 유용하게 사용될 수 있다.

최고경영자도 회사 전체의 노출된 위험을 하나의 수치로 이해해야 할 필요성을 절실히 느끼고 있다. 대규모 금융기관들은 수백 개의 위험요인에 노출되어 있다. 금융기관들은 이들을 관리하기 위해 델타, 감마, 베가 등 수많은 리스크측정치를 관리해야 한다. 앞에서 설명한 바와 같이 미국의 모건사가 VaR모형을 개발한 것도 최고경영자에게 위험에 관한 정보를 효율적으로 제공하기 위해서였다.

② 포지션한도와 자원배분

첫째, 포지션한도설정을 합리적으로 할 수 있다.

전통적으로 포지션한도(position limit)는 액면금액(nominal) 또는 리스크와 관련되지 않은 단위를 기준으로 설정된다. 예를 들어, 어떤 거래자가 2년 만기 국채에 액면가 기준으로 1억 달러까지 투자할 수 있는 포지션한도를 가지고 있다고 하자. 이 경우 동일한 포지션한도 1억 달러를 20년 만기 국채에 적용하는 것은 바람직하지 않다.

왜냐하면 만기가 길수록 채권의 리스크는 커지기 때문이다. 그런데, 노출된 리스크가 다를지라도 VaR를 이용하여 설정한 포지션한도는 공통적인 기준인 VaR를 적용함으로 이러한 문제점을 극복할 수 있는 것이다. 또한 VaR를 이용하여 포지션 한도를 설정하면 역동적으로 변하는 시장상황을 즉각 반영하여 부서별 리스크를 조정할 수도 있다.

둘째, 리스크를 고려한 합리적 자원배분이 가능하다.

VaR를 이용하여 제한된 자원을 부서, 계층별로 배분하는 것은 위험의 분산효과(diversification effect)를 얻을 수 있다는 측면에서 바람직하다. 즉, 리스크를 조직계층별로 설정하면 하위조직의 VaR의 합은 기업전체의 VaR보다 작아지는데 이는 바로 분산효과 때문이다. 금융기관이 리스크를 고려하여 자원을 배분하는 것은 경쟁력을 향상시키는데 필수적이므로 VaR를 활용한 자원배분은 매우 중요하다.

③ 실적평가

VaR의 개념을 실적이나 성과평가에 활용하는 대표적인 사례 세 가지를 소개하고자 한다.

첫째, 뱅커스 트러스트(Bankers Trust)은행의 RAROC이 있다. 이에 대해서는 이미 앞에서 설명한 바 있으며 뒤에서도 자세히 설명할 것이다.

둘째, 모건사의 리스크메트릭스(RiskMetrics)의 성과평가시스템이 있다. 리스크메트릭스의 실적평가는 이익, 이익변동성, 그리고 VaR로 측정된 리스크간의 삼각관계로 이루어진다. 여기서 VaR는 사전적(ex ante)인 리스크를 의미하고, 이익의 변동성은 사후적(ex post) 혹은 실현된(realized) 리스크를 의미한다. 삼각관계로부터 3가지 중요한 실적비율이 산출되는데 다음과 같다.

> 위험비율＝이익/위험(VaR)
> 샤프(Sharpe)비율＝이익/이익의 변동성
> 효율성비율＝VaR/이익의 변동성

셋째, 공헌 VaR에 의한 실적평가가 있다. 주식에서 베타는 개별자산이 포트폴리오 전체의 리스크에 미치는 공헌도를 표시한다. 그런데 포트폴리오 성과평가에 많이 이용되는 트레이너 비율(Treynor ratio)은 (주식수익률－무위험이자율)/베타인데, 이 공식에서 베타대신 VaR를 사용하여 성과평가하는 것이 바로 공헌 VaR에 의한 성과평가법이다.

④ 포트폴리오의 위험관리

연금이나 기금같이 포트폴리오를 운영하는 펀드매니저도 VaR를 활용하여 펀드리스크를 효과적으로 관리할 수 있다. VaR를 이용하여 펀드의 리스크를 동적(dynamic)으로 평가하면 매니저간에 효율적으로 자산을 재배분할 수 있을 뿐만 아니라, VaR가 낮으면서 수익성이 높은 매니저에 대해 적절한 보상도 실시할 수 있다. 또한 펀드매니저가 사전적으로 너무 높은 리스크에 노출되지 않도록 위험한 투자를 억제하는 수단으로도 작용하여 적절한 헷지(hedge) 의사사결정을 할 수 있다는 장점도 있다.

(2) 비금융기관의 경우

오늘날의 기업들은 세계화된 시장에서 영업하고 있으며, 다양한 위험에 노출되고 있다. 따라서 금융기관은 물론 일반 기업들도 VaR를 이용하여 위험을 효과적으로 관리할 수 있다. 최근의 연구결과들에 따르면 상당한 비금융기관들도 VaR를 사용하고 있는 것으로 알려지고 있다. 미국 Institutional Investor에 의하면 미국의 비금융기관 1/3 이상이 VaR를 이용하여 리스크관리를 하고 있으며, 미국 펜실베이니아대학의 와튼스쿨(Wharton School)에 따르면 미국 비금융기관의 29%가 VaR를 이용하여 파생상품의 리스크를 평가하고 있는 것으로 나타났다. 일반적으로 기업들은 다음과 같은 세 가지 목적을 위해 VaR를 이용한 리스크관리를 하는 것으로 알려져 있다.

첫째, 리스크를 관리함으로써 세금을 줄이는 데 VaR를 활용한다.

둘째, 재무적 곤경(financial distress)가능성을 줄이는 데 VaR를 활용한다.

셋째, 채권자와 주주간의 갈등을 감소시켜 기업의 가치를 증가시키는 데 VaR를 활용한다.

(3) 감독기관의 경우

금융기관들과 비금융기업들은 해당 감독기관이 요구하는 최소요구자본(capital adequacy requirement)과 리스크공시요건(risk disclosure requirement)을 만족시켜야 한다. 그런데 이들 대부분이 VaR를 이용하여 리스크를 측정하므로 BIS, 금융감독기구, 중앙은행 등 감독기관들은 VaR를 활용하여 각 기관들의 리스크와 재무건전성 등을 판단한다.

나. VaR의 한계

VaR는 리스크를 관리하는 하나의 수단에 불과하다. VaR가 리스크관리에 많은 장점들을 가지고 있지만 리스크관리에 만병통치약은 물론 아니다. 따라서 다음과 같은 문제점을 염두에 두고 VaR를 사용해야 할 것이다.[8]

(1) 사건 위험

만일 VaR를 과거자료에 근거하여 계산하는 경우, 이는 과거가 미래를 예측하는 데 가장 좋은 정보라는 것을 가정하고 있다. 즉, 과거의 패턴은 미래에도 반복될 것이라는 믿음이 전제된 것이다. 그러나 과거에 일어났던 사건이 미래에도 반드시 일어난다거나, 혹은 과거에 일어나지 않았다고 해서 미래에도 일어나지 않을 것이라고 누구도 장담할 수 없는 일이다. 따라서 과거의 패턴이 완전히 바뀌는 상황이 발생하면 과거자료를 이용하는 모형은 완전히 실패할 수 있다. 물론 급격한 변화가 미치는 영향을 스트레스 테스팅(stress-testing)을 이용하여 분석할 수는 있으나 이 또한 완전하다고 할 수 없기에 과거자료에 근거하여 변동성 등을 추정하는 한 VaR는 한계를 가질 수밖에 없다.

---

8) VaR의 한계를 보완하기 위해 다음과 같은 몇 가지 대안적 척도들이 개발되고 있다. 첫째, 조건부VaR (conditional VaR) 혹은 기대 쇼트폴(expected shortfall), 기대꼬리손실(ETL: expected tail loss)이라고도 하며, 꼬리손실의 평균으로서 다음과 같이 조건부 기댓값으로 표시된다: $E(X|X<q) =$
$\dfrac{E(X<q)}{\Pr(X<q)} = \dfrac{\displaystyle\int_{-\infty}^{q} xf(x)dx}{\displaystyle\int_{-\infty}^{q} f(x)dx}$. 둘째, 하방표준편차로서 손실을 나타내는 관찰값들로만 표준편차를 구하는 방법이다. 다음과 같이 수식으로 표현할 수 있다: $SD_L(X) = \sqrt{\dfrac{\sum_{i=1}^{N}[\min(x_i,\ 0)]^2}{N_L}}$, 단 N_L = 손실의 관찰값 수. 셋째, 드로다운(drawdown)으로서 일정 기간 중 최고점으로부터의 하락을 의미한다.

(2) 최악의 손실 및 꼬리분포

VaR는 발생가능한 최악의 손실을 알려주지는 않는다. 단지 VaR보다 큰 손실은 유의수준만큼 발생하리라 예측할 수는 있지만 최대, 최악의 손실이 얼마가 될지는 알 수 없다([그림 13-3]과 [그림 13-4] 참조).

[그림 13-3] 수익률 분포와 VaR($4,200만)

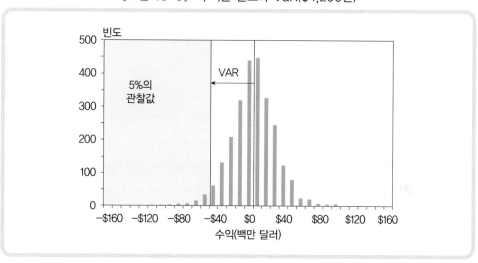

[그림 13-4] 동일한 VaR($4,200만)와 다른 꼬리분포

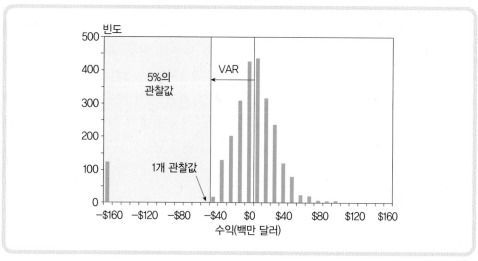

다만 사후검증(back testing)을 통해 VaR보다 큰 일관된 손실발생확률을 검증할 수 있을 뿐이다. 이러한 한계는 결국 VaR가 꼬리분포를 정확히 제시하지 못하는 현상과도 연결되어 있다. [그림 13-3]과 [그림 13-4]에서 보듯이 동일한 VaR를 갖는다 해도 실제 꼬리분포는 현저하게 다를 수 있고 따라서 최악의 손실도 다를 수 있다. 이러한 한계점을 보완하기 위해 최대 가능한 손실을 예측하기 위한 극단의 상황분석, 즉 위기분석(stress testing)기법 등을 보완하여 사용함으로써 부도 등 극단적인 위기를 사전에 예방하기 위한 노력이 병행되어야 할 것이다.

(3) 국가리스크와 법적리스크

앞에서 이미 다룬 바 있는 국가리스크(country risk or sovereign risk)는 VaR를 통해서 통제할 수 없는 위험이다. 국가 위험을 통제하는 유일한 방법은 여러 나라에 분산 투자하고 만일의 사태가 발생하면 변화를 주의 깊게 관찰하는 것뿐이다.

법적리스크(legal risk)는 앞에서 이미 설명한 것처럼 거래상대방이 거래에 참여할 법적 또는 권한을 갖지 못하는 경우 발생한다. 법적리스크는 신용리스크와도 직접적으로 관련되어 있다. VaR는 국가리스크와 법적리스크를 관리하는 데 전혀 효과적이지 않다.

(4) 모형리스크

모형리스크는 가치평가에 사용된 모형에 문제가 있어 발생하는 리스크이다. 여러 형태의 모형리스크가 있는데, 예를 들면, 모형의 함수를 잘못 사용하는 함수리스크(functional risk), 부정확한 계수나 모수추정으로 발생하는 추정리스크(estimation risk) 혹은 모수리스크(parameter risk), 여러 모형을 비교하여 가장 좋은 결과만을 보고할 때 생기는 데이터 마이닝리스크(data mining risk), 실적이 좋지 않아 지금은 더 이상 존재하지 않는 자산의 결과가 반영되지 않고 오직 현재 남아있는 자산만 고려하는 생존리스크(survivorship risk) 등이 있다.

기업이 VaR시스템을 구축하는 방법은 다음과 같이 크게 세 가지로 구분할 수 있다. 즉, 내부개발, 외부구입, 그리고 기본적으로 VaR시스템은 내부에서 개발하되 이의 구성요소들 중 자체 개발이 어려운 부분은 외부에서 구입하는 방법이 있다.

가. 내부개발

내부개발이란 자체의 자원을 활용하여 기업 내부적으로 시스템을 구축하는 방법으로서 다음과 같은 장단점이 있다.

(1) 장점

첫째, 개별 기업의 내부 요구에 정확히 부합하는 모형을 만들 수 있다.
둘째, 개발한 기관 스스로가 내용을 완벽하게 이해하고 통제할 수 있기 때문에 시스템을 보다 효율적으로 활용할 수 있다.
셋째, 모형의 구조를 기관의 필요에 따라 조정할 수 있으므로 향후에 필요한 기능을 추가할 수 있는 여지를 남겨두면서 우선 필요한 부분부터 개발하는 전략적 시스템 구축이 가능하다.
넷째, 모형에 대한 소유권을 보유함으로써 비용 면에서나 향후 추가적인 개발과정에서 원개발자와 협의해야 하는 번거로움이 없다.
다섯째, 활용단계에서 조직내의 이해와 협조를 구하기 쉽다.

(2) 단점

첫째, 금융기관의 전문분야는 모형개발이 아니라 금융이다. 따라서 모형의 개발은 이를 전문으로 하는 외부업자에게 맡기는 것이 효율적일 수 있다.

둘째, 개별 금융기관은 내부적으로 리스크 가치의 계산이나 복잡한 파생상품의 가격결정과 같은 모형을 개발할 만한 전문성을 가진 충분한 인적자원을 보유하지 못한 경우가 대부분이다.

셋째, 대개의 경우 내부개발은 외부에서 시스템을 구입하는 경우보다 더 많은 시간을 사용하게 되고 모형의 개발로 발생하는 기회비용도 적지 않다. 따라서 실제로 투입되는 현금은 외부구입보다 적을지 몰라도 기회비용을 감안한 총비용에서는 오히려 손해일 수도 있다.

나. 외부구입

일반적으로 시스템의 일부 또는 전부에 대한 외부구입이 논의되는 경우는 내부개발에 비하여 외부구입이 비용 측면에서 유리하거나 시스템 구입을 통하여 특별한 노하우의 전수가 가능한 경우이다. VaR시스템의 경우 개별 금융기관의 입장에 따라서 이 두 가지 조건을 모두 갖출 수도 있고, 그렇지 않은 경우도 가능하므로 내부개발과 외부구입의 장단점을 면밀히 검토하여 판단해야 할 것이다.

일반적으로 외부에서 구입할 수 있는 VaR시스템은 다음과 같이 세 가지이다.

첫째, J.P. Morgan, Bankers Trust, CS First Boston 등 리스크관리 서비스를 판매하는 투자은행(IB: Investment Bank)들이 개발한 시스템이다. 이런 시스템들은 시스템 자체로서 판매되기보다는 시스템과 이를 이용한 리스크관리 컨설팅이 하나의 패키지로 판매되므로 구입에 따른 비용이 많이 소요되지만 시스템과 함께 노하우를 전수받으므로 리스크관리 기법을 선진화하는 데 많은 도움이 된다.

둘째, 트레이딩 시스템을 전문으로 하는 소프트웨어 회사들이 개발한 시스템이다. 이러한 시스템들은 일반적으로 데이터처리 기능이 우수하고 거래시스템 자체를 VaR시스템 내에 포함하고 있으므로 거래처리로부터 VaR산출에 이르기까지 전과정을 하나의 일관된 시스템으로 처리할 수 있다는 장점이 있다. 다만 리스크관리 노하우를 전수받는 데는 한계가 있다.

셋째, 독립된 VaR시스템들로서 RiskMetrics와 같은 시장 데이터베이스를 기초로 하며, 개별기관들의 거래시스템으로부터 포지션 데이터를 입력 받아 VaR를 계산하는 시스템이다. 이런 시스템들은 일반적으로 가격이 대체로 저렴하며, 가격결정과 관련한 기능이 다양하게 구비되어 있는 경우가 많지만, 개별기관의 내부시스템과의 호환성이나 리스크관리 노하우 전수 측면에서 한계가 있다.

외부구입의 장단점을 요약하면 다음과 같다.

(1) 장점

첫째, 시간과 비용 면에서 내부개발에 비해 월등히 저렴하다.

둘째, 내부에서 개발한 모형보다 모형개발 전문회사가 개발한 모형이 보다 나은 기능들을 갖추고 있다.

셋째, 외부개발자들은 많은 수요자들을 접촉하기 때문에 이를 구입하는 금융기관은 경쟁자들의 노하우를 전수받을 가능성이 높다.

넷째, 지식과 기술의 발달에 따라 모형의 변경이 필요한 경우 내부에서 추진하는 것보다 외부 전문기관들이 훨씬 빨리 수용하는 경향이 있다.

(2) 단점

첫째, 모형의 변경이나 운영상 필요한 지원 등에 있어 내부개발에 비해 적시에 원하는 지원을 받기가 힘들다.

둘째, 모형자체는 우수하다고 할지라도 이를 특정 금융기관에 설치하여 활용하게 하는 작업과정에서 예기치 못한 문제들이 발생할 수 있다.

셋째, 기법 및 모형의 개선을 기업이 주도하지 못하고 원개발자의 일정에 따라야 하는 상황이 될 가능성이 크다.

다. 중요 모듈의 외부구입에 의한 내부개발

이 방법은 기본적으로 VaR시스템은 내부에서 개발하되 이의 구성요소인 데이터 처리, 통계 처리, 가격결정 및 계산처리 시스템 중 자체개발이 어려운 부분시스템은 외부에서 구입하는 것을 말한다. 이 방법의 장단점을 요약하면 다음과 같다.

(1) 장점

첫째, 일반적으로 비용 면에서 내부개발과 외부구입보다 경제적이다.

둘째, 모든 것을 외부에서 구입하는 것보다 내부개발의 여타 시스템들과의 조화가 비교적 쉽게 이루어진다.

셋째, 필요한 기능을 수행하는 부분모형만을 구입하면 되므로 모형의 유연성을 최대한 유지할 수 있다.

넷째, 외부구입이 갖는 장점의 상당부분, 즉 노하우 습득이나 모형의 개선 등이 내부개발보다 효율적으로 이루어진다.

(2) 단점

첫째, 여러 개의 이질적인 모형을 결합하여 하나의 큰 모형을 이루어야 하기 때문에 하드웨어나 소프트웨어 측면에서 이질적인 시스템의 연결을 위한 번거로움이 있다.

[그림 13-5] VaR 시스템

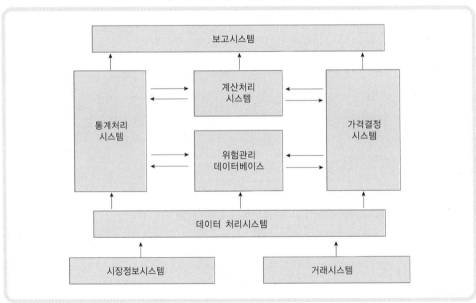

둘째, 경우에 따라서는 예상치 못한 비용이 소요되어 전체 투자규모가 급격히 증
  대될 수 있다.

셋째, 외부구입의 단점들이 상당부분 나타날 수 있다.

참고로 VaR시스템의 구조를 설명하면 [그림 13-5]와 같다.[9]

요약

- 최근에 개발된 VaR는 보다 체계적이고 의미있는 리스크 측정치를 제공함으로써 많은 기업들
  이 사용하고 있다. VaR의 기본 개념과 측정방법, 그리고 그 한계에 대해 정확히 이해할 필
  요가 있다.

- VaR를 계산하는 대표적인 두 가지 방법인 부분가치평가법(local valuation)과 완전가치평가
  법(full valuation)에 대해 숙지하고 어떤 상황에서 각각에 유리한지, 그리고 각각의 장단점
  은 무엇인지 이해하고 활용할 필요가 있다.

---

9) 자료: 오세경, 김진호, 이건호, *위험관리론*, 경문사, 2000, p.284.

VaR측정 및 활용사례: 기술보증기금(KIBO)[10]

1. 기술보증기금의 리스크관리 시스템

1) 사례기업 소개

기술보증기금은 1989년 '기술신용보증기금'이라는 명칭으로 설립되었고 2016년 '기술보증기금'으로 기관명칭이 변경되어 오늘에 이르고 있다.

중소·벤처기업을 위한 기술금융과 혁신지원 활성화로 국민경제발전에 기여하는 것을 목표로 하며, 핵심사업은 기술보증이며 핵심역할은 자금공급이다. 즉, 자본확보가 어려운 중소기업이나 벤처기업들이 갖고 있는 무형의 기술을 과학적, 체계적으로 정확히 평가하고 이 평가결과를 토대로 기술보증서를 발행하여 금융기관으로부터 자금을 지원받거나 직접 자금을 지원하는 역할을 함으로써 중소·벤처기업의 성장을 돕고 국가경제발전에 기여하도록 하는 것이 기술보증기금의 역할이다.

기술보증기금은 중소벤처기업부 산하 정부출연기관이다.

2) 요약 재무상태

(단위: 백만원)

구분		2018	2019	2020
자산	유동자산	2,042,196	2,065,693	2,289,011
	투자자산	430,667	426,788	831,721
	일반유형자산	145,187	145,189	153,382
	사회기반시설	0	0	0
	무형자산	3,434	3,063	5,775
	기타 비유동자산	320,697	312,736	291,176
	자산총계	2,942,181	2,953,469	3,571,065
부채	유동부채	172,534	167,297	189,942
	장기차입부채	0	0	0
	장기충당부채	1,093,212	1,110,314	1,229,928
	기타 비유동부채	360	802	808
	부채총계	1,266,106	1,278,413	1,420,678
순자산	기본순자산	10,360,891	10,360,891	10,360,891
	적립금 및 잉여금	8,706,101	−8,710,866	−8,240,997
	순자산조정	21,285	25,031	30,493
	순자산총계	1,676,075	1,675,056	2,150,387
	부채비율	75.54%	76.32%	66.07%

---

10) 본 사례는 기술보증기금(KIBO)의 승인하에 인용하였음.

3) 기술보증기금 리스크관리 시스템 주요 특징

① 리스크관리 조직

기술보증기금은 상임이사 산하 일반 조직으로 리스크준법실을 운영하고 있으며, 리스크관리위원회를 설치하고 연 4회 위원회를 통해 리스크현황을 분석, 논의하여 리스크를 체계적으로 관리하고 있다. 위원회는 전무이사를 위원장으로 이사 3인, 리스크준법실장 등 내부인사 5인, 외부 리스크전문가 5인(학계 3인, 금융계 2인) 등으로 구성되어 있다.

리스크관리부서 중심으로 리스크를 평가하고 대책을 강구하며 전체 부서에 전파하는 리스크전담조직 중심의 리스크관리 시스템을 구축하고 있다.

② VaR지표의 구축 및 활용

기술보증기금의 가장 핵심적인 리스크 측정치는 VaR라 할 수 있다. 회사 전체의 리스크라 할 수 있는 통합VaR, 신용리스크(credit risk)인 보증VaR, 시장리스크(market risk)인 시장위험 및 신용위험VaR 등을 세부적으로 측정하여 관리하고 있으며, 운영리스크(operation risk)도 측정하고 있다. 연 4회, 즉 분기별로 목표VaR를 설정하고 분기말에 실제VaR를 측정하여 핵심리스크들을 모니터하여 관리하고 있다.

VaR는 95%신뢰수준에서 측정하고 있으며, 주요 경제변수 충격(shock)에 대비해 위기분석(stress testing)도 체계적으로 실시하는 등 전체적으로 VaR를 중심으로 과학적이고 체계적인 리스크관리체제를 구축하고 있다.

③ RCR지표의 개발과 활용

기술보증기금 리스크관리 시스템에서 주목할 부분은 RCR지표의 개발 및 활용이다. RCR(Risk Compensation Ratio: 리스크보상비율)이란 운용자산을 VaR로 나누어 준 것으로 리스크조정성과평가(RAPM: Risk Adjusted Performance Measurement)와 유사한 개념이라 볼 수 있다. RCR이 높으면 리스크량(VaR) 대비 보유자산이 크므로 리스크대비 역량이 크다는 것을 의미한다. 단순히 VaR만 이용하여 리스크를 관리하기보다는 리스크를 대비할 수 있는 자산과 연계하여 상대적 리스크를 측정함으로써 실질적으로 리스크관리 능력을 관리한다는 점에서 효과적인 방법이라 평가된다.

④ 그 외 특징

신규로 보증하는 기업에 대한 리스크관리, 정상해지리스크, 코로나에 대비한 특례보증리스크(재난대비 특별리스크), 자체 개발한 기업 및 리스크등급에 따른 CCC등급이하 리스크 취약기업에 대한 리스크, 회사규모별 리스크 등을 별도로 측정하고 관리하는 것도 매우 바람직하고 효과적인 리스크관리로 기술보증기금 리스크관리의 주요 특징으로 볼 수 있다.

2. 리스크 주요지표 측정 및 활용 사례; 2021년 3분기

1) 통합리스크 현황

− 통합RCR(187.2%) 및 보증RCR(190.5%)은 정부출연금에 따른 운용자산 증가 및 안정적인 리스크 관리로 계획을 상회하고는 있으나, 금리인상 등에 따른 경기 불확실성에 대비하여 지속적인 RCR 동향 관리가 필요하다.

> 통합RCR* : 〔목표〕135.0% 이상, 〔연초〕158.7% ➪ 〔실적〕187.2%
> 보증RCR**: 〔목표〕135.0% 이상, 〔연초〕160.5% ➪ 〔실적〕190.5%

　* 통합RCR = 운용자산/통합VaR
　** 보증RCR = (운용자산 − 기타리스크)/보증VaR

− 운용자산의 증가(6,901억원*↑)로 유동성배수**는 연초 9.0배에서 9월말 7.6배로 감소하였고, 운용배수도 11.9배에서 9.6배로 감소한바, 유동성배수 및 운용배수가 적절히 관리되고 있다.

> 유동성배수: 〔연초〕9.0배 ➪ 〔6월말〕7.8배 ➪ 〔9월말〕7.6배
> 운용배수 : 〔연초〕11.9배 ➪ 〔6월말〕10.1배 ➪ 〔9월말〕9.6배

　* 정부출연금 3,500억원 등
　** 유동성배수=총보증자산/운용자산, 운용배수=총보증자산/기본재산

− 총보증 리스크율(4.57%)은 목표(5.05%) 이내이고, 목표리스크율과의 차이가 0.48%p로 다소 안정적으로 관리되고 있으나, 코로나19 사태가 진행중인 점을 감안하여 지속적인 리스크관리가 필요하다.

> 총보증리스크율: 〔연초〕4.57% ➪ 〔6월말〕4.57% ➪ 〔9월말〕4.57%

− 신규보증리스크율(2.12%)로 전년 동기 대비 0.09%p 높은 편이나, 이는 하반기 리스크율이 높은 고액의 예비유니콘 특별보증 취급에 따른 것으로, 해당보증 제외 시 전년 동기 대비 0.02%p 낮은 수준이다.

> '21년 신규보증리스크율: 〔1월말〕3.27% ➪ 〔6월말〕2.03% ➪ 〔9월말〕2.12%
> '20년 신규보증리스크율: 〔1월말〕2.60% ➪ 〔6월말〕2.07% ➪ 〔9월말〕2.03%
> 　☞ 예비유니콘 특별보증 제외 신규보증리스크율: ('20.9월말) 1.95%
> 　　→ ('21.9월말) 1.93%

2) 보증자산리스크 세부 현황

− 주요부문의 기술보증 잔액 리스크율은 전 부문에서 연초 대비 개선되어 기준리스크율 이내로 관리되고 있으며, 이는 낮은 리스크율의 신규보증 유입에 따른 영향이다.

- 코로나19 특례보증(잔액) 리스크율은 3.11%로 연초 대비 0.65%p 증가 하였고, 코로나
19 특례보증 신규보증리스크율은 2.00%가 2.61%로 전이되는 등 코로나19 제외 신규보
증리스크율 보다 높은 전이율을 보이고 있다.

> 코로나19 특례보증   : 〔신규보증리스크율〕2.00% ⇨ 〔'21.9월말 잔액리스크율〕2.61%
> 코로나19 제외 신규보증 : 〔신규보증리스크율〕2.16% ⇨ 〔'21.9월말 잔액리스크율〕2.50%

3) 리스크 취약기업 리스크현황

구분	기술보증(잔액)리스크율			신규보증리스크율		
	9월말 (A)	전체 (B)	차이 (A-B)	9월말 (C)	전체 (D)	차이 (C-D)
창업초기기업	5.65		1.11	3.24		1.12
매출액 없는 기업	6.86	4.54	2.32	3.42	2.12	1.30
리스크등급 CCC등급 이하 기업	14.40		9.86	12.81		10.69

- 창업초기기업, 매출액 없는 기업 및 리스크등급 CCC등급 이하 기업에 대한 기술보증
(잔액) 및 신규보증리스크율이 전체 리스크율 보다 크게 높은 점을 감안 리스크관리에
각별한 주의가 필요하다.

4) 보증자산리스크 관리 현황

- 영업점별 목표리스크율을 초과한 영업점 수가 전년 동기 대비 4개 증가, 사전관리대상
으로 지정된 영업점 수는 1개 증가한 것은 리스크율이 높은 창업초기기업 및 고액의
시설자금 보증취급이 원인이다.

> 목표리스크율 초과 영업점수 : 〔'20년 9월〕1개 ⇨ 〔'21년 9월〕5개
> 사전관리대상 영업점수   : 〔'20년 9월〕5개 ⇨ 〔'21년 9월〕6개

- 상품별 리스크관리 현황으로 원클릭보증 및 예비유니콘 특별보증의 신규보증리스크율
은 3.42% 및 6.17%로 전체 신규보증리스크율 2.12% 보다 높고, 두 상품이 전체 신규
보증의 10.7% 비중을 차지, 리스크율 상승의 주요 요인으로 작용하고 있다.
- 조기경보모형에 의한 조기경보등급의 업체 구성비는 '20년말 대비 '21.9월말 차이가 미
미하나 금액 구성비는 '20년 코로나19 사태에 따른 고액화와 '20년 실적악화 기업의
재무제표 반영으로 Orange 및 Red등급 비중이 증가하였다.
- '21.9월말 기준 위기상황분석(Stress Test) 결과 통합RCR은 글로벌금융위기 상황 가정
시 144.20%, 거시경제 2σ 상황 140.21% 및 3σ 상황 119.43%로 통합위기대응계획
(Contingency Plan) 상의 정상 기준치 115% 이상 초과한 상황이다.

5) 운영리스크 관리 현황

－기금은 핵심리스크지표(KRI: Key Risk Indicator) 총 31개와 리스크통제자가진단 (RCSA: Risk & Control Self Assessment) 지표를 6개 평가부문, 23개 평가항목, 74개 세부항목으로 구성하여 운영하고 있다.

6) 운용자산리스크 관리 현황

－Market VaR는 281억원으로 소진율 76.3%(허용한도 368억원)이며, Credit VaR는 21.9 억원으로 소진율 52.1%(허용한도 42억원)으로 모두 허용한도 내에서 안정적으로 관리 되고 있다.

| Market VaR : [1월말] 50.5% ⇨ [6월말] 68.2% ⇨ [9월말] 76.3% |
| Credit VaR : [1월말] 53.6% ⇨ [6월말] 50.1% ⇨ [9월말] 52.1% |

[객관식]

01. VaR의 한계점으로 적합하지 않은 것은?

　　① 사건리스크를 고려하지 못한다.　　② 국가리스크를 고려하지 못한다.

　　③ 법적리스크를 고려하지 못한다.　　④ 변동성리스크를 고려하지 못한다.

02. VaR계산 시 고려해야 하는 '보유기간'에 대한 다음 설명 중 틀린 것은?

　　① 보유기간은 자주 계산되는 데 따르는 비용과 잠재적 리스크를 초기에 파악하는
　　　 데서 오는 상충관계를 고려하여 결정하여야 한다.
　　② 보유기간은 포트폴리오의 성격에 의해 결정된다.
　　③ 보유기간은 상업은행의 경우 비교적 길고, 연금기금의 경우 비교적 짧다.
　　④ 보유기간은 증권의 유동성과 관련되어 있다.

03. 다음중 VaR의 측정요소에 포함되지 않는 것은?

　　① position　　　　　　　　　　② volatility
　　③ return　　　　　　　　　　　④ holding horizon

04. 다음 중 비선형 금융상품의 VaR를 측정하는 데 사용되며 금융상품의 수익률 변동분포
　　가 정규분포를 나타내지 않을 때 적절한 방법으로서 2차 미분효과를 감안하는 VaR측정
　　방법은?

　　① Delta－Normal　　　　　　　② Stress－testing
　　③ Delta－Gamma　　　　　　　④ Delta－Beta

05. 다음 중 "full−valuation VaR" 방법과 관련이 없는 것은?

① delta−normal ② historical simulation

③ Monte−Carlo simulation ④ stress−testing

06. VaR계산시 고려해야 하는 신뢰수준에 대한 다음의 설명 중 잘못된 것은?

① 신뢰수준의 결정시 일정한 규정을 따라야 한다.

② 바젤위원회의 경우 99%의 신뢰수준을 요구하고 있다.

③ 신뢰수준은 금융시스템의 안정성과 최소요구자본이 수익률에 미치는 역효과간 의 상충관계를 고려하여 결정된다.

④ 최소요구자본이 증가하면 은행의 건전성은 향상되지만 수익성은 악화된다.

07. RiskMetrics에서 변동성을 구할 때 사용하는 방법은 다음 중 어느 것인가?

① 단순이동평균법 ② 지수가중이동평균법

③ GARCH모형 ④ ARCH모형

08. 다음 중 시장VaR를 측정하는 데 필요한 요소가 아닌 것은?

① 가격의 평균 ② 가격의 변동성

③ 보유기간 ④ 신뢰수준

09. 다음 중 CreditRisk+를 개발한 기관은?

① Bankers Trust ② Goldman Sachs

③ J.P. Morgan ④ Credit Suisse First Boston

10. 300일 동안의 일별자료를 이용하여 비모수적 방법으로 95% 신뢰수준하에서의 VaR를 추정하려고 한다. 평균값에서 몇 번째 관찰치를 빼주어야 하는가?

① 가장 낮은 수익률로부터 5번째에 해당하는 값

② 가장 낮은 수익률로부터 15번째에 해당하는 값

③ 가장 높은 수익률로부터 95번째에 해당하는 값

④ 가장 높은 수익률로부터 190번째에 해당하는 값

11. 서강은행의 최근 리스크보고서에 따르면 이 은행의 월간VaR가 신뢰수준 95%에서 100억원이라 한다. 이를 가장 정확히 해석한 것은?

① 만일 이 은행의 월간 손익자료 100개를 수집하면 100억원 이상의 손실이 발생하는 달은 항상 다섯 개일 것이다.
② 이 은행이 한 달 동안 100억보다 작은 수익을 낼 확률은 5%이다.
③ 이 은행이 한 달 동안 100억보다 작은 손실을 볼 확률은 5%이다.
④ 이 은행이 한 달 동안 100억보다 작은 손실을 볼 확률은 95%이다.

12. VaR보다 불리한 시나리오란 수익률분포의 극단적 꼬리에 포함된 손실이 발생하는 시나리오로 정의된다. 다음 VaR와 관련된 설명 중 옳은 것은?

① VaR는 VaR보다 불리한 시나리오 중에서 가장 비관적인 시나리오 수익(최대 손실)이다.
② VaR는 VaR보다 불리한 시나리오 중에서 가장 낙관적인 시나리오 수익(최소 손실)이다.
③ VaR는 VaR보다 불리한 시나리오 수익률의 표준편차이다.
④ VaR는 VaR보다 불리한 시나리오 수익률의 평균이다.

[주관식]

01. VaR의 계산에서 많이 이용되는 정규분포의 성질을 이용하면, $\int_{-\infty}^{0} e^{-\frac{x^2}{2}} dx$ 의 값은 얼마인가?

02. 95% 신뢰구간에서 측정한 포트폴리오의 1일 VaR가 $10,000라면, BIS가 1996년 1월 Basel Agreement−I 개정안에서 제시한 내부모형에 의한 VaR는 얼마이어야 하는가?

03. Basel Committee가 요구하는 신뢰수준을 사용하여 구한 VaR가 10억원이라 한다. 만일 Riskmetrics에서 사용하는 신뢰수준을 적용한다면 VaR는 얼마이어야 하는가? (단, 다른 모든 조건은 동일하며 신뢰수준만 다르다고 한다)

04. 어떤 펀드매니저가 주식포트폴리오 100억원을 관리하고 있다. 이 주식포트폴리오의 과거 1년간 변동성은 20%, 신뢰수준은 99%, 보유기간은 1개월이라 한다면 이 포트폴리오의 VaR는 약 얼마인가?

05. 1일의 보유기간으로 계산한 VaR를 10일 보유기간의 VaR로 환산하려면 1일 VaR에 얼마를 곱해주어야 하는가?

06. 어떤 딜러가 $100만 상당의 주식포트폴리오를 운용하고 있다. 이 포트폴리오의 변동성은 연간 15%, 보유기간은 10일이며, 신뢰수준은 99%이다. 1년간 총 영업일을 252일이라 할 때, 이 딜러의 VaR를 계산하면 얼마인가?

07. 한 기업이 미국 국채 $140백만을 보유하고 있다. 이 채권의 듀레이션은 3이며, 1일 금리변동성이 0.565%이라면, 신뢰수준 95%에서 10일간의 채권 VaR를 구하면 얼마인가?

08. 어떤 딜러가 $10,000 상당의 포트폴리오를 운용하고 있다. 이 포트폴리오의 변동성은 연간 20%, 보유기간은 30일이며, 신뢰수준은 99%이다. 1년간 총 영업일을 300일이라 하면 이 딜러의 30일 VaR는 약 얼마인가?

09. 서강 기업이 미국국채 $100,000를 보유하고 있다. 이 채권의 듀레이션은 5이며, 연간금리변동성은 3%, 연간채권거래일이 300일 이라면 신뢰수준 95%에서 이 국채의 30일간 VaR는 약 얼마인가?

10. 다음 표를 보고 리스크가 가장 작은 것부터 큰 것 순으로 순위를 정하라.

포트폴리오	VaR	보유기간(일)	신뢰수준(%)
A	10	5	99
B	10	5	95
C	10	10	99
D	10	10	95
E	10	15	99
F	10	15	95

연습문제 정답 및 해설

[객관식]

01. ④

> **해설** VaR는 사건리스크를 반영하기 어려우며, 이를 보완하기 위해 위기분석(stress test-ing) 등을 사용해야 한다. 또한 VaR는 국가리스크나 법적리스크, 모형리스크 등에 노출되어 있다. 변동성리스크는 VaR계산시 표준편차를 통해 반영된다.

02. ③

> **해설** VaR의 계산은 포트폴리오의 유지기간과 관계된다. 상업은행과 같이 포트폴리오의 구성이 빨리 변화하는 경우에는 보유기간을 짧게 해야 하며, 반대로 연금기금과 같이 포트폴리오의 유지기간이 긴 경우에는 보유기간도 길게 하는 것이 적절하다.

03. ③　　　　　　**04.** ③　　　　　　**05.** ①

06. ①

> **해설** 신뢰수준의 결정 시 어떤 절대적인 기준이나 규정이 있는 것은 아니다. VaR를 이용하는 목적이나 리스크관리 대상의 특성에 따라 결정하면 된다.

07. ②　　　　　　**08.** ①　　　　　　**09.** ④

10. ②

> **해설** 유의수준(α)=1-신뢰수준=1-0.95=0.05=5%이므로, 비모수적 방법으로 VaR를 구하기 위해서는 관찰치를 작은 것부터 큰 것 순으로 정렬했을 때 하위 5%(즉, 5퍼센타일)에 해당하는 값을 평균값에서 빼주면 된다. 따라서,
> 300개×5%=15번째 관측치.
> 즉, 비모수VaR=평균값-15 관측치
>
> **핵심체크** 비모수VaR는 리스크관리 대상 자료에 대해 확률분포를 가정하지 않고 VaR를 구하는 방법이다. 퍼센타일의 개념과 VaR공식을 정확히 이해할 필요가 있다. 특히 유의수준에 해당하는 정확한 관측치가 없을 때 보간법 등을 이용하여 관측치를 구하는 방법을 숙지해야 한다.

11. ④

> **해설** VaR는 주어진 신뢰수준하에 정상상황하에서 발생할 수 있는 최대 손실이므로 VaR
> 보다 손실이 작을 확률이 바로 신뢰수준(confidence level)이다. 혹은 VaR보다 손실
> 이 더 클 확률은 유의수준(significance level)이라 할 수 있다.

12. ②

> **해설** VaR는 VaR보다 불리한 시나리오 수익률 중에서 가장 낙관적인 시나리오 수익(즉,
> 최소 손실)이다. 참고로, VaR보다 불리한 시나리오 수익들의 평균은 기대 쇼트폴
> (expected shortfall) 혹은 기대꼬리손실(ETL: expected tail loss)이라고 한다.

[주관식]

01. $\sqrt{\dfrac{\pi}{2}}$

> **해설** 표준정규분포의 성질에 따르면, 표준정규분포는 평균(0)을 중심으로 좌우대칭이므
> 로, 평균보다 작을 확률도 0.5이고 평균보다 클 확률도 0.5이다. 따라서, 다음이 성
> 립한다.
>
> $$\int_{-\infty}^{0} f(x)dx = \int_{-\infty}^{0} \frac{1}{\sqrt{2\pi}} e^{-\frac{x^2}{2}} dx = 0.5$$
>
> $$\int_{-\infty}^{0} e^{-\frac{x^2}{2}} dx = \sqrt{2\pi}\,(0.5) = \frac{\sqrt{2\pi}}{2} = \sqrt{\frac{\pi}{2}}$$
>
> **핵심체크** 확률이 되기 위한 조건 2가지: 모든 확률 $f(x)$는 다음의 두 가지 조건을 만
> 족해야 한다. 1) $f(x) > 0$ (모든 x에 대해); 2) 모든 확률의 합은 1이 되어야 한다.
> 즉, 이산확률변수의 경우 $\sum_{x=-\infty}^{+\infty} f(x) = 1$, 연속확률변수의 경우: $\int_{-\infty}^{+\infty} f(x)dx = 1$이
> 성립되어야 한다.

02. $44,655

> **해설** 1996년 1월 바젤수정안 내부 모형에서의 VaR계산기준은 99% 신뢰구간, 10일간 보유
> 기간이다. 따라서 주어진 VaR를 이용하여 내부 모형 VaR를 계산하면 다음과 같다.
>
> $$\frac{VaR(99\%,\ 10일)}{VaR(35\%,\ 1일)} = \frac{W \times 2.33 \times 변동성 \times \sqrt{10}}{W \times 1.65 \times 변동성 \times \sqrt{1}} = \frac{2.33 \times \sqrt{10}}{1.65} = 4.4655$$
>
> 그러므로, VaR(99%, 10일) = 4.4655 × VaR(95%, 1일)
>
> $\qquad\qquad\qquad\qquad = 4.4655 \times 10,000 = \$44,655.$

핵심체크 금융감독기구나 금융기관별로 서로 다른 조건의 VaR를 사용한다. 특히 Basel기준은 세계금융기관에 공통적으로 적용되는 가이드 라인이므로 잘 숙지해야 한다.

03. 7.09억원

해설 우선, Basel에서는 99%를 사용하므로 신뢰수준값은 2.33이며, Riskmetrics는 95%를 사용하므로 신뢰수준값은 1.65이다. 다른 모든 조건은 동일하므로,

$$\frac{VaR(\text{Basel})}{VaR(\text{Riskmetrics})} = \frac{W \times 2.33 \times \text{변동성} \times \sqrt{T}}{W \times 1.65 \times \text{변동성} \times \sqrt{T}} = \frac{2.33}{1.65} = 1.412$$

따라서, VaR(Riskmetrics) = VaR(Basel)/1.412 = 10억/1.412 = 7.09억원.

04. 13.45억원

해설 $\text{VaR} = W \times CL \times \sigma \sqrt{T}$

$$= 100억 \times 2.33 \times 0.20 \times \sqrt{(1/12)} = 13.45억원.$$

05. 3.16

해설 $\dfrac{VaR(10일)}{VaR(1일)} = \dfrac{W \times CL \times 1일변동성 \times \sqrt{10}}{W \times CL \times 1일변동성 \times \sqrt{1}} = \dfrac{\sqrt{10}}{1} = 3.16$

06. $69,622

해설 $\text{VaR} = W \times CL \times \sigma \times \sqrt{T}$

$$= \$1,000,000(2.33)(0.15)\sqrt{\frac{10}{252}} = \$69,622$$

07. $12,381,740

해설 $\text{VaR} = W \times CL \times D \times \sigma \sqrt{T}$

$$= \$140,000,000(1.65)(3)(0.00565)\sqrt{10}$$

$$= \$12,381,740$$

핵심체크 이 문제의 경우 변동성이 1년변동성이 아닌 1일변동성으로 주어졌기 때문에 보유기간(T)에 연간단위(즉, 10/252)가 아닌 일간단위 10일을 그대로 사용해야 한다.

08. $1,474

해설 $\text{VaR} = W \times CL \times \sigma \times \sqrt{T}$

$$= \$10,000(2.33)(0.20)\sqrt{\frac{30}{300}} = \$1,474$$

450 제5부 VaR(Value at Risk)

09. $7,827

　해설　$VaR = W \times CL \times D \times \sigma_r \times \sqrt{T}$

$$= \$100,000(1.65)(5)(0.03)\sqrt{\frac{30}{300}} = \$7,827$$

10. E < C < F < D < A < B

　해설　$VaR = W \times CL \times \sigma \times \sqrt{T}$

$$\sigma = \frac{VaR}{W \times CL \times \sqrt{T}}$$

이 공식을 이용하여 각각의 포트폴리오의 1일변동성(σ)을 구하면 다음과 같다.

A: $\sigma(A) = \dfrac{VaR}{W \times CL \times \sqrt{T}} = \dfrac{10}{W \times 2.33 \times \sqrt{5}} = \dfrac{1.9194}{W}$

B: $\sigma(B) = \dfrac{VaR}{W \times CL \times \sqrt{T}} = \dfrac{10}{W \times 1.65 \times \sqrt{5}} = \dfrac{2.7104}{W}$

C: $\sigma(C) = \dfrac{VaR}{W \times CL \times \sqrt{T}} = \dfrac{10}{W \times 2.33 \times \sqrt{10}} = \dfrac{1.3572}{W}$

D: $\sigma(D) = \dfrac{VaR}{W \times CL \times \sqrt{T}} = \dfrac{10}{W \times 1.65 \times \sqrt{10}} = \dfrac{1.9165}{W}$

E: $\sigma(E) = \dfrac{VaR}{W \times CL \times \sqrt{T}} = \dfrac{10}{W \times 2.33 \times \sqrt{15}} = \dfrac{1.1081}{W}$

F: $\sigma(F) = \dfrac{VaR}{W \times CL \times \sqrt{T}} = \dfrac{10}{W \times 1.65 \times \sqrt{15}} = \dfrac{1.5648}{W}$

W은 모두 공통으로 동일하므로 위의 결과로부터,

$\sigma(E) < \sigma(C) < \sigma(F) < \sigma(D) < \sigma(A) < \sigma(B)$

그런데 표준편차가 작을수록 리스크는 작으므로 리스크순위는 다음과 같다.

E < C < F < D < A < B

제14장   델타-노말 VaR

1   델타-노말 VaR의 개념

가. VaR 측정에서 중요한 두 가지 사항

VaR는 기본적으로 포트폴리오가치의 변동성으로 리스크를 측정한다. 그런데 포트폴리오 가치의 변동은 이를 구성하는 개별자산 포지션의 시장가격 변동성으로 측정되기 때문에 사실상 리스크는 개별자산의 변동성으로부터 생기는 것이다. 따라서 포트폴리오를 구성하는 개별자산 시장가격의 통계적 특성은 포트폴리오 VaR 혹은 개별자산 VaR를 측정하는 데 대단히 중요한 사항이다. 특히 VaR를 분석할 때는 다음과 같은 두 가지가 대단히 중요하다.

첫째, 금융상품들 시장가격 변동의 주요인인 주식, 채권, 금리, 환율 등 기초적 시장가격이 '정규분포(normal distribution)'를 따르는가의 여부이다. 정규분포는 통계적으로 두 개의 모수(즉, 평균과 분산)만 있으면 정의가 가능하다는 장점이 있다. 따라서 기초적 시장가격의 움직임이 정규분포를 따르지 않는다면 평균과 분산만으로는 분포의 통계적 특성파악이 어려우며 위험을 측정하기도 어렵다. 이때는 시뮬레이션 방법 등 비모수 리스크측정법이 사용될 수 있겠으나 시간과 비용 면에서 단점이 있다.

둘째, 포트폴리오의 포지션의 가치가 기초적 시장가격변화에 대해 선형결합(linear combination)으로 이루어졌는가 여부이다. 선형결합이란 포트폴리오의 가치를 특정 기초자산가치로 1차 미분하였을 때 상수가 나오는 경우를 말한다. 즉, 1차 미분은 기울기(혹은 민감도: 주식의 경우 베타)를 의미하는데 기울기가 상수라는 말은 직선의 방정

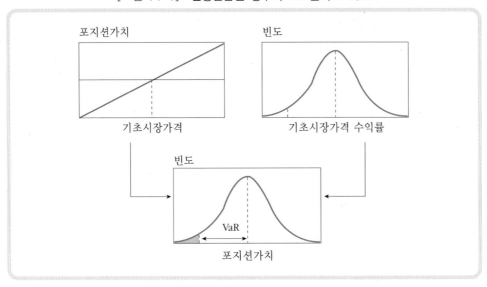

[그림 14-1] 선형결합인 경우의 포트폴리오 VaR

식과 같이 곡선이 아닌 선형이라는 것이다. 예를 들어, 두 개의 기초자산으로 구성되어 있는 포트폴리오에 대해, 두 개의 기초자산가격이 각각 $S1$과 $S2$이고 포트폴리오의 가치가 P라 할 때, 만일 $P = aS1 + bS2$ (a와 b는 상수임)과 같이 표현된다면, 이는 선형결합이라 할 수 있다. 기초자산이 두 개이니 1차 편미분을 해보면 다음과 같이 둘 다 상수가 됨을 알 수 있다. 즉, $\frac{\partial P}{\partial S1} = a$, $\frac{\partial P}{\partial S2} = b$ 이다.

[그림 14-1]은 선형결합인 경우의 포트폴리오 포지션가치의 분포를, [그림 14-2]는 비선형결합인 경우의 포트폴리오 포지션가치의 분포를 각각 보여주고 있다.

먼저 [그림 14-1]을 살펴보도록 하자. 포지션가치와 기초시장가격은 직선(선형)관계를 가지고 있으며(위 왼쪽 그림), 기초시장가격은 정규분포를 가지고 있다(위 오른쪽 그림). 정규분포의 선형결합은 또 정규분포가 된다는 정규분포의 선형성 이론[1] 때문에 포트폴리오 포지션의 가치도 정규분포(그림 아래)를 따르며 쉽게 VaR를 구할 수 있다. 반면, [그림 14-2]와 같이 포지션가치와 기초시장가격은 비선형관계를 가지고 있으며(위 왼쪽 그림), 기초시장가격은 정규분포를 가지고 있다(위 오른쪽 그림). 이 경

---

1) 정규분포의 선형성 이론: n개의 확률변수 X_1, $X_1, \cdots, X_n$의 평균이 각각 μ_1, μ_2, $\mu_3, \cdots$, μ_n이고 분산은 각각 σ_1, σ_2, $\sigma_3, \cdots$, σ_n이라 할 때, 이 n개의 확률변수들의 선형결합을 $Y = a1X1 + a2X2 + a3X3 + \cdots + anXn$이라 하면, Y는 평균이 $\sum_j \mu_j$이고 분산이 $\sum_i \sum_j a_i a_j \sigma_{ij}$인 정규분포를 따른다.

[그림 14-2] 비선형결합인 경우의 포트폴리오 VaR

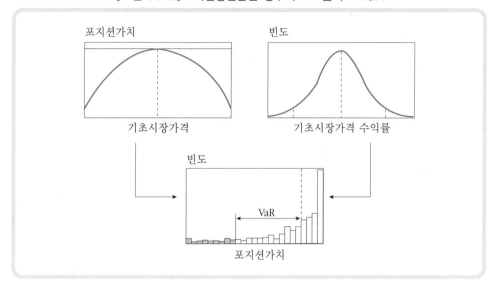

우 비선형관계이기 때문에 정규분포의 선형성을 활용할 수 없고, 때문에 포트폴리오 포지션의 가치도 정규분포를 따르지 않아(아래 그림)를 분산만으로 VaR를 구할 수 없고 퍼센타일(percentile)[2]을 별도로 구해야 한다.

나. 델타-노말 VaR의 정의

델타-노말 VaR란 델타-노말평가법으로 구한 VaR를 말하는 것으로, 위에서 설명한 대로 기초시장가격과 포트폴리오의 포지션가치가 선형관계(델타)[3]이고, 기초시장가격이 정규분포를 따르기 때문에 붙여진 이름이다. 이러한 가정이 성립할 경우, 포트폴리오 포지션 가치의 변화는 다음 (식 14-1)과 같이 델타와 기초시장가격의 변동성의 곱으로 표시된다.

---

2) 퍼센타일(percentile): $c\%$ 퍼센타일이란 확률변수 X의 확률분포에서 p보다 작은 부분이 $c\%$가 되는 값을 의미하며, 다음 식을 만족하는 p를 말한다, 즉, $\Pr(X \le p) = F(p) = c\%$. 여기서 $F(x)$는 누적확률분포(cdf: cumulative distribution function)이다. 퀀타일(quantile)이라고도 한다.

3) 여기서 선형관계를 '델타'라고 표시하는 이유는 1차미분으로 표시한 민감도를 보통 델타라고 하기 때문이다. 즉, 델타 $= \partial V/\partial S$ (V는 포지션가치, S는 기초시장가격을 의미함).

$$\Delta V = \delta \times \Delta S \qquad\qquad\qquad (식\ 14-1)$$

$$\Rightarrow \sigma_P = \delta \sigma_S$$

단, ΔV= 포트폴리오 포지션의 가치변동

δ = 기초 시장가격의 민감도(델타 = $\partial V / \partial S$)

ΔS = 기초시장가격의 변동

따라서 델타평가법에서 위험추정을 위한 기초적 통계량은 기초 시장가격의 변화 (ΔS)이다. 기초 시장가격의 변동성을 추정한 뒤 델타를 곱하면 포지션 가치변화를 추정할 수 있는데 이 값이 곧 리스크다.

결론적으로 (식 14-1)로부터 델타-노말법으로 포트폴리오 전체 포지션의 VaR를 구하는 방법은 다음 (식 14-2)와 같게 된다.

$$
\begin{aligned}
VaR_P &= W \times CL \times \sigma_P \times \sqrt{T} \\
&= W \times CL \times \sigma_P \times \sqrt{T} \\
&= W \times CL \times (\delta \sigma_S) \times \sqrt{T} \\
&= \delta \times (W \times CL \times \sigma_S \times \sqrt{T}) \\
&= \delta \times VaR_S \qquad\qquad\qquad (식\ 14-2)
\end{aligned}
$$

다. 델타-노말평가법의 장단점

(1) 장점

델타-노말평가법의 가장 큰 장점은 기초시장가격의 변동성 데이터와 리스크 민감도(델타)만 알면 쉽게 포지션의 변동성과 VaR를 계산할 수 있다는 것이다. 민감도나 기초가격의 변동성은 시장에서 쉽게 구할 수 있는 자료들이기 때문에 실무에 적용하기에 아주 쉽고 간편하다.

(2) 단점

몇 가지 단점을 요약하면 다음과 같다.

첫째, 기초적 시장가격의 변동을 추정하기 위해 과거자료를 이용할 경우, 갑작스런 시장가격의 폭락이나 환율변동 등을 고려하지 못하므로 극단적인 상황이 발생할 경우 VaR계산에 오류가 발생할 수 있다는 것이다. 이는 이러한 극단적인 경우는 드물어서 과거자료를 이용한 확률분포에 나타나지 않기 때문이다.

둘째, 금융자산의 수익률분포에서 흔히 나타나는 '두터운 꼬리(fat tail)'의 문제는 정규분포 가정의 문제점을 잘 보여준다. VaR는 분포의 왼쪽(즉, 손실부분) 꼬리에서 측정되는데, 두터운 꼬리를 가진 분포를 정규분포로 가정할 경우 VaR를 과소평가할 가능성이 크다.

셋째, 델타-노말법의 가장 큰 문제는 포지션 가치와 기초적 시장가격의 관계가 비선형일 때 위험을 정확히 측정하지 못한다는 점이다. 포지션의 가치와 기초시장가격 사이에 엄밀한 선형관계가 입증되지 않는 한 2차미분, 3차미분과 같은 고차 민감도를 고려해야 한다. 이는 옵션의 VaR를 계산하는 다음 사례에서 좀 더 설명한다. 참고로 비선형관계의 경우 1차와 2차 민감도를 이용하여 VaR를 계산하는 것을 '델타-감마방법(delta-gamma method)'이라 한다.

2 | 델타-노말 VaR의 측정 방법

델타-노말법을 이용한 VaR의 대표적인 사례로서 주식과 옵션의 VaR를 살펴보도록 하자.

가. 델타-노말법을 이용한 주식포지션의 VaR 계산 사례

현재 A주식 100주로 구성된 포트폴리오를 생각해 보자. 주당 가격이 1,000원이라고 하면 현재 포지션가치는 100,000원이다. 주식수익률은 정규분포를 따르며 주식의 VaR는 500원이라 하자.

(1) 민감도

기초시장가격인 주가가 1원 상승하면 포지션의 가치는 100월 상승한다. 즉 민감도인 델타가 100이라는 뜻이다. 수식으로 설명하면, 다음과 같다.

주식포트폴리오의 포지션가치, $V=100$주$\times 1,000$원/주$=100 \times S$(원)이다. 여기서 S는 주식가격이다. 따라서 포지션의 민감도는 $dV/dS=100=$델타(δ)가 되는 것이다.

(2) 정규분포

주식 수익률이 정규분포를 따른다고 하자. 그러면, 포지션의 가치 또한 정규분포의 선형성이론에 이해 정규분포를 따른다.

이와 같은 두 가지 특성으로부터 주어진 주식포트폴리오의 포지션가치의 VaR는 (식 14-2)의 델타-노말법으로 쉽게 계산할 수 있다.

즉, $VaR_P =$ 민감도$\times VaR_S = 100 \times 500$원$=5$만원이 된다.

나. 델타-감마법을 이용한 옵션포지션의 VaR 계산 사례

앞에서 이미 배운 바와 같이 옵션(option)은 대표적 파생상품으로서 기초자산과 비선형관계를 갖는다. 선물(futures)이나 선도(forward)가 기초자산과 선형관계를 갖는 것과는 대조된다. 비선형관계를 가지므로 델타-노말법만으로 VaR를 계산하면 측정오차가 커지므로 보통 2차 미분 민감도(즉, 감마)까지 고려하여 근사적으로 VaR를 계산하게 된다.

콜옵션의 가치(C)의 변동성을 Taylor series를 이용하여 근사적으로 표시하면 다음과 같다.

$$dC \approx \frac{\partial C}{\partial S}dS + \frac{1}{2}\frac{\partial^2 C}{\partial S^2}dS^2 + \frac{\partial C}{\partial \sigma}d\sigma + \frac{\partial C}{\partial r}dr + \frac{\partial C}{\partial t}dt$$

$$\equiv \Delta dS + \frac{1}{2}\Gamma dS^2 + \Lambda d\sigma + \rho dr + \theta dt \qquad \text{(식 14-3)}$$

(식 14-3)에서 기초자산에 대한 1차 민감도는 Δ(델타)$= \partial C/\partial S$, 기초자산에 대한 2차 민감도는 Γ(감마)$= \partial^2 C/\partial S^2$, 변동성에 대한 1차 민감도는 Λ(베가)$= \partial C/\partial \sigma$, 금리에 대한 1차 민감도는 ρ(로)$= \partial C/\partial r$, 그리고 시간에 대한 1차 민감도는 θ(쎄타)$= \partial C/\partial t$로 각각 표시된다.

그런데 (식 14-3)에서 2차 민감도를 갖는 것은 기초자산(S)뿐이고 나머지는 모두 1차 민감도만 반영한다. 따라서 만일 기초자산의 2차 민감도를 0으로 가정해도 무방하면 (식 14-3)도 델타-노말법을 적용할 수 있다는 것이다. 그러나 2차 민감도가 존재하므로 이를 0으로 간주하면 델타-노말법에 의한 VaR에 오차가 생긴다는 것이다.

문제를 좀 더 단순화하기 위해 기초자산만 변동이 있고 나머지 변수들(즉, σ, r, t)은 변동이 없다고 가정하면 (식 14-3)은 다음 (식 14-4)와 같이 간단해진다.

$$dC \approx \Delta dS + \frac{1}{2}\Gamma dS^2 \qquad \text{(식 14-4)}$$

(식 14-4)의 양변에 분산을 취하면, 다음 (식 14-5)를 얻을 수 있다.

$$Var(dC) \approx \Delta^2 Var(dS) + (\frac{\Gamma}{2})^2 Var(dS^2)$$
$$+ 2(\Delta)(\frac{\Gamma}{2})Cov(dS,\ dS^2) \qquad \text{(식 14-5)}$$

단, Var = Variance(분산)
Cov = Covariance(공분산)

그런데 기초자산가격변화(dS)가 정규분포를 따른다고 가정하면, 정규분포에서 홀

수모멘트들은 모두 0이므로 (식 14-5)에서 마지막 항은 0이 되고, $Var(dS^2) = 2[Var(dS)]^2$이 되므로 (식 14-5)는 다음과 같이 간단해 진다.[4]

$$Var(dC) \approx \Delta^2 Var(dS) + \frac{1}{2}[\Gamma Var(dS)]^2 \qquad \text{(식 14-6)}$$

옵션모형에서 σ 는 dS/S의 표준편차이다. 즉, $\sigma^2 = Var(dS/S) = (1/S^2)Var(dS)$이므로 $Var(dS) = S^2\sigma^2$이 되고, 이를 (식 17-6)에 대입하면 다음과 같이 2차 민감도를 고려한 '델타-감마법(delta-gamma method)'에 의해 옵션의 VaR를 구할 수 있다.

$$
\begin{aligned}
\text{VaR(옵션)} &\approx CL \times \sqrt{\Delta^2 S^2 \sigma^2 + \frac{1}{2}[\Gamma S^2 \sigma^2]^2} \\
&= CL \times S \times \sigma \times \sqrt{\Delta^2 + \frac{1}{2}(\Gamma S \sigma)^2}
\end{aligned}
\qquad \text{(식 14-7)}
$$

다. 리스크요인이 복수인 경우 델타-노말법

앞에서는 주로 리스크요인이 1개인 경우의 델타-노말법을 소개하였다. 그러나 실무에서는 리스크요인이 2개 이상으로 복수인 경우(N개)가 보다 일반적이다. 이러한 복수 리스크지표의 경우 다음과 같은 두 가지 조건하에 델타-노말법을 적용할 수 있다.

---

4) 만일 확률변수 dS가 평균이 0이고 분산이 σ^2인 정규분포, 즉, $N(0, \sigma^2)$을 따른다고 하면, 다음이 성립한다.

① $E(dS) = EdS^3 = EdS^5 = \cdots = 0$

② $\begin{aligned}[t] Cov(dS, dS^2) &= E(dS - EdS)(dS^2 - EdS^2) \\ &= E[dS(dS^2 - EdS^2)] \\ &= E(dS^3) - E(dS^2)E(dS) = 0 - E(dS^2) \times 0 = 0 \end{aligned}$

③ $\begin{aligned}[t] Var(dS^2) &= E[dS^4] - [E(dS^2)]^2 \\ &= 3 \times \sigma^4(dS) - [\sigma^2(dS) + 0]^2 \leftarrow \text{kurtosis(normal)} = 3 = \frac{E(dS^4)}{\sigma^4(dS)} \\ &= 3\sigma^4(dS) - \sigma^4(dS) = 2\sigma^4(dS) = 2[Var(dS)]^2 \end{aligned}$

첫째, 리스크요인들이 상호 결합정규분포(jointly normal distribution)를 따른다.
둘째, 포트폴리오와 리스크요인들이 선형으로 결합되어 있다.

이러한 두 가지 조건이 충족된다면 리스크요인이 복수인 경우 포트폴리오 VaR_P
는 다음 (식 14-8)과 같이 측정할 수 있다.

$$VaR_P = W \times CL \times \sqrt{w^T \Sigma w} \qquad \text{(식 14-8)}$$

단, W = 포트폴리오가치
CL = 신뢰수준값
w^T = w의 전치행렬(transpose)
$\quad = (w_1,\ w_2, \cdots\cdots,\ w_N)$
Σ = 분산-공분산 행렬
w = 가중치 행렬

만일 (식 14-8)을 개별 리스크요인의 VaR(즉, VaR_j=j번째 리스크요인에 의한 VaR)
로 표시하면 다음 (식 14-9)와 같게 된다.

$$VaR_P = \sqrt{v^T \Sigma v} \qquad \text{(식 14-9)}$$

단, v^T = v의 전치행렬(transpose)
$\quad = (VaR_1,\ VaR_2,\ \cdots\cdots,\ VaR_N)$
Σ = 상관계수 행렬
v = 개별 VaR 행렬

요약

- RiskMetrics라는 위험관리시스템은 미국의 모건사가 개발한 것으로 델타-노말평가법에 의한
  VaR를 계산해 준다. VaR에 관한 많은 부분이 이 시스템에 기초하므로 잘 이해할 필요가
  있다.

- 선형결합(델타)과 정규분포(노말)는 델타-노말방법의 두 가지 중요한 축이다. 각각이 포트폴
  리오 포지션의 VaR를 구하는데 어떤 영향을 미치는지 확실하게 이해해야 한다.

델타-노말VaR의 측정사례: 부산도시가스

1. 사례기업 소개

부산도시가스는 1981년 03월에 설립되어 34년간 도시가스기반의 사업을 영위하는 회사로 현재 부산에 본사를 두고 있다. 2014년말 재무제표를 기준으로 하였을 때 자산총계 7,527억원(납입자본금 550억원), 매출액 12,777.6억원, 종업원수 318명인 대기업으로서, SK 계열 소속기업으로서, 금융업을 제외한 총 81개의 소속업체 중 총자산 기준 23위의 기업이다. 현재 33개의 도시가스 사업자가 있으며, 전기/수도와 같이 기초적인 에너지를 공급하는 사업으로 분류되어 중복투자 방지 및 안정적인 공급을 위해 일정한 지역을 공급권역으로 허가하여 허가된 지역별로 단일회사가 도시가스를 공급하고 있다.

도시가스 산업이 성숙기에 진입함에 따라 도시가스사의 투자 부담이 크지 않고 수도권 내 대부분 업체의 경우 본업 투자는 배관설비에 대한 유지/보수 위주로 되어 있으며, 일부 업체는 성장 잠재력과 사업다각화를 제고하기 위해 신규 사업 투자나 M&A를 실행하고 있다. 다만, 이는 상당히 보수적인 수준에서 실행되고 있어 대부분 도시가스사의 재무구조가 우수한 수준으로 유지되고 있는 상태이다.

또한, 전반적인 사업다각화 방향이 도시가스 사업과 연관성이 비교적 높은 집단에너지, 발전 등 Utility 업종으로 구성되어 있어 사업 위험이 크게 증가하는 업종이 아니다. 다만, 본업인 도시가스업에서 창출되는 현금흐름 대비 투자규모가 매우 크거나, 저성장 극복을 위한 비연관 사업으로 사업다각화를 시도하는 회사도 일부 존재하고 있어, 장기적으로는 사업다각화 성패에 따라 도시가스사별로 사업 및 재무위험의 차별화가 확대될 것으로 전망된다.

이중 부산도시가스는 자기자본비율은 61.06%로 동일 산업의 자기자본비율 평균은 26.82%로 산업평균 대비 상대적으로 우수한 수준이며 부채비율 역시 63.77%이 산업평균 부채비율 평균인 272.79%에 비해 높은 안정성을 가지고 있으며, 수익성 역시 총자본순이익율 4.54%으로 산업평균 0.85% 대비 상대적으로 우수한 상태이며, 금융비용대매출 역시 0.03%, 산업평균 1.79%에 대비 우수한 상태이다.

2. 델타-노말VaR의 측정

델타-노말 방식으로 VaR 추정치를 산출을 위해 KOSDAQ 시장에서 1일 수익률제한이 15%로 주어지고 부산도시가스의 주가 변동성이 <표>에서와 같이 파악되었을 때 VaR 추정치의 크기는 신뢰수준 및 보유기간의 함수이다. 참고로 J. P. Morgan의 RiskMetrics에서는 95%의 신뢰수준과 1일의 보유기간을 사용하고 바젤위원회는 99%의 신뢰수준과 10일의 보유기간을 사용하도록 권장하고 있으며 이번 보고서에서는 95%~ 99%의 신뢰수준의 경우로 보았다.

한편, 상대적으로 짧은 보유기간에는 가격제한이 주가에 비교적 큰 영향을 미칠 수 있지만 보유기간이 길어질수록 그 영향은 감소에 대해 알아보기 위해 주식거래일 Daily,

Weekly, Monthly 기준으로 기간에 따른 차이도 함께 비교 분석해 보았다.

시뮬레이션 방법 중에서 가장 간단한 형태인 역사적 시뮬레이션방법을 사용해 주식으로 구성된 포트폴리오의 95%신뢰수준에서의 일별 VaR를 구해 보았다. 이러한 계산과정을 아래 표로 나타냈다.

1) 일별자료(daily data)

일자	종가	전일비	변동율
2015.11.26	34,650	150	0.0043
2015.11.25	34,500	−500	−0.0143
2015.11.24	35,000	−300	−0.0085
2015.11.23	35,300	−200	−0.0056
2015.11.20	35,500	250	0.0071
***	***	***	***
***	***	***	***
***	***	***	***
2015.05.11	37,950	550	0.0147
2015.05.08	37,400	1,000	0.0275
2015.05.07	36,400	450	0.0125
2015.05.06	35,950	550	0.0155
2015.05.04	35,400	650	

2) 주별자료(weekly data)

일자	종가	전일비	변동율
2015.11.26	34,650	150	−0.0239
2015.11.20	35,500	250	−0.0193
2015.11.13	36,200	800	−0.0096
2015.11.06	36,550	50	−0.0148
2015.10.30	37,100	300	0.0054
***	***	***	***
***	***	***	***
***	***	***	***
2015.06.05	36,950	−50	−0.0225
2015.05.29	37,800	0	−0.0156
2015.05.22	38,400	300	0.0092
2015.05.15	38,050	−150	0.0174
2015.05.08	37,400	1,000	

3) 월별자료(monthly data)

일자	종가	전일비	변동율
2015.11.26	34,650	150	−0.066037736
2015.10.30	37,100	300	0.024861878
2015.09.25	36,200	0	0.005555556
2015.08.28	36,000	0	−0.008264463
2015.07.31	36,300	−450	−0.013586957
2015.06.26	36,800	500	−0.026455026
2015.05.29	37,800	0	

4) VaR값 산출

구분	Daily	Weekly	Monthly
변동 표준편차	11.17%	7.98%	8.18%
수익율 VaR(1.65)	18.43%	13.18%	13.51%
수일율 VaR(2.33)	26.02%	18.61%	19.07%
VaR값(백만원)	101,377	72,493	74,305

3. 결론

지금까지 VaR를 통한 부산도시가스의 리스크 측정에 대해 살펴보았다. 사례에 있어 주식의 경우만을 소개했지만 채권과 선물, 옵션의 VaR 또한 다양한 방법을 통해 구할 수 있을 것이다. 이렇게 구한 각 금융자산의 VaR를 이용하여 위험관리를 하는데 있어서 가장 중요한 것은 무엇보다 위험관리에 대한 인식이다. 즉, 위험관리를 효율적으로 수행하기 위해서는 위험관리에 대한 정책방향이 설정되어야 하고, 이를 실행하기 위한 구체적인 방법론들이 마련되어야 하겠지만, 무엇보다 중요한 것은 이를 적극적으로 수용하고 개선하려고 하는 경영층의 의지와 이를 뒷받침해주는 기업문화가 정착되어야 한다.

위험관리는 해도 되고 안 해도 되는 그런 선택적인 사안이 아니고 생존을 위해서 반드시 수행해야 한다. 특히 금융기관의 경우는 투자가 유형자산에 대해서보다는 주로 인적자원이나 평판과 같은 무형자산에 대해 이루어지기 때문에 위험관리에 더욱 적극적이어야 한다.

충분한 자본금과 보수적인 자금운용정책을 가지고 있는 금융기관의 경우에도 위험관리로부터 추가적인 이익을 얻을 수 있다. 즉, 보다 많은 위험을 감수하고 공격적인 운용을 하는 대신 늘어난 위험을 파생상품 등을 통해 헷지하는 경우 금융기관의 가치가 증가할 수 있다는 점을 인식해야 한다.

경쟁업체들의 위험관리전략을 무시해서는 안 된다. 경쟁업체들의 위험관리전략에 관심을 가질 뿐 아니라 이들과 무조건 똑같이 해서도 안 될 것이다. 전략적 관점에서 자기 회사에 가장 적합한 위험관리전략을 수립해야 할 것이다.

위험관리 전략의 수립과 실행을 특정 금융전문가에게만 맡겨서는 안 되며 경영층이 그 내용에 대해 정확히 이해하고 이를 감독해야 한다. 이를 위해 특히 파생상품계약 등 새로운 금융거래에 대해 반드시 이해하고 있어야 한다.

연습문제

[객관식]

01. 다음 중 델타-노말방법으로 VaR를 구할 수 없는 것은?

① 옵션   ② 선물

③ 주식   ④ 스왑

02. 다음 옵션가치의 민감도중 이자율의 변동과 관련이 있는 것은?

① 감마   ② 베타

③ 델타   ④ 로

03. 다음 중 옵션가치의 변동을 Taylor series를 이용하여 근사적으로 계산할 때 포함되어야 하는 민감도가 아닌 것은?

① 감마   ② 베타

③ 델타   ④ 로

04. VaR를 측정할 때 신뢰수준이 99%라면 신뢰수준값은 얼마를 사용하는가?

① 1.65   ② 1.96

③ 2.33   ④ 2.58

05. VaR를 계산하기 위한 다양한 방법 중 부분가치평가법에 해당되는 것은?

① stress – testing   ② scenario analysis

③ bootstrap simulation   ④ delta – gamma

06. 다음 설명 중 옳은 것은?

① 옵션상품은 모두 선형자산에 속한다.
② 옵션상품을 제외한 파생상품은 비선형자산에 속한다.
③ 선형자산의 VaR는 델타-노말법으로 간단히 계산할 수 있다.
④ 비선형자산의 VaR는 볼록성을 고려한 델타-노말법으로 계산한다.

07. 델타-노말방법에 대한 설명으로 적당하지 않은 것은?

① 부분가치평가법으로 VaR를 구한다.
② 가치평가모형을 반드시 필요로 하지 않는다.
③ RiskMetrics에서 제공하는 자료를 이용할 수 없다.
④ VaR를 계산하기 위한 다양한 소프트웨어들이 개발, 판매되고 있다.

08. 델타-노말방법에 대한 설명 중 옳은 것은?

① 민감도분석을 할 수 있다.　　② 옵션의 경우 정확성이 높다.
③ 사건위험을 충분히 반영한다.　　④ 현금흐름매핑이 복잡할 수 있다.

09. 옵션포트폴리오의 위험을 평가할 때 델타-노말접근법이 적절하지 않은 이유는?

① 옵션은 만기가 짧기 때문에
② 옵션은 파생상품으로서 기초자산과의 관계가 선형이기 때문에
③ 옵션이 비선형자산이기 때문에
④ 옵션가치를 평가할 때 정규분포가정을 할 수 없기 때문에

10. 다음 중 델타-노말 방법으로 VaR를 계산하면 오차가 가장 많이 발생하는 상품은?

① 주식포트폴리오　　② 옵션
③ 선물　　④ 선도

[주관식]

01. 어떤 포트폴리오가 W주식 200주로 구성되어 있다. 그런데 W주식의 현재 시장 가격은 주당 10,000원이며, 월간VaR는 1,000원이라 한다. 이 포트폴리오의 월간 VaR를 델타-노말방법으로 계산하면 얼마인가?

02. 실제로는 분포의 형태가 오른쪽으로 치우쳐져 있는데, 델타-노말법을 적용하기 위해 정규분포로 가정하여 VaR를 계산할 경우, 과대평가되는가, 과소평가되는 가?

03. 주식들로 이루어진 포트폴리오의 시장가치가 $100,000이고 이 포트폴리오의 연간 표준편차는 25%이다. 정규분포를 가정하고 연간 주식거래일이 252일이라 할 때, 99%신뢰수준에서 10일간 linear VaR는 약 얼마인가?

04. 델타-감마법을 이용하여 콜옵션 매입포지션의 VaR를 계산하니 100만원이었다. 동일한 콜옵션 매도포지션의 VaR를 계산하면 대략 얼마가 되는가?

05. 한 미국기업이 150만유로를 보유하고 있으며, 현재의 환율(유로/$)이 1.50인 경우, 1일 환율변동성이 0.50%라면 신뢰수준 99%에서 이 외환포지션의 10일VaR를 구하면 얼마인가? (단, 외환포지션의 수익률은 정규분포를 따른다고 가정한다)

06. 서강은행은 외환변동성으로 인한 리스크를 헷지하기 위해 미국과 일본 두 나라와 외환스왑계약을 체결하였다. 미국과의 스왑계약 VaR는 200만원, 일본과의 스왑계약 VaR는 100만원이라 한다. 그리고 미국스왑과 일본스왑간의 상관계수가 0.5라 할 때, 서강은행 스왑계약의 총 VaR를 델타-노말법으로 구하면 얼마인가? (단, 두 스왑으로부터의 수익률은 결합정규분포를 따른다고 가정한다)

07. 국채에 100만원을 투자한 투자자가 있다. 이 국채의 듀레이션이 5이고, 1일 금리변동성이 0.565%라면 신뢰수준 95%에서 이 국채의 10일VaR를 델타-노말법으로 구하면 대략 얼마인가? (단, 국채수익률은 정규분포를 따른다고 가정한다)

08. 세종기업이 주식 100만원어치 보유하고 있으며, 이 주식의 종합주가지수(KOSPI)에 대한 베타가 0.8인 경우, 종합주가지수의 1일 변동성이 1%라면 신뢰수준 95%에서 이 주식의 1일 VaR를 델타-노말법으로 구하면 얼마인가? (단, 주식가치의 수익률은 정규분포를 따른다고 가정한다)

09. 주식의 VaR가 400, 채권의 VaR가 300, 두 자산의 결합VaR가 500이라면, 주식과 채권간의 상관계수는 얼마인가? (단, 주식과 채권은 결합정규분포를 따른다고 가정한다)

10. 주식콜옵션을 거래하고 있는 펀드매니저가 이 옵션의 VaR를 구하고자 한다. 현재 기초자산인 주식의 가치가 $10,000, 주식수익률의 변동성이 월 5%, 옵션의 델타가 0.3, 감마가 0.066이라 할 때 신뢰수준 99%에서 이 주식콜옵션의 월간 VaR는 얼마인가? (단, 기초자신인 주식가치의 수익률은 정규분포를 따른다고 가정한다)

연습문제 정답 및 해설

[객관식]

01. ①   02. ④

03. ②

해설 델타−감마방법에 의해 옵션의 VaR를 측정할 때 고려해야 할 민감도에는 델타, 감마, 쎄타, 로, 베가 등이 있다. 베타는 통상 옵션의 민감도가 아니고 주식의 민감도를 의미한다.

04. ③

해설 신뢰수준이 99%이면 해당되는 정규분포의 신뢰수준값은 2.33이고, 95%일 때는 1.65이다.

05. ④

해설 핵심체크 부분가치평가법에는 델타−노말, 델타−감마방법이, 완전가치평가법에는 몬테 카를로 시뮬레이션, 역사적 시뮬레이션 방법 등이 있다.

06. ③

해설 옵션은 가장 전형적인 비선형상품이지만, 선물, 선도 등 옵션을 제외한 대부분의 파생상품은 선형상품이다. 선형자산의 VaR는 델타−노말방법으로 계산할 수 있으며, 비선형자산의 VaR는 델타−감마방법으로 계산한다.

핵심체크 선형자산: 델타−노말법, 비선형자산: 델타−감마법

07. ③

해설 델타−노말방법은 RiskMetrics에서 제공하는 자료를 이용할 수 있다는 장점이 있으며, 다양한 소프트웨어들이 개발, 판매되고 있다. 또한 민감도인 델타와 기초자산의 VaR만 알면, 포트폴리오의 가치평가법을 모르더라도 포트폴리오의 VaR를 근사적으로(부분평가법으로) 계산할 수 있어 리스크 계산시간과 비용을 줄일 수 있다는 장점도 있다.

08. ④

> 해설 델타-노말법의 단점은 민감도분석이 가능하지 않으면 옵션과 같은 비선형자산의 경우 정확성이 많이 떨어지고, 현금흐름매핑이 복잡해지며, 사건위험을 충분히 반영하지 못한다는 점 등이 있다.

09. ③

> 해설 옵션이 비선형자산이기 때문에 델타-노말로 VaR를 측정하면 오차가 크기 때문에 델타-감마법을 사용하는 것이 바람직하다.

10. ②

> 해설 델타-노말방법은 기초자산과 선형관계(linear relationship)를 가지는 상품에 적절하고, 비선형인 경우 델타-감마방법이 보다 정확하다. 옵션은 기초자산과 비선형관계를 가지고 있으므로 델타-노말법을 사용하면 오차가 커진다.
>
> 핵심체크 주식포트폴리오는 구성주식들에 대해, 그리고 선물과 선도는 모두 기초자산에 대해 선형결합이다.

[주관식]

01. 20만원

> 해설 포트폴리오가치를 P라 하고 주식가치를 S라 하면, $P = 200 \times S$
> 따라서, 델타 $= dP/dS = 200$
> 주식의 월간 $VaR_S = 1,000$원
> 그런데, 델타-노말방법에 의하면,
> $VaR_p =$ 델타 $\times VaR_S = 200 \times 1,000$원 $= 200,000$원

02. 과대평가된다.

> 해설 실제로는 분포의 형태가 오른쪽으로 치우쳐져 있는 경우(즉, skewed-to-the-right: 왜도(skewness) >0), 평균아래에 해당하는 손실부분(down-side risk)이 좌우대칭인 정규분포보다 매우 작게 된다. 따라서 실제분포를 이용하는 경우의 VaR는 정규분포보다 작게 되는데, 실제와 달리 정규분포를 가정하고 VaR를 계산하면 과대평가되는 것이다.

03. $11,603

해설 $\text{VaR} = W \times \text{신뢰수준} \times \text{변동성} \times \sqrt{T}$
$= 100{,}000 \times 2.33 \times 0.25 \times \sqrt{10/252} = \$11{,}603.$

04. 100만원

해설 델타–감마법을 이용하여 옵션포지션의 VaR를 측정하려면 앞에서 배운 (식 14–7)을 이용하여 다음과 같이 계산하여야 한다.

$$\text{VaR(옵션)} \approx W \times CL \times \sqrt{\Delta^2 S^2 \sigma^2 + \frac{1}{2}[\Gamma S^2 \sigma^2]^2}$$

이 식에서 매입포지션이나 매도포지션은 다른 변수값들은 모두 동일한 데 차이가 있다면 델타(Δ)와 감마(Γ)값이다. 그런데 매입포지션과 매도포지션의 델타와 감마는 절대값은 같고 부호만 다르다. 예를 들어, 매입포지션의 델타가 +0.5라면 매도포지션은 –0.5가 되어야 한다. 감마도 마찬가지인데 이는 동일한 파생상품에서 반대포지션의 가치를 합하면 0이 되어야 한다는 '제로섬(zero sum)' 원리 때문이다. 그런데 위 식에서 보는 바와 같이 제곱근(root) 안을 보면 델타와 감마 모두 '제곱'의 형태(Δ^2, Γ^2)이므로 부호가 다르더라도 절대값이 같으면 VaR는 같게 된다. 즉, 동일한 파생상품에서 매입포지션과 매도포지션의 VaR는 같게 된다. 따라서 문제에서 델타–감마법을 이용하여 콜옵션 매입포지션의 VaR를 계산하니 100만원이었다면, 매도포지션의 VaR도 100만원이어야 한다.

핵심체크 동일한 파생상품에서 매입포지션과 매도포지션의 VaR는 동일하다.

05. $36,841

해설 $\text{VaR} = W \times CL \times \sigma \times \sqrt{T}$
$= 150\text{만 유로} \times \dfrac{1}{1.50}\dfrac{\$}{\text{유로}} \times 2.33 \times 0.005 \times \sqrt{10}$
$= \$36{,}840.53$

06. 265만원

해설 리스크요인이 2개인 복수지표모형($N = 2$)을 이용하여 총 VaR를 다음과 같이 구할 수 있다.

개별VaR 전치행렬 $= v^T = (200만원\ 100만원)$,

상관계수행렬 $= \Sigma = \begin{bmatrix} 1 & 0.5 \\ 0.5 & 1 \end{bmatrix}$

따라서 이를 (식 17–9)에 대입하면,

$$VaR_P = \sqrt{v^T \Sigma v} = \sqrt{(200\ 100)\begin{bmatrix} 1 & 0.5 \\ 0.5 & 1 \end{bmatrix}\binom{200}{100}}$$
$$= \sqrt{70{,}000} = 264.575만원$$

07. 15만원

> **해설** 국채의 변동성을 알지 못하지만 민감도(델타)인 듀레이션을 이용하여 다음과 같이 구할 수 있다.
> $$\text{VaR(국채)} = \text{듀레이션} \times \text{VaR(금리)}$$
> $$= \text{듀레이션} \times (W \times CL \times \text{금리변동성} \times \sqrt{T})$$
> $$= 5 \times (100\text{만원} \times 1.65 \times 0.00565 \times \sqrt{10}) = 14.73(\text{만원})$$
>
> **핵심체크** 채권의 '듀레이션'이나 주식의 '베타'는 민감도인 델타로 간주할 수 있으므로 주식과 채권 자체의 변동성을 알지 못하더라도 주식과 채권수익률이 정규분포를 따른다면 듀레이션이나 베타를 델타로 간주하여 '델타－노말법'을 적용할 수 있다.

08. 13,200원

> **해설** 주식가치 100만원어치에 대한 변동성을 몰라도 베타를 주가지수에 대한 델타로 간주하고 다음과 같이 델타－노말법을 적용할 수 있다. 즉,
> $$1일 \ \text{VaR} = \text{베타} \times (W \times CL \times \text{종합주가지수변동성})$$
> $$= 0.8 \times (100\text{만원} \times 1.65 \times 0.01) = 13,200\text{원}$$

09. 상관계수＝0

> **해설** 결합VaR를 구하는 다음 공식을 이용하여 미지수인 상관계수 x 를 구하면 된다.
> $$500 = VaRP = \sqrt{v^T \Sigma v} = \sqrt{(400 \ \ 300) \begin{bmatrix} 1 & x \\ x & 1 \end{bmatrix} \begin{pmatrix} 400 \\ 300 \end{pmatrix}} = 100\sqrt{24x + 25}$$
> 이 1차방정식을 풀면, $25 = 24x + 25$
> 따라서, 상관계수 $x = 0$.

10. $27,187

> **해설** 옵션은 대표적인 비선형자산이므로 델타－노말법으로 구하면 오차가 너무 크므로 '델타－감마법'으로 구해야 한다. 따라서 다음과 같이 구할 수 있다.
> $$\text{VaR(옵션)} = CL \times S \times \sigma \times \sqrt{\Delta^2 + \frac{1}{2}(\Gamma S \sigma)^2}$$
> $$= 2.33 \times 10,000 \times 0.05 \times \sqrt{0.3^2 + \frac{1}{2}(0.066 \times 10,000 \times 0.05)^2}$$
> $$= \$27,186.96$$

제15장 VaR와 시뮬레이션

1 시뮬레이션의 개념 및 종류

가. 시뮬레이션의 정의

시뮬레이션(simulation)이란 컴퓨터 등을 이용하여 금융가격과 같은 어떤 변수들의 값을 근사적으로 만들어 내는 방법 혹은 기법(A method or technique to approximate the behavior of given variables, such as financial prices, using computer)을 말한다. 리스크관리 분야에서는 분석에 필요한 자료를 시장에서 구하기 어렵거나 정밀한 수학적 모형을 통해 미래가치를 예측하기 어려울 때 자주 사용된다. 대표적인 방법으로 몬테카를로 시뮬레이션(Monte Carlo simulation), 부트스트랩 시뮬레이션(Bootstrap simu-lation) 등이 있다.

나. 시뮬레이션의 장단점

시뮬레이션은 매우 유용한 방법이긴 하지만 실제 사용하는 데는 개발비용이 많이 소요되고 개발시간도 많이 소요되는 등의 문제점도 있다. 시뮬레이션의 장단점을 간략히 살펴보면 다음과 같다.

(1) 장점

첫째, 유연성(flexibility)이 크다.

즉, 시뮬레이션은 가격리스크, 변동성리스크, 비선형리스크 등 다양한 리스크를 설명할 수 있다. 이론적인 가치평가모형이나 확률적 모형으로 접근할 경우 매우 복잡해지고 때로는 설명이 불가능한 경우에도 시뮬레이션으로 해결할 수 있는 상황이 많이 있다.

둘째, 장기간 리스크 측정에 유용하다.

장기간에 걸친 가격의 예측은 매우 어려운 부분이다. 그러나 시뮬레이션을 이용하면 장기간의 예측도 가능하기 때문에 실무에서 아주 유용한 데, 특히 신용리스크 관리에 아주 유용하며, 운영리스크의 측정에도 사용할 수 있다.

(2) 단점

시뮬레이션의 많은 장점에도 불구하고 몇 가지 단점들 때문에 실무에서 많이 사용되지 못하는 것은 안타까운 일이다. 그런데 시뮬레이션의 장점이 크기 때문에 문제점을 극복할 수 있도록 투자와 노력이 필요하다. 주요 단점들을 요약하면 다음과 같다.

첫째, 시뮬레이션 시스템 개발 등에 많은 투자가 필요하다. 우선 컴퓨터를 이용하여 시뮬레이션 프로그램을 설계하고 실행할 수 있는 전문인력의 확보, 고성능 컴퓨터 설치, 시뮬레이션에 활용할 수 있는 잘 구축된 데이터베이스 등 시뮬레이션을 이용하기 위해서는 많은 인적, 물적 투자가 필요하다. 이러한 초기 투자비용 때문에 많은 기업들이 시뮬레이션을 실무에서 활용하는 데 주저하게 된다. 그러나 일단 한 번 투자된 고정비용은 향후 충분한 활용으로 만회할 수 있으며, 중대한 리스크를 잘 관리함으로써 기업의 부도를 막을 수 있다는 것은 충분히 투자비용을 감수할 유인이 된다고 할 수 있다.

둘째, 다른 방법에 비해 리스크 측정에 많은 시간이 소요된다. 수리적 혹은 계량적 모형들을 이용하면 쉽게 결과를 얻을 수 있지만, 시뮬레이션은 다양한 상황을 무작위로 만들어 내기 때문에 시간이 많이 소요될 수밖에 없다. 이는 신속한 의사결정에 저해요인이 되기 때문에 중대한 문제라 할 수 있다. 따라서 가급적 간편하고 빠르게 결과를 얻어 낼 수 있는 정확한 수리적 모형이 존재한다면 굳이 시뮬레이션을 이용할 필요는 없을 것이다. 그러나 그러한 모형이 존재하지 않을 경우에는 보완적인 방법으로서 시뮬레이션이 매우 유용하게 활용될 수 있을 것이다. 또한 컴퓨터 하드웨어의 급속한 발전과 각종 자료 분석, 프로그램개발 소프트웨어들이 빠르게 발전하고 있어 시뮬레이션의 소요시간문제는 점차 줄어들고 있다.

다. 시뮬레이션의 종류

시뮬레이션 방법은 다음과 같이 크게 두 가지로 구분할 수 있다.

(1) 모수 시뮬레이션

모수 시뮬레이션(parametric simulation)이란 특정한 분포(예: 정규분포)를 가정하는 시뮬레이션을 말한다.[1] 대표적인 것으로서 몬테 카를로 시뮬레이션(Monte Carlo Simulation)이 있다.[2] 자세한 시뮬레이션 방법은 뒤에서 설명할 것이다.

(2) 비모수 시뮬레이션

비모수 시뮬레이션(non-parametric simulation)이란 특정한 분포를 가정하지 않는 시뮬레이션으로서 과거자료를 이용하는 경우가 대부분이다. 대표적인 방법으로서 역사적 시뮬레이션(historic simulation), 부트스트랩 시뮬레이션(bootstrap simulation) 등이

---

[1] 모수(parameter)란 수학이나 통계학에서 많이 사용하는 개념으로서, 주어진 자료나 시간에서는 상수이지만 시간이나 자료에 따라 변할 수 있는 값을 말한다. 예를 들어, 회귀분석을 통해 추정되는 회귀식, $y = a + bx + e$에서 모수 a와 b는 주어진 자료에서는 상수이지만 자료가 변하면 그 값은 변할 수 있다. 모수는 또한 분포의 특성을 결정하는 평균(μ), 표준편차(σ) 등을 의미하기도 하여 모수자체가 분포를 의미하기도 하기 때문에 여기서도 모수 시뮬레이션이라고 하는 것이다. 이는 다른 말로 하면 분포 시뮬레이션을 의미한다.

[2] 몬테 카를로 시뮬레이션에서 몬테 카를로는 원래 프랑스 남부의 모나코(Monaco)에 있는 유명한 카지노인데, 몬테 카를로 시뮬레이션의 고안자로 알려진 폴란드 수학자인 Stanislow Ulam이 그 카지노의 도박사인 자신의 아저씨(uncle)를 기념해 이름을 붙인 것이라 한다. Ulam은 1942년 미국 Los Alamos에서 원자탄을 개발할 때 이 시뮬레이션 방법을 처음으로 개발하여 사용했다고 알려져 있다. 이곳에서 Ulam은 복잡하고 난해한 적분값을 구하는 데 이 시뮬레이션을 사용하였으며, 후에 John Von Neumann, Nicholas Metropolis 등의 학자들에 의해 이 시뮬레이션 방법이 더욱 발전되었다.

있다. 이들에 대한 자세한 방법은 뒤에서 설명하기로 한다.

2 모수 시뮬레이션

가. 몬테 카를로 시뮬레이션 방법

앞서 설명한 바와 같이 모수 시뮬레이션의 대표적인 방법으로 몬테 카를로 시뮬레이션(Monte Carlo simulation)이 있다. 모수 시뮬레이션이므로 분포를 가정하게 되는데, 일반적으로 정규분포가 많이 사용된다. 몬테 카를로 시뮬레이션의 구체적이고 일반적인 적용방법 및 절차를 VaR를 구하는 예를 통해 설명하면 다음과 같다.

(1) Step 1: 사용할 분포를 결정한다(Specify distribution).

　예 정규분포(normal distribution)

(2) Step 2: 분포로부터 확률변수 값을 생성한다(Generate values of a random variable).

　예 누적확률분포를 활용한다(Use c.d.f. to generate X).[3]

(3) Step 3: 시뮬레이션을 통해 값을 구한다(Compute the values of simulated variables). 그리고 반복한다(Repeat).

　예 주식가격의 도출

(4) Step 4: VaR를 구한다(Compute VaR$(S) = E(S) -$quantile(S)).

---

3) 누적확률분포(c.d.f.: cumulative distribution function): $-\infty$부터 어떤 특정한 값까지의 모든 확률을 누적한 것으로서 다음과 같이 표시한다: $F(x) = \Pr(X \le x)$.

나. 몬테 카를로 시뮬레이션 적용 사례

몬테 카를로 시뮬레이션을 이용하여 미래 주식가격을 예측하는 사례를 통해 실제 적용방법을 자세히 설명하기로 한다.

(1) Step 1: 사용할 분포를 결정한다

주식의 미래 가격을 예측하기 위해 주식가격이 대수정규분포를 따른다고 가정하자. 대수정규분포는 기하브라운 모션(GBM: Geometric Brownian Motion)이라고도 한다. 이는 주식수익률이 정규분포를 따른다는 가정과 동일하다. 주식가격이 대수정규분포를 따르면 다음과 같은 식을 만족해야 한다.

$$dS_t = \mu S_t dt + \sigma S_t dZ \qquad \text{(식 15-1)}$$

단, S_t = 현재 주식가격
μ = 주식수익률의 평균
σ = 주식수익률의 표준편차
dt = 단위 시간
$dZ = \varepsilon dt \sim N(0,\ dt)$: Wiener Process
  $\varepsilon \sim N(0,\ 1)$: 표준정규분포 확률변수

(2) Step 2: 분포로부터 확률값을 생성한다.

먼저, 0과 1 사이의 임의의 수를 난수생성기(random number generator)를 이용하여 생성한다.[4] 그런 다음 누적확률분포를 이용하면 변수값 하나를 만들어 낼 수 있다. 즉, (식 15-1)에서 dZ가 평균이 0이고 분산이 dt인 정규분포인데, 표준정규분포의 확률변수를 편의상 ε이라 하면 위에서 구한 난수(표준정규분포누적확률)에 대응하는 ε 값을 구할 수 있다.[5] 누적확률분포는 일대일 함수이므로 역함수가 존재하고 누적확률값(난수)을 알면 표준정규분포표로부터 확률변수값을 구할 수 있는 것이다. 따라서

---

4) EXCEL에도 이 기능이 있는데, 예를 들어 아무 셀에 들어가 '=RAND( )'를 입력하고 엔터 키를 쳐보면 임의의 난수 하나가 생성된다. 필요한 수만큼 복사해서 난수를 생성할 수 있다.
5) ε은 다음 표준정규분포에서 다음 확률값으로부터 구한다: $\Pr(X \leq \varepsilon)$ = 난수값.

두 번째 단계에서는 난수를 통해 확률변수값을 생성하는 것이다.

(3) Step 3: 시뮬레이션으로 값을 구한다.

위의 문제를 조금 단순화하기 위해 평균과 표준편차는 시간에 관계없이 일정하다고 가정하자. 그리고 평균은 제로(즉, $\mu = 0$)라 하고, 표준편차는 전체구간에서 10%(즉, $\sigma = 0.10$)라 가정하자. 그리고 현재 주가는 $100, 그리고 관심 있는 구간을 100($= n$)개로 나눈다고 하자. 그러면, 단위구간은 $dt = T/100$이 되며($T =$ 전체 기간), (식 15-1)로부터 다음 기간 새로운 주가는 다음과 같다.[6]

$$dS = S_{t+1} - S_t = S_t \left(\mu dt + \sigma \varepsilon \sqrt{dt} \right)$$
$$\Rightarrow S_{t+1} = S_t (1 + 0.01\varepsilon) \tag{식 15-2}$$

(식 15-2)를 이용하여 시뮬레이션을 시행한 예가 다음 표에 나타나 있다.

〈표 15-1〉 몬테 카를로 시뮬레이션의 예: 주식가격 예측

시행과정 (n)	현재 가격 (S_t)	확률변수값 (ε_t)	주가변동 (dS)	미래 주가 $(S_{t+1} = S_t + dS)$
1	100.00	0.199	0.199	100.20
2	100.20	1.665	1.668	101.87
3	101.87	−0.445	−0.460	101.41
4	101.41	−0.667	−0.668	100.74
.	.	.	.	.
.	.	.	.	.
.	.	.	.	.
100	92.47	1.153	−1.410	91.06

주) 여기서 확률분포의 평균은 0, 표준편차는 10%이며, $dt = T/100$일 임.

<표 15-1>과 같은 100개의 과정을 거쳐 T기간 후의 주가 하나가 생성되었는데 이와 같은 표 하나를 통해 주가생성 경로(path #1)가 하나 생성된 것이다. 이런 과

---

6) 단위구간 표준편차는 $\sigma \sqrt{dt} = 0.10 \sqrt{\dfrac{1}{100}} = 0.01$이 된다.

[그림 15-1] 몬테 카를로 시뮬레이션: 주식가격 생성 경로

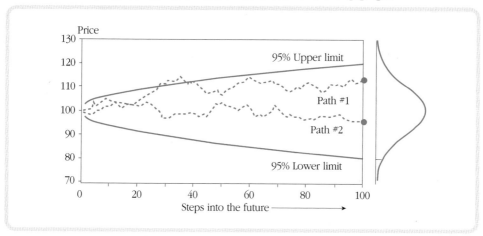

정을 반복하면 여러 개의 경로를 생성할 수 있고, 이런 여러 개의 생성 주가는 미래 주가에 대한 분포를 형성하게 되는데 이를 그림으로 표시한 것이 다음 [그림 15-1]이다.[7] 참고로 '95% Upper Limit'과 '95% Lower Limit'은 미래 주가 분포로부터 산출한 95% 신뢰구간(CI: Confidence Interval)이다.

여기서는 리스크를 일으키는 변수가 주가(S_t) 하나인 단일변수 시뮬레이션을 소개하였는데, 변수가 2개 이상으로 확장되면 촐레스키 분해(Choleski decomposition or factorization)를 이용하여 시뮬레이션할 수 있다. 촐레스키 방법에 대해 간략히 설명하면 다음과 같다.

① 리스크를 유발하는 변수의 수를 N개라 하자. 만일 이 N개의 변수가 서로 상관관계가 없다면, 위에서와 같은 방법으로 각 변수들을 다음과 같이 독립적으로 생성할 수 있다.

$$dS_{j,\,t} = S_{j,\,t+1} - S_{j,\,t} = S_{j,\,t}\left(\mu_j dt + \sigma_j \varepsilon_{j,\,t}\sqrt{dt}\right)$$
(식 15-3)

단, 확률변수 ε_j들은 상호 독립이라고 가정한다.

② 만일 N개의 변수들이 상관관계를 갖는다면, 다음과 같은 촐레스키분해법을

---

7) 자료: Philipppe Jorion, *Value at Risk*, 3rd Edition, 2007, p.311.

이용해 상호 독립적인 확률변수로 상관관계가 있는 변수들을 표현할 수 있다. 여기서 확률변수 ε_j들의 분산행렬을 $V(\varepsilon\varepsilon) = R$이라 하면, $R = TT'$로 변환할 수 있다는 것이 촐레스키 분해의 개념이다. 단, 여기서 행렬 R은 대칭행렬(symmetric matrix)이고, T는 하위삼각행렬(lower triangular matrix)인데, 이는 행렬의 대각선 위쪽에 있는 요소들은 모두 0이고, 대각선 이하만 0이 아닌 숫자를 갖게 된다. T'는 행렬 T의 전치(transpose)행렬, 즉 행과 열을 서로 맞바꾼 행렬을 의미한다. 따라서, 대칭행렬 R이 삼각행렬의 곱으로 분해될 수 있다는 것이 촐레스키분해법의 핵심이론이며, 다음 (식 15−4)와 같다.

$$R = TT' \qquad\qquad\qquad \text{(식 15−4)}$$

(식 15−4)에 있는 행렬을 어떻게 도출하는지 살펴보자. 먼저 N개의 요소로 구성되어 있는 벡터, $\omega = (\omega_1, \omega_2, \omega_3, \cdots\cdots \omega_N)$를 정의해 보자. 여기서 각각의 요소 ω_j는 분산이 1이고 서로 독립인 확률변수이다. 서로 독립이므로 공분산은 모두 0이 되고 분산은 모두 1이므로 '분산−공분산행렬(variance−covariance matrix)', $V(\omega)$는 다음 (식 15−5)와 같은 단위행렬(identity matrix) I가 된다.[8]

$$V(\omega) = I = \begin{bmatrix} 1 & 0 & \cdots & & 0 \\ 0 & 1 & 0 & \cdots & 0 \\ \vdots & & \ddots & & \vdots \\ & & & & 0 \\ 0 & 0 & \cdots & 0 & 1 \end{bmatrix} \qquad\qquad \text{(식 15−5)}$$

다음으로 상호독립인 변수들(ω_j)로부터 상관관계가 있는 변수들(ε_j)을 유도하기 위해 다음과 같이 벡터 ε을 다음 (식 15−6)과 같이 정의한다.

$$\varepsilon = T\omega \qquad\qquad\qquad \text{(식 15−6)}$$

그러면 ε의 공분산행렬(혹은 상관계수행렬)은 다음 (식 15−7)과 같이 정의된다.

---

8) 단위행렬(I)이란 대각선에 있는 요소들은 모두 1이고 대각선 이외의 요소들은 모두 0인 행렬을 말한다.

$$V(\varepsilon) = E(\varepsilon\varepsilon')$$
$$= E(T\omega\omega'T')$$
$$= TE(\omega\omega')T'$$
$$= TV(\omega)T'$$
$$= TIT' = TT' = R \qquad \text{(식 15-7)}$$

③ 위의 ②의 방법으로 분해하면 결국 상관관계가 있는 위험요인들을 상관관계가 없는 독립된 변수들로 표시할 수 있기 때문에 앞서 설명한 단일변수의 시뮬레이션 방법을 적용하면 된다.

예제 15-1

두 확률변수 ω_1과 ω_2는 서로 독립적이고 분산이 각각 1이라 하자. 그리고 ε_1과 ε_2는 상관계수가 ρ이고 두 변수의 공분산행렬이 R이라 하자. 촐레스키분해법을 이용하여 상호 독립이 아닌 두 변수 ε_1과 ε_2를 어떻게 상호 독립인 두 변수 ω_1과 ω_2로 표시할 수 있는지 설명하라.

☞ 확률변수 ε의 공분산행렬(상관계수행렬) R은 하위삼각행렬 T의 곱으로 분해되므로 임의의 하위삼각행렬 T를 다음과 같이 정의해 보자.

$$T = \begin{bmatrix} x & 0 \\ y & z \end{bmatrix}$$

그러면 촐레스키분해법의 원리에 의해 상관계수행렬 R은 다음과 같이 표시할 수 있다.

$$R = \begin{bmatrix} 1 & \rho \\ \rho & 1 \end{bmatrix} = tt' = \begin{bmatrix} x & 0 \\ y & z \end{bmatrix}\begin{bmatrix} x & y \\ 0 & z \end{bmatrix} = \begin{bmatrix} x^2 & xy \\ xy & y^2 + z^2 \end{bmatrix}$$

따라서, 다음과 같이 미지수 3개, 방정식 3개인 연립방정식을 얻을 수 있다.

$$\rho = xy,\ x^2 = 1,\ y^2 + z^2 = 1.$$

이 연립방정식을 풀면, $x = 1,\ y = \rho,\ z = \sqrt{1 - \rho^2}$
따라서, 주어진 상관관계를 만족하는 하위삼각행렬, T는 다음과 같다.

$$T = \begin{bmatrix} 1 & 0 \\ \rho & \sqrt{1-\rho^2} \end{bmatrix}$$

(식 18-6)의 $\varepsilon = Tw$로부터 상호관련이 있는 두 변수 ε_1과 ε_2를 상호 독립인 두 변수 w_1과 w_2로 표시하면 다음과 같다.

$$\begin{pmatrix} \varepsilon_1 \\ \varepsilon_2 \end{pmatrix} = \begin{bmatrix} 1 & 0 \\ \rho & \sqrt{1-\rho^2} \end{bmatrix} = \begin{pmatrix} w_1 \\ w_2 \end{pmatrix}$$

핵심체크 상호 독립이고 분산이 1인 두 변수 w_1과 w_2는 앞에서 설명한 몬테 카를로 시뮬레이션방법 등으로 그 값을 구하고, 상관계수를 알고 있는 두 변수 ε_1 과 ε_2값은 촐레스키분해법을 이용하여 위와 같은 방식으로 추정할 수 있다.

다. 몬테 카를로 시뮬레이션의 장단점

몬테 카를로 시뮬레이션의 장단점을 요약하면 다음과 같다.

(1) 장점

첫째, 확률분포를 통해 보다 체계적으로 원하는 값을 얻을 수 있다.
둘째, 무작위값을 이용함으로 어느 한쪽으로 치우치지 않는 확률변수 값을 얻을 수 있다.

(2) 단점

첫째, 이론적 뒷받침이 없이 특정의 분포를 가정한다는 문제가 있다. 따라서 분포를 가정할 때 가급적 가정하는 분포가 실제 자료의 분포와 근사하도록 하면 단점이 보완될 것이다.
둘째, 앞에서 설명한 시뮬레이션의 특징으로서 시간이 많이 소요된다는 점이다.

3 비모수 시뮬레이션

비모수 시뮬레이션은 특정 분포를 가정하지 않고 시행하는 시뮬레이션으로서 대표적으로 부트스트랩 시뮬레이션(bootstrap simulation)이 있다.

가. 부트스트랩 방법

부트스트랩(bootstrap) 방법은 1979년 Efron이 개발하였으며 이 방법을 적용하는 일반적인 절차는 다음과 같다. 이해를 돕기 위해 VaR를 계산하는 방법을 예로 들어 설명하고자 한다.

(1) Step 1: 과거자료에서 N 개를 추출한다(Sample N past values).

　예 과거 주식수익률(R_n) 500개 추출

(2) Step 2: N 개로부터 무작위로 1개를 뽑는다(Draw 1 value from the sample).

　예 뽑은 수익률자료를 R_1 이라 하면, $S_{t+1} = S_t(1+R_1)$

(3) Step 3: 위의 과정을 복원추출로 반복한다(Repeat above procedures with re-placement).

　예 (2)에서와 같은 방법으로 S_{t+2}, S_{t+3}, …… S_{t+n}를 구한다.

(4) Step 4: VaR를 계산한다(Compute VaR(S) = $E(S)$ - quantile(S)).

나. 부트스트랩 방법의 장단점

(1) 장점

첫째, 정규분포와 다른 점프, 두꺼운 꼬리분포 등 현실성이 있는 다양한 분포를 만들어 낼 수 있다.

둘째, 여러 변수들을 동시에 추출함으로써 확률변수간의 상관계수를 고려할 수 있다.

(2) 단점

첫째, 샘플사이즈가 작으면 실제상황을 제대로 재현하기 힘들다.
둘째, 복원추출로 인해 변수의 독립성은 확보되나, 추세와 같은 변수의 고유성질을 반영하기 어렵다.

 요약

- 시뮬레이션은 실제 데이터를 구하기 어렵거나 복잡한 상황을 재현하는 데 아주 유용한 방법이다. 그 개념과 종류에 대해 정확히 숙지할 필요가 있다.

- 대표적인 두 가지 시뮬레이션인 모수 시뮬레이션과 비모수 시뮬레이션 각각의 다양한 방법들에 대해 이해하고 실무에서 적용하는 방법을 이해할 필요가 있다.

사례 15-1

몬테 카를로 시뮬레이션 사례: 예금보험공사(KDIC)[9]

몬테 카를로 방법은 확률분포만 정확히 정의되면 인위적이지 않고 확률적으로 객관적인 결과들을 도출하고 시행방법도 비교적 단순하여 실무에서 적용하기 용이하다. 금리변수를 제외한 대부분의 거시경제변수에서 왜도(skewness)와 첨도(kurtosis)가 정규분포에서 크게 벗어나지 않아 정규분포를 가정해도 무방하다고 판단되기 때문에 몬테 카를로 방법 적용이 무난해 보인다. 금리의 경우 평균회귀과정(MRP: Mean Reverting Process)의 경향을 보이나 본 연구는 단기분석이라 장기분석에서 용이한 MRP를 적용하기는 적절하지 않아 보인다. 좀 더 많은 자료가 축적된다면 금리, 환율, 물가상승률 등의 거시변수들은 장기평균(long-run average)을 중심으로 한 MRP과정도 고려할 만한 가치가 있다. 다음과 같은 방법으로 몬테 카를로 시뮬레이션을 실시한다. 단, S는 10개의 독립변수를 의미하며 $dS_{t+1} = S_{t+1} - S_t$를 의미한다.

1. 분포가정 및 미래값 추정식

거시변수들의 변화율(혹은 성장률)은 평균이 μ이고 표준편차가 σ인 산술브라운운동(ABM: Arithmetic Brownian Motion: 정규분포)을 따른다. 즉, 수준변수는 기하브라운운동(GBM: Geometric Brownian Motion: 대수정규분포)을 따른다. 다만, 실업률과 모든 금리변수 자체, 그리고 이들의 단순 차분변수는 ABM을 따른다고 가정한다. 이러한 가정을 수식으로 표시하면 다음과 같다.

* GBM가정: $\Delta S_{t+1} = \mu S_t \Delta t + \sigma S_t \Delta W \quad (\Delta W \sim Wiener\,Process)$

  $\Rightarrow S_{t+1} - S_t = \mu S_t \Delta t + \sigma S_t Z\sqrt{\Delta t} \quad (Z \sim N(0,1))$

  $\Rightarrow S_{t+1} = S_t(1+\mu+\sigma Z) \quad (\Delta t = 1분기 = 1)$

  $\Rightarrow$ **GBM변수:** 주택가격지수, KOSPI지수, CPI지수, 시장변동
  성지수, 원달러 환율, 중국실질GDP

* ABM가정: $\Delta R_{t+1} = \mu \Delta t + \sigma \Delta W \quad (\Delta W \sim Wiener\,Process)$

  $\Rightarrow R_{t+1} - R_t = \mu \Delta t + \sigma Z\sqrt{\Delta t} \quad (Z \sim N(0,1))$

  $\Rightarrow R_{t+1} = R_t + \mu + \sigma Z \quad (\Delta t = 1분기 = 1)$

  $\Rightarrow$ **ABM변수:** 실업률, 회사채금리, CD금리, 한은기준금리

---

9) 2019년 필자가 예금보험공사의 의뢰로 수행한 '은행업권 스트레스 테스팅 모형 개선' 최종보고서에서 인용함.

2. 난수 및 표준정규분포값 생성[10]

몬테 카를로 시뮬레이션을 위해 난수(random number)를 생성하고,[11] 이 난수는 0과 1 사이의 값을 가지므로 표준정규분포의 누적확률값(보통 $N(Z)$로 표시)으로 사용되며, $N(Z)$값은 단조증가함수로서 역함수가 존재하므로 다음과 같이 이 난수에 대응되는 표준정규분포값을 쉽게 구할 수 있다. 즉,

$$난수값 = N(Z) \quad \Rightarrow \quad Z = N^{-1}(난수값) = 임의의\ 표준정규분포값.[12]$$

3. 시뮬레이션 시행 및 미래추정치 계산

기본적으로 1000회의 시뮬레이션을 통해 미래 거시경제변수값을 추정한다. 미래추정치는 앞서 설명한 분포 GBM과 ABM을 이용하여 다음과 같이 추정한다.

GBM변수: $S_{t+1} = S_t(1 + \mu + \sigma Z)$.

단, S_t = 이전 분기 변수값, μ = 이전기간 변수의 평균,

σ = 이전기간 변수변화율의 표준편차,

표준편차: σ(기본시나리오), 2σ(위기시나리오),[13] 3σ(심각시나리오),

$(t+2 \sim t+8$: 직전 분기 시뮬레이션의 평균과 표준편차로 update).

ABM변수: $R_{t+1} = R_t + \mu + \sigma Z$. (방법은 GBM과 동일)

4. 시뮬레이션 결과

몬테 카를로 시뮬레이션 주요 결과가 아래 표들에 수록되어 있다.

〈표〉 거시경제 추정치: 기본시나리오(Baseline)

(단위: %, p)

	주택매매지수	KOSPI지수	실업률	회사채	CD금리	한은기준금리	CPI	시장변동성지수	원달러환율	중국실질GDP
t+0	101.10	2,041.0	3.4000	2.2870	1.9300	1.7500	0.0130	18.990	1,115.7	253,599
t+1	102.08	2,080.0	3.5202	2.1718	1.8548	1.8548	0.0133	19.451	1,133.6	284,468
t+2	103.09	2,123.6	3.6450	2.0803	1.7729	1.7729	0.0137	19.970	1,151.8	318,805
t+3	103.99	2,156.1	3.7736	1.9704	1.7080	1.7080	0.0140	20.457	1,168.9	356,687

---

10) 거시경제지표간에 상관계수를 반영하여 시뮬레이션에서 Choleski분석은 불필요하다고 사료됨.

11) 엑셀을 이용하여 난수를 생성하는 함수는 '=RAND( )'이며 난수를 손쉽게 생성할 수 있다.

12) 표준정규분포의 역함수값을 구하는 엑셀 함수식은 '=NORM.S.INV( )'이다.

13) Eichengreen et al.(1995)이론 적용함. 단, 거시변수와 은행리스크와의 관계는 다음과 같이 설정함: 주택가격($-$), 코스피($-$), 실업률($+$), 금리($+$), 물가지수($-$), 변동성($+$), 원달러환율($-$), 중국 GDP($-$).

	주택 매매 지수	KOSPI 지수	실업률	회사채	CD 금리	한은 기준 금리	CPI	시장 변동성 지수	원달러 환율	중국 실질 GDP
t+4	105.03	2,194.8	3.9067	1.8677	1.6561	1.6561	0.0144	20.528	1,186.7	401,248
t+5	105.92	2,225.1	4.0450	1.7669	1.6031	1.6031	0.0148	20.726	1,206.1	449,753
t+6	106.89	2,249.0	4.1873	1.6526	1.5307	1.5307	0.0151	21.216	1,226.5	501,713
t+7	107.91	2,273.3	4.3355	1.5678	1.4599	1.4599	0.0155	21.570	1,244.5	563,565
t+8	108.86	2,311.9	4.4897	1.4585	1.4060	1.4060	9	21.651	1,265.6	630,493

주) 실업률, 회사채, CD금리, 한은기준금리의 단위는 %이고, 중국 실질GDP 단위는 US$1억임.

〈표〉 거시경제 추정치: 위기시나리오(Adverse)

(단위: %, p)

	주택 매매 지수	KOSPI 지수	실업률	회사채	CD 금리	한은 기준 금리	CPI	시장 변동성 지수	원달러 환율	중국 실질 GDP
t+0	101.100	2,041.04	3.4000	2.2870	1.9300	1.7500	0.01300	18.9900	1,115.70	253,599
t+1	99.0375	1,604.06	3.5532	3.0701	2.7085	2.7085	0.01304	28.6575	1,029.87	227,296
t+2	100.160	1,657.33	3.6781	2.9456	2.6409	2.6409	0.01339	29.7509	1,044.59	257,427
t+3	100.787	1,655.80	3.8082	2.8415	2.5413	2.5413	0.01372	30.8381	1,066.90	285,537
t+4	101.973	1,695.52	3.9426	2.7243	2.4752	2.4752	0.01407	30.5254	1,076.74	323,496
t+5	102.756	1,708.29	4.0830	2.6541	2.4445	2.4445	0.01442	30.6469	1,095.28	359,406
t+6	103.717	1,710.38	4.2250	2.5342	2.3723	2.3723	0.01476	31.5730	1,110.97	401,831
t+7	104.701	1,751.82	4.3742	2.4684	2.2967	2.2967	0.01514	32.0133	1,129.42	451,986
t+8	105.538	1,774.37	4.5313	2.3270	2.2746	2.2746	0.01553	32.2263	1,148.75	508,425

주) 실업률, 회사채, CD금리, 한은기준금리의 단위는 %이고, 중국 실질GDP 단위는 US$1억임.

〈표〉 거시경제 추정치: 심각시나리오(Severely adverse)

(단위: %, p)

	주택 매매 지수	KOSPI 지수	실업률	회사채	CD 금리	한은 기준 금리	CPI	시장 변동성 지수	원달러 환율	중국 실질 GDP
t+0	101.100	2,041.04	3.4000	2.2870	1.9300	1.7500	0.01300	18.9900	1,115.70	253,597
t+1	97.516	1,366.09	3.5696	3.5192	3.1353	3.1353	0.01289	33.2606	9,77.983	198,711
t+2	98.695	1,424.18	3.6946	3.3783	3.0748	3.0748	0.01321	34.6412	9,90.959	226,738
t+3	99.186	1,405.67	3.8255	3.2771	2.9580	2.9580	0.01356	36.0285	1,015.91	249,963
t+4	100.445	1,445.87	3.9605	3.1527	2.8848	2.8848	0.01391	35.5241	1,021.78	284,620
t+5	101.177	1,449.89	4.1019	3.0978	2.8651	2.8651	0.01425	35.6075	1,039.86	314,233
t+6	102.133	1,441.06	4.2438	2.9751	2.7931	2.7931	0.01459	36.7516	1,053.22	351,890
t+7	103.098	1,491.06	4.3936	2.9187	2.7151	2.7151	0.01496	37.2348	1,071.87	396,196
t+8	103.877	1,505.59	4.5521	2.7613	2.7089	2.7089	0.01535	37.5139	1,090.35	447,391

주) 실업률, 회사채, CD금리, 한은기준금리의 단위는 %이고, 중국 실질GDP 단위는 US$1억임.

[객관식]

01. 다음 중 비모수 시뮬레이션과 관계가 없는 것은?

① Bootstrap   ② Historical simulation

③ Monte Carlo   ④ non−parametric simulation

02. 다음 중 Monte Carlo시뮬레이션에 필요한 것이 아닌 것은?

① 확률분포   ② 난수

③ 확률변수   ④ 과거 자료

03. Monte Carlo시뮬레이션으로 주식가격을 예측할 때, 기하브라운운동(GBM: Geometric Brownian Motion)모형을 확률분포로 이용한다면, 다음 설명 중 옳지 않은 것은?

① 주식가격은 정규분포를 따른다.
② 음(−)의 주식가격을 방지할 수 있다.
③ 대표적인 모수 시뮬레이션이다.
④ 주식수익률은 산술 산술브라운운동(ABM: Arithmetic Brownian Motion)을 따른다.

04. 정규분포와 대수정규분포에 관한 다음 설명 중 옳지 않은 것은?

① $X \sim N(10, 22)$일 경우, $Y = \dfrac{X-10}{4} \sim n(0, 1)$이 성립한다.

② 주식의 수익률, 환율변동을 모형화할 때 많이 이용된다.

③ X가 정규분포를 따르면, e^X는 대수정규분포를 따른다.

④ Y가 대수정규분포를 따르면, $\ln Y$는 정규분포를 따른다.

05. 미래 주식가격을 시뮬레이션으로 예측할 때 흔히 사용하는 Wiener Process에 관한 다음 설명 중 옳은 것은?

① 표준정규분포를 따른다.　　② 표준편차가 dt(단위시간)이다.

③ 평균이 1이다.　　④ 정규분포를 따른다.

06. 몬테 카를로 시뮬레이션에 대한 설명 중 잘못된 것은?

① 모든 것을 분석자가 규정하므로 유연성이 높다.

② 프로그램이 단순하다.

③ 민감도분석 또는 위기분석이 용이하다.

④ 시간과 비용이 많이 든다.

07. 역사적 시뮬레이션방법에 대한 설명으로 옳은 것은?

① 특정분포를 가정한다.

② 실제의 가격에 포함된 변동성과 상관계수를 이용한다.

③ 모형위험에 노출된다.

④ 여러 가격변화를 모두 고려한다.

08. 역사적 시뮬레이션에 관한 설명이다. 적절하지 않은 것은?

① 특정분포를 가정하지 않고 시장변수의 과거변화에 기초하여 완전가치평가법으로 VaR를 계산한다.

② 대부분의 경우 과거자료를 기준으로 계산한 확률분포는 꼬리가 가늘다.

③ 실제가격을 이용하므로 비선형성과 비정규분포를 모두 수용할 수 있다.

④ 분석자가 과거의 실제수익률을 기초로 포트폴리오 포지션의 가치를 완전가치평가법으로 평가하고, 그 결과를 이용하여 VaR를 계산한다.

09. 몬테 카를로 시뮬레이션에 관한 설명이다. 적절하지 않은 것은?

① 가장 효과적으로 VaR를 계산하는 방법이다.

② 계산비용이 많이 든다.

③ 비선형인 경우만 가능하다.

④ 완전가치모형이다.

10. 역사적 시뮬레이션방법에 대한 설명 중 잘못된 것은?

① 일시적으로 증가한 변동성을 고려한다.

② 과거자료에 포함된 극단치에 의해 민감하게 영향받는다.

③ 민감도분석을 하기가 어렵다.

④ 완전가치평가법이다.

11. VaR를 구하는 다양한 방법에 관한 다음 설명 중 가장 적절한 것은?

① 델타-노말법과 몬테 카를로 시뮬레이션방법에 의한 VaR는 같아진다.

② 델타-노말법과 역사적 시뮬레이션방법에 의한 VaR는 같아진다.

③ 시뮬레이션 횟수가 증가함에 따라 몬테 카를로 시뮬레이션에 의한 VaR는 델타
 -노말법에 의한 VaR와 같아진다.

④ 역사적 시뮬레이션법과 몬테 카를로 시뮬레이션방법에 의한 VaR는 같아진다.

12. VaR를 계산하는 다음 방법들 중 옵션리스크를 구하는 데 가장 효과적이지 못한 것은?

① 분산-공분산 모형   ② 델타-감마 모형

③ 역사적 시뮬레이션   ④ 몬테 카를로 시뮬레이션

13. 촐레스키분해법(Cholesky factorization method)은 어떤 용도로 가장 적합한가?

① 시뮬레이션의 속도를 높이기 위해서

② 시뮬레이션의 정확도를 높이기 위해서

③ 여러 종류의 리스크를 고려하기 위해서

④ 정규분포를 따르지 않는 리스크요인의 시뮬레이션을 위해서

14. 몬테 카를로 시뮬레이션이 역사적 시뮬레이션에 비해 불리한 점으로 볼 수 있는 것은 다음 중 어느 것인가?

① 과거실적을 미래결과에 동일시한다.
② 정규분포를 활용할 수 있다.
③ 가격을 예측하는 데 유연성을 반영할 수 있다.
④ 고성능의 컴퓨터계산능력을 요구한다.

15. 역사적 시뮬레이션의 장단점을 설명한 것이다. 적절하지 않은 것은?

① 특정분포를 가정하지 않고 사용할 수 있는 장점이 있다.
② 일시적으로 증가한 변동성을 고려하지 못하는 단점이 있다.
③ 모형리스크에 노출되지 않는다.
④ 완전가치평가법이 요구되지 않는다.

16. 몬테 카를로 시뮬레이션 방법에 대한 다음 설명 중 잘못된 것은?

① 모든 자산에 대해 가치평가모형이 요구된다.
② 모든 리스크요인에 대해 분포를 규정하는 것이 가능하다.
③ 시뮬레이션된 가격은 실제가격이다.
④ 가격변화과정을 생성하기 위해 선택된 확률분포가 비현실적이라면 추정된 VaR 도 비현실적이다.

17. 서강증권의 리스크관리자는 서강증권이 운영하는 한 투자포트폴리오에 대해 VaR를 측정하고자 한다. 투자포트폴리오는 주식매입과 주식풋옵션 매도포지션을 포함하고 있다. 다음 VaR측정 모형 중 가장 적절하지 않은 것은?

① 역사적 시뮬레이션 ② 델타-노말
③ 몬테 카를로 시뮬레이션 ④ 델타-감마

18. 다음의 4가지 VaR측정방법 중 그 정교함(sophistication)이 낮은 것부터 높은 순으로 올바로 배열한 것은?

> Ⅰ. parametric VaR
> Ⅱ. non−parametric VaR
> Ⅲ. mark−to−market analysis
> Ⅳ. simulation VaR

① Ⅰ, Ⅱ, Ⅲ, Ⅳ   ② Ⅳ, Ⅲ, Ⅱ, Ⅰ

③ Ⅱ, Ⅲ, Ⅰ, Ⅳ   ④ Ⅲ, Ⅱ, Ⅰ, Ⅳ

[주관식]

01. 3개의 리스크요인에 대한 공분산행렬이 다음과 같다고 한다.

$$V(\varepsilon) = R = \begin{pmatrix} 0.09\% & 0.06\% & 0.03\% \\ 0.06\% & 0.05\% & 0.04\% \\ 0.03\% & 0.04\% & 0.06\% \end{pmatrix}$$

졸레스키분해법을 이용하여 하위삼각행렬(lower triangular matrix)을 구하라.

02. 주식가격이 기하브라운운동(GBM)을 따른다고 가정하자. 현재 주가는 $100, 이 주식의 연간 기대수익률은 0%, 연간 변동성은 10%라 한다. 1년을 300영업일로 가정하고 100구간으로 나누어 Monte Carlo Simulation으로 미래 주가를 예측하고자 한다. 0과 1 사이의 값만 갖는 난수표에서 임의로 두 개의 숫자를 연속으로 추출하였더니 각각 0.7088, 0.9812였다. 6일 후의 주가는 약 얼마로 예측되는가? (단, 표준정규분포표를 이용한다)

연습문제 정답 및 해설

[객관식]

01. ③

> **해설** 몬테 카를로 시뮬레이션은 전형적인 모수 시뮬레이션이다.

02. ④

> **해설** 몬테 카를로 시뮬레이션은 모수 시뮬레이션으로서 확률분포를 가정하고 하므로 과거자료는 필요로 하지 않는다. 과거자료를 활용하는 것은 역사적 시뮬레이션이나 부트스트랩 시뮬레이션 같은 비모수 시뮬레이션방법들이다.

03. ①

> **해설** 기하브라운운동(GBM)은 대수정규분포(lognormal distribution)을 의미하며, 산술브라운운동(ABM: Arithmetic Brownian Motion)모형은 정규분포를 의미한다. 주식가격이 GBM을 따르면 음(−)의 값을 방지하여 주식의 유한책임(limited liability)에 부합하는 자료를 만들어 낼 수 있으며, 주식가격이 GBM이면 주식수익률은 ABM이 된다.
>
> **핵심체크** 기하브라운운동(GBM) − 대수정규분포, 산술브라운운동(ABM) − 정규분포

04. ①

> **해설** ①번에서 정규분포 X를 표준정규분포 Y로 전환하기 위해서는 $Y = \dfrac{X - 평균}{표준편차}$ 이므로, $Y = \dfrac{X - 10}{\sqrt{22}} = \dfrac{X - 10}{4.69}$ 이어야 한다.

05. ④

> **해설** 어떤 확률변수가 Wiener Process를 따르면 이는 평균이 0이고 분산이 dt인 정규분포를 따른다.
>
> **핵심체크** Wiener Process: 평균이 0이고 분산이 dt인 정규분포, 즉, $N(0, dt)$.

06. ②

> **해설** 몬테 카를로 시뮬레이션은 프로그램이 복잡하고 시간이 많이 소요된다.

07. ②

> **해설** 역사적 시뮬레이션방법은 특정확률분포를 가정하지 않는 비모수 시뮬레이션방법이며, 실제가격을 이용하므로 그 안에 포함된 변동성과 상관계수를 이용한다.

08. ②

> **해설** 과거자료를 기준으로 계산한 확률분포는 사후적 확률이기 때문에 정규분포로 예상하는 것보다 더 나쁠 가능성이 높다. 즉, VaR가 과대평가되므로 꼬리가 대체로 두텁다.

09. ③

> **해설** 몬테 카를로 시뮬레이션은 비선형, 두터운 꼬리, 극단적인 상황 등을 고려할 수 있다.

10. ①

> **해설** 역사적 시뮬레이션방법은 과거자료에 기초하므로 일시적으로 증가한 변동성이나 추세와 같은 변수의 고유성질을 반영하기 어렵다.

11. ③

> **해설** 시뮬레이션 횟수가 많지 않다면 세 가지 방법에 의한 VaR는 모두 다르다. 그러나, 기초자산 수익률이 정규분포를 따르고, 시뮬레이션 횟수가 증가할수록 몬테 카를로 시뮬레이션에 의한 VaR는 델타-노말법에 의한 VaR에 수렴한다.
>
> **핵심체크** 시뮬레이션 횟수가 증가할수록, 몬테 카를로 시뮬레이션에 의한 VaR는 델타-노말법에 의한 VaR에 수렴한다.

12. ①

> **해설** 분산-공분산 모형은 옵션의 2차 곡선(second order curvature)효과를 고려하지 않으므로 오차가 가장 크다.

13. ③

> **해설** 촐레스키분해법은 상호 독립적이지 않은 여러 종류의 리스크를 고려하기 위해 사용된다.

14. ④

> **해설** 몬테 카를로 시뮬레이션은 비선형성, 두터운 꼬리, 정규분포 등 다양한 유연성을 반영할 수 있는 장점들이 있으나, 모델과 프로그래밍이 매우 복잡하고 고도의 계산능력이 있는 컴퓨터가 필요하여 많은 시간과 비용이 소요된다는 단점도 있다.

15. ④

해설 역사적 시뮬레이션의 장점: 특정분포가정이 불필요, 실제가격에 포함된 변동성과 상관계수 이용, 모형리스크에 노출되지 않음.
역사적 시뮬레이션의 단점: 일시적으로 증가한 변동성을 고려하지 못함, 과거자료에 포함된 극단치에 민감, 민감도분석이나 요인분석이 어려움, 1개의 가격변화만 고려할 수 있음.

16. ③

해설 몬테 카를로 시뮬레이션 방법은 가치평가모형에 의해 변수를 시뮬레이션하므로 이를 통해 계산된 가격은 실제가격이 아니다.

17. ②

해설 포트폴리오 안에 비선형자산인 옵션이 포함되어 있기 때문에 델타-노말법은 바람직하지 않다.

18. ④

해설 VaR를 구하는 모형의 정교함의 순서는 낮은 것부터 높은 것 순으로 mark-to-market analysis(시가분석무형), non-parametric VaR(비모수VaR모형), parametric VaR(모수 VaR모형), simulation VaR(시뮬레이션모형)이다.

[주관식]

01. $T = \begin{pmatrix} 0.03 & 0 & 0 \\ 0.02 & 0.01 & 0 \\ 0.01 & 0.02 & 0.01 \end{pmatrix}$

해설 $R = TT'$를 만족하는 다음과 같은 하위삼각행렬 T를 구하면 된다.

$$T = \begin{pmatrix} x_{11} & 0 & 0 \\ x_{21} & x_{22} & 0 \\ x_{31} & x_{32} & x_{33} \end{pmatrix}$$

$$R = \begin{pmatrix} 0.09\% & 0.06\% & 0.03\% \\ 0.06\% & 0.05\% & 0.04\% \\ 0.03\% & 0.04\% & 0.06\% \end{pmatrix} = TT' = \begin{pmatrix} x_{11} & 0 & 0 \\ x_{21} & x_{22} & 0 \\ x_{31} & x_{32} & x_{33} \end{pmatrix} \begin{pmatrix} x_{11} & x_{21} & x_{31} \\ 0 & x_{22} & x_{32} \\ 0 & 0 & x_{33} \end{pmatrix}$$

$$= \begin{pmatrix} x_{11}^{\,2} & x_{11}x_{21} & x_{21}x_{31} \\ x_{11}x_{21} & x_{21}^{\,2} + x_{22}^{\,2} & x_{21}x_{31} + x_{22}x_{32} \\ x_{31}x_{11} & x_{21}x_{31} + x_{22}x_{32} & x_{31}^{\,2} + x_{32}^{\,2} + x_{33}^{\,2} \end{pmatrix}$$

따라서 다음과 같은 연립방정식을 얻을 수 있고 이를 풀면 된다.

$x_{11}{}^2 = 0.0009 \Rightarrow x_{11} = 0.03$

$x_{11}x_{21} = 0.0006 \Rightarrow x_{21} = \dfrac{0.0006}{0.03} = 0.02$

$x_{11}x_{31} = 0.0003 \Rightarrow x_{31} = \dfrac{0.0003}{0.03} = 0.01$

$x_{21}{}^2 + x_{22}{}^2 = 0.0005 \Rightarrow x_{22}{}^2 = 0.0005 - x_{21}{}^2 \Rightarrow x_{22} = 0.01$

$x_{21}x_{31} + x_{22}x_{32} = 0.0004 \Rightarrow x_{32} = 0.02$

$x_{31}{}^2 + x_{32}{}^2 + x_{33}{}^2 = 0.0006 \Rightarrow x_{33} = 0.01$

따라서 구하고자 하는 하위삼각행렬은 다음과 같다.

$$T = \begin{pmatrix} x_{11} & 0 & 0 \\ x_{21} & x_{22} & 0 \\ x_{31} & x_{32} & x_{33} \end{pmatrix} = \begin{pmatrix} 0.03 & 0 & 0 \\ 0.02 & 0.01 & 0 \\ 0.01 & 0.02 & 0.01 \end{pmatrix}$$

02. $102.64

해설 300일을 100구간으로 나누면 구간(dt)은 3일이 된다. 따라서, 6일 후 주가는 2구간 말의 주가가 된다. 즉, 시뮬레이션 2번 후의 가격을 구하면 된다.

주식가격이 기하브라운운동(GBM)을 따르며 평균이 0이고 연간변동성이 10%이므로, 다음의 식이 성립한다.

$dS = S_{t+1} - S_t = S_t(\mu dt + \sigma \varepsilon \sqrt{dt})$

$\Rightarrow S_{t+1} = S_t(1 + 0.01\varepsilon)$

한편, 난수값 0.7088과 0.9812는 표준정규분포값(ε)으로 환산하면([부록]의 표준정규분포표 참조), 근사적으로 각각 0.55, 2.08이 된다. 따라서,

i) 3일후(dt) 주가, $S_{t+1} = 100(1 + 0.01 \times 0.55) = \$100.55$

ii) 6일후($2dt$) 주가, $S_{t+2} = 100.55(1 + 0.01 \times 2.08) = \$102.64$

제16장

사후검증과 위기분석

1 사후검증(백 테스팅)

가. 사후검증의 개념

(1) 사후검증의 정의

VaR의 사후검증(back-testing)이란 '실제손실이 예측된 손실의 범위에서 발생하는지를 검증하는 통계적 방법(a formal statistical framework that consists of verifying that actual losses are in line with projected loss)'을 말한다. 다시 말해, VaR를 통해 예측한 예상손실의 범위 안에서 실제로 손실이 발생하고 있는지, 아니면 실제 손실이 더 많은지를 자료를 통해 지속적으로 확인하고 VaR를 계산하는데 문제가 있으면 시정하는 것이 바로 사후검증이다.

(2) 사후검증을 하는 이유

사후검증이 필요한 이유를 간략히 설명하면 다음과 같이 두 가지로 나눌 수 있다.

① 현실성 점검

첫째 이유는 VaR가 사용자와 리스크관리자에 의해 잘 조율(calibrated)되고 있는지 확인하기 위해서이다. 실제 VaR를 적용할 때 VaR의 요소들이 현실을 감안하여 결정되었는지 확인할 필요가 있다. 그래서 사후검증을 '현실성 점검(reality check)'이라고도 한다. 예를 들어, 현재 적용하고 있는 보유기간은 적절한지, 신뢰수준은 적절한지를 검토하고 문제가 있으면 리스크관리자와 실무자가 잘 조율하여 VaR를 계산하는 공식 을 조정하여 현실성 있는 모형으로 만드는 것이다.

② Basel 요구사항의 충족

둘째 이유는 자본요구량을 결정할 때 내부 VaR모형을 이용하기로 한 바젤위원회 (Basel Committee)의 요구사항을 충족하기 위해서이다. 다시 말해 현재 사용하고 있는 VaR모형이 실제 발생하는 손실 예측에 잘 맞는지 통계적으로 검증하고 문제점을 시 정하여 손실을 더 정확히 예측하기 위해 사후검증을 실시하는 것이다.

나. 사후검증 방법

(1) 사후검증 절차

① 가설설정

먼저 검증하고자 하는 적절한 가설을 설정해야 한다. 가설은 통계적으로 검증 가 능하도록 구체적으로 구성해야 하며, 가능하다면 수학적으로 표현하면 바람직할 것이 다. 사후검증을 위한 가설의 일반적인 형태를 설명하면 다음과 같다.[1]

$$\text{귀무가설}(H_0): \ |\text{Actual loss} - \text{Projected loss}| = 0 \ \text{ or } \ E(N/T) = p \qquad \text{(식 16-1)}$$

단, $N = T$기간 안에 발생한 예외의 수
$T = $ VaR를 계산하는 보유기간
예외(exception) = VaR를 벗어난 손실
$p = $ 예외가 발생할 확률
Actual loss = 실제 손실
Projected loss = VaR로 예측한 손실

---

1) $\dfrac{N}{T}$ 을 보통 예외확률 혹은 '실패비율(failure rate)'이라고도 한다.

(식 16−1)의 귀무가설이 기각된다는 것은 실제손실이 VaR로 예측한 손실과 다르므로 현재 사용하고 있는 VaR모형을 조정해야 할 필요가 있음을 의미하며, 가설이 채택된다는 것은 현재 사용하고 있는 VaR에 문제가 없으므로 계속 사용해도 된다는 것을 의미한다.

② 통계적 검증 방법

가설설정이 이루어지면 가설을 채택할 것인지, 기각할 것인지를 적절한 검정통계량(test statistic)[2]을 이용하여 검증하는 절차가 남아 있다. VaR의 사후검증을 통계적으로 검증하는 절차와 방법은 다음과 같다.

첫째, 검정통계량을 정의하기 위해 확률변수를 정의한다.

즉, VaR보다 큰 손실이 발생하는 횟수를 확률변수 X(즉, 예외(exceptions)의 수)라 하자. 이 경우 실제손실이 예측손실보다 클 확률을 $p(= N/T)$라 하면 T기간 동안 발생한 총 예외의 수는 확률이론에 의하면 이항분포(binomial distribution)를 따르게 된다. 물론 이 경우 하나의 손실이 다른 손실에 영향을 주지 않는다고 가정한다. 즉, 각각의 손실은 상호 통계적으로 독립적이다. X가 이항분포를 따르면, $X \sim b(T, p)$와 같이 표시한다.

둘째, 검정통계량을 정의한다.

통계학에서 유명한 중심극한정리(CLT: Central Limit Theorem)[3]에 따르면 관찰자료 수가 충분히 많아지면 이항분포를 따르는 확률변수 X를 정규분포(Z)로 전환할 수 있다. 즉, 다음 (식 16−2)와 같이 표준정규분포를 검정통계량으로 한다.

$$Z = \frac{X - Tp}{\sqrt{Tp(1-p)}} \sim N(0, \ 1) \qquad \text{(식 16-2)}$$

셋째, 검정통계량을 이용하여 가설을 검증한다.

(식 16−2)로 구한 Z의 절대값이 크면 클수록 (식 16−1)에 있는 귀무가설을 기각하게 되고, Z의 절대값이 작으면 작을수록 귀무가설을 채택하게 되는 것이다. 참

---

[2] 검정통계량(test statistic)이란 정규분포나 t−분포, F−분포 등과 같이 통계적으로 가설을 검증할 때 사용하는 통계량을 말한다.

[3] 중심극한정리(CLT)란 자료의 수가 많아지면(보통 20여 개 이상 되면) 확률변수가 어떤 분포를 갖든지 정규분포에 근사적으로 수렴한다는 이론을 의미한다. 예를 들어, 확률변수 X가 이항분포를 따를 때 자료(관찰 자료수)의 수가 많아지면 X는 정규분포로 만들 수 있다.

고로 신뢰수준이 99%(즉, 유의수준이 1%)일 때는 Z의 절대값이 2.56보다 크면 가설을 기각하게 되며, 신뢰수준이 95%(즉, 유의수준이 5%)일 때는 Z의 절대값이 1.96보다 크면 가설을 기각하게 되고, 신뢰수준이 90%(즉, 유의수준이 10%)일 때는 Z의 절대값이 1.645보다 크면 가설을 기각하게 된다.

(2) Basel Rule에 의한 사후검증

국제결제은행 산하 Basel위원회에서 금융기관들에게 요구하는 사후검증에서의 주요가이드라인은 다음과 같다.

① 신뢰수준

신뢰수준으로는 99%를 이용하도록 요구한다.

② 검증기간

검증기간(T) 혹은 적용기간으로는 최근 1년(250영업일(business days))으로 하도록 요구한다.

이러한 기준에 따를 경우 VaR를 초과하는 손실이 발생하는 횟수(즉, 예외의 수)가 연간 2.5회(즉, 250×1%)이면, 현재 VaR가 잘 맞고 있으므로 계속 사용하고, 그렇지 않을 경우 유의수준, 적용기간 등을 조정해서 사용해야 하는 것이다. <표 16−1>은 사후검증에서 예외(exception)의 갯수에 따라 현재 사용되고 있는 VaR모형의 적절성과 부정확한 모형에 대한 벌칙을 Basel기준에 따라 보여주고 있다. 실제 발생한 예외의 갯수에 따라 안전구역(Green Zone), 경계구역(Yellow Zone), 위험구역(Red Zone)의 3구역으로 구분하고, 리스크대비 자본준비금을 산출할 때 위험구역으로 갈수록 더 높은 벌칙(penalty)을 부과함으로써 금융기관으로 하여금 보다 정확한 VaR모형을 구축하도록 요구하고 있다.

<표 16−1>에서 안정승수(k: multiplicative factor)의 기본값은 3이고 예외의 갯수에 따라 k가 표에 있는 숫자만큼 증가하게 되어 k의 최대값은 4이다(즉, $3 \leq k \leq 4$). k가 커질수록 금융기관은 더 많은 리스크대비 자본금을 준비해야 하므로 불리해 진다. k가 반영되는 공식은 다음 (식 16−3)과 같다.

〈표 16-1〉 Basel의 VaR사후검증 및 벌칙

구역(Zone)	예외(exception)의 갯수	안정승수(k)의 증가
안전(Green)	0~4	0.00
경계(Yellow)	5	0.40
	6	0.50
	7	0.65
	8	0.75
	9	0.85
위험(Red)	10~	1.00

$$MRC_t^{IMA} = \max(k\frac{1}{60}\sum_{i=1}^{60} VaR_{t-i}, \ VaR_{t-1}) + SRC_t \qquad \text{(식 16-3)}$$

단, MRC_t = t 시점의 시장리스크부과금(Market Risk Charge)

IMA = 내부모형접근법(Internal Model Approach)

SRC_t = 특정리스크부과금(Specific Risk Charge)

(식 16-3)에서 시장리스크부과금(MRC)은 최근 60일 평균에 안정승수(k)를 곱한 값과 전일(前日)VaR 중 큰 값으로 구한다. 그리고 Basel은 리스크대비 자본준비금(capital requirement)으로 최소한 (식 16-3)에 있는 시장리스크부과금을 포함한 운영리스크부과금(ORC: Operational Risk Charge), 신용리스크부과금(CRC: Credit Risk Charge)의 합보다 큰 금액을 요구한다. 즉, 리스크대비필요자본금>총리스크부과금 ($TRC=MRC+ORC+CRC$)이다.[4]

참고로 기업의 입장에서는 VaR가 클수록 적정자본요구량이 증가하여 부담이 되므로 가급적 VaR를 줄이려 하는 경향이 있다. 따라서 금융감독기구는 기업이 임의로 VaR를 줄이지 않도록 철저한 감독이 필요하며 이를 위해 사후검증을 요구하는 것이다.

---

4) 리스크대비 자본금에 대해서는 P. Jorion(2007), pp.61~63 참조.

가. 스트레스 테스팅의 개념

(1) 스트레스 테스팅의 정의

스트레스 테스팅(stress-testing, 보통 '위기분석'이라고 번역됨)이란 극단적인 손실을 유발하는 상황을 찾아내어 관리하는 과정(a process to identify and manage situations that could cause extraordinary losses)을 말한다.5) VaR는 보통 '정상상황(normal condition)'에서 일어날 수 있는 최대손실을 의미하므로 자연재해, 큰 경제적 쇼크 등으로 인해 발생할 수 있는 극단적인 손실은 VaR로 예측할 수 없게 되고 따라서 위기분석이 필요한 것이다.

스트레스 테스팅은 미시 스트레스 테스팅(micro stress testing)과 거시 스트레스 테스팅(macro stress testing)으로 구분할 수 있다. 전자는 개별 금융회사의 리스크관리 차원에서 이루어지는데 특정한 사건이나 외부의 충격(shock)이 개별 금융회사에 미치는 영향을 평가하는 것으로 은행의 리스크관리, 자기자본관리, 사업계획수립 등에 활용할 수 있다. 반면, 후자는 외부의 충격이 발생할 경우 금융시스템 전체의 안정성(financial system stability)을 평가하는 것으로 IMF나 세계은행(World Bank) 등이 주도하고 있는 금융안정성평가프로그램(FSAP: financial stability assessment program)이 이에 해당한다. 특히, 거시 스트레스 테스팅은 다시 개별적 접근법(piecewise approach)과 통합적 접근법(integrated approach)으로 구분하기도 하는데,6) 그 주요 특징을 정리하면 다음 <표 16-2>와 같다.7)

한국은행은 외부변수의 충격에 따른 금융회사의 잠재손실을 추정함으로써 금융시스템의 안정성을 평가하는 거시 스트레스 테스팅모형인 BOKST(Bank of Korea stress-testing)를 2007년 12월 개발하여 운영 중이며, 2018년에는 통합 스트레스 테스

---

5) 스트레스 테스팅은 원래 의학분야에서 사용되는 전문용어로서, 신체 특정부분에 충격을 주어 그 반응을 보고 질병을 판단하는 것을 말한다.
6) Sorge(2004) 참조.
7) 서정호(2010), p.9를 인용함.

〈표 16-2〉 거시 스트레스 테스팅: 개별적 접근법 vs. 통합적 접근법

	개별적 접근법	통합적 접근법
접근법	개별 금융건전성지표와 예측모형	다양한 위험요소들을 하나의 포트폴리오 손실분포로 추정
주요 모형	−시계열 혹은 패널분석기법 −축소형(reduced form) 혹은 구조화(structural) 모형	−거시 계량경제 리스크 모형 −미시 구조적 리스크 모형
장 점	−직관적이며, 컴퓨터사용에 대한 부담이 적음 −시나리오의 다양성	−시장과 신용리스크 분석의 통합 −거시경제 충격에 따른 손실분포 변화에 대한 시뮬레이션 가능 −신용리스크에 가해진 거시충격의 비선형효과 포착 가능
단 점	−주로 선형(linear)함수 사용 −장기적으로 매개변수의 불안정성 유발 −피드백효과 없음 −대출손실 조항과 무수익여신은 신용리스크의 교란지표일 가능성 높음	−금융기관 사이의 VaR값의 비가법성 −대부분의 모형이 단기, 신용리스크에 치중 −장기적 피드백효과나 매개변수 불안정성에 대한 연구 부재

팅모형을 발표한 바 있다.[8]

(2) 스트레스 테스팅의 목적과 필요성

스트레스 테스팅의 가장 큰 목적은 VaR로 측정할 수 없는 비정상상황을 탐색하고 대비하기 위함이다. 원유가격의 갑작스런 폭등으로 인한 인플레이션 발생, 예상치 못한 국내 정치상황의 급변으로 인한 시장상황의 악화, 자연재해의 발생으로 인한 경제의 어려움 등은 정상상황으로 보기 어려운 위기상황들이며 이러한 위기상황으로 인해 기업은 예상할 수 없는 큰 손실을 볼 수 있다. 이러한 가능성을 예상하고, 그러한 손실이 발생할 경우 기업은 어떻게 대처해야 하는지 미리 대책을 세우지 않는다면 이는 기업의 생존을 위협할 수도 있다. 따라서 다양한 비상상황 혹은 위기상황을 대비하는 것이 스트레스 테스팅의 주요 목적이다.

또한 과거자료에 기반하는 VaR는 심각한 손실을 유발할 수 있는 극단적인 비정상상황을 찾아내는 것이 어렵기 때문에 스트레스 테스팅이 필요하다.

---

8) 한국은행, *금융안정보고서*(2008, 2018) 참조.

(3) 스트레스 테스팅 가이드라인

스트레스 테스팅의 구체적인 가이드라인이 파생상품정책그룹(DPG: Derivatives Policy Group)에 의해 제시되어 있는데 이를 살펴보도록 하자.

첫째, 수익률곡선(yield curve)이 ±100bp 수평 이동하는 경우[9]
둘째, 수익률곡선(yield curve)이 ±25bp 비틀리는 경우
셋째, 주가지수가 ±10% 변하는 경우
넷째, 통화가치가 ±6% 변하는 경우
다섯째, 변동성(volatility)이 ±20% 변하는 경우

따라서 시장에서 위와 같은 변동이 발생하면 비정상상황으로 간주하고 이에 대한 대책을 미리 수립해야 안전하다는 것이다. 물론 이러한 가이드라인이 얼마나 유용한가는 전형적인 시장위험을 얼마나 적절히 반영하고 있는가에 달려 있다. 예를 들어, 수익률곡선이 목표기간 동안 100bp보다 많이 변하는 상황이 자주 발생한다면 이는 정상상황에 가깝다고 볼 수 있으며 위기상황이라고 보기 어려울 것이다. 따라서 각 시장의 전형적인 변동상황을 우선 이해하는 것이 정상상황이냐, 아니면 위기상황이냐를 결정하는 중요한 요소가 될 것이다.

(4) 스트레스 테스팅의 장단점

① 장점

스트레스 테스팅의 장점은 과거자료가 존재하지 않는 상황을 리스크 관리에서 고려할 수 있다는 점이다. 예를 들어, 새로운 자본시장통합법이 조만간 제정된다고 가정하고 그것이 어떤 은행이나 보험회사의 향우 손익에 미치는 영향을 분석할 경우, 과거자료가 없어 VaR는 측정할 수는 없으나 스트레스 테스팅을 통해 결과를 예측하고 대책을 강구할 수 있을 것이다.

---

9) bp는 basis point의 약자로서 1bp=0.01%를 의미한다.

② 단점

스트레스 테스팅에는 몇 가지 단점이 있다.

첫째, 스트레스 테스팅을 이용하여 포트폴리오 분석을 할 경우 포트폴리오 리스크에서 중요한 부분을 차지하는 상관관계를 제대로 반영하지 못한다는 점이다. 일반적으로 스트레스 테스팅은 한 번에 1개 변수 혹은 3~4개 변수의 큰 변화가 미치는 영향을 분석한다. 따라서 스트레스 테스팅은 대규모 그리고 복잡한 포트폴리오에 대한 위기분석에는 적절치 않다.

둘째, VaR측정에 잘못 이용될 수 있다는 점이다. 스트레스 테스팅은 객관적인 과거자료를 이용하기 어렵기 때문에 대부분 주관적이다. 엉터리 또는 적절치 않은 상황설정으로 엉뚱한 VaR가 계산될 수 있다.

셋째, 특정 시나리오의 선택이 포트폴리오 포지션 자체에 의해 영향을 받을 수 있다. 즉, 만일 시나리오가 변한다면 단순히 시나리오가 변했다는 이유로 리스크 측정치도 변하게 된다. 또한 스트레스 테스팅은 최악의 상황이 발생할 수 있는 확률을 정하지 않는다.

넷째, 충분한 데이터의 확보가 어렵다는 점과 과거자료에 근거한 정보의 제한성이라는 문제가 있다. 스트레스 상황 혹은 손실분포의 꼬리부분(tail of loss distribution)에 초점을 맞추므로 모수적 통계분석(parametric analysis)을 수행할 정도의 충분한 데이터를 보유하지 못하는 경우가 많다. 또한, 위기상황에서 손실분포가 불리한 방향으로 이동(shift)하거나 분포의 모양이 변형되어 과거자료를 근거로 산출된 예상손실(expected loss: 평균값)이나 비예상손실(unexpected loss)에 대한 정보의 가치가 제한적일 수 있다.

다섯째, 모형의 내생성(endogeneity)문제가 있다. 내생성문제란 외부충격이 발생할 때 감독당국과 금융회사들이 수동적으로 수용하는 것이 아니라 능동적으로 대응(endogenous behavioral reaction)하게 되는데 모형은 이러한 점을 충분히 반영하기 어렵다는 것을 말한다. 예를 들어, 경제주체들이 외부충격에 대해 집단적으로 포트폴리오를 조정할 경우 금융시장의 리스크를 증폭시키는 내생적 비선형성(nonlinearity)을 초래하게 되고, 이러한 2차적 충격이 금융회사에 다시 영향을 주게 되는 거시피드백(macro feedback)현상을 모형이 충분히 반영하기 어렵다는 점이 스트레스 테스팅의 또 다른 한계로 지적된다.

이상의 결과들을 요약하면 스트레스 테스팅은 VaR을 완전히 대체하기 보다는 보완하는 방법으로 운용하는 것이 합리적이다. 또한 스트레스 테스팅의 몇몇 단점에도 불구하고 포트폴리오가 주로 1개의 리스크요인에 노출되어 있는 경우 매우 유용하다. 이 경우에는 리스크요소들 사이의 상관관계를 고려할 필요가 없기 때문이다. 스트레스 테스팅은 주요 변수의 최악의 움직임이 미치는 영향을 분석하는데 매우 유용하고 이는 분포의 극단적인 꼬리부분에서 3~4개의 관찰치를 선택하는 것과 유사하다. 그러나 스트레스 테스팅은 분포의 나머지 부분이 규정된 후에만 유용하다는 것을 인식할 필요가 있다. 스트레스 테스팅은 감독기관이 현재 운용 중인 리스크 관리 시스템의 안정성과 건전성을 평가하는 데 이용되고 있다.

나. 스트레스 테스팅 방법

스트레스 테스팅의 주요 방법으로는 시나리오 분석, 스트레스 테스팅 시스템분석, 그리고 정책반응 등이 있는데 이들을 간략히 설명하면 다음과 같다.

(1) 시나리오 분석

시나리오 분석(scenario analysis)이란 금리의 급격한 변동, 주가지수의 급변 등 주요 경제변수들의 심각한 변동을 가정하고 포트폴리오를 평가하는 것을 말한다. 리스크 요인의 수에 따라 다음과 같이 1차원 시나리오 분석과 다차원 시나리오 분석으로 구분된다.

① 1차원 시나리오 분석

1차원 시나리오 분석(unidimensionalscenario analysis)이란 하나의 리스크 요인만이 존재할 경우에 적용되는 시나리오 분석법이다. 앞에서 설명한 스트레스 테스팅의 가이드 라인도 각각의 요소를 한 번에 하나씩 개별적으로 분석한다면 1차원 시나리오 분석이 된다.

② 다차원 시나리오 분석

다차원 시나리오 분석(multidimensional scenario analysis)이란 두 개 이상의 위험요소의 변화를 동시에 고려하여 시나리오 분석을 실시하는 것을 말한다. 예를 들어, 금리의 변동과 주가지수의 변동을 동시에 고려한다든지, 혹은 인플레이션의 변동과 환율의 변동, 그리고 주가지수의 변동 등을 동시에 고려한다면 다차원 시나리오 분석이 되는 것이다. 1차원 시나리오 분석이 중요한 개별 리스크 요소를 독립적으로 분석하기 때문에 리스크 요인들 사이의 상관관계를 고려할 수 없다는 문제점이 있는 반면, 다차원 시나리오 분석은 이런 문제를 극복할 수 있다는 장점이 있다.

다차원 시나리오 분석에는 다음과 같이 다양한 방법들이 있다.

(i) 가상 시나리오 방법

가상 시나리오(perspective scenario)란 '가상적인 1회성 충격(hypothetical one-off surprise)'을 표시한다. 예를 들어, 일본에서의 대지진 발생, 한반도의 통일, 석유 생산 지역에서의 전쟁 발발 등을 가상하고 시나리오를 분석하는 것을 말한다. 이러한 시나리오 분석법의 문제점은 다른 리스크 요인을 배제하고 주관적으로 설정한 리스크 요인만을 분석한다는 것이다. 따라서 복잡한 리스크 요인에 의해 영향을 받는 포트폴리오나 자산의 리스크 분석에는 적절치 않다. 가상 시나리오 방법에는 두 가지 종류가 있다.

하나는 요인압박방법(FPM: Factor Push Method)으로서 모든 변수를 개별적으로 일정폭만큼 상향 혹은 하향 조정하여 가치를 평가하는 것이다. 예를 들어, 포트폴리오의 가치를 평가할 때 표준편차의 1.65배 상향 또는 하향 조정한 후 시행하면 좀 더 극단적인 상황에 대비하기가 쉬워 질 것이다. 이는 매우 보수적인 방법으로서 요인들 사이의 상관관계를 고려하지 않는다는 단점이 있다.

다른 하나는 조건부 시나리오 분석법(CSM: Conditional Scenario Method)으로서 중요한 특정 리스크 요인들만 변동하고 나머지 요인들은 변함이 없다는 조건하에서 분석하는 방법이다. 이 방법은 요인압박방법 보다 더 체계적으로 요인들간의 상관관계를 고려한다는 장점이 있다.

(ii) 역사적 시나리오 방법

역사적 시나리오(historical scenario)란 과거 역사로부터 시나리오를 추론하는 방법이다. 과거에 발생했던 급격한 금리변동, 물가상승, 환율변동 등의 사건으로부터 미래에 발생 가능한 큰 변동 사건 혹은 시나리오를 유추하는 것을 말한다. 과거의 오랜 기간을 고려하면 할수록 보다 현실화될 수 있는 시나리오를 구성할 수 있다. 다만 이 방법의 가정은 과거는 미래에도 반복된다는 것인데 이는 다소 비현실적인 면이 있다는 문제점을 가지고 있다.

(2) 스트레스 테스팅 시스템 분석

스트레스 테스팅 시스템 분석(stress-testing system analysis)은 리스크 관리에 사용되는 모형을 변형시킨다든지, 변동성, 상관계수, 가치평가방법 등에 변화를 주어 어떤 상황이 발생하는지 분석하는 방법을 말한다. 대표적으로 민감도분석과 모형모수 분석이 있다.

① 민감도 분석

민감도 분석(sensitivity analysis)이란 모형의 함수적 형태(functional form)를 변화시킬 때 어떤 변동이 생기는지를 분석하는 것이다. 예를 들어, 파생상품의 가치를 평가할 때 이항분포모형을 사용할 경우와 블랙-숄즈모형(Black-Scholes Model)을 사용할 경우 그 결과는 다를 수 있다. 따라서 다양한 평가모형을 적용하여 발생 가능한 시나리오를 만들고 이를 토대로 리스크를 분석하는 방법을 말한다.

② 모형모수 분석

모형모수 분석(model parameter analysis)이란 모형에 입력시키는 모수들(예를 들어, 변동성, 상관관계 등)을 다르게 하여 그 결과를 분석하는 것이다. 예를 들어, 최근의 자료를 이용하여 상관계수를 산출하였는데 과거와 차이가 많이 날 경우 상관계수를 조정하여 리스크를 측정하거나, 변동성을 다양한 값으로 스트레스 테스팅하는 방법 등이 있다.

③ 정책반응

정책반응(policy responses)이란 주요 국가 정책의 변화 시 그 반응을 살펴보는 방법을 말한다. 정책의 변화에 대응하여 기업이 취할 수 있는 몇 가지 대표적인 반응을 요약하면 다음과 같다.

첫째, 보험이나 기타 헷지에 필요한 수단에 투자한다.

둘째, 위험노출부분을 줄이거나 분산투자전략 등을 통해 포트폴리오를 수정하는 등 정책변화의 충격을 줄이도록 노력한다.

셋째, 정책변화에 능동적으로 대응할 수 있도록 사업구조를 개편한다.

넷째, 특별한 시나리오가 전개되면 이에 대응하기 위한 교정계획(a plan for a corrective course)을 개발한다.

다섯째, 유동성에 문제가 발생할 경우에 대비하여 대안이 될 만한 자금조달 방식을 미리 준비한다.

(3) 스트레스 테스팅 실시 절차

일반적으로 스트레스 테스팅은 다음과 같은 절차로 진행된다.

① 초기 외부충격 시나리오 설정

리스크를 유발할 수 있는 충격(스트레스)의 종류, 강도, 발생확률 등에 대한 가상 시나리오를 가정한다.

예 금리 300bp 상승, 환율 20% 절상, 부동산 가격 100% 하락 등

② 거시경제변수 및 기타 핵심 변수값 추정

앞에서 설정한 외부충격을 거시경제모형에 투입하여 금융회사의 주요 리스크에 영향을 미치는 거시경제변수 및 기타 핵심 변수값을 추정한다.

예 GDP성장률(3% 하락), 실업률(5% 상승), 회사채수익률(200bp 상승) 등

③ 통계적 방법론 선택 및 시뮬레이션 실시

스트레스 시나리오와 추정된 핵심변수값들을 금융회사의 리스크측정에 적용하기 위한 통계적 방법론을 선택하고 다음과 같이 시뮬레이션을 실시한다.

(i) 신용리스크 산출(대상: 대출성 자산)

위에서 추정한 핵심 변수값을 이용하여 부문별 부도확률을 추정하고, 부도확률을 활용하여 신용리스크 값을 산출한다.

(ii) 시장리스크 산출(대상: 트레이딩 계정)

초기 충격 또는 핵심변수값을 이용하여 시장리스크를 산출한다.

(iii) 금리리스크 산출(대상: 금리부 자산, 부채)

초기충격 또는 핵심 변수값을 투입하여 금리리스크 값을 산출한다.

(iv) 유동성리스크 산출(대상: 전체 자산과 부채)

초기충격 또는 핵심변수값 투입 시 은행 자산과 부채의 상환스케줄 변동을 추정하고 이로 인한 유동성리스크를 산출한다.

④ 시뮬레이션결과 평가 및 대응방안 마련

시뮬레이션을 통해 은행의 자기자본 적정성, 유동성에 미치는 영향 등을 평가하고 취약점이 발견되면 대응방안을 모색한다. 예컨대, 자본이 부족하다고 평가되는 은행의 경우 적절한 자본확충을 요구받을 수 있다. 필요시 예상되는 은행의 포트폴리오

[그림 16-1] 스트레스 테스팅 실시 절차

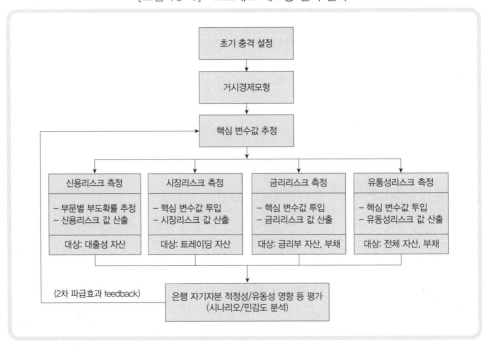

조정 및 정책당국의 개입 등에 의한 2차 파급효과를 감안하여 추가 분석을 실시할 수 있다.

　예　평가기준: 기본자본비율(Tier 1 Capital) 6%, 자기자본비율(CET1: Common Equity Tier 1 Capital) 4% 등

[그림 16-1]은 스트레스 테스팅의 일반적인 절차를 도식화한 것이다.[10]

다. 스트레스 테스팅 국내·외 모형

(1) 금융감독원 모형

금융감독원은 전 권역 금융회사를 대상으로 한 거시건전성 스트레스 테스팅 모형을 국내 최초로 개발하여 2017년 12월 공개하였는데, 그 모형의 명칭은 STARS[11]-I으로 하였다.

향후 모형이 확장되면 STARS-II로 명칭이 변경될 예정이다. 그 주요 내용을 인용하여 정리하면 다음과 같다.

① 개발 배경

스트레스 테스팅은 글로벌 금융위기 이후 중요도가 크게 부각된 리스크 관리기법으로 금융시스템 전반에 대한 안정성 평가(거시건전성 스트레스 테스팅) 및 개별 금융회사에 대한 건전성 감독(미시건전성 스트레스 테스팅)에 활용되고 있으며, 우리나라의 경우, 개별 금융회사가 자체적인 스트레스 테스팅 모형을 개발하거나, 한국은행 등 일부 기관이 은행 중심의 모형을 개발, 운용 중으로, 전 금융권역을 아우르는 거시건전성 스트레스 테스팅 모형은 부재한 상황이다. 즉, 전 금융권역을 포괄하는 거시건전성 스트레스 테스팅 모형 개발이 필요한 상황이다. IMF는 우리나라에 대한 금융안정성 평가 시 금융회사가 실시한 테스트 결과와 감독당국 모형에 의한 결과와의 교차 검증을 통해 금융회사 실시 스트레스 테스팅 결과의 신뢰성을 제고할 것을 권고하고 있다.

---

10) 서정호(2010)에서 인용함.
11) STARS-I: Stress Test for Assessing Resilience and Stability of Financial System (Version I)

② 주요 특징

(i) 전 금융권역을 대상으로 한 모형

기존에 은행권에 국한되었던 스트레스 테스팅의 범위를 대폭 확대하여 금융투자, 보험, 저축은행, 상호금융 및 여신전문금융회사(여전사) 등 비은행권역의 건전성 및 금융권역 간 다중채무에 의한 상호작용까지 고려할 수 있도록 설계되었고, 향후 여러 금융권역에 걸쳐 영업활동을 영위하는 금융그룹에 대한 종합적인 리스크를 평가할 수 있는 기반을 마련하게 되었다.

(ii) 금융회사의 건전성 영향 요인을 다양한 모듈 형태로 포괄적으로 구성

위기 시나리오 생성 및 신용손실모형(금융권역간 다중채무로 인해 발생하는 동시다발 적 부도 시뮬레이션 모듈 포함), 시장손실모형, 영업손익모형 등 금융회사의 건전성에 영향을 주는 다양한 요인이 각각의 모듈로 개발되었고, 필요시 특정 모듈만 개선하여 교체하는 등 유연한 운영이 가능하다.

[그림 16-2] STARS-I 모형 전체 구조

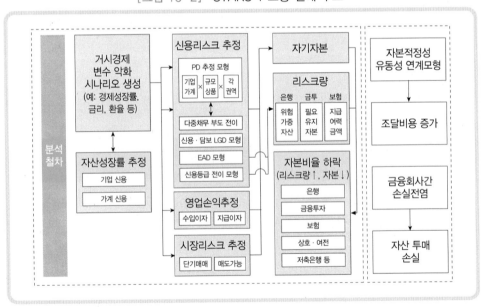

(iii) 감독당국 자체적인 하향식 스트레스 테스팅 모형

개별 금융회사의 참여 없이 금감원 자체적으로 수행 가능하기 때문에, 신속한 스트레스 테스팅 실시 및 결과 분석이 가능하다. 이를 금감원 자체의 하향식모형이라 할 수 있는 데, [그림 16-3]은 상향식과 하향식을 비교 설명한 것이다.

[그림 16-3] 스트레스 테스팅 구분: 상향식 vs. 하향식

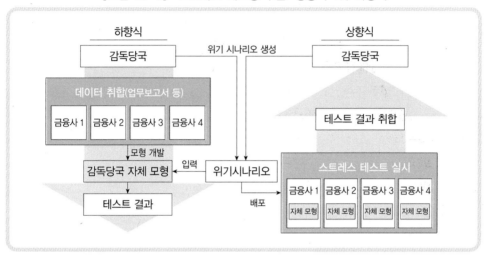

상향식 접근법은 개별금융기관의 포트폴리오 특성을 반영하여 리스크를 상세히 평가할 수 있다는 장점이 있는 반면, 개별 금융기관의 스트레스 테스팅 모형이 서로 다르고 다양하므로 금융기관 간 평가결과의 비교가 어렵고, 연속적인 일관성을 유지하기 어렵다는 단점이 있다. 반면, 하향식 접근법은 모든 금융기관에 대해 동일한 모형 및 기준으로 평가하므로 평가결과가 비교가능하고 일관성이 유지된다는 장점이 있는 반면, 개별기관의 포트폴리오특성을 반영하기 어렵다는 단점이 있다. 최근에는 상향식과 하향식을 동시에 수행하는 절충식 접근법(hybrid approach)을 채택하는 경우가 늘고 있다.[12]

(iv) 기업 및 가계 차주의 전수에 가까운 장기 시계열 데이터 수집·분석을 통해 모형을 개발

자산군별 과거 최악의 위기 시점(1998년 외환위기(기업) 및 2003년 카드사태(가계))

---

12) 한국은행(2008.4) 금융안정보고서에서 인용함.

데이터를 모형 추정 기간에 포함하여 위기 상황을 보다 정교하게 측정 가능하며, 금융회사 대출 정보뿐만 아니라 기업 및 가계 전체 차주의 건전성데이터를 활용하여 모형을 개발, 위기 시 차주 및 금융기관 대출 건전성 변화를 각각 추정 가능하다.

③ 향후 활용방안 및 활용계획

(i) 활용 방안

- 금융회사 스트레스 테스팅 결과 검증: IMF의 권고에 따라 개별 금융회사가 실시하는 스트레스 테스팅 결과를 검증하고, 감독상 조치(예시: Pillar 2 평가 등)와 연계하기 위한 기준 정보로 활용
- 정책 시뮬레이션: 일자리 창출, 가계부채 총량관리 등 다양한 정책집행이 금융안정에 미치는 영향을 시뮬레이션
- 금융시스템의 안정성 평가: 위기 시 개별 금융회사 및 금융산업의 손실흡수능력을 평가하고, 위험도가 높은 금융권역 및 포트폴리오에 대한 감시 목적으로 활용
- 금융그룹 통합감독에 활용: 전 금융권역을 아우르는 스트레스 테스팅이 가능하므로, 향후 금융그룹에 대한 통합 리스크 평가 시 참고자료로 활용

[그림 16-4] STARS 활용 방안

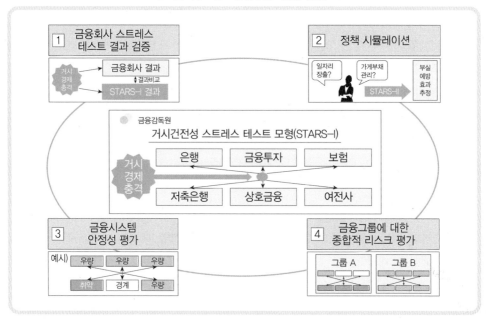

(ii) 향후 계획

- 전 금융권역 대상 파일럿 테스팅(pilot testing) 실시: 향후 금리 인상 지속 및 급격한 경기 침체 가능성 등을 가정한 전 금융권역 대상 상향식 테스트 결과와 하향식 파일럿 테스팅 결과를 비교 후 시사점 도출
- 모형 신뢰성 제고: IMF 등 공신력 있는 국제기구 전문가와의 세미나 개최를 통해 모형에 대한 신뢰성을 지속적으로 제고
- 모형 개선: 자본적정성과 유동성 간 상호 작용 및 2차 충격에 의한 피드백효과까지 반영한 STARS-II로 업그레이드를 추진

(2) 한국은행 모형

한국은행 스트레스 테스팅 모형에는 BOKST-07모형과 통합ST모형 등이 있는데, 이에 대해 간략히 소개하고자 한다.13) 먼저, 한국은행의 스트레스 테스팅 모형 (BOKST-07: Bank Of Korea Stress Testing 2007)은 신용리스크와 시장리스크에 대한 계량모형으로서 충격에 따른 금융기관의 리스크 변화를 추정한 후, BIS기준 자기자본비율의 변화를 비교하여 금융시스템의 안정성을 평가할 수 있도록 설계되었다. BOKST 모형에서는 운영리스크에 대한 구체적인 스트레스 테스팅 방법론이 정립되지 않아 BIS비율 산출을 위하여 표준방법에 의한 운영위험가중자산만을 산출하고 시나리오별 운영리스크 스트레스 테스팅은 실시하지 않고 있다.

① BOKST-07 모형14)

(i) 신용리스크 스트레스 테스팅 모형

신용리스크 스트레스 테스팅 모형은 크게 두 가지 모형으로 구성되어 있는데, 하나는 거시경제변수와 부도확률의 관계를 설정한 부도확률(PD) 추정모형이고, 다른 하나는 추정된 부도확률을 이용하여 BIS협약의 기본내부등급법(FIRB: Foundation Internal Ratings-Based)15)으로 신용손실을 산출하는 신용리스크 측정모형이다.

---

13) BOKST-07와 통합ST 이외에도 2012년에 개발된 은행대상 시스템리스크 평가모형인 SAMP, 비은행 금융기관을 대상으로 하는 비은행 스트레스 테스팅 모형 등이 있다.

14) 한국은행(2008-4) 자료에서 인용함.

15) 기본내부등급법(FIRB)은 리스크 대비 자기자본비율 산출 시 외부적격 신용평가기관의 평가결과를 활용하는 표준방법과 달리, 은행이 거래 상대방의 신용평가를 자체적으로 수행하고 해당 결과를 반영할 수 있도록 허용하는 방법이다. 즉, 기업 여신에 대해서는 자체적으로 추정한 부도율(PD: Probability

첫째, 부도확률추정 모형을 간략히 설명하면 다음과 같다. 부도확률 추정모형은 익스포저의 속성에 따라 외부충격에 대한 부도율의 변화가 다르게 나타날 수 있는 점을 고려하여 기업, 중소기업 및 소매모형으로 구분하여 개발되었다(logit모형[16]).

기업모형:

$$\ln\left(\frac{PD_{i,t}}{1-PD_{i,t}}\right) = -4.71 - 6.95\,GDP_{t-2} + 6.79\,RCB_{t-1} +$$
$$3.25\,ULC_t - 1.89\,NBTT_{t-1}, \quad R^2 = 0.69$$

중소기업모형:

$$\ln\left(\frac{PD_{i,t}}{1-PD_{i,t}}\right) = -3.45 - 4.18\,GDP_{t-3} + 9.78\,RCB_{t-2} +$$
$$5.91\,ULC_t - 7.77\,Lf_{t_{t-1}}, \quad R^2 = 0.93$$

소매모형:

$$\ln\left(\frac{PD_{i,t}}{1-PD_{i,t}}\right) = -3.68 + 5.09\,(UR + CPI - GDP)_{t-3} +$$
$$13.72\,RCB_{t-3} - 3.30\,WE_{t-2}, \quad R^2 = 0.75$$

단, 모든 추정계수는 유의수준 0.10에서 통계적으로 유의함.
거시경제변수는 전년 동기대비 증가율임(회사채수익률, 실업률은 제외)
PD = 부도율, GDP = 국내총생산, RCB = 회사채수익률, ULC = 단위노동비용
$NBTT$ = 교역조건, UR = 실업률, CPI = 소비자물가지수, WE = 가계총자산,
Lf = 금융기관유동성

거시경제변수와 신용자산가치 결정변수인 부도확률의 관계를 설정하는 부도확률 추정모형은 2000년 4/4분기부터 2006년 4/4분기까지의 은행별, 익스포저별 부도율 자료를 이용하여 불균형 패널모형(unbalanced panel model)으로 추정하였다.[17] 패널모

---

of Default)을 사용할 수 있으며, 소매 여신에 대해서는 자체적으로 추정한 부도율(PD), 부도시 손실률(LGD: Loss Given Default), 부도시 익스포져(EAD: Exposure At Default) 등과 같은 리스크 파라미터를 사용해 위험가중자산 및 BIS 비율을 산출할 수 있다.

16) 로짓(logit)모형에 대한 자세한 설명은 원재환(2014, p.265) 참조.

17) 일반적으로 패널자료(panel data)는 동일한 조사대상개체(기업, 개인, 가구, 국가 등)들로부터 여러 시점에 걸쳐 반복수집한 자료를 의미하며, 횡단면자료(cross section data)와 시계열자료(time series data)가 통합된 자료이다. 조사대상개체가 관측된 시점들이 모두 동일하면 균형패널(balanced panel)이라 하고, 조사누락 및 표본탈락 문제로 각 개체의 자료포괄기간이 달라지면 불균형패널(unbalanced

형의 추정은 고정효과(fixed effects) 모형으로 하였으며, 패널 단위근과 패널 공적분검
정 등 계량경제학적 절차에 의해 적합성을 검증하였다.

둘째, 신용리스크 측정모형은 다음과 같다. 즉, 위기상황에서의 신용리스크 변화
는 부도확률 추정모형에 의해 산출된 부도확률을 입력변수로 하여 BIS협약의 기본내
부등급법(FIRB)의 위험가중함수식을 이용하여 측정하였다.[18]

(ii) 시장리스크 스트레스 테스팅 모형

시장리스크 스트레스 테스팅 모형은 시가평가방식에 의해 시나리오에 따른 자산
별 가치변화액을 산출하여 손실규모를 추정하고, 스트레스 상황 하에서의 시장
VaR(Value at Risk)를 측정하여 소요자기자본량을 산출하도록 설계되었다.

시장VaR는 다음과 같이 측정한다.

$$시장\,VaR = WZ_\alpha \sigma \sqrt{T}$$

단, W = 익스포저
Z_α = 유의수준이 α인 경우 표준정규분포값($\alpha = 0.01$)
σ = 변동성(표준편차)
T = 보유기간(10일)

② 통합ST 모형[19]

앞서 설명한 BOKST−07모형은 예외적이나 발생가능한(exceptional but plausible)
충격에 대하여 금융시스템의 안정성을 계량적으로 평가할 수 있는 체계적인 수단을
마련하였다는 데 의의가 있다. 그러나 이는 초기 모형으로서 다음과 같이 몇 가지 개
선해야 할 점도 있다. 즉, 모형의 정확도를 제고하고 현실적합성을 보다 높이기 위해
첫째, 지속적인 자료의 축적 및 관리를 통한 모형의 견강성(robustness)을 확보해야 하
고, 둘째, 파생상품을 비롯한 개별 금융상품의 특성을 충분히 반영하여 위험량을 정
확하게 측정할 수 있도록 분석기법을 정교화하며, 셋째, 복합 금융위기의 동시다발적

---

panel)이라 한다.
[18] 위험가중함수의 적용은 익스포저에 따른 위험가중함수, 거래유형에 따른 만기, 중소기업의 규모 및
소매익스포저의 거래유형에 따른 상관관계 등을 모두 구분하여 적용함으로써 BIS협약의 내용을 최대
한 반영함.
[19] 한국은행(2018−12) 자료에서 인용함.

발생, 금융기관 간 전영효과 및 금융부문과 실물부문 간 상호작용 등 위기발생 시 나타나는 2차 파급효과까지도 반영할 수 있도록 하는 등의 개선필요성이 대두되었다.

이에 한국은행은 2012년 '시스템적 리스크 평가모형(SAMP: Systemic Risk Assessment Model for Macro-prudential Policy)'을 개발하게 되었다.[20] SAMP의 주요 특징을 요약하면 다음과 같다. 첫째, 정상시기의 변수 간 평균적 관계에 중점을 두는 균형모형과는 달리 위기상황 발생 시 거시경제 및 금융부문의 불균형으로 초래되는 꼬리위험(tail risk)을 측정한다.

둘째, 거시경제 위험요인이 헐값매각(fire sale), 은행 간 전염효과, 디레버리징, 거시-금융 피드백효과 등에 의해 금융시스템 내에서 증폭, 확산되는 과정을 반영한 비선형모형이다.

셋째, 다양한 유형의 리스크 측정, 시스템적 위기에 대한 확률적 평가, 스트레스 테스팅, 거시건전성정책 효과분석 등을 단일체계(unified framework) 하에서 일관되게 실시할 수 있는 통합모형이다.

넷째, 거시 스트레스 테스팅 실시를 위한 기본(platform) 모형으로서 특정 위기시나리오를 상정하여 금융시스템의 취약성을 평가할 수 있다.

다섯째, 자본규제, 유동성 규제 등 금융규제나 중앙은행 유동성 지원, 공적자금 투입 등 다양한 거시건전성정책의 효과 분석을 위한 시뮬레이션을 실시할 수 있다.

마지막으로, 리스크측정은 1차적으로 개별 금융기관단위로 이루어지기 때문에 금융시스템 전반의 위험요인뿐만 아니라 개별금융기관의 취약성 분석을 위해서도 활용할 수 있다.

SAMP는 크게 거시 위험요인확률분포 모듈, 은행손익 모듈, 도산전염 모듈, 자금조달 유동성전염 모듈, 다기간손실 모듈, 그리고 시스템적 리스크지표 모듈 등 6개 모듈로 구성되어 기존의 BOKST-07모형의 단점들을 보완하고 있다. 좀 더 세부적인 내용들은 다음과 같이 통합 스트레스 테스팅 모형으로 설명하고자 한다. 2008년 글로벌 금융위기 이후 거시경제 및 금융충격에 대한 금융기관의 복원력을 평가하는 수단으로 스트레스 테스팅의 중요성과 유용성이 부각되었다. 이에 한국은행은 2012년에 은행을 대상으로 하는 SAMP를 개발하였고, 2018년 상반기에는 비은행금융기관을 대상으로 하는 비은행 스트레스 테스팅 모형을 개발하였다. 그러나 금융시스템의 복잡

---

20) 한국은행(2012.10) 금융안정보고서에서 인용함.

성이 크게 높아진 상황에서 업권 간 상호 익스포저 증가 등으로 인해 단일 업권을 대상으로 하는 스트레스 테스팅 모형은 전체 금융시스템의 리스크를 평가하는 데 한계가 있다. 이러한 한계점을 보완하기 위해 한국은행은 은행, 보험회사, 상호금융조합, 저축은행, 증권회사, 신용카드회사 등 6개 금융업권을 대상으로 업권 내 손실과 업권 간 리스크 전이를 모두 반영한 '통합 스트레스 테스팅 모형'을 구축하게 되었다.[21]

통합 스트레스 테스팅 모형의 주요 특징은 다음과 같다.

첫째, 기존의 SAMP와 비은행 스트레스 테스팅 모형을 연계한 하향식 스트레스 테스팅 모형으로 은행 및 비은행금융기관의 복원력을 일관된 체계 하에서 정량적으로 평가할 수 있다.

둘째, 거시경제 금융충격에 의해 부실화된 금융기관의 손실이 동일 업권뿐만 아니라 여타 업권에 미치는 전이효과도 측정할 수 있다.

셋째, 부실 금융기관의 손실이 여타 금융기관으로 전이된 후 그로 인해 추가적인 손실 및 도산이 연쇄적으로 발생하는 효과를 모형화하여 스트레스 테스팅 모형의 정합성을 제고하였다. 통합 스트레스 테스팅 모형의 구성요소들을 좀 더 자세히 살펴보면 다음과 같다.

(i) 거시 위험요인 시나리오 모듈

거시 위험요인 시나리오 모듈에서는 거시경제 및 금융충격 등의 시나리오를 상정하고 금융기관의 손익, 자본, 위험액 등에 영향을 미치는 주요 거시 위험요인들의 향후 경로를 추정한다. 시나리오 추정에는 Bayesian VAR(Vector Auto-Regression), GARCH(Generalized Auto-Regressive Conditional Heteroscedasticity: 일반 자기회귀 조건부 이분산), EVT(Extreme Value Theory: 극단치이론) 등이 사용된다.

〈표 16-3〉 거시 위험요인 목록

충격의 종류	거시 위험요인
거시경제변수	경제성장률, 물가상승률, 주택가격변동률, 실업률
금융변수	환율, 주가, 신용증가율, 콜금리, CD금리, 회사채 및 국고채 수익률
국제변수	세계경제성장률, 국제유가

---

[21] 총자산 기준으로 이들 6개업권이 전체 금융부문(외은지점, 신탁, 투자펀드 등 포함)에서 차지하는 비중은 2018년 2/4분기 현재 75.5%임.

(ii) 금융기관 손익 모듈

금융기관 손익 모듈에서는 각 시나리오 하에서 가계 및 기업 대출의 부도율 상승, 보유자산가치의 하락 등에 따라 금융기관에 발생하는 손익을 추정한다. 이 모듈에서는 거시 위험요인이 금융기관의 손익에 미치는 1차효과(first-round effects)만 추정하고, 리스크 전이에 따라 추가로 발생하는 손실 등은 기관 간, 업권 간 리스크 전이 모듈에서 추정한다. 경제충격이 있을 경우 금융기관 손익, 자본비율 등은 다음과 같은 절차로 진행된다.

[거시경제 및 금융충격] ⇨ [당기순이익, 자본조정] ⇨ [자본비율＝자본/위험액]

단, 당기순이익: 신용손실, 시장손익, 업권별 고유손익, 기타손익 등으로 산출
자본조정: 매도가능증권 평가손익
자본: 자기자본, 가용자본 등
위험액: 위험가중자산, 요구자본 등

(iii) 기관 간, 업권 간 리스크 전이 모듈

기관 간, 업권 간 리스크 전이 모듈에서는 거시경제 및 금융 충격에 따른 특정 금융기관의 부도가 기관 간, 업권 간 상호 익스포저를 통해 여타 금융기관의 손실로 전이되는 전염손실을 추정한다.[22] 기관 간 리스크 전이 모듈에서는 금융업권별 가용데이터의 차이 등을 감안하여 은행업권과 비은행업권의 전염손실규모를 별도로 추정한다. 업권 간 리스크 전이 모듈에서는 금융업권 간 상호 익스포저를 활용하여 각 업권의 전체 전염손실 규모를 추정한 후 이를 총자산규모에 비례하여 개별 기관에 배분한다.

(iv) 다기간 분석 모듈

다기간 분석 모듈에서는 거시경제 및 금융충격이 여러 기간에 걸쳐 지속적으로 발생할 수 있다는 점을 감안하여 테스트 결과를 일정 기간마다 반복적으로 산출한다. 구체적으로 동 모듈은 분기 단위로 금융기관의 손익, 자본, 위험액, 자본비율 등을 동태적으로 추정한다.

---

[22] 여기서 '부도'라 함은 금융기관의 규제자본비율이 금융업권별 규제기준보다 작은 경우를 말하며, '전염손실'은 리스크 전이에 의해 발생하는 신용손실과 자산처분손실로 구성된다.

(3) 예금보험공사 모형

① 예보 스트레스 테스팅의 필요성

(i) 사전적 상시 감시기능 강화

- 거시변수 및 여타 금융변수를 통한 개별부보금융회사의 동태적 위험요인을 파악할 필요가 있다.
- 변동성이 확대되는 극단적 상황 하에서 개별 부보금융회사 위험요인 선별 등 현행 부보위험 평가의 한계를 극복해야 한다.
- 저축은행 등 조사범위 한정에 따른 부실요인 점검의 한계를 극복할 필요가 있다.
- 부실 위험의 조기 인식 기반 확대 등 리스크 상시감시 기능을 강화해야 한다.

(ii) 정보공유기능 강화

- 스트레스 테스팅을 통한 금융안정망 기구 간 상호 보완체계를 확립할 필요가 있다.
- 부보 금융회사와의 리스크 정보 공유 확대 및 자체적 리스크 요인 발굴 노력을 강화해야 한다.

(iii) 기금손실위험 최소화

- 시스템 위험 등 거시 및 금융환경 변화에 따른 예상기금손실액 추정할 필요가 있다.
- 기금의 안정적 운영 방안 확립에 활용하고자 한다.

② 스트레스 테스팅 모형 주요 내용

가장 최근의 스트레스 테스팅 실시(2018년 9월) 모형을 중심으로 예보(KDIC)의 모형을 소개하고자 한다.[23] 예보모형은 크게 두 가지로 구분되는데, 하나는 부도율(PD: Probability of Default) 자료가 있는 경우의 모형이고, 다른 하나는 부도율을 산출하지 않는 은행들을 위한 고정이하여신(NPL: Non-Performing Loan)[24] 비율모형이다.

---

23) 예금보험공사(2018) 자료에서 인용함.
24) NPL은 고정이하여신 혹은 무수익여신으로 불리며, 금융회사의 부실대출금액과 부실지급보증금액을 합친 금액으로 수익이 발생하지 않기 때문에 붙여진 이름이다. 일정 기간 이상 이자가 연체된 대출금이나 부도 등으로 회생절차 등에 들어간 기업에 대한 대출금이 NPL로 분류된다. 일반적으로 부실여

(i) 부도율기반 스트레스 테스팅 모형

- BIS총자본비율을 추정하기 위해 부도율, 신용위험액변화율 및 당기순이익을 각각의 계량모형으로 추정한다.

  * BIS총자본비율 = [전기자기자본 + (대손상각비 차감전) 당기순이익 − 예상손실] / 위험가중자산 × 100

- 설명변수로 경기(GDP, 실업률), 금리(한국은행기준금리, 콜금리, 회사채3년물금리), 주식시장(KOSPI지수), 주택시장(주택매매가격지수), 환율(원/달러)을 활용한다.

- BIS총자본비율이 최소규제비율 8% 미만인 은행의 필요유지 자기자본(즉, 스트레스 테스팅 결과 BIS총자본비율이 규제비율(8%) 미만으로 가장 크게 하락한 시점(분기)을 기준으로 기준비율의 회복에 필요한 금액) 등을 추정하여 위기에 대비하기 위한 기초 데이터로 활용한다.

- 시나리오적용: 2008년 금융위기('08.4분기 ~ '10.3분기) 당시의 분기별 거시지표 변화를 표준 시나리오로 적용한다.

  * GDP 하락(−3.39%), 실업률 상승(0.9%p), 코스피지수 하락(−22.34%), 대미환율 상승(24.88%) 등

- 부도율(PD) 가정: 자체적으로 부도율을 산출하여 금감원에 보고하는 은행(12개)은 그 수치를 그대로 활용하고, 부도율을 산출하지 않는 은행(4개)은 각 은행 범주별 가중평균 부도율을 계산하여 적용한다.

  * **부도율 미산출 은행**: 시중은행(한국씨티), 지방은행(전북, 제주), 특수은행(수협)

  * 가중평균부도율: 부도율이 금감원에 보고되고 있는 시중(5), 지방(4), 특수은행(3) 각각의 가중 평균 부도율로서 다음과 같이 계산함

    시중은행(5개) 가중평균 부도율
    = Σ개별 시중은행 부도율 × (개별 시중은행 익스포저 / 시중은행 총익스포저)

- 분석결과물: 표준 시나리오에 따른 8개 분기 추정 BIS총자본비율, 당기순익 등을 산출한다.

- 계량모형으로 당기순이익 및 예상손실*을 추정하며, 직전기의 자본에 이를 가

신 또는 부실채권으로 불린다. NPL의 통일된 정의는 존재하지 않으나, 90일 이상 연체되었거나 출자전환·재대출·기한유예된 경우이거나, 혹은 90일 이하 연체이지만 파산 등의 이유로 전액 상환가능성에 의심이 있는 경우 등을 말한다. 보통 은행 등 금융회사의 대출 건전성을 나누는 기준은 '정상', '요주의', '고정', '회수의문', '추정손실' 5단계로 분류되는데 3개월 이상 연체된 여신을 '고정'이하로 분류한다. 그 중 담보가 있어 회수 가능성이 있는 경우를 '고정', 담보가 없는 경우를 '회수의문'과 '추정손실'로 구분한다. IMF(국제통화기금)에서는 '고정'이하의 여신을 부실여신 즉 NPL로 간주한다.

감하는 형태로 자기자본을 추정한다.

   * 예상손실＝익스포저(EAD)×부도율(PD)×부도시손실율(LGD)

   * 예상손실은 포트폴리오별로 산정 후 합산하여 총액 추정. 포트폴리오는 기업, 중소기업, 소매(주택담보대출), 소매(적격회전거래), 기타소매(개인), 기타소매(중소기업)으로 구분

－추정된 위험가중자산(분모)과 자기자본(분자)을 활용하여 BIS총자본비율(자기자본/위험가중자산×100)을 도출한다.

   * 위험가중자산은 추정된 신용위험액을 활용(92% 비중, 기타 위험액은 일정하다고 가정)

－시나리오 변수 및 추정식:

   * 시나리오 지표: 경기, 금리, 주식시장, 주택시장, 환율

   * 추정식: 신용위험액변화율 및 당기순이익 등 산출을 위해 계량 추정식 설정

$$\text{부도율}_t = 2.3902 - 0.1566 \times \text{주택매매가격지수변화율}_{t-1} - 0.0100 \times$$

$$\text{종합주가지수변화율}_{t-1} + 0.2743 \times \text{실업률}_{t-1} + 0.1813 \times$$

$$\text{콜금리차}(\overline{R^2} = 0.35)$$

$$\text{신용위험액변화율}_t = 13.076 - 3.3375 \times \text{부도율}_{t-1} + 0.7755 \times$$

$$\text{주택매매가격지수변화율}_{t-1} \ (\overline{R^2} = 0.28)$$

$$\text{ROA}_t = 0.0154 + 0.1105 \times \text{ROA}_{t-1} - 0.0059 \times \text{환율변화율}_t + 0.0652 \times$$

$$\text{주택매매가격지수변화율}_{t-1} + 0.05 \times \text{GDP변화율}_t + 0.059 \times$$

$$\text{한국은행기준금리}_t - 0.0741 \times \text{회사채3년물금리차}_t \ (\overline{R^2} = 0.16)$$

－모형의 주요 결과

   * 8개분기 추정 BIS총자본비율

   * 8개분기 추정 당기순이익

   * 규제비율(8%) 미달 은행의 필요유지 자기자본

(ii) 고정이하여신비율(NPL) 기반 스트레스 테스팅 모형 개요 및 결과

－모형 개요: 고정이하여신비율(NPL) 기반 스트레스 테스팅 모형

   * 시나리오: '08년 금융위기 당시의 시나리오(2008.4분기~2010.3분기)

   * 시나리오 지표: 경기(GDP, 실업률), 금리(한국은행기준금리, 콜금리, 회사채3년물

금리), 주식시장(KOSPI지수), 주택시장(주택매매가격지수), 환율(원/달러)

−추정식:

$$고정이하여신비율_t = -0.2786 + 0.6630 \times 고정이하여신비율_{t-1} - 0.1562 \times$$
$$주택매매가격지수변화율_{t-1} - 0.0188 \times$$
$$종합주가지수변화율_{t-1} + 0.3150 \times 실업률_{t-1} +$$
$$0.4447 \times 콜금리차_t \quad (R^2 = 0.55)$$

$$신용위험액변화율_t = 6.1552 - 3.4900 \times 고정이하여신비율_{t-1} + 1.1103 \times$$
$$주택매매가격지수변화율_{t-1} \quad (R^2 = 0.22)$$

$$ROA_t = 0.0154 + 0.1105 \times ROA_{t-1} - 0.0059 \times 환율변화율_t + 0.0652 \times$$
$$주택매매가격지수변화율_{t-1} + 0.05 \times GDP변화율_t + 0.059 \times$$
$$한국은행기준금리_t - 0.0741 \times 회사채3년물금리차_t \quad (R^2 = 0.16)$$

−모형 결과: 8분기 동안 추정된 BIS총자본비율 등

③ 스트레스 테스팅의 활용방안 및 기대효과

(i) 선제적 부실감시기능 강화

−위기 시 개별 금융기관의 복원력(resilience)을 파악, 리스크 상시 감시에 반영하여 공동검사 대상 선정 등 현장 점검에 활용한다.

−중점감시대상에 대한 정기적 스트레스 테스팅 실시로 부실화 위험요인 조기 파악 및 적시 개입이 가능해진다.

−차등보험료율제와의 연계 방안 등을 마련하는 데 도움이 된다.

(ii) 금융안정망 기구 간 효율적 공조체제 확립

−금감원과 한국은행 각각 시행중인 상향식(Bottom up)과 하향식(Top down) 방식 결과를 공유할 수 있다.

−금융감독원, 한국은행 등과 스트레스 테스팅 결과 공유를 통한 상호 정합성 제고 및 보완이 가능하다.

(iii) 부보금융회사의 자발적 리스크 관리문화 확산

−스트레스 테스팅 결과를 부보금융회사에 통보하여 자체 분석결과와 비교 가능

하도록 유도한다.

- 자발적인 대응체제 구축 및 부보 금융기관 리스크 정보 기반 확대에 기여함으로써 공사의 정보 접근상의 한계점을 보완할 수 있다.

(iv) 금융시스템 안정화에 기여

- 금융시장 급변 시 통합위기대응시스템 구축에 기여한다.
- 거시 및 금융환경 변화에 따른 예상 기금손실액(또는 자본감소액)을 추정하여 기금의 안정적 운영방안 확립에 활용할 수 있다.
- 금융안정망 기구 간 비상계획(contingency plan) 공유 및 효율적 공조체제 확립에 기여한다.

④ 스트레스 테스팅 모형의 제약요인

(i) 정보이용의 한계에 따른 제약요인

- 가용정보 입수의 한계로(FIAS 정보만으로 구축) 개별 부보금융회사 구체적 자산 구성에 따른 위험요인을 고려하는 데 한계가 있다.
- 한계기업 구조조정 현황 등 현실적인 시스템 위험을 모형에서 파악하기가 곤란하다.

(ii) 모형상 한계에 따른 제약요인

- 꼬리위험(tail risk) 분포 및 전염효과, 헐값 자산 매각과 같은 시스템 위기 확산 등을 보다 현실적으로 반영하지 못한다.
- 위기상황 시 부보 금융회사들의 자산 및 부채의 자발적 조정 요인 등을 체계적으로 고려하는 데 한계가 있다.
- 시장상황 급변에 따른 단기 시나리오 적용이 어렵다.
- 업권별로 스트레스 상황 하에서 기금손실 추정에 있어 일률적인 기준 적용이 어려워 기금소요액 추정에 대한 별도의 합리적 수준의 가정 및 방법론이 필요하다.

향후 자산실사 결과 등 추가적인 확인 사항에 대한 연동 모형을 구축할 필요가 있고, 여러 한계점에 대한 명확한 인식을 전제로 엄격한 가정하에서 결과를 해석하고 활용할 필요가 있다.

(4) 미국 연준(FRB) 모형

① 개요 및 실시현황

Dodd-Frank Act(2010)에 근거하여 미국 연준(FRB)과 해당 금융기관들은 하향식 (Top down)과 상향식(Bottom up) 스트레스 테스팅을 병행하여 실시하며, 하향식 실시 대상은 총자산 $1,000억 이상 금융지주회사(BHCs: bank holding companies) 및 금융안 정감시위원회(FSOC: financial stability oversight council)[25]가 지정한 비은행금융회사에 대해 연간 1회 실시한다. 이러한 금융기관들은 FRB에 반기 1회(연2회) 상향식 스트레 스 테스팅 결과를 보고하되 부보금융회사인 경우에는 FDIC에도 보고해야 한다.[26]

매년 FRB는 당시 경제상황을 고려하여 대내외 금융 및 실물경제변수를 이용하여 3단계(기본(Baseline), 위기(Adverse), 심각(Severely adverse)) 시나리오를 설정하고 9개 분기 동안 위기상황을 분석한다. 시나리오 기간 동안 분기마다 총수입(손실), 대손충 당금 및 규제자본을 산출하여 추세 및 복원력을 분석한다. 스트레스 테스팅 모형자체 의 리스크, 즉, 모형리스크(model risk)를 효율적으로 관리하기 위해 통상 3개의 그룹 을 운영하고 있는데, MOG(model oversight group), SMVU(system model validation unit), 그리고 STMGC(stress test model governance committee)가 그것이다.[27] 이 3개의 그룹과 외부 전문가들의 검토와 자문을 토대로 FRB는 스트레스 테스팅 모형을 점점 더 정교하고 투명하게 개선해 가고 있다.

② 결과공시 및 감독조치

FRB는 대형은행지주사의 스트레스 테스팅 결과를 매년 6월 홈페이지를 통해 보고 서 형식으로 공시하며 금융회사들도 평가결과를 공시한다. 또한 FRB는 스트레스 테 스팅 결과를 토대로 자산매각, 자본확충, 임원보수 및 배당제한 등 감독조치를 취하 게 된다.

---

25) FSOC는 대형 금융회사의 부실이 금융시스템전체를 마비시키는 사태를 방지하기 위해 사전감시 및 감독기능을 하는 위원회로 재무부장관이 위원장을 맡고 FRB, FDIC, SEC 등 10명의 감독기관장으로 구성된다.
26) FRB스트레스 테스팅은 2012년 10월 시작되었고 2017년 2월 수정된 바 있다.
27) Dodd-Frank Act Stress Test(2018), pp.17~18.

③ 스트레스 테스팅 방법론

(i) 시나리오 설정

시나리오는 국내변수 16개[28]와 국제변수 12개[29]에 대해 **기본(baseline), 위기 (adverse), 심각(severely adverse)** 등 3단계로 구분하여 설정된다. 시나리오 상황에 따라 고객들의 신용수요가 변하더라도 은행들의 대출정책은 변하지 않는다고 가정한다. FRB 가 2018년 2월 1일 발표한 3가지 시나리오의 주요 내용을 설명하면 다음과 같다.[30] 참 고로 시나리오별 분석기간은 2018년 1분기부터 2021년 1분기까지 13분기이다.

㈀ 기본시나리오(Baseline scenario)

기본시나리오는 FRB의 예측치는 아니고, 많은 전문가들의 의견(전망)을 참조로 작성 된다. 특히, 2019년의 경우 'Blue Chip Economic Indicators'와 유사하다.[31] 전체적으로 **'보통정도의 경제성장(moderate economic expansion)'**을 가정한 시나리오이다. 예를 들어, 미국 국내변수의 경우, 분석기간 동안 2~2.5%정도의 실질GDP성장률, 실업률 4% 이 하로 유지, 소비자물가상승률 2~2.25%, T-bill수익률은 완만하게 증가(moderately increase)하는 것으로 가정한다. 국제변수들의 경우에는 'Blue Chip Economic Indicators'와 2017년 IMF의 'World Economic Outlook'의 의견과 유사하게 설정되어 있다. 예를 들어, 아시아신흥국(developing countries)들의 실질GDP평균성장률은 2018 년 1분기 6%로 시작해 2021년 1분기 5.75%로 가정하였고, 일본의 실질GDP성장률은 2018년 1분기 1.25%에서 이후 1% 아래로 유지될 것으로, 그리고 유럽지역 실질GDP 성장률은 2018년 1분기 2%로 시작해 점차 1.5%대를 유지할 것으로 전망하였다.

㈁ 위기시나리오(Adverse scenario)

위기시나리오는 전체적으로 '**약화되는 경제활동**(weakening economic activity)'을 가

---

28) 16개 국내변수는 다음과 같다: 6개 경제활동및가격지수(실질GDP성장률, 명목GDP성장률, 실질가처 분소득증가율, 명목가처분소득증가율, 실업률, 소비자물가상승률), 4개 자산가격및금융상황지수(다우 존스주가지수, 주택가격지수, 상업용부동산지수, 시장변동성지수), 6개 금리지수(3개월만기국채수익 률, 5년만기국채수익률, 10년만기국채수익률, BBB등급회사채수익률, 모기지이자율, 우대금리).

29) 12개 국제변수는 다음과 같다: 유로지역실질GDP성장률, 유로지역물가상승률, 유로당달러환율, 아시 아신흥국실질GDP성장률, 아시아신흥국물가상승률, 달러당아시아신흥국환율, 일본실질GDP성장률, 일 본물가상승률, 달러당엔화환율, 영국실질GDP성장률, 영국물가상승률, 달러당영국파운드화환율(단, 아 시아신흥국지수는 중국, 인도, 한국, 홍콩, 대만의 GDP가중평균임).

30) "2018 Supervisory Scenarios for Annual Stress Tests Required under the Dodd-Frank Act Stress Testing Rules and Capital Plan Rule", *Board of Governors*, February 2018 참조.

31) "Blue Chip Economic Indicators", *Wolters Kluwer Legal and Regulatory Solutions*(2018), Vol. 43. No. 1(January 10).

정한 시나리오이다. Baseline시나리오와 마찬가지로 가상적인 시나리오이지 미래에 대한 FRB의 예측치는 아니다. 변수값들을 살펴보면, 실질GDP성장률은 2017년 4분기부터 2019년 1분기까지 2.25% 하락하는 것으로, 실업률은 점차적으로 증가하여 2019년 3분기 7%까지 오르고, 물가상승률은 2019년 2분기에 2%로 점차적으로 상승하는 것으로 가정하였다. 단기금리는 약한 경제상황을 반영하여 거의 0%까지 하락하고, 10년만기 장기국채는 2018년 1분기 0.75%로 시작하여 2021년 1분기에 약 2%로 오를 것으로 가정하였다. 자산가격의 경우, 주가는 2019년초까지 약 30% 하락하고, 주식시장 변동성은 증가하는 것으로, 그리고 주택가격과 상업용부동산가격은 각각 2020년 1분기까지 12%, 15% 하락할 것으로 가정하였다. 국제변수들도 전체적으로 악화되는 것으로 가정하였다.

(ㄷ) **심각시나리오**(Severely adverse scenario)

심각시나리오는 전체적으로 '**심각한 글로벌 경제침체**(severe global recession)'를 가정한 시나리오이다. 따라서 전 세계적으로 장기금리는 하락하지 않으며 자산가격은 전방위적으로 조정된다. 예를 들어, 미국의 실질GDP는 2018년 1분기부터 하락하기 시작해 2019년 3분기에는 경기침체 이전에 비해 7.5% 하락하고, 실업률은 2019년 3분기까지 6~10% 포인트 상승할 것으로 가정한다. 물가상승률은 2021년 1분기까지 1.5% 수준으로 하락하고, 단기금리는 2021년 1분기까지 거의 0%를 유지할 것으로 가정한다. 자산가격의 경우, 주식가격은 2019년초까지 65% 급락하고 주식시장 변동성지수(VIX)는 2018년 1분기에 이미 60% 이상 커지고, 주택가격과 상업용부동산지수도 2019년 3분기까지 각각 30%, 40% 하락할 것으로 가정하였다. 국제변수들의 경우도 극심한 경제침체로 모든 경제변수가 악화되는 것으로 가정하였다.

(ii) **스트레스 테스팅 모형을 통한 순이익(NI)과 자본비율(Stressed capital) 추정**

FRB의 스트레스 테스팅 모형을 통해 순이익과 스트레스 하에서의 자본비율을 추정하는 과정을 간략히 요약하면, 다음과 같이 5단계로 구성되어 있다.[32]

1단계: 은행이 보유한 주요 대출 포트폴리오로부터 발생하는 손실(losses) 추정

2단계: 기타 증권투자 등으로부터의 손실(losses) 추정

---

[32] 각 단계별 자세한 사항은 Dodd-Frank Act Stress Test(2018), *Appendix B(Models to Project Net Income and Stressed Capital)*, pp.63~77 참조.

3단계: PPNR(pre-provision net revenue)[33] 추정

4단계: 대차대조표 및 위험가중자산(RWAs: risk weighted assets) 추정

5단계: 스트레스 하에서의 규제자본비율(stressed capital ratios) 추정

④ 2018년 스트레스 테스팅 주요 결과

2018년에는 총 35개 금융회사에 대해 스트레스 테스팅이 실시되었는데, 2017년 12월 31일 현재의 자료들을 활용하여 위기(adverse)시나리오와 심각(severely adverse) 시나리오 하에서 금융회사들의 대차대조표, 위험가중자산(RWAs), 순이익(NI), 그리고 자본비율(capital ratio)들을 추정하였다. 심각시나리오 하에서 35개 기관 모두 심각한 손실을 입는 것으로 나타났는데, 2018년 1/4분기부터 2020년 1/4분기까지 스트레스 테스팅 9분기 동안 35개 기관의 총 추정손실은 5,780억 달러로 집계되었다. 또한 심각시나리오 상황 하에서 35개 기관의 보통주자기자본비율(CET1: Common Equity Tier 1)은 2017년 12.3%에서 테스트기간 동안 최고 7.9%까지 하락할 수 있으며, 2020년 1/4분기는 8.7%로 하락할 것으로 추산되었다. 이 비율은 위기시나리오 상황 하에서는 테스트기간 동안 10.9%까지 하락할 것으로 예측되었다.

(5) 유럽연합 모형

① 개요 및 실시현황

유럽중앙은행(ECB: European central bank)은 감독당국과 공동으로 유럽은행감독청(EBA: European banking authority)이 제시한 방법론에 따라 개별은행이 생산한 스트레스 테스팅 결과를 검토하고(bottom-up: 상향식), 자산실사(AQR: asset quality review)를 시행하여 두 가지 종합평가를 실시한다. ECB는 신용리스크, 시장리스크, 자산유동화리스크, 순이자수익, 기타 충당금적립 전 이익산출 방식 등 EBA가 제시한 방법론과의 일관성을 검토하여 품질수준을 평가하게 된다.

평가대상은 자산규모 최소 300억유로 이상의 '중요기관(significant institution)'을 기본대상으로 EU지역 은행부문 자산합계의 70% 이상이 되도록 선정하며, 구체적인 대상은행은 감독당국이 결정한다.[34] 2018년 스트레스 테스팅에서는 EU지역의 15개 국

---

33) PPNR=Net Interest income+Noninterest income-Noninterest expences: 대손충당금을 제외한 은행 수익.

34) EU-Wide Stress Test(2018.1.16.), p.12~13 참조.

가 48개 은행이 포함되었다. ECB의 스트레스 테스팅은 시나리오의 수립, 대상은행 선정 및 결과보고 등 스트레스 테스팅 실시 전 과정을 EBA 및 각국 감독당국과 긴밀히 협조하여 진행한다.

② 결과공시 및 감독조치

ECB는 스트레스 테스팅 결과와 자산실사 결과를 통합하여 결과를 공시하되, 은행별 요구자본량 등을 공시하며 개별은행은 결과에 따른 자본계획 등 대응책을 수립하고 보고한다. 구체적 감독조치는 각국의 금융당국이 결정한다.

③ 스트레스 테스팅 방법론

(i) 시나리오 설정

2017년말을 시작점으로 2020년말까지 3년간(즉, 12분기)의 기간동안 스트레스 테스팅을 진행했고 시나리오는 Baseline과 Adverse의 2개를 설정하였는데, Adverse시나리오를 예를 들면 GDP성장률을 2018년~2020년 3년간 각각 -1.2%, -2.2%, 0.7%로 가정하였다. 이는 실제상황을 반영한 예측치(forecasts)가 아니고 전문가들의 의견(전망)을 반영한 가정치(hypothetical values)이다. 또한, 시나리오에 포함된 주요 변수는 GDP, 물가상승률(Inflation), 실업률(Unemployment rate), 자산가격(Asset prices)으로서 주택가격과 상업용부동산가격, 미국달러환율, 그리고 장, 단기금리(Interest rates) 등 8개이다. 15개 나라별로 시나리오를 설정하며, EBA와 유럽시스템리스크위원회(ESRB: European systemic risk board)가 긴밀히 협의하여 결정한다.[35] Baseline시나리오 설정은 ECB가 담당하고, Adverse시나리오는 ESRB가 설계한다.

(ii) 스트레스 테스팅 모형

먼저, 스트레스 테스팅 기간 동안 은행의 대차대조표 상 자산 포트폴리오의 구성은 시작시점(2017−12−31)과 유사하게 유지된다고 가정한다(static balance sheet assumption). 또한, 은행들은 스트레스 테스팅 기간 동안 사업구성(business mix), 사업모델(business model: 사업지역범위, 상품전략, 사업운영방식 등)을 유사하게 유지한다고 가정한다.[36]

---

35) ESRB(2018−1−16)문서 참조.
36) EU−Wide Stress Test(2018−1−16), p.16.

기본적으로 스트레스 테스팅은 상향식인데, ECB와 ESRB가 설정한 시나리오 하에서 각 은행들은 테스트를 진행하고 감독기구의 점검을 받아야 한다. 주요 방법론을 소개하면 다음과 같다.[37]

(ㄱ) 스트레스 테스팅 점검대상

신용리스크, 시장리스크, 운영리스크가 기본적으로 포함되며, 추가적으로 시나리오별로 순이자이익(NII), 손익(P&L), 자본비율 등을 테스트해야 한다.

(ㄴ) 스트레스 테스팅 진행과정

유럽중앙은행(ECB)과 유럽시스템리스크위원회(ESRB)가 각국의 금융감독기구와 협력하여 시나리오 및 시나리오와 연계된 구체적인 경제충격(economic shock)과 분석대상 리스크의 종류를 결정한다. EBA는 전체적으로 스트레스 테스팅을 조율하며 테스트방법론을 결정하고 최소통과기준(minimum quality assurance guidance)을 제시한다. EBA는 최종 테스트결과를 배포하고 테스트결과에 나타난 통계치들을 관리, 제공한다. 각국의 금융감독기구들은 테스트결과를 통해 은행들의 미비점을 개선해 나갈 책임을 지며, 은행들의 자료와 사용모형들을 점검하고 감독할 의무를 진다. 또한 필요할 경우 몇몇 은행들을 샘플로 하여 추가적인 테스트를 진행하기도 하고, 자국의 경제상황을 고려하여 자국만의 독특한 국내변수들을 추가하여 테스트를 진행하기도 한다.

④ 2018년 스트레스 테스팅 주요 결과

ECB는 2018년 스트레스 테스팅을 참여은행 자산이 EU전체은행 부문의 70% 이상이 되도록 설계하였고 참가은행은 15개국 48개였다. 스트레스 테스팅 결과 Adverse 시나리오 하에서 보통주자기자본비율(CET1: Common Equity Tier 1)은 14.5%에서 10.3%로 감소하였고, 레버리지비율은 5.4%에서 4.4%로 감소하였다. 신용리스크에 의한 손실은 3,580억유로로 자기자본비율에 -425bp의 영향을 준 것으로 평가된다. CET1에 대한 Adverse시나리오의 영향은 은행별로 많은 차이가 있었는데, 가장 작은 영향을 받는 은행은 30bp 줄어들었고, 가장 영향을 많이 받은 은행은 770bp 줄어든 것으로 나타났다. 테스트대상 은행 중 25%가 525bp 이상 감소하였으며 25%의 은행들이 270bp 이하 감소하였다.

---

37) 자세한 방법로은 EU-Wide Stress Test(2018-1-16) 참조.

지금까지 설명한 미국 및 유럽연합의 스트레스 테스팅을 요약, 비교한 것이 다음 <표 16-4>이다.

〈표 16-4〉 미국 및 유럽연합의 스트레스 테스팅 실시현황 비교[38]

구분	미국	유럽연합
시행주체 및 방식	-금융회사는 자체모형을 통해 스트레스 테스팅을 시행하고 연준(FRB) 및 예금보험공사(FDIC)에 결과를 제출(상향식) -FRB는 자체모형을 활용하여 금융회사에 대해 스트레스 테스팅을 시행(하향식)	-개별은행은 유럽은행감독청(EBA)의 지침에 따라 자체 스트레스 테스팅 평가를 실시하고 감독당국에 결과를 제출(상향식) -유럽중앙은행(ECB)은 자산실사 등을 통해 입수한 정보를 활용하여 은행 자체평가를 검증
시행대상	-자산 $1,000억 이상 은행지주회사 -금융안정위원회(FSOC)가 지정한 비은행금융회사	-EU전체은행자산의 70% 이상 포함 -자산 300억유로 이상 중요 기관
시행주기	-FRB평가: 연간 1회 -금융회사자체평가: 반기 1회	-연간 1회
주요내용	-FRB는 매년초 당해 연도 스트레스 테스팅 실시계획 및 3단계(기본(Baseline), 위기(Adverse), 심각(Severely adverse) 시나리오 발표 -FRB는 금융회사의 정보 및 자체모형을 활용하여 규제자본비율 등을 추정	-EBA는 매년 스트레스 테스팅 시나리오(기본, 위기) 및 방법론을 발표 -ECB는 스트레스 테스팅을 바탕으로 한 종합평가를 통해 규제자본비율(CET 1) 등을 추정
조치사항	-평가결과 일정수준 미달 시 감독당국은 임원보수, 배당제한, 자본계획 재수립 등의 조치를 시행	-ECB는 각 은행별 요구자본량 등을 공시함으로써 자본확충을 유도

라. 국내·외 스트레스 테스팅 모형이 주는 시사점

① 스트레스 테스팅 국가별, 시행기관별 상이한 여건과 특성 존재

미국, 유럽, 한국의 중앙은행과 금융감독기관들은 각자의 독특한 특성들을 가지고

---

38) 참조자료: Dodd-Frank Act Stress Test 2018: Supervisory Stress Test Methodology and Results: June 2018, Board of Governors of the Federal Reserve System; 2018 EU-Wide Stres Test-Results, European Banking Authority; 보도자료, 2016.5.20., 예보, 선제적 대응능력 제고를 위한 금융업권별 스트레스 테스팅 모형개발 추진(전문가워크숍 개최를 통한 의견 수렴) 등.

있다. 이러한 특성들은 각국이 처한 경제, 금융환경이 다르고 스트레스 테스팅에 대한 축적된 역량, 담당 전문가들 인적 구성의 깊이와 규모, 규제의 목적 등이 서로 상이하기 때문에 발생한다. 선진국에 비해 국내 기관들은 스트레스 테스팅을 위한 역사적 데이터의 질적, 양적 수준, 전문가집단의 경험과 규모, 가능한 예산, 관련기관들 사이의 공조 등에서 아직 개선되어야 할 부분이 많은 것이 현실이다. 그러나 국제금융시장에서 스트레스 테스팅의 중요성이 커지고 있고, 국내에서도 그 중요성을 잘 인식하고 많은 투자도 이루어지고 있기에 선진국과의 격차도 급속히 줄어들고 있다. 예보의 경우 전통적인 금융감독기구는 아니나 은행의 생존 및 발전과 밀접한 관계를 가지고 있기 때문에 향후 스트레스 테스팅에 대해 좀 더 관심을 가지고 보다 많은 투자가 이루어져야 할 것이다.

② 스트레스 테스팅 시나리오 구성의 다양성

앞에서도 살펴보았듯이 시나리오 구성은 스트레스 테스팅에서 매우 중요한 역할을 한다. 미국의 FRB는 많은 전문가들의 의견조사(서베이) 결과를 토대로 가상적인 시나리오를 주로 사용하고, 유럽의 ECB는 유럽연합을 구성하는 다양한 국가의 특성을 반영하여 각국의 금융감독기구와 EAB와 협의하여 시나리오를 작성하며, 한국의 경우 정상적인 상황을 표준(기본)시나리오로 가정하고 변동성을 감안하여 가상의 시나리오를 구성하는 방법들이 사용된다. 주요 평가변수에 대한 민감도분석을 통해 건전성, 유동성 등을 점검하고 있다. 역사적 시나리오, 가상(내부정의) 시나리오의 장, 단점을 잘 파악하고 스트레스 테스팅의 목적에 부합하도록 시나리오를 설계할 필요가 있다.

③ 스트레스 테스팅 방법론의 다양성

각국의 스트레스 테스팅 방법론을 비교해 보면 큰 틀에서는 차이가 없어 보이나 세부적으로 살펴보면 역사적 데이터 활용기간, 스트레스 테스팅 적용기간, 시나리오 구성에 사용되는 주요 변수(국내, 국제, 거시, 기관내부 미시변수 등), 통계분석방법 등에서 다소의 차이를 보이고 있다. 통계적 방법에서 가장 중요한 것은 결국 분석결과의 신뢰성과 타당성이므로 테스팅 결과의 견강성(robustness)과 객관성(generalization)을 높이는 방향으로 방법론을 설계해야 할 것이다. 사용되는 변수에 따라 통계적 특성이 달라질 수 있으므로 변수선택에서부터 적절한 통계방법론의 사용이 요구되어진다.

④ 스트레스 테스팅 결과 활용의 다양성

스트레스 테스팅을 시행하는 목적이 무엇인지를 분명히 해야 결과의 활용도도 제고될 것이다. 물론 건전성강화, 유동성제고 등 거의 모든 기관들의 공통적인 활용목적이 있을 수 있으나, 감독기관별, 은행별로 다양한 활용방법이 가능하다. FRB와 같이 보통주자기자본비율(CET1)등 6개의 규제지표를 충족하도록 유도하기 위해 스트레스 테스팅을 활용하는 경우도 있고, 금융감독원처럼 은행, 보험, 저축은행 등 모든 금융업권의 시스템리스크(system risk)관리를 주요 목적으로 스트레스 테스팅을 활용하는 경우도 있다.

요약

- 리스크 측정을 위해 우리가 사용하는 VaR가 실제 상황에서 손실을 정확히 예측하는가를 검증하는 것을 사후검증(back-testing)이라 하는데 이에 대한 개념과 통계적 방법을 정확히 이해할 필요가 있다.

- 사후검증은 통상 실제 손실을 관찰하고 그 관찰자료에서 실패비율(failure rate)을 측정하여 검증한다. 표준정규분포를 이용하여 검증하는데 그 방법과 절차를 숙지하고 활용할 수 있어야 한다.

- Basel위원회의 규정에 의하면 사후검증을 위해 기업들은 99%신뢰수준을 이용하며, 보유기간(검증기간)은 1년으로 하되 실제 영업일을 기준으로 하여 252일을 1년으로 정하고 있다. 따라서 Basel기준의 적용을 받는 기업들은 이러한 가이드라인대로 VaR를 사후검증하여 관리해야 한다.

- 스트레스 테스팅의 개념과 목적을 정확히 이해하고 적용할 필요가 있다. 극단적인 손실이 발생할 경우 기업의 생존도 위협을 받을 수 있으므로 철저히 대비해야 한다.

- 다양한 스트레스 테스팅 방법들이 있다. 가능한 위기상황들을 가정하여 대비하는 시나리오 분석, 리스크 관리 시스템을 극단적인 상황에 맞게 조정하며 분석하는 스트레스 테스팅 시스템 분석, 그리고 국가정책 변화에 따라 발생할 수 있는 극단적인 손실을 대비하여 적극적으로 대책을 세우는 정책반응 등이 대표적인 스트레스 테스팅 방법들이다.

사례 16-1

스트레스 테스팅 사례1: 예금보험공사(KDIC)[39]

1. 개요

본 사례에서는 스트레스 테스팅의 정의, 개념, 의미, 모형 등을 정리하고 그 필요성과 중요성에 관해 선행연구들을 중심으로 살펴보았다. 경제시스템이 더욱 복잡해져 가고, 국가간, 산업 간 상호 의존성 및 불확실성이 심화되어 가고 있는 현실에서 스트레스 테스팅이 리스크관리에서 얼마나 중요한지 인식하고 금융감독기구들뿐만 아니라 개별 금융기관들도 스트레스 테스팅을 위한 자체 내부모형 및 데이터베이스 구축에 각별한 노력을 기울여야 한다. 특히, 최고경영진은 스트레스 테스팅의 중요성을 인식하고 인프라 구축, 인재 확보 및 육성, 정책 결정에의 활용 등을 위해 지원을 아끼지 말아야 할 것이다.

또한, 국내·외 주요 금융감독기구들의 스트레스 테스팅 모형 및 실시 현황을 조사하여 공통점 및 차이점을 분석하고, 그 시사점을 탐색하였다. 미국과 유럽중앙은행의 스트레스 테스팅 방법론 및 정책적 활용 등을 심도 있게 조사하고 비교 분석하였고, 국내의 경우에는 한국은행, 금융감독원, 예금보험공사에 대해 살펴보고 그 정책적 시사점들을 제시하였다.

한편, 스트레스 테스팅 시행을 위한 구체적인 시나리오 생성방안에 대해 검토하였다. 역사적 시나리오와 가상(내부설정) 시나리오 둘 다에 대해 이론적 방법론과 구체적인 실행방법을 제시하였고, 특히 최근(2000년 1분기~2018년 4분기)의 자료를 분석하여 역사적 시나리오를 생성하고 향후 2년(8분기) 동안의 시나리오를 제시하고 분석하였다. 이 과정에서 은행들을 중심으로 핵심적인 리스크요인(국내·외 거시경제변수)들을 탐색하였고, 몬테카를로 방법을 이용하여 시나리오별 위기분석을 하였다.

그리고, 시나리오별로 리스크요인의 변동이 은행들의 자본적정성, 대차대조표, 손익계산서에 미치는 영향 등을 분석하였다. 분석결과, 일부 은행의 경우 위기시나리오에서 BIS비율 8%에 미달하는 경우가 발생하여 이에 대한 문제점 분석 및 대응책 마련이 필요하다고 추정되었고, 부채비율을 중심으로 살펴본 대차대조표에 대한 영향은 극히 일부 은행을 제외하곤 큰 문제가 없는 것으로 나타났다. 시나리오별 손익에 대한 영향은 일부 기간, 일부 은행에서 위기 시 손실이 발생하는 것으로 나타났으나 대체로 큰 문제는 나타나지 않았다.

2. 스트레스 테스팅 주요 결과: 주요 은행 자본적정성 검증
1) 자본적정성에 대한 정의

은행업 감독업무 시행세칙의 '위기상황분석 실시기준'에 따르면 은행은 반기 1회 스트레스 테스팅을 수행하되 산출물 분석결과로는 회계적 이익과 손실(accounting profit and loss), 경제적 이익과 손실(economic profit and loss), 규제자본 혹은 위험가중자산(regulatory capital and risk weighted asset), 그리고 경제적 자본요구량(economic capital rquirement) 등이 있다.

---

39) 2019년 필자가 예금보험공사의 의뢰로 수행한 '은행업권 스트레스 테스팅 모형 개선' 최종보고서에서 인용함.

2) 자본적정성 평가: BIS비율을 중심으로

① BIS비율의 정의

본 사례에서 사용하는 BIS비율은 다음과 같다. BIS비율을 추정하기 위한 거시경제변수들이 변화율에서 단위근 안정을 보이기 때문에 BIS비율은 주요 회계변수들의 비율로 변환시켜 사용한다.

$$
BIS = \frac{Equity + Profit - Expected\,Loss}{Risk\,Weighted\,Assets}
$$

$$
= \frac{E + Net\,Income - EL}{RWA}
$$

$$
= \frac{E/A + Net\,Income/A - EL/A}{RWA/A}
$$

$$
= \frac{Equity\,Ratio + ROA - EL\,Ratio}{RWA\,Ratio}
$$

단, E= 자기자본, A= 자산, E= 자본, $Profit = NI$(순이익)

$EL =$ Expected Loss(예상손실)$= PD \times EAD \times LGD$

$RWA =$ Risk Weighted Asset(위험가중자산)

$PD =$ Probability of Default(부도확률)

$EAD =$ Exposure At Default(부도시 위험노출액)

$LGD =$ Loss Given Default(부도시 손실률)

② BIS계산을 위한 주요 변수 추정모형(회귀모형)

(i) 전체은행 공통모형

$$
CAR : \left(\frac{E}{A}\right)_t = 0.0048 + 0.9732 \left(\frac{E}{A}\right)_{t-1} - 0.0016\Delta시장변동성_t +
$$

$$
0.0063\Delta중국실질GDP_t + \varepsilon_t \,(R^2 = 95\%)
$$

$$
ROA : \left(\frac{NI}{A}\right)_t = 0.0022 + 0.5964 \left(\frac{NI}{A}\right)_{t-1} + 0.0191\Delta주택지수_t +
$$

$$
0.0052\Delta KOSPI지수_t - 0.0597실업률_t + 0.3335\Delta CPI_t +
$$

$$
0.0015\Delta환율_t + 0.0163\Delta중국GDP_t + \varepsilon_t \,(R^2 = 58\%)
$$

$$
EL\,ratio : \left(\frac{EL}{A}\right)_t = 0.9917 \left(\frac{EL}{A}\right)_{t-1} - 0.0055\Delta회사채금리_t -
$$

$$
1.1940실업률_t + \varepsilon_t \,(R^2 = 93\%)
$$

$$
RWA\,ratio : \left(\frac{RWA}{A}\right)_t = 0.1106 + 0.8867 \left(\frac{RWA}{A}\right)_t + \varepsilon_t \,(R^2 = 79\%)
$$

$$
PD : PD_t = 0.5511 PD_{t-1} + \varepsilon_t \,(R^2 = 35\%)
$$

$$
EAD\,ratio : EAD_t = 0.6164 + 0.4381 EAD_{t-1} + \varepsilon_t \,(R^2 = 97\%)
$$

$$
LGD\,ratio : LGD_t = 0.9425 LGD_{t-1} + \varepsilon_t \,(R^2 = 22\%)
$$

위의 회귀식에서 보듯이 Equity ratio, ROA, EL 등은 여러 리스크요인(거시변수)들과 유의적으로 연결되어 있으며 R^2도 높고 자료수도 충분하여 통계적 신뢰도가 높는 것으로 판단된다. RWA, PD, EAD ratio, LGD ratio 등은 리스크요인들과의 연결도 미흡하고, 자료수도 적으며, R^2도 낮아 통계적 유의성이 낮아 보인다.

(ii) 은행 개별모형

모형은 기본적으로 (i)과 같은 방법으로 설정하며, 자료수가 충분치 않아 통계적 신뢰도는 낮은 편이다. 다만, 은행 고유의 특성을 반영한다는 점에서 큰 의미를 갖는다. 은행모형에서 계산할 수 없는 것은 전체모형으로 구한다.

③ BIS비율 계산

〈표〉 전체은행 BIS비율 추정

(단위: %)

시나리오	t+0	t+1	t+2	t+3	t+4	t+5	t+6	t+7	t+8
기본 (B)	9.70	11.81	13.32	14.46	15.40	16.18	16.78	17.45	18.04
위기 (A)	9.70	9.68	9.85	10.10	10.46	10.76	10.98	11.36	11.75
심각 (S)	9.70	8.58	8.03	7.74	7.73	7.72	7.67	7.82	8.05

〈표〉 은행별 BIS비율 추정: 기본시나리오(Baseline)

(단위: %)

	t+0	t+1	t+2	t+3	t+4	t+5	t+6	t+7	t+8
우리	9.7346	11.1805	12.2799	13.1143	13.7856	14.2893	14.6509	14.9941	15.2541
SC	9.9090	9.4721	9.0719	8.6920	8.3276	7.9647	7.5958	7.2687	6.9326
신한	10.5142	10.4231	10.1255	9.7044	9.2439	8.7480	8.2347	7.7684	7.3102
하나	11.1990	10.5146	9.6976	8.8423	8.0355	7.2237	6.4282	5.7717	5.1164
국민	10.9902	10.1787	9.4434	8.7646	8.1513	7.5731	7.0207	6.5284	6.0585
대구	12.0069	12.1248	12.6344	13.2631	13.9244	14.5628	15.1813	15.7966	16.3453
부산	13.5660	12.7810	12.0097	11.2629	10.5712	9.8961	9.2458	8.6608	8.0913
광주	10.5040	9.4654	8.4672	7.4961	6.5631	5.6275	4.6867	3.7914	2.8832
제주	10.5284	10.1386	9.7152	9.3025	8.8839	8.4782	8.0648	7.6838	7.3020
전북	10.7805	11.2819	11.6113	11.8295	12.0230	12.1638	12.2702	12.3690	12.4686
경남	12.4581	12.7844	12.9915	13.1347	13.2661	13.3528	13.4174	13.5032	13.5632
기업	10.8077	11.2799	11.7345	12.1680	12.6176	13.0537	13.4723	13.9298	14.3875
산업	16.3979	12.9795	10.2267	7.9980	6.2031	4.7731	3.6292	2.7586	2.0556
농협	7.5105	5.8376	4.1554	2.4729	0.7956	−0.8925	−2.5724	−4.2544	−5.9480

주) 1) 하나, 제주, 전북은행은 EL데이터가 없어 여타은행 평균값을, 국민과 농협은 RWA데이터가 없어 여타은행 평균값을 적용함.
2) 씨티은행은 자기자본은 고평가, RWA는 상대적으로 저평가되어 BIS비율이 정확하지 않아 분석에서 제외함.

<표> 은행별 BIS비율 추정: 위기시나리오(Adverse)

(단위: %)

	t+0	t+1	t+2	t+3	t+4	t+5	t+6	t+7	t+8
우리	9.7346	10.4949	11.4376	12.2894	13.1537	13.8614	14.4390	15.0095	15.5077
SC	9.9090	9.6961	9.6954	9.7346	9.8235	9.8930	9.9425	10.0108	10.0690
신한	10.5142	9.9896	9.4533	8.8702	8.3289	7.7652	7.2101	6.7133	6.2514
하나	11.1990	10.2155	9.5841	9.0116	8.6815	8.3222	8.0208	7.8231	7.6369
국민	10.9902	9.9248	9.0639	8.3052	7.6628	7.0588	6.4916	5.9873	5.5213
대구	12.0069	11.5556	11.6677	11.9561	12.3718	12.7797	13.2526	13.7279	14.1624
부산	13.5660	12.0823	10.9718	10.0291	9.2581	8.5197	7.8504	7.2531	6.6818
광주	10.5040	8.5555	6.8541	5.2418	3.7235	2.1772	0.6435	−0.8499	−2.3594
제주	10.5284	10.5047	10.4873	10.4742	10.4674	10.4487	10.4251	10.4146	10.4138
전북	10.7805	10.7014	10.6724	10.6354	10.6812	10.7199	10.7438	10.7926	10.8700
경남	12.4581	11.5262	11.0072	10.6204	10.3610	10.0645	9.7936	9.5609	9.2893
기업	10.8077	10.7638	10.9470	11.2245	11.6410	12.0913	12.5679	13.1225	13.7206
산업	16.3979	13.2294	10.6043	8.4299	6.6411	5.1917	4.0082	3.0964	2.3525
농협	7.5105	5.2962	3.0493	0.7498	−1.5802	−3.9797	−6.3753	−8.7980	−11.282

<표> 은행별 BIS비율 추정: 심각시나리오(Severely adverse)

(단위: %)

	t+0	t+1	t+2	t+3	t+4	t+5	t+6	t+7	t+8
우리	9.7346	10.1424	10.9937	11.8446	12.8058	13.6210	14.3180	15.0184	15.6569
SC	9.9090	9.8112	10.0240	10.2968	10.6473	10.9762	11.2830	11.6008	11.9148
신한	10.5142	9.7668	9.0990	8.4204	7.8250	7.2131	6.6249	6.1015	5.6284
하나	11.1990	10.0618	9.5243	9.1029	9.0372	8.9394	8.9305	9.0127	9.1202
국민	10.9902	9.7943	8.8640	8.0575	7.3938	6.7698	6.1894	5.6736	5.2052
대구	12.0069	11.2525	11.1397	11.2356	11.5136	11.7936	12.1837	12.5817	12.9534
부산	13.5660	11.7231	10.4247	9.3638	8.5350	7.7464	7.0533	6.4369	5.8523
광주	10.5040	8.0877	6.0039	4.0262	2.1597	0.2390	−1.6661	−3.5412	−5.4446
제주	10.5284	10.6998	10.9136	11.1327	11.3680	11.5770	11.7811	11.9848	12.2061
전북	10.7805	10.4030	10.1776	9.9915	9.9423	9.9088	9.8718	9.8785	9.9292
경남	12.4581	10.8793	9.9614	9.2646	8.7612	8.2174	7.7235	7.2750	6.7740
기업	10.8077	10.4985	10.5320	10.7157	11.1032	11.5507	12.0513	12.6543	13.3282
산업	16.3979	13.1002	10.5124	8.2764	6.4521	4.9138	3.6664	2.7384	1.9535
농협	7.5105	5.0179	2.4664	−0.1794	−2.8886	−5.7139	−8.5476	−11.433	−14.421

위 <표>들에서 보듯이 기본, 위기, 심각시나리오에서 15개 분석대상 은행 중 절반 이상인 8개 은행(SC제일, 신한, 하나, 국민, 광주, 제주, 산업, 농협)에서 BIS비율이 규제기준인 8%에 미달하는 것으로 나타났다. 물론 미래 8개 분기 전체에서 벗어나는 것은 아니고 일부 기간이라고는 하지만(농협은 모든 시나리오, 모든 기간에서 8% 이하), 위기상황에 대비한 문제점 분석과 철저한 리스크관리가 필요하다고 보여진다. 다만, 자료가 충분하지 않아 일부 은행의 경우 조정된 자료를 사용하였으며 향후 자료가 보완된다면 이에 대한 재분석이 요구된다. 예컨대, 하나, 제주, 전북은행은 EL데이터가 없어 여타은행 평균값을, 국민과 농협은 RWA데이터가 없어 마찬가지로 여타은행 평균값을 적용하였는바, 이들 은행에 대한 BIS비율은 조심스럽게 해석되고 활용되어야 할 것이다.[40] 은행전체의 경우와 대부분의 개별은행 분석에서 BIS비율이 기본에서 심각으로 갈수록 악화되는 것으로 나타나 시나리오에 대한 몬테 카를로 시뮬레이션이 적절하게 수행된 것으로 판단된다.[41]

---

[40] BIS계산식에서 예상손실(EL)은 EL자체자료를 사용할 수도 있고, $EL = EAD \times PD \times LGD$로도 구할 수 있으나, 앞에서 언급한 바와 같이 EAD, PD, LGD자료들이 충분하지 않고 신뢰가 담보되지 않아 본 연구에서는 EL자료 자체로만 BIS를 추정하였다.

[41] Baseline ⇒ Adverse ⇒ Severely adv.로 변화할 때, BIS비율의 변화:
 - 감소＋감소(정상): 전체은행, 신한, 씨티(부분), 하나, 국민, 대구, 부산, 광주, 전북, 경남, 기업, 농협: 12개
 - 증가＋감소(증가)(비정상): 산업, 우리, SC제일, 제주: 4개

사례 16-2

스트레스 테스팅 사례2: 한국은행(BOK)[42]

1. BOKST-07을 이용한 스트레스 테스팅: 개요

BOKST-07모형을 이용하여 국내은행(산업은행과 수출입은행은 제외)의 2007년말 포트폴리오를 대상으로 시나리오분석과 민감도분석을 병행한 금융시스템 스트레스 테스팅을 실시하였다. 리스크별로는 신용리스크와 시장리스크를 중심으로 분석하되, 금리리스크에 대한 분석도 부가적으로 실시하였으며, 운영리스크는 아직 구체적인 스트레스 테스팅 방법론이 정립되지 않아 실시하지 않았다.

초기충격과 거시경제시나리오는 다음과 같다. 현재의 거시경제상황에 기초하여 향후 금융시스템의 안정에 위협이 될 수 있는 리스크요인을 금융충격, 대외충격, 자산충격 등 3개 부문으로 나누고, 세부적으로는 금리, 주가, 환율, 부동산가격, 유가, 세계경제 등 6개 유형의 초기충격을 설정하였다. 각 리스크요인에 대해 충격의 크기를 보통(moderate), 심각(severe) 두 단계로 구분하여 총 12개의 초기충격을 설정하였다.[43] 설정된 초기충격을 거시계량경제모형(BOK04)에 적용하여 경제 위기시나리오(stress scenario)를 생성하였다.

〈표〉 초기충격의 종류와 크기

충격의 종류	충격의 크기	
	moderate	severe
1. 금융충격		
─금리상승(콜금리)	300bp*	500bp
─주가하락	−30%	−50%
─환율하락	−20%	−40%
2. 대외충격		
─유가상승	100%	150%
─세계경제침체	$m \times (\frac{1}{2})$성장**	0%성장
3. 자산충격		
─부동산가격하락	−30%	−50%

주) *1bp=0.01%, **m=세계교역성장률의 장기평균(mean)

스트레스 테스팅 결과를 요약하면 다음과 같다.

---

42) 한국은행 *금융안정보고서*(2012)에서 인용함.
42) 한국은행 *금융안정보고서*(2012)에서 인용함.
43) 충격의 크기는 역사적 관측치, 외국 중앙은행 및 국내은행의 스트레스 테스팅 적용사례 등을 종합적으로 고려하여 결정함. 참고로 미국 연준(FRB)은 충격의 크기를 위기(Adverse), 심각(Severely adverse)으로 구분함. 기본적인 경제상황은 공히 기본(Baseline)이라 칭함.

첫째, 시나리오분석결과는 다음과 같다. 2007년말 국내은행의 포트폴리오에 대하여 12개의 거시경제위기시나리오로 하향식 스트레스 테스팅을 실시한 결과, 국내은행의 BIS비율은 Severe상황의 경우 Baseline(2007년말) 대비 최저 −0.53%p부터 최고 −2.22%p까지 하락하였으나 모든 시나리오에서 8% 이상을 유지하였다. 또한, 외부충격에 따른 부도율 증가에도 불구하고 총자산이익률(ROA), 자기자본이익률(ROE) 등 수익성지표도 양(+)의 값을 유지하여 국내 은행시스템은 외부충격에 대해 자체 손실흡수여력을 보유하고 있는 것으로 나타났다. 시나리오별로 보면 콜금리가 500bp상승 시 잠재손실 규모가 가장 크게 증가하는 등 금리충격에 가장 취약한 모습을 보였고 그 다음으로 부동산, 유가, 세계경제침체 순으로 충격에 취약한 것으로 나타났다.

〈표〉 시나리오별 BIS비율의 변화

시나리오	BIS비율(severe)(%)	baseline과의 차이(%p)
baseline	10.93	−
금리충격	8.71	−2.22
주가충격	10.24	−0.69
환율충격	10.40	−0.53
부동산충격	9.00	−1.93
유가충격	9.52	−1.41
시계경제충격	9.78	−1.16

외부충격에 따른 익스포저별 취약성을 살펴보기 위해 시나리오별 익스포저의 잠재손실 변화율을 측정한 결과 기업 익스포저는 유가상승충격에 가장 취약한 것으로 나타났고 중소기업 익스포저는 금리상승충격에, 소매 익스포저는 부동산가격 하락충격에 가장 취약한 것으로 나타났다.

〈표〉 익스포저별 잠재손실 변화율(severe시나리오)

(단위: %)

충격의 종류	익스포저		
	기업	중소기업	소매
금리	15.5	25.6	32.0
주가	2.0	1.8	20.6
환율	3.4	11.8	−3.8
부동산	6.4	4.6	64.3
유가	15.9	9.7	22.5
세계경제	12.9	11.2	12.7

둘째, 민감도분석 결과는 다음과 같다. 먼저, 부도율 민감도분석결과를 살펴보면, 부도율 수준이 모든 익스포저에서 동일하게 10% 상승하는 것을 가정하는 경우, 중소기업 익스포저의 잠재손실률 증가폭이 기업과 소매 익스포저보다 크게 확대되는 것으로 나타났다. 금리 민감도분석의 경우 수익률곡선의 기울기 상승, 기울기 하락, 형태변화 등 3가지를 가정하였고, 분석결과 원화 금리감응자산 및 부채는 수익률곡선 기울기 상승충격에 가장 민감하게 반응하였다. 수익률곡선 기울기 상승 시 BIS자기자본 대비 금리VaR의 비율이 5.6%로 상승하였으나 BIS권고비율(20% 미만)에 비해서는 낮은 수준을 보여 국내은행의 원화부문 금리리스크는 크지 않은 것으로 나타났다.

2. 통합ST를 이용한 스트레스 테스팅: 결과

본 스트레스 테스팅에서는 시장금리와 주택가격에서 충격이 2년(8분기) 동안 발생하는 시나리오를 상정한 후 통합스트레스 테스팅 모형을 이용하여 충격에 대한 국내 금융기관의 복원력을 점검하였다. 테스트 대상에는 2018년 2/4분기말 기준 은행 17개, 보험회사 54개, 비은행예금취급기관 79개, 저축은행 및 농협, 수협, 산림조합, 신협, 새마을금고 등 5개 상호금융조합, 증권회사 44개, 신용카드회사 8개가 포함되어 있다.

제시된 시나리오를 요약하면 다음 <표>와 같다.

〈표〉 통합 스트레스 테스팅을 위한 시나리오*

충격의 종류	2018 2/4분기	2019 2/4분기	2020 2/4분기
시장금리 상승	2.2%	3.7%	5.2%
주택가격 하락	100	85	70

주) * 금리＝국고채(3년물) 수익률 분기평균
　　 주택가격＝2018 2/4분기 전국주택가격을 100으로 가정

스트레스 테스팅 결과 경제성장률 및 주가하락 등 실물 및 금융 부문에 상당한 충격이 나타났지만, 대부분의 금융업권에서 자본비율이 규제기준을 상회하는 등 국내 금융시스템의 복원력은 대체로 양호한 수준을 유지하였다. 좀 더 시나리오별로 세부적으로 살펴보면 다음과 같다.

첫째, 시장금리상승이 미치는 영향을 분석해 보면, 은행, 상호금융조합, 저축은행 및 신용카드회사의 경우 업권별 평균자본비율이 비교적 소폭 하락하였으나 보험회사 및 증권회사의 경우 자본비율 하락폭이 컸다. 특히 보험회사의 경우 자본비율이 규제수준까지 떨어지는 것으로 나타났다. 시장금리 상승에 따른 자본비율변동 요인을 세부적으로 분해하면 다음 <표>와 같다.

〈표〉 시장금리상승이 자본비율에 미치는 영향

(단위: %, %p)

업권	기준 시점 (A)	충격후 (B)	자본비율 변동 (B-A)	신용 손실	시장 손익	고유 손익	전염 손실	기타
은행	15.5	14.2	-1.3	-0.4	-0.5	+0.4	-0.1	-0.8
상호금융	8.2	7.9	-0.3	-0.2	-0.1	+0.1	-0.0	-0.1
저축은행	14.5	14.0	-0.5	-1.1	-0.2	+0.6	-0.0	+0.2
신용카드	23.2	20.3	-2.9	-0.9	-0.3	-2.0	-0.0	+0.3
보험	253.5	102.8	-150.7	-7.8	-180.6	-5.6	-1.6	+45.0
증권	608.8	472.9	-135.9	-13.6	-128.8	-18.9	-6.5	+31.9

주) 시장손익: 매도가능증권 손익을 포함
　　고유손익: 은행, 상호금융조합, 저축은행의 경우 이자이익, 신용카드, 증권은 수수료손익, 보험은
　　　　　　 보험손익을 의미함.

　〈표〉에서 보는 바와 같이 은행, 저축은행 및 상호금융조합의 경우 신용 및 시장손실
증가가, 신용카드회사의 경우 카드수수료이익 감소가 자본비율을 하락시키는 주요 요인으
로 작용하였다. 반면, 보험회사 및 증권회사의 경우 유가증권가격 하락에 따른 시장손실 증
가가 자본비율 하락에 큰 영향을 미쳤다. 다만 전염손실이 자본비율에 미치는 영향은 미미
한 것으로 나타났다.
　둘째, 주택가격 하락이 미치는 영향을 분석해 보면, 은행, 상호금융조합 및 신용카드회사
의 경우 업권별 평균 자본비율 하락폭이 상대적으로 작았으나, 지축은행 및 증권회사의 경
우 동 자본비율이 큰 폭으로 하락하였다. 주택가격 하락에 따른 자본비율변동 요인을 세부
적으로 분해하면 다음 〈표〉와 같다.

〈표〉 주택가격하락이 자본비율에 미치는 영향

(단위: %, %p)

업권	기준 시점(A)	충격후 (B)	자본비율 변동 (B-A)	신용 손실	시장 손익	고유 손익	전염 손실	기타
은행	15.5	13.4	-2.1	-0.9	-0.1	-0.2	-0.1	-0.8
상호금융	8.2	7.4	-0.8	-0.7	-0.1	-0.0	-0.0	-0.1
저축은행	14.5	9.8	-4.7	-5.0	-0.3	-0.2	-0.0	+0.8
신용카드	23.2	18.5	-4.7	-1.6	-0.6	-3.0	-0.0	+0.5
보험	253.5	202.4	-51.1	-12.8	-49.7	-15.2	-0.5	+27.3
증권	608.8	441.6	-167.2	-26.3	-111.4	-26.4	-3.6	-0.4

주) 시장손익: 매도가능증권 손익을 포함
　　고유손익: 은행, 상호금융조합, 저축은행의 경우 이자이익, 신용카드, 증권은 수수료손익, 보험은
　　　　　　 보험손익을 의미함.

표에서 보는 바와 같이 은행, 상호금융조합 및 저축은행의 경우 대출부도율 상승에 의한 신용손실 증가가, 신용카드회사의 경우에는 카드수수료이익 감소가 자본비율 하락의 주요 요인으로 작용하였다. 반면, 보험회사의 경우 신용스프레드 확대에 따른 채권 평가손실 증가가, 증권회사의 경우에는 주가 하락에 따른 시장손실 증가가 하락의 주요 요인으로 작용하였다. 전염손실의 영향은 대체로 미미하였다.

[객관식]

01. Back-testing에 관한 다음 설명 중 옳지 않은 것은?

   ① Failure rate을 이용, 검증할 수 있다.
   ② 사용되는 VaR가 정확한지 검증할 수 있다.
   ③ 바젤에서 사후검증에 일반적으로 요구하는 신뢰수준은 99%이다.
   ④ VaR의 정확성을 통계적 방법으로 검증하는 것은 불가능하다.

02. N을 VaR보다 더 큰 손실이 발생한 횟수라 하고, T를 자료를 조사한 총 기간이라
   하자. 그러면 N/T는 실패비율(failure rate)이라 불리는데, T가 커지면 N/T는 이항분
   포의 확률(p)에 수렴한다. 만일 VaR보다 큰 손실이 발생하는 횟수 X가 이항분포를
   따른다면 VaR보다 큰 손실, 즉 극단치가 발생할 기대횟수는 얼마인가?

   ① $E(X) = p(1-p)$ ② $E(X) = (1-p)T$
   ③ $E(X) = pT$ ④ $E(X) = p(1-p)T$

03. 다음 중 스트레스 테스팅 기법이 아닌 것은?

   ① scenario analysis   ② policy response
   ③ failure rate analysis   ④ stressing model

04. 극단적인 손실을 유발하는 상황을 찾아내어 관리하는 과정을 무엇이라 하는가?

   ① simulation   ② back-testing
   ③ stress-testing   ④ VaR mapping

05. 파생상품정책그룹(DPG: Derivatives Policy Group)에 의해 제시되어 있는 스트레스 테스팅 가이드라인 중 수익률곡선(yield curve)의 경우 스트레스 테스팅을 시행하는 기준은?

① 수익률곡선이 ±25bp 비틀리는 경우
② 수익률곡선이 ±25% 비틀리는 경우
③ 수익률곡선이 ±2.5bp 비틀리는 경우
④ 수익률곡선이 ±2.5% 비틀리는 경우

06. VaR를 통해 예측한 예상손실의 범위 안에서 실제로 손실이 발생하고 있는지, 아니면 실제 손실이 더 많은지를 자료를 통해 지속적으로 확인하고 VaR를 계산하는 데 문제가 있으면 시정하는 것을 무엇이라 하는가?

① parameter testing   ② hypothesis testing
③ stress testing   ④ back-testing

07. VaR보다 큰 손실이 발생하는 횟수(즉, 예외적손실의 수)를 X 라 하고, 실제손실이 VaR보다 크게 나타날 확률 p 가 일정할 경우, T 기간 동안 발생하는 총 예외적손실의 수 X 는 어떤 확률분포를 따르게 되는가?

① 포아송분포   ② 대수정규분포
③ 표준정규분포   ④ 이항분포

08. VaR의 사후검증(back-testing)을 하고자 한다. T 기간 동안 발생한 예외적손실(즉, 실제손실이 VaR보다 큰 경우)의 횟수가 N, 예외적손실이 발생할 확률을 p 라 할 때, 다음 중 사후검증에 필요한 귀무가설로 가장 적절한 것은? (단, E 는 기대치(Expectation)를 의미함)

① $E(N/T) = p$ ② $E(T/N) = p$
③ $E(T-N) = p$ ④ $E(N-T) = p$

09. 다음 중 시나리오 분석을 통해 얻을 수 있는 이점으로 적절한 것은?

① 과거에 발생한 시장충격에 대한 분석을 할 수 있게 해준다.

② 리스크요인이 움직이는 경우를 분석할 수 있게 해준다.

③ 포트폴리오를 통해 실현한 과거의 손익을 분석할 수 있게 해준다.

④ 효과적인 사후검증을 할 수 있게 해준다.

10. 다음 중 파생상품정책그룹(DPG: Derivatives Policy Group)이 제시하는 위기분석 (stress-testing) 상황으로 적절치 않은 것은?

① 수익률곡선이 ±25bp 뒤틀리는 경우

② 주가지수가 ±10% 변하는 경우

③ 통화가치가 ±6% 변하는 경우

④ 변동성이 ±30% 변하는 경우

11. VaR분석은 위기분석(스트레스 테스팅)을 통해 보완되는 것이 적절하다. 그 이유를 바르게 설명한 것은?

① 위기분석을 통해 금액으로 표시된 최대손실을 확인할 수 있기 때문이다.

② 최소한의 신뢰수준에서 목표기간의 기대손실을 확인할 수 있기 때문이다.

③ 정상적인 상황에서 발생할 수 있는 것보다 큰 손실규모를 확인할 수 있기 때문 이다.

④ 99%신뢰수준에서 포트폴리오의 가치변화를 확인할 수 있기 때문이다.

12. 다음 중 적절한 위기분석을 위해 필요한 조건으로 적합하지 않은 것은?

① 시장의 유동성은 충분한 것으로 가정해야 한다.

② 적절한 모든 시장변수를 고려해야 한다.

③ 시장리스크와 신용리스크의 상호작용도 고려해야 한다.

④ 구조적변화의 가능성도 고려해야 한다.

13. VaR의 사후검증 방법 중 BIS 가이드라인에 대한 설명 중 잘못된 것은?

① 보통 1일 보유기간과 99%신뢰수준을 기준으로 250일 동안 추정된 VaR와 실제의 손익을 비교하여 실제손실이 VaR를 초과하는 횟수를 기초로 이루어진다.

② 안정구역은 250일의 검증기간 중 VaR를 초과하는 횟수가 4회 이내인 경우로서 현재 사용중인 VaR모형이 적절함을 의미한다.

③ 경계구역은 VaR를 초과하는 횟수가 5~9회로 VaR에 문제가 있음을 단언하기는 어려우나 주의를 요한다.

④ 위험구역은 VaR를 초과하는 횟수가 10회 이상인 경우로 현재 사용중인 VaR모형이 리스크를 과대평가하고 있음을 의미한다.

14. 위기분석에 대한 설명 중 잘못된 것은?

① 과거자료에 존재하지 않는 상황을 고려한다.

② VaR분석을 보완한다.

③ 상관관계를 충분히 반영할 수 있다.

④ 적절하지 않은 상황을 설정할 경우 VaR값이 무의미해진다.

15. Basel에 따르면 사후검증을 통해 금융기관이 사용하는 VaR모형이 리스크를 과소평가하는 경우 안정승수(k)를 증가시켜 벌점을 부과한다. 벌점이 최대가 되는 예외 발생횟수와 안정승수(k)를 바르게 연결한 것은?

	예외 발생횟수	안정승수(k)
①	4	3.2
②	6	3.3
③	8	3.6
④	10	4.0

16. Basel이 요구하는 시장리스크부과금(MRC)을 바르게 설명한 것은?

① 전일VaR×안정승수(k)+특별리스크부과금(SRC)

② max(전일VaR×k, 최근 1년 VaR평균)+특별리스크부과금(SRC)

③ max(k×최근 60일VaR평균, 전일VaR)+특별리스크부과금(SRC)

④ max(최근 60일VaR평균, k×전일VaR)+특별리스크부과금(SRC)

17. 다음 중 스트레스 테스팅에 가장 적합한 방법론은?

　① Delta − gamma valuation　　② Full revaluation

　③ marked to market　　④ Delta − normal VaR

18. 위기분석(스트레스 테스팅)과 관련된 다음 설명 중 옳은 것은?

> 가. 많은 수의 시나리오들을 포함하면 경영진이 포트폴리오의 리스크 노출을 더 잘 이해할 수 있다.
> 나. 위기분석은 VaR를 보완하며, 리스크관리 담당자들로 하여금 포트폴리오의 핵심적 약점을 인식하도록 도와줄 수 있다.
> 다. 위기분석의 단점은 매우 주관적이라는 것이다.
> 라. 위기분석은 VaR자료 추정에 사용된 과거기간에는 발생하지 않았으나 여전히 발생 가능한 시나리오를 포함시킬 수 있게 해준다.

　① 가, 나　　② 다, 라

　③ 나, 다, 라　　④ 가, 나, 다, 라

19. 다음 위기분석에 관한 설명 중 옳은 것은?

　① 금융변수들의 집합 중에서 가능성은 낮지만 여전히 발생할 수 있는 사건이나 변동의 포트폴리오 가치에 대한 잠재적인 영향력을 평가하는 데 사용된다.

　② 예측된 결과를 관찰된 실제 결과와 직접적으로 비교하는 리스크관리 수단이다.

　③ 실제손실이 예측된 손실의 범위에서 발생하는지 검증하는 통계적 기법이다.

　④ 매우 객관적인 분석방법이다.

20. 신뢰수준 90%의 사후검증(back-testing)에서 250일로 계산된 거래연도 동안 얼마나 많은 예외(exception)가 예상되는가?

　① 5회　　② 10회

　③ 25회　　④ 50회

01. 서강은행의 과거자료를 분석해 보니 1년 안에 VaR보다 큰 손실이 발생할 확률은 약 6%라 한다. 최근 1년간(250일) VaR보다 큰 손실이 10회 발생하였다면 서강이 현재 사용하고 있는 VaR모형이 적절한지 유의수준 1%로 사후검증하라.

02. 최근 60일간의 VaR를 모두 합하면 $60,000이고, 어제의 VaR는 $2,000이다. 최근 250일간의 기록에 따르면 추정한 VaR보다 손실이 더 크게 발생한 횟수는 7회였다. 특정 리스크부과금(SRC)이 없다고 가정하면, Basel기준에 의한 시장리스크부과금(MRC)은 얼마인가?

03. VaR의 사후검증(back-testing)에서 하루에 예외적손실(즉, 실제손실이 VaR보다 큰 경우)이 발생할 확률을 0.05라 할 때, 1년 동안 예외적손실은 평균 약 몇 회 발생하는가? (단, 1년 동안 $p=0.05$는 일정하며, 1년은 252일로 간주함)

04. 100억원의 가치를 가진 주식포트폴리오를 운영하고 있는 한 펀드매니저가 이 포트폴리오에 대한 위기분석을 실행하고자 한다. 이 포트폴리오의 연간 평균수익률은 10%, 연간수익률의 변동성은 25%이다. 지난 3년 동안 이 포트폴리오의 일간 가치변동이 표준편차의 3배를 넘은 경우가 여러 차례 있었다. 시장상황의 급변으로 이 포트폴리오가 일간 4배의 표준편차 사건을 경험하는 경우, 이 포트폴리오의 가치변화를 구하라. (단, 연간 영업일(business day)수는 252일로 간주함)

[객관식]

01. ④   02. ③   03. ③

04. ③

05. ①

> 해설 파생상품정책그룹(DPG: Derivatives Policy Group)에 의해 제시되어 있는 스트레스 테스팅 가이드라인에 의하면 수익률곡선(yield curve)은 ±25bp 비틀리는 경우에 해당된다.

06. ④   07. ④

08. ①

> 해설 사후검증에서 사용하는 귀무가설(H_0)은 |Actual loss−Projected loss|＝0 혹은 $E(N/T) = p$이다.

09. ②

10. ④

> 해설 **핵심체크** 파생상품정책그룹(DPG: Derivatives Policy Group)에 의해 제시되어 있는 스트레스 테스팅 가이드라인: 1) 수익률곡선(yield curve)이 ±100bp 수평 이동하는 경우, 2) 수익률곡선(yield curve)이 ±25bp 비틀리는 경우, 3) 주가지수가 ±10% 변하는 경우, 4) 통화가치가 ±6% 변하는 경우, 5) 변동성(volatility)이 ±20% 변하는 경우

11. ③

12. ①

> 해설 적절한 위기분석을 위해서는 시장의 비유동성까지도 고려할 수 있어야 한다.

13. ④

> **해설** 위험구역은 VaR를 초과하는 횟수가 10회 이상인 경우로 현재 사용중인 VaR모형이 위험을 과소평가하고 있음을 의미한다.
>
> **핵심체크** Basel이 제시하는 사후검증 벌칙구역(Zone) 예외숫자
> 안정(Green): 4개 이하, 경계(Yellow): 5~9개, 위험(Red): 10개 이상

14. ③

> **해설** 위기분석은 과거에 존재하지 않는 상황까지를 포함하므로 상관관계를 충분히 반영하기는 어렵다.

15. ④

> **해설** **핵심체크** 예외의 갯수에 따른 안정승수(k)는 3에 다음 표에 있는 증가분을 더하면 된다.

구역(Zone)	예외(exception)의 갯수	안정승수(k)의 증가
안전(Green)	0~4	0.00
경계(Yellow)	5	0.40
	6	0.50
	7	0.65
	8	0.75
	9	0.85
위험(Red)	10~	1.00

16. ③

> **해설** 본문 (식 16−1)에 있는 바와 같이 Basel의 내부모형이 요구하는 시장리스크부과금은 다음과 같다.
>
> $$MRC_t^{IMA} = \max(k\frac{1}{60}\sum_{i=1}^{60} VaR_{t-i},\ VaR_{t-1}) + SRC_t$$

17. ②

> **해설** Delta−normal이나 Delta−gamma는 부분가치평가법이고 정상상황을 가정하므로 극단상황을 예상한 스트레스 테스팅에 적합하지 않으며, 단순 시장평가(marked to market)도 스트레스 테스팅에 미치지 못한다. 전체적인 재평가(Full revaluation)가 가장 적절하다.

18. ③

> **해설** 위기분석에서 너무 많은 수의 시나리오들을 포함하면 경영진이 포트폴리오의 리스크 노출을 해석하기 더 어려워진다.

19. ①

> **해설** ②, ③번은 사후검증(back testing)에 관한 설명이고, 위기분석은 주관적 분석방법이기 때문에 ④번 설명은 적절치 않다.

20. ③

> **해설** 예외(exception)의 수＝보유기간(T)×$(1-$신뢰수준$)=250×(1-0.9)=25$회

[주관식]

01. 현재 사용하고 있는 VaR모형을 기각할 수 없다.

> **해설** 예외의 갯수 X는 이항분포, $b(T, p)=b(250, 0.06)$을 따른다. 이를 표준정규분포로 전환하면 다음과 같다.
>
> $$Z=\frac{X-Tp}{\sqrt{Tp(1-p)}}=\frac{10-250×0.06}{\sqrt{250×0.06×0.94}}=-1.3316$$
>
> 1) 귀무가설: $E(N/T)=p$ (혹은 현재VaR가 적절함)
> 2) 검정통계량: $Z=-1.3316$
> 3) 유의수준 1%에서 기준통계량값＝2.56
>
> 따라서, 검정통계량의 절대값(1.3316)이 기준통계량(2.56)보다 작으므로, 귀무가설을 기각할 수 없다. 즉, 현재 서강은행이 사용하고 있는 VaR모형은 적절하다.

02. $3,650

> **해설** 시장리스크부과금을 구하는 다음 공식을 이용하면 된다. 단, 여기서 특정리스크부과금은 0이므로 $SRC=0$이다. 그리고 250일 동안 발생한 예외 갯수는 7이므로 <표 16−1>로부터, $k=3+0.65=3.65$이다.
>
> $$MRC_t^{IMA}=\max(k\frac{1}{60}\sum_{i=1}^{60}VaR_{t-i}, \ VaR_{t-1})+SRC_t$$
>
> $$=\max(3.65×\frac{1}{60}×60000, \ 2000)+0$$
>
> $$=\max(3650, \ 2000)=\$3,650$$

03. 13회

> **해설** T기간 동안 발생하는 예외적손실의 발생횟수를 X라 하면, X는 이항분포, $b(T, p)$를 따른다.
>
> 그런데, 이항분포의기대치(평균) $= Tp = 252(0.05) = 12.6$회이다.
>
> **핵심체크** 확률변수 X가 이항분포, $b(n, p)$를 따른다면, 기댓값(평균값) $= np$, 분산 $= np(1-p)$이다.

04. 6억 2,800만원

> **해설** 시장급변으로 4배의 표준편차 사건이 발생한 경우, 가치변동을 구하기 위해서는 먼저 일간변동성을 구해야 한다. '제곱근법칙(square-root rule)'에 의하면, 연간변동성과 일간변동성 사이에 다음식이 성립한다.
>
> $$\sigma(연간) = \sigma(일간)\sqrt{252}$$
>
> $$\Rightarrow \sigma(일간) = \frac{\sigma(연간)}{\sqrt{252}} = \frac{25\%}{\sqrt{252}} = 1.57\%$$
>
> 따라서, 일간 4배의 변동성에 의한 포트폴리오의 가치변동
> $$= 100억원 \times 1.57\% \times 4배 = 6억 2,800만원.$$

제17장 포트폴리오VaR/신용VaR/CaR/EaR/경제적 자본

가. 분산-공분산의 개념

분산-공분산법(variance-covariance method 혹은 correlation method)의 기본개념은 베타에 의한 시장민감도 적용과 유사하다. 이 방법에 의하면, 포트폴리오전체의 리스크 크기는 리스크 요인들의 예상가격변동성에 포트폴리오 리스크 요인에 대한 민감도를 곱하여 산출하게 된다.

나. 분산-공분산법에 의한 계산과정

분산-공분산법으로 포트폴리오 전체의 리스크를 측정하는 과정은 크게 다음과 같은 3단계로 요약할 수 있다.

첫째, 과거 데이터를 이용하여, 리스크 요인의 변동성(표준편차), 리스크 요인간의 상관관계를 측정한다. 변동성은 주로 표준편차를 이용하여 측정하고 상관계수는 공분산을 각각의 표준편차의 곱으로 나누어 측정한다.

둘째, 리스크 요인에 대한 포트폴리오의 민감도를 산출한다. 각각의 리스크 요인이 한 단위 변동할 때 포트폴리오 가치가 얼마나 변동하는지 측정하는 것이 민감도이다.

셋째, 변동성, 상관관계, 민감도를 이용하여, 리스크 요인의 변화에 따른 포트폴리오의 변동액을 산출한다.

다. 분산-공분산법에 의한 포트폴리오VaR 측정 사례

(1) 포트폴리오 총위험의 측정

포트폴리오가 F개의 리스크 요인에 의해 영향을 받으며, 각각의 리스크 요인에 대한 포트폴리오 가치의 민감도는 $\beta_j(j=1, 2, \cdots, F)$로 표시된다고 하자. 그리고 리스크 요인 j의 분산은 σ_j^2로 표시되고, 요인 i와 j 사이의 공분산은 σ_{ij}로 표시된다고 하자. 그러면 F개의 리스크 요인으로 생기는 포트폴리오 전체의 리스크는 다음과 같은 식으로 계산할 수 있다.

$$
\begin{aligned}
\sigma_P^2 &= \sum_{i=1}^{F} \sigma_i^2 \beta_i^2 + 2 \sum_{i=1}^{F} \sum_{i<j=1}^{F} \beta_i \beta_j \sigma_{ij} \\
&= [\beta_1 \beta_2 \cdots \beta_F] \begin{bmatrix} \sigma_1^2 & \sigma_{12} & \cdots & \sigma_{1F} \\ \sigma_{21} & \sigma_2^2 & \cdots & \sigma_{2F} \\ \cdots & \cdots & \cdots & \cdots \\ \sigma_{F1} & \sigma_{F2} & \cdots & \sigma_F^2 \end{bmatrix} \begin{bmatrix} \beta_1 \\ \beta_2 \\ \cdots \\ \beta_F \end{bmatrix} \\
&= [\beta_1 \sigma_1 \beta_2 \sigma_2 \cdots \beta_F \sigma_F] \begin{bmatrix} 1 & \rho_{12} & \cdots & \rho_{1F} \\ \rho_{21} & 1 & \cdots & \rho_{2F} \\ \cdots & \cdots & \cdots & \cdots \\ \rho_{F1} & \rho_{F2} & \cdots & 1 \end{bmatrix} \begin{bmatrix} \beta_1 \sigma_1 \\ \beta_2 \sigma_2 \\ \cdots \\ \beta_F \sigma_F \end{bmatrix}
\end{aligned}
$$

(식 17-1)

(2) 포트폴리오VaR의 측정

앞의 (식 17-1)의 공식으로 F개의 리스크 요인에 대한 포트폴리오 총위험(σ_P)이 구해지면, 이를 이용하여 다음 공식으로 포트폴리오 VaR를 구한다.

$$VaR_P(\%) = (신뢰수준값) \times \sigma_P \times \sqrt{T}$$

(식 17-2)

단, T= 보유기간/1년 총영업일

99% 신뢰수준값=2.33

95% 신뢰수준값=1.65

라. 포트폴리오VaR 요약

투자론에서의 포트폴리오이론을 적용하면 포트폴리오VaR도 유사하게 다음과 같이 정의할 수 있다. 문제를 단순하게 만들기 위해 포트폴리오 안에 자산이 2개만 있다고 가정하면 포트폴리오VaR(diversified VaR)는 (식 17-3)과 같이 구할 수 있다. 즉, 포트폴리오 $VaR = VaR_P \leq \sum_j VaR_j$(개별자산VaR의 합)가 성립하는데 이는 포트폴리오 분산투자효과(diversification)가 포트폴리오VaR에도 동일하게 적용됨을 의미한다.

$$\sigma_P^2 = w_1^2 \sigma_1^2 + 2w_1 w_2 \rho_{12} \sigma_1 \sigma_2 + w_2^2 \sigma_2^2$$

(식 17-3)

$$\Rightarrow VaR_P = \alpha \sigma_P W = \sqrt{w_1^2 \sigma_1^2 + 2w_1 w_2 \rho_{12} \sigma_1 \sigma_2 + w_2^2 \sigma_2^2} \; W$$

(i) $\rho_{12} = 0$

$$VaR_P = \alpha \sigma_P W = \alpha \sqrt{w_1^2 \sigma_1^2 + w_2^2 \sigma_2^2} \; W$$
$$= \sqrt{VaR_1^2 + VaR_2^2} < VaR_1 + VaR_2$$

(ii) $\rho_{12} = 1$

$$VaR_P = \alpha \sigma_P W = \alpha \sqrt{w_1^2 \sigma_1^2 + 2w_1 w_2 \sigma_1 \sigma_2 + w_2^2 \sigma_2^2} \; W$$
$$= \sqrt{(VaR_1 + VaR_2)^2} = VaR_1 + VaR_2$$

(iii) $\rho_{12} = -1$

$$VaR_P = \alpha \sigma_P W = \alpha \sqrt{w_1^2 \sigma_1^2 - 2w_1 w_2 \sigma_1 \sigma_2 + w_2^2 \sigma_2^2} \; W$$
$$= \sqrt{(VaR_1 - VaR_2)^2} = |VaR_1 - VaR_2|$$

가. 한계VaR(MVaR)

한계VaR(Marginal VaR or MVaR)란 포트폴리오를 구성하는 어느 한 자산에 \$1 더 투자할 경우 전체 포트폴리오 VaR의 변화량을 의미한다. 식으로 표시하면 다음과 같다.

$$Marginal \ VaR_j = \Delta VaR_j = \frac{\partial VaR_P}{\partial (w_j W)} = \frac{\partial (\alpha \sigma_P W)}{\partial (w_j W)}$$

$$= \alpha \frac{\partial (\sigma_P)}{\partial (w_j)}$$

$$= \alpha \frac{Cov(R_i, \ R_P)}{\sigma_P}$$

$$= \frac{VaR_P}{W} \beta_j \qquad \text{(식 17-4)}$$

단, α = 신뢰수준값
∂ = 편미분 인자[1]
W = 전체포트폴리오 가치
w_j = j 자산의 가중치

(식 17-4)의 세 번째 줄은 다음의 두 가지 성질을 이용해 증명할 수 있다.

i) 포트폴리오 분산공식으로부터, $\dfrac{\partial \sigma_P{}^2}{\partial w_i} = 2 Cov(R_i, \ R_j)$이다.

ii) 연쇄법칙(chain rule)으로부터, $\dfrac{\partial \sigma_P{}^2}{\partial w_i} = \left(\dfrac{\partial \sigma_P{}^2}{\partial \sigma_P} \right) \left(\dfrac{\partial \sigma_P}{\partial w_i} \right) = 2 \sigma_P \left(\dfrac{\partial \sigma_P}{\partial w_i} \right)$이다.

---

1) 편미분(partial differentiation)이란 독립변수가 여러 개인 경우, 미분하고자 하는 하나의 변수만 변한다고 가정하고 나머지 변수들은 상수라 가정하여 미분하는 것을 말한다. 반면에 전미분(total differentiation)은 독립변수가 하나만 있을 때의 미분을 말한다.

따라서, i)과 ii)로부터, $\dfrac{\partial \sigma_P}{\partial w_i} = \dfrac{\left(\dfrac{\partial \sigma_P{}^2}{\partial w_i}\right)}{2\sigma_P} = Cov(R_i,\,R_j)/\sigma_P$ 가 된다.

나. 증분VaR(IVaR)

증분VaR(Incremental VaR or IVaR)란 현재의 포트폴리오에 새로운 투자가 추가되었을 때 전체 포트폴리오 VaR의 변화량을 의미한다. 식으로 표시하면 다음과 같다.

$$Incremental\ \ VaR = VaR_{P+a} - VaR_P \qquad\qquad (식\ 17\text{-}5)$$
$$\approx (\Delta VaR)' \times a \quad \text{(by Taylor Series)}$$
$$= (Marginal\ \ VaR)'a$$

단, VaR_P = 현재의 포트폴리오 VaR

VaR_{P+a} = 포지션 a 만큼 추가로 투자된 뒤의 포트폴리오 VaR

다. 요소VaR(CVaR)

요소VaR(Component VaR or CVaR)란 현재의 포트폴리오에서 어떤 자산에 대한 투자가 제거될 때 전체 포트폴리오 VaR의 변화량을 의미한다. 식으로 표시하면 다음과 같으며, CVaR를 모두 합하면 포트폴리오전체VaR와 동일하다.

$$Component\ \ VaR_j = CVaR_j = VaR_P w_j \beta_j = (\alpha \sigma_P W) w_j \beta_j$$
$$= (\alpha \sigma_j w_j W) \rho_j$$
$$= VaR_j \rho_j$$

% Contribution to VaR_P of component j $\qquad\qquad (식\ 17\text{-}6)$

$$= \frac{CVaR_j}{VaR_P} = w_j \beta_j$$

라. 세 가지 VaR의 결합

(1) 한계VaR, 증분VaR, 요소VaR의 결합

세 개의 VaR를 결합하면 다음과 같은 관계가 성립한다.

$$MVaR_j = \frac{VaR_P\beta_j}{W} = \frac{(VaR_P\beta_j)w_j}{W \cdot w_j} = \frac{CVaR_j}{x_j}$$

$$\Rightarrow CVaR_j = x_j MVaR_j \approx \frac{IVaR}{a_j}x_j \ \ (\text{단}, \ x_j = j \, \text{자산에 투자된 금액}) \quad \text{(식 17-7)}$$

단, $MVaR$ = Marginal VaR(한계VaR)
　　$CVaR$ = Component VaR(요소VaR)
　　$IVaR$ = Incremental VaR(증분VaR)

(2) 포트폴리오VaR의 활용

측정된 포트폴리오VaR는 다음과 같은 다양한 용도로 활용될 수 있다.

첫째, 포트폴리오 리스크의 추이를 분석하고 포트폴리오 리스크의 한도를 책정하는 데 활용할 수 있다.

둘째, 리스크 측정모델이 적절한지 점검하는 데 활용할 수 있다.

셋째, 포트폴리오의 리스크 대비 수익수준의 비교에 의한 성과평가에 활용할 수 있다. 즉, 높은 수익률이 단순히 높은 리스크에 기인한 것인지, 아니면 리스크를 조정하고도 충분히 높은 수익률을 실현했는지 평가하는 데 활용할 수 있다. 뒤에서 배울 위험조정수익률(RAROC: Risk Adjusted Return On Capital)을 산출할 때 포트폴리오VaR는 필수적이다.

넷째, 포트폴리오 리스크 부담에 따른 필요자본 확보 및 배분에 활용할 수 있다.

가. 신용VaR

(1) 신용VaR의 특징과 신용리스크의 활용

① 시장리스크와 신용리스크의 분포 비교

일반적으로 시장리스크의 측정에 이용되는 시장가치의 분포는 좌우대칭(symmetric)에 가까운 분포를 가지고 있어 정규분포를 가정하더라도 큰 문제가 없다. 그러나, 신용포트폴리오의 가치는 단순한 신용등급변동에 대해서는 크게 변동하지 않지만, 도산 시에는 크게 변동하며 손실액이 크게 실현되기 때문에 신용포트폴리오의 분포는 좌측의 꼬리가 길게 늘어져 있고 우측은 급격한 경사를 보이는 특징을 보인다. 즉 오른쪽으로 많이 치우쳐 있고 왼쪽으로 긴 꼬리를 갖는 분포(Skewed-to-the-left distribution)를 갖는다. 이러한 특징으로 인해 신용리스크는 정규분포의 가정이 불가능하기 때문에 평균과 표준편차의 정보만을 가지고는 정확한 분포를 알 수 없고, Monte Carlo 시뮬레이션 등의 기법을 이용해 분포를 추정한다.

② 시장리스크와 신용리스크의 데이터 비교

금리, 주식가격 등 시장리스크 관련 데이터는 쉽게 구할 수 있는 반면, 신용리스크와 관련된 데이터는 현실적으로 관찰 불가능하기 때문에 간접적으로 관찰 가능한 대용변수를 사용해야 한다는 어려움이 있다. 또한, 시장VaR의 경우 포트폴리오구성이 단기간에 변경될 수 있으나, 신용리스크의 경우 단기적인 변경이 어려우므로 목표 보유기간(time horizon)을 시장리스크보다 장기간(보통 1년)으로 설정해야 한다.

③ 신용리스크로 인한 기대손실 산정방법

신용리스크 모형에서 기대손실의 측정 공식은 다음 (식 17-8)과 같다.

$$기대손실 = 위험노출액 \times 예상부도확률(EDF) \times 손실강도 \qquad \text{(식 17-8)}$$

단, 기대손실＝expected loss

    위험노출액＝risk exposure

    EDF＝Expected Default Frequency

    손실강도＝loss severity＝1－회수율

(식 17－8)에서 위험노출액은 위험에 노출되어 있는 자산이나 포트폴리오의 시장 가치를 의미하며, 손실강도는 리스크로 인해 손실이 발생할 경우의 손실비율을 의미한다. 이들 두 변수는 자산의 가치와 과거 손실경험으로부터 다소 쉽게 추정할 수 있다. 그러나 예상부도확률(EDF)을 추정하는 것은 상대적으로 훨씬 어려운데 다음과 같은 방법들이 사용된다. 앞에서 이미 배운 KMV 모형은 옵션모형으로서 기업의 자본 구조와 자산변동성을 이용하여 부도확률을 추정하며, CreditMetrics나 CreditRisk＋모형에서는 보험수리모형(actuarial model)으로 신용등급변화를 통계적 확률에 따라 부도확률을 추정한다. 그리고 CreditPortfolioView모형에서는 거시경제모형으로서 경제성장률, 실업률, 금리 등 경제변수와 경기순환을 이용하여 부도확률을 계산한다.

④ 신용리스크 측정치의 주요 활용 방법

신용리스크 측정치는 다음과 활용할 수 있다.

첫째, 포트폴리오 리스크를 감축하기 위한 우선순위의 설정에 활용할 수 있다.

둘째, 위험부담(risk－taking)자원의 최적배분에 활용할 수 있다.

셋째, 위험부담에 대한 경제적 자본(economic capital)의 측정에 활용될 수 있다. 경제적 자본이란 기업이 보유한 신용포트폴리오에서 발생하는 리스크에 대해 설정하는 자본으로서, 이때의 리스크는 주주자본에 대한 위협이 된다. 뒤에서 자세히 설명한다.

(2) 신용리스크 노출 측정

① 신용리스크 노출 측정모형: CreditMetrics™

CreditMetrics™는 신용리스크 측정을 위해 J.P. Morgan이 1997년 4월 발표한 분석 도구 및 데이터베이스 체계로서, 다음과 같이 3개 영역으로 구성되어 있으며, 신용 VaR의 분석도구이다.

－CreditMetrics Technical Document: 신용-VaR의 산출방법론

－Data Set: 산출과정에 필요한 데이터

－CreditManager™: 신용리스크 노출을 측정하는 분석 소프트웨어

② CreditMetrics™의 특징

기존의 신용리스크 측정방법들과 달리, CreditMetrics™는 다음과 같은 특징을 가지고 있다.

첫째, 기존의 방법들과 달리, 도산을 포함한 모든 신용도(credit quality)변화를 고려한다.

둘째, 시가평가분석체계(mark－to－market framework)로 리스크를 측정한다.

셋째, 신용리스크를 단순한 예상손실이 아닌 VaR의 관점에서 평가한다. VaR를 산출해 주므로 리스크 관련 경영의사결정에 직접적인 도움을 준다.

넷째, 신용리스크를 발생시키는 다양한 금융상품을 비교하고, 분석이 가능하다.

③ CreditMetrics™의 신용리스크 측정 절차

적절한 목표 보유기간(risk horizon) 및 신뢰수준을 선정한 후, 다음 과정을 따라 신용리스크를 측정한다.

i) 신용리스크 노출액(credit exposure)을 추정한다. 당연히 시가평가가 원칙이며 시가평가가 어려울 경우 현금흐름(cash flow)을 사용하거나 장부가치를 사용할 수 있다.

ii) 개별자산 신용등급변화의 가치변동성(volatility of value)을 측정한다. 변동성은 VaR의 계산에서 중요한 요소 중의 하나이다.

iii) 개별자산간의 상관관계를 추정한다. 상관관계는 EXCEL이나 대부분의 통계 소프트웨어로 추정할 수 있다.

iv) 포트폴리오 전체의 신용위험(portfolio credit VaR)을 측정한다.

④ 신용리스크 노출 측정

신용리스크 노출을 측정하는 방법은 다음과 같다. 즉, 대출의 경우에는 위험 노출액이 대체로 고정되어 있으므로 상수라 간주할 수 있다. 그러나, 일부 자산(스왑 등)의 경우 시장상황에 따라 위험노출액이 변동하므로 위험노출액 자체가 확률변수가 되므

로 사전에 미리 노출액을 추정할 필요가 있다. CreditMetrics는 포트폴리오 구성자산을 받을 어음, 채권 및 대출, 대출 약정, 신용장(financial letter of credit), 시장성 금융상품으로 구분하여 각각 위험노출액 측정방법을 제시하고 있다.

(3) 신용등급 변화의 변동성과 신용포트폴리오 VaR의 측정

① 신용등급 변화의 추정

CreditMetrics는 회사채의 신용등급 데이터를 이용하여 목표보유시점(risk horizon)에 개별자산이 모든 신용등급(도산 포함)으로 이동(migration)할 가능성이 있다고 보고 전이확률(transition matrix)을 추정하고, 개별자산의 가치를 재평가한다. 특히 전이확률은 Moody's, S&P 등 신용평가회사에서 추정하여 발표하고 있는 과거의 등급변화 및 도산 데이터를 이용하여 산출된다.

② 포트폴리오에 포함되어 있는 개별자산들의 상관관계 측정

포트폴리오 VaR를 측정하기 위해서는 포트폴리오에 포함되어 있는 자산들 사이의 상관계수를 측정해야 하는데 다음과 같은 방법을 이용한다.

i) 개별자산수익률 데이터가 있으면 이를 이용하여 상관계수를 측정한다.

ii) 현실적으로는 자산의 수익률 데이터를 구하기 어려운 경우가 많으므로, 다음과 같이 대용변수(proxy)를 사용하여 추정하기도 한다.

첫째, 상장기업의 경우: 주식수익률로 상관계수를 측정한다.

둘째, 비상장기업, 주가정보가 미약한 기업의 경우: 산업별/국가별로 벤치마크 상관관계를 설정하고, 개별자산은 시가비중 등을 이용한 가중치를 활용하여 측정한다.

iii) 포트폴리오 신용리스크 측정

기본적인 VaR의 계산방법은 시장VaR의 계산방법과 동일하다. 다만, 앞에서 설명한 절차에 의해 각각의 요소를 측정한다는 점이 시장VaR 측정과 다소 차이가 있다. 계산공식은 다음과 같다.

$$신용\text{-}VaR = 신용위험노출액 \times 신뢰수준 \times 변동성 \times \sqrt{보유기간} \qquad (식\ 17\text{-}9)$$

참고로, 크레딧메트릭스(CM)는 (식 17-9)와 같은 방식으로 신용-VaR를 측정하지 않으며 자산가치 시뮬레이션을 통하여 측정한다. CM은 부도 이상의 신용등급에서는 자산가치를 각 신용등급별로 신용스프레드를 고려하여 할인하고, 부도의 경우 베타분포를 이용하여 회수율을 생성시킨 후 잔존 가치를 계산하는 방식으로 자산가치의 총 분포를 만들어 낸다. 이렇게 계산된 분포에서 기대값과 손실방향 1퍼센타일 값의 차이를 신용-VaR로 고려하게 된다.

나. CaR

(1) CaR의 개념

① CaR의 정의

CaR(Capital at Risk)란 VaR와 같은 방법으로 시장리스크와 신용리스크를 동시에 측정하는 것을 말한다. VaR와 동일한 의미를 가지며 위험자본이라고도 한다.

② CaR의 필요성

(i) 역사적 분포로 측정한 리스크의 한계

역사적 자료를 이용해 측정한 표준편차는 간단한 방법이긴 하나, 리스크 발생의 근원을 파악하지 못하고 리스크 운용의 결과만을 반영할 뿐이라는 한계가 있다. 리스크가 얼마인지 결과만을 알 수 있을 뿐 어느 부문에서 리스크가 유발되었는지 모르기 때문에 리스크 관리수단으로 한계가 있다. VaR의 계산을 위해서도 과거자료를 이용한 표준편차를 사용하기 때문에 VaR도 이러한 문제점에서 자유로울 수 없다.

(ii) BIS기준에 의한 자기자본비율 등 규제자본의 한계

BIS에서 요구하는 규제자본이 실제 리스크를 감안한 적정 자본의 설정이 아니라는 문제점이 있다. 즉, 장기와 단기계약을 동일시하며, 국가간, 기업간 신용도가 다름에도 동일한 가중치 부여하고, 개별리스크의 합으로 측정하는 신용리스크는 여신포트폴리오의 분산 및 집중도를 반영하지 못한다는 한계가 있다. 따라서, 실제 리스크가 아닌 규제리스크 관리는 왜곡된 자본배분을 초래할 수 있다.

③ CaR의 목적

CaR는 기존의 리스크 측정의 문제점과 규제자본의 한계를 극복하고, 손실발생에 대비하여 도산을 방지하기 위한 적정 자본을 측정하는 데 주목적이 있다. 이를 좀 더 세분하여 설명하면 다음과 같다.

첫째, 전체리스크 크기를 측정하여 소요자본을 산정하기 위해서이다.

둘째, 영업단위별 리스크 크기를 측정하여 자본을 적절히 배분하기 위해서이다.

셋째, 리스크를 감안한 수익의 크기를 측정하여 영업성과를 평가하기 위해서이다.

④ CaR의 측정 방법

CaR를 측정하는 방법과 절차를 요약하면 다음과 같다.

첫째, CaR의 측정방법은 기본적으로 VaR와 동일하다.

둘째, VaR는 일반적으로 시장리스크를 측정하는 데 주로 이용되나 CaR는 시장리스크와 신용리스크 모두를 포괄한다는 차이가 있다.

셋째, VaR와 마찬가지로 CaR의 측정을 위해서는 손실의 확률분포에 대한 사전적인 조사가 필요하다. 시장리스크는 일반적으로 정규분포의 형태를 가지나, 신용리스크는 좌편향(skewed-to-the-left)의 비대칭분포를 갖기에 정교한 추정이 필요하다.

⑤ 부문별 자본배분 방법과 CaR

CaR를 이용하여 부문별로 자본을 배분하는 방법은 다음과 같다.

i) 부문별 내부이자율을 이용, 부문별 마진을 결정한다.

ii) 부문별 비용을 산정한다.

iii) i)과 ii)로부터 순이익(=마진-비용)의 규모를 결정한다.

iv) 부문별 채무불이행위험을 적용하여 CaR를 계산하고 이렇게 계산된 CaR에 비례하여 부문별로 자본 배분을 실시한다.

(2) 손실허용한도

① 손실허용한도의 개념

손실허용한도(tolerance level)란 기업이 허용할 수 있는 최대손실금액을 말하는 것으로 경영자가 얼마나 위험회피적(risk-averse)인 경영태도를 가지느냐에 따라 손실허용한도의 크기가 좌우된다. 즉, 경영자의 위험회피도가 클수록, 손실허용한도가 작아진다. 손실허용한도의 기본개념은 다음과 같다.

　　－손실허용한도＝CaR로 충당할 수 있는 예상불능손실과 부도로 이어지는 예외손실의 경계선

② 손실허용한도의 측정

i) 손실확률분포에서 손실을 다음과 같이 3가지 영역으로 구분한다.
　－평균손실 혹은 예상가능손실(expected loss): 대손충당금으로 흡수한다.
　－예상불능손실(unexpected loss): CaR로 흡수한다.
　－예외손실(exceptional loss): 도산 발생 영역으로 간주한다.

ii) 손실허용한도 계산
손실허용한도는 다음의 공식으로 계산한다.
　－k를 계산: 최대손실가능액＝기대수익－k×수익변동성＝（－）자본
　－정규분포의 경우, k에 해당하는 신뢰도(%)를 표에서 계산한다.

다. EaR

(1) EaR의 개념

① Ear의 정의

EaR(Earnings at Risk)이란 '주어진 신뢰수준 하에서, 정상상황 하에서 발생할 수 있는 최대의 수익(earnings)의 하락(the worst fall in earnings over a given time horizon under normal conditions at a given confidence level)'을 말한다. 여기서 수익(earning) 대신 보다 범위를 좁혀 현금흐름(cash flow)을 사용하면 CFaR(Cash Flow at Risk)이 되는데, 이는 현금흐름 발생상품의 리스크 관리에 VaR기법을 적용하는 것을 말한다.[2]

---

2) EaR은 P. Jorion(2007), pp.384~387, 그리고 김진호(1999), "전통적 ALM과 VaR를 결합한 통합위험 관리에 관한 연구"를 주로 참조하였다.

[그림 17-1] CFaR 측정 개념도

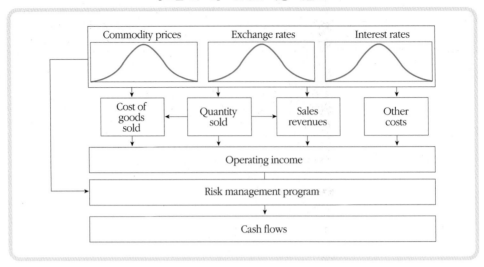

Hull(2007)은 EaR의 특별한 형태로서 CFaR을 설명하고 있는데, 예를 들어 금융기관이 아닌 일반 기업의 경우 일반적으로 자산과 부채의 시장가치 보다는 현금흐름의 변동성에 더 초점을 맞추어 리스크 관리를 하게 된다. 따라서 비금융회사들에게는 VaR보다는 EaR이나 CFaR이 더 중요한 리스크 측정지표가 될 수 있다. Hull(2007)이 제시한 CFaR의 개념도는 [그림 17-1]과 같다.[3]

② EaR의 필요성

(i) ALM의 등장 배경

금융리스크 관리는 사실상 자산부채종합관리(ALM)로부터 시작되었다고 해도 과언이 아니다. 주지하는 바와 같이 ALM은 미국 상업은행들이 금리자유화에 대응하는 과정에서 자연스럽게 발전해 왔다. 금리자유화 이전 은행들은 사실상 고정된 예대마진을 향유하고 있었으므로 금리리스크에 노출되지 않고 시장점유율 확대를 통한 이익 극대화에 치중할 수 있었다. 그러나 금리자유화 이후 은행들은 자산과 부채의 만기불일치 및 예대부문 금리변동에 따른 금리리스크에 노출되게 되었고 금리리스크 관리 필요성을 느낀 은행들이 개발한 개념이 바로 ALM이다.

---

3) 자료: P. Jorion, *Value at Risk*, 2007, p.386.

(ii) VaR의 등장 배경

앞에서도 이미 설명한 바와 같이 ALM은 기본적으로 예금, 대출 등 이자수입이나 지출 등 현금흐름이 발생하는 항목(accrual item)에 국한하여 적용되는 개념이기 때문에 주식, 채권, 외환, 파생상품 등 시장에서 유통되어 시가평가가 이루어지는 거래항목(trading item)의 리스크 관리에 적용하기는 부적절하다. 따라서 이러한 시장거래자산의 리스크관리를 위해 등장한 개념이 바로 VaR이다. 따라서 시장가치 변화보다는 그 자체로부터 발생(accrual)하는 현금흐름의 변화가 중요한 예금이나 대출 등과 같은 발생상품의 경우에는 VaR의 개념을 적용하는 것 또한 적절치 않다.

이러한 이유로 전통적 ALM은 주로 상업은행들이 사용해 온 반면, VaR는 투자은행이나 증권사 등이 주로 사용해 온 방법이다.

(iii) EaR도입의 필요성

최근 금융권의 다각화 전략이나 자본시장 통합 추세로 볼 때 금융기관을 은행, 증권, 보험 등 3각축으로 세분하여 구분하는 것이 점점 더 어려워지고 있고, 따라서 ALM이나 VaR 중 하나만으로 리스크를 관리하는 것이 점점 어려워지고 있다. 그 이유를 자세히 설명하면 다음과 같다.

첫째, 은행의 경우를 살펴보자. 은행은 전통적인 예대업무 이외에 신탁, 주식, 채권, 외환 및 각종 파생상품을 거래함으로써 기존의 ALM만 가지고서는 더 이상 효율적인 리스크 관리가 어렵게 되었다.

둘째, 증권사의 경우를 살펴보자. 증권사들은 본격적인 수신업무가 제한된 가운데서도 환매채(RP)[4] 거래 등을 통해 사실상 수신업무를 취급함으로써 기존의 주식, 채권 등 시가평가 대상 상품 이외에 현금흐름 발생상품이 새롭게 등장하였고, 따라서 증권사의 경우도 VaR기법만 단순히 적용해서는 효율적 금융리스크 관리가 어려워지게 되었다.

셋째, 보험사의 경우를 살펴보자. 보험사들은 이미 시가평가 대상 상품과 현금흐름 발생 상품을 모두 취급해 왔기 때문에 전통적인 ALM이나 VaR 어느 한 가지 방법만으로는 효율적으로 금융리스크를 관리할 수 없는 상황에 처해 있었다고 볼 수 있다.

---

4) RP(Repo 혹은 Repurchase Agreement)란 환매채 혹은 환매조건부채권을 말하며, 만기(대부분 1주일 이내의 단기)일에 발행회사가 되사는 조건으로 발행하는 채권을 말한다.

이러한 각 금융기관들의 금융리스크 관리의 어려움을 타개하는 방법은 시가평가 상품과 현금흐름 발생상품, 양쪽 모두에 적용될 수 있는 공통의 방법을 찾는 것이다. 그 대안의 하나로 바로 EaR이 등장한 것이다.

③ EaR의 측정 방법

(i) 측정 개요

EaR은 VaR와 측정개념에서 매우 유사하다. 즉, 주어진 신뢰수준하에서 정상상황에서 주어진 기간 동안에 예상되는 최대 손실을 측정한다. 그러나, VaR는 금리, 주가 등 기본적인 시장 자산가격의 변화가 포트폴리오의 시장가치 변화에 미치는 영향을 분석하는 반면, EaR은 현금흐름의 변화에 미치는 영향을 분석한다는 차이점이 있다. 따라서 사실상 EaR은 VaR개념의 확장으로서 (EaR+VaR)를 각각의 상품리스크 측정과 관리에 적용한다는 것은 결국 VaR개념을 두 가지 다른 성격의 상품에 공통적으로 적용하여 리스크를 관리하는 것이고, 이는 EaR의 측정 방법도 VaR와 유사함을 잘 보여준다.

(ii) 측정을 위한 사전준비 작업

EaR측정을 위해서는 다음과 같은 몇 가지 사전 준비작업이 필요한데 이는 VaR를 계산할 때와 유사하다.

첫째, 대차대조표 각 항목에 적용될 금리에 대한 가정과 이들 각 항목의 잔액이 분석대상기간 동안 어떻게 변화할 것인가를 가정해야 한다.

둘째, 앞에서 이미 배운 부트스트래핑(boot-strapping)이나 몬테 카를로 등의 시뮬레이션 기법이나 CIR(Cox-Ingersoll-Ross)모형 등을 이용하여 수익률곡선(yield curve)을 추정한다. 수익률곡선의 추정과 함께 비만기수익률곡선에 대한 가정도 필요한데 이는 만기수익률곡선으로부터 유도될 수 없는 우대금리(prime rate), 요구불예금 금리, 정기예금 금리 등을 말한다. 각각에 대한 적절한 가정이 필요하다. 또한 미래 예측기간 동안에 설정될 신규거래와 관련된 미래 금리에 대한 가정도 필요하다.

셋째, 대차대조표 각 항목별 잔액, 즉 현재 보유하고 있는 자산과 부채항목의 포지션 금액에 대한 미래추정이 필요하다. 또한 대차대조표 기존 항목 이외에도 새로운 항목이 추가될 때 이들은 어떤 만기구조를 할 것인지 가정해야 한다.

(iii) 측정 단계

EaR의 측정 절차는 다음과 같다.

－다양한 만기의 수익률곡선을 추정한다.

－위에서 추정한 수익률곡선을 이용하여 자산과 부채 각 포지션별로 예상되는 수익과 비용을 추정하여 순이자수익(NII: Net Interest Income)을 계산한다. 이 때 사전에 준비해 둔 자산과 부채항목의 포지션 금액에 대한 미래 추정치가 사용된다.

－이러한 단계를 충분한 수만큼 반복하여 순이자수익(NII)의 확률분포를 도출하고, 다음과 같은 공식으로 EaR을 계산한다.

$$EaR = \mu(NII) - \alpha \; percentile \; value \qquad \text{(식 17-10)}$$

단, $\mu(NII)$ = 순이자수익의 평균
$\alpha \; percentile \; value$ = NII분포 좌측 유의수준 임계치

(식 17 - 10)에서 '$\alpha \; percentile \; value$'란 분포좌측 유의수준(예, 5%)의 임계치를 말하는데, 예를 들어, 유의수준이 5%라면 순이자수익을 제일 작은 것부터 왼쪽에서 오른쪽으로 순서대로 정렬할 때 제일 작은 것으로부터 오른쪽으로 5%에 위치한 순이자수익을 말한다.

(2) EaR의 활용

① 은행의 사업부문별 성과평가 및 자원배분

EaR은 다양한 분야에 활용될 수 있다. 먼저 은행에서 성과평가와 자원배분에 활용한 사례를 살펴보도록 하자. 김성훈[5]은 국내 은행들의 사업부문별 성과평가 및 이에 기초한 자원배분에 EaR을 사용할 것을 제안하였다. 그는 EaR을 '순이익을 구성하는 수익/비용 변동에 따른 잠재적 손실'로 정의하고, 이에 영향을 미치는 기초적 자산의 시장가격리스크와 신용리스크를 사업부문별로 파악할 필요가 있음을 주장하였다. 이러한 EaR접근법은 시장가치를 확인하기 어려운 자산 및 부채항목에 대해서도 은행

---

5) 김성훈의 다음 연구를 참조하기 바람: 김성훈, 1999, "EaR을 이용한 사업부문 리스크 측정과 성과평가", *주간금융동향*, 제8권 36호, 한국금융연구원, pp.18~21.

의 순자산가치에 미치는 시장리스크 및 신용리스크의 영향을 효과적으로 파악할 수 있게 한다는 점에서 은행의 통합리스크관리(IRM: Integrated Risk Management)를 위해 유용한 개념을 제공한다고 평가된다.

② 국가부채의 리스크관리

국가부채의 리스크관리에서 전통적으로 듀레이션기법을 사용하고 있는 반면, Jenssen[6]은 CaR(Cost at Risk)로 지칭되는 새로운 리스크 관리 기법을 제안하였다. EaR이 수입과 지출, 양쪽 현금흐름 리스크를 다루는 데 반하여, CaR는 오직 지출(부채)쪽 리스크만을 다룬다는 특징이 있다. 즉, CaR는 EaR의 한쪽 면만 활용한 것이다. 따라서 CaR는 금리나 환율 등의 미래 분포를 예측하여 향후 불리한 시장가격변동이 특정 신뢰구간 내에서 발생하는 경우 나타날 수 있는 부채 비용(손실)의 최대규모를 추정하는 방법이다.[7]

라. 경제적 자본

(1) 경제적 자본과 배분

① 경제적 자본의 정의

경제적 자본(EC: Economic Capital)이란 '예상치 못한 손실에 대비한 완충작용에 필요한 전체 자본(the aggregate capital required as a cushion against unexpected losses)'으로 정의된다. 일반적으로 기업 전체의 경제적 자본은 금융시장에서 발생할 수 있는 다양한 리스크 원천별로 각각 경제적 자본을 구하고 이를 통합하여 구한다.

금융회사 전체의 리스크 목표가 정해지면, 다음 작업은 이를 사업본부 등 개별 구성단위로 나누어 주는 자본배분 작업이 이루어지는데 이것이 바로 경제적 자본이다. 전체목표는 개별단위로 분해되어 구체적으로 제시될 때만 비로소 현실적 의미를 갖는다. 따라서 경제적 자본의 배분은 기업의 경영조직과 일치하도록 이루어져야 한다.

---

6) Jenssen의 다음 연구를 참조하기 바람: Jenssen L.K., 1998, "The Interest and Refinancing Risk on Domestic Government Debt—Cost at Risk", mimeo, Denmark National Bank.

7) 보다 수학적인 CaR산출방법론을 알기 원하는 독자는 바로 위의 Jenssen논문이나, 김진호(2005), pp.476~481을 참조하기 바람.

과거에는 금융회사들이 여신, 주식, 채권, 파생상품 등 기능별로 구분되어 있었다면, 최근에는 기업금융, 소비자금융 등 대상 고객별 사업본부 단위로 구분되는 경향을 보인다. 따라서 사업본부별 경제적 자본배분이 필요하다.

② RAROC과 경제적 자본

사업본부별로 리스크를 분해하기 전에 먼저 사업본부별 RAROC과 자기자본비용(cost of equity)을 비교해 보도록 하자. 원칙적으로는 RAROC이 자기자본비용보다 작은 사업본부라면 폐지하는 것이 금융회사의 가치제고에 도움이 된다. 다만, 신생 또는 전략적 부문으로서 당장의 수익성 저하를 감내할 수 있다면 예외적으로 존속시킬 수도 있을 것이다.

일단 자기자본비용을 초과하는 RAROC을 갖는 사업본부들이 선택된 다음에는 이들간 RAROC을 일치하도록 자본배분을 재조정하는 것이 원칙이다. 이는 투하 생산요소들의 한계생산성을 일치시킬 때 전체생산이 극대화된다는 경제학의 원칙에 따른 것이다. 이 원칙을 적용하기 위해서는 한계생산성(MP: Marginal Productivity), 즉 사업본부별 RAROC이 체감한다는 것이 전제되어야 하는데, 각 사업본부들은 별도의 전략적 고려가 없는 한 제한된 자본을 RAROC이 큰 순서대로 배분했을 것이므로 이 조건은 충족된다고 볼 수 있다.

이와 같은 리스크 분해작업을 세부 단위로까지 확대해 가면 궁극적으로 개인단위에 이를 수 있다. 즉, 개인별 리스크 목표가 배분, 설정되는 것이다. 금융회사는 이를 기반으로 보상체계를 설계할 수 있다.

(2) 리스크별 자본배분

① 시장리스크 자본

(i) 시장리스크 자본의 측정 방법

시장리스크 자본(capital for market risk)을 쌓는 대표적 방법은 손실분포에 일정 신뢰수준 하의 VaR 개념을 적용하는 것이다. 그런데 실무자들은 종종 사용하지 않은 시장리스크 한도(unused VaR)와 한도를 초과한 부분(excess VaR)에 대한 벌금액에 따라 자본금 규모를 정하기도 한다. 예를 들어, 시장리스크 자본규모 책정공식은 다음과 같이 쓸 수 있다.

시장리스크 자본$=F1\times VaR+F2\times unused\ VAR+F3\times excess\ VaR$　　(식 17-11)

(식 17-11)에서,

F1=순수하게 VaR의 정의에 따르면 1의 값을 가져야 하나, 예외적 시장충격이나 마찰적 요인을 고려하여 1이상의 값을 갖도록 조정하여 사용되기도 한다.

F2=VaR로 주어진 리스크 한도액 중에서 아직 사용하지 않은 금액의 미래 사용 가능성에 대비한 필요자본을 계산하기 위해 주어진 계수이다.

F3=리스크 한도액을 초과한 경우에 벌금성격의 자본금 부과를 나타내는 계수이다.

한 가지 중요한 것은 RAROC과 VaR의 측정기간이 서로 일치하여야 한다는 것이다.

(ii) 은행 시장리스크 자본

은행의 시장리스크는 주로 금리관련상품(예를 들어, 채권)에서 통상 출발한다. 그러나, 통상 만기갭으로 측정되는 은행계정의 금리리스크가 은행 시장리스크의 더욱 중요한 부분이며, 주식 및 외환리스크도 상대적 규모는 작지만 결코 무시할 수 없는 부분이다. 또한 각종 금융상품에 내재된 옵션들의 비선형적 리스크 또한 이들과 함께 손실분포를 측정할 때 종합적으로 고려하여야 한다.

② 신용리스크 자본

신용리스크 자본(capital for credit risk)을 결정하는 변수들은 신용노출규모(exposure), 채무불이행 또는 부도 확률, 그리고 회수율 혹은 손해율 등이다. 이 중 부도확률은 신용등급에서 추산하거나 KMV와 같은 모형으로 추정할 수 있다.

신용리스크 등급을 이용한 신용리스크 자본을 구하는 방법이 다음 [그림 17-2]에 묘사되어 있다.[8]

신용리스크자본을 구하는 한 가지 방법은 '자본요소(capital factor)'를 활용하는 것이다. 자본요소는 Moody's 또는 S&P 등 신용평가회사의 부도관련 자료, 신용리스크 모형(예: Moody's KMV, CreditMetrics, CreditRisk+등) 및 금융회사의 독자적인 내부모형으로부터 추산할 수 있으며, 일반적으로 다음의 4단계를 통해 이루어진다.

---

8) 자료: Crouchy, Galai, and Mark(2001).

[그림 17-2] 신용등급과 신용리스크 자본

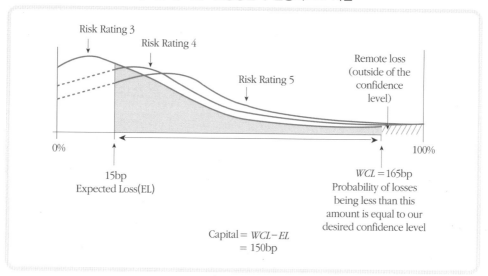

첫째, 분석기간을 선정한다. 가능하면 호황 및 불황 모두를 포함하는 경제순환주기(economic life cycle)가 포함되도록 기간을 정한다.

둘째, 선택된 리스크 대상에 신용등급을 대응시킨다.

셋째, 예상손실과 예상치 못한 손실을 측정한다.

넷째, 정성적 평가를 추가하여 최종적으로 자본요소를 할당한다. 특히, 투입요소(신용등급 및 만기)의 변화가 신용리스크와 자본요소에 미치는 민감도를 정확하게 분석하여야 한다.

③ 운영리스크 자본

운영리스크(operational risk)는 시장리스크나 신용리스크에 비해 계량화하기 더 어려우며, 여러 가지 측정 모형 개발이 현재도 진행되고 있다. 대표적인 접근 방법은 운영리스크 관련 손실분포로부터 운영VaR를 산출하는 것이지만, 시장리스크나 신용리스크와는 달리 분포도출에 필요한 내, 외부 자료의 부족으로 운영리스크 측정모형 개발에 어려움을 겪고 있다. 자료가 부족한 상태에서 분포를 추정할 경우 꼬리부분으로 갈수록 정확성이 급격하게 떨어지는 문제가 발생한다.

운영리스크 손실은 법적 소송으로 이어지는 경우가 많으므로 법적 기록 등을 통해 자료를 모으는 것도 좋은 방법이 될 수 있다.

손실분포 추정 및 운영VaR 계산보다 단순한 방법은 운영리스크를 요소별로 분해하여 각각의 리스크 등급을 매기는 것이다. 즉, 사람, 업무과정, 시스템, 그리고 외부환경의 4요소별로 등급을 매기고, 등급에 따라 신용리스크 자본처럼 자본요소를 대응시키는 것이다. 즉, 운영리스크 발생확률로 운영리스크 등급을 정하고, 등급에 따른 자본요소로 운영리스크 자본을 결정하는 방법을 사용할 수 있다.

요약

- 지금까지는 주로 개별 리스크 요인들에 대한 VaR의 측정을 다루어왔으나 현실적으로는 포트폴리오 전체의 VaR가 중요하다. 따라서 포트폴리오 VaR의 정의와 측정방법에 대해 이해할 필요가 있다.

- 포트폴리오를 구성하고 있는 자산중의 하나에 투자금이 늘어날 경우(한계VaR) 혹은 새로운 자산이 포트폴리오에 편입될 경우(증분VaR) 혹은 포트폴리오를 구성하고 있는 어떤 자산이 모두 제거될 경우(요소VaR) 등의 변화가 있을 때 포트폴리오 전체의 변동이 얼마나 될지 산출하는 것은 매우 복잡한 일이다. 특히 포트폴리오가 복잡하게 연결되어 있고 많은 자산들로 구성되어 있을 때는 더욱 어려운 일이다. 이러한 계산에서 한계VaR, 증분VaR, 요소VaR는 매우 중요한 역할을 하기 때문에 각각에 대해 잘 이해할 필요가 있다.

- 한계VaR, 증분VaR, 요소VaR의 세 가지가 포트폴리오 전체의 VaR와 어떤 관계를 가지며, 어떻게 활용될 수 있는지 잘 이해하고 실무에서 빠르고 정확하게 포트폴리오VaR를 계산하는 방법을 잘 숙지할 필요가 있다.

- 신용VaR는 일반 VaR와는 다른 특징들을 가지고 있다. 이러한 특징을 잘 이해하고 정확히 신용VaR를 계산하여 활용할 수 있어야 한다.

- 신용리스크 노출을 측정하는 방법을 이해하고, 신용등급변화의 변동성을 측정할 줄 알아야 정확히 신용VaR를 계산할 수 있다.

- 신용포트폴리오의 VaR를 측정하기 위한 필요 요소들을 이해하고 신용포트폴리오 전체의 VaR를 측정할 수 있어야 한다.

- 신용리스크와 시장리스크를 동시에 고려하여 CaR(위험자본)을 계산할 수 있는데 그 개념과 측정방법을 이해할 필요가 있다. 또한 VaR대신 CaR를 사용하여 RAROC을 계산할 수 있다.

- 손실허용한도(tolerance level)의 개념을 올바르게 이해하고 어떻게 실무에서 활용할 수 있는지 이해해야 한다.

- EaR은 ALM과 VaR를 통합하는 개념으로서 예금이나 대출 같은 현금흐름 발생상품(accrual item)이나, 주식, 채권, 파생상품 등과 같은 시장가격 거래상품(trading item) 모두에 적용할 수 있는 방법으로 활용할 수 있다.

- EaR은 다양한 분야에 활용할 수 있는데, 예를 들어 은행의 부문별 성과평가나 자원배분, 그리고 국가부채 관리를 위한 Cost at Risk가 있다.

- 경제적 자본(EC: Economic Capital)은 예상치 못한 손실에 대비한 완충작용에 필요한 전체 자본을 말한다. 이러한 자본은 금융기관이 예상치 못한 손실로 직면할 부도위험을 막을 수 있는 완충장치가 된다는 점에서 대단히 중요하다. 경제적 자본의 개념과 측정방법을 잘 이해할 필요가 있다.

- 중요한 리스크 원천별로 필요한 자본을 구하는 방법은 서로 다르다. 시장리스크를 위한 자본, 신용리스크를 위한 자본, 운영리스크를 위한 자본 등 각각의 개념과 측정방법을 잘 이해하고 적용해야 한다. 특히, 운영리스크의 측정 모형이 충분히 개발되지 않은 현재 상황에서 각 기업들은 자신의 기업에 적합한 운영리스크 측정모형 개발에 좀 더 노력해야 할 것이며, 그런 연후에야 운영리스크 자본을 정확히 산출할 수 있을 것이다.

사례 17-1

포트폴리오VaR 측정 사례[9]

1. 포트폴리오 구성

두 개의 외국통화인 미국달러(USD)화와 유로(EUR)화로 구성된 포트폴리오가 있다. 두 통화 사이에 상관관계는 없고 달러화와 유로화의 연간 변동성은 각각 5%, 12%라 한다. 현재 이 포트폴리오 투자자가 달러화에 2백만원, 유로화에 1백만원을 투자하고 있을 때, 이 포트폴리오의 VaR를 측정하고자 한다.

2. 포트폴리오VaR 측정
1) 포트폴리오 분산 및 표준편차(변동성)

포트폴리오 분산($\sigma_P{}^2$)을 원화(단위: 백만원)로 계산하면 다음과 같다.

$$\sigma_P{}^2 = (2\ 1)\begin{pmatrix} 0.05^2 & 0 \\ 0 & 0.12^2 \end{pmatrix}\begin{pmatrix} 2 \\ 1 \end{pmatrix} = 0.0244\,(백만원^2)$$

$$\Rightarrow 포트폴리오\ 표준편차(\sigma_P) = \sqrt{\sigma_P{}^2} = \sqrt{0.0244} = 0.156205(백만원)$$

2) 포트폴리오VaR와 개별VaR

신뢰수준 95%(즉, 유의수준값=1.65)하에서 이 포트폴리오의 VaR를 구하면 다음과 같다.

$$포트폴리오 VaR(\ VaR_P) = 1.65 \times 0.156205\,(백만원) = 257,738원.$$

한편, 분산투자효과를 고려하지 않은 각각의 개별VaR(individual VaR 혹은 undiversified VaR: VaR_j)는 다음과 같이 측정할 수 있다. 편의상 달러화를 첫째 자산(즉, $j=1$), 유로화를 둘째 자산(즉, $j=2$)이라 하자.

$$\begin{pmatrix} VaR_1 \\ VaR_2 \end{pmatrix} = \begin{pmatrix} 1.65 \times 0.05 \times 2백만원 \\ 1.65 \times 0.12 \times 1백만원 \end{pmatrix} = \begin{pmatrix} 165,000원 \\ 198,000원 \end{pmatrix}$$

3) 한계VaR와 증분VaR

먼저, 지금까지 주어진 정보로부터 두 자산의 β를 구해보자.
우선 몇 가지 기호를 편의상 정의해 보자.

$$분산 \cdot 공분산행렬 = \Sigma = \begin{pmatrix} 0.05^2 & 0 \\ 0 & 0.12^2 \end{pmatrix}$$

---

9) Jorion(2007)에서 인용함.

$$\text{투자금액행렬(단위: 백만원)} = x = \begin{pmatrix} 2 \\ 1 \end{pmatrix}$$

$$\text{가중치행렬} = w = \begin{pmatrix} 2/3 \\ 1/3 \end{pmatrix}$$

단, $W=$ 총투자금액, $w=$ 개별자산가중치, $x=$ 개별자산투자금액
$w_j = x_j / W$ (여기서 $j=$ 자산 1, 2)

이상의 기호를 이용하면, β를 다음과 같이 구할 수 있다.

$$\beta = \begin{pmatrix} \beta_1 \\ \beta_2 \end{pmatrix} = \frac{\sum w}{w' \sum w} = W \frac{\sum x}{x' \sum x} \left(\because \sum w = (\sum x)/W, \ w' \sum Aw = (x' \sum x)/W^2 \right)$$

$$= (3) \frac{\begin{pmatrix} 0.05^2 & 0 \\ 0 & 0.12^2 \end{pmatrix} \begin{pmatrix} 2 \\ 1 \end{pmatrix}}{(2 \ 1)\begin{pmatrix} 0.05^2 & 0 \\ 0 & 0.12^2 \end{pmatrix} \begin{pmatrix} 2 \\ 1 \end{pmatrix}}$$

$$= \begin{pmatrix} 0.615 \\ 1.770 \end{pmatrix} = \begin{pmatrix} \beta_1 \\ \beta_2 \end{pmatrix}.$$

이상의 결과를 이용하여 이제 한계VaR와 증분VaR를 구해보자.

① 한계VaR(MVaR)

$$MVaR = z_\alpha \frac{cov(R, R_p)}{\sigma_p} = 1.65 \frac{\begin{pmatrix} 0.0050 \\ 0.0144 \end{pmatrix}}{0.156}$$

$$= \begin{pmatrix} 0.0528 \\ 0.1521 \end{pmatrix}$$

$$= \begin{pmatrix} MVaR_1 \\ MVaR_2 \end{pmatrix}$$

② 증분VaR(IVaR)

만일 USD에 10,000원 더 투자한다면 USD에 대한 증분VaR는 다음과 같이 계산할 수 있다.

$$IVaR(USD) = (MVaR')a \quad (단, \ a = \text{추가투자금액행렬})$$
$$= (0.0528 \ 0.1521) \begin{pmatrix} 10,000 \\ 0 \end{pmatrix} = \$528.$$

유로(EUR)에 대한 증분VaR도 동일한 방법으로 계산할 수 있다.

4) 요소VaR

$$CVaR = \begin{pmatrix} CVaR_1 \\ CVaR_2 \end{pmatrix} = \begin{pmatrix} MVaR_1 \cdot x_1 \\ MVaR_2 \cdot x_2 \end{pmatrix}$$

$$= \begin{pmatrix} 0.0528 \cdot 2백만 \\ 0.1521 \cdot 1백만 \end{pmatrix}$$

$$= \begin{pmatrix} 105,630 \\ 152,108 \end{pmatrix}$$

$$= VaR_p \begin{pmatrix} 41\% \\ 59\% \end{pmatrix}$$

즉, USD는 전체포트폴리오VaR에 41%, EUR은 59% 기여한다고 볼 수 있다.

3. 포트폴리오VaR 측정 결과 요약

자산(j)	x_j(원)	개별VaR(원)	$MVaR_j$	$CVaR_j$(원)	기여도(%)
USD($j=1$)	2,000,000	165,000	0.0528	105,630	41.0
EUR($j=2$)	1,000,000	198,000	0.1521	152,108	59.0
합계	3,000,000				100.0
Undiversified VaR		363,000			
Diversified VaR				257,738	

지금까지 측정한 포트폴리오VaR의 결과들을 요약하면 다음 표와 같다.

이상의 세 가지 VaR(즉, IVaR, CVaR, MVaR)의 결합과 포트폴리오VaR의 관계를 x축을 EUR로 하여 그림으로 표시하면 다음과 같다.[10]

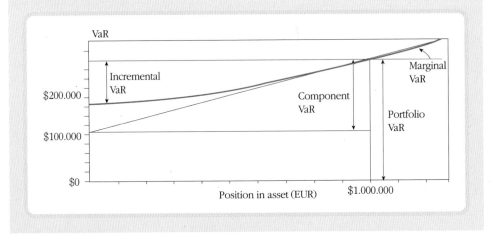

10)   자료출처: Philipppe Jorion, *Value at Risk*, 3rd Edition, 2007, pp.165~174.

[객관식]

01. 포트폴리오 VaR는 개별자산의 공분산 또는 상관계수에 크게 좌우된다. 500개의 자산으로 구성된 포트폴리오 분석에서 필요한 서로 다른 공분산의 수는 몇 개인가?

① 250,000　　　　　　　　　② 249,500

③ 124,750　　　　　　　　　④ 500

02. 포트폴리오 VaR의 구성자산 중 현재의 포트폴리오에서 어떤 자산에 대해 1단위 투자를 증가시킬 때 전체포트폴리오 VaR의 변화량을 의미하는 것을 무엇이라 하는가?

① MVaR　　　　　　　　　② IVaR

③ CVaR　　　　　　　　　④ RVaR

03. 현재의 포트폴리오를 구성하는 어떤 자산에 대한 투자가 제거될 때 전체포트폴리오 VaR의 변화량을 의미하는 것을 무엇이라 하는가?

① MVaR　　　　　　　　　② IVaR

③ CVaR　　　　　　　　　④ RVaR

04. 현재의 포트폴리오에 대해 새로이 어떤 자산을 추가시킬 때 전체포트폴리오 VaR의 변화량을 의미하는 것을 무엇이라 하는가?

① MVaR　　　　　　　　　② IVaR

③ CVaR　　　　　　　　　④ RVaR

05. 포트폴리오 VaR에 관한 다음 설명 중 옳지 않은 것은?

① 요소VaR(CVaR)를 포트폴리오전체VaR로 나누면 해당요소의 공헌비율이 된다.

② 한계VaR(IVAR)의 합계는 포트폴리오 전체의 VaR와 같다.

③ 분산투자효과로 인해 포트폴리오의 VaR는 개별자산VaR의 합보다 작거나 같다.

④ 개별자산의 VaR를 다른 자산과 독립해서 구하는 것을 개별자산 VaR(Individual VaR)라 한다.

06. J.P. Morgan의 CreditMetrics™ 모형에서 도산확률의 상관관계를 측정할 때, 자산의 수익률 자료가 없을 때 이용하는 대용변수(proxy)는 무엇인가?

① 채권의 액면가　　　　　　　　② 주식의 장부가치
③ 주식수익률　　　　　　　　　　④ 채권수익률

07. 다음 중 신용VaR를 측정할 때 사용되는 요소가 아닌 것은?

① Credit Risk Exposure

② Expected Default Frequency(EDF)

③ Volatility

④ Confidence Level

08. 다음 중 CreditRisk+를 개발한 기관은?

① J.P. Morgan　　　　　　　　　② Bankers Trust
③ Credit Suisse First Boston　　　④ Bank of Canada

09. 다음 중 CreditRisk+와 CreditMetrics™ 의 차이점으로 보기 어려운 것은?

① 개별자산의 신용위험 측정에 대한 접근방법

② 시장리스크와 신용리스크의 연계 방법

③ 신용자산들 사이의 상관관계를 고려하는 방법

④ 부실화 확률과 신용손실과의 연계방법

10. 다음 중 EaR의 특별한 형태로서 현금흐름 리스크에 중점을 두는 리스크 측정치는 어느 것인가?

① VaR   ② CaR
③ CFaR   ④ ALM

11. 다음 중 EaR을 활용한 것으로 국가부채 리스크 관리에 사용되는 것은?

① Value at Risk   ② Cost at Risk
③ Capital at Risk   ④ Earnings at Risk

12. 예상치 못한 손실에 대비하여 준비하는 전체 자본을 무엇이라 하는가?

① economic capital   ② capital at risk
③ required capital   ④ capital for debt

13. 다음 중 시장리스크자본을 구하는 데 필요한 요소가 아닌 것은?

① VaR   ② excess VaR
③ credit VaR   ④ unused VaR

14. 기업이 도산할 경우 손실정도를 파악하는 방법으로서 회수금액을 고정금액으로 파악하는 방법은?

① CreditRisk   ② KMV
③ CreditPortfolioView   ④ CreditMetrics

15. 다음 중 CreditMetrics의 특징으로 옳지 않은 것은?

① 시장가치를 이용하여 리스크를 측정함
② 도산을 포함한 신용도 변동을 고려함
③ 예상손실(EL: Expected Loss)의 관점에서 신용리스크를 평가함
④ 신용리스크를 발생시키는 다양한 금융상품의 비교, 분석이 가능함

16. 손실확률분포에서 손실을 몇 가지 영역으로 분류하여 대비하게 되는데 CaR로 흡수하는 영역은 무엇인가?

    ① 예상불능손실(unexpected loss)   ② 예외손실(exceptional loss)

    ③ 평균손실(average loss)   ④ 예상가능손실(expected loss)

17. 다음 중 신용포트폴리오 가치의 특징으로 맞지 않는 것은?

    ① 왼쪽으로 긴 꼬리(tail)를 갖는 분포형태

    ② 평균과 표준편차만으로 신용리스크의 측정이 가능

    ③ 오른쪽으로 급격한 경사를 갖는 분포모양

    ④ 도산 발생 시 손실액이 대단히 커짐

18. 신용리스크평가 모형에 대한 다음 설명 중 가장 적절한 것은?

    ① CreditRisk+모형은 모든 요소들을 리스크노출에 따라 분해하며, 리스크요인의 변화가 잠재노출의 분포에 미치는 영향을 분석한다.

    ② CreditMetrics모형은 적은 양의 자료를 이용하여 신용손실의 분포를 구할 수 있는 분석적 해(analytical solution)를 제공해 준다.

    ③ KMV모형은 기업의 신용등급과 같은 등급의 과거 채무불이행 확률을 이용한다.

    ④ Credit Portfolio View모형은 경제상황에 따른 채무불이행확률을 계산한다.

19. 신용등급변화의 확률전이행렬(transition matrix)이 의미하는 것을 가장 정확히 설명한 것은?

    ① 채무종료기간까지 한 등급의 채무가 다른 등급으로 전이할 확률

    ② 1년 기간 다양한 등급 사이의 상관관계

    ③ 10일 보유기간 동안 신용등급에 영향을 미치는 다양한 시장요인들 사이의 상관관계

    ④ 1년 이내에 한 등급으로부터 다른 등급으로 전이할 확률

20. CreditMetrics모형은 VaR개념으로 신용리스크를 측정한다. 이러한 VaR방법론을 대출 포트폴리오에 직접 적용하는 경우의 문제점으로 적합하지 않은 것은?

① 대출자산은 거래되지 않으므로 직접적으로 가치를 관찰할 수 없다.

② 거래되지 않으므로 변동성을 계산할 수 있는 시계열자료가 존재하지 않는다.

③ 거래되는 자산의 수익률이 정규분포를 따른다는 가정은 대출자산의 경우에는 성립하지 않는다.

④ 자료가 많은 경우에는 적용할 수 없다.

21. 신용리스크 평가모형과 리스크요인에 대한 내용으로 적절하지 않은 것은?

① CreditMetric – 자산가치

② CreditPortfolioView – 거시경제적 요인

③ CSFP – 거시경제적 요인

④ KMV – 자산가치

[주관식]

◉ [01~07] 다음에 주어진 자료를 이용하여 질문에 답하시오.

> 2개의 자산 A와 B로 구성되어 있는 포트폴리오가 있다. 자산 A와 B는 서로 독립이어서 둘 사이에는 상관계수가 0이라 한다. A와 B의 연간변동성은 각각 5%, 12%이다. A의 시장가 치는 200만원, B의 시장가치는 100만원이다.

01. 자산 A, B 각각의 연간 개별자산VaR(Individual VaR)를 95%신뢰수준에서 구 하라.

02. 포트폴리오전체 연간VaR를 95%신뢰수준에서 구하라.

03. 두 자산 A, B의 한계VaR(MVaR)를 95%신뢰수준에서 각각 구하라.

04. 자산 A에 10,000원, 자산 B에 20,000원을 추가로 투자했을 때, 포트폴리오의 증분VaR(IVaR)를 구하라.

05. 두 자산 A, B의 요소VaR(CVaR)를 각각 구하고, CVaR의 합은 포트폴리오 VaR와 동일함을 보여라.

06. 두 자산 A, B의 베타를 각각 구하라.

07. 3개의 채권 A, B, C에 대해 각각 VaR를 계산한 결과가 다음과 같다.

VaR(A+B+C)=1억원
VaR(A+B)=8천만원
VaR(A+C)=5천만원
VaR(B+C)=7천만원

채권B의 증분VaR(IVaR)는 얼마인가?

● [08~09] 채권으로 구성된 포트폴리오의 리스크 요인이 3개(1개월물 금리, 3개월물 금리, 6개월물 금리)라 하고, 과거 데이터에 의한 이들 요인들의 연간 변동성, 상관계수, 포트폴리오 민감도는 다음 표와 같다고 한다. 표를 보고 각 질문에 답하시오.

리스크 요인	변동성 (%)	민감도 (베타)	상관계수		
			1개월물	3개월물	6개월물
1개월물	20	−0.2	1.0	0.7	0.5
3개월물	15	0.2	0.7	1.0	0.8
6개월물	20	−0.3	0.5	0.8	1.0

08. 포트폴리오의 총위험(분산)을 구하면 얼마인가?

09. 99%(2.33σ)신뢰수준에서 이 포트폴리오의 10일간의 VaR를 구하면 얼마인가? (단, 1년=250영업일로 가정함)

10. 주식 1과 주식 2의 두 개의 주식으로 구성된 포트폴리오가 있다고 하자. 주식 1의 현재가치는 $12,000, 주식 2의 현재가치는 $18,000이며, 주식 1과 2의 베타는 각각 1.0, 2.0이라고 한다. 포트폴리오 전체의 변동성은 연간 10%라 하자. 99% 신뢰수준 하에서 주식 2의 6개월CVaR(=Component VaR)는 얼마인가?

11. 손실발생확률분포가 편의상 정규분포를 따른다고 가정하자. 만일 자본이 $5,000만, 기대수익이 $2,000만, 수익변동성이 $4,000만 이라면 도산을 막기 위한 손실허용한도(k)는 얼마인가?

12. 거래규모가 $100만, 예상가능손실이 거래규모의 3%, 마진이 거래규모의 5%일 경우 어떤 기업의 RAROC이 25%라 한다. 이 기업의 CaR(Capital at Risk)는 얼마인가?

13. 세종기업의 자본은 $1,000만, 기대수익은 $400만, 수익변동성이 $300만이라 한다. 만일 세종기업의 손실확률분포가 정규분포를 따른다고 가정하면, 세종기업의 도산을 막기 위한 손실허용한도(k)는?

14. 은행이 어떤 기업에게 대출을 해 주었는데, 대출액은 100억원이고, 이 기업의 예상 부도확률은 40%, 그리고 이 기업의 부도 시 대출회수율은 50%라 한다. 이 대출로부터의 기대손실(expected loss)은 얼마인가?

연습문제 정답 및 해설

[객관식]

01. ③

> **해설** N을 포트폴리오에 포함된 자산의 수라 하면,
> 총 (분산+공분산) 수 $= N \times N = N^2 = 500 \times 500 = 250,000$ 개
> 총 분산의 수 $= N = 500$ 개
> 총 공분산의 수 $= N^2 - N = N(N-1) = 500 \times (500-1) = 249,500$ 개
> 서로 다른 공분산 수 $= \dfrac{N(N-1)}{2} = \dfrac{249,500}{2} = 124,750$ 개

02. ①　　　　　**03.** ③　　　　　**04.** ②

05. ②

> **해설** 요소VaR(CVaR)를 모두 합하면 포트폴리오전체VaR와 같아진다.

06. ③　　　　　**07.** ②　　　　　**08.** ③

09. ②　　　　　**10.** ③　　　　　**11.** ②

12. ①　　　　　**13.** ③　　　　　**14.** ①

15. ③　　　　　**16.** ①　　　　　**17.** ②

18. ④

> **해설** CreditRisk＋모형에서는 리스크노출이 일정하다고 가정한다. CreditMetrics모형은 시뮬레이션을 사용하므로 분석적 해(analytical solution: 수학적 해)를 제공해 주지는 못한다. KMV모형은 과거의 채무불이행율이 아니라 현재의 주가를 활용한다.

19. ④　　　　　**20.** ④

21. ③

CSFP는 기대 채무불이행률을 리스크요인으로 나타낸다.

[주관식]

01. VaR(A) = 165,000원, VaR(B) = 198,000원

해설 VaR(A) = 200만원 × 1.65 × 5% = 165,000원
VaR(B) = 100만원 × 1.65 × 12% = 198,000원

02. 257,737원

해설 먼저, 포트폴리오 전체의 분산을 구해보자.

주어진 자료에서 A의 가중치$(w_A) = \dfrac{2}{3}$, B의 가중치$(w_B) = \dfrac{1}{3}$, 상관계수가 0이므로,

$$\sigma_P^2 = w_A^2 \sigma_A^2 + w_B^2 \sigma_B^2 = (\frac{2}{3})^2 (0.05)^2 + (\frac{1}{3})^2 (0.12)^2 = 0.002711$$

따라서, 포트폴리오전체의 표준편차, $\sigma_P = \sqrt{0.002711} = 0.052068$

VaR(P) = 300만원 × 1.65 × 0.052068 = 257,737원

핵심체크 위에서 구한 개별자산VaR의 합 = 363,000원, 포트폴리오VaR = 257,737원,
따라서, 분산투자효과 = 363,000 − 257,737 = 105,263원

03. MVaR(A) = 0.0528, MVaR(B) = 0.1521

해설 본문의 식을 이용하면 된다.

$$\text{MVaR(A)} = \text{신뢰수준값}(\alpha) \times \frac{Cov(R_A, R_P)}{\sigma_P} = 1.65 \times \frac{Cov(R_A, R_P)}{0.052068}$$

$$\text{MVaR(B)} = \text{신뢰수준값}(\alpha) \times \frac{Cov(R_B, R_P)}{\sigma_P} = 1.65 \times \frac{Cov(R_B, R_P)}{0.052068}$$

그런데, $\begin{pmatrix} cov(R_A, R_P) \\ cov(R_B, R_P) \end{pmatrix} = \begin{pmatrix} \sigma_A^2 & 0 \\ 0 & \sigma_B^2 \end{pmatrix} \begin{pmatrix} w_A \\ w_B \end{pmatrix} = \begin{pmatrix} \frac{2}{3} \times 0.05^2 \\ \frac{1}{3} \times 0.12^2 \end{pmatrix} \begin{pmatrix} 0.001667 \\ 0.0048 \end{pmatrix}$

따라서,

$$\text{MVaR(A)} = 1.65 \times \frac{cov(R_A, R_P)}{0.052068} = 1.65 \times \frac{0.001667}{0.052068} = 0.0528$$

$$\text{MVaR(B)} = 1.65 \times \frac{cov(R_B, R_P)}{0.052068} = 1.65 \times \frac{0.0048}{0.052068} = 0.1521$$

> 핵심체크 $\text{MVaR(A)} = \text{신뢰수준값}(\alpha) \times \dfrac{cov(R_A, R_P)}{\sigma_P}$

04. 3,570원

> 해설 본문의 식을 활용하면 된다. 즉,
>
> $$\text{IVaR} = \text{MVaR}' \times \text{신규투자액(a)}$$
> $$= (0.0528 \quad 0.1521)\binom{10,000}{20,000} = 528 + 3,042 = 3,570$$
>
> 핵심체크 $\text{IVaR} = \text{MVaR} \times \text{신규투자액(a)}$

05. CVaR(A) = 105,630원, CVaR(B) = 152,107원
CVaR(A) + CVaR(B) = 257,737원 = 포트폴리오 VaR

> 해설 다음 식을 활용하면 된다.
>
> CVaR(A) = MVaR(A) × 투자금액(A) = 0.0528 × 200만원 = 105,630원
> CVaR(B) = MVaR(B) × 투자금액(B) = 0.1521 × 100만원 = 152,107원
> 한편, CVaR(A) + CVaR(B) = 105,630원 + 152,107원
> $\qquad\qquad\qquad\qquad$ = 257,737원 = 포트폴리오 VaR
>
> 핵심체크 $CVaR_1 + CVaR_2 + CVaR_3 + \cdots + CVaR_N = \displaystyle\sum_{j=1}^{N} CVaR_j$
> $$= VaR(portfolio)$$

06. $\beta_A = 0.615$, $\beta_B = 1.770$

> 해설 본문에 있는 식을 응용하면 된다. 즉,
>
> $$\beta_A = \frac{cov(R_A, R_P)}{\sigma_P^2} = \frac{0.001667}{0.052068^2} = 0.615$$
>
> $$\beta_B = \frac{cov(R_B, R_P)}{\sigma_P^2} = \frac{0.0048}{0.052068^2} = 1.770$$
>
> 핵심체크 $\beta_j = \dfrac{cov(R_j, R_P)}{\sigma_P^2}$

07. 5천만원

> 해설 채권B의 증분VaR = 채권B가 포트폴리오에 추가될 때 증가되는 VaR
> $\qquad\qquad\qquad$ = VaR(A+B+C) − VaR(A+C) = 1억원 − 5천만원 = 5천만원
> 핵심체크 자산 A의 증분VaR(IVaR) = VaR(P+A) − VaR(P): P = 현재 포트폴리오

08. 39.4

> **해설** 본문에 있는 공식을 이용하면 된다. 여기서 $F = 3$이다.
>
> $$\sigma_P^2 = \sum_{i=1}^{F} \sigma_i^2 \beta_i^2 + 2\sum_{i=1}^{F} \sum_{i<j=1}^{F} \beta_i \beta_j \sigma_{ij}$$
>
> $$= [\beta_1\sigma_1 \; \beta_2\sigma_2 \; \cdots \; \beta_F\sigma_F] \begin{bmatrix} 1 & \rho_{12} & \cdots & \rho_{1F} \\ \rho_{21} & 1 & \cdots & \rho_{2F} \\ \cdots & \cdots & \cdots & \cdots \\ \rho_{F1} & \rho_{F2} & \cdots & 1 \end{bmatrix} \begin{bmatrix} \beta_1\sigma_1 \\ \beta_2\sigma_2 \\ \cdots \\ \beta_F\sigma_F \end{bmatrix}$$
>
> $$= [-0.2\times20 \;\; 0.2\times15 \;\; -0.3\times20] \begin{bmatrix} 1 & 0.7 & 0.5 \\ 0.7 & 1 & 0.8 \\ 0.5 & 0.8 & 1 \end{bmatrix} \begin{bmatrix} -0.2\times20 \\ 0.2\times15 \\ -0.3\times20 \end{bmatrix}$$
>
> $$= 39.40$$

09. 2.93%

> **해설** 10일간의 VaR(%)는 다음과 같다.
>
> $$\text{VaR} = 2.33 \times \sqrt{39.40} \times \sqrt{\frac{10}{250}} = 2.93\%$$

10. $5,931.20

> **해설** 6개월 포트폴리오 $VaR = \$30,000 \times 2.33 \times 0.1 \times \sqrt{0.5} = \$4,942.7$
>
> $\% \; Contribution \; to \; VaR \; of \; Component \; i = CVaR_i / VaR = w_i\beta_i$
>
> 따라서, $CVaR_2 = VaR \times w_i\beta_i = \$4,942.7 \times (18,000/30,000)(2.0) = \$5,931.20$

11. $k = 1.75$

> **해설** 기대수익 $- k$(손실허용한도) $\times$ 수익변동성 $= (-)$자본으로부터,
>
> $2000 - k \times 4000 = -5000$
>
> 이 방정식을 풀면, 손실허용한도$(k) = 7,000/4,000 = 1.75$
>
> **핵심체크** 기대수익 $- k$(손실허용한도) $\times$ 수익변동성 $= (-)$자본

12. $80,000

> **해설** RAROC $=$ (수익 $-$ 예상손실)/CaR이므로,
>
> CaR $=$ (수익 $-$ 예상손실)/RAROC $=$ (100만 $\times$ 5% $-$ 3만)/0.25 $= \$80,000$.

13. $k = 4.667$

> **해설** 기대수익 $- k$(손실허용한도) $\times$ 수익변동성 $= (-)$자본으로부터,
>
> 400만 $- k \times$ 300만 $= -1,000$만 $\Rightarrow k = 4.667$

14. 20억원

기대손실=위험노출액×예상부도확률(EDF)×손실강도(=1-회수율)

 =100억원×0.4×(1-0.5)=20억원.

기대손실=위험노출액×예상부도확률(EDF)×손실강도(=1-회수율)

제18장 리스크조정성과평가 및 통합리스크관리

1 리스크조정성과평가(RAPM)와 RAROC

가. RAPM의 개요

성과평가의 역사를 살펴보면, 처음에는 수익(revenue)으로 성과를 측정하였고, 그다음은 자산수익률(ROA: Return On Asset)로, 그리고 이후에는 자기자본수익률(ROE: Return On Equity)로 측정하였으며, 가장 최근에는 RAROC 등 리스크조정성과평가 방법을 이용하게 되었다.

RAPM(Risk Adjusted Performance Measurement: 리스크조정성과평가법)이란 리스크가 서로 다른 투자나 사업에 대한 성과를 비교하기 위해 리스크를 조정(고려)하여 성과를 측정하는 방법을 말한다. 리스크를 조정하지 않을 때는 주로 수익률이나 이익만을 고려하여 성과를 평가하였다. 이렇게 할 경우 큰 문제는 아무리 수익률이 높을 가능성이나 이익이 클 가능성이 크다 하더라도 손실 가능성 또한 크다면 이는 매우 리스크가 높아 꼭 좋은 투자나 사업이라고 하기 어렵다는 점이다. 리스크가 크면 기대수익도 크고 이러한 관계는 실제 사후적(ex post)으로도 그대로 적용되므로 수익률을 높이는 방법은 리스크를 높이면 되는 것이다. 그러나 이미 앞에서 배운 바와 같이 리스크는 기업의 생존과 직결되는 매우 중차대한 문제이기에 이익을 위해 무조건 리스크를 높일 수는 없는 일이며, 그러한 비합리적인 투자행태를 사전에 예방하기 위해서라도 임직원의 성과평가에 리스크를 조정하는 것 또한 매우 중요하다.

나. RAPM의 분류

RAPM은 그 계산방법에 따라 편의상 다음과 같이 두 가지로 구분할 수 있다. 하나는 리스크를 차감하여 고려하는 방법이 있고, 다른 하나는 수익률이나 이익을 리스크로 나누어 비율로 고려하는 방법이 있다. 각각에 대해 살펴보기로 하자.

(1) 차이를 이용하는 경우

차이를 이용하여 RAPM을 구하는 대표적인 방법은 젠센(M. Jensen) 척도이다. 젠센은 증권시장선(SML: Security Market Line)[1]을 이용, 위험조정성과를 측정하기 위해 다음과 같은 공식을 제시하였는데 이를 젠센의 알파(Jensen's α)라 한다.

$$\text{Jensen's } \alpha_P = \overline{R_P} - [\overline{R_F} + \beta_P(\overline{R_M} - \overline{R_F})] \qquad \text{(식 18-1)}$$

단, α = Jensen의 알파
$\overline{R_P}$ = 성과평가대상 P의 평균수익률
$\overline{R_F}$ = 무위험자산의 수익률
β_P = 성과평가대상 P의 베타
$\overline{R_M}$ = 시장(벤치마크)의 평균수익률

(식 18-1)은 시장을 벤치마크로 하여 위험을 조정한 수익률을 표시한다. 알파가 0이면 P는 자본자산가치평가모형(CAPM)에 의해 정당화될 수 있는 위험조정 수익률을 갖는다. 즉, 리스크 수준인 베타만큼의 수익률을 얻으므로 리스크 만큼의 정상수익률을 얻는다고 할 수 있다. 그러나 알파가 0보다 크면 리스크수준에 비해 높은 초과수익률을 실현함을 의미하며, 알파가 0보다 작으면 리스크 수준에 비해 낮은 수익률을 실현하는 것을 의미한다. 따라서 젠센의 알파는 투자나 사업으로부터 얻어진 위험조정 비정상성과(abnormal performance)를 측정하는 척도이기도 하다.

---

1) 증권시장선(SML)이란 자산의 위험측정치인 베타(β)를 x축으로 하고, 기대수익률을 y축으로 하여 둘 사이의 관계를 직선의 그래프로 표시한 것이다. 시장균형선이라 할 수 있다.

(2) 비율을 이용하는 경우

투자나 사업의 성과를 평가할 때 리스크를 수익률의 비율로 측정하는 RAPM에는 대표적으로 다음과 같은 세 가지 방법이 있다.

① 샤프 척도

샤프(W. Sharpe)는 자본시장선(CML: Capital Market Line)[2]의 논리를 이용하여 투자의 리스크프리미엄(risk premium)과 표준편차와의 비율을 구하고 이를 리스크조정성과 척도로 정의하였다. 이 비율은 투자론에서는 '위험보상비율(RVAR: Reward to VAriability Ratio)'이라고도 한다.

만일 증권시장에서 실현된 수익률(realized return)과 기대수익률(expected return)의 차이가 평균적으로 0이 된다고 하면, 기대수익률을 사용하는 사전적(ex ante)자본시장선과 평균수익률을 사용하는 사후적(ex post) 자본시장선은 다음 (식 18−2)와 같이 표현할 수 있다. 이 자본시장선은 투자자가 최적위험포트폴리오인 시장포트폴리오 M과 무위험자산을 결합하여 자신의 최적 포트폴리오를 선택할 경우 얻어지는 자본배분선(CAL: Capital Allocation Line)이다.

$$\overline{R_P} = \overline{R_F} + (\frac{\overline{R_M} - \overline{R_F}}{\sigma_M})\sigma_P \tag{식 18-2}$$

단, σ_M= 시장의 표준편차(리스크)
σ_P= 성과평가대상 P의 표준편차(리스크)

(식 18−2)의 양변에서 무위험자산 수익률을 빼주고, 양변을 성과평가대상 P의 표준편차로 나누어주면 다음과 같은 방정식을 얻는다.

$$\frac{\overline{R_P} - \overline{R_F}}{\sigma_P} = \frac{\overline{R_M} - \overline{R_F}}{\sigma_M} \tag{식 18-3}$$

---

[2] 자본시장선(CML)이란 위험척도인 자산의 표준편차(σ)를 x축에, 기대수익률을 y축으로 하여 자산들을 표시하고 이들을 이용하여 시장(M) 전체의 위험과 기대수익률을 구하고 이를 무위험자산 수익률(RF)과 연결한 효율적 투자선으로 위험과 기대수익률 사이의 관계를 나타낸다.

(식 18-3)의 좌변이 바로 샤프 척도인데 이를 다시 쓰면 다음 (식 18-4)와 같다. 식에서 보는 바와 같이 샤프 척도는 리스크로 표준편차를 사용하며 따라서 표준편차조정 성과측정방법이라 할 수 있다.

$$\text{샤프 척도} = \frac{\overline{R_P} - \overline{R_F}}{\sigma_P} \qquad \text{(식 18-4)}$$

(식 18-4)에 있는 샤프 비율이 의미하는 바는 (식 18-3)으로부터 다음과 같이 설명할 수 있다. 즉, 샤프 척도가 (식 18-3)의 우변에 있는 시장보다 더 크다면 위험조정 초과성과를 달성한 것이고, 시장보다 작으면 시장보다 못한 성과를 달성한 것이고, 같으면 시장평균의 성과를 달성한 것이다.

② 트레이너 척도

트레이너(J. Treynor)는 젠센처럼 증권시장선(SML)을 이용하여 RAPM을 개발하였다. 기본원리는 샤프 척도와 비슷하나 위험척도로 표준편차를 사용하지 않고 베타를 사용한다는 차이가 있다. 증권시장선 공식을 이용하면 다음과 같이 (식 18-3)과 유사한 방정식을 얻을 수 있다. 시장 전체의 베타는 1이므로 (식 18-5)의 우변에서 분모가 없어진 것이다.

$$\frac{\overline{R_P} - \overline{R_F}}{\beta_P} = \frac{\overline{R_M} - \overline{R_F}}{\beta_M} = \overline{R_M} - \overline{R_F} \qquad \text{(식 18-5)}$$

따라서 트레이너 척도는 (식 18-4)와 유사하게 다음 식과 같이 정의되며 해석은 샤프 척도와 동일하게 하면 된다.

$$\text{트레이너 척도} = \frac{\overline{R_P} - \overline{R_F}}{\beta_P} \qquad \text{(식 18-6)}$$

③ RAROC

RAROC(Risk Adjusted Return On Capital)은 RAPM의 대표적인 방법으로 자리잡고

있는 것으로서 리스크로 VaR를 사용한다는 특징이 있다. RAROC에 대해서는 뒤에서 상세히 설명할 것이므로 여기서는 산출공식만 간략히 소개하고자 한다. RAROC을 계산하는 공식은 다음과 같다.

$$ROROC = \frac{조정수익}{리스크자본} = \frac{조정수익}{VaR}$$

(식 18-7)

다. RAPM의 활용

(1) 네 가지 척도의 특징

위에서 설명한 대표적인 네 가지 RAPM들의 몇 가지 중요한 특징을 설명하면 다음과 같다.

첫째, 젠센 척도는 포트폴리오의 평균수익률이 CAPM에 의해 정당화될 수 있는 평균수익률보다 어느 정도 높은가를 측정해 주는 척도로서, 포트폴리오 관리자의 포트폴리오나 사업 선택능력(selectivity)을 분석하는 데 유용하다.

둘째, 샤프 척도는 포트폴리오 위험을 총위험(표준편차)으로 나타내고 있으므로, 충분히 분산투자되지 않은 포트폴리오나 사업 성과를 측정하는 경우에도 유용하다.

셋째, 트레이너 척도는 포트폴리오 위험을 베타로만 나타내고 있으므로 충분히 분산투자되어 비체계적인 위험을 포함하지 않는 투자나 사업에 이용할 수 있다.

넷째, RAROC은 뒤에서 자세히 설명하겠으나, 다른 척도들이 주로 주식 등 투자성과분석에 사용되는 데 반해, RAROC은 VaR를 이용하여 보다 다양한 분야에서 사용되고 있다는 특징이 있다. 또한 가장 최근에 개발되어 가정 장점이 많은 VaR를 리스크지표로 사용한다는 점에서 다른 척도들보다 우월하고 최근 추세에도 부합한다고 할 수 있다.

(2) RAPM의 활용 분야

RAPM의 주요 활용 용도를 살펴보면, 기업에서는 임직원들의 업무 성과평가에서부터 사업 성과평가에 이르기까지, 투자회사의 경우는 펀드매니저들의 투자성과 평가에, 그리고 리스크 관리자나 부서들의 경우는 리스크 관리 성과평가에 광범위하게 사용될 수 있다.

라. RAROC

(1) RAROC의 개념

① 경영성과 평가방법의 역사

(i) 기존의 방법

전통적으로 경영성과는 위험의 조정 없이 다음과 같은 수익 혹은 수익률들을 주로 사용하였다.

- 수익(Revenue) = 매출액 - 판매비용
- ROA(return-on-asset) = 당기순이익(NI)/총자산(total asset)
- ROE(return-on-equity) = 당기순이익(NI)/자기자본(equity)

(ii) 최근의 경향

앞의 리스크조정성과측정(RAPM)에서도 자세히 설명한 바와 같이 최근에는 리스크조정수익률(RAROC)로 경영성과를 측정하는 것이 일반적인 추세이다. 이는 리스크를 조정하지 않고 수익이나 수익률로만 성과를 평가할 경우 리스크를 지나치게 추구할 인센티브가 생길 뿐만 아니라 과도한 리스크로 인해 기업의 생존에도 위협이 될 수 있다. 리스크조정 수익률의 기본 개념은 수익을 리스크로 나누어 주어 리스크 당 수익으로 성과를 평가하는 것이다.

특히 RAROC(Risk Adjusted Return On Capital)은 1990년대 들어 VaR 등 보다 정교한 리스크 측정방법들이 발전함에 따라 금융산업과 감독당국에 의해 바람직한 자본배분 및 성과평가기준으로 인정받기 시작했다. 고도로 발전된 리스크 측정방법들은 금융기관들이 포트폴리오를 기반으로 하는 통합된 자본관리를 가능하게 하였으며, 이 과정에서 신용리스크, 시장리스크 및 운용리스크 간 상관관계를 고려한 통합리스크측정 및 관리가 가능해졌다.

② RAROC 측정방법

RAROC의 계산식은 다음과 같다. (식 18-8)의 분모에 있는 리스크자본(RC: Risk Capital)은 경제적 자본(economic capital)과 동일한 의미로 사용된 것이며 통상적으로 VaR로 측정한다.

$$ROROC = \frac{조정수익}{리스크자본} = \frac{\text{Adjusted Revenue}}{\text{VaR}}$$

(식 18-8)

단, 조정수익=총수익-비용(자금원가+업무원가)+
리스크자본으로부터의 수익-예상손실±이전가격[3]

참고로, Bankers Trust는 리스크자본(RC)을 다음 (식 18-9)와 같이 주간변동성 (weekly volatility)과 세금개념을 사용하여 구하기도 한다.

$$리스크자본(RC) = 액면금액 \times CL \times \sigma_w \times \sqrt{52} \times (1-t)$$

(식 18-9)

단, CL = 신뢰수준값
σ_w = 주간변동성(weekly volatility)
t = 세율(tax rate)

예제 18-1

어떤 은행이 금리 9%로 10억원을 대출해 주는데 필요한 자금을 전액 금리 6%의 고객예금으로 조달한다고 하자. 이 대출에 따른 VaR가 7,500만원이고 이는 수익률 6.5%의 국채에 투자해 둔다. 업무원가는 1,500만원이 소요되고 대출의 예상대손은 1,000만원이고, 고객예금의 지급준비금은 고려하지 않는다고 하자. 이 때 RAROC을 구해보도록 하자.

- 대출에 따른 총수익=10억원×9%=9,000만원
- 자금원가=고객에 지급할 예금 이자=10억×6%=6,000만원
- 업무원가=1,500만원
- 리스크자본으로부터의 수익=국채에 투자한 VaR=7,500만×6.5%=487.5만원
- 예상손실=1,000만원

---

3) 이전가격(transfer price)은 주로 영업점/부서간 혹은 본/지점간에 이전되는 재화에 대한 가격을 말하는데 금융기관의 경우 내부이전금리(FTP: internal Funds Transfer Price)라 한다.

- 이전가격＝0
- 따라서, 조정수익＝9,000－(6,000＋1,500)＋487.5－1,000＝987.5만원
- 결과적으로 RAROC＝987.5만원/7,500만원＝13.17%

③ RAROC의 장점

RAROC이 금융기관에서 사용될 때의 주요 장점을 요약하면 다음과 같다.

첫째, 리스크의 크기를 감안하여 개별거래별, 영업부문별, 금융상품별 영업성과를 서로 비교, 평가하는 것이 가능하다.

둘째, 자금대출의 이자율과 금융상품의 가격책정에 활용이 가능하다.

셋째, 고객별, 영업부문별, 금융상품별 총리스크의 크기를 배분하는 데 활용이 가능하다.

④ 부문별 성과평가와 RAROC

RAROC을 이용하여 금융기관 전체의 성과를 평가할 수도 있지만, 각 부문별 경영성과도 평가할 수 있다. 이를 요약하면 다음과 같다.

 i) 각 영업점, 혹은 부문별로 순수익(＝마진－비용)을 계산한다.

 ii) 각 영업점, 혹은 부문별로 리스크를 감안, VaR를 계산한다.

 iii) 각 영업점, 혹은 부문별로 RAROC(＝순수익/VaR)을 계산한다. 여기서 계산한 부문별 RAROC이 부문별 위험조정 경영성과가 된다.

⑤ 금융기관과 RAROC

(i) 통합적 접근 필요성

성공적인 금융기관 경영을 위해서 RAROC은 전반적 리스크관리 과정과 통합되어야 하며, RAROC과정은 신용리스크, 시장리스크, 운영리스크 등 서로 다른 리스크들 간에도 정책과 방법론에 있어서 통합적이고 일관적으로 적용되어야 한다. 이를 위해 금융기관은 모든 종류의 리스크 유형과 사업부문에 적용 가능한 분석모형, 충분한 자료, 숙련된 직원 등을 필요로 하는데, 이는 리스크 관리 본부의 업무영역에 속한다.

그러나 현실적으로 다양한 리스크 측정 및 RAROC활용방안 등에 관한 금융기관의 정책이 미비한 경우가 흔히 발견되는데 회사 전체로는 한 가지 관점으로 가되(one firm, one view), 각 사업부문별로 특수한 리스크를 고려하는 통합적 접근이 요구된다.

(ii) 금융기관의 성공적 RAROC적용을 위한 기본 원칙

Crouchy, Galai, Mark(2001)가 제시한 몇 가지 중요한 원칙을 요약하면 다음과 같다.

첫째, 적절한 자본관리가 필요하다. 금융기관 자본은 예상치 못한 손실, 즉 리스크 에 대비한 보호막을 하는 중요한 자원으로서 신중하게 사용되어야 한다.

둘째, 금융기관은 사업부문 RAROC이 자본의 최저 요구수익률을 만족시키지 못하 는 경우 이 부문에 투자해서는 안 된다.

셋째, 성공적인 RAROC의 수행을 위해서 이사회의 역할이 핵심적으로 중요하다. RAROC의 가치에 대한 명확한 이해를 바탕으로 이를 조직의 문화로 승격시 키는 것은 이사회의 적극적 지지에 의해서만 가능하다.

넷째, RAROC은 금융기관 내부경영만을 위해서가 아니라 외부 이해관계자들 (stakeholders)과의 조화로운 관계를 위해서도 사용되어야 한다. 채권자, 규 제기관, 신용평가기관 등은 금융기관의 안정성에 주로 관심을 갖기 때문에 리스크 대비 적절한 자본을 확보하고 있는가에 관심을 둔다. 반면, 주주나 애널리스트들은 기본적으로 수익성에 관심을 갖기 때문에 리스크 대비 수 익성 지표에 중점을 둔다. 따라서 RAROC은 이들의 관심과 필요를 채워줄 수 있는 공통사항인 것이다.

(2) RAROC시스템의 구축

① 리스크 경영정보시스템

리스크 경영정보시스템(Risk MIS: Risk Management Information System)은 RAROC을 위한 기초요소이다. 리스크 관련 각종 정보들은 신뢰할 수 있어야 하며 유용한 정보 는 정기적으로 업데이트되어야 한다. Risk MIS시스템을 처음 구축할 때는 한정된 양 의 고급자료에 집중하여 출발하지만 점차 정보의 양과 질을 확대해 나가는 노력이 필 요하다. 특히 금융회사들의 내부이전금리(FTP) 등은 정교한 노력을 요하는 분야이다. 정확하고 상세한 자료수집, 강력한 계산수단, 막대한 저장능력, 그리고 정보구분능력 을 가진 포괄적 Risk MIS시스템의 최종 구축단계에 이르게 되면 이를 활용한 RAROC 분석은 다양한 리스크 조정과정의 결합을 거쳐 다양한 사업부문간 포트폴리오 최적 화를 가능하게 하는 금융회사 MIS의 중심이 될 수 있다.

[그림 18-1] 리스크 MIS 사례

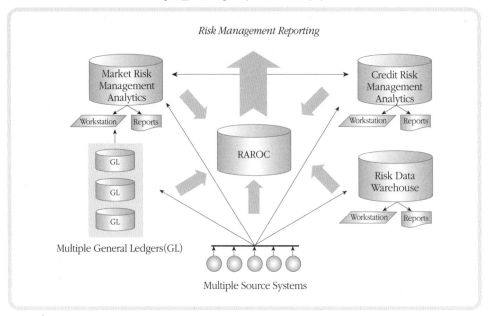

[그림 18-1]은 Risk MIS의 한 사례를 보여주고 있다.[4]

② RAROC 시스템

RAROC시스템의 구축을 위한 일반적인 단계는 다음과 같다.

첫째 단계, RAROC의 기본개념과 가치에 대해 조직구성원에게 교육한다.

둘째 단계, 다양한 사업부문별로 반복된 업무과정을 통해 기본적인 보고서들을 생
산하기 시작한다.

셋째 단계, RAROC을 이용하여 경영목적에 부합한 의사결정, 즉 리스크 자본배분,
가격결정, 사업단위의 성과측정과 직원의 공정한 보상을 실시한다.

---

4) 자료: Crouchy, Galai, and Mark(2001).

가. 리스크 요약

(1) 주요 금융리스크

지금까지 배운 주요 금융리스크는 크게 '다섯 가지로 요약할 수 있다. 즉, 신용리스크(C: Credit Risk). 시장리스크(M: Market Risk), 운영리스크(O: Operational Risk), 유동성리스크(L: Liquidity Risk), 그리고 법적리스크(L: Legal Risk)가 있는데 이들 리스크는 전사적으로(firm-wide), 그리고 통합적(integrated)으로 관리되어야 한다.

(2) 금융리스크의 종류

위에서 설명한 주요 금융리스크를 포함, 주요 금융리스크를 좀 더 체계적으로 분류하여 정리하면 다음 표와 같다. 금융기관들이 직면할 수 있는 금융리스크는 크게 분류하면 신용관련 리스크, 시장관련 리스크, 경영관련 리스크가 있다. 각각의 대분류된 주요 리스크 아래 몇 가지 리스크들을 요약하면 다음 <표 18-1>과 같다.

〈표 18-1〉 금융리스크 요약

대분류	중분류	소분류
신용관련 리스크	신용리스크(credit risk)	–
	국가리스크(country risk)	–
시장관련 리스크	시장리스크(market risk)	금리리스크(interest rate risk) 가격리스크(price risk) 환리스크(exchange rate risk)
	유동성리스크(liquidity risk)	–
	결제리스크(settlement risk)	–
경영관련 리스크	운영리스크(operational risk)	–
	법적리스크(legal risk)	–

(3) 전사적리스크

지금까지는 주로 금융리스크(financial risk)의 관점에서 통합리스크를 정의하였으나, 금융기관이나 기업이 직면하는 리스크를 기업의 영업(business)과 관련하여 보다 넓게 정의하기도 하는데 이는 '전사적리스크(firmwide risk 또는 enterprise risk)'라 부른다. 이를 세분하여 설명하면 다음과 같다.

① 영업리스크

영업리스크(business risk)란 기업이 경쟁력을 확보하고 주주의 가치를 증가시키기 위하여 의도적으로 추구하는 리스크를 말한다. 영업리스크에는 기업의 의사결정(business decision)과 영업환경(bsiness environment)에 관련된 리스크가 있다. 의사결정 관련 리스크는 제품개발선택(product development choice), 마케팅전략(marketing strat−egies), 조직구조선택(organizational structure choice) 등의 과정에서 주로 발생하며, 영업환경관련 리스크는 경제사이클, 국민소득의 변화, 정부의 통화정책 변화 등 거시경제(macroeconomic)의 변화, 경쟁기업과 기술변화에 따른 리스크 등을 포함한다.

영업리스크는 이익과 손실 모두를 포괄하므로 대칭적 리스크(symmetric risk)라 볼 수 있다. 또한 기업이 영업리스크에 적절하고 신속하게 대응하지 못하면 기업의 수익에 큰 영향을 받을 수 있으며, 영업리스크 관리의 핵심은 '비용구조(cost structure)', 즉 비용의 '유연성(flexibility)'이다. 예를 들어, 고정비 비중이 높아 비용의 유연성이 낮다면 기업은 영업리스크에 대처하기 매우 힘들어 진다. 영업리스크를 측정하기 위해 많은 기업들이 'EaR(Earnings at Risk)'를 사용하는데, EaR은 높은 신뢰수준하에서 1년간 발생할 수 있는 최악의 수익감소(the worst fall in earnings over a 1 year horizon at a high confidence level)를 의미한다.

② 비영업리스크

비영업리스크(nonbusiness risk)란 기업의 직접적인 영업이 아닌 부문으로부터의 리스크로서, 주로 앞에서 설명한 금융리스크, 기업의 평판리스크(reputation risk) 등을 의미한다. 앞에서 설명한 법적리스크(legal risk), 정치적리스크(political risk)를 비영업리스크에 포함시키기도 한다. 금융리스크와 달리 평판리스크나 법적리스크, 정치적리스크 등은 측정하기가 대단히 어렵다. 다만, 최근 몇몇 은행들은 VaR를 이용하여 법적

[그림 18-2] 전사적리스크

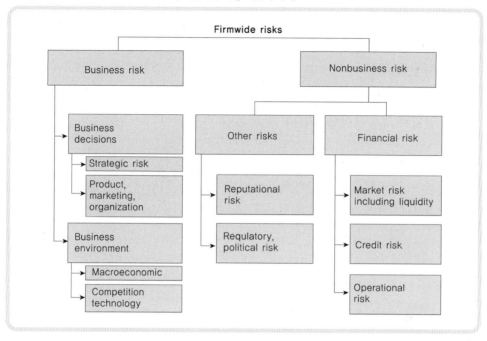

리스크를 통제하는 시스템을 도입하고 있다. 예를 들어, $100만 이상 VaR를 초과하는 계약에 대해서는 거래상대방 재무담당이사(finance director)의 서명을 요구한다든지, $500만 이상 VaR를 초과하는 계약에 대해서는 재무담당이사뿐만 아니라 더 고위 경영자(senior manager)의 서명까지도 요구하여 거래규모가 큰 계약에 대해 신중하게 추진하도록 함으로써 법적리스크를 통제하는 시스템 도입 등이 있다.

이상의 전사적리스크를 요약한 것이 다음 [그림 18-2]이다.[5]

나. 통합리스크 측정과 관리

(1) 통합리스크관리시스템의 정의

통합리스크관리시스템(IRMS: Integrated Risk Management System)이란 통일된 지표

---

5) 자료: Jorion(2007), *VaR*, p.516 참조.

(예: VaR)를 활용하여 각종 리스크를 종합하여 측정하고, 이를 자기자본 범위 내에서 관리하여 기업의 경영건전성을 확보하는 한편, 이를 부문별 성과평가에 활용하고 자원배분 시에는 리스크를 감안하도록 함으로써 수익성 및 효율성 제고를 도모하는 경영관리시스템을 말한다.[6]

(2) 통합리스크관리시스템의 필요성

리스크관리시스템은 전사적으로 통합되어 운영되는 것이 바람직하다. 과거의 리스크관리시스템은 지역적으로, 부문별로 운영되어 왔다. 그러나 최근 금융환경의 변화로 통합관리시스템이 필요하게 되었는데 그 주요 원인을 살펴보면 다음과 같다.

첫째, 금융시장의 글로벌화(globalization) 및 통합화(integration)는 국가간의 경계를 무너뜨렸으며 국가간 또는 시장간의 연계성과 상호의존성(inter-dependency)을 크게 강화시켰다.

둘째, 파생상품의 혁신 및 파생상품 시장규모의 성장으로 인하여 다양한 리스크요인간에 그리고 세부시장간에 경계선이 무의미하게 되었다.

셋째, 금융시장의 글로벌화 및 파생상품시장의 발달로 인해 시장간에, 리스크요인별로, 국가간에, 그리고 상대방에게 리스크를 쉽게 이전시키게 되었다.

넷째, 파생상품이 복잡해짐에 따라 다양한 종류의 리스크에 노출되었다. 특히 장외시장옵션의 경우, 상품이 비표준화(non-standardization)되어 있으며, 활발하게 거래되지 않고 거래소가 제공하는 수준의 안전장치(safeguard)가 결여되어 있다. 또한 장외시장 옵션의 경우 수익구조(payoff structure)가 복잡하여 리스크를 정확하게 평가하기 어렵게 되었다.

다섯째, 신용리스크의 경우 리스크를 전사적으로(firm wide) 통합하여 관리하는 것이 필요하다. 예를 들어, 어떤 금융기관의 여러 부서가 각각 동일한 상대방과 다양한 계약을 체결하였다고 가정하자. 만일 포지션을 통합해서 관리하지 않으면, 개별부서의 리스크는 적절하게 판단될 수 있을지 모르지만, 전체 기업 차원에서는 리스크수준이 매우 높게 될 수도 있다. 이와는 반대로 각

---

6) 통합리스크관리는 '전사적리스크관리(ERM: Enterprise Risk management 혹은 Firm-wide Risk Management)'라고도 부른다.

부문별 리스크는 매우 클지라도 통합하여 상계(netting)하여 처리하면 기업 전체의 리스크는 크게 줄어들 수 도 있는 것이다. 이런 관점에서 볼 때 리스크를 전사적으로 통합하여 관리하는 것이 매우 중요하고 또 필요한 것이다.

(3) 통합리스크관리시스템의 개념도

통합리스크관리시스템은 개별 리스크의 측정, 리스크 자본한도의 설정, 리스크 자본의 배분 및 리스크 모니터링, 리스크조정성과측정(RAPM: Risk Adjusted Performance Measurement) 등으로 구성되는데 이들의 상호관계를 체계화하여 개념적으로 표시하면 다음 [그림 18-3]과 같다.[7]

[그림 18-3] 통합리스크관리시스템 개념도

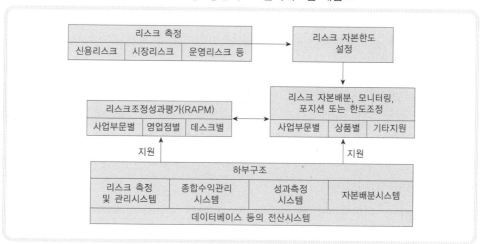

(4) 통합리스크관리시스템의 중요성

① 통합리스크관리시스템의 구성요소

리스크를 효율적으로 관리하여 기업의 가치를 높이기 위한 통합리스크관리시스템은 다음과 같이 크게 세 가지로 구성된다.

---

7) 자료: 김진호, *리스크의 이해*, 경문사, 2005, p.429.

첫째, 핵심 엔진(core engine)이 있는데 이는 리스크를 측정하고, 포지션가치를 산정하며, 포트폴리오효과를 측정하는 부문으로서, 리스크 관리 시스템의 두뇌에 해당되며, 필요한 계산의 대부분을 담당한다.

둘째, 자료창고(data warehouse)가 있다. 이는 보고서 창출 및 의사결정지원에 사용될 수 있도록 각종 데이터를 집적하는 역할을 하는 부문이다.

셋째, 시스템 인터페이스(system interface)가 있는데, 이는 최종사용자, 정책입안자, 프로그램개발자들을 위한 부문이다.

② 리스크관리시스템 구축의 새로운 동향

리스크관리시스템은 빠른 속도로 진화하여 왔다. 최근 동향을 간략히 요약하면 다음과 같다.

첫째, 통합리스크관리시스템이 점차 대부분의 기관으로 보편화되고 있다. 이는 리스크의 중요성을 의미하며, 이제 리스크는 특정 리스크 전담부서에서 감당하기에는 너무나 복잡하고 다양해졌음을 의미하기도 한다. 국내 금융기관들의 경우 통합리스크관리시스템 도입현황은 외형적으로는 서구 선진 금융기관들에 비해 크게 뒤지지 않는 수준으로 평가된다. 예컨대, 2004년도 국내 각 은행들의 통합리스크 한도의 크기는 대부분 BIS자기자본의 55~80% 수준이며, 대부분의 은행의 통합리스크 크기는 BIS자기자본 규제범위에 있는 것으로 확인되었다.

둘째, Basel을 대비한 시스템 개발이 활성화되고 있다. 즉, 자체 금융기관별로 리스크관리시스템 개발이 활발하게 진행되고 있는데 은행, 증권, 보험, 제2금융권등으로 빠르게 확산되고 있다.

셋째, ASP(Application Service Provider)가 등장하고 있다. 이는 리스크관리시스템을 해당 금융회사에 직접 설치하는 것이 아니라 외부의 독립적인 서버에 설치, 필요할 때만 원격으로 사용하는 것으로 비용절감과 함께 보안 등의 문제에서 이점이 있어 점차 늘어날 것으로 예상된다.

③ 리스크관리시스템의 중요성

결론적으로 왜 리스크 관리가 중요한지를 간단히 요약하면 다음과 같다.

첫째, 경영건전성의 유지 및 생존에 절대적으로 필요하기 때문이다. 즉, 리스크를 잘못 다루면 부도를 초래할 수 있다는 것은 많은 사례들이 실증하고 있는 명백한 사실이다.

둘째, 적절한 수익률의 확보를 위해서이다. 즉, 리스크의 부담 없이 수익도 없다는 자본시장의 철칙은 리스크를 적절한 수준, 감당할 만한 수준에서 추구해야 원하는 수익을 얻을 수 있다는 것을 보여준다.

셋째, 기업가치의 제고를 위해서 리스크는 반드시 필요하다. 리스크 없이 성공도, 성장도 없다는 것을 명심해야 할 것이다.

 요약

- RAPM이란 리스크를 조정(고려)하여 성과를 평가하는 것을 말한다.

- RAPM에는 대표적으로 젠센 척도, 샤프 척도, 트레이너 척도, 그리고 RAROC 등이 있다. 각 각의 측정방법, 특징 등을 이해하고 사용에 적절한 상황을 파악하여 적용해야 한다.

- RAPM은 임직원의 업무성과 측정, 투자성과 측정 등 다양한 분야에서 사용할 수 있다.

- 최근 기업에서 성과평가방법으로 많이 사용하고 있는 RAROC의 정의, 측정방법, 중요성 등에 대해 잘 이해할 필요가 있다.

- RAROC시스템의 구축방법에 대해 이해하고 각 기업에서는 어떻게 경영의사결정에 활용할 수 있는지 이해해야 한다.

- 금융리스크의 종류는 더욱 많아지고 복잡해지고 있으나 가장 중요한 것은 신용리스크(C), 시 장리스크(M), 운영리스크(O), 유동성리스크(L), 그리고 법적리스크(L)의 다섯 가지이다. 각각 에 대해 잘 정리해 둘 필요가 있다.

- 다양하고 점점 더 복잡해지는 금융리스크들을 보다 효율적으로 측정하고 관리하기 위해서는 어느 특정 리스크 전담부서만으로는 부족하다. 전사적인 통합리스크관리가 필요하므로 이에 대해 잘 이해할 필요가 있다.

사례 18-1

통합리스크관리 사례: UGG(United Grain Growers)[8]

United Grain Growers(UGG)는 캐나다의 마니토바주 위니펙에 본사를 두고 있는 농산물 유통과 관련 서비스를 제공하는 기업이다. UGG의 주 사업분야는 곡물 유통 서비스와 곡물 생산 서비스의 두 분야라고 할 수 있다. 곡물 유통 서비스는 생산된 곡물을 운반하고 수출 하는 업무이며, 곡물 생산 서비스는 시설이나 곡물 씨앗 등을 제공하고 관련 서비스를 하는 사업을 말한다. 1999년을 기준으로 보면, UGG는 서부 캐내다 전체의 곡물 유통 서비스 시 장에서 15%의 점유율을 차지하고 있다.

캐나다의 농업시장은 정부에 의해서 심한 규제를 받고 있다. 가정에서 소비하는 밀의 85%와 보리의 45%가 정부기구인 캐나다 밀 이사회(CWB: Canadian Wheat Board)를 통해 서 판매되고 있다. UGG가 취급하는 곡물 유통량의 60%는 CWB에게 넘기는 물량이 차지하 고 있다.

UGG는 외환 위험과 농산물 가격 위험은 헷지를 하고 있으며, 일반 재산 손해와 배상 책 임의 각각의 위험에 대해서 보험을 들어 놓고 있다. 그럼에도 불구하고, 회사의 이익은 상 당한 변동성을 보여 왔는데, 그 근본적인 원인은 UGG가 취급하는 곡물 유통량의 변화에 기인한다. 곡물 유통량은 곡물 생산량에 따라 변하는 것이며 곡물 생산량은 다시 날씨의 변 화에 크게 영향을 받게 된다.

UGG는 곡물 유통량에 따른 이익의 불확실성을 줄이고자 위험관리의 방안을 모색하였다. 우선은 날씨 파생상품을 이용하는 방법이 고려되었다. 날씨 파생상품은 대체로 온도를 기 준으로 하여, 주어진 온도(65°F)보다 높은(혹은 낮은) 온도를 기록한 날이 며칠인지를 따져 서 보상액이 결정되는 구조를 가지고 있었다. 이러한 날씨 파생상품의 구조는 UGG가 원하 는 것과는 거리가 멀었다. UGG의 유통량에 영향을 미치는 자연변수는 단순한 온도보다는, 6월의 온도와 7월의 강수량이 가장 중요한 것들이었다. 따라서 기존의 날씨 파생상품으로 는 베이시스 리스크가 커서, UGG가 원하는 수준의 위험 헷지를 얻을 수가 없었다.

이에 대한 대안으로, UGG는 보험중개회사인 Willis의 자문을 받아서 다음과 같은 종합적 인 보험계약을 Swiss Re와 체결하여, 2000년부터 시행하게 되었다.

1. 개요

산업 전체의 곡물 유통량의 과거 5년의 평균을 기준으로 하여, 올해의 산업 전체의 곡물 유통량이 그 이하로 떨어지면 UGG가 보상을 받는 보험계약이 바로 그것이다. 물론 이때에 UGG의 시장점유율을 고려해서 보상액이 결정된다(계약 당시의 시장점유율은 15%임). 여 기서, 주목해야 할 사항은 UGG의 유통량을 기준으로 계약이 체결된 것이 아니라, 산업 전 체의 유통량을 기준으로 체결되어 있다는 점이다. UGG의 입장에서는 물론 UGG의 유통량 을 기준으로 계약을 체결하는 것이 위험관리에는 더 유리하다. 그러나 이러한 계약은 도덕

---

8) *CEO를 위한 전략적 기업재무*(석승훈, 2008)에서 인용함.

적 해이 문제를 야기할 수 있다. 즉, UGG의 유통량을 기준으로 보험을 체결하면, UGG는 구태여 유통량 확보를 위해서 노력하지 않아도 되는 인센티브를 가질 수 있기 때문이다.산업 전체의 유통량은 UGG의 유통량과 밀접한 연관이 있으면서도 UGG의 도덕적 해이에 노출되지 않는 장점이 있기 때문에 기준이 되는 지수로서 사용된 것이다.

[그림] UGG의 기존 보험계약

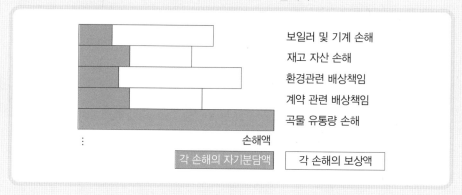

[그림] UGG의 ERM

2. 결론

단순한 곡물 유통량에 대한 보험뿐만 아니라, 다른 기존의 보험을 모두 통합하여 전사적 위험관리(ERM: Enterprise Risk Management) 체계를 구축하였다. 기존에는 환경 관련 배상책임보험, 재산손해보험, 보일러 및 기계 보험 등을 각각의 보험을 통해서 관련 위험을 관리해왔다. 그러나 궁극적으로 UGG에게 중요한 것은 이러한 각각의 위험 자체가 아니라, UGG의 이익이 어느 정도로 변동하느냐가 중요한 것이므로, 다양한 위험을 통틀어서 합친 손해가 어느 정도이냐를 기준으로 위험관리를 하기로 한 것이다(소위 Earnings at Risk의 개념임). UGG의 보험계약을 최종적으로, 재산손해, 배상책임, 곡물 유통량 각각에 대해 일정 부분의 자기 분담액을 설정한 후에 전체의 손해액에 대해서 보상을 해 주는 형식으로 계약이 맺어졌다(앞 그림들 참조).

이상의 UGG의 ERM 사례는 ERM이 기업가치에 공헌할 수 있음을 보여주는 예가 된다. 다양한 위험이 서로 상쇄되는 경우가 있거나, 각 보험을 구매하는 데에 고정비용이 드는 경우에, ERM을 통해 한 번에 보험을 들면 비용을 줄여주는 장점이 있다. 또한 전사적인 관점에서 위험을 관리하면, 각 위험요소가 기업의 가치에 미치는 영향을 더 잘 이해하게 됨으로써, 기업가치를 위한 경영에 일조를 할 수 있다는 장점이 있다. 물론, 종합적인 위험의 관리는 보다 복잡한 보험계약을 필요로 하기 때문에 이에 수반하는 비용이나 도덕적 해이의 유발 가능성 등의 문제도 균형있게 고려해야 할 것이다.

[객관식]

01. 다음 RAPM중 비율을 사용하는 척도가 아닌 것은?

① Treynor척도 　　　　　　② Sharpe척도

③ RAROC 　　　　　　④ Jensen's α

02. 다음 중 VaR로 리스크를 조정하는 RAPM은?

① RAROC 　　　　　　② Treynor척도

③ Jensen's α 　　　　　　④ Sharpe척도

03. 최근 기업의 성과평가에서 많이 사용하고 있는 위험조정성과측정(RAPM)의 대표적인
방법은 무엇인가?

① Sharpe Ratio 　　　　　　② RAROC

③ ALM 　　　　　　④ CaR

04. RAROC산출 시 사용되는 요소 중 하나로서 금융기관 영업점간, 본점과 지점간 재화를
주고 받을 때 적용되는 가격을 무엇이라 하는가?

① equilibrium price 　　　　　　② internal price

③ transfer price 　　　　　　④ fair price

05. 다음 중 RAROC을 구하는 데 사용되는 요소가 아닌 것은?

① cost　　　　　　　　　② transfer price
③ VaR　　　　　　　　　④ beta(β)

06. 다음 위험조정성과평가방법(RAPM) 중 차이를 이용하여 위험을 조정하는 방법은?

① Sharpe ratio　　　　　② Treynor measurement
③ Jensen's α　　　　　　　④ RAROC

07. 리스크관리시스템과 관련한 최근의 금융기관 동향과 거리가 먼 것은?

① IRMS의 보편화　　　　② Risk 전담부서 설치의 확대
③ ASP의 등장　　　　　　④ Basel에 대비한 시스템 개발 확대

08. 다음 중 통합리스크관리시스템의 직접적인 구성요소가 아닌 것은?

① risk software　　　　　② core engine
③ data warehouse　　　　④ system interface

09. 영업상의 불리한 결정 또는 이들 결정의 부적절한 이행에 따라 수익 또는 자본에 악영향을 초래할 수 있는 리스크를 지칭하는 것은?

① 정치적리스크　　　　　② 평판리스크
③ 재무리스크　　　　　　④ 경영전략리스크

10. 다음 전사적리스크 중 영업리스크에 해당되지 않는 것은?

① 전략리스크　　　　　　② 금융리스크
③ 조직구조리스크　　　　④ 제품개발리스크

11. 다음 전사적리스크 중 비영업리스크에 해당되지 않는 것은?

① 시장리스크　　　　　　② 운영리스크
③ 금융리스크　　　　　　④ 경쟁리스크

12. 금융기관의 비재무적 리스크에 대한 설명으로 적절하지 않은 것은?

① 경영전략리스크: 영업상의 불리한 결정 또는 이들 결정의 부적절한 이행에 따라 수익 또는 자본에 악영향을 초래할 수 있는 리스크

② 조세리스크: 금융기관의 불합리한 세무정보체제로 인해 세법을 위반하거나 불필요한 세무비용을 발생시키는 리스크

③ 평판리스크: 금융기관 외부의 여론이 악화됨으로 인해 금융기관에게 경제적 손실을 발생시키는 리스크

④ 유동성리스크: 금융기관이 예금자의 청구에 대응하지 못하는 리스크

13. 전사적 통합리스크관리시스템이 필요하게 된 원인으로 적절하지 않은 것은?

① 국가간, 시장간 연계성과 상호의존성의 증가

② 리스크를 시장간, 리스크요인간 이전하는 것이 용이해짐

③ 이익구조가 복잡한 장외파생상품의 등장으로 리스크의 종류가 다양해짐

④ 리스크를 전체적으로 관리하는 경우 시스템구축비용이 절감됨

14. 통합리스크관리시스템의 구축을 통해 금융기관이 얻을 수 있는 이점에 해당되지 않는 것은?

① 전체적인 리스크노출 금액분석이 가능하다.

② 상계처리를 방지할 수 있다.

③ 포지션한도를 관리하기가 용이하다.

④ 가공의 이익계상을 막을 수 있다.

15. 통합리스크관리시스템 구축과 관련한 설명으로 옳지 않은 것은?

① 시스템과 함께 부서간의 기능과 역할도 통합해야 한다.

② 리스크관리부서는 거래부서와 독립된 조직구조를 가져야 한다.

③ 리스크관리자의 보상은 거래자의 실적과 무관하게 이루어져야 한다.

④ 유연한(flexible) 정보관리 시스템을 구축해야 한다.

16. 다음 금융리스크 중 시장리스크와 거리가 먼 것은?

① 금리리스크   ② 외환리스크
③ 운영리스크   ④ 가격리스크

17. 다음 샤프비율에 관한 설명 중 옳지 않은 것은 ?

① 샤프 비율은 포트폴리오의 체계적 위험과 비체계적 위험을 모두 고려한다.

② 샤프 비율은 포트폴리오의 수익률이 무위험이자율을 초과하는 값을 포트폴리오 위험으로 나눈 값이다.

③ 샤프 비율은 분산되지 않은 포트폴리오의 상대적 성과를 측정하기 위해 이용될 수 없다.

④ 샤프 비율은 자본시장선으로부터 도출된다.

[주관식]

01. 어떤 주식펀드매니저가 주식포트폴리오를 운영하고 있다. 현재 시장에서 무위험 이자율은 연간 3%, 평균시장수익률은 연간 6%, 시장수익률의 변동성(표준편차)은 연간 0.10, 주식포트폴리오와 시장수익률간의 공분산과 상관계수는 각각 연간 0.02, 0.4이다. 그리고 주식포트폴리오의 젠센의 알파는 0.01이라 한다. 이 주식포트폴리오의 샤프 척도와 트레이너 척도를 각각 구하라. 그리고 이 펀드매니저의 성과를 RAPM관점에서 시장평균성과와 비교 분석하라.

02. 어떤 채권딜러가 채권가치가 $100million인 미국회사채권을 거래하고 있다. 이 채권의 변동성은 매우 높아서 연간 20%라 한다. 채권딜러의 연간 순이익이 $10million라 하면, 유의수준 99%에서 이 채권딜러의 RAPM은 얼마인가?

03. 외환거래자와 채권거래자에 대한 거래정보가 다음 표와 같다. 두 거래자의 RAROC을 각각 유의수준 99%에서 구하라. 누가 더 좋은 성과를 달성했는가? 그 이유는?

거래자	거래금액(notional)	변동성	이익(profit)
외환	1억원	12%	1,000만원
채권	2억원	4%	1,000만원

04. 거래규모가 $1,000만, 예상가능손실이 거래규모의 1%, 최대분산(예상불능손실)이 3%, 마진이 3%일 경우, 영업비용을 감안하지 않을 때, CaR를 이용한 RAROC을 구하면 얼마인가?

05. 포트폴리오A의 평균수익률은 8%, 변동성은 20%, 베타는 0.5라고 한다. 시장포트폴리오의 평균수익률은 10%, 변동성은 25%이고 무위험이자율은 5%라 할 때, 이 포트폴리오A의 젠센의 알파(Jensen's α)는 얼마인가?

연습문제 정답 및 해설

[객관식]

01. ④   02. ①   03. ②

04. ③   05. ④   06. ③

07. ②   08. ①   09. ④

10. ②

> 해설   핵심체크   영업리스크 – 전략리스크, 영업환경리스크(거시경제리스크 등);
> 비영업리스크 – 금융리스크, 법적리스크, 정치적리스크, 규제리스크

11. ④

12. ④

> 해설   유동성리스크는 자산의 처분시 발생하는 유동성문제뿐만 아니라 자금조달 측면에서
> 발생하는 유동성문제를 포괄하는 개념이나 비재무적리스크로 보기는 어렵다.

13. ④

> 해설   통합리스크관리시스템은 전사적으로 구축되므로 내용이 복잡하고 시스템구축에도
> 많은 비용이 요구된다.

14. ②

> 해설   상계처리가 보다 완벽해진다는 것이 통합리스크관리시스템 구축의 장점이다.

15. ①

> 해설   시스템을 통합하는 경우에도 부서 간 기능과 역할은 반드시 분리되어야 한다.

16. ③

17. ③

해설 샤프 비율은 전체리스크(즉, 체계적 위험＋비체계적 위험)를 고려하므로 잘 분산되지 않은 포트폴리오 성과측정에 효과적이며, 자본시장선(CML)으로부터 추정된다.

[주관식]

01. 샤프 비율＝0.14, 트레이너 비율＝0.035, 시장보다 저조한 성과 실현

해설 먼저, 이 주식포트폴리오의 베타를 구해보면,

$$\beta_P = \frac{\sigma_{PM}}{\sigma_M^2} = \frac{0.02}{0.10^2} = 2.0$$

다음, 젠센의 알파를 이용하여 주식포트폴리오의 기대수익률을 구해보자.

$$젠센의\ 알파 = 0.01 = \overline{R_P} - [R_F + \beta_P(\overline{R_M} - R_F)]$$
$$= (\overline{R_P}) - [0.03 + 2(0.06 - 0.03)]$$

따라서, $\overline{R_P} = 0.01 + 0.09 = 0.10$

이번에는 주식포트폴리오의 변동성을 상관계수공식을 이용하여 구해보자.

$$상관계수 = 0.4 = \frac{\sigma_{PM}}{\sigma_P \sigma_M} = \frac{0.02}{\sigma_P(0.10)}$$

따라서, $\sigma_P = 0.50$

이상의 결과를 이용하여 샤프 비율과 트레이너 비율을 구해보자.

$$샤프\ 비율 = \frac{\overline{R_P} - R_F}{\sigma_P} = \frac{0.10 - 0.03}{0.50} = 0.14$$

$$트레이너\ 비율 = \frac{\overline{R_P} - R_F}{\beta_P} = \frac{0.10 - 0.03}{2.0} = 0.035$$

그런데,

$$시장의\ 샤프\ 비율(M) = \frac{\overline{R_M} - R_F}{\sigma_M} = \frac{0.06 - 0.03}{0.10} = 0.30$$

$$시장의\ 트레이너\ 비율(M) = \frac{\overline{R_M} - R_F}{\beta_M} = \frac{0.06 - 0.03}{1.0} = 0.03$$

따라서, 이 펀드매니저의 성과는 수익률만 보면 10%로 시장수익률 6%보다 높지만, RAPM관점에서 보면 트레이너 비율은 시장보다 높지만, 샤프 비율은 시장보다 작으므로 성과평가에 대해 신중한 해석이 요구된다.

샤프 비율(M)$=\dfrac{\overline{R_M}-R_F}{\sigma_M}$,

$$\text{트레이너 비율(M)} = \dfrac{\overline{R_M}-R_F}{\beta_M},$$

$$\text{젠센의 알파} = \overline{R_P}-[R_F+\beta_P(\overline{R_M}-R_F)]$$

02. RAPM=21.46%

해설 $\text{VaR} = \$100M \times 2.33 \times 0.2 = \$46.6M$

$\text{RAPM} = \dfrac{profit}{VaR} = \dfrac{10M}{46.6M} = 21.46\%$

03. RAROC(외환거래자)=35.77% < RAROC(채권거래자)=53.65%

해설 VaR(외환거래자)=1억원×2.33×0.12=2,796만원

VaR(채권거래자)=2억원×2.33×0.04=1,864만원

따라서,

$\text{RAROC(외환거래자)} = \dfrac{profit}{VaR} = \dfrac{1,000만원}{2,796만원} = 35.77\%$

$\text{RAROC(채권거래자)} = \dfrac{profit}{VaR} = \dfrac{1,000만원}{1,864만원} = 53.65\%$

채권거래자가 더 높은 리스크조정수익률을 달성하였으므로 더 좋은 성과를 실현하였다.

04. RAROC=66.67%

해설 최대분산(예상불능손실)=CaR=1,000×3% =$30만

조정수익(Adjusted Revenue)=마진-예상가능손실

$=1,000 \times 3\% - 1,000 \times 1\% = \$20만$

따라서, $\text{RAROC} = \dfrac{Adjusted\ Revenue}{CaR} = \dfrac{20만}{30만} = 66.67\%$

핵심체크 $\text{RAROC} = \dfrac{Adjusted\ Revenue}{Risk\ Capital\,(VaR)}$

05. 젠센의 알파=0.5%

해설 $\text{젠센의 알파} = \overline{R_P}-[R_F+\beta_P(\overline{R_M}-R_F)]$

$= 8\% - [5\% + 0.5(10\% - 5\%)] = 0.5\%$

제 6 부

국제규제의 흐름

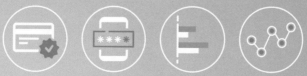

제19장 바젤협약

1 Basel Ⅰ

가. 금융환경의 변화

최근의 주요 금융환경변화를 요약해 보면 대규모 인수합병, 세계화, 겸업화, 금융공학과 신상품개발, 새로운 시장진입 및 사업확장을 통한 경쟁, 규제완화, 탈 중개기관화, 새로운 국제표준안(바젤협약) 등장 등이 있다. 서브프라임 모기지사태로 촉발된 전세계 금융위기는 규제완화에 대한 반성과 금융의 공익성을 강조하는 사회적 흐름을 가져오고 있고 이를 위한 규제강화도 적극적으로 논의, 시행되고 있다. 또한, 경쟁이 보다 치열해지면서 금융기관들의 리스크도 점차 증대되었고, 금융회사들도 수익성 중심에서 수익성과 리스크를 동시에 고려하는 경영으로 바뀌고 있다. 회계제도에서도 변화가 일어나고 있는데, 파생상품 등 리스크가 큰 거래를 회계에 반영해야 하는 필요성이 대두되었고, 따라서 매매목적의 파생상품거래 손익은 당기손이익에, 헷지목적의 거래는 자본계정에서 처리한다.

나. 금융회사의 규제

금융회사에 대해 특별한 규제가 필요하다는 것은 다음과 같은 이론에 근거하고 있다. 주요 이론만 설명하면 다음과 같다.

첫째, 금융회사의 외부성(externality)[1]과 공공성 때문이다. 외부성으로 인해 정부는 금융기관을 지원하거나 규제해야 할 필요성이 대두된다. 공공성은 금융기관의 결제기능, 비대칭적 정보능력 등으로 인해 발생하는데, 이러한 공공성 때문에 규제의 대상이 된다는 것이다.

둘째, 금융규제가 필요하다는 다음과 같은 몇 가지 중요한 이론에 근거하고 있는데, 예를 들어, 공익가설,[2] 생산자보호가설,[3] 규제수요와 규제공급의 상호작용설, 대리이론가설,[4] 시장실패의 보완 등이 있다.

다. Basel I

(1) 도입 배경

Basel I을 도입하게 된 주요 원인을 요약하면 다음과 같다.

첫째, 금융규제의 완화와 금융산업의 경쟁 격화로 예대마진이 축소되어 금융회사의 수익성이 악화되었으며 이로 인해 부도 리스크도 증가되어 왔다.

둘째, 금융회사의 경영전략이 수익성 중심으로 되어 있어 일정 영업수익 확보를 위한 총자산 확대 전략이 주를 이룸으로써 자기자본비율이 저하되고, 파생상품거래가 확대되어 금융기관의 건전성이 저하되어 왔다.

(2) 신용위험에 따른 자기자본 보유 의무화

은행의 건전성을 확보하여 손실위험과 부도위험으로부터 은행을 보호하고자 1988년 7월에 Basel위원회에서 '자기자본 측정과 적정 자기자본 수준에 관한 국제적 합의(International Convergence of Capital Measurement and Capital standard)'를 이루었고, 아

---

1) 외부성(externality): 한 경제주체의 경제활동의 결과로 타 경제주체의 후생에 영향을 미치는 것을 말하는데, 대가를 지불하지 않으므로 시장의 효율성이 작동하지 않게 되는 시장실패의 하나이다.
2) 공익가설(public interest hypothesis): 자연독점, 외부성, 정보불균형 등이 존재하여 시장에 의한 배분만으론 소비자효용 극대화가 어려우므로 시장실패를 막기 위해 규제가 필요하다는 가설이다.
3) 생산자보호가설: 기존 금융회사들이 독과점 이익을 누리고 있는 경우 신규참여자의 진입을 규제를 통해 막으려는 유인이 생긴다는 가설이다.
4) 대리이론가설: 은행은 예금주에 대해 대리인 역할을 하므로 은행의 대리인비용을 최소화하기 위해 규제가 필요하다는 가설이다.

래와 같은 공식으로 구한 자기자본비율이 8%를 초과해야 한다고 규정하였다.

$$\text{BIS자기자본비율} = \frac{\text{자기자본}}{\text{위험가중자산}} \qquad \text{(식 19-1)}$$

$$= \frac{\text{자기자본} + \text{보완자본} - \text{공제항목}}{\sum(\text{자산} \times \text{위험가중자산}) + \sum(\text{부외자산} \times \text{신용환산율} \times \text{위험가중치})}$$

(식 19-1)의 분모에 있는 위험 가중치는 다음과 같은 원칙으로 설정되었다.

- 대차대조표 자산별 위험가중치: 가중치가 클수록 불리하다. 주요 가중치를 보면, 0%(현금, OECD국가 중앙은행 채권 등), 10%(국내공공채권), 20%(OECD국가 은행채권 등), 50%(주택담보대출), 100%(기타) 등이다.
- 부외자산별 신용환산율: 0%(외국환 및 금리관련 거래 등), 20%(단기 무역관련 채무), 50%(우발채무 등), 100%(일반채무보증 등)

라. 대체비용의 개념

환율 및 금리관련 파생금융상품의 매매계약을 체결한 경우, 거래상대방이 계약을 불이행할 때는 관련계약의 거래상대방을 교체해야 하는데 이를 대체비용(replacement cost)이라 한다. 다음과 같은 두 가지 방법으로 측정한다.

(1) OEM 방법

OEM(Original Exposure Method)에 의하면 대체비용은 다음과 같이 측정한다.
- 계약금액에 신용리스크 환산율을 곱하여 측정
- 당초 계약기간을 적용하여 산정(<표 19-1> 참조)

이 방법에 의하면 신용 리스크=계약금액×환산율이 된다.

〈표 19-1〉 OEM 환산율

기간	금리관련계약	환율관련계약
1년 이내	0.5%	2.0%
1년 초과	(1%×계약기간)-1%	(3%×계약기간)-1%

(2) CEM 방법

CEM(Current Exposure Method)에 의하면 대체비용은 다음과 같이 측정한다. 즉, 계약금액에 따라 시장에서 측정한 대체비용에 시장변동에 따라 앞으로 증가될 잠재적 대체리스크를 가산(Add-on)하여 계산한다.

이 방법에 의하면 신용리스크=대체비용+(환산율×계약잔여기간×계약액)인데, 이때 적용되는 환산율은 다음 <표 19-2>와 같다.

〈표 19-2〉 CEM 환산율

기간	금리	환율.금	주가	귀금속	기타
1년 이내	0.0%	1.0%	6.0%	7.0%	10.0%
5년 이내	0.5%	5.0%	8.0%	7.0%	12.0%
5년 초과	1.5%	7.5%	10.0%	8.0%	15.0%

마. 적정 자기자본의 개념 및 필요성

(1) 은행 자기자본의 역할

첫째, 영구적인 자금운용 재원으로서 은행성장의 기반이 된다.

둘째, 손실발생을 흡수하는 완충장치 역할을 한다.

(2) 적정 자기자본 산정법

일반적으로 다음과 같은 방법들이 사용되어 왔다.

－ 단순자기자본 비율(＝자기자본/자산)

- 규제자본비율(=자기자본/위험가중자산)
- 최근: 리스크를 조정한 적정 자기자본

바. Basel Agreement 주요 개정안: 1996. 1월

1988년 7월 자기자본협약 발효 후, 자본자유화와 파생금융상품의 증가에 대처하기 위해 1996년 1월 시장리스크에 대해서도 일정수준의 자기자본을 보유하도록 하는 개정안을 발표하였다. 1997년 12월 말 회원국 금융기관에 적용하였고, 적용대상 상품은 채권, 주식, 외환, 그리고 이들 상품과 관련된 파생상품들이었다. 단, 주식과 채권은 단기매매목적으로 보유할 경우에만 해당된다.

(1) 시장리스크의 분류

1996년 개정안에서의 시장리스크 분류는 다음과 같다.
- 특정리스크(specific risk): 발행자의 신용도변화에 따른 손실발생 가능성
- 일반리스크(general market risk): 시장에서의 가격변동에 따른 손실가능성

주요 상품별로 비교해 보면, 채권과 주식의 경우에는 특정리스크와 일반리스크 모두 측정해야 하며, 외환과 상품의 경우에는 일반리스크만을 측정하면 된다.

(2) Basel Agreement 개정안: 시장리스크의 측정방법(1998년)

1998년 개정된 Basel에서는 시장리스크를 다음과 같이 측정하도록 하였다.

첫째, 표준적인 측정방법은 측정 대상별로 측정항목을 구분하여 각각 정해진 위험가중치를 부여하여 자기자본보유비율을 산정하도록 하였다.

둘째, 내부모형에 의한 방법으로는 자체적으로 VaR를 산출하고 일정승수를 곱하여 자기자본보유비율을 산정하도록 하였다.

특히, 내부모형 VaR를 산출하는 방법으로는 산출기간은 1일 기준이며, 자료관측기간은 최소 1년, 99%신뢰도를 적용하며, 보유기간은 10일, 분석데이터는 3개월 이내 자주 갱신하여야 하고, 시장에 큰 변화가 있으면 재평가해야 한다.

(3) 상품별 시장리스크 측정방법

주요 상품별로 시장리스크를 측정하는 방법을 요약하면 다음 <표 19-3>과 같다.

〈표 19-3〉 시장리스크 측정방법: Basel I 1998년 개정안

자산	특정리스크	일반리스크
채권	정부채 0%, 우량채 0.25~1.6% 기타채 8% 위험가중치 부여	만기법(13개 band)과 듀레이션법 중 택일
주식	분산도와 유동성에 따라 4% 또는 8%의 위험가중치 부여	주식시장별 Net Position에 8% 위험가중 치 부여
외환	측정하지 않음	간편법(통화별 Net Position의 합계액 중 큰 금액에 8% 위험가중치 부여)
상품	측정하지 않음	만기법, 간편법(15%가중치 부여)
옵션	측정하지 않음	간편법(매입옵션), 중간법(델타플러스법)

2 Basel II

가. Basel II 도입배경 및 개요

(1) 도입배경

2004년 Basel II가 도입된 주요 배경을 요약하면 다음과 같다.

첫째, Basel I의 지속적 개정과 적용에도 불구하고 운영위험 등 기업운영관련 위험이 점증하였다. 따라서 Basel II에서는 운영위험부문이 대폭 강화되었다. 이는 또한 Basel I이 많은 문제점을 가지고 있음도 시사한다.

둘째, 신용위험이 지속적으로 증가하였다.

이 협약의 적용시기는 2007년 말부터이며, 이를 통해 금융기관의 리스크관리가 더욱 엄격해지고 있고, 은행들의 리스크관리 능력이 많이 향상되고 있다.

(2) Basel II 개요

기존의 은행 건전성기준인 Basel I을 강화한 새로운 BIS협약으로 '신바젤협약 (New Basel Agreement)'이라고도 한다. Basel I 이후 은행들은 BIS비율을 8%로 책정해 관리해 왔는데 Basel II에서는 은행의 BIS 자기자본비율을 8% 이상 유지하되, 이 중 보통주자본비율은 2% 이상, 기본자본(Tier 1)비율은 4% 이상으로 정하였다.

신BIS협약인 Basel II협약에서는 자기자본산정에 있어 대출 규모나 금리 차별화를 통해 특정 대출 쏠림을 방지하는 등 보다 정교화하고, 운영리스크를 측정대상에 추가했다. 또한 리스크 측정 방법을 표준법, 기본내부등급법, 고급내부등급법(고급법)의 3가지로 제시하고 이중 하나를 은행이 선택하여 사용하도록 하였다.

구체적으로는 은행 내부규정, 임직원 업무행위, IT시스템의 리스크 등을 규정하고 있어, 전사적위험관리(ERM) 체계 구축의 필요성이 대두되었다. 우리나라에서는 표준법과 기본내부등급법은 2008년 초에 도입하였고, 시중은행들을 대상으로 한 고급법은 1년 늦춘 2009년부터 시행되었다.

나. 기존 BIS자기자본 규제제도의 문제점

기존 Basel I에는 다음과 같은 문제점들이 있었고, 이 또한 Basel II가 등장하게 된 주요 요인 중의 하나이다.

첫째, 부내, 부외자산의 위험가중치 및 국별, 기관별 위험가중치를 제대로 반영하고 있지 못한다.

둘째, 자산의 분산투자효과, 헷지효과 및 만기구조를 제대로 반영하지 못한다.

셋째, 자기자본규제의 회피를 조장하고 있다는 비판이 꾸준히 제기되어 왔다.

다. BIS자기자본 규제제도의 개선(2000년)

위와 같은 문제점들을 해결하고자 자기자본규제제도가 다음과 같이 개정되었다.

첫째, 최저 자기자본규제(minimum capital requirement)가 시행되었다.

둘째, 자본적정성에 대한 감독당국의 점검(supervisory review)을 추가하였다.

셋째, 시장 규율(market discipline)을 강조하게 되었다.

라. 은행 신용위험 측정

Basel II에 의하면 은행 신용위험 측정은 다음과 같은 방법으로 한다.

첫째, 기존의 BIS표준모형을 개정하여 사용한다.

둘째, 일부 선진은행에 대해서는 감독당국의 승인을 얻어 자체신용평가 결과를 활용하도록 허용한다.

셋째, 장기적으로 은행의 전체 위험자산 포트폴리오의 신용위험을 측정하여 필요 자기자본 규모를 산출하는 자체 신용위험모형, 즉 내부모형(internal model)을 활용하도록 유도한다.

마. 자기자본의 규제제도 운영 개선

Basel II에 의해 개선된 자기자본규제제도를 요약하면 다음과 같다.

첫째, 자기자본규제제도 운영에 있어 은행들이 활용하고 있는 신용위험 완화기법의 인정범위를 확대한다.

둘째, 동 기법 활용 시 발생하는 자기자본 보유의무 축소효과도 확대하여 인정한다.

셋째, 자기자본 회피거래에 대한 개선 방안을 마련한다.

바. Pillar 1, 2, 3

Basel II의 구성을 간략히 요약하면 다음과 같다.

(1) Pillar 1: 경제적 자본과 규제자본 계산

여기서는 금융회사 포트폴리오의 적정리스크 관리를 위해 필요한 최소자본을 계산한다. Basel II는 기존 Basel I과 달리 궁극적으로 내부모형의 사용을 실질적으로 권장하여 경제적 자본과 규제자본이 일치하도록 추구하며, 신용등급에 따른 리스크 가중치의 차이를 크게 확대함으로써 규제자본이 포트폴리오 리스크를 보다 정확히 반영하도록 한다. 또한 Basel II에서 새롭게 추가된 부분이 운영리스크이며, Basel II에서는 신용리스크 부분도 대폭 개선되었다. 표준모형과 내부모형 두 가지가 제시되었다.

(2) Pillar 2: 감독기관의 역할(Supervisory Review)

Basel II가 Basel I과 획기적으로 차이를 보이는 것은 내부모형에서 나타난다. 즉, 바젤위원회는 각 금융회사들의 내부모형이 갖추어야 할 일반적인 조건들을 제시할 뿐, 모형의 적용가능성 및 이론적, 현실적 타당성에 대한 검증 등은 각국 금융당국에게 권한을 위임한다. 또한, 경제적, 지리적, 역사적으로 크게 다른 국가들간에 통일된 자본규제안을 수립한다는 것은 그 자체로서도 이미 어려운 일일 수밖에 없으며, 따라서 구체적 적용부분에 들어가서는 각국 금융당국들의 역할이 보다 중요해 질 수밖에 없다.

(3) Pillar 3: 시장정보의 공개(Market Information Disclosure)

Basel II의 또 다른 특징은 금융회사 리스크 관리의 투명성제고를 위한 보다 광범위한 정보공개를 요구하고 있다는 것이다. 노출된 리스크와 자산, 부채 현황 등은 이미 Basel I에서도 공개하고 있는 정보지만, 금융회사들이 장기간에 걸쳐 고객의 비용을 지불하여 개발한 내부모형의 공개는 금융회사로 하여금 내부모형의 개발유인을 저하시킬 수 있기 때문에 논란도 예상된다. 또한 Pillar 3에서 요구하는 각종 보고서의 산출이 금융회사들에게 엄청난 부담을 지우는 반면, 이들 정보가 외부인들에게는 실제 유용한 정보를 제공할 가능성이 별로 없다는 지적도 있다.

이상의 Pillar 1, Pillar 2, Pillar 3를 그림으로 요약하면 [그림 19-1]과 같다.[5]

[그림 19-1] Basel II: Pillar 1, Pillar 2, Pillar 3

* 다만, 기업 및 소매금융 부문에 대해서는 총이익 외에 과거 3년간 여신평균금액을 이용할 수 있다.

이상에서 설명한 Basel I과 Basel II의 주요 특징을 요약하면 다음 <표 19-4>와 같다.[6]

5) 자료: 김진호, *리스크의 이해*, 경문사, 2005, p.84.
6) 자료: 김진호, *리스크의 이해*, 경문사, 2005, p.80.

〈표 19-4〉 Basel Ⅰ vs. Basel Ⅱ

항 목		Basel Ⅰ		Basel Ⅱ
적용대상		－ 국제업무를 영위하는 은행		－ 국제업무를 영위하는 은행 － 주요 은행(각국 감독당국이 결정)
자기자본비율 산출시 반영 되는 리스크		－ 신용리스크 － 시장리스크		－ 신용리스크 － 시장리스크 － 운영리스크
신용 리스크		－ 표준모형: 소속 국가 및 기관에 따라 일률적인 리스크 가중치 적용 ＊ 0%, 10%, 20%, 50%, 100%		－ 표준방식: 외부신용평가등급에 따라 리스크 가중치 차등화 ＊ 0%, 20%, 50%, 100% 150% － 내부등급방식 • 기초방식: 차주의 부도율은 은행이 자체평가, 기타 리스크 요소는 바젤위원회가 결정 • 고급방식: 모든 리스크 요소를 은행이 자체 평가
시장 리스크		－ 표준방법 － 내부모형법		(현행과 동일)
운영 리스크		(없음)		－ 기초지표방식: 과거 3년간 총수입의 15%를 필요자본으로 부과 － 표준방식: 8개 영업부문별 총수입의 12~18%를 필요자본으로 산출하고 이를 단순합산 － 고급측정방식: 사업부문별 손실자료 등을 감안하여 은행 자체적으로 운영리스크를 측정
감독당국의 점검		(없음)		－ 리스크 관리체계 및 자기자본의 적정성 점검 － 은행계정의 금리리스크, 스트레스 테스팅 등의 적정성 점검 등
시장규율		(없음)		－ 자본적정성, 리스크 수준 등 공시 의무화

신용리스크 표준모형 구분 표:

구분	OECD국가	기타국가
국가	0%	100%
은행	20%	100%
기업	100%	100%
주택담보	50%	50%

가. Basel III 도입배경

2008년 미국의 서브프라임 모기지 사태로 촉발된 전 세계 금융위기는 리먼 브라더스(Lehman Brithers)와 같은 초대형 투자은행에서부터 수많은 은행, 투자은행, 증권회사 등 금융기관들을 위기에 빠뜨리면서, 전세계를 경제위기로 몰아넣었다. 이에 놀란 각국 정부와 중앙은행들은 그 동안 추구해온 금융산업 규제완화와 금융의 세계화 전략에 대해 전면 재검토하게 되었고, 2008년과 같은 금융위기의 재발을 막기 위해 2004년 Basel II가 나온 이후 6년만에 은행의 자본건전성을 강화하기 위해 2010년 Basel III가 도입되었다.

나. Basel III 주요 내용

(1) Basel III 개요

Basel III란 국제결제은행(BIS)이 2010년 9월 12일 확정한 강화된 은행 재무건전성 기준을 말한다. 바젤 은행감독위원회는 스위스에서 최고위급 회의(BCBS)를 개최하고 Basel III라는 새로운 은행 건전성 기준에 합의했다. 지금까지 적용된 기준인 Basel II가 2004년 발표된 것인 만큼 6년 만에 대대적인 변화가 생긴 것이다. 은행이 위험 자산에 대비한 돈을 더 많이 쌓아 두도록 한 것이다.

그 개혁안의 내용은 현재 금융안정위원회(Financial Stability Board: FSB)와 바젤위원회(Basel Committee on Banking Supervision: BCBS)라고 불리는 두 단체에 의해 조정되고 있다. FSB는 G20 국가의 금융감독기관과 중앙은행들의 모임이고, BSBC 역시 주요국가들의 중앙은행들이 모여서 만든 모임이다. G20는 이 두 모임이 성과를 내기 위해 정치적인 힘을 실어주는 역할을 하고 있다.

2008년 글로벌 금융위기 때 은행의 무분별한 고위험 투자가 국제 금융시장의 심각한 불안 요인으로 지적되면서 Basel Ⅲ 논의가 시작됐기 때문에 종전보다 자본 (capital adequacy), 유동성(liquidity) 규제가 대폭 강화됐다. Basel Ⅲ는 종래 국제결제 은행(BIS) 기준 자본 규제를 세분화하고 항목별 기준치를 상향 조정하는 한편 완충자 본, 레버리지(차입 투자)규제를 신설한 것이 골자다.

(2) 자기자본비율의 조정

은행들은 '기본자기자본(core capital)'이라고 하는 것을 자산의 일정비율 이상 갖고 있어야 한다. 예를 들어, 자기자본비율이 10%라고 하면 그 은행은 가지고 있는 자산 중 주식과 같은 자기자본의 비율이 10%라는 말이다. 나머지는 고객들이 투자한 저축 등으로 이루어져 있다. 이는 언젠가는 고객들에게 다시 돌려주어야 할 돈, 즉, 타인자 본이니, 자기자본비율이 낮으면 그만큼 불안한 은행이라고 볼 수 있다.

현행 Basel Ⅱ에서는 은행의 Tier 1, Tier 2 라고 불리는 자본들을 합친 것이 자산 의 8% 이상 되어야 한다. 이 정도만 되어도 고객들이 한번에 돈을 인출하려고 몰리 지 않는 한 안전하다고 볼 수 있다. 그런데 금융위기가 닥치면 이정도 만으로는 '뱅크 런(bank run)'이라 불리는 대량인출사태를 막기에 부족할 수 있다는 것이 최근 글로벌 금융위기상황에서 확인되었다. 따라서, G20와 바젤위원회는 이 기준을 높이기 위해 '기본자기자본'의 정의를 좀 더 엄격하게 바꾸고, 비율 자체도 8% 이상으로 올리려고 하는 것이다.

그런데 새로운 Basel Ⅲ에 따르면 현재 기준인 Basel Ⅱ의 BIS 비율 8% 이상은 그 대로 두되, 현행 4% 이상인 기본자기자본(core capital)비율(Tier 1)을 2013년 4.5% 이 상, 2019년까지 6% 이상으로 높여야 한다. 또한 현행 2%인 보통주자본(common equity)비율(핵심자기자본비율)도 4.5%로 올려야 한다. 여기에 은행들은 신용 호황기 때 추가로 '완충자본' 명목으로 2.5%의 자본을 더 쌓아야 한다. 은행 차입에 대한 기준도 더 엄격해졌다. 1회 차입 상한을 기본자기자본율의 3%로 제한했고, 누적 차입액이 기 본자기자본율의 33배를 넘을 수 없도록 하고 있다.

후순위채처럼 순수한 자기자본으로 보기 어려운 자본의 비중을 축소하는 대신 보 통주처럼 위기 시에도 직접 손실을 흡수할 수 있는 성격의 자본을 많이 쌓도록 해야 한다는 글로벌 금융위기의 교훈에 따른 것이다. 새로운 보통주자본비율과 기본자본비 율은 2013년부터 단계적으로 높여 2015년에 전면 적용된다. Basel Ⅲ 최종안은 2010

년 11월 G20 서울 정상회담에서 논의되었고, 이후 각국의 승인 절차를 거쳐 발효될 예정이다.

(3) 완충자본 신설

완충자본을 신설한 것도 Basel Ⅲ의 특징이다. 완충자본이란 은행이 미래의 위기 발생 가능성에 대비해 BIS 기준자본과 별도로 2.5%의 보통주자본을 추가로 쌓도록 한 것이다. Tier 1 자본 중 손실흡수력이 큰 보통주자본의 비중을 75% 이상으로 높이는 대신 우선주 비중을 줄여 위기에 견딜 수 있는 은행의 역량을 강화하려는 것이 그 이유다. 이번 개혁안에서 은행들이 금융·경제상 위기발생 시 손실 흡수에 이용할 수 있도록 보통주자본만으로 보유해야 하는 '손실보전 완충자본'의 의무적립 비율을 위험가중자산 대비 2.5%로 설정한 것은 은행의 자본구조를 탄탄히 하겠다는 의지가 반영됐다.

완충자본은 2016년부터 매년 0.625%포인트씩 쌓아 2019년 2.5%를 맞춰야 한다. Basel Ⅲ는 완충자본 외에도 신용이 과도하게 팽창할 경우 감독당국이 최대 2.5%까지 추가 자본을 '경기대응 완충자본'으로 쌓을 수 있도록 했다. 이에 따라 은행의 보통주 자본비율은 현재 2%에서 7~9.5%, Tier 1 비율은 4%에서 8.5~11%, 총자본비율은 8% 에서 10.5~13%로 대폭 강화된다.

(4) 레버리지비율 신설

자본을 총자산으로 나눈 레버리지비율을 Tier 1 기준 3% 이상 유지토록 하는 규제도 신설됐다. BIS비율이 위험가중자산에 비중을 둔 자본건전성 지표라면, 레버리지비율은 위험가중치를 고려하지 않고 총자산에 기초한 보완지표로 볼 수 있다.

은행들은 2013년부터 2017년까지 준비기간을 거쳐 당국에 레버리지비율 현황을 보고하고, 2015년부터 이를 공시해야 한다. 다만 2018년부터 강행 규정으로 할지는 추가 검토를 거쳐 결정하기로 했다.

(5) 유동성규제 신설

바젤위원회(BCBS)에서 각국 대표들은 은행에 대한 기존의 자본규제를 강화하고, 레버리지비율과 유동성비율을 신설하는 데 합의하였다. 이로써 은행의 자본적정성과 유동성을 효과적으로 관리, 감독하기 위한 국제적 기준이 마련되었다.[7]

한편, 글로벌금융위기를 통해 각국은 유동성충격에 대한 은행의 복원력을 높이는 것이 중요하다는 인식을 하게 되었다. 이 때 각국 정부가 서로 다른 기준의 유동성규제를 도입할 경우 국가 간 '규제차익(regulatory arbitrage)' 문제가 발생하기 때문에 은행의 유동성리스크를 효과적으로 관리, 감독하기 위해서는 글로벌기준의 마련이 중요하였고, 따라서 BCBS는 Basel III를 마련하는 과정에서 '유동성규제'를 추가적으로 도입한 것이다.

BCBS는 유동성리스크의 감독에 이용되는 기준으로 '유동성커버리지비율(LCR: Liquidity Coverage Ratio)'과 '순안정자금조달비율(NSFR: Net Stable Funding Ratio)'을 제시하였다. LCR은 단기유동성지표로서 '심각한 스트레스 시나리오 하에서 30일간 순현금유출[8] 대비 고유동성 자산규모의 비율'로 정의되는데,[9] 이 비율이 매달 100%를 상회해야 한다고 규정하고 있다. 따라서, LCR이 100%를 상회하기 위해서는 은행이 보유한 고유동성자산[10]의 규모가 순현금유출액보다 커야 한다.

NSFR은 중장기 유동성지표로서 1년간 현금화되기 어려운 자산 대비 안정적가용자금(Available Amount of Stable Funding)의 비율로 정의되며, 동 지표도 매달 100%를 초과하여야 한다.[11] NSFR이 100%를 넘기 위해서는 현금화되기 어려운 자산을 안정

---

7) 서병호(2010), '바젤 III유동성 규제의 국내파급효과 및 대응방안'을 참조하였다.
8) 순현금유출=현금유출액−현금유익액. 현금유출액 계산을 위해 개인 및 중소기업예금 중에서 안정적인 예금의 경우 5%, 불안정한 예금(예금보험이 적용되지 않는 거액예금, 외화예금, 인터넷예금 등)의 경우 10%가 이탈하는 것으로 간주되고, 30일 이내 만기도래하는 은행채, 주식담보RP, 대기업 및 금융기관으로부터의 차입부채, ABCP, ABS 등은 100% 이탈하는 것으로 간주된다. 현금유입의 경우 계약상 30일 이내에 만기가 도래하는 정상채권의 경우 전액 유입된다고 가정한다.
9) '30일'이라는 기간은 은행의 경영진이나 감독당국이 적절한 조치를 취하거나 은행이 법적인 절차에 따라 정리되는 데 필요한 최소한의 기간으로 설정되었다.
10) 고유동성자산(HLA: High Liquid Asset)은 금융위기가 발생하여도 가치하락이 없거나 미미한 상태에서 즉시 현금화될 수 있는 자산으로서 1등급과 2등급으로 분류된다. 1등급은 현금, 중앙은행지불준비금, 바젤 II기준으로 위험가중치가 0%인 국가의 중앙은행이나 공공기관이 발행, 보증한 채권, 자국통화로 표시된 정부 및 중앙은행 부채로 구성되며, 전액 고유동자산으로 인정된다. 2등급은 바젤 II기준으로 위험가중치 20%가 적용되는 국가나 공공기관이 발행한 채권, AA−등급 이상의 회사채와 커버드본드(covered bond) 등으로 구성된다. 2등급에 대해서는 15%의 할인율이 적용되고, 어떠한 경우에도 2등급이 전체 고유동자산의 40%를 초과할 수 없다.
11) 1년간 현금화되기 어려운 자산은 개별자산 및 난외계정에 가중치를 적용하여 계산되는데, 현금, 금,

적 가용자금으로 충당해야 하는데, 자기자본과 만기 1년 이상 부채는 전액 안정적 가용자금으로 인정된다. 요구불예금 등 만기가 없는 예금, 만기 1년 이내 정기예금 등은 일부만 인정된다.

한편, Basel Ⅲ에서는 각국의 금융당국이 만기불일치비율, 자금조달편중도 등도 유동성관리를 위한 보조지표로 활용하도록 권고하고 있으며, 이들 보조지표와 LCR, NSFR 등은 최소한 월별로 산출, 보고하되, 스트레스 상황에서는 주별 또는 일별로 주기를 단축할 수 있도록 규정하고 있다.

다. Basel Ⅲ가 우리나라 금융기관에 미치는 영향

Basel Ⅲ가 우리나라 은행에 미칠 직접적 영향은 크지 않을 것이라는 분석이 많다. Basel Ⅲ가 도입한 각종 기준치를 가장 엄격하게 적용하더라도 우리나라 은행은 이미 이 수준을 웃돌고 있기 때문이다.

일례로 최고 9.5%인 보통주자본비율의 경우 우리나라 은행은 지난 6월 말 기준 이미 10.5%이고, 최고 11%인 Tier 1 비율은 11.33%, 최고 13%인 총자본비율은 14.3%를 기록하고 있다. 레버리지비율은 기준치인 3%를 훨씬 상회하고 있는 상황이다. 다만 종전보다 기준 자체가 대폭 상향 조정됐기 때문에 향후 은행들이 높은 수준의 건전성을 유지하기 위한 경영 부담은 커질 것으로 관측되고 있다.

국내 금융기관들의 경우 자본적정성기준과 레버리지비율을 충족하는 데는 큰 문제가 없는 것으로 보이지만, 유동성의 경우 금융감독원의 조사결과 국내은행 대부분이 미달하는 것으로 나타났다. 따라서, 국내은행들은 수익성감소를 최소화하는 방향으로 유동성비율을 개선하기 위해 비용대비 가장 효율적인 자금조달과 자산운용의 동태적 조합을 찾아야 할 것이다. 즉, 고수익을 창출할 수 있는 고유동성자산 및 비용이 저렴한 안정적 가용자금을 발굴해야 한다.

단기금융상품, 시장성 유가증권, 잔존만기 1년 미만의 대출 등을 제외하고는 전액 현금화하기 어려운 자산으로 분류된다.

가. Basel Ⅲ 개정 배경

2008년 글로벌 금융위기 이후 2010년에 도입된 Basel Ⅲ는 추가적 논의 과정에서 학계, 시장참여자, 금융분석가 등으로부터 Basel Ⅲ 자본규제체제의 핵심인 위험가중자산(RWA: Risk-Weighted Asset)산출의 신뢰성에 의문이 제기되었다. 심지어 바젤위원회(BCBS)가 실시한 실증결과에서도 은행들간 위험가중자산(RWA) 산출결과에 심각한 편차가 있으며, 그러한 편차는 은행들이 보유한 포트폴리오 구성의 차이만으로는 설명이 불가능하다는 것이 발견되었다. 이에 따라 위험가중자산 규제의 개편을 통하여 Basel Ⅲ 자본비율의 신뢰성을 높이고 은행간 비교가능성을 제고해야 할 필요성이 제기되었다.

또한, 은행들이 신용리스크를 산출할 때 사용하는 표준방법(SA: Standardised Approach)은 리스크의 변화를 민감하게 반영하지 못하며, 은행들이 외부 신용평가기관들이 제공하는 신용등급에 지나치게 의존한다는 문제점도 지적되었다. 운영리스크에 대해서도 기존의 요구자본산정방법에 한계가 드러났으며 시장리스크 규제체계도 적용되는 익스포저의 범위가 명확하지 않다는 문제점이 지적되었다.

이러한 문제점들을 개선하기 위한 논의가 2010년 G20정상회의 이후에 지속적으로 이루어져 왔고 마침내 2017년 말 'Basel Ⅲ 최종안'(Finalized Basel Ⅲ Framework)이 완성되었다. 이에 따라 은행들은 Basel Ⅲ 규제개혁으로 초래될 자본비용의 상승에 대처하기 위해 새로운 비즈니스모델을 모색해야 하고 규제준수에 필요한 시스템의 구축과 정비가 요구되고 있다. 바젤위원회는 이러한 시스템구축 및 정비에 소요되는 시간을 감안하여 'Basel Ⅲ 최종안'을 2022년 1월부터 시행하기로 결정한 바 있다. 'Basel Ⅲ 최종안'은 'Basel Ⅳ 규제안'이라고도 불린다.

나. Basel Ⅲ 최종안의 주요특징[12]

2017년 확정된 'Basel Ⅲ 최종안'의 주요 특징을 2010년 'Basel Ⅲ 초안'과 달라진 점들을 중심으로 설명하면 다음과 같다.

(1) 리스크 포착능력 강화

2010년 초안이 시장리스크에 대응하는 자본요구를 12개월간의 시장스트레스에 입각해서 산출하도록 하는 등 자본요구를 강화시키고, 신용가치조정(CVA: credit value adjustment)리스크(즉, 거래상대방 신용위험의 시장평가액이 하락할 위험)를 규제에 포함시킨 반면, 2017년 최종안은 시장, 신용, 운영리스크에 대한 리스크 민감도를 개선하는 동시에 은행간 비교가능성을 높이기 위해 표준법을 개선하였다. 또한, 은행들 간 위험가중자산(RWA: risk weighted assets)산출결과에 불필요한 편차가 발생하지 않도록 내부모형법의 사용을 제한하였다. 그리고 표준법으로 산출한 위험가중자산의 일정규모에 산출하한(output floor)을 설정하여 내부모형법을 통해 산출한 위험가중자산이 과도하게 작아지지 않도록 제한하였다.

(2) 레버리지비율 규제강화

글로벌 금융위기의 원인의 하나로 지목된 은행의 과도한 레버리지를 제안하는 방안에 대해 2010년 초안에서는 레버리지비율을 규제함으로써 디레버리징(de-leveraging: 즉, 부채조달을 통해 투자자산을 늘리고 위기 시에 급격히 축소하는 현상)의 악순환을 방지하고자 하였다. 한편, 2017년 최종안에서는 '체계적으로 중요한 글로벌 은행(G-SIB: global-systematically important bank)'[13]에 대하여 추가적인 레버리지비율버퍼(leverege ratio buffer)를 부가하였다.

---

12) Basel Ⅲ 최종개정안에 관한 내용들은 이장영(2021)을 인용하였다.
13) G-SIB는 시스템적으로 중요한 대형은행들로 금융안정위원회(Financial Stability Board: FSB)에 의해 지정된다. 우리나라의 경우 금융지주와 같이 여러 개의 자회사를 소유한 금융그룹을 지칭한다.

(3) 위험가중자산(RWA)산출의 합리화

2010년의 초안이 자본비율의 계산 시 분자인 규제자본(regulatory capital)의 질적 개선에 집중하였다면, 2017년의 최종안은 자본비율의 분모인 위험가중자산(RWA)의 합리적 산출에 초점을 맞추고 있는데 그 이유는 은행들이 예상치 못한 손실로부터 자신을 보호하기 위해 어느 정도의 자본을 가져야 할 것인지는 궁극적으로 대출자산이나 증권 등 은행이 보유하는 각종 자산이 어떠한 위험특성을 가지고 있느냐에 달려 있기 때문이다. 'Basel III 최종안'을 'Basel III 초안'과 비교하여 개선된 부분만 요약, 정리해 보면 다음 <표 19-5>와 같다.

〈표 19-5〉 Basel III 초안 vs. Basel III 최종안

구분	Basel III 초안(2010)	Basel III 최종안(2017)
리스크포착능력	-시장리스크 요구자본 강화 -신용가치조정 리스크규제 도입	-시장리스크, 신용리스크, 신용가치 조정에 대한 표준법 개선 및 내부모형법 사용제한 -자본하한 설정으로 내부모형을 통한 최소요구자본 감축효과 제한
은행레버리지 규제	-위기시 급격한 디레버리징 방지를 위한 레버리지비율 제한	-글로벌 시스템적 주요은행(G-SIB)에 대해 보다 높은 수준의 레버리지비율 부과

다. Basel III 최종안의 리스크별 세부 개선내용

(1) 신용리스크측정의 개선

신용리스크 측정방법은 크게 표준법(SA: 금융감독기구가 미리 설정해 놓은 위험가중치(RW: risk weight)를 은행 보유 익스포저에 적용하여 위험가중자산을 산출하는 방법)과 내부등급법(IRB(internal ratings based approach): 금융감독기구의 승인 하에 은행 자체적으로 개발한 모형을 활용하는 방법)의 둘로 구분할 수 있다.

'Basel III 최종안'은 표준법이 내부등급법의 적절한 대안이 될 수 있도록 표준화된 위험가중치의 리스크민감도를 개선하는 데 중점을 두고 있으며, 외부신용등급에 과도

한 의존을 줄이는 조치도 도입하였다. 또한 표준법에서 고정비율을 적용하던 위험가중치(RW)를 자산별 위험수준에 비례하여 세분화하여 적용하기로 하였다. 이를 정리한 것이 다음 <표 19-6>이다.

〈표 19-6〉 자산별 표준 위험가중치 비교

위험수준	자산	Basel Ⅲ 초안	Basel Ⅲ 최종안
저위험 (가중치하향)	A등급 은행 익스포저	50%	30%
	커버드 본드(covered bond)	20~150%	10~100%
	무등급중소기업* 익스포저	100%	85%
	BBB등급기업 익스포저	100%	75%
	저LTV(0~60%)주택담보대출	35%	20~25%
고위험 (가중치상향)	주식, 펀드 투자	100~150%	250%
	LTV80% 초과 임대목적 상업용부동산	100%	110~150%
	건설단계의 프로젝트파이낸스 (무등급)	100%	130%

주) *무등급중소기업: 신용등급이 없는 중소기업

한편, 외부 신용등급을 허용하지 않는 국가에서는 표준 신용위험평가법(SCRA: standardised credit risk assessment approach)을 사용하여 은행에 대한 익스포저를 위험도에 따라 3가지 등급(grade)의 그룹으로 분류하여 위험가중치를 부여하도록 개정되었으며 다음 <표 19-7>과 같다.

〈표 19-7〉 표준신용위험평가법(SCRA)의 위험가중치

거래상대방 신용위험등급*	등급A	등급B	등급C
기본 위험가중치	40%	75%	150%
단기자산 익스포저 위험가중치	20%	50%	150%

주) *거래상대방 신용위험등급:
 - 등급A: 거래상대방 은행이 적절한 상환능력을 갖춘 경우
 - 등급B: 거래상대방 은행의 상환능력이 우호적인 경영, 경제환경에 달려있는 경우
 - 등급C: 거래상대방 은행이 중대한 부도위험에 처해 있는 경우

반면에, 외부 신용위험평가법(ECRA: external credit risk assessment)이 허용되는 국가에서는 다음 <표 19-8>과 같은 위험가중치가 적용된다.

거래상대방의 외부신용등급	AAA~ AA-	A+~ A-	BBB+~ BBB-	BB+~ BB-	BB- 미만	무등급
기본 위험가중치	20%	50%	75%	100%	150%	100%

그리고, 주거용부동산의 익스포저에 대한 위험가중치는 다음 <표19-9>와 같은 위험가중치가 적용된다.

〈표 19-9〉 주거용부동산의 익스포저에 대한 위험가중치

LTV수준	LTV ≦50%	50%<LTV ≦60%	60%<LTV ≦80%	80%<LTV ≦90%	90%<LTV ≦100%	LTV >100%
위험가중치	20%	25%	30%	40%	50%	70%

(2) 운영리스크측정의 개선

2008년 글로벌 금융위기를 계기로 기존의 요구자본 산정방법의 한계가 드러남으로써 요구자본만으로 운영리스크 손실을 감당하기에 충분하지 않고 내부모형으로는 측정하기도 쉽지 않음을 인식하게 되었다. 이에 따라 'Basel Ⅲ 최종안'에서는 기존의 3가지 운영리스크 측정방법(즉, 기본지표방법(BIA: basic indicator approach), 표준방법 (SA), 고급측정방법(AMA: advanced measurement approach))을 신표준방법으로 통일해서 사용하도록 개정하였다. 이는 현행 기본지표방법 및 표준방법이 영업규모만 반영할 뿐 은행의 손실경험을 제대로 반영하지 못하고 있고 고급측정방법은 은행별로 활용모형이 상이하여 비교가능성이 현저히 떨어지기 때문이다. 또한 최종안에는 은행에서 발생한 손실사건 누적규모에 따라 운영위험가중자산이 차등산출되도록 함으로써 손실금액이 클수록 자본을 더 많이 쌓도록 개선하였다.

(3) 시장리스크 개선

2010년 발표된 'Basel Ⅲ 초안'에서의 시장리스크 규제개혁의 핵심은 은행계정(BB: banking book)과 트레이딩계정(TB: trding book) 간의 규제차익을 없애기 위한 분류기준의 개선이었다. 여기서 트레이딩계정이란 은행이 단기적 이익을 위해 보유하는 주

식, 채권, 통화 등의 포트폴리오를 말하며 이 부분이 시장리스크에 노출되어 있는 부분이기 때문에 규제당국은 시장리스크 노출정도에 비례하여 최소자본금을 쌓도록 하고 있다. 그런데 은행들이 자본금을 적게 쌓기 위해 뱅킹 북과 트레이딩 북 간의 모호한 분류기준을 이용하여 자의적으로 계정간의 금융상품을 이동시키는 일이 빈번하게 발생하게 되어 'Basel Ⅲ 최종안'에서 일부 개선이 이루어지게 된 것이다. 2010년의 'Basel Ⅲ 초안'부터 2019년 'Basel Ⅲ 최종안'까지의 일련의 시장리스크 개선사항을 정리하면 다음 <표 19-10>과 같다.

〈표 19-10〉 시장리스크 개정 주요 내용

개정 시기	BB와 TB의 분류*	내부모형법의 사용 및 검증	내부모형법 리스크측정	표준방법 리스크측정
2010년	-거래목적에 따라 TB로 분류	-은행업무 전반을 기준으로 내부모 형법 설정	-VaR모형을 통한 규 제자본 결정	-빌딩블록 방식의 익스포저 측정
2016년	-TB와 계정분류가 불분명한 상품에 대한 분류명확화	-트레이딩조직 레 벨의 리스크가 반 영된 내부모형법 설정 -NMRF**에 대한 엄격한 규제자본 요구	-VaR모형을 ES***모 형으로 대체 -내부모형법이 트레 이딩조직의 리스크 를 적절히 반영하지 못할 경우 표준방법 적용	-스트레스 시나리오 하 에서의 리스크 민감도 분석 적용
2019년	-보다 명확한 분 류를 위한 분류 요건 및 절차 명 확화	-모형검증 강화 -NMRF측정방법 의 개선	-모형화가 힘든 리스 크에 대한 규제지본 수준 조정	-외환리스크, 옵션, 지 수형상품에 대한 측 정방법개선 -위험가중치 하향조정: 일반금리리스크 30%, 외환리스크 50% 하향

주) * BB: 은행계정(banking book), TB: 트레이딩계정(trading book)
  ** NMRF: 모형불가 리스크(non-modellable risk factor)
 *** ES: 예상손실(expected shortfall)

(4) 레버리지비율과 위험가중산출 개선

레버리지비율은 은행의 과도한 레버리지 확대를 제한하기 위해 은행의 기본자본(Tier 1)을 익스포저 대비 3% 이상 유지하도록 설정한 것을 말한다. 'Basel Ⅲ 최종안'에서는 우선 익스포저의 측정기준이 강화되어 담보, 보증, 기타 신용위험의 감축편법

관행에 제한을 두었다. 예를 들어, 파생상품 거래 시 본인이 아닌 대리인 자격 거래를 통한익스포저 감축, 담보스왑거래(collateral swap)를 활용한 익스포저 감축, 그리고 파생상품 익스포저 처리의 강화(즉, 익스포저＝(대체비용＋잠재적 미래 익스포저)×1.4(부가승수)) 등이 이러한 조치에 해당된다. 또한, 글로벌 시스템적 주요은행(G−SIB)들에 대해서는 추가적으로 50%의 레버리지 버퍼를 부여하였다.

(5) 위험가중자산 산출하한(output floor)의 개선

'Basel Ⅲ 초안'에서는 은행들이 최소한의 요구자본비율을 충족하도록 하였는데 다수의 은행들이 내부모형법(IMA: internal model approach)을 적용하여 위험가중자산(RWA)을 결정한 결과 은행간에 과도한 편차가 발생하여 규제자본의 은행간 비교가 어렵게 되었다.

따라서 2017년 'Basel Ⅲ 최종안'에서는 Basel Ⅰ에서 도입한 위험가중자산 산출하한을 개선하게 되었다. 즉, 내부모형법(IMA)을 적용하여 시장리스크, 신용리스크, 운영리스크를 계산하는 경우 규제자본이 지나치게 적게 산출되지 않도록 각 리스크를 표준방법(SA)으로 산정한 위험가중자산(RWA)규모의 합의 72.5%수준 이상을 만족하도록 산출하한이 설정되었다. 이를 식으로 표시하면 다음과 같다.

$$위험가중자산(RWA)산출하한 \geq \max[RWA(IMA), \ RWA(SA) \times 0.725]$$

(6) Basel Ⅲ 최종안의 시행 일정

바젤위원회는 2017년 발표한 'Basel Ⅲ 최종안' 중 신용리스크 표준법개정안, 신용리스크 내부모형법 개정안, 신용가치조정(CVA) 체계 개정안, 운영리스크 개정안, 시장리스크 개정안, 레버리지비율개정안 등은 2022년 1월 1일부터 시행할 것을 회원국들에게 권고하였으나, 산출하한의 경우는 2022년 1월 1일 50%를 시작으로 매년 5% 포인트씩 상승하여 2026년 1월 1일 70%를, 그리고 2027년 1월 1일 72.5%를 달성하도록 권고하였다.

라. Basel III 최종안의 영향

(1) 글로벌 금융기관에 미치는 영향

'Basel III 최종안'이 도입되면 다음과 같은 몇 가지 측면에서 글로벌 금융기관에 영향을 준다는 연구들이 있다.

① 보통주자본비율의 하락

유럽은행감독청(EBA: European banking authority)의 연구에 의하면 'Basel III 최종안'의 도입으로 130개 은행의 평균 보통주자본비율이 13.4%에서 9.5%로 약 29% 감소하는 것으로 추산되었다. 이러한 비율 감소에 영향을 주는 요인으로 내부등급법(IRB: internal ratings based approach) 사용은행에 대한 산출하한(output floor)의 도입, 통일된 운영리스크 신표준방법(SM)의 실시, 그리고 자본의 질을 제고하는 2010년 'Basel III 초안'의 도입 등이 있다.

② 자본이익률의 하락

위 연구에 따르면 자산조정을 하지 않는다는 전제하에 'Basel III 최종안'의 도입은 유럽은행들의 자본이익률(ROE: return on equity)이 평균 8%에서 7.4%로 약 7.5% 감소할 것으로 추정된다. 특히 위험가중치의 상승, 추가적 자본버퍼의 영향, 그리고 새로운 시장리스크 규제 등의 영향을 많이 받는 유니버셜 은행(universal bank)[14]의 수익성이 크게 영향을 받을 것으로 예상된다.

③ GDP성장률의 하락

위 연구에 따르면 'Basel III 최종안'의 도입은 은행대출감소로 인해 초기 4년 동안 매년 유럽의 GDP성장률을 0.2%포인트씩 감소시킬 것으로 추정된다. 다만, 중장기적으로는 'Basel III 최종안' 도입에 의한 규제개혁이 금융안정을 이루어 GDP를 0.1% 상승시킬 것으로 예상하였다.

---

14) 유니버셜 은행(universal bank)은 백화점 은행이라고도 한다. 예금, 대출 등 은행 본연의 업무뿐 아니라 신탁, 리스, 팩토링, 보험, 할부금융, 투자신탁까지 한마디로 모든 금융업무를 할 수 있는 은행을 의미한다. 독일, 스위스 등 유럽의 은행들은 은행업과 증권업을 겸하는 게 보통이다. 미국도 점차 금융혁신이 진행되면서 전문형, 분업형의 금융기관이 고객의 욕구를 만족시키지 못한다는 걸 알게 되자 유니버셜 은행을 지향하게 되었다.

참고로, 'Basel III 최종안'의 도입이 유럽지역 은행들과는 달리 미국은행들은 상대적으로 적은 영향을 받는 것으로 분석된다. 그 주된 이유로 첫째, 미국은행들의 모기지(mortgage)익스포저와 대기업대출 익스포저가 상대적으로 작다는 점, 둘째, 도드−프랭크법(Dodd−Frank Act)[15]의 실시로 은행들이 이미 표준화된 산출하한을 적용받고 있기 때문이라는 점 등을 들 수 있다. 운영리스크 부문도 마국은행들이 이미 높은 자본요구에 대비해 왔기 때문에 추가 자본요구 증가폭이 3% 미만으로 예상된다.

(2) 국내금융기관에 미치는 영향 및 대응전략

① 국내금융기관에 미치는 영향

금융감독원의 자료를 토대로 'Basel III 최종안'의 도입이 국내 금융기관에 미치는 영향을 간략히 요약하면 다음과 같다.[16]

첫째, 은행들이 현재 자산구성을 유지한다는 가정하에서 국내금융기관들의 BIS비율은 소폭 상승할 것으로 예상되며, 자금공급 위축 등 부정적인 영향은 크지 않은 것으로 전망된다. 금융감독원의 자료에 의하면 국내 17개 은행의 BIS비율이 0.5~0.7% 정도 상승할 것으로 추정된다. 그 이유는 국내은행들의 리스크 특성상 중소기업대출에 대한 위험량이 전반적으로 낮아지기 때문이다. 다만, 가계대출을 많이 취급하는 은행의 경우 부도시 손실률의 상향조정 영향으로 BIS비율이 낮아질 가능성도 있다.

둘째, 저위험자산을 많이 보유하고 있는 일부 대형은행은 BIS비율이 상승할 것으로 예상되는데, 이는 'Basel III 최종안'에서 자체리스크모형으로 BIS비율을 산출하는 대형은행들의 경우 저위험자산을 많이 보유하면 BIS비율이 상승하도록 인센티브를 확대했기 때문이다.

셋째, 금융기관들의 자산구성에 영향을 줄 것으로 예상된다. 예컨대, LTV(Loan To

---

15) 도드−프랭크법(Dodd−Frank Act)이란 미국이 글로벌 금융위기로 나타난 문제점들을 해결하기 위해 지난 2010년 7월 제정한 금융개혁법이다. 2008년 금융위기를 부른 주범으로 꼽히는 파생상품의 거래 투명성을 높여 위험수준을 줄이고 자산 500억 달러가 넘는 대형은행들에게 자본 확충을 강제하는 내용을 담고 있다. 도드−프랭크법의 주요 내용에는 ① 중요 금융회사 규제강화, ② 금융감독기구 개편, ③ 중요 금융회사 정리절차 개선, ④ 금융지주회사 감독강화, ⑤ 지급결제시스템 감독강화 등이 포함되어 있다. 이 법안은 1930년대 은행의 업무영역을 엄격히 구분해 상업은행은 상업은행의 업무만, 투자은행은 투자은행의 업무만 하도록 제한한 '글래스−스티걸법(Glass−Steagall Act)'의 부활이라고 평가받는다. 예금취급기관과 그 지배회사의 자기자본투자, 헷지펀드와 사모펀드의 지분취득과 경영지배를 원칙적으로 금지하는 '볼커 룰(Volcker Rule)'이란 감독강화 방안이 포함됐기 때문이다.

16) 금융감독원(2019)을 참조하기 바란다.

Value ratio: 담보인정비율)가 낮은 주택담보대출이나 중소기업대출과 같이 위험가중치 (RW)가 하향된 대출은 다소 확대될 것으로 보이고, 주식이나 펀드, 높은 LTV의 주택 담보대출과 같이 RW가 상향된 고위험자산은 축소될 것으로 예상된다.

넷째, 가중평균자본비용(WACC: weighted average cost of capital)은 상승할 것으로 예상되는데, 그 이유는 'Basel III 최종안'에서 부채의 적격성에 대한 규제적 요구수준 이 강화되어 자금조달 시 채권보다는 주식의 비중이 높아지며, 다른 한편으로 리스크 에 대한 완충장치로서 자기자본의 중요성이 강조되기 때문에 자본조달비용이 상대적 으로 높은 주식의 특성상 평균자본비용이 높아지기 때문이다. 자본비용이 높아지면 은행들이 비용증가를 대출고객들에게 전가함으로써 은행대출금리는 올라가게 되고 주요 대출고객들인 기업들의 자본조달비용 증가로 잠재GDP성장률은 하락할 것으로 예상된다.

다섯째, 어려운 여건의 중소기업 등 실물경제에 대한 은행의 지원역량을 강화하기 위해 금융감독당국은 'Basel III 최종안'의 국내 적용시기를 바젤위원회 권고시기인 2022년 1월에서 2020년 6월로 1년 반 이상 앞당기기로 하였다. 이에 따라 시스템 구 축 등 준비가 완료된 주요은행과 은행지주회사들은 2020년 3분기부터 최종안을 도입 하였다. 그 결과 단기적으로는 국내은행들의 위험가중자산(RWA)규모가 크게 감소하 였고, BIS비율은 크게 개선된 것으로 나타났다. 즉, 2020년 9월말 국내은행들의 위험 가중자산은 6월말 대비 5.5%가 줄었으며, BIS비율은 평균 16.02%로 6월말 대비 1.46%포인트 증가하였다.

② 국내금융기관의 대응전략

'Basel III 최종안'의 도입에 적극적으로 대응하기 위한 전략 몇 가지를 소개하면 다음과 같다.

첫째, 비교적 소수분야에 집중된 비즈니스 모델을 가지고 있고 위험가중자산 산출 하한에 다른 부정적 영향을 많이 받는 은행들은 기존의 영업포트폴리오를 수정하거나 대차대조표에서 벗어나려는 전략적 선택을 통해 최종안의 영향 을 최소화할 필요가 있다.

둘째, 비교적 다변화된 영업포트폴리오를 보유하고 있는 은행들도 다양한 위험최 소화 방안을 모색할 필요가 있다.

셋째, 자본사용의 효율성과 수익성을 제고하기 위한 영업적 차원의 조치들을 검토할 필요가 있다. 예컨대, 은행이 제공하는 금융상품 구성을 조정하거나 담보 사용을 최적화하여 자본에 대한 수요를 줄이고 수익성을 높이는 조치들을 말한다.

넷째, 높아진 자본비용을 감안하더라도 수익을 낼 수 있는 분야를 고객별, 지리적으로 세분화하여 발굴함으로써 전략적 차원의 조치들도 고려할 수 있다.

 요약

- 국제 금융시장의 세계화가 급속히 진전됨에 따라 국제금융시장에서 적용되는 금융산업에 대한 규제도 강화되고 있는 추세이다. 이에 대한 이해는 국제경쟁에서 경쟁력을 갖추고 생존하기 위한 필수적인 요건이다.

- 특히 국제결제은행(BIS) 주도하에 이루어지고 있는 Basel Ⅰ, Ⅱ, Ⅲ는 금융기관 경영에 매우 중요한 국제적 기준(international standard)의 규제이므로 잘 이해하고 대응할 필요가 있다.

연습문제

[객관식]

01. 95% 신뢰구간에서 측정한 포트폴리오 1일 VaR가 $1백만이라면, BIS가 1996년 1월
Basel Agreement I 개정안에서 제시한 내부모형에(internal model) 의한 VaR는 얼마이
어야 하는가?

① $100만   ② $165만
③ $233만   ④ $447만

02. 다음 중 Basel II의 특징으로 볼 수 없는 것은?

① 운영리스크의 도입   ② 내부모형의 활용
③ 신용리스크 평가   ④ 리스크 자료의 투명성 제고

03. BIS자기자본비율에서 분모의 위험가중자산을 계산할 때 가중치가 큰 것에서부터 작은
것으로의 순서가 올바르게 배열된 것은?

① 주택담보대출>OECD국가 은행채권>국내공공채권>현금
② 국내공공채권>현금>주택담보대출>OECD국가 은행채권
③ 주택담보대출>OECD국가 은행채권>국내공공채권>현금
④ OECD국가 은행채권>국내공공채권>현금>주택담보대출

04. Basel II에 관한 다음 설명 중 옳지 않은 것은?

① Basel II는 크게 Pillar 1, Pillar 2, Pillar 3로 구성되어 있다.

② Basel I에는 없다가 Basel II에서 새롭게 등장한 것이 운영리스크이다.

③ Basel II는 표준모형과 내부모형의 이원화(二元化) 체계를 갖고 있으며, 이 중 표준모형의 리스크 가중치가 보다 더 리스크에 민감하도록 구성되어 있다.

④ Basel II는 너무 복잡하고 어려워 시행과정에서 어려움이 예상되기도 한다.

05. Basel II의 주요 내용 중 맞지 않는 것은?

① 시장규율이 새로이 포함되었다.

② Pillar 1, Pillar 2, Pillar 3로 구성되어 있다.

③ 운영리스크가 특히 강조되어 있다.

④ 시장리스크와 신용리스크 부분은 Basel I과 다르지 않다.

06. 1996년 개정된 Basel협약의 주요 내용으로 옳지 않은 것은?

① 채권의 일반리스크는 만기법이나 듀레이션법 중 택일할 수 있다.

② 외환의 특정리스크는 측정하지 않는다.

③ 옵션의 일반리스크는 만기법이나 간편법(15%가중치부여)을 사용한다.

④ 주식의 특정리스크는 분산도와 유동성에 따라 4% 또는 8%의 가중치를 부여한다.

07. 금융산업의 경우 자연독점, 외부성, 정보불균형 등이 존재하여 시장에 의한 배분만으론 소비자효용 극대화가 어려우므로 규제가 필요하다는 이론은 무엇인가?

① 생산자보호 가설   ② 공익가설

③ 소비자보호 가설   ④ 대리인 이론

08. Basel I, II, III를 비교한 다음 설명 중 옳지 않은 것은?

① Basel I에서 요구하는 최소자기자본비율은 8%였다.

② Basel II에서는 운영리스크, 유동성리스크가 신설, 강조되었다.

③ Basel III에서는 자본적정성 강화, 레버리지비율 신설이 이루어졌다.

④ Basel II에서는 정보공시가 강조되었다.

09. 바젤위원회에서 규정하고 있는 내부통제 목적이 아닌 것은?

① 업무의 효과성과 효율성　　　　② 고객서비스 개선
③ 재무정보의 신뢰성　　　　　　④ 법규의 준수

10. 2010년 공시된 Basel III에 관한 설명 중 적절치 않은 것은?

① 현행 4% 이상인 기본자기자본(core capital)비율(Tier 1)은 2019년까지 6% 이상으로 높여야 한다.

② 미래의 위기 발생 가능성에 대비해 BIS 기준자본과 별도로 2.5%의 보통주자본을 완충자본명목으로 추가로 준비해야 한다.

③ 고유동성자산 중 1등급은 바젤 II 기준으로 위험가중치 20%가 적용되는 국가나 공공기관이 발행한 채권, AA-등급 이상의 회사채 등으로 구성된다.

④ 유동성커버리지비율은 단기유동성지표로서 심각한 스트레스 시나리오 하에서 30일간 순현금유출 대비 고유동성 자산규모의 비율로 정의된다.

연습문제 정답 및 해설

[객관식]

01. ④

해설 Basel Ⅰ 내부모형에 의하면 VaR산출기준은 99%신뢰수준, 보유기간 10일 이므로, 다음과 같이 구할 수 있다.

$$\frac{VaR(99\%,\ 10\ day)}{VaR(95\%,\ 1\ day)} = \frac{W \times 2.33 \times \sigma(daily) \times \sqrt{10\ days}}{W \times 1.65 \times \sigma(daily) \times \sqrt{1\ days}}$$

$$= \frac{2.33 \times \sqrt{10}}{1.65} = 4.4655$$

$$\Rightarrow \frac{VaR(99\%,\ 10\ day)}{VaR(99\%,\ 1\ day)} = \frac{VaR(99\%,\ 10\ day)}{\$100만} = 4.4655$$

따라서, VaR(99%, 10 day)=$100만×4.4655=$447만

핵심체크 Basel에 의한 VaR산출기준: 99%신뢰수준, 10일의 보유기간

02. ③   **03.** ③   **04.** ③

05. ④

해설 신용리스크의 산출방법이 많이 변경되었다.

06. ③

해설 옵션의 경우 일반리스크를 측정하기 위해 간편법(매입옵션), 중간법(델타플러스법) 등이 사용되며, 특정리스크는 측정하지 않는다.

07. ②

08. ②

해설 유동성리스크비율 신설은 Basel Ⅲ에서 처음 이루어진 것이다.

09. ②

> **해설** 바젤위원회에서 정의하는 내부통제란, 회사경영진이 다음의 목적달성에 관한 합리
> 적 확신을 제공받기 위하여 설계한 정책과 절차를 말한다.
> • 업무의 효과성과 효율성(effectiveness and efficiency of operations)
> • 재무 및 경영정보의 신뢰성(reliability of financial and management information)
> • 법규의 준수(compliance with applicable laws and regulations)

10. ③

> **해설** 고유동성자산(HLA: High Liquid Asset)은 금융위기가 발생하여도 가치하락이 없거
> 나 미미한 상태에서 즉시 현금화될 수 있는 자산으로서 1등급과 2등급으로 분류된
> 다. 1등급은 현금, 중앙은행지불준비금, 바젤 II 기준으로 위험가중치가 0%인 국가의
> 중앙은행이나 공공기관이 발행, 보증한 채권, 자국통화로 표시된 정부 및 중앙은행
> 부채로 구성되며, 전액 고유동자산으로 인정된다. 2등급은 바젤 II 기준으로 위험가
> 중치 20%가 적용되는 국가나 공공기관이 발행한 채권, AA−등급 이상의 회사채와
> 커버드본드(covered bond) 등으로 구성된다. 2등급에 대해서는 15%의 할인율이 적
> 용된다.

주요국의 리스크감독시스템

1 리스크평가시스템

　BIS 은행감독위원회는 금융리스크와 관련된 주요국의 감독시스템을 '리스크 평가 및 조기경보시스템'이라는 명칭 하에 다음과 같이 네 가지로 분류하고 있다. 즉, 경영실태평가시스템, 동류그룹분석시스템, 통계적 모형, 종합적(통합) 리스크평가시스템 등이다. 각각에 대해 자세히 살펴보기 전에 각각의 특징을 요약하면 다음 <표 20−1>과 같다.[1]

〈표 20-1〉 리스크평가 및 조기경보시스템 비교

구 분	경영실태 평가시스템	임점검사 서면조사	동류그룹 분석시스템	통계적 모형	종합리스크 평가시스템
현재 재무상태 평가	***	***	***	**	***
미래 재무상태 예측	*	*	*	***	**
계량분석 및 통계처리	*	**	***	***	**
질적 평가 여부	***	**	*	*	**
리스크 항목에 대한 특별한 주의	*	**	**	**	***
공식적 검사와 연계	***	*	*	*	***

주) * : 중요하지 않음, ** : 중요함, *** : 매우 중요함.

---

1) 제20장은 신귀식(2003), 김진호(2005)를 참조함.

가. 경영실태평가시스템

(1) 경영실태평가시스템의 정의

경영실태평가시스템(supervisory ratings system)이란 주요재무지표에 대하여 평가점수와 가중치를 부여하여 종합평점을 계산하고, 계산된 평점은 몇 개의 구간으로 나누거나 구간에 등급을 부여하는 방법으로 경영실태를 평가하는 시스템을 말한다.

(2) 장점

이 시스템은 금융당국이 금융회사의 경영상태를 개략적, 전반적으로 파악하는 데 유용하며, 절차가 간단하고, 평가지표와 경영상태의 연관성이 직관적으로 쉽게 판단되므로 해석에 있어 오류가 발생할 가능성이 적다는 장점이 있다.

(3) 단점

금융회사의 리스크를 평가하는 데는 적절치 않을 수 있으며, 자본적정성 또는 리스크평가 이외의 여러 항목을 평가하므로 항목별로 리스크평가와 상충되거나 중복되는 경우가 발생하여 종합평점으로 리스크를 평가하는 데 어려움이 있다. 경영실태평가는 주관적 판단에 의존하는 면이 크고 리스크를 절대치로 측정하여 합산할 수 없다는 점도 단점으로 지적된다.

나. 동류그룹분석시스템

동류그룹(peer group)분석시스템이란 금융회사를 몇 개의 동류그룹으로 나누고 각 그룹 내에서 각종 재무비율을 토대로 경영평가시스템과 유사한 절차에 따라 개별금융회사를 평가하는 시스템을 말한다. 이 방법은 감독대상 금융회사의 수가 많고 이들 간 특성차이가 클 경우 흔히 사용된다.

다. 통계적 모형

통계적 모형(statistical model)이란 기존의 자료를 통계적인 기법으로 처리하여 미래를 예측하는 시스템을 말한다. 1990년대 들어 조기경보시스템을 구축할 목적으로 개발, 운용되기 시작했으며, 이 모형으로 예측하고자 하는 대상은 금융회사의 파산(부도), 등급하락 가능성, 특정재무지표 등으로 다양하나 대부분 장래 리스크 예측이 주목적이므로 리스크 감독과 밀접하게 연결된다.

참고로 주요 통계적 예측모형을 요약하면 <표 20-2>와 같다.[2]

〈표 20-2〉 주요 통계적 예측 모형

모형 특징	SAABA (프랑스 Banking Commission)	SEER (미국 FRB)	GMS (미국 FDIC)	Bank Calculator (미국 OCC)
목적	대손예상액을 근거로 부도예측	부도예측	부실우려은행 구분	부실우려은행 구분
시계열기간	3년	2년	4~5년	1년, 3년
실시주기	6개월	3개월	3개월	1년
입력자료	내, 외부각종자료 포괄적 활용	분기보고서 (call report)	분기보고서 (call report)	연간자료, 거시경제자료
주관적 판정	부분적으로 사용	없음	없음	없음
결과물	모든 은행 서열화 개별은행 분석자료	부도범주(2~3%) 은행구분	고성장은행 구분	리스크 은행 목록, 은행부도리스크 개요
결과 활용	다양한 감독 목적에 활용	구분된 범주의 은행에 대한 감독 강화	구분된 범주의 은행에 대한 감독 강화	리스크 은행에 대한 감독강화

라. 종합적 리스크평가시스템

종합적(통합) 리스크평가시스템(Comprehensive Risk Assessment System)은 평가부문은 물론 금융감독과정, 사후조치, 감독조직운영 등 모든 감독업무의 중심을 리스크에

---

2) 자료: 신귀식(2003).

맞춘 리스크 중심의 감독시스템을 말한다.

리스크를 원천별, 성격별로 분류하여 평가하지만, 리스크 자체의 크기를 측정하는 것은 아니며, 평가내용이나 평가절차 자체는 기존의 경영실태평가 등과 유사한 점이 많다. 다만, 평가주체인 금융당국이 스스로 리스크 평가에 중점을 두고 평가목표와 감독업무 수행 절차 등의 감독시스템을 마련한다는 점과, 금융회사의 내부감독을 중요시하여 평가부문에서 금융회사 내부통제시스템 등이 강조되는 것이 특징이다.

마. 컴플라이언스리스크

컴플라이언스리스크(compliance risk)란 적용가능한 모든 법규(laws), 규제(regulations), 행동강령 및 도덕적 기준들(code of conduct and standards of good practice)을 금융기관이 준수하지 못했을 때 받게 되는 법적리스크, 규제적 징벌(regulatory sanctions), 재무적 손실, 그리고 평판에 있어서의 손실 등을 말한다. 흔히 '인테그리티리스크(integrity risk)'라고도 불린다.

컴플라이언스리스크를 잘 관리하기 위한 조건으로 다음과 같은 두 가지가 있다.

첫째, 금융기관이 조직의 모든 수준(level)에서 높은 윤리적 행동을 강조하는 기업문화를 가져야 한다.

둘째, 이사회(BOD)와 고위경영자(SM: Senior Manager)들은 말과 행동을 통해 컴플라이언스를 중시하는 문화를 증진시켜야 한다.

이러한 좋은 기업문화를 발전시키기 위해 다음과 같은 몇 가지 컴플라이언스 일반원칙을 수립하고 실천할 필요가 있다. 즉, 컴플라이언스의 구체화, 문서화된 규제의 수립, 융통성(flexibility) 등이다.

또한 컴플라이언스의 가장 주된 기능은 안정적인 자산운용과 건전성 제고에 있는 것이지 컴플라이언스를 통해 수익률을 극대화하는 것이 아님을 명심해야 한다.

은행의 경영활동과 관련된 주요 법률, 규정, 도덕적 기준들을 예시로 들어보라.
은행컴플라이언스와 관련된 예시들은 다음과 같다.

- 자금세탁(money laundering) 방지
- 테러리스트 지원 방지
- 기업윤리(예: conflict of interest(이해관계상충)방지)
- 사생활보호(privacy) 및 자료보호(data protection)
- 고용관계법 및 세법 준수 등

2 조기경보시스템

조기경보시스템(Early Warning System)이란 미래의 금융회사의 부도 또는 평가등급 하향 여부를 예측하려는 구체적인 목표를 가지고 리스크 평가를 중시하여 조기에 리스크의 심각성을 알려주는 시스템을 말한다. 1980년대 이후 각국은 금융위기 또는 금융산업의 리스크 증가를 경험하면서 기존의 경영실태평가의 한계를 인식하기에 이르렀다. 따라서 1990년대 들어서 금융회사의 미래를 예측하는 조기경보시스템의 개발과 그 활용이 증가하게 되었다.

<표 20-3>은 주요국의 리스크평가 및 조기경보시스템을 요약하여 보여주고 있다. 표에서 보는 바와 같이 조기경보시스템은 1980년대부터 도입되기 시작하여 최근까지 지속적으로 개발되어 오고 있다.[3]

---

3) 자료: 김진호, *리스크의 이해*, 경문사, 2005, p.97.

〈표 20-3〉 주요국의 리스크평가 및 조기경보시스템

국가	금융당국	시스템 명칭	시스템 구분	도입시기
미국	공통	CAMELS	경영실태평가(임점검사)	1980
	FRS	Individual Bank Monitoring Screens	동류그룹분석시스템	1980년대
		SEER Rating	조기경보모델(등급예측)	1993
		SEER Risk Rank	조기경보모델(파산예측)	1993
	FDIC	CAEL	경영실태평가(서면조사)	1985~1999
		GMS	조기경보모델	1980년대
		SCOR	조기경보모델(등급예측)	1995
	OCC	Bank Calculator	조기경보모델(파산예측)	준비 중
영국	FSA	RATE	종합적 리스크 평가시스템	1998
	Bank of England	TRAM	경영실태평가(임점검사)	준비 중
프랑스	Banking Commission	ORAP	경영실태평가(서면조사)	1997
독일	연방감독청	BAKIS	동류그룹분석시스템	1997
이탈리아	Bank of Italy	PATROL	경영실태평가(서면조사)	1993
		Early Warning System	조기경보모델(파산예측)	준비 중
네덜란드	Netherlands Bank	RAST	종합적 리스크 평가시스템	1999
		Observation System	동류그룹분석시스템	준비 중

이중에서 특히, 은행경영평가시스템으로도 유명한 CAMEL을 좀 더 자세히 설명하면 다음 <표 20-4>와 같다.[4]

---

4) 자료: 윤만하, *금융리스크관리*, 경문사, 2000, pp.141~142.

〈표 20-4〉 CAMEL시스템

영문명칭	한글명칭	기업 차원	국가 차원
C (Current earnings)	현재수익	수익상황	경상수지 상황
A (Asset quality)	자산건전성	유형, 무형의 자산, 성장률, 투자율, 생산성 등을 감안한 자산의 생산성 및 효율성	국가의 자연, 인적, 경제적 자원으로 국내총생산의 규모와 성장률, 저축률, 투자율, 생산성 및 인플레이션
M (Management quality)	경영건전성	사회, 정치, 경제 여건 변화에 따른 대응능력 및 전략	사회, 정치적 불안에 대한 대처와 통화목표, 세입 등에 대한 정부정책
E (Earnings potential)	잠재수익	상품의 거래조건, 원가구조, 경쟁환경, 기술수준 등을 감안한 향후 수익전망	교역조건, 기후, 국제 원자재가격, 수출시장 경쟁도, 기술진보 등의 변화를 감안한 향후 국제수지 전망
L (Liquidity)	유동성	결제유동성, 시장유동성 등	외환보유액 및 외국중앙은행과 IMF 등 국제기구로부터의 기축통화(convertible currency) 조달 능력

요약

- 주요국의 리스크평가시스템을 통해 금융감독당국이 사용하는 평가시스템을 이해해야, 각 금융회사들은 이에 대비할 수 있다. 최근의 금융감독기구들이 관심을 가지는 리스크들을 잘 숙지하고 능동적으로 대응할 수 있어야 한다.

- 금융회사의 부실이나 부도를 미리 예측하여 대비하기 위한 조기경보시스템이 개발, 운용되고 있다. 국가적으로 1997년의 금융위기를 겪은 바 있는 우리는 기업차원에서도 그러한 위기를 겪을 수 있음을 인식하고 자체적으로 조기경보시스템을 개발하는 데 많은 노력을 기울여야 할 것이다.

연습문제

[객관식]

01. 주요국의 리스크감독시스템 중 금융당국이 금융회사의 경영상태를 개략적으로 파악하는 데 유용한 방법은?
    ① statistical model
    ② supervisory rating system
    ③ peer group analysis
    ④ comprehensive risk assessment system

02. 다음 중 미국 금융당국이 사용하는 조기경보시스템이 아닌 것은?
    ① RATE　　　　　　　　　　② CAMELS
    ③ SEER Risk Rank　　　　　④ Bank Calculator

03. 금융감독기구가 은행경영평가시스템으로 사용할 수 있는 CAMEL시스템의 구성요소가 아닌 것은?
    ① 현재수익　　　　　　　　② 경영건전성
    ③ 잠재경쟁자　　　　　　　④ 유동성

04. BIS 은행감독위원회가 구분하는 리스크감독시스템 중 경영실태평가시스템에서 크게 강조되지 않는 부분은 다음 중 어느 것인가?
    ① 미래 재무상태 예측　　　② 현재 재무상태 평가
    ③ 질적 평가 여부　　　　　④ 공식적 검사와 연계

05. 미국 FRB가 금융감독시스템의 일환으로 사용하는 통계적 모형의 특징에 해당되지 않는 것은?

① 가장 중요한 목적은 부도예측이다.　② 주관적 판정지표가 없다.
③ 시계열기간은 2년이다.　④ 실사주기는 6개월이다.

06. 다음 기업외부감독기구 중 금융기관의 건전성을 감독하는 역할을 하는 기관은?

① Fair Trade Commission　② Bank of Korea
③ SEC　④ BIC

07. 금융기관규제와 관련된 법규준수리스크에 대한 설명 중 옳지 않은 것은?

① 금융기관의 자기통제 활동이다.
② 단기적으로 법규위반행위에 따른 위험을 줄이기 위한 것이다.
③ 금융기관을 규제하는 법률에 저촉되지 않는 경우 리스크가 없는 것으로 간주된다.
④ 장기적으로 고객의 신뢰와 평판을 제고시키는 것이 목적이다.

08. 컴플라이언스(compliance)의 기능에 관한 설명으로 적절하지 않은 것은?

① 법적규제 이행의무에 대해 경영진 및 영업부서에게 자문
② 법적규제 이행의무가 있는 영업절차 등에 대해 검토, 자문
③ 법적규제 내의 수익률 확보전략을 영업부서에 자문
④ 규제기관과의 원활한 의사소통

09. 컴플라이언스 일반원칙으로 적절치 않은 것은?

① 컴플라이언스의 구체화
② 문서화된 규제의 수립
③ 의사결정의 문서화
④ 융통성(flexibility)을 허용하지 않는 엄격한 규정

10. 다음 리스크평가시스템 중 대손예상액을 근거로 부도를 예측하는 것이 주목적이며, 실시주기는 6개월이고, 다양한 감독목적에 사용가능한 모형은?

① SEER　② SAABA
③ GMS　④ CAMEL

연습문제 정답 및 해설

[객관식]

01. ②   02. ①

03. ③

> 해설 핵심체크 CAMEL=Current earnings(현재수익), Asset quality(자산건전성), Management quality(경영건전성), Earnings potential(잠재건전성), Liquidity(유동성)

04. ①

05. ④

> 해설 미국 FRB가 사용하는 금융감독시스템은 SEER이며, 실사주기는 3개월이다.

06. ③

07. ③

> 해설 법규준수란 법령뿐만 아니라 규정, 내규, 관행 및 도덕적 기준법규까지를 포함하는 개념이다.

08. ③

> 해설 컴플라이언스의 주된 기능은 안정적인 자산운용과 건전성 제고에 있다.

09. ④

> 해설 컴플라이언스리스크를 최소화하기 위해서는 컴플라이언스 일반원칙을 수립하고 실천할 필요가 있다. 즉, 컴플라이언스의 구체화, 문서화된 규제의 수립, 융통성(flexibility) 등이 필요하다.
> 핵심체크 컴플라이언스 일반원칙: 컴플라이언스의 구체화, 문서화된 규제의 수립, 융통성(flexibility)

10. ②

표준정규분포표

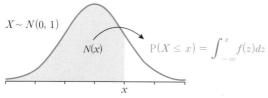

x	0.00	0.01	0.02	0.03	0.04	0.05	0.06	0.07	0.08	0.09
0.00	0.5000	0.5040	0.5080	0.5120	0.5160	0.5199	0.5239	0.5279	0.5319	0.5359
0.10	0.5398	0.5438	0.5478	0.5517	0.5557	0.5596	0.5636	0.5675	0.5714	0.5753
0.20	0.5793	0.5832	0.5871	0.5910	0.5948	0.5987	0.6026	0.6064	0.6103	0.6141
0.30	0.6179	0.6217	0.6255	0.6293	0.6331	0.6368	0.6406	0.6443	0.6480	0.6517
0.40	0.6554	0.6591	0.6628	0.6664	0.6700	0.6736	0.6772	0.6808	0.6844	0.6879
0.50	0.6915	0.6950	0.6985	0.7019	0.7054	0.7088	0.7123	0.7157	0.7190	0.7224
0.60	0.7257	0.7291	0.7324	0.7357	0.7389	0.7422	0.7454	0.7486	0.7517	0.7549
0.70	0.7580	0.7611	0.7642	0.7673	0.7704	0.7734	0.7764	0.7794	0.7823	0.7852
0.80	0.7881	0.7910	0.7939	0.7967	0.7995	0.8023	0.8051	0.8078	0.8106	0.8133
0.90	0.8159	0.8186	0.8212	0.8238	0.8264	0.8289	0.8315	0.8340	0.8365	0.8389
1.00	0.8413	0.8438	0.8461	0.8485	0.8508	0.8531	0.8554	0.8577	0.8599	0.8621
1.10	0.8643	0.8665	0.8686	0.8708	0.8729	0.8749	0.8770	0.8790	0.8810	0.8830
1.20	0.8849	0.8869	0.8888	0.8907	0.8925	0.8944	0.8962	0.8980	0.8997	0.9015
1.30	0.9032	0.9049	0.9066	0.9082	0.9099	0.9115	0.9131	0.9147	0.9162	0.9177
1.40	0.9192	0.9207	0.9222	0.9236	0.9251	0.9265	0.9279	0.9292	0.9306	0.9319
1.50	0.9332	0.9345	0.9357	0.9370	0.9382	0.9394	0.9406	0.9418	0.9429	0.9441
1.60	0.9452	0.9463	0.9474	0.9484	0.9495	0.9505	0.9515	0.9525	0.9535	0.9545
1.70	0.9554	0.9564	0.9573	0.9582	0.9591	0.9599	0.9608	0.9616	0.9625	0.9633
1.80	0.9641	0.9649	0.9656	0.9664	0.9671	0.9678	0.9686	0.9693	0.9699	0.9706
1.90	0.9713	0.9719	0.9726	0.9732	0.9738	0.9744	0.9750	0.9756	0.9761	0.9767
2.00	0.9772	0.9778	0.9783	0.9788	0.9793	0.9798	0.9803	0.9808	0.9812	0.9817
2.10	0.9821	0.9826	0.9830	0.9834	0.9838	0.9842	0.9846	0.9850	0.9854	0.9857
2.20	0.9861	0.9864	0.9868	0.9871	0.9875	0.9878	0.9881	0.9884	0.9887	0.9890
2.30	0.9893	0.9896	0.9898	0.9901	0.9904	0.9906	0.9909	0.9911	0.9913	0.9916
2.40	0.9918	0.9920	0.9922	0.9925	0.9927	0.9929	0.9931	0.9932	0.9934	0.9936
2.50	0.9938	0.9940	0.9941	0.9943	0.9945	0.9946	0.9948	0.9949	0.9951	0.9952
2.60	0.9953	0.9955	0.9956	0.9957	0.9959	0.9960	0.9961	0.9962	0.9963	0.9964
2.70	0.9965	0.9966	0.9967	0.9968	0.9969	0.9970	0.9971	0.9972	0.9973	0.9974
2.80	0.9974	0.9975	0.9976	0.9977	0.9977	0.9978	0.9979	0.9980	0.9980	0.9981
2.90	0.9981	0.9982	0.9983	0.9983	0.9984	0.9984	0.9985	0.9985	0.9986	0.9986
3.00	0.9987	0.9987	0.9987	0.9988	0.9988	0.9989	0.9989	0.9989	0.9990	0.9990

참고문헌

[국내 문헌]

곽호완, 박창호, 이태연, 김문수, 진영선, *실험심리학 용어사전*, 시그마프레스, 2008.

광주은행, *통합위기상황분석 시나리오 생성 요건정의서*, 2011.

금융감독원, 2017.7.18., "유럽은행 스트레스 테스팅 결과 및 영향 점검", 보도자료.

금융감독원, 2017.12.19., "거시건전성 스트레스 테스팅 모형('STARS-I')구축", 보도자료.

금융감독원, 2018.1., "바젤 III 규제개혁 마무리에 따른 영향 및 향후 추진계획".

금융감독원, 2019.4.10., "바젤위원회 바젤 III 최종안 운영리스크 주요내용".

김건우, 이운석, "신용위험과 거시경제변수에 대한 연구", *재무연구*, 제16권 제1호, 2003, pp.193-225.

김규형, 박영규, *금융공학*, 경문사, 1998.

김미경, 엄재근, "은행의 수익성에 영향을 미치는 요인에 관한 연구", *한국콘텐츠학회지*, 제18권 제1호, 2017, pp.196-209.

김성재 외, *보험과 리스크관리*, 문영사, 2007.

김성훈, "EaR을 이용한 사업부문 리스크 측정과 성과평가", *주간금융동향*, 제8권 제36호, 한국금융연구원, 1999, pp.18-21.

김주철, "금융시스템의 스트레스 테스팅 방안", *금융경제연구*, 제142호, 한국은행 금융경제연구원, 2002, pp.1-41.

김진호, "평균-분산모형과 평균-VaR모형간 최적위험자산배분전략 비교", *재무연구*, 제15권 제2호, 2002.

김진호, *리스크의 이해*, 경문사, 2005.

김철중, 윤평식, *금융기관 시장위험관리*, 한국금융연수원, 2002.

김철중, 윤평식 공역, *신용위험관리*, 한국신용분석사회, 2001.

동아비즈니스리뷰(DBR), 2008.

박명섭, 박광태, *통계학개론*, 홍문사, 1999.

서병호, "바젤 III 유동성 규제의 국내파급효과 및 대응방안", *금주의 논단*, 제19권 제41호, 한국금융연구원, 2010.10., pp.16-22.

서정호, "국내은행의 스트레스 테스팅 활용현황과 개선방안", *금융VIP시리즈*, 한국금융연구원(KIF), 2010, pp.1-29.

석승훈, *CEO를 위한 전략적 기업재무*, 경문사, 2008.

손상호, "국내 금융회사의 리스크 관리 과제", *주간 금융브리프*, 제13권 제34호, 한국금융연구원, 2004.

신귀식, "금융기관리스크와 감독시스템 – BIS자본규제를 중심으로", *조사분석자료 2003 – 1*, 예금보험공사, 2003.

신민식, *금융공학*, 법문사, 1996.

신용상, *스트레스 테스팅에 기초한 국내 금융시스템 안정성 분석*, 한국금융연구원(KIF), 2011.

예금보험공사, 2016.5.20., "예보, 선제적 대응능력 제고를 위한 금융업권별 스트레스 테스팅 모형 개발 추진 – 전문가 워크샵을 통한 의견수렴", 보도자료.

예금보험공사, "스트레스 테스팅 모형 개발 – 은행 –", 한국채권연구원(KFIRI), 2016.6, pp.1 – 129.

예금보험공사, "은행업권 스트레스 테스팅 결과", 2018.9., pp.1 – 11.

오세경, 김진호, 이건호, *위험관리론*, 경문사, 2000.

원재환, *선물옵션의 이론과 실제*, 유풍출판사, 2000.

원재환, *파생상품투자론*, 법문사, 2021.

원재환, "기업의 부채구조를 고려한 옵션형 기업부도예측모형과 신용리스크", *재무관리 연구*, 제23권 제2호, 2006, pp.209 – 237.

원재환, "예금보험제도가 은행의 위험추구와 최적재무구조 그리고 기업가치에 미치는 영향", *보험학회지*, 제75집 제3호, 2006, pp.135 – 168.

원재환, 반주희, 2012, "부도확률 예측에서 미시정보와 거시정보의 역할", *금융안정연구*, 제13권 제2호, pp.25 – 50.

위정범, *재무금융리스크관리*, 경문사, 2014.

윤만하, *금융리스크관리*, 경문사, 2000.

윤석헌, "금융환경변화와 은행의 통합리스크 측정", *금융학회지*, 제2권 제2호, 1997, pp.17 – 144.

윤봉한, 황선웅, *금융기관론*, 문영사, 2000.

윤평식, 김철중, *금융기관 시장위험관리*, 한국금융연수원, 2002.

이강남, *국제금융론*, 법문사, 1998.

이경룡, *보험학원론*, 영지문화사, 2005.

이명철, 박주철, "일반은행의 수익성에 영향을 미치는 재무특성", *세무회계연구*, 제30권, 2011, pp.69 – 84.

이상규, 지홍민, *금융회사리스크관리*, McGraw – Hill Korea, 2012.

이장영, *바젤 III와 리스크관리*, 박영사, 2021.

장병훈, "예금보험제도의 운영과 스트레스 테스팅", 예금보험공사, 2016.

장영민, 변재권, "거시경제변수를 통한 신용위험의 동태적 특성에 관한 연구", *한국재무학회 Proceeding*, 2009, pp.1631 – 1672.

정은호, *재무위험관리사(FRM) 연습*, 형설, 2002.

조하현, 원대식, 이승국, *운영리스크관리*, 박영사, 2012.

지청, 조담, *투자론*, 학현사, 2005.

최순영, "운영리스크관리에 대한 재조명", *자본시장 Weekly*, 2011.5.3. – 9, 자본시장연구원.

킨들버거, 찰스, 김홍식 역, *광기, 패닉, 붕괴: 금융위기의 역사*, 굿모닝북스, 2006.

한국금융신문, 2019.1.15., "바젤 시장리스크 규제체계 수정: 국내은행에 미치는 영향 제한될 것 - 한은".

한국금융연구원, "글로벌 대형은행에 대한 바젤 Ⅲ 규제 영향평가", *주간금융브리프(국제금융이 슈)*, 제19권 제50호, 2010.12.18 – 24.

한국금융연구원, "EU의 바젤 Ⅲ 시행초안제시 및 논쟁이슈", *주간금융브리프(국제금융이슈)*, 제 20권 제34호, 2011.8.27. – 9.2.

한국금융연구원, "미국 대형은행에 대한 스트레스 테스팅 결과", *주간금융브리프*, 제21권 제14 호, 2012.

한국은행, "금융시스템 스트레스 테스팅(BOKST – 07) 모형구축 및 실시결과", *금융안정보고서*, 제11호, 2008.4, pp.100 – 106.

한국은행, "시스템적 리스크평가 모형(SAMP)", *금융안정보고서*, 2012.10., pp.137 – 146.

한국은행, "통합 스트레스 테스팅 모형 개발 결과", *금융안정보고서*, 2018.12, pp.83 – 89.

한국채권연구원, *스트레스 테스팅 모형 개발(은행)*, 2016.

홍정효, 고보현, "은행의 수익성 결정요인에 관한 실증적 연구", *산업경제연구*, 제23권 제2호, 2010, pp.889 – 906.

[국외 문헌]

Abbink, John B., 2011, "Constructing stress tests", *The Journal of Risk Finance*, Vol. 12, No. 5, pp.421 – 434.

Adams, John, *Risk*, London: UCL, 1995.

Alderfer, C.P. and H. Bierman, Jr., "Choices with Risk: Beyond the Mean and Variance", *Journal of Business*, Vol. 43, No. 3, 1970, pp.341 – 353.

Anderson, Edward, Fernando Cerezetti, and Mark Manning, "Supervisory Stress Testing for CCPs: A Macro – Prudential, Two – Tier Approach", *Finance and Economics Discussion Series*, FRB Washington, 2018, pp.1 – 25.

Arrow, Kenneth J., *Essays in the Theory of Risk Bearing*, Chicago: Markham Publishing Company, 1971.

Artzner, F. Delbaen, J. Eber, and D. Heath, "Coherent Measure of Risk", *Mathematical Finance* 9(July), 1999, pp.203 – 228.

Barnett, A. and A.J. Lafasco, "After the Crash: The Passenger Response to the DC – 10 Disaster", *Management Science*, Vol. 29, No. 11, pp.1225 – 1236.

Basel Committee on Banking Supervision, *Stress testing principles*, BIS, 2018, pp.1 – 11.

Baudino, Patrizia, Roland Goetschmann, Jerome Henry, Ken Toniguchi and Weisha Zhu, "Stress – testing Banks – a comparative analysis", *FSI Insight*, BIS, 2018, pp.1 – 33.

Bell, David E., "Risk Premium for Decision Regret", *Management Science*, Vol. 29, No. 11, 1983, pp.1156 – 1166.

Bernstein, P.L., *Against The Gods: The Remarkable Story of Risk*, John Wiley & Sons, Inc, 1996.

Bologna, Pierluigi and Anatoli Segura, "Integrating Stress Tests within the Basel III Capital Framework: A Macroprudentially Coherent Approach", *Journal of Financial Regulation 3*, 2017, pp.159−186.

Caouetta, J.B., Altman, E.I., and Narayanan, P., *Managing Credit Risk: The Next Great Financial Challenge*, John Wiley & Sons, Inc, 1998.

Chorafas, Dimitris N., *Chaos Theory in the Financial Markets*, Chicago: Probus, 1994.

Chang, Kook−Hyum and Myung−Jig Kim, "Stress Testing of Financial Industries: A Simple New Approach to Joint Stress Testing of Korean Banking, Securities, and Non−life insurance Industries", *Asia−Pacific Journal of Financial Studies*, Vol. 38, No. 4, 2009, pp.521−543.

Chorafas, Dimitris N., *Operational Risk Control with Basel II*, Elsvier, 2004.

Clark, E., *Cross Border Investment Risk: Applications of Modern Portfolio Theory*, London: Euromoney Publications, 1991.

Clark, E. and B. Morris, *Managing Risk in International Business: Techniques and Applications*, London: International Thomas Business Press, 1996.

Committee on the Global Financial System(CGFS), "Stress Testing by Large Financial Institutions: Current Practice and Aggregation Issues", BIS, 2000.

Committee on the Global Financial System(CGFS), "Stress testing at major financial institutions: survey results and practice", BIS, 2005, pp.1−36.

Coopers and Lybrand, *Swap Series: Financial Engineering with Swaps*, IFR Publishing, 1993.

Crochy, M., D. Galai, and R. Mark, "A Comparative Analysis of Current Credit Risk Models", *Journal of Banking & Finance*, Vol. 24, No. 1/2, pp.59−117.

DeBondt, Werner and Richard H. Thaler, "Does the Stock Market Overreact?", *Journal of Finance*, Vol. 40, No. 3, 1986, pp.793−807.

De Fontnouvelle, Patrick, J. Jordan, Virginia J.R., and E. Rogengren, "Capital and Risk: New Evidence on Implications on Operational Losses", *Journal of Money, Credit, and Banking*, 2006.

DeGroot, M.H., *Probability and Statistics*, 2nd Edition, Addison Wesley, 1987.

Board of Governors of the Federal Reserve System, "Dodd−Frank Act Stress Test 2018: Supervisory Stress Test Methodology and Results", June 2018, pp.1−174.

Drehmann, Mathis, "Stress tests: Objectives, Challenges and modelling Choices", *Economic Review*, 2008, pp.60−92.

Dym, S., "Credit Risk Analysis for Developing Country Bond Portfolios", *Journal of Portfolio Management*, Vol. 23, 1997, pp.99−103.

Eichengreen, Barry, Andrew K. Rose and Charles Wyplosz, "Exchange Market Mayhem: The Antecedents and Aftermath of Speculative Attacks", *Economic Policy*, 1995, pp.251−397.

Ellsberg, Daniel, "Risk, Ambiguity, and the Savage Axioms", *Quarterly Journal of Economics*, Vol. LXXV, 1953, pp.349−364.

Embrechts, P., C. Klupperlberg, and T. Mikosch, *Modelling Extremal Events for Insurance and Finance*, Springer, Berlin, 1997.

ESRB(European Systemic Risk Board), "Adverse Macro−financial Scenario for the 2018 EU−wide Banking Sector Stress Test", 2018.1.16., pp.1−22.

European Banking Authority, "EU−Wide Stress Test−Methodological Note", 2018.1.31., pp.1−148.

European Banking Authority, "EU−Wide Stress Test", Nov. 2, 2018, pp.1−60.

Feder, G. and R.E. Just, "A Study of Debt Servicing Capacity Applying Logit Analysis", *Journal of Development Economics*, Vol. 3, 1977.

Farha, Ramy, Tom Ivell, and Evan Sekeris, "Operationa Risk Stress Testing", *Oliver Wyman*, Marsh & McLennan Companies, 2015, pp.1−11.

Finnerty, J.D., "Financial Engineering in Corporate Finance: An Overview", *Financial Management*, 1988, pp.14−33.

Gnedenko, B.V., "Sur la Distribution Limite du Terme Maximum d'une Serie Aleatoire", *Annals of Mathematics*, Vol. 44, 1943, pp.423−453

Green, M.R. and P. Swadener, *Insurance Insight*, South−Westwern Publishing Company, 1974.

Hancock, J.G. and Teevan, R.C., "Fear of Failure and Risk−taking Behavior", *Journal of Personality*, Vol. 32, No. 2, pp.200−209.

Hull, John, *Risk Management and Financial Institutions*, Pearson, 2007.

Hull, John, *Options, Futures, and Other Derivatives*, 6th Edition, Pearson, 2006.

Jeffrey, R.H., "A New Paradigm for Risk", *Journal of Portfolio Management*, Vol. 11, No. 1, 1984, pp.33−40.

Jenssen L.K., "The Interest and Refinancing Risk on Domestic Government Debt−Cost at Risk", *mimeo*, Denmark National Bank, 1998.

Jorion, Philippe, *Value at Risk*, 3rd Edition, McGraw−Hill, 2007.

Jorion, Philippe, *Financial Risk Manager Handbook*, 6th Edition, John Wiley & Sons, 2011.

Kahneman, D. and A. Tversky, "Prospect Theory: An Analysis of Decision under Risk", *Econometrica*, Vol. 47, No. 2, 1979, pp.263−291.

Kahneman, D. and A. Tversky, "Choices, Values, and Frames", *American Psychologist*, Vol. 39, No. 4, 1984, pp.342−347.

Kapinos, Pavel, Oscar Mitnik, and Christopher Martin, 2015, "Stress Testing Banks: Whence and Whither?", *Journal of Financial Perspectives*, pp.1−20. (FDIC Working Paper).

Lelyveld, Iman van, "Stress Testing−The Link between Macro and Micro", *International Journal of Central Banking*, 2009, pp.1−7.

Markowitz, H.M, "Portfolio Selection", *Journal of Finance*, Vol. 7, No. 1, 1952, pp.77−91.

McNeil, A., "Extreme Value Theory for Risk Managers", in *Internal Modeling and CAD II*, Risk Publications, London, 1999, pp.93−113.

Moore, Peter G., *The Business of Risk*, Cambridge University Press, 1983.

Morris, A., "Qualifying Sovereign Credit Risk: Methods and Issues", *SBC−Prospects*, 4−5, 1997, pp.8−13.

Rosenberg, J. and T. Schuermann, "A General Approach to Integrated Risk Management", *Journal of Financial Economics*, Vol. 80, 2006, pp.569−614.

Rouvinez, C., "Going Greek with VaR", *Risk 10*, 1997, pp.57−65.

Saunders, Anthony and Linda Allen, *Credit Risk Measurement*, Wiley, 2002.

Saunders, Anthony and Marcia M. Cornett, *Financial Institutions Management: A Risk Management Approach*, 7th Edition, McGraw−Hill, 2012.

Schmieder, Christian, Claus Puhr, and Maher Hasan, "Next Generation Balance Sheet Stress Testing", *IMF Working Paper*, 2011(April 1), pp.1−42.

Sklar, A., "Fonctions de repartition a n−dimensions et leurs marges", *Publications de l'Institut Statistique de l'Universite de Paris*, Vol. 8, 1959, pp.229−231.

Smith, C.W., Jr "Corporate Risk Management: Theory and Practice", *Journal of Derivatives*, 1995, pp.21−30.

Sorge, Marco, "Stree−testing financial systems: an overview of current methodologies", *BIS Working Paper*, 2004,pp. 1−36.

Sundaram R.K. and S.R. Das, *Derivatives: Principles and Practice*, 2nd Edition, McGraw−Hill International Edition, 2016.

Tversky, A. and D. Kahnerman, "The Framing of Decisions and the Psychology of Choice", *Science*, Vol. 211, 1981, pp.453−458.

Varotto, Simone, "Stress testing credit risk: The Great Depression Scenario", *Journal of Banking & Finance*, Vol. 36, 2012, pp.3133−3149.

저자약력 ━━━━━━━━━━━━━━━━━━━━━━━

원 재 환

고려대학교 산업공학 학사(BE in Industrial Engineering)
한국과학기술원(KAIST) 경영과학 석사(MS in Management Science)
University of Nebraska at Lincoln 경영학 석사(MS in Finance and Economics)
University of Texas at Dallas 경영학 박사(Ph.D. in Finance)
전, 서강대 경영학부 재무계열 주임교수, 경영전문대학원 부원장, 학생문화처장, 입학처장
    프랑스 IESEG(Lille)경영대학 초빙교수
    미국 뉴저지주립대학 교환교수(미국 국무성 Fulbright Scholar)
    산업통상자원부 해외자원투자 자문위원
    소상공인시장진흥공단 리스크자문위원회 위원
    기술보증기금(KIBO) 리스크관리위원회 위원
    경영연구 편집위원
    행정고등고시, 7급공무원시험 출제위원
    보험계리사, 손해사정인시험 출제위원
    한겨레신문, 조선일보, 동아일보, 매일경제신문, 아시아경제신문 등 칼럼니스트
    KBS, JTBC, MBC, SBS, YTN 등 경제금융분야 인터뷰이 등 역임
현, 서강대학교 경영학부 재무분야 교수
    국세청 빅데이터 자문위원회 위원
    한국산업경영학회 이사 등 재임 중

[주요 저서 및 논문]

파생상품투자론 연습(2022), 법문사.
파생상품투자론(2021), 법문사.
금융리스크관리(2012, 초판), 법문사.
선물옵션연습(2003), 유풍출판사.
선물옵션의 이론과 실제(2002), 유풍출판사.
"Cyclical Consumption and Expected Stock Returns: Evidence from the Korean Capital Market", *Global Business & Finance Review*, 2021, Vol. 26, Issue 3(Fall), pp.14−32.(coauthor)
"Closed−end Mutual Fund Puzzle and Market Efficiency: Option Theoretic Analysis", with Sangho Lee and Seok Weon Lee, *Journal of Business Research*, 2014(May), Vol. 29, No. 2, pp.1−23.
"Using GABKR Model for Dividend Policy Forecasting", *Expert Systems with Application*(SCIE), 2012(Dec. 15), Vol. 39, Issue 18, pp.13472−13479.(coauthor).
"A Knowledge Integration Model for the Prediction of Corporate Dividends", *Expert Systems with Application*, 2010, Vol. 37, pp.1344−1350.(coauthor)
"Valuation of Investments in Natural Resources Using Contingent−claim Framework", *Energy*, 2009, Vol. 34, No. 9, September, pp.1215−1224.
"Earnings Uncertainty and Analyst Forecast Herding", *Asia Pacific Journal of Financial Studies*, 2009, Vol. 38, No. 4, pp.545−574.(coauthor)
"Contingent−claim Valuation of a Closed−end Funds: Models and Implications", *Korean Journal of Futures and Options*, 2009, Vol. 17, No. 4, pp.43−74.(coauthor)
"Mathematical Model of Optimal Payouts under Nonlinear Demand Curve", *International Journal of Management Science*, Vol. 10, No. 2, 2004, pp.53−71.

"A Knowledge–based Framework for Incorporating Investor's Preference into Portfolio Decision–making", *Intelligent Systems in Accounting, Finance and Management*, Vol. 12, No. 2, 2004, pp.121–138.(coauthor)

"Two–layer Investment Decision–Making Using Knowledge about Investors' Risk Preference: Model and Empirical Testing", *International Journal of Management Science*, Vol. 10, No. 1, 2004, pp.25–41.(coauthor)

"A Contingent–Claim Analysis of the Closed–end Mutual Fund Discount Puzzle", *Research in Finance*, Vol. 18, 2001, pp.105–132.(coauthor)

"우선주 가격 및 수익률 결정요인에 관한 연구", *아태비즈니스연구*, 2020, Vol. 11, No. 2, pp.159–172. (공저)

"협동조합형 은행이 리스크, 금융산업의 안정성 및 고용에 미치는 영향", *금융안정연구*, 2017.6월, Vol. 18, No. 1, pp.21–51.

"우리나라 신디케이티드론 시장에서 은행–차주 간 장기대출관계가 수행하는 역할에 대한 연구", *경영교육연구*, 2016, 제31권 제1호, pp.61–83. (공저)

"수익성과 유동성을 조정한 5요인 모형의 한국주식시장 타당성 연구", *경영교육연구*, 2016, 제31권 제6호, pp.523–545. (공저)

"부도확률 예측에서 미시정보와 거시정보의 역할", *금융안정연구*, 2012, Vol. 13, No. 2, pp.25–50. (공저)

"주식형펀드성과의 지속성 평가를 위한 최적 성과평가방법", *경영연구*, 2010, Vol. 25, No. 4, pp.395–422. (공저)

"기업의 부채구조를 고려한 옵션형 기업부도예측모형과 신용리스크", *재무관리연구*, 제23권 제2호, 2006, pp.209–237. (공저)

"예금보험제도가 은행의 위험추구와 최적재무구조 그리고 기업가치에 미치는 영향", *보험 학회지*, 제75집 제3호, 2006, pp.135–168.

"한국금융시장에서 파생상품도입의 가격효과", *금융연구*, 제19권 제1호, 2005, pp.149–177.

"스톡옵션제도의 도입이 배당정책에 미치는 영향", *경영학연구*, 제33권 제4호, 2004, pp.1073–1096.

"스톡옵션제도의 공시효과와 위험에 관한 연구", *증권학회지*, 제28집, 2001, pp.579–623. 외 다수

금융리스크관리 [제2판]

2012년 2월 20일 초판 발행
2022년 6월 30일 제2판 발행

저　자　원　　재　　환

발행인　배　　효　　선

발행처　도서출판　法文社

주　소　10881 경기도 파주시 회동길 37-29
등　록　1957년 12월 12일/제2-76호(윤)
전　화　(031)955-6500~6 FAX (031)955-6525
E-mail　(영업) bms@bobmunsa.co.kr
　　　　(편집) edit66@bobmunsa.co.kr
홈페이지　http://www.bobmunsa.co.kr

조 판　(주) 성 지 이 디 피

정가 33,000원

ISBN 978-89-18-91320-9